W0391276

Gert Raeithel

Geschichte der nordamerikanischen Kultur

Gert Raeithel

GESCHICHTE DER NORDAMERIKANISCHEN KULTUR

Band 3

Vom New Deal bis zur Gegenwart

1930–1995

Zweitausendeins

Gert Raeithel, Geschichte der nordamerikanischen Kultur.
Band 1. Vom Puritanismus bis zum Bürgerkrieg (1600–1860).
Band 2. Vom Bürgerkrieg bis zum New Deal (1860–1930).
Band 3. Vom New Deal bis zur Gegenwart (1930–1995).

Erste, durchgesehene und erweiterte Auflage, August 1995.
Zweite Auflage, November 1995.
Copyright © 1989, 1992, 1995 Gert Raeithel.
Rechte der deutschen Ausgabe bei Zweitausendeins, Postfach, D-60381 Frankfurt am Main.

Alle Rechte vorbehalten, insbesondere das Recht der mechanischen, elektronischen oder fotografischen Vervielfältigung, der Einspeicherung und Verarbeitung in elektronischen Systemen, des Nachdrucks in Zeitschriften und Zeitungen, des öffentlichen Vortrags, der Verfilmung oder Dramatisierung, der Übertragung durch Rundfunk, Fernsehen oder Video, auch einzelner Textteile. Der *gewerbliche* Weiterverkauf und der *gewerbliche* Verleih von Büchern, Platten, Videos oder anderen Sachen aus der Zweitausendeins-Produktion bedarf in jedem Fall der schriftlichen Genehmigung durch die Geschäftsleitung vom Zweitausendeins Versand in Frankfurt.

Die Abbildungsnachweise befinden sich am Ende des dritten Bandes.

Lektorat der erweiterten Neuausgabe Ekkehard Kunze und Martin Weinmann, Wiesbaden.
Herstellung der Lizenzausgabe Dieter Kohler & Bernd Leberfinger, Nördlingen.
Druck Buch- und Offsetdruckerei Wagner GmbH, Nördlingen.
Gebunden bei G. Lachenmaier, Reutlingen.
Printed in Germany.

Diese Ausgabe gibt es nur bei Zweitausendeins
im Versand (Postfach, D-60381 Frankfurt am Main) oder
in den Zweitausendeins-Läden in Berlin, Essen, Frankfurt, Freiburg, Hamburg,
Köln, München, Nürnberg, Saarbrücken, Stuttgart.

In der Schweiz über buch 2000,
Postfach 89, CH-8910 Affoltern a. A.

ISBN 3-86150-129-5

INHALT

VORWORT

Keinen Unterschied zwischen Kultur und Zivilisation machte E. B. Tylor, einer der Väter der Kulturforschung. Er definierte beides als »Inbegriff von Wissen, Glauben, Kunst, Moral, Gesetz, Sitte und von allen übrigen Fähigkeiten, die sich der Mensch als gesellschaftliches Wesen angeeignet hat«. Eine sinnvolle Definition von Kultur bewertet nicht, berücksichtigt aber, daß Kultur mit der Wertfrage verknüpft ist. Folgt man D. W. Winnicott, ist Kultur nichts anderes als der Abstand zwischen Subjekt und Objekt: Organisationsprinzipien, formelle und informelle Vorschriften und Verhaltensmaßregeln ermöglichen die Anpassung an die Umwelt, regulieren das Verhältnis zu den Mitmenschen, geben Antworten auf existentielle Fragen und sollen auf diese Weise das Überleben der Gruppe gewährleisten.

An diesem Punkt beginnen die Schwierigkeiten. Eine Kultur speist sich aus ihren Normen. Wer setzt die Normen? Die Kultur. Normen repräsentieren Werte. Was sind Werte? Werte repräsentieren gemeinsame kulturelle Standards. Wie man es dreht und wendet, die Antwort auf die Frage nach dem Wesen der Kultur scheint nur aus einer umformulierten Frage zu bestehen. Kultur heißt Clifford Geertz zufolge *shared meanings*. Doch wie kommt die Übereinkunft über Sinnzusammenhänge zustande? Durch die Verpflichtung auf Werte, die einem gemeinsamen Orientierungsrahmen entspringen. Nach welchen Gesichtspunkten werden die Orientierungsdaten ausgewählt? Nach kulturellen. Die Kultur stiftet den Sinn, der Sinn die Kultur.

Kulturhistoriker fahren nicht besser als andere Wissenschaftler, wenn es um die exakte Bestimmung ihres Forschungsgegenstandes geht. Der Jurist weiß letzten Endes nicht was Recht, der Mediziner nicht was Gesundheit ist. Zur Goethezeit hatte sich der kulturelle Geschmack am »Allervorzüglichsten« zu bilden, wogegen für den kerndeutschen Geschichtsprofessor Kultur nichts anderes war als Seife. Ortega attackierte die intellektuelle »Kultur der Gedanken« und wollte Dinge, Taten und Gefühle einbezogen wissen. Eine Patentlösung schien mit der Formel gefunden, wonach Kultur alles umgreift, was der Mensch als Mensch schafft. Bei näherem Hinsehen ergab sich freilich, daß die Einfügung »als Mensch« verhindern sollte, »unmenschliche« Phänomene zur Kultur rechnen zu müssen, vom Skalpieren bis zum Massenmord. Realistischer definiert ist unter Kultur all das zu verstehen, »was der menschliche Geist im Laufe seiner Entwicklung erdacht und erschaffen hat«.

Als in Deutschland um das Jahr 1870 die ersten Völkerkundemuseen eingerichtet wurden, war der »Americanist« laut Lexikon »ein Kenner der amerikanischen Sitten, Sprache und Altertümer der *vorcolumbianischen* Zeit«. Dabei sind in Göttingen schon ab 1778 die ersten Seminare über die Vereinigten Staaten von Amerika abgehalten worden. Französische, Schweizer und andere europäische Gelehrte befaßten sich mit dem modernen Amerika, aber gerade seine besten Kenner – Tocqueville oder James Bryce – befanden sich im 19. Jahrhundert außerhalb der Universitäten. In den 1920er Jahren, als amerikanische Schriftsteller internationalen Ruhm ernteten, nahm das Fach Amerikanistik Gestalt an. An der Sorbonne wurde der erste permanente Lehrstuhl für Amerikastudien besetzt, sein Inhaber forderte sogleich, die neue Disziplin möglichst analytisch und möglichst umfassend zu betreiben.

Der holistische Ansatz war schon deshalb nötig, weil die USA die Absicht verfolgten, durch Amerikanisierung und die Assimilation ethnischer, nationaler und rassischer Minderheiten und ihrer spezifischen Merkmale eine einheitliche Kultur zu schaffen. Lange Zeit glaubte man, die Vollendung dieses Prozesses wäre nur eine Frage der Zeit. Später ist diese Zuversicht geschwunden, und man hörte die ironische Frage, ob die amerikanische Gesellschaft statt mit einem Schmelztiegel nicht treffender mit einer Schüssel gemischten Salats zu vergleichen sei. War denn die totale Assimilation überhaupt erstrebenswert, sollte man nicht lieber einem kulturellen Pluralismus den Vorzug geben? Doch ist die einheitsstiftende Kraft des Amerikanismus immer noch so stark, sind die ideellen und psychischen Gemeinsamkeiten so groß, das historische Fundament so tief, daß eine holistische Betrachtungsweise angezeigt ist. Diese Methode widmet den Eigenschaften des Ganzen besondere Aufmerksamkeit und erforscht bei den Teilen vor allem, wie sie vom Ganzen bestimmt werden.

Tocqueville stellte fest, die Amerikaner hätten *noch* keinen Nationalcharakter, und machte sich anschließend daran, ihn ausführlich zu beschreiben. Das Bedürfnis, die Vereinigten Staaten in allgemeinen Begriffen zu definieren, hat es immer gegeben, auch wenn die jüngsten Versuche in dieser Richtung von der Kritik erbarmungslos zerpflückt worden sind. Während der Vorbereitungen zur Zweihundertjahrfeier der Unabhängigkeitserklärung – 1976 – wurde von der amerikanischen Regierung eine eigene Kommission ins Leben gerufen, die herausfinden sollte, was Amerikas Daseinszweck sei. Amerikaner haben fast unausgesetzt und beinahe händeringend versucht zu erfahren, wer sie sind und wohin sie gehen. Trotz ihrer territorialen Unabhängigkeit und Unversehrtheit zeigen Amerikaner einen mächtigen Identitätshunger, der ständig nach dem Wesen Amerikas fragt. Dieses Fragen wird Teil des Wesens selbst und trägt zur Kontinuität des Nationalcharakters bei.

Geschichte ist stets der Gefahr ausgesetzt gewesen, zum vereinbarten Märchen zu verkommen, wenn nicht zur systematischen Leichenschändung. Europäische Amerika-Betrachter haben sich mit Hilfe von Mythen und Symbolen vereinfachte Bilder zurechtgelegt: Amerika als die Neue Welt, als Monstrum, als Land der Verheißung oder des goldenen Primitivismus. Die Geschichtsschreibung der Amerikaner selbst war vielfach von einer patriotischen Ergriffenheit geprägt, die der Wahrheit nicht gut bekam. Wer nun dem Tocquevilleschen Impuls nachgibt und sich an die Aufgabe macht, Amerika zu definieren, darf sich nicht auf eine Nacherzählung historischer Ereignisse beschränken, seien sie noch so sorgfältig recherchiert. Um Geschichte und Mentalität der Nordamerikaner zu begreifen, wurde hier eine bestimmte These in den Mittelpunkt gestellt: in der amerikanischen Kultur waren und sind vergleichsweise schwache Objekt- und Sozialbeziehungen vorherrschend. Erst mit diesem Schlüssel wurde das gigantische Material zugänglich, nur im Rahmen dieser Modellvorstellung ließen sich ein paar Millionen Informationen einigermaßen sinnvoll ordnen.

Außerhalb der Psychoanalyse ist das Modell der Objektbeziehungen nur spärlich benutzt worden. Einige Anklänge finden sich im anthropologischen Schrifttum, in der Indianistik, in der Literaturgeschichte, in der vergleichenden Kultursoziologie. Edward T. Hall hat sich am ausführlichsten mit dem unterschiedlichen Bedarf an persönlichem Raum in verschiedenen Kulturen befaßt. Arabische Gäste zum Beispiel fühlen sich in den USA sozial und sensorisch unterversorgt, weil ihnen die gewohnte menschliche Nähe fehlt. Ein Reporter der *New York Times* konnte es kaum fassen, daß Omnibuspassagiere in Sri Lanka zu viert auf Zweierbänken Platz nahmen, ohne sich beengt zu fühlen. Die Sehnsucht der Amerikaner nach dem, was Freud das »ozeanische Gefühl« und Michael Balint die »freundlichen Weiten« nannte, hat mit Mobilität zu tun, ist aber mehr als reiner Bewegungsdrang. Mobiles Verhalten und enge Sozialbeziehungen müssen sich nicht unbedingt widersprechen, das zeigt die Kultur der Roma.

Dem Pionier ist jeder Ort recht, vorausgesetzt, es ist ein anderer Ort. Den Yankee an der Siedlungsgrenze verlangte es nach mehr Ellenbogenfreiheit. Auf dem Weg nach Westen tauschte der Farmer sein Land immer wieder gegen neues ein, nicht bloß aus Profitstreben, auch aus purer Lust an der Veränderung. Manch einer schlug nie mehr Wurzeln und besaß schließlich nur noch, was er auf dem Leib trug. Menschen, Tiere, Gegenstände waren verzichtbar, Indianer oder Bison, das spielte keine Rolle. »Push along, keep moving«, hieß das oberste Gesetz. Amerikanische Städte wie Albuquerque, Fort Lauderdale, Miami, Sacramento oder Tucson tauschen heute noch durch Zu- und Abwanderung ein Sechstel ihrer Bevölkerung aus – jährlich. Der Wunsch nach physischer Bewegung läßt sich zur

Not noch erfüllen, aber neue Utopien können in der jetzigen amerikanischen Gesellschaft kaum noch verwirklicht werden. Der unglückselige Bishop Jones wanderte mit seinen Anhängern vom Mittelwesten nach Kalifornien, von Kalifornien nach Guyana. Am Ende stand ein Massenselbstmord, der keine historische Parallele hat. Die irdischen Grenzen waren erreicht. Wenn die Möglichkeiten zur Expansion nicht mehr gegeben sind, man nicht einfach anderswo neu anfangen kann, unlösbar scheinende Probleme nicht zu überspringen sind, dann wird Amerika sich auf andere Objektbeziehungen einrichten müssen. Es gibt Anzeichen dafür. Das Familienleben und eine vertraute Nachbarschaft werden nicht mehr unbedingt dem beruflichen Fortkommen geopfert, eine Ortsveränderung nicht mehr um jeden Preis in Kauf genommen. Zweifel am ewig wiederholbaren Neuanfang wurden laut, an der unendlichen Bewegung, am Prinzip der Begradigung. Die USA müssen Abschied nehmen von der Vorstellung ihrer Einzigartigkeit, schrieb das *American Quarterly,* die Fachzeitschrift der Amerikanisten, und sich damit abfinden, Teil einer polyglotten Welt zu sein. Es ist ein schwerer Abschied.

I. Kapitel

DIE ZEIT DES NEW DEAL

Der Nachholbedarf nach dem Krieg, die Hochkonjunktur in der Bauwirtschaft, die Entstehung neuer Industrien auf dem Elektrosektor, die rapide Entwicklung im Flugzeugbau und in der Filmbranche hatten ein günstiges Investitionsklima geschaffen. Zwischen 1919 und 1929 verdreifachte sich die Automobilproduktion. Die Käuferschaft zeigte sich konsumfreudig und machte von Kreditmöglichkeiten Gebrauch wie nie zuvor. Unter diesen Umständen fiel es nicht schwer, wirtschaftlichen Optimismus an den Tag zu legen oder sogar in Euphorie zu verfallen. »Prosperity feeds upon itself« – Wohlstand gebiert immer neuen Wohlstand, meinte der künftige Oberste Bundesrichter Charles Evans Hughes. Selbst der gewitzte Henry Ford ließ sich täuschen. Eigentlich müßte das System zusammenbrechen, erkannte er, beruhigte sich dann aber gleich selbst: dazu sei das System zu sehr »von bestimmten wirtschaftlichen und sittlichen Grundwahrheiten durchdrungen«.[1]

Börsenkrach und Wirtschaftsdepression

Bei nüchterner Betrachtung hätte man eine Reihe von Vorwarnungen nicht übersehen können. Löhne und Preise stiegen kontinuierlich, aber nicht schnell genug, um mit gestiegenen Gewinnen, Mieteinnahmen und Dividenden Schritt zu halten. Wo Löhne relativ stabil blieben, fielen die Kosten, und die Gewinne der Unternehmer und Teilhaber wuchsen unverhältnismäßig an. Überschüssiges Kapital floß in produktive Erwerbszweige, was das Problem vergrößerte: die Produktion wurde erneut gesteigert. Der Absatz hielt mit dem Ausstoß nicht mit. Niemand konnte einen Investitionswilligen daran hindern, Geld in ein Unternehmen zu stecken, das ohnehin Absatzschwierigkeiten hatte. Preisabsprachen beeinträchtigten den Regelmechanismus von Angebot und Nachfrage. Es war schwer zu entscheiden, wann ein Markt seinen Sättigungsgrad erreicht hatte. Preise fielen nicht unbedingt als Reaktion auf gesunkene Nachfrage. Die Aktienkurse wurden durch Bieten und Überbieten, nicht aber durch strukturelle Verbesserungen in den Firmen hinaufgetrieben. Das allgemeine Vertrauen in den *bull market*, der auf Hausse spekulierte, blieb fast bis zuletzt unerschüttert. Befristet verliehenes Geld brachte zehn Prozent Zinsen ein. Ein breites Publikum hatte sich durch den Kauf von Kriegsanleihen an Zinseinnahmen gewöhnt und konnte nicht wissen, daß die Börse an der Wallstreet einem Spielkasino glich, das Outsidern die schlechteren Gewinnchancen zuwies.

Der »Schwarze Freitag« des Jahres 1929 dauerte in Wahrheit mehrere Tage. Knapp eine Woche vor dem ominösen Datum waren die Kurse erstmals ins Wanken geraten. Am 24. Oktober, einem Donnerstag, sanken sie erneut. Zwei Tage später mobilisierte das *Wall Street Journal* die letzten Reste an Optimismus und behauptete, die Kursverluste würden die reale Kaufkraft nicht tangieren. Aber am Dienstag, dem 29. Oktober, brach der Boden endgültig durch. Fünftausend Banken fallierten, neun Millionen Sparkonten existierten nicht mehr. Wer sein Schäfchen nicht rechtzeitig ins Trockene gebracht hatte, war finanziell ruiniert. In seinen Radiomonologen zu aktuellen Ereignissen spottete Will Rogers, die Spekulanten würden an den Fenstern der Wolkenkratzer Schlange stehen um hinauszuspringen.[2]

Für die Ursachen des »Crash« wurden verschiedene Erklärungen angeboten. Teilweise konkurrieren sie miteinander, teils ergänzen sie sich; einige sind nur kurios. Bis zum Oktober waren die kurzfristigen Gewinnerwartungen geschrumpft. Da der Käufermarkt nicht gelenkt werden konnte, mußte es zu »horizontalen Fehlanpassungen« kommen. In der Autoindustrie gab es bereits ein Überangebot. Der Wohnungsbau stagnierte oder ging zurück. Die hohen Investitionen der Jahre 1928 und 1929 hatten in einzelnen Branchen Überkapazitäten erzeugt. Es kam zur Katastrophe, weil zuviel investiert worden war, weil Gelder dort angelegt wurden, wo man sie nicht wirklich brauchte. Deswegen sprach man auch von einem Überkochen des Börsenmarktes. Durch Überproduktion war die Industrie abhängig von ausländischen, nicht unter amerikanischer Kontrolle stehenden Märkten. Wer behauptete, Europas ungesunde Wirtschaft habe auf Amerika zurückgeschlagen, ließ unberücksichtigt, daß die USA an ihren hohen Einfuhrzöllen festhielten. Im Jahr nach dem Börsenkrach legte der protektionistische Smoot-Hawley-Tarif der deutschen Wirtschaft erneut die Daumenschrauben an, was Hitler beim Aufstieg zupaß kam.[3]

Andere Interpreten stellten statt des Überinvestments die Unterkonsumption heraus. Eine Volkswirtschaft prosperiere nur dann, erläuterte der Wirtschaftsprofessor Rexford Tugwell, wenn die Kaufkraft der Verbraucher so groß ist, daß die produzierten Güter auch gekauft werden können. Und 1929 habe die Produktivkraft die Kaufkraft weit überholt. Nach dieser strukturellen Erklärung resultierte die Krise aus einer ungleichgewichtigen Sozial- und Wirtschaftsordnung, »deren besonderes Merkmal die enorme Disparität der Einkommensverhältnisse war«.[4] Der Volkswirtschaftler John Kenneth Galbraith hat diesen strukturellen Ansatz am deutlichsten herausgearbeitet. Die wirtschaftlichen Verhältnisse des Jahres 1929 krankten an der asymmetrischen Einkommensverteilung. Fünf Prozent der Bevölkerung verfügten über ein Drittel des privaten Vermögens. Eine dubiose Firmenstruktur schränkte die Bewegungsfreiheit von Fabrikationsbetrieben ein, damit die Dividenden der Holdings ausgezahlt werden konnten. Die Struktur des Bankgewerbes mußte zwangsläufig zu einer dominoartigen Verbreitung von Pleiten führen. Dazu kamen Probleme mit der Außenhandelsbilanz und der Mangel an neutralen Wirtschaftsexperten.

Galbraith war von der allgemeinen Ansicht ausgegangen, daß der Finanzkrach etwas mit der vorangegangenen Spekulation zu tun gehabt hatte. Das Vertrauen in kurzfristige Gewinne konnte nicht ewig währen, irgendwann mußte das schwach strukturierte Gebäude unter einer Lawine von Panikverkäufen zusammenbrechen. Der Spekulationstrieb konnte nur mit Optimismus aufrechterhalten werden und dem schönen Glauben, daß auch gewöhnliche Leute reich werden dürfen.[5] Der Historiker Arthur Schlesinger knüpfte an diese polit-psychologische Erklärung die Vermutung, liberale und konservative, idealistische und materiell orientierte Phasen würden sich ablösen. Der Konjunkturzyklus unterliege auch einem Ideenrhythmus, denn so wie die menschliche Trägheit dem Liberalismus Grenzen setze, so begrenze die Langeweile die Lebensdauer konservativer Abschnitte. Schlesingers Vater hatte in dem Essay »The Tide of National Politics« ein Alternieren von liberalen und konservativen Epochen im Abstand von fünfzehn bis sechzehn Jahren ausgemacht, allerdings ohne Bezug auf die wirtschaftliche Lage, die jetzt der Sohn mit ins Spiel brachte.

Psychoanalytisch orientierte Zeitgenossen verglichen den Konjunkturzyklus und seine katastrophalen Ausbuchtungen mit dem manisch-depressiven Irresein. Wildem Spekulieren liege in Wahrheit Daseinsfurcht zugrunde. Wer Vertrauen in die Wirtschaft predigt, pfeift im Dunkeln, um sich Mut zu machen. Optimismus verberge Angst, und ein Wirtschaftsboom sei nichts anderes als ein Abwehrmechanismus. »Angst erzeugt Aktion und die Aktion erhöht wieder die Angst ...«[6] Der Schriftsteller F. Scott Fitzgerald steuerte ebenfalls eine psychologisierende Erklärung bei. Er hatte schon seit 1927 Anzeichen gesteigerter Nervosität wahrgenommen, die sich in der Popularität von Kreuzworträtseln niederschlugen. Schließlich gab es noch die Astrologen, die eine bestimmte Konstellation der Gestirne für Wirtschaftskrisen verantwortlich machten.

War es schwierig, die Ursachen des Bankenkrachs schlüssig zu erklären, so fiel es noch schwerer, eine Erklärung für die langanhaltende Wirtschaftsdepression zu finden. Kommunisten sahen in der Dauerkrise die Lehre von den inneren

Widersprüchen des Kapitalismus bestätigt. Grotesker konnte man sich die wirtschaftliche Situation auch nicht vorstellen. Die Schlangen vor den Suppenküchen bildeten sich gewissermaßen im Schatten voller Getreidesilos. Im Westen schnitten Rancher ihren unverkäuflichen Schafen die Hälse durch und warfen sie in die Canyons. Die Ernte aus den Obstplantagen und Orangenhainen wurde unter Produktionskosten verkauft. Im Staat Mississippi kam an einem Apriltag des Jahres 1932 ein Viertel der Farmen unter den Hammer. In Kentuckys Harlan County aßen die von Armut gebeutelten Bergarbeiterfamilien wilde Kräuter. Städter verloren ihre Wohnung, weil sie die Miete nicht aufbringen konnten. In Manhattan lebte ein Ehepaar in einer Höhle des Central Park.[7]

Die Löhne waren schneller gefallen als die Preise – innerhalb von drei Jahren um 55 Prozent –, während die Dividenden zumindest während der ersten beiden Depressionsjahre auf gleichem Niveau gehalten werden konnten: Geld verkaufte sich immer noch besser als Arbeit. Zur symbolischen Figur der Zeit wurde der arbeitslose junge Familienvater, der an den Straßenecken der Großstädte Äpfel oder Luftballons feilbot. Trotz der hohen Arbeitslosenziffern wollte Präsident Hoover vom Prinzip der lokalen Verantwortlichkeit für das Fürsorgewesen nicht abrücken. Damit befand er sich im Einklang mit der Verfassung und mit der herrschenden Ideologie. Die Bundesregierung half einem Bürger notfalls in seiner Rolle als Produzent, um die Produktion wieder anzukurbeln, nicht aber in seiner Rolle als Konsument des Produzierten.[8]

In Pennsylvania lebte ein Drittel der Bevölkerung von der Fürsorge. In Chicago waren 40 Prozent der Einwohner oder 700000 ohne Arbeit. Das Nationaleinkommen schrumpfte zwischen 1929 und 1932 um die Hälfte. 1933 war die Zahl der Arbeitslosen auf 12 bis 13 Millionen gestiegen. Hoover plädierte für eine Erneuerung des Vertrauens, aber der Volksmund nannte die Ansammlungen von Elendsquartieren aus Wellblech, Pappe, alten Türen und Ofenrohren *Hoovervilles. Hoover Wagons* hießen die Fahrzeuge, die vor allem im ländlichen Süden aus kaputten Autos zusammengebastelt wurden – mit ausgebautem Motor und einer Deichsel am Chassis. Über eine Million Menschen begaben sich auf die Wanderschaft, auf die Suche nach Arbeit, nach Abenteuern oder weil sie einfach ihrem Bewegungsdrang nachgaben, wie einer der besten Kenner der Epoche feststellte. Edmund Wilson beschrieb nach einer Reise durch Amerika unter dem Titel »The Jumping-Off Place« die Stadt mit der höchsten Selbstmordrate, das kalifornische San Diego an der Südwestgrenze der USA: »Man steht anscheinend vor dem letzten, blinden, vergeblichen Aufschäumen des großen amerikanischen Abenteuers. Diese Leute, denen man so lange ›go West‹ gesagt hat, wollen sie Armut, Krankheit, Fehlanpassung, Industrialisierung und Unterdrückung entgehen, sie entdecken jetzt im Westen, daß ihre Probleme und ihre Gebrechen geblieben sind und daß es kein Weiterkommen gibt.« Studs Terkel interviewte ein altes Ehepaar aus Iowa, das während der Wirtschaftskrise seine Läden hatte schließen müssen.

Der Arbeiter, der Farmer und der ehrliche Geschäftsmann verlangen von Spekulanten, Big Business und korrupten Politikern, daß die Karten neu gemischt werden – eine Karikatur von John Baer (1931)

»Sie haben wieder aufgemacht wann?« – »Wir haben keinen mehr aufgemacht.« – »Was haben Sie seither getan?« – »Herumgesessen.«[9]

In den großen Städten verdingten sich Männer aus Not als Fensterputzer, eine gefährliche Arbeit, die damals pro Tag drei Dollar einbrachte. »Ledge dancers« nannte man sie, und viele waren noch nach Jahrzehnten, als über Sechzigjährige, in diesem Beruf tätig. In Muncie (Indiana) und in anderen Städten stritten sich Männer und Frauen um Arbeitsplätze. Krankenschwestern und Schauspielerinnen stellten sich vergleichsweise gut. Aber von Muncies acht Ärztinnen des Jahres 1920 praktizierte 1930 keine mehr. Eine Zahnärztin hatte aufgegeben, und einer einzigen Rechtsanwältin standen 73 männliche Kollegen gegenüber. Sogar die Zahl der Lehrer wuchs schneller als die der Lehrerinnen. Die Scheidungsrate fiel, das überraschte nicht, doch auch die Heiratsquote nahm ab. Dies vermutlich deshalb, weil die Arbeiterklasse von der Krise zuerst und härter getroffen wurde und nicht mehr über die Mittel zu einer Familiengründung verfügte. Besonders empfindlich spürten die Krise ohnehin schon unterprivilegierte Minderheiten, alte, kranke und arme Menschen. Im texanischen Houston nahm die Verwaltung Fürsorgeanträge von schwarzen oder mexikanischen Bewerbern gar nicht erst an. »I grab the first thing smokin'« sagte der Schwarze, der davon träumte, mit der Eisenbahn in den industriellen Norden zu fahren. Statt Arbeit, Brot und Gleichheit fand er bittere Not vor. »Die Müllabfuhr ist da«, ließ Redd Foxx einen schwarzen Familienvater sagen, »sie soll lieber was hierlassen.« Und das war gar nicht stark übertrieben. In Oklahoma tauchte der Vorschlag auf, Restaurantbesitzer sollten die Tellerreste in Behältern sammeln und Arbeitslosen geben, die sich durch Holzhacken einen Anspruch darauf erworben hatten. In New York war jedes fünfte Schulkind unterernährt, in Oklahoma City und in Minneapolis kam es zu »Hungerkrawallen«, während neben den Eisenbahnlinien das Getreide verschimmelte.[10]

Henry Adams hatte sich einmal eine Zeit vorgestellt, in der die Menschen ohne Not und Angst lebten und dazu ausgerechnet die 1930er Jahre ausersehen. Niemals vor und nicht mehr seit den dreißiger Jahren haben die Amerikaner derart tiefe Zweifel an ihrer Lebensform gehegt. Die Krise der Wirtschaft hatte eine Krise des Amerikanismus heraufbeschworen. Das Vertrauen in die magischen Fähigkeiten des Businessman war geschwunden. An den primitiven Aufstiegsmythos von der Gosse in die Paläste der Rockefellers wollte niemand mehr so recht glauben. Der in Schriften wie *Cheer Up! Better Times Ahead!* propagierte Optimismus wirkte unecht und billig. Man mußte zugeben, in einem Land zu leben, in dem Menschen verhungerten. In der Zeitung konnte man lesen, daß es verwahrloste Kinder gab, denen die Würmer aus den Nasenlöchern krochen. Es gehörte eine Portion Unverfrorenheit oder eben Sentimentalität dazu, unter diesen Umständen die Depressionsjahre als eine kreative, lebendige und warmherzige Zeit zu bezeichnen.[11]

Amerikaner stellten sich die Frage, ob Amerika wirklich anders war als Kanada oder Australien, ob man Kansas City wirklich den Vorzug vor Montreal oder

Sidney geben mußte oder ob es nicht besser gewesen wäre, gleich in Europa geblieben zu sein. Schwere und Dauer der Wirtschaftskrise drohten dem amerikanischen Volk das Gefühl der Einzigartigkeit zu nehmen. Die politische Reaktion auf die Krise kam Europäern allerdings wieder sehr eigentümlich vor, nämlich phlegmatisch. Von Revolution sprach man eher beiläufig, wie von den Wetteraussichten. Die Kirchen fanden keinen nennenswert größeren Zulauf. Die Wahlbevölkerung gab 1932 den Kommunisten nur 120000 Stimmen, Sozialisten fanden weniger Echo als 1912 oder 1920, die Populisten mobilisierten ganze vier Wähler. Keine der 26 »dritten« Parteien brachte das Zweiparteiengefüge ins Wanken. Hoovers erfolglose Politik ließ den Republikanern keine Chance, mochte der Autokönig Ford in seinen Fabrikhallen auch für sie werben. Durch das brutale Vorgehen der aktiven Soldaten MacArthur und Eisenhower gegen arbeitslose Kriegsveteranen des »Bonus March« hatte die amtierende Regierung weitere Sympathien verspielt. Die Wahlen gewannen mit haushoher Überlegenheit die Demokraten und ihr Präsidentschaftskandidat, der zweite Roosevelt.[12]

Franklin D. Roosevelt

Sieben Wochen brauchten die Eltern von Franklin Delano Roosevelt, bis sie sich auf einen Namen für ihren neugeborenen Sohn geeinigt hatten. Die Mutter hielt Franklin mehr für einen Delano, ihr Mädchenname, als für einen Roosevelt. Der Vater James Roosevelt war doppelt so alt wie seine Frau Sara und hatte bereits einen Sohn in ihrem Alter. Franklin Roosevelt wuchs in wohlhabender Umgebung heran, betreut von einem halben Dutzend Dienstboten. Die Eltern mußten seinetwegen ihr gesellschaftliches Leben nicht einschränken. Auf viele ihrer Reisen haben sie den Sohn mitgenommen. Ehe er fünfzehn wurde, hatte er schon acht monatelange Europareisen hinter sich. Obwohl er oft kränkelte oder in kindlicher Wut Glas zerbiß, scheint seine Erziehung doch auf die richtige Mischung von Freiheit und Kontrolle hinausgelaufen zu sein. Er gewann Selbstachtung ohne Selbstüberschätzung, fürchtete sich nicht vor Fremden und war doch auf der Hut vor ihnen. Im Alter von 14 Jahren hatte er bei der Mutter energisch auf Autonomie gepocht und ihr geschrieben: »Bitte treffe keine Vorkehrungen mehr für mein zukünftiges Glück.«

Roosevelt besuchte die exklusive Groton School, bezog danach Harvard, wo er sich durch soziales Engagement hervortat. In der Universitätszeitschrift *Crimson* trat er für Reformen auf dem Campus ein. Den nächsten Studienabschnitt an der Juristischen Fakultät der Columbia-Universität beendete er ohne Examen, schaffte aber die Zulassung als Rechtsanwalt und trat einer Anwaltsfirma bei. Als 28jähriger zog er in den Senat des Staates New York ein, unterstützte die Kandidatur Woodrow Wilsons und wurde unter seiner Präsidentschaft Staatssekretär im

Marineministerium. Durch den Sieg Hardings schien seine politische Karriere beendet, denn er hatte sich bei den Demokraten um die Vizepräsidentschaft beworben. 1921 büßte er durch Kinderlähmung seine Gehfähigkeit ein. Er konnte sich fortan nur noch mühsam auf Krücken oder im Rollstuhl fortbewegen und mußte bei vielen Gelegenheiten auf dem Arm getragen werden wie ein Kind. Roosevelt hat sein Gebrechen mit Selbstdisziplin und auch mit Humor bewältigt.

Franklin Delano Roosevelt (1882–1945)

Flotte Sprüche wie »Das ist lustig wie 'ne Krücke« oder »Tut mir leid, ich muß jetzt losrennen« am Ende eines Gesprächs kamen ihm scheinbar leicht über die Lippen. Selten hat er sich so eine Blöße gegeben wie auf einem Parteikongreß, als er hingefallen war und seinen Mitarbeitern zuzischte: »Sammelt mich auf!« Die Öffentlichkeit sollte seine Behinderung möglichst nicht wahrnehmen, was freilich nur mit der Kooperation der Pressefotografen gelang. Eigens für den rollstuhlfahrenden Präsidenten wurden überall in Washington Rampen errichtet, aber er war »emotional verkrüppelt«, unfähig, jemandem wirklich nahezukommen. Am Ende holten ihn depressive Stimmungen ein, da verlor er dann auch das Interesse am Erhalt seiner körperlichen Gesundheit.[13]

Politisch gefördert wurde Roosevelt in den zwanziger Jahren von der demokratischen Präsidentschaftshoffnung Alfred Smith, der ihn dazu ermutigte, für den Posten des New Yorker Gouverneurs zu kandidieren. In diesem Amt profilierte sich Roosevelt mit einer Reihe von Reformprogrammen, darunter das erste umfassende System seines Landes zur Arbeitslosenunterstützung. Im Rennen um die Präsidentschaftskandidatur der Demokraten gab er seinem politischen Ziehvater Al Smith das Nachsehen, im November 1932 gewann er die Wahl gegen den Republikaner Hoover. Kurz nach den Wahlen feuerte ein Attentäter fünf Schüsse auf ihn ab, tötete den neben ihm sitzenden Chicagoer Bürgermeister Anton Cermak und erklärte nach seiner Festnahme, er hätte wegen seiner Magenschmerzen mit Kapitalisten eine Rechnung zu begleichen.

Kein Präsident seit Lincoln hatte sein Amt zu einem derart kritischen Zeitpunkt übernehmen müssen wie Roosevelt. Mit seiner Rede zur Amtseinführung gelang ihm eine erste Bewährungsprobe. Mit der Formel »the only thing we have to fear is fear itself«* erwarb er sich inmitten von Hoffnungslosigkeit und Panik ein Stück Vertrauen, das Hoover mit inhaltlich identischen, aber rhetorisch lahmen Appellen versagt geblieben war. Auf seine Rede erhielt er fast eine halbe Million Zuschriften. Ein Firmenchef forderte seine Angestellten zum Aktivismus auf: »Präsident Roosevelt hat seinen Teil beigetragen: jetzt tut ihr auch mal was. Kauft etwas, egal was und wo; streicht eure Küche neu, gebt ein Telegramm auf, schmeißt eine Party, kauft ein Auto, zahlt eine Rechnung, mietet eine Wohnung, repariert das Dach, geht zum Friseur oder ins Kino oder auf Reisen, singt ein Lied, heiratet. Es ist egal was ihr macht – nur: setzt euch in Trab und haltet euch ran. Diese alte Welt setzt sich nämlich wieder in Bewegung.«[14]

Roosevelt war ein Meister der öffentlichkeitswirksamen Selbstdarstellung. Er konnte »my old friend« in elf Sprachen sagen und hat sich einmal damit gebrüstet, die Verfassung von Haiti selbst geschrieben zu haben, was nicht stimmte. Verfasser

* »Es ist nichts zu fürchten als die Furcht« hatte Ludwig Börne schon 1862 geschrieben.

der ersten Inaugurationsrede war der Collegeprofessor Raymond Moley gewesen. Roosevelt schrieb das getippte Manuskript eigenhändig ab, um Biographen und Nachwelt zu täuschen.[15] Roosevelt-Reden entstanden in Teamarbeit nach den Kriterien einer Werbeagentur. Weisungsgemäß mußten die Ghostwriters den »God stuff« einbauen, was an Thorstein Veblen erinnert, der Religion in Amerika als »verkäufliche Imponderabilien« eingestuft hatte.

Nach dem Fehlurteil des Kolumnisten Walter Lippmann war Roosevelt ein netter Mensch, brachte jedoch fürs Weiße Haus keine »wichtigen Qualifikationen« mit. Von wirtschaftlichen Dingen verstand er wenig, erkannte John Maynard Keynes nach einem Gespräch. Ein Berater mußte sich sehr wundern, als Roosevelt zwei konträre Vorschläge zur Schutzzollpolitik mit den Worten »bringt sie unter einen Hut« weitergab. Aber gerade die Fähigkeit, sich nicht zur Unzeit festlegen zu lassen, machte sein politisches Genie aus. Seine Mitarbeiter haben übereinstimmend von seiner unverwüstlichen Heiterkeit berichtet und von einer schier unmenschlichen Widerstandsfähigkeit, aber auch von seiner Undurchdringlichkeit. Er schien drei oder vier verschiedene Persönlichkeiten in sich zu vereinen, die sich aber nicht gegenseitig behinderten, sondern die er, wenn nötig, ganz abrupt zu seinem jeweiligen praktischen Vorteil einzusetzen wußte – konfliktscheu oder rabiat, unentschlossen oder skrupellos. Als erster Präsident konnte er über Radio direkt mit 30 Millionen Haushalten in Kontakt treten, eine technische Möglichkeit, die er für seine *fireside chats* nutzte. Volksnahe Beurteilungen mußte er sich nicht gewaltsam abringen. Den Russen, sagte er, könne man den »American way of life« am besten mit einem Katalog des Warenhauses Sears-Roebuck erklären. Die Beantwortung von Zuschriften der Bürger – bis zu 8000 pro Tag – ließ er neu organisieren. Ein elektrischer Brieföffner wurde angeschafft, ein Stab von 50 Leuten setzte Antwortschreiben auf. Bald wurden die Briefe nicht mehr gezählt, sondern die Höhe der Stapel gemessen. George Gallup erkannte, daß der Erforschung der öffentlichen Meinung mehr Gewicht zukam und gründete 1935 das *American Institute of Public Opinion.*

Roosevelt war ein großer Sammler von Briefmarken, seltenen Büchern und Schiffsmodellen und umgab sich mit Erinnerungsstücken aller Art. Für einen modernen Menschen war er erstaunlich abergläubisch. Stühle an einem Tisch umzustellen, brachte nach seiner Meinung Unglück. Er zeigte eine eher akustische Orientierung, lernte lieber durch Zuhören als durch Lesen. Vielleicht waren diese Eigenschaften mitentscheidend für Roosevelts politische Leistungen auf dem Gebiet der sozialen Sicherheit, die zumindest für amerikanische Verhältnisse von bahnbrechender Bedeutung waren. Die Geschichtsschreibung neigt dazu, Roosevelt zu den aktiven und positiven Präsidenten zu rechnen.[16] Sein Bild in der Geschichte ist freilich noch nicht festgelegt. Allein in der Roosevelt Library in Hyde Park auf Long Island lagern 45 Tonnen Dokumente. Seine Taktik in den Jahren vor dem Kriegsausbruch ist noch nicht im einzelnen geklärt. Die von

Hoover erfundene, von Roosevelt popularisierte »Good Neighbor Policy« gegenüber Lateinamerika wird heute eher kritisch beurteilt.

»Ich verspreche euch und verpflichte mich auf einen new deal für das amerikanische Volk«, sagte Roosevelt bei der Annahme seiner Nominierung zum Präsidentschaftskandidaten. Ein Karikaturist griff die beiden Wörter »new deal« auf, denen Roosevelt angeblich gar keine besondere Bedeutung zugemessen hatte; wenig später waren sie in aller Munde. Womöglich wurde das Schlagwort aber einer Karikatur von John Baer aus dem Jahr 1931 entnommen: Der Spekulant, der Konzernherr und der korrupte Politiker spielen Karten gegen den aufrechten Geschäftsmann, den Farmer und den Arbeiter. »Wir fordern einen New Deal«, sagen die ehrlichen Spieler, die Karten sollen neu gemischt, die Chancengleichheit hergestellt werden. Geht man noch ein paar Jahre zurück, findet man 1924 eine Devise, mit der ein Bürgerkomitee den progressiven Politiker Robert LaFolette unterstützte: »Wir glauben, daß die Zeit für einen new deal gekommen ist.«[17]

Seiner politischen Erziehung nach war Roosevelt ein Progressivist. Überkommene soziale Übel ließen sich seiner Meinung nach durch die richtigen Gesetze abstellen. So gesehen befand er sich in der gleichen Ausgangssituation wie Woodrow Wilson. In seinen Wahlkampfreden beklagte Roosevelt die Monopolisierung des Wirtschaftslebens durch sechshundert große Firmen, die zwei Drittel des Marktes beherrschten, während zehn Millionen kleinere Unternehmer sich in das letzte Drittel teilten. Er kritisierte die Prinzipien des klassischen Wirtschaftsliberalismus und des Sozialdarwinismus. Die Philosophie des laissez-faire habe das Gesetz des Dschungels zum Nutzen des »so-called fittest« heraufbeschworen. Den Gerichtshöfen, die ein Gesetz zur Arbeitsunfallversicherung für verfassungswidrig erklärt hatten, warf er vor, in Begriffen des 17. Jahrhunderts zu denken. Kein Verständnis konnte er für die Anhänger des »letting things alone« aufbringen, wenn sie sozialfürsorgerische Maßnahmen als paternalistisch abqualifizierten. »Also gut, wenn das paternalistisch ist, dann bin ich eben ein Vater.«[18]

Währung und Arbeitsmarkt

Der New Deal bestand aus einem wirtschafts- und sozialpolitischen Reformprogramm, mit dem ab 1933 die seit 1929 andauernde Wirtschaftskrise behoben und katastrophale Bewegungen im Konjunkturzyklus künftig unterbunden werden sollten. Zu diesem Zweck mußten die Sparer geschützt, die Agrarpreise beeinflußt, Arbeitsplätze geschaffen und der Wettbewerb geregelt werden. Um die Flaute zu beenden, blieb der Regierung nur eine Möglichkeit: Geld in die Wirtschaft zu pumpen. Sie konnte dies an zwei Stellen tun. Entweder an der Spitze der Wirtschaftshierarchie, in der Erwartung, daß das Kapital nach unten sickert, oder an der Basis, in der Hoffnung, daß die Gelder von den unteren Einkommensschichten nach oben steigen. Roosevelt entschied sich zunächst für die erste Methode, das *pump priming*. Wasser wurde von oben in die Pumpe gegossen, damit sie anfängt zu arbeiten. Mit *deficit spending*, also der Überziehung des Haushalts, mit öffentlichen Investitionen als Ergänzung einer aktiven Preispolitik, der Abwertung des Dollars, der Wiederbelebung und Ausdehnung des Kreditwesens, der Anhebung der Löhne, einer verbesserten Armenfürsorge, der Ankurbelung der Bau- und Energiewirtschaft und der Reaktivierung des Außenhandels – mit alledem erhob der New Deal den Staat zum eigentlichen Träger der Konjunktur.

Die Zahl der Bankpleiten machte es schwer, an die selbstregulierenden Kräfte der freien Wirtschaft zu glauben, sofern man davon ausging, daß Banken nicht fallieren sollten. In den ersten Monaten des Jahres 1933 lief wieder eine Panik durch die Banken. Kunden holten ihre Goldreserven aus den Schließfächern, horteten sie privat oder schafften sie nach Europa. Am Tage von Roosevelts Amtsantritt waren die Banken in 38 Staaten geschlossen, die übrigen wickelten ihre Geschäfte auf »eingeschränkter Basis« ab. Kaum vereidigt, ließ der Präsident vier Bankfeiertage einlegen und wies die Mitglieder des *Federal Reserve System* an, ihre Dollarvorräte gegen andere Währungen einzutauschen. Im *Emergency Banking Act* sanktionierte der Kongreß nachträglich die Währungsmaßnahmen Roosevelts, der bei seiner Amtsübernahme die Geldwechsler massiv angegriffen hatte. Die Regierung beaufsichtigte ab jetzt die Goldtransaktionen und das Spiel mit fremden Währungen. An eine Verstaatlichung des Bankwesens wagte man sich nicht heran; die Gesetzesvorlage war im wesentlichen von Bankiers ausgearbeitet worden.[19] Eine Reform des *Glass-Steagall Banking Act* trennte ab Juni 1933 Investment- von Handelsbanken. Die Kreditaufnahme zu Spekulationszwecken wurde eingeschränkt. Im Sinne des Sparerschutzes sicherte eine *Deposit Insurance Corporation* der Bundesbank persönliche Einleger gegen Bankpleiten ab. Der *Securities Exchange Act* (1934) suchte die Manipulation der Börse durch Bracheninsider unter Kontrolle zu bringen.

Der New Deal strebte durch eine von der Regierung erzeugte Inflation die Wiederherstellung des Wohlstands an. Im *Gold Reserve Act* (1934) rückten die Vereinigten Staaten vom Goldstandard ab. Der Dollar wurde auf 59,06 Cent abgewertet, indem man den Goldpreis auf 35 Dollar pro Unze heraufsetzte. Mehr Gold floß jetzt aus dem Ausland herein; es wurde in Fort Knox (Kentucky) gehortet. Durch die Verbilligung des Dollars waren drei Milliarden Dollar »gewonnen«, wovon man sich eine stimulierende Wirkung erhoffte. Die Währungsreform lockte einige Exilschriftsteller ins Land zurück, darunter Harold Stearns, der sich vormals von der »Kulturarmut« seines Landes abgewandt hatte. Das billige Geld brachte nicht die erwünschte Wirkung auf dem Arbeits-, Kredit- und Agrarmarkt. Nach 1934 gaben die New Dealers ihre Versuche auf, mit Währungsmanipulationen eine inflationistische Entwicklung einzuleiten. Stattdessen wurden die Kredite an Privatunternehmen erweitert. Die Preise sollten jetzt durch vermehrte Regierungsausgaben hochgetrieben werden. Mit John Maynard Keynes teilte man die Überzeugung, daß Sparen in die Stagnation führe. Privatleute sollten Erspartes zirkulieren lassen, die öffentliche Hand die Wirtschaft durch *deficit financing* ankurbeln, also durch das Ausgeben von Geld, das man noch nicht hatte. Daß bei einer zu hohen Inflation ein Chaos ausbrechen konnte, dessen war man sich bewußt. Aber ein Beschneiden der Regierungsausgaben, das sollte sich zeigen, bewirkte eine neuerliche Rezession.[20]

Das drängendste Problem nach der Rettung der Währung war die Bekämpfung der Arbeitslosigkeit. Jeder vierte Erwerbsfähige war ohne Beschäftigung. Um der dreizehn bis fünfzehn Millionen Erwerbslosen Herr zu werden, setzte Roosevelt in der Woche nach seinem Amtsantritt die *Federal Emergency Relief Administration* (FERA) ins Werk. Unter der Leitung des unkonventionellen Sozialarbeiters Harry Hopkins vergab diese Behörde zur Arbeitsplatzbeschaffung 500 Millionen Dollar als *matching grants* (Dotationsauflagen) an die Bundesstaaten. Die *Civil Works Administration* (CWA) baute unter der Regie des Bundes Straßen, Schulen und Flugplätze, legte Spielplätze und Sportstadien an – ein kostspieliges Programm, das nach dem Winter 1933/34 eingestellt oder wieder in die Hände der FERA gelegt wurde.

Im Juni 1933 etablierte sich zur Stabilisierung des Arbeitsmarktes die *National Industrial Recovery Administration* (NIRA). Die Präambel des dazugehörigen Gesetzeswerkes beschwor eine »konzertierte Aktion von Gewerkschaften und Unternehmen mit angemessenen Regierungsmaßnahmen, um unfairen Wettbewerb zu begrenzen«. Die Unternehmer waren aufgefordert, sich eigene Statuten über die Preis- und Lohngestaltung zu geben, die *Fair Practice Codes.* Der Staat reservierte sich das Recht, diese Codes abzulehnen und unter Paragraph 7a eigene Vorstellungen zu Tarifverhandlungen, Mindestlöhnen und Arbeitszeit einzubringen. Vorbild für die NIRA war der *War Industries Board,* der Menge, Qualität und Preise von Industriegütern festgelegt hatte. Die kriegsbedingte Standardisierung hatten Unternehmer damals von Vorteil gefunden. Warum sollte nicht auch im Frieden ein gewisses Maß an Planung dem Hund-frißt-Hund-Prinzip vorzuziehen sein? Zudem hatte der Staat Zugeständnisse gemacht, was Fusionen anlangte. Großunternehmen durften die geltenden Antitrustbestimmungen ignorieren. Zusammenschlüsse wurden erlaubt, sofern die daraus resultierenden Handelsbeschränkungen »vertretbar« waren. Denn der Wettbewerb sollte auf eine vernünftige Basis gestellt werden und nicht in den Ruin führen. Kollektive Aktion rangierte jetzt plötzlich vor individuellem Konkurrenzdenken. Als Nahziel wollte man das Preisniveau von 1926 wiederherstellen, zu den Fernzielen gehörten friedliche Beziehungen zwischen Arbeitnehmer und Arbeitgeber, zwischen Käufer und Verkäufer, zwischen Einzelhändler und Großunternehmer. Befürworter des Systems räumten Ähnlichkeiten mit dem deutschen Kartellsystem ein. Gegner

Onkel Sam bringt als Lokomotivführer die Wirtschaft wieder in Schwung – ein Poster der National Industrial Recovery Administration

apostrophierten die NIRA als »Handelskammerfaschismus«. Wirtschaftshistoriker erkannten tendenziell ebenfalls die Nähe zu den korporativen Bestrebungen des Faschismus.[21]

Die Leitung der Behörde wurde General Hugh Johnson übertragen, einem Juristen und Absolventen der Militärakademie Westpoint. »Eye-gouging, knee-groining, ear-chewing« sollte es im Geschäftsleben künftig nicht mehr geben, sagte der urige und optimistische Johnson, dem freilich klar war, daß das Streben nach wirtschaftlich fairem Wettbewerb einer Sisyphusarbeit gleichkam. Die Arbeitgeber waren aufgerufen, für angemessene Arbeitsbedingungen zu sorgen. Jeder Wirtschaftszweig hatte sich einen eigenen Code zu geben, ob die Tierhaarindustrie mit 45 oder die Einzelhandelsbranche mit 3,5 Millionen Arbeitern. Der Code richtete sich nach dem Produkt, und so gaben sich die Hundenahrungsfabrikanten Code 450, die Schulterpolsterhersteller Code 262. Als erste meldete die Textilindustrie Vollzug. Kooperierende Firmen erhielten als Zeichen den »Blue Eagle«. Der bürokratische Aufwand war beträchtlich. Es bedurfte einiger Diskussionen, ehe geklärt war, ob Gummibälle den Sportgeräten oder Spielzeugwaren zuzuschlagen waren. Der moralische Anreiz blieb weniger zugkräftig als erhofft, zumal der nach wie vor populäre Henry Ford sich sträubte mitzumachen. Roosevelt wurde bestürmt, das Zeitungsaustragen von den Bestimmungen auszunehmen und nicht als Kinderarbeit einzustufen. Schließlich gehörte der Zeitungsjunge zum amerikanischen Traum. »Niemand kann behaupten«, schrieb eine besorgte Mutter nach Washington, »daß das Zeitungsaustragen unter Kinderarbeit fällt, und die Geschichte unserer lebenden und toten Männer zeigt, daß manch erfolgreicher Geschäftsmann seine ersten Erfahrungen als Zeitungsjunge sammelte.« Auch der Verband der Zeitungsverleger fürchtete, das Ideal des Selfmademan könnte Schaden nehmen. »Der Präsident sollte nicht zu einer Handlung getrieben werden, die für die amerikanische Jungenschaft tragische Folgen haben würde.«[22]

Die angestrebte Sanierung und Konsolidierung der Unternehmer stärkte letztlich die großen Firmen und führte zu mehr Konzentration. Die Wirtschaft erwies sich als unfähig, sich selbst zu regulieren oder einen Reformimpuls über längere Zeit durchzuhalten. In den Betrieben und Geschäften hatte man alte Untugenden fröhlich wiederaufleben lassen: irreführende Reklame, falsche Auszeichnung, Vertragsbruch, Preisabsprachen, Abwerbung. Als der Oberste Bundesgerichtshof knapp zwei Jahre später, im Mai 1935, NIRA für verfassungswidrig erklärte, war niemand besonders unglücklich darüber. Auch Roosevelt war nicht allzu bekümmert, sprach zwar despektierlich von »Wirtschaftsroyalisten«, wußte aber wohl, daß Gesetz und ausführende Behörde schlecht funktionierten und niemand das Symbol des »Blue Eagle« mit der Aufschrift »We Do Our Part« ernsthaft vermißte.[23]

Die zweite zentrale Behörde nach dem Industriereformgesetz, die *Public Works Administration* (PWA) unter Innenminister Harold Ickes operierte manchen zu behutsam, um wirklich stimulierend zu wirken, half jedoch beim Bau zahlreicher Schulhäuser, Gerichtsgebäude, Rathäuser und Kliniken. Der *Work Progress Administration* (WPA) nach dem *Emergency Relief Appropriation Act* (1935) unter der Leitung von Harry Hopkins wurde aufgetragen, nicht mit privaten Unternehmern zu konkurrieren, baute jedoch tausende von Krankenhäusern, Schulen, Spielplätzen, Postämtern, Bibliotheken, Brücken, legte Parks, Golfplätze und Landebahnen an. Der La Guardia Airport in New York ist ein Werk der WPA. Zeitweise war diese Behörde der größte Arbeitgeber der USA. Auch arbeitslose Musiker, Künstler, Schauspieler und Fotografen wurden unterstützt. Das Federal Writers' Project brachte etwa eintausend Publikationen heraus, das Federal Art Project förderte Maler wie Jackson Pollock und Willem de Kooning, das Federal Music Project half William Schuman. Bis 1939 existierte das Federal Theater Project, dessen Produktionen vielen zu radikal und subversiv vorkamen. Die Verwendung von »Federal« erinnerte an die »Reichs«-Manie unter Hitler, und manche der Projekte stellten nicht mehr als *boondoggling* vor, das heißt Beschäftigung um der Beschäftigung willen. Insgesamt war das Programm jedoch nützlich. Es hat freien Künstlern aus der ärgsten Not geholfen und das Kulturleben bereichert. Heute spricht man mit Respekt von dem Geleisteten. Damals entstandene Fotografien zählen historisch und künstlerisch zu den wertvollsten Aufnahmen.

Landwirtschaft, Naturschutz, Energiewirtschaft

Für eine staatliche Subventionierung der Landwirtschaft existierten Präzedenzfälle. Im *Carey Act* (1894) und im *Newlands Act* (1902) hatte der Bund Mittel für die Bewässerung bereitgestellt. Bis 1920 waren etwa 20 Millionen Morgen Land künstlich bewässert. Der Landwirtschaftsminister Mike Carleton hatte mit Weizensorten für semi-aride Gebiete experimentiert und hierzu um die Jahrhundertwende in Rußland Erfahrungen gesammelt. 1904 wurden die ersten *county agents* ernannt, landwirtschaftliche Berater, die zuerst in den Südstaaten eingesetzt wurden, nachdem ein Schädling die texanischen Baumwollfelder verheert hatte. Einige Jahre später traten *county agents* auch außerhalb der Südstaaten auf, weibliche Berater nahmen Kontakt mit Farmersfrauen auf, und unter Wilson wurde mit dem *Smith-Lever Act* (1914) das bestehende Netz mit Bundesmitteln unterstützt. Die Versorgung der Landwirte mit praktischen Informationen über Anbaumethoden, Schädlingsbekämpfung und Vermarktung machte den Hauptzweck dieses Programms aus.[24]

Die Bundesregierung hat sich also bereits vor dem New Deal aktiv um die Belange der Bauern gekümmert. In den dreißiger Jahren erging wegen der fallenden Agrarpreise erneut ein Hilferuf in Richtung Washington. Die Experten des New

Deal sahen das Grundübel in der landwirtschaftlichen Überproduktion. Folglich ging es ihnen primär um einen Abbau von agrarischen Überschüssen. Unter dem Stichwort »Produktionskontrolle« forderten *county agents* die Farmer der Südstaaten auf, bereits ausgesäte Baumwolle wieder unterzupflügen. Zur »Ausbalancierung« des Schweinemarkts wurden sechs Millionen Ferkel und 200000 Muttersauen geschlachtet und verscharrt. Landwirtschaftsminister Henry Wallace, der sich in der Weizenzucht einen internationalen Ruf erworben hatte, empfand die Kampagne hinterher als einen Zivilisationsskandal, gehörte aber gleichwohl einer Regierung an, die für Verkleinerungen der Anbauflächen Entschädigungen in Millionenhöhe zahlte. Freiwilliger Produktionsverzicht schien den New Dealers die bessere Lösung zu sein, denn höhere Erzeugerpreise hätten den Ausstoß künstlich stimuliert.[25] Gesetzlich gedeckt war diese Praxis durch den *Agricultural Adjustment Act* (AAA), der im Mai 1933 rasch verabschiedet wurde, um einen drohenden Farmerstreik abzubiegen. Ausgleichszahlungen sollten nur für die verminderte Produktion von »basic crops« geleistet werden. Dazu zählten anfangs Baumwolle, Weizen, Mais, Tabak, Reis, Milchprodukte und Schweinefleisch. Der Begriff wurde jedoch bald weitergefaßt und umschloß dann Gerste, Roggen, Flachs, Sorghum, Erdnüsse, Zuckerrüben, Zuckerrohr, Kartoffeln und Rindfleisch.

Die Partei der Demokraten bezog ihre Macht aus der Allianz zwischen agrarischen Südstaatlern und den demokratischen Parteimaschinen des Nordens. Roosevelt mußte sich mit den Vertretern südstaatlicher Agrarinteressen gut stellen, wollte er politisch bestehen. Nicht aus Zufall hatte er den Texaner John Garner zu seinem Vizepräsidenten erkoren.[26] Nicht weniger als siebzehn Kongreßausschüssen saßen Südstaatler vor, die den Präsidenten fast unablässig mit ihren Sonderwünschen bedrängten. Der Alte Süden war nach wie vor eine Region markanter Klassenunterschiede, und das gesellschaftliche Prestige hing vom Landbesitz ab. In einem typischen County besaßen von 2000 Farmern nur 400 ihr Land selbst. Von diesen 400 nannten 36, darunter zwei Schwarze, die Hälfte des gesamten verfügbaren Agrarbodens ihr eigen. Durch eine gezielte Heiratspolitik wurde der Besitz in denselben Familien gehalten. Nur selten vermochten Pächter zu Grundeigentümern aufzusteigen. Mit der Mobilität nach oben war es in der Zeit unmittelbar nach dem Bürgerkrieg schon besser bestellt gewesen als seit 1885. Jetzt sorgten Mißernten, Schulden und Pfändungen für eine ausgeprägte Mobilität nach unten.[27]

Eine Pächtersfamilie des Tiefen Südens wohnte gewöhnlich in einer *cabin*, die aus einem Zimmer bestand, und einem *lean-to,* einem primitiven Anbau, in dem die Küche oder ein Schlafraum untergebracht waren. Man ernährte sich von Maisbrot, süßen Kartoffeln und fettem Schweinefleisch. Im Frühjahr traten turnusmäßig Versorgungsprobleme auf. Die Familie kaufte Lebensmittel auf Kredit vom Verpächter, die Verschuldung nahm ihren Lauf. Kleine Pächter, die *sharecroppers* oder *half-croppers,* die ihre Ernte zur Hälfte abliefern mußten, sind von den *landlords* immer wieder übervorteilt und durch Manipulation der Konten richtiggehend betrogen worden. »Die Mobilität des Pächters, seine Abhängigkeit, sein mangelnder Ehrgeiz, sein Wankelmut, seine Unbildung und Armut, die Lethargie seines von Pellagra befallenen Körpers, stellen bequeme Ausreden dar, ihn unter strikter paternalistischer Kontrolle zu halten.« Der Besitzlose sollte besitzlos bleiben, wer Schulden hatte, wurde daran gehindert, sie zu tilgen. Die Lebensmittelrationen pro Tag und Person lagen oft bei nicht mehr als fünfzig Gramm Fleisch, einem halben Pfund Maismehl und hundert Gramm weißem Mehl. Maisbrot und Zuckersirup waren manchmal die einzigen Nahrungsmittel, bis Ende Mai wieder das Gemüse in den Gärten heranwuchs. Erskine Caldwell berichtete aus Georgia, daß verarmte Pächter aus Not Schlangen, Kuhmist und Kalk aßen. In den Baumwollgebieten laugte die Monokultur den Boden aus und machte die Farmbevölkerung von der Verkäuflichkeit einer einzigen Ware abhängig. Einem schwarzen Pächter in Alabama, der seinesgleichen gegen die Ausbeutung um sich herum organisieren wollte, wurde das Leben so schwer gemacht, daß er zu Gewalt griff und für zwölf Jahre im Gefängnis verschwand.[28]

Die Agrarexperten des New Deal taten ihr Bestes, eine Landwirtschaftsreform zuwegezubringen. Die *Farm Credit Administration* (1933) bewahrte auf dem Tiefpunkt der Krise täglich dreihundert Farmer vor der Zwangsenteignung. Die *Resettlement Administration* (1935) begann damit, verarmte Kleinbauern und Pächter auf besseres Land umzusiedeln. Einmal sollte mit dieser Art Flurbereinigung ungeeigneter Boden anders genutzt, dann aber auch der Teufelskreis ländlicher Armut durchbrochen werden. Das Umsiedlungsprogramm wurde nach einigen Jahren eingestellt, weil der Vorwurf laut geworden war, es handele sich hier um ein sozialistisches, wenn nicht kommunistisches Experiment. Der Agrarbehörde war es nicht vergönnt, das südstaatliche Feudalsystem zu überwinden.[29]

Als der Oberste Bundesgerichtshof den *Agricultural Adjustment Act* im Januar 1936 aus Steuergründen für verfassungswidrig erklärte, reagierte der Kongreß mit dem *Soil Conservation Act* (1936) und einem zweiten Gesetz zur Anpassung der Landwirtschaft (1938). Die wichtigsten »cash crops«, nämlich Mais, Weizen, Baumwolle und Tabak, ruinierten den Boden. Eine Anbaubeschränkung verbesserte den Boden, also konnte sie subventioniert werden. Der *Domestic Allotment Act* (1936) sah Prämien für Landwirte vor, die Soja und Klee aussäten, statt Raubbau zu betreiben.

Der Indianerkenner George Catlin hatte die Einrichtung von Nationalparks vorgeschlagen, als er im Jahr 1832 eine Gruppe Sioux beobachtet hatte, die 1400 frische Büffelzungen gegen ein paar Gallonen Whiskey eintauschten. Der zivilisierten Wissenschaft dürfte es leichtfallen, sagte Catlin sarkastisch, den heillosen Appetit des weißen Mannes zu rechtfertigen. Rund zwanzig Jahre später schloß sich Henry David Thoreau der Forderung nach Nationalparks an. George Marsh beklagte in seinem Werk *Man and Nature* (1864) die Folgen der Entwaldung für das Wasserdargebot und stellte den Menschen als das einzige wirklich destruktive Lebewesen hin. Das Elend sei mit dem Übergang zum seßhaften Dasein gekommen, denn der wildlebende Nomade habe sich seine eigene Ökologie geschaffen, schrieb Marsh, der im Eifer den Widerspruch übersah, der ihm eine Seite später unterlief: »Es ist Zeit, unseren rastlosen Hang zum Wandel etwas abzumildern, der so charakteristisch für uns ist und uns eher zu Nomaden macht als zu einem seßhaften Volk.«[30]

1872 war der Yellowstone, 1892 der Yosemite National Park errichtet worden. Bis dahin hatte das zahlenmäßige Verhältnis zwischen Menschen und verfügbarem Land nicht gerade zur Förderung des Naturschutzgedankens beigetragen. Naturschützer waren als fortschrittsfeindliche Spinner verschrien. Mit der Veröffentlichung von Gifford Pinchots *The Fight for Conservation* (1910) deutete sich ein Umschwung an, aber auch der »Pinchotismus« war von vielen noch als unamerikanisch angesehen worden, weil er Rohstoffe »wegsperrte« und die persönliche Bewegungsfreiheit einschränkte. Das Verhältnis zur unberührten Natur war noch zu sehr von sentimentalen, unproduktiven Vorstellungen geprägt. Ein Mittvierziger namens Joseph Knowles kehrte 1913 nach sechzig Tagen Einsamkeit aus den Wäldern von Maine zurück, in denen er nackt und ohne Hilfsmittel überlebt haben wollte. Auf der Boston Common erwarteten ihn 20000 frenetisch applaudierende Zuschauer, sein Erlebnisbericht *Alone in the Wilderness* (1913) verkaufte sich in Hunderttausenden von Exemplaren.[31]

Amerikanische Naturschützer und Naturapostel waren nicht selten verkappte Expansionisten. Marsh bewunderte im Stillen die Freiheit der Nomaden. Pinchot gelangte zu der seltsamen Erkenntnis, das erste Prinzip der *conservation* sei *development*. Benton MacKaye, ein führender Naturschützer der zwanziger Jahre, stellte in *The New Exploration* (1928) die Potentialität als das Wesentliche hin, die spirituelle Gestalt und das Streben nach einer höheren Seinsform. Während es den Forschern alter Art nur um Aktualitäten gegangen sei, habe der neue, naturbewußte Entdeckertyp ein wahrer Scout und fähig zur *visualization* zu sein. Robert Marshall von der Bundesforstverwaltung verband sein Lob der Wildnis mit einem nahezu menschenfeindlichen Bekenntnis. Einer der größten Vorteile der Wildnis war seiner Ansicht nach der Anreiz zum unabhängigen Denken, das eben am ehesten fern von Mitmenschen gedeihe, die einen nur ablenken.[32]

Die Haltung des New Deal zum Natur- und Landschaftsschutz war realistischer. Sie war enger verwandt mit der kalten unromantischen Analyse, derer sich naturalistische Schriftsteller manchmal bedienten. Frank Norris hatte in *Octopus* (1901) den Farmern des Westens vorgehalten, über schlechte Zeiten zu jammern, nachdem sie den Boden mit Monokulturen erbarmungslos heruntergewirtschaftet hatten. Durch Rodungen, durch Überbeanspruchung und Unterpflügen von Weideland waren wüstenähnliche Bodenverhältnisse entstanden, eine *dust bowl*, eine Staubschüssel, aus der im Frühjahr 1933 gewaltige Sandstürme aufstiegen und gen Osten zogen. Ein Fruchtwechsel wurde unnötig, sagte der Volkshumor, tauschte doch der Wind die Böden aus. Aldo Leopold, ein ehemaliger Angehöriger des *U. S. Forest Service,* formulierte als Professor an der Universität von Wisconsin eine »Bodenethik«, die alle natürlichen Gegebenheiten einbeziehen sollte. Hugh Hammond Bennett, ein Farmersohn aus North Carolina, drängte die Bundesregierung, sich mit der Bodenerosion zu befassen und wurde unter Roosevelt zum Direktor des *Soil Conservation Service* (1935) berufen. Die Weichen für ökologische Maßnahmen waren in den zwanziger Jahren gestellt worden. Man wußte, daß gegen Bodenerosion, Waldbrände, Überschwemmungen etwas geschehen mußte, daß es galt, für den Artenschutz einzutreten, Nistplätze für Wandervögel einzurichten und freilebende Tiere vor sieben bis acht Millionen schießwütigen Jägern in Schutz zu nehmen. Aber erst unter den erweiterten Bundeskompetenzen des New Deal konnte eine wirksame Umweltpolitik ihren Anfang nehmen.[33]

Es paßte zu Roosevelts zupackendem Stil, daß er über die Einwände von Zauderern hinweg zwischen den Dakotas und Oklahoma als Windfang eine Doppelreihe von zwei Millionen Bäumen pflanzen ließ. Binnen acht Tagen wurde das *Civilian Conservation Corps* (CCC) geschaffen, eine Art Arbeitsdienst; dort wurden junge Erwerbslose zusammengezogen und für verschiedene gemeinnützige Zwecke eingesetzt. Sie forsteten Wälder auf, be- oder entwässerten Grundstücke, bauten Deiche und Brücken, errichteten Wachtürme zur Waldbrandverhütung und bekämpften Schädlinge in Wald und Flur. Zwei Millionen junge Burschen haben zwischen 1933 und 1942 an diesen Arbeiten teilgenommen, die monatlich mit dreißig Dollar entlohnt wurden. Militärische und zivile Stellen teilten sich die organisatorischen Aufgaben. Gegner des New Deal witterten die Nähe zur faschistischen Praxis, aber Roosevelt war überzeugt davon, mit dem CCC ein gemeinnütziges Werk gestiftet und eine große Revolution verhindert zu haben.[34]

Das von der Konzeption her kühnste Unterfangen des New Deal war die *Tennessee Valley Authority* (TVA), ein 1933 gestartetes Projekt mit einem Einzugsgebiet, das weit über das Tennesseetal hinausreichte. Der Tennessee River war bis dahin nur im Frühjahr ein raschfließendes Gewässer, im Sommer dagegen fast trocken. Durch eine Regulierung des Flußbetts sollten verschiedene Ziele erreicht werden: billigen Strom aus Wasserkraft erzeugen, einen neuen Preismaßstab für private Stromlieferanten setzen, die Überschwemmungsgefahr bannen, künstliche Bewässerung ermöglichen, Bodenerosion verhindern, Flüsse schiffbar machen und die Trinkwasserversorgung sichern. Im Kraftwerk Muscle Shoals, einer ehemaligen Munitionsfabrik, wurde im großen Stil Kunstdünger aus fossilen, phosphathaltigen Tierknochen produziert. Was in einem Land wie Norwegen schon seit langem selbstverständlich war, wurde jetzt auch für die Vereinigten Staaten Wirklichkeit: Farmhäuser, von denen erst zehn Prozent elektrisches Licht besaßen, wurden mit Strom versorgt. Eine Kilowattstunde kostete bei der TVA

2,14 Cents, im Bundesdurchschnitt dagegen 4,21 Cents (1938). Der billige Strom ermöglichte es den Obst- und Gemüsebauern, ihre Ernte einzufrieren und sie nicht mehr, aus Angst vor dem Verfaulen, zu Schleuderpreisen verkaufen zu müssen.

TVA als staatliche Behörde vermied so gut es ging Bürokratismus und Paternalismus. Eine Gemeinde sollte immer erst gefragt werden, ehe eine bestimmte Maßnahme durchgeführt wurde. David Lilienthal, der Direktor des Projekts, sprach von »grassroots democracy«. Nach seinen Vorstellungen war die Region von der Basis her umzugestalten. In Washington legte man Wert auf die Feststellung, daß mit staatlichen Eingriffen keine Sozialisierung, sondern eine Anstachelung privaten Unternehmungsgeistes intendiert war. TVA schuf Produktions- und Vermarktungsmöglichkeiten für 200 private Firmen. Die Wachstumsrate der Privatindustrie im Tennesseetal war größer als im übrigen Land. Der Erfolg der Privatunternehmer hing freilich von dem Profit ab, den TVA als Großfirma mit dem Verkauf von Energie und Kunstdünger erwirtschaftete.[35]

Anhänger des klassischen Wirtschaftsliberalismus hielten TVA für verfassungswidrig. Hoover hatte die Anfänge des Projekts bei Muscle Shoals als Degenerationserscheinung diskreditiert, denn seiner Ansicht nach durfte der Staat wohl ein Sandkorn aus der Profitmaschine entfernen, nicht aber regelrechte Planwirtschaft betreiben. Sobald der Staat dem Unternehmer vorschreibe, welche Geschäfte Gewinn bringen, welche nicht, würden die USA bald eine ungeahnte Tyrannei erleben.[36] Die Frage, ob die Bundesregierung noch auf dem Boden der Verfassung stehe, wurde bei nahezu allen Reformbemühungen des New Deal aufgeworfen. Lediglich der *Communications Act* (1934) und die Einrichtung der *Federal Communications Commission* (FCC) blieben vor solchen Einwänden bewahrt. Selbst der unbeugsamste Anhänger von laissez-faire wollte keinen Wellensalat erleben, wenn er sein Radio anstellte.

Brain Trust, Gewerkschaften, soziale Sicherheit

Roosevelt war kein Wirtschaftsfachmann. Über die intimsten Kenntnisse des Geldwesens verfügten die Herren der Wallstreet und orthodoxe Universitätsprofessoren. Eine unabhängige Koryphäe wie den Engländer Keynes gab es in Amerika noch nicht. Raymond Moley, Hugh Johnson, Donald Richberg und andere Helfer Roosevelts standen dem kapitalistischen System durchaus aufgeschlossen gegenüber. Der einzige, den man als Kollektivisten bezeichnen könnte, war Rexford Tugwell; er trat 1936 freiwillig zurück.

Fortschrittlich waren die Akteure des New Deal in dem Sinn, als ihnen die zwanziger Jahre wie eine Zeit leeren Getriebes vorkamen, eine Dekade des Eskapismus und der Scheinprobleme. Seit seinem ersten *fireside chat* fühlten sich jüngere Intellektuelle von Roosevelt angesprochen. Mit ihm als Ankerpunkt glaubten sie, aus der Desillusionierung herauszufinden und ihr Land wieder aufs richtige soziale Gleis bringen zu können. Eine fast nicht mehr überschaubare Zahl von Ämtern und Ausschüssen bot diesen Idealisten Brot und eine sinnvolle Betätigung. Wer für eine der neuen Behörden arbeitete, für CCC, AAA, FERA oder TVA, fand eine politische Temperatur vor, die nicht bloß zu Wahlzeiten kräftig anstieg, sondern ständig hochgehalten wurde, notfalls durch Pseudoereignisse, wie die Wahl einer »Miss NIRA«. Die Amtschefs in den Ministerien und Spitzenbehörden rotierten so rasch, daß die Angestellten im Scherz zueinander sagten: »Wenn der neue Chef anruft, laß dir ja seinen Namen geben.« Die Einzelstaaten konnten weder mit dem Tempo noch der Öffentlichkeitsarbeit der Roosevelt-Administration schritthalten und verloren als politische Instanzen an Bedeutung. Washington agierte über die Gouverneure und Staatsparlamente hinweg und setzte sich mit den Kommunen direkt ins Benehmen. Die geopolitische Distanz wurde umgekehrt. Der Bürger erhielt mehr Informationen aus der Bundeshauptstadt als aus seinem Heimatstaat oder aus seiner lokalen Gemeinde. In den Kinos wurde in Vierminutenfilmen für die »alphabetical agencies« und ihre Dienste geworben. Beim Eintritt in den Krieg setzte sich die Akademisierung der Verwaltung fort, ebenso der Abkürzungsfimmel für kriegswirtschaftliche Behörden: COA, OSS, OWI, BEW, FEW ... Nach dem Krieg mußte eine ganze Generation sich vorwerfen lassen, sprachlich vom Amtsenglisch der NIRA, der WPA, des Agitproptheaters und so fort verdorben worden zu sein.[37]

Zum »Vater des New Deal« hat man zeitweise den Juristen Louis Brandeis erhoben. Brandeis hatte seinen Aufstieg sorgfältig inszeniert und stets die richtigen Bekanntschaften geschlossen. Als karrierebewußter junger Industrieanwalt war er eifersüchtig darauf bedacht, daß die kapitalistische Klasse keinen Schaden nahm, als Direktor, Teilhaber und Rechtskonsulent einer großen Schuhmaschinenfabrik hatte er gegen Monopole gar nichts einzuwenden. Er war schon Millionär, als er in einer Rede mit dem Titel »Business – A Profession« (1912) den Studenten der Brown University erläuterte, mit betriebswirtschaftlichen und ethischen Grundsätzen ließen sich soziale Probleme nach und nach lösen und soziale Unruhen zum Verschwinden bringen. Als arrivierter Unternehmensberater behielt er zwei Drittel seiner Honorare für sich, ein Drittel ging an seine Juniorpartner. Die Gewerkschaften waren ihm gram, weil er für den Taylorismus eintrat. Als er 1916 zum Richter am Obersten Bundesgerichtshof ernannt wurde, hatte er bereits zwei Millionen Dollar zur Seite gelegt. Jetzt heizte er als Exponent des *Progressive Movement* dem Monopolkapitalismus kräftig ein. Der Wohlstand sei in der Vergangenheit von kleinen Leuten geschaffen worden, nicht vom Big Business. In der Zeit des New Deal gehörte er zu denen, die energisch eine Aufsplitterung der Kartelle verlangten. Von Washington aus, dem Zentrum der Macht, hielt er dazu an, lokaler Planung und dezentralen Entscheidungen den Vorrang zu geben.[38]

Roosevelt nannte Brandeis seinen Propheten Jesajah, dessen Rat er allerdings kaum in Anspruch nahm. Als es um die Verfassungsmäßigkeit des Industriereformgesetzes ging, stimmte Brandeis gegen Roosevelt: Im Fall *Schechter Poultry Corporation v. United States* (Mai 1935), gemeinhin »Sick Chicken Case« genannt, hatte ein Geflügelhändler aus Brooklyn sich unter anderem dafür zu verantworten, kranke Hühner in den Handel gebracht zu haben. Die Firma wurde ohne Gegenstimme freigesprochen. Eine nationale Krise, hieß es in der Urteilsbegründung, schaffe keine neuen verfassungsmäßigen Kompetenzen. Die Legislative habe mit dem *National Industrial Recovery Act* dem Präsidenten zuviel Macht an die Hand gegeben. Roosevelt konnte mit dem Urteil leben, da die Codes ohnehin nicht funktionierten. Enttäuscht war er allerdings, daß Brandeis gegen ihn gestimmt und ein Gesetz des New Deal zu Fall gebracht hatte.[39]

Ab 1935 faßte Roosevelt neue Ziele ins Auge, der New Deal wurde insgesamt humanitärer, liberaler, weniger businessgläubig. Die Einkommensteuer wurde erhöht, eine Steuer auf nicht ausgegebene Gewinne erhoben, ein gewerkschaftsfreundliches Gesetz verabschiedet. Mit einem Sozialversicherungsgesetz taten die USA ihre Absicht kund, sich in die Reihe moderner Sozialstaaten eingliedern zu wollen. Roosevelt suchte sich neue Berater aus, übertrug Ben Cohen und Tom Corcoran aus dem Umkreis von Felix Frankfurter wichtige planerische Aufgaben. Die Keynesianer Marriner Eccles und Alvin Hansen gewannen an Boden gegenüber Finanzminister Henry Morgenthau, der einem ausgeglichenen Haushalt den Vorzug gegeben hätte. Das Vertrauen der Regierung in den Kooperationswillen der Arbeitgeber war geschwunden, umgekehrt wurden die Unternehmer nach anfänglicher Begeisterung gewahr, daß mit staatlicher Hilfe unerwünschte, kostenverursachende Auflagen einhergingen. An der Wallstreet war Roosevelt unter der Bezeichnung »dieser Nichtsnutz im Weißen Haus« bekannt, konservative Geschäftsleute nannten ihn »that wild man in the White House« oder einfach »that man« oder »he«, weil sie seinen Namen nicht aussprechen wollten. Roosevelt verlagerte die Regierungshilfen von den Arbeitgebern auf die sozial Schwächeren. Die Finanzmittel sollten nun gewissermaßen von unten nach oben steigen. Diese Verschiebung wurde von vielen als Linksrutsch empfunden. Manche sprechen ab 1935 sogar von einem »zweiten« New Deal. Erst jetzt habe Roosevelt mit den sozialpolitischen Ankündigungen aus dem Wahlkampf richtig Ernst gemacht. Allzu tief war die Zäsur nicht, da Sozialversicherung und progressive Besteuerung schon während der Anfangsjahre im Konzept vorgelegen hatten. Immerhin sah sich Roosevelt genötigt, sein neues Programm gegen den Vorwurf des Kommunismus in Schutz zu nehmen.[40]

Die Reformpolitiker des New Deal haben sich um den Farmer intensiver gekümmert als um den Arbeiter. Trotzdem war der *National Labor Relations Act* vom Juli 1935, kurz *Wagner Act* genannt, für amerikanische Verhältnisse eine einschneidende gesetzgeberische Maßnahme. Nachdem der *National Industrial*

Recovery Act (NIRA) hinfällig geworden war, mußten die Beziehungen zwischen Arbeitern und Unternehmern gesetzlich neu geregelt werden. Der *Wagner Act* unterstrich das Recht auf gewerkschaftliche Organisation und legte das Vertretungsrecht bei kollektiven Tarifverhandlungen fest. Unsoziale Arbeitsbedingungen wurden definiert, der Arbeiter davor geschützt, auf schwarzen Listen geführt zu werden oder unter das Diktat separater Firmengewerkschaften zu geraten. Schon im Paragraphen 7a von NIRA hatte sich die Regierung hinter das Organisations- und Verhandlungsrecht gestellt, die Beitrittspflicht zu *company unions* verboten, Mindestlöhne und Höchstarbeitszeitdauer fixiert. Nur sind diese Vorschriften von den Arbeitgebern zu ihren Gunsten ausgelegt worden. Kollektive Verhandlungen waren erlaubt, individuelle Vertragsabschlüsse jedoch nicht untersagt, so daß Tarifgrenzen unterboten werden konnten. Der *Wagner Act* sprach hier eine deutlichere Sprache.[41]

Entlassungen, Lohnkürzungen und blanke Not hatten in der Arbeiterschaft eine Stimmung der Hoffnungslosigkeit erzeugt. Streiks wurden nach wie vor brutal unterdrückt. In Chicago schlug die Polizei erbarmungslos auf Streikende ein; es gab zehn Tote. Streikbrecher sind von den Arbeitgebern tageweise bezahlt worden. In Georgia hat man streikende Textilarbeiterinnen in Internierungslager gesteckt. In der Folklore spukten Helden der Arbeit herum, die sich freudig ausbeuten ließen, riesenhafte Holzfäller, wie Paul Bunyan, der seiner Geliebten vor Kraft drei Rippen bricht, als er sie umarmt, oder Joe Magarac, König der Stahlarbeiter, der sich in den Hochofen wirft, um die Qualität des Stahls zu verbessern. Nur, Holzfäller wußten nichts von Bunyan, Stahlkocher nichts von Magarac. In Idaho erzählte ein Holzhändler augenzwinkernd, er schicke bei Minustemperaturen seine Arbeiter ohne Jacken hinaus in die Wälder, dadurch erhöhe sich ihre Leistung.[42]

Roosevelt lehnte es ab, mit Gewalt gegen die Teilnehmer von *sit-down strikes* vorzugehen. Diese Haltung hat ihn Sympathien bei der gehobenen Mittelklasse gekostet, die immer noch dazu neigte, in kollektiven Aktionen von Arbeitern etwas Unamerikanisches zu sehen. Seit dem Urteil im Fall *Lochner v. New York* (1905) haben sich die Gerichte nur schleppend zu Arbeitnehmerrechten bekannt. Damals war ein Gesetz kassiert worden, das die Arbeitszeit in Bäckereien auf zehn Stunden begrenzte. Der Supreme Court hatte darin eine Verletzung der Vertragsfreiheit erblickt. Jetzt lagen den Bundesgerichten über einhundert Anträge auf einstweilige Verfügung gegen den *National Labor Relations Board* (NLRB) vor. Aber die Obersten Bundesrichter erklärten den *Wagner Act* für verfassungskonform, wenn auch bloß mit einer Stimme Mehrheit.

Unter dem *Wagner Act* machte die Gewerkschaftsbewegung gute Fortschritte. Der NLRB räumte mit den ohnmächtigen Firmengewerkschaften auf und ermöglichte den gewerkschaftlichen Zusammenschluß ungelernter Arbeiter in den Großindustrien. Aus dem *Committee for Industrial Organization* (1935) innerhalb der *American Federation of Labor* (AFL) entstand 1938 unter der Führung von John L. Lewis der *Congress of Industrial Organization* (CIO) als eigener Gewerkschaftsverband, der sich erst 1955 wieder mit der AFL aussöhnte. Ende der dreißiger Jahre zählten die Gewerkschaften elf Millionen Mitglieder und verfügten über mehr Macht als zuvor in ihrer Geschichte. Ursprünglich war der *Wagner Act* nur auf Handel und Wandel zwischen den Bundesstaaten anwendbar, aber bald gab es einzelstaatliche Vorschriften zum Arbeitsschutz, die sich am Bundesgesetz orientierten. Die Einzelstaaten nahmen nun auch eine offenere Haltung zum Verbot der Kinderarbeit ein. Die AFL plädierte 1937 für einen entsprechenden Verfassungszusatz. Kinder waren in den Depressionsjahren oft die einzigen Erwerbstätigen in der Familie, weil sie mit den niedrigsten Löhnen abgespeist werden konnten. 1930 waren zwei Millionen Arbeitsplätze mit 10- bis 17jährigen besetzt. Die Klauseln gegen Kinderarbeit im *National Industrial Recovery Act* und im *Agricultural Adjustment Act* waren mit diesen Gesetzeswerken für verfassungswidrig erklärt worden. Der *Fair Labor Standards Act* (1938) setzte nun eine allgemeine Altersgrenze bei 16, für gefährliche Arbeiten bei 18 Jahren ein. Eine Klage der Unternehmer gegen dieses Gesetz wurde abgewiesen.[43]

Der *Social Security Act* vom August 1935 markiert den Beginn eines nationalen Sozialversicherungssystems in den USA. Finanziert wurde dieses System aus Abgaben, die zu gleichen Teilen von Arbeitnehmern und Arbeitgebern erhoben wurden. Wer im Alter von 65 Jahren aus dem aktiven Berufsleben ausschied, erhielt je nach Verdienst eine Rente zwischen 10 und 85 Dollar. An das System gekoppelt war eine Arbeitslosenversicherung sowie staatliche Beihilfen für erwerbslose alte Menschen, Mütter mit Kindern, Behinderte und Blinde. Konservative Kritiker hielten das System für unamerikanisch. »Es wird dem amerikanischen Leben seine ganze Romantik nehmen«, fürchtete ein Senator aus New Jersey. Aber bereits nach wenigen Jahren waren 40 Millionen Amerikaner mit *Social Security Cards* ausgerüstet; es bestand praktisch Beitrittspflicht.

Die Autoren des Gesetzes hatten ihr Werk mit einer Präambel versehen: »Ein Gesetz im Sinne des Allgemeinwohls ...« – ein Wink mit dem Zaunpfahl, denn in der Verfassung war ebenfalls vom Allgemeinwohl die Rede. Der Supreme Court verstand und bestätigte die Verfassungsmäßigkeit. Der Begriff des Allgemeinwohls dürfe nicht statisch interpretiert werden, meinte das Gericht. Was vormals auf eine kleine Gemeinde begrenzt blieb, könne jetzt mit dem Wohlergehen der ganzen Nation zu tun haben. Also sei der Staat berechtigt, gezielte Fürsorgemaßnahmen zu ergreifen.[44]

Mit dem *Social Security Act* war es Roosevelt gelungen, radikalere Sozialprogramme von links und von rechts erfolgreich abzufangen und Konkurrenten wie Upton Sinclair in Kalifornien oder Huey Long aus Louisiana den Wind aus den Segeln zu nehmen. Dr. Francis Townsend hatte ein eigenes Altersrentensystem entwickelt, die Pläne von Pfarrer Charles Coughlin und des rechtsradikalen

Agitators Gerald L. K. Smith ähnelten faschistischen Modellen. Roosevelt war enttäuscht, daß die Oberschicht ihre Opposition gegen ihn fortsetzte oder verstärkte und es ihm schlecht dankte, einen Ausgleich zwischen den Klassen angestrebt und unterschiedliche Ideologien eingeebnet zu haben. Im Wahlkampf des Jahres 1936 gebrauchte der Präsident den Vergleich mit dem alten Mann, der sich, kaum vom Ertrinken gerettet, beschwert, daß sein Hut verlorengegangen sei. Roosevelt gewann die Wahlen souverän. 523 Wahlmänner stimmten für ihn, 8 für seinen republikanischen Gegenkandidaten. Sozialisten, Kommunisten und einige Splittergruppen brachten zusammen nicht viel mehr als eine Millionen Wähler auf die Beine, wenig im Vergleich zu Roosevelts 27 Millionen Stimmen.[45]

Der hohe Wahlsieg und die ungebrochene Popularität gaben ihm den Mut, den Richtern des Supreme Court auf den Leib zu rücken, die viele Reformgesetze des New Deal zunichte gemacht hatten. Für verfassungswidrig waren erklärt worden der *National Industrial Recovery Act*, der *Agricultural Adjustment Act*, der *Railroad Pensions Act*, der *Bituminous Coal Act*, der *Municipal Bankruptcy Act* und der *Farm Bankruptcy Act*. Am meisten fühlte sich Roosevelt davon getroffen, wie die Richter mit seinen landwirtschaftlichen Reformen umgesprungen waren. Der Supreme Court hatte nämlich Anstoß daran genommen, daß Subventionen für die Farmer aus einer Umsatzsteuer für getreide-, fleisch- und baumwollverarbeitende Betriebe gedeckt wurden. Damit habe der Kongreß seine Steuergewalt unrechtmäßig ausgeübt. Um sich in Zukunft günstigere Urteile zu verschaffen, strebte Roosevelt eine strukturelle Veränderung des Obersten Gerichtshofs an. Als Scheinbegründung führte er das hohe Alter der Richter ins Feld, denen ab jetzt erlaubt sein sollte, mit 70 Jahren in Pension zu gehen. Für jeden, der diesen Schritt nicht tat, bedingte der Präsident sich das Recht aus, einen zusätzlichen Richter zu ernennen. Roosevelts Lavieren kostete ihn politische Freunde, spaltete die Demokratische Partei und gab den Republikanern Auftrieb. Parteigänger wie Charles Beard mußten zu gewundenen Erklärungen greifen, um den Manipulationsversuch zu rechtfertigen. Der Präsident mußte angesichts der kritischen Stimmen seinen Plan aufgeben. Trotzdem war sein Vorstoß nicht wirkungslos geblieben. Drei Richter schieden aus, die Rechtsprechung wurde reformfreundlicher.[46]

Grenzen der Reform und geschichtliche Bedeutung

Bei Antritt seiner zweiten Amtsperiode sprach Roosevelt den berühmtgewordenen Satz, ein Drittel aller Amerikaner seien schlecht ernährt, schlecht gekleidet und schlecht behaust – ein klassisches Understatement, wie einer der Kritiker des New Deal fand. Seit Juni 1934 hatte die *Federal Housing Authority* durch zinsbillige Kredite an Hausbesitzer die Wohnungsnot lindern und Zwangsräumungen verhindern wollen. Aber nur 180000 Wohneinheiten wurden mit staatlicher Hilfe gefördert. In den Städten konsolidierten sich die Ghettos. Der *Social Security Act* schloß ein Fünftel der Erwerbstätigen von der Altersrente aus, darunter Farmarbeiter und Hausangestellte. Mit Krankheit verband sich kein Anspruch auf Arbeitslosenunterstützung. Trotz einer energisch vorangetriebenen Arbeitsschutzgesetzgebung gab es zwischen 1933 und 1940 nie weniger als sieben Millionen Erwerbslose. Man müsse sich darauf gefaßt machen, sagte einer der engsten Berater Roosevelts, daß auch in »guten Zeiten« die Zahl der Arbeitslosen nie unter fünf Millionen sinken würde.[47]

Die Landwirtschaftsexperten hatten beste Absichten, aber die Agrarreform war hastig konzipiert, mangelhaft koordiniert und schlampig verwaltet. Dem Farmer wurde auf allen möglichen Wegen geholfen, durch Kredite, Anbauverzichtentschädigungen, technische, kaufmännische und ökologische Beratung. Währenddessen strafte man den Verbraucher mit steigenden Agrarpreisen, und in Zeiten der Not verhinderten die Reformer den Anbau von lebenswichtigen Produkten. Das Unterpflügen von Millionen Hektar Baumwollsaat führte zu starken psychologischen Reaktionen in der Bevölkerung. Der New Deal, sagte man, könne Wohlstand zerstören, aber keinen schaffen. Die vorübergehende Drosselung der Produktion führte zur Entlassung von Landarbeitern. Subventionen flossen vornehmlich in die Taschen der Besitzer; Pächter und Kleinbauern gingen leer aus. Die ärmsten Pächterfamilien sind auf lokaler Ebene gerne übersehen worden, wenn im Rahmen öffentlicher Bauten Arbeitsplätze vergeben wurden. Technisch gesehen standen Landpächter in Arbeit, folglich konnten sie sich nicht bei der *Work Progress Administration* bewerben.[48] Regierungssubventionen gestatteten es den Großgrundbesitzern, Pächtern zu kündigen und die maschinelle Produktion von Agrarprodukten voranzutreiben. Die Überproduktion ließ sich trotz aller Steuerungsversuche auf Dauer nicht eindämmen. Der Behaviorist B. F. Skinner hat das Agrarreformgesetz als Beispiel für die Unwiderstehlichkeit positiver Stimuli, sprich: Subventionen, herangezogen. Aber die Farmer dachten nicht ernsthaft daran, sich an die Anbaubeschränkungen zu halten, schon gar nicht nach der Trockenperiode des Jahres 1936.

Im August 1937 reagierte der Markt auf eine Zurücknahme der Regierungssubventionen mit einer schweren Rezession. Binnen weniger Monate stieg die Arbeitslosenziffer um zwei Millionen. Roosevelts Berater waren gespalten. Manche sprachen von vorübergehenden »Entzugserscheinungen« der Wirtschaft, andere rieten, erneut Geld in den Kreislauf zu pumpen und setzten sich damit durch. Zehn Jahre nach dem Schwarzen Freitag hatte sich noch keine entscheidende Besserung der Lage eingestellt. Roosevelt mußte beim Studium der Einkommenstatistiken zu der Erkenntnis kommen, daß etwas Grundsätzliches falsch lief und daß er die Situation nicht in den Griff bekommen hatte. H. L. Mencken unkte, der Brain Trust könne seine Sachen packen. Mit wachsender öffentlicher Verschuldung war der ungleichen Vermögensverteilung nicht beizukommen. Anfang 1938 brach in vielen Bundesstaaten eine Hungersnot aus. Roosevelt büßte Prestige ein und reagierte mit Nervosität auf den Vorwurf, er habe in der Innenpolitik versagt. Ab 1939 begann der Kongreß damit, Reformprogramme nach und nach abzubauen.[49]

Der New Deal hat nur etwas über fünf Jahre gedauert. Trotzdem ist der Zeitraum zwischen dem *Emergency Banking Act* vom März 1933 und dem *Fair Labor Standards Act* vom Juni 1938 zu einer der markantesten Epochen in der amerikanischen Geschichte geworden. Noch während das Reformwerk im Gang war, wurde Roosevelt von einem Historiker als politisches Genie apostrophiert. Heute weiß man, daß Roosevelt die Präsidentschaft umgestaltet hat, und zwar allein schon durch technisch-organisatorische Maßnahmen wie die Angliederung des Budgetamtes ans Weiße Haus. Vorher war diese Behörde dem Finanzministerium unterstellt. Der New Deal brachte den Übergang vom legislativen zum administrativen Staat. Die Regierung wurde zum Träger der Konjunktur, ob sie wollte oder nicht, denn eine Lockerung der Stützungspolitik führte prompt zu neuen Konjunktureinbrüchen. Der Trend zum Zentralismus und zum Sozialstaat zeichnete sich ab. Um seine Ziele zu erreichen, holte Roosevelt aus der Verfassung mehr heraus, als die Gründerväter hineingelegt hatten.[50]

Heftig umstritten war eine zeitlang, ob der New Deal die Herrschaft des Kapitals zementierte, den Staatskapitalismus einführte, dem Sozialismus ein amerikanisches Gewand verpaßte, ob die Reformmaßnahmen in ihrer Gesamtheit ein trauriges Flickwerk abgaben oder – nach Unabhängigkeit und Bürgerkrieg – eine dritte amerikanische Revolution ausmachten. Für Kapitalisten alter Schule war der New Deal eine sozialistisch-kommunistische Verschwörung, für Sozialisten und Kommunisten eine Regierungsintervention zur Rettung der kapitalistischen Wirtschaft. Für Charles Beard war das Reformwerk des New Deal der Strategie der besitzenden Klassen entsprungen, ihre Farmen, Häuser, Banken, Eisenbahnen und Investitionen vor dem Ruin zu bewahren, indem sie die Regierung dazu zwangen, auf Kosten künftiger Generationen für die Dekkung ihrer Schulden aufzukommen. Der Publizist Max Lerner erblickte im New Deal die blanke Faust des kapitalistischen Staates. Sidney Hook und andere Intellektuelle forderten in einem Offenen Brief dazu auf, sich durch Scheinreformen nicht täuschen zu lassen, sondern einzutreten für eine »wahrhaft wissenschaftliche Wirtschaft unter einer echten Arbeiterdemokratie«. Radikale Kritiker versprachen sich nichts von dem Mittelkurs des New Deal. Der unabhängige Journalist I. F. Stone warf Roosevelt vor, es auf einen faschistischen Staat abgesehen zu haben. Staatsgelenkter Kapitalismus wurde von vielen Linksintellektuellen damals als faschistisch und verabscheuungswürdig angesehen, während das politische Zentrum den ersten Maßnahmen Hitlers und Mussolinis durchaus positive Seiten abzugewinnen wußte. In der Zeitschrift *Fortune* erschien 1934 ein Artikel über den erfolgreichen italienischen Korporativismus.

Die deutschen Nationalsozialisten wiederum gingen bald auf Distanz zu Roosevelt und unterstellten ihm »eine besondere Vorliebe für das jüdische Element«. Nach dem Krieg erhoben Europäer gegen Roosevelt den Vorwurf des Caesarismus. Heldenverehrung, Personalismus und Fixierung auf einen »Boss« seien in Amerika deutlicher ausgeprägt als bei europäischen Völkern, folglich sei auch der Zug zur Diktatur dort stärker.[51]

Der politisch unterlegene Herbert Hoover übte in seinen Memoiren heftige Kritik an Roosevelt, ebenso der Sozialistenführer Norman Thomas, der nicht darüber hinwegkam, daß der Präsident das sozialistische Parteiprogramm unterlaufen hatte. Eine insgesamt positive Bilanz zog Arthur Schlesinger in seinem dreibändigen Werk *The Age of Roosevelt* (1957–1960). In den Lehrbüchern steht heute, der New Deal habe den Kapitalismus gerettet. US-Historiker ohne eigenes Profil neigen besonders gegenüber Ausländern dazu, den New Deal als eine ganz und gar amerikanische Sache hinzustellen, an der nichts besonders Radikales gewesen sei, lediglich die TVA sei durch einen »slight touch of socialism« aufgefallen. Linksorientierte Historiker wie Barton Bernstein unterschreiben diese Analyse, nur halten sie den Mangel an Radikalismus für ein Manko, weil das System nicht transformiert und der Kapitalismus in seinen angestammten Rechten belassen wurde.[52]

Auch Richard Hofstadter sah in den Programmen des New Deal eher den Versuch der *recovery* statt der *reform*. In den großen Verwaltungsapparaten von NRA, AAA und anderen Großbehörden habe man durch künstliche Verknappung die alten Bedingungen wiederherstellen wollen. William Leuchtenburg nannte den New Deal eine *halfway revolution* und stellte einen bemerkenswerten Unterschied zu den Progressivisten unter Woodrow Wilson heraus. Denen sei es zusätzlich um eine moralisch-anthropologische Erneuerung gegangen, während die New Dealers eine reine Wirtschaftsreform im Sinn hatten.[53]

Wer heute behauptet, der New Deal habe eine dauerhafte Umwertung der Werte gebracht, bleibt die Erklärung schuldig, warum die USA im sozialen Bereich immer noch hinter den Leistungen moderner Industriestaaten zurückbleiben und jede Form des Kollektivismus mit vagem Argwohn bedenken. Den Schichten unterhalb der Mittelklasse wurde durch die Reformprogramme kaum geholfen, eine strukturelle Änderung ist unterblieben. Wohl ist die Exekutive gestärkt, die soziale Fürsorge erweitert, das Besitzrecht eingeschränkt worden. Ohne Frage hat der amerikanische Westen von öffentlichen Bauaufträgen stark profitiert. Doch die wirtschaftliche Krise wurde letzten Endes nicht überwunden, Bedürftige konnten auf Dauer nicht integriert, das Vermögen nicht umverteilt, rassische Diskriminierung nicht abgebaut werden. Keinen New Deal gab es für landwirtschaftliche Pächter, Farmarbeiter, Wanderarbeiter, Slumbewohner, ungelernte Arbeiter und arbeitslose Schwarze. Es änderten sich die politischen Methoden, der Ton, der Stil, nicht aber die Grundsätze.[54]

Nach landläufiger Meinung war der New Deal »pragmatisch« ausgerichtet: statt langfristiger Planung habe man je nach Gegebenheit improvisiert. Man sollte die »ideologische Unschuld« des New Deal jedoch nicht übertreiben. Das soziale und wirtschaftliche Programm zeigte mehr Kohärenz als man auf den ersten Blick vermuten möchte, und eine gewisse historische Kontinuität ist unverkennbar. Der Glaube an die Reformierbarkeit der Gesellschaft im Sinne eines »social engineering« fand sich bei John Dewey und Thorsten Veblen, im *Social Gospel* und im *Progressive Movement.* Durch die Wirtschaftsdepression hatten die Amerikaner das Gefühl verloren, auf der Welt einzigartig dazustehen. Dieses Gefühl wurde restauriert durch den New Deal, der heute noch einen Fixpunkt abgibt, wenn Amerikaner nach Selbstdefinitionen forschen. Unter dem ungeschickten Präsidenten Carter sagte man: »Dies ist das erstemal seit dem New Deal, daß wir keine Vorstellung haben, wie eine bessere Zukunft aussehen könnte.« Und unter dem konservativen Reagan hieß es: »Reagans Leute gehen auf die Zeit vor dem New Deal zurück.« Der New Deal war nicht revolutionär genug, um letzten Endes nicht der alten Ideologie einverleibt werden zu können. Staatliche Schulsubventionen hatten damals in Texas den Zusammenschluß einiger kleiner Farmen zu dem Ort *New Deal* ermöglicht. Dessen Bewohner stöhnten in den 1980er Jahren über zu viele »hand-outs« an Arme und Unterprivilegierte.[55]

In einem sind die meisten Historiker sich einig: Der Krieg hat den New Deal vor der Geschichte gerettet. Man braucht sich nicht zu der Behauptung versteigen, Roosevelt und nicht Hitler habe in erster Linie den Weltkrieg geschürt und eine Einigung der Deutschen mit Chamberlain hintertrieben. Tatsache ist, daß die soziale Not erst im Vorfeld des Krieges spürbar zurückging, als die Kontrolle der Wirtschaft von privaten in öffentliche Hände überging. Mit den Rüstungsaufträgen sank die Arbeitslosigkeit. Das Dilemma zwischen inflationsbedingten Chaos und einem Rückfall in die Stagnation löste sich wie von selbst. Steigende Nachfrage beseitigte die Absatzprobleme der Farmer, denen der New Deal keine nachhaltige Einkommensverbesserung beschert hatte. Der Krieg machte im nachhinein Roosevelts Sozialreform zu einem politischen Erfolg.[56]

II. Kapitel
MINDERHEITEN IN DER »ROTEN DEKADE«

Soziale Benachteiligung

Mit Hilfe eines Übersetzers erläuterte John Collier, der Indianerbeauftragte der Regierung, Blackfeet, Winnebagoes und Arapahoes die Vorschriften des *Wheeler-Howard-Act* oder *Indian Reorganization Act* (1934), denn auch für Indianer sollte es einen New Deal geben. Auf den Reservaten war die Selbstverwaltung einzuführen, Indianer sollten in die Arbeit der Washingtoner Indianerbehörde einbezogen werden, Anspruch auf Wirtschaftsbeihilfen und Erziehungsbeihilfen für junge Stammesmitglieder haben. Das Sonderbesitztum, das heißt die Parzellierung von Indianerland unter dem *Dawes Act,* wurde hinfällig. Freiwerdendes Land war unter Aufsicht der Bundesregierung an die Stämme zurückzugeben.

Roosevelt berief einige Schwarze auf Posten in der Verwaltung. Eine Bürgerrechtsgesetzgebung gab es jedoch unter seiner Präsidentschaft nicht. Schwarze wurden nominell in die Landwirtschaftsreform einbezogen, doch als Kleinpächter hat ihnen der *Agricultural Adjustment Act* oft Schaden gebracht, und die Industriebehörde NRA wurde in »Negroes Ruined Again« umgedeutet. Die Beziehungen zwischen Schwarz und Weiß waren nach wie vor von Mißtrauen, offener und versteckter Gewalt geprägt. Spektakuläre Kriminalfälle wie der Scottsboro Case (1932) vergifteten das Klima. Im ersten Jahr des New Deal wurden in den Südstaaten 42 Schwarze gelyncht. Weiße Arbeiter verargten schwarzen Kollegen ihre Rolle als Streikbrecher. Der *Congress of Industrial Organization* (CIO) als neue Gewerkschaft versuchte zu mehr Klassensolidarität zu erziehen und stellte schwarze Märtyrer der Streikbewegung heraus. Die *American Federation of Labor* (AFL) mußte sich, um die Mitgliederstärke zu halten, zu einer etwas schwarzenfreundlicheren Einstellung bequemen. Die bessere Auftragslage nach Ausbruch des Zweiten Weltkriegs brachte mehr Integration am Arbeitsplatz, aber es gab immer noch rund 20 Gewerkschaften, die überhaupt keine schwarzen Mitglieder aufnahmen. Als ein Marsch auf Washington drohte, falls in der Rüstungsindustrie die Gleichberechtigung nicht eingeführt werde, ordnete Roosevelt an, die Anstellung von Arbeitern habe ohne Rücksicht auf die Hautfarbe zu erfolgen. Beim Automobilhersteller Chrysler durften Schwarze nicht am Fließband arbeiten, weil der Kunde angeblich kein Auto kaufte, dessen Teile mit schwarzen Händen in Berührung gekommen waren. Der CIO machte eine Wiedervereinigung mit der AFL abhängig vom Ende der Rassendiskriminierung, achtete aber gleichwohl bei gemischtrassigen Veranstaltungen darauf, daß nicht getanzt wurde.[1]

In den Vierteln der Großstädte, die von den Besitzern als verwahrlost und unprofitabel abgeschrieben worden waren, sammelten sich schwarze Zuwanderer aus den Südstaaten, Ausländer, Obdachlose, Zuhälter und Prostituierte. Die Schwarzen in den Chicagoer Ghettos versuchten, trotz größter Not und sozialem Chaos ein Minimum an Familienzusammengehörigkeit aufrechtzuerhalten und einige der aus dem Süden mitgebrachten Gewohnheiten beizubehalten, etwa vor dem Essen ein Dankgebet zu sprechen. In diese Richtung zielte auch die Arbeit der afroamerikanischen Kirchen, die zu drei Vierteln in Läden und Wohnhäusern untergebracht waren. Die Presse für Schwarze, vom *Defender* in Chicago bis zur *Voice of Ethiopia* in New York, war eine typische Kampfpresse, die Integrationsfiguren wie Joe Louis, Haile Selassie oder dem ersten schwarzen Kongreßabgeordneten Oscar De Priest viel Raum gab. Der *Interracial News Service,* eine Monatszeitschrift des Bundeskirchenrats, faßte Nachrichten für Schwarze aus anderen Publikationen zusammen und berichtete von der wiederaufflammenden Lynchjustiz.[2]

Der Schriftsteller Richard Wright schilderte in *12 Million Black Voices* (1941), wie sich inmitten von Armut und Ghettokriminalität Kinder ihren Eltern entfremden, Familien sich auflösen und die rassische Gemeinschaft der Schwarzen in die Brüche zu gehen droht. »Wir sind Millionen und wir bewegen uns in alle Richtungen. Unser ganzes Leben sind wir in fremde Arenen katapultiert worden – wenn wir gewußt hätten, wohin die Reise geht, wären wir daheimgeblieben. Heimlich hat sich ein Gefühl von andauerndem Wandel in unser Leben geschlichen und bestimmt als Lebensgesetz unseren Charakter.« Dann aber meinte Wright, es sei das Beste, sich mit dem steten Wandel abzufinden und ihn zum Vorteil seiner Rasse zu nützen. »Was will das schwarze Volk? Wir wollen, was die anderen haben, das Recht, mitzumachen beim Gipfelmarsch im amerikanischen Leben, das einzige Leben, das wir je gekannt haben.« Am Schluß verkündete er im Ton des vorwärtsstrebenden Klassenkämpfers: »Die Menschheit bewegt sich! Und wir werden dabeisein ...« Der schwarze Sänger Paul Robeson wechselte von einer Bühne im bürgerlichen Londoner Westend zum Workers' Unity Theatre über und trat fortan für die kollektiven Rechte der Arbeiter ein, egal welcher Hautfarbe:

»Wenn ich ›Let my People Go‹ singe, soll das in Zukunft mehr bedeuten als bisher. Es muß nicht nur das Verlangen nach Freiheit meiner eigenen Rasse ausdrücken. Das ist nur Teil einer größeren Sache. Sondern der gesamten Arbeiterklasse – hier, in Amerika, überall.«[3]

Junge arbeitslose Italoamerikaner in den Slums des Bostoner North End verbrachten ihre Zeit hauptsächlich auf der Straße, mit illegalen Wetten, einem gelegentlichen Kinobesuch oder mit Bowling. Wer vorankommen wollte – und die Hierarchie reichte bis zu einem italoamerikanischen Staatssenator –, mußte Kontakte pflegen zur businessorientierten Republikanischen Partei oder zu den Demokraten, die eher mit den *rackets* in Verbindung gebracht wurden, den illegal erworbenen Profiten aus Glücksspiel, Drogenhandel und Prostitution. Einwanderer konnten ihr Leben nicht wie gewohnt nach räumlich statischen Begriffen einrichten, denn das Schicksal ihrer Familien war nicht mehr an denselben Fleck Erde gebunden. Die Erinnerung an die europäischen Ahnen wurde verdrängt, die amerikanische Lebenserfahrung betont oder überbetont. Die Kulturanthropologin Margaret Mead verknüpfte die kollektive Bewußtseinslage der Amerikaner vor dem Zweiten Weltkrieg mit der Perspektive der »dritten Generation«, das waren die Enkel der Einwanderer, die vorwärtsstrebten, den Aufstieg suchten, ihre Vergangenheit hinter sich ließen und in der Reaktionsbildung sich zu *joiners* entwickelten, ihre amerikanische *hometown* glorifizierten und einen fieberhaften Drang nach Übereinstimmung mit der kulturellen Mehrheit an den Tag legten. Mit Vorliebe haben feurige Patrioten mit ukrainischen, slawischen oder italienischen Nachnamen alteingesessenen Liberalen englischer oder schottischer Herkunft vorgeworfen, nicht amerikanisch genug zu sein. Einwanderer erwarteten von ihren Kindern, eingestanden oder nicht, daß sie sich geographisch und geistig vom häuslichen Herd entfernen, neue berufliche Ziele anvisieren und sich ein anderes soziales Milieu suchen. Der Vater brauchte dort nicht verdrängt oder bekämpft zu werden, wo es leicht war, einen höheren sozioökonomischen Status als er zu erobern. Die Wirtschaftsdepression und die verminderten Aufstiegschancen brachten diese spezifisch amerikanischen Formen des Ödipuskomplexes und des sozialen Wettbewerbs durcheinander. Ungebrochen blieb jedoch die Entschlossenheit der Eltern, ihren Kindern zu mehr Freiheit und größerem Erfolg zu verhelfen. Pearl S. Buck war im Alter von fünf Monaten von ihren Eltern mit nach China genommen worden. Als Mutter hat sie die Vorstellung, das Kind habe freier zu sein als seine Eltern, ganz radikal vertreten. Ihrer Tochter rief sie zu: Spuck aus, was dir nicht behagt, wirf dein Essen weg, wenn es dir nicht schmeckt, mach deine Windeln naß, wenn dir danach ist. Die Schriftstellerin Joy Davidson, hochintellektuelle Tochter polnischer Einwanderer, mußte es sich gefallen lassen, von den Eltern auf äußerste Perfektion getrimmt zu werden. Ihr Leben entwickelte sich zu einem Chaos, am Ende hatte sie ihr Talent vergeudet und nichts von Wert hinterlassen.[4]

Als Admiral H. G. Rickover bei einem Besuch in Polen gefragt wurde, ob er seinen Geburtsort besuchen wolle, fragte er zurück: »What for?« Die eigentliche Existenz begann in Amerika, und die persönliche Geschichte nahm ihren wahren Anfang mit der Ankunft der ersten Familienmitglieder auf amerikanischem Boden. Was davor lag, war prähistorisch. Wer vom Peloponnes über Athen nach Amerika auswanderte, ging seinem Heimatdorf verloren, und gerade die besser Ausgebildeten taten diesen Schritt. Der seelische Abstand zu den Seßhaften verhinderte, daß Einwanderer die Alte und die Neue Welt einander näherbrachten. »Wenn man länger in Amerika lebt, dann verdünnt sich das Blut, und dann merkt man das gar nicht mehr«, sagte eine Schottin zu einem staunenden Carl Zuckmayer. Polnische Auswanderer, die ihre alte Heimat aufsuchten, fielen den Einheimischen durch die Gewohnheit auf, ihre Schlafzimmerfenster nachts offenstehen zu lassen.[5]

Der Akkulturationsprozeß verlief bei Frauen mitunter langsamer als bei Männern. Griechinnen haben sich erst in der dritten Generation zentralen amerikanischen Werten angepaßt. Unter Arbeitern verschiedener ethnischer Herkunft galt die Regel »marry your own«. Der Vater und die älteren Brüder wachten darüber, daß die Töchter nicht mit Freiern anderer Nationalitäten ausgingen. Im ländlichen Minnesota war die Neigung nord- und mitteleuropäischer Gruppen zur Endogamie erstaunlich stark. Die Finnen etwa heirateten zu 80 Prozent unter sich, egal ob sie in einer Gemeinde eine Minderheit darstellten oder nicht. In New Haven (Connecticut) wählten drei Viertel der Heiratswilligen einen Partner aus dem eigenen oder einem benachbarten Stadtviertel, so daß schon vom Geographischen her ein Überschreiten von Klassenschranken unterblieb. Schwarze blieben zu 94 Prozent endogam, Juden zu 90 Prozent, Italiener zu 86 Prozent. Bei den Schwarzen wurden hierfür rassische Gründe namhaft gemacht, bei Juden der religiöse Zusammenhalt und bei Italienern ein hochentwickelter Ethnozentrismus. Freunde der Schmelztiegeltheorie betrachteten die Mischehe zwischen Angehörigen unterschiedlicher ethnischer Minderheiten als »letzten Test« für eine erfolgreiche Assimilation. Auf den Einwand, das Biologische sei weniger wichtig als das Kulturelle, antworteten sie nicht ungeschickt, die Familie bilde schließlich nicht nur eine biologische, sondern auch eine kulturelle Einheit.[6]

Wie sich die Rassenmischung zwischen weißen und schwarzen Amerikanern entwickelt hat, ist allein schon deswegen nicht genau bekannt, weil die Volkszählungsbehörde immer wieder andere Definitionen von »Neger« verwendet hat. Experten wie Herskovits und Myrdal schätzten den Anteil der Mulatten auf 70 Prozent, 6 Prozent der Schwarzen hatten sich mit Indianern vermischt, 22 Prozent waren endogam geblieben. Daß Rassenmischung lange Zeit als etwas Unnatürliches angesehen wurde, konnte intime Kontakte nicht verhindern. Nicht nur in den Südstaaten fand der weiße Mann Zugang zur schwarzen Frau. Von schwarzen Männern und weißen Frauen wurde erwartet, sich mit Partnern der eigenen Rasse zu begnügen. Die Toleranz gegenüber Mischehen ging in den dreißiger Jahren eher zurück: weiße und schwarze Amerikaner meldeten Bedenken an.[7]

Die Diskussion um die Geburtenkontrolle lebte wieder auf. Post und Zoll bequemten sich im Verlauf des Jahrzehnts dazu, die Einfuhr- und Beförderungsverbote von Schriften zur Sexualaufklärung und Empfängnisverhütung zu lockern. An den Universitäten blieb es Zoologen vorbehalten, Pionierleistungen bei der Erforschung der menschlichen Sexualität zu erbringen. Mindestens einer von ihnen büßte seinen Fürwitz mit Entlassung. Auch Alfred Kinsey, der in Bloomington (Indiana) einen Ehekurs anbot, war von Haus aus Zoologe. Ein objektiver Bedarf an Ehe- und Sexualberatung ließ sich nicht abstreiten. In manchen Staaten lag das gesetzliche Heiratsalter für Mädchen bei 12, für Jungen bei 14 Jahren. Der *Mann Act* (1910) schützte minderjährige Frauen vor sexuellen Übergriffen, aber das schutzwürdige Alter lag in einigen Staaten bei zehn, in Delaware nur bei 7 Jahren. Kansas hob die Grenze erstmals auf die später üblichen 18 Jahre an.[8]

Die Hotel- und Kasinobesitzer in Las Vegas lauerten nach wie vor auf Scheidungstouristen, vor allem aus dem Staat New York. Eine Liberalisierung der dortigen Scheidungsgesetze ist vielleicht gerade wegen New Yorker Geldanlegern verschleppt worden, die in die Vergnügungsindustrie in Nevada investiert hatten. Wegen der katholischen Wählerstimmen standen die Demokraten einer Reform generell ablehnend gegenüber. Als ein republikanischer Abgeordneter von der New Yorker West Side 1934 einen Vorstoß unternahm, der auf die Anerkennung von Verlassung (*desertion*) als Scheidungsgrund zielte, fand er ein positives Echo in der Bevölkerung. Der Widerstand katholischer Bischöfe und von katholischen Stimmen abhängiger Politiker führte hingegen dazu, daß das New Yorker Parlament sich gegen diese Initiative aussprach. Ähnlich ging es mit anderen Reformvorschlägen. Nach dem Krieg sträubten sich der katholische Wohlfahrtsausschuß, der italoamerikanische Traditionsverein *Knights of Columbus,* der Verband katholischer Kriegsteilnehmer, der Bund katholischer Akademiker und andere Laien gegen eine Revision der Scheidungsgesetze. Jüdische Politiker stellten sich gegen eine Reform, um katholische Kollegen nicht zu brüskieren.[9]

Der Franzose Paul Achard erblickte in der Amerikanerin das erfolgreichste Lebewesen der Welt, eine Königin, der vor und in der Ehe ein hohes Maß an Freiheit zugebilligt werde. Europäische Amerika-Beobachter neigten generell dazu, den amerikanischen Ehemann als einen Knecht zu schildern, der damit beschäftigt war, einem verwöhnten Weibchen Hand- und Spanndienste zu leisten. Offen blieb dabei, welche Frauen damit gemeint sein sollten, der glorifizierte, süßlich verehrte, südstaatliche Idealtyp, die hoffärtigen *Daughters of the American Revolution,* die alles daran setzten, anderen den Aufstieg zu verbauen, oder die Arbeiterfrauen in den Bergwerkstädten Kentuckys, die Armut und trunkener Gewalttätigkeit ihrer Männer ausgesetzt waren.[10]

In einer Stadt mittlerer Größe wie Muncie (Indiana) wurden Frauen traditionell als die Hauptträger der Kultur angesehen. Sie hatten sich um die »schönen Seiten des Lebens« zu kümmern, weil sie angeblich sensibler veranlagt und mit einem höheren Sinn fürs Ästhetische begabt waren. Die meisten Frauen haben die ihnen zugedachte Rolle akzeptiert und glaubten, die »reale« Welt den Männern überlassen zu müssen. In einem Liebesbriefsteller wurde der Beruf der jungen Männer angegeben, die junge Frau war nur Frau. Ihr erster Brief nach dem Rendezvous bringt Affektiertheit und emotionale Überladenheit zum Ausdruck (»I shudder to think ...«; »I would have been mortified ...«). Gleichzeitig stellt sie sich als die intellektuell Unterlegene hin (»... I shall know better than to argue with you again about books and authors«). Offene Schmeicheleien und »weibliche Tricks« werden ihr ungeniert angeraten. Sie spricht unterwürfig von »silly girlish prattle« und beginnt einen ihrer nächsten Briefe mit dem Satz »How I envy you men«. Aber: Nach dem ersten Abschiedskuß, den er ihr stiehlt, ändern sich die Rollen. Sie gibt sich geschockt, und er muß mehrfach Abbitte leisten (»How can I make amends for the terrible thing I did last night?«), ehe sie bereit ist, den Vorfall zu vergessen. Worauf er überschäumende Freude bezeugt und ihr seine Liebe erklärt. Darauf sie, geschäftsmäßig, in Nr. 28 der gewechselten Briefe: »You say you love me. That fact has been quite apparent for some time.« Frauen sind bis in den Sprachgebrauch hinein geschlechtsspezifischen Rollenzuweisungen erlegen. Die herausragende Folkloristin Constance Rourke hat der Schriftstellerin Willa Cather wie selbstverständlich das Attribut »fine craftsman« verliehen.[11]

Und doch zeichnete sich eine Änderung in den Geschlechterrollen ab. Das Wehklagen einer Carol Kennicott hätte in den dreißiger Jahren wenig Anklang gefunden. In der Geschichtsschreibung begann man nach und nach davon Notiz zu nehmen, daß Frauen eine aktive Rolle bei der Erschließung des Westens gespielt hatten, die offene Weidewirtschaft keineswegs bloß »hell on horses and women« war, wie es ein männliches Vorurteil wollte und Frauen sich sehr wohl zu den endlosen Weiten hingezogen fühlten. Die Historikerin Mary Beard rückte die Rolle der Frau in Geschichte und Gesellschaft zurecht. Eleanor Roosevelt, die Präsidentengattin, äußerte sich zuversichtlich über die weiblichen Zukunftsperspektiven. Währenddessen führte ihr Mann eine recht zwiespältige Regelung ein. Das Verbot von Heimarbeit unter den Codes der NRA betraf vor allem Frauen. Frauen setzte die Wirtschaftskrise nicht weniger zu als Männern, auch wenn der Anschein dagegen sprach. Mochte man in den Warteschlangen vor den Suppenküchen fast nur Männer sehen – Frauen zogen sich zurück und blieben bis zur Zwangsräumung in ihren Wohnungen. Nachtasyle für Frauen gab es nicht, stellte die kommunistische Zeitschrift *The New Masses* fest und forderte arbeitslose Frauen dazu auf, Parteimitglied zu werden.[12]

Radikale Alternativen

Die sozialen Reformen des New Deal waren auch unter dem Druck anderer Lösungsvorschläge zustandegekommen. Der Abgeordnete Ernest Lundeen aus Minnesota hatte einen eigenen Plan zur Beendigung der Arbeitslosigkeit entwikkelt. In Kalifornien kandidierte unter dem Signum EPIC (*End Poverty in California*) der Schriftsteller Upton Sinclair für den Gouverneursposten. Dr. Francis Townsend, ein älterer Mediziner, wollte mit Hilfe der Frühpensionierung und einem selbsterdachten Rentensystem die Arbeitslosigkeit bekämpfen und damit dem ausländischen Kollektivismus das Wasser abgraben. Der Abgeordnete William Lemke aus North Dakota versprach sich von einer inflationistischen Geldpolitik mehr soziale Gerechtigkeit und trat als Präsidentschaftskandidat für die kleine *Union Party* in Erscheinung. Der Radiopriester Charles Coughlin, der wöchentlich 30 bis 45 Millionen Zuhörer erreichte, machte Bankiers und Kommunisten für die wirtschaftliche Misere verantwortlich. Zunächst war er sehr angetan von Roosevelts Politik. »Gabriel schwebt über dem Weißen Haus, nicht Lucifer«, sagte er im Juni 1933. Dann wurde er zunehmend kritischer. Im November 1934 gründete er eine *National Union for Social Justice,* deren Programm dem italienischen Korporativismus ähnelte.

Auch Huey Long aus Louisiana hatte sich anfangs als treuer Parteigänger Roosevelts gegeben und in der Phase vor der Amtsübernahme des neuen Präsidenten den Kongreß mit einem Filibuster lahmgelegt. Der Filibuster ist eine parlamentarische Technik der Obstruktion, um mißliebige Anträge durch Verschleppung zu Fall zu bringen. Long trug auch Kochrezepte vor, zitierte Passagen aus der Bibel und brachte es einmal auf fünfzehneinhalb Stunden Redezeit. Wie Father Coughlin, Doktor Townsend oder Senator William Borah ging es Long um eine gerechtere Verteilung der Güter, um eine inflationäre Entwicklung zum Nutzen der Schuldner und um eine Abwehr kosmopolitischer Bestrebungen, damit amerikanische Eigenart gewahrt bliebe. Als junger Mann hatte Huey Long sich mit dem Verkauf von Patentmedizin durchgeschlagen, danach studiert und sich als Rechtsanwalt für die Anliegen kleiner Leute eingesetzt. Mit einem William Jennings Bryan entlehnten Slogan – »Every Man a King« – wurde er 1928 Gouverneur von Louisiana. Er baute Schulen und Krankenhäuser, vergrößerte die Universität, legte Straßen ins Hinterland, schaffte die Wahlsteuer ab, was den schwarzen Wählern zugute kam, und war in breiten Schichten der Bevölkerung sehr populär. Als Senator in Washington erläuterte er 1934 in einer Radioansprache sein »Share-our-Wealth«-Programm. Darin befürwortete er eine Obergrenze für Einkommen und Vermögen, einmalige Zuwendungen an alle Haushalte in Höhe von mehreren Tausend Dollar, ein garantiertes Mindesteinkommen, Alterspensionen, Stipendien für Begabte, mehr Urlaub, eine gleichmäßigere Verteilung landwirtschaftlicher Produkte und eine gerechtere Aufteilung des Volksvermögens via Steuergesetzgebung. Das Echo war gewaltig. Im ganzen Land entstanden *Share-our-Wealth-Clubs.* Long lief anderen Reformern den Rang ab und meldete zur Beunruhigung der Getreuen Roosevelts seine Ansprüche auf die Präsidentschaftskandidatur an. Im September 1935 wurde er aus politischer Rache erschossen.[13] Robert Penn Warren hat den Parteiboß in *All the King's Men* (1946) nach ihm gestaltet.

Wirtschaftliche Selbstversorgung als Antwort auf die Übel der Zeit verlangte Ralph Borsodi in *Flight from the City* (1933). Er wollte in vager Erinnerung an die Ideale Jeffersons Millionen amerikanischer Familien aufs Land umsiedeln. Am Anfang stand, in Borsodis Version, ein Rechenexperiment. Wenn die selbsteingemachten Tomaten seiner Frau billiger kamen als Industriekonserven, so könne mit der Industriellen Revolution etwas nicht stimmen. Seit 200 Jahren seien die Wirtschaftstheoretiker einem riesigen Irrtum aufgesessen, so wie man früher angenommen hatte, daß die Erde rund sei. Borsodi zog mit Gleichgesinnten aufs Land, baute sich ein Haus, melkte seine Ziegen, es wurde gewebt und genäht und eine Schule gegründet. *Homesteading* auf fünf *acres* pro Familie und eine unstrukturierte Erziehung nach dem Montessorimodell würden wahre Unabhängigkeit bringen, meinte Borsodi, der seine dezentralisierte, beinahe anarchistische Gemeinschaft während des Krieges von Suffern (New York) nach Ohio verlegte. Dort warben Publikationen mit Titeln wie *The Decentralist, The Green Revolution* oder *A Way Out* für das soziale Experiment.[14]

Die Zeugen Jehovas haben sich traditionell aus der Arbeiterschicht rekrutiert. In der Zeit der großen Wirtschaftskrise stießen auch viele Fürsorgeempfänger hinzu, ebenso Einwanderer, für die Werbematerial in nicht weniger als 78 Sprachen bereitlag. Die Zeugen Jehovas oder Ernsten Bibelforscher sind seit ihrer Gründung im Jahr 1884 außerweltlich orientiert. Neubekehrte werden aufgefordert, sich von allen Bindungen an die Welt loszusagen. Der Klassenkampf ist uninteressant für uns, hatte Sektengründer Charles Russell gesagt. Soziale Verbesserungen in dieser Welt hielt er für ausgeschlossen, Krieg, Arbeitslosigkeit, Scheidungselend und andere Probleme könnten durch menschlichen Einsatz nicht beseitigt werden. Die Zeugen Jehovas ersehnen eine kommende Welt, die sich in ihrer Sauberkeit und Perfektion von der trübseligen Gegenwart unterscheidet. Im Millenium wird Ruhe einkehren, versprach der Präsident der Sekte, Joseph Rutherford, der Zugang zu 200 Rundfunkstationen hatte. Jeder würde dann unter seinem eigenen Baum sitzen, an der Stätte New Yorks würde grünes Gras wachsen und die Temperaturen würden sich um angenehme Mittelwerte bewegen. Rutherfords Schriften hatten bis zum Beginn der dreißiger Jahre angeblich schon eine Auflage von 93 Millionen Exemplaren erreicht. Das Oberste Bundesgericht urteilte 1938, religiöse Literatur dürfe ohne besondere Genehmigung verteilt werden. Im Jahr darauf firmierte die Sekte als *Watchtower Bible & Tract Society*.[15]

H. L. Mencken befürchtete, die Republik würde dem Ansturm der Demagogen nicht mehr lange standhalten. Für den gefährlichsten und tödlichsten aller Volksredner – »auf dieser oder jeder anderen Erde« – hielt er Gerald L. K. Smith, einen ehemaligen Assistenten von Huey Long, der nach dem gewaltsamen Tod seines Meisters mit einem eigenen Sozialprogramm auftrat. Kritik am Kapital ertönte aus allen Ländern. Albert Einstein verstand sich als einen Menschen, »der mit demselben Appetit und Behagen hartgesottene Kapitalisten frißt wie einst das Ungeheuer Minotaurus in Kreta leckere griechische Jungfrauen ...« Der Politiker C. Wright Patman erinnerte sich später, wie er in den dreißiger Jahren über Andrew Mellon und andere Großkapitalisten gedacht hatte: »Ich hieß sie Geldwechsler und verfolgte sie mit gewetztem Messer.« Senator Gerald Nye bezeichnete Rüstungsfabrikanten als »merchants of death«. Der Volksmund ließ die Läuse zum Kapitalisten sagen: »Du saugst sie bei Tag aus und wir bei Nacht.« Allerorten wurden Fragen nach der Legitimation von Besitz gestellt und der Niedergang des Kapitalismus beschworen. Sogar der Gouverneur des konservativen Staates Mississippi gestand unter dem Eindruck ländlicher Armut: »Ich bin selbst schon ein bißchen rot angehaucht.«[16]

Man hat die dreißiger Jahre auch die »russischen Jahre« genannt. Aus Hollywood erging eine Einladung an Eisenstein, in Amerika einen Film zu drehen. Amerikanische Verleger brachten zwischen 1929 und 1936 drei neue Ausgaben des *Kapital* heraus. Marx wurde in einem nie gekannten Ausmaß zur Interpretation der Geschichte und zur Kritik an der Gesellschaft herangezogen. Die Revolution von 1776 war plötzlich das Ergebnis von Klassengegensätzen und die Geschlechterbeziehung ein Ausbeutungsverhältnis. Nur in der Sowjetunion sei noch wahre Liebe zu finden, hieß es in einem Buch über die Rolle der Frau, nur dort finde man noch Edelmut und lebenserhaltende Aufrichtigkeit. William Foster malte sich eine amerikanische Sowjetrepublik aus (*Toward a Soviet America*, 1932) und ein anderer Analytiker kam zu der Auffassung, die objektiven Faktoren für die Herrschaft der Arbeiterklasse seien bereits erfüllt, nur mit den subjektiven Faktoren hapere es noch. Intellektuelle wie Vincent Sheean oder John Chamberlain von der *New York Times* bekehrten sich zu dem, was man damals »the long view« nannte: soziale Flickarbeiten sind vergeblich, der Kapitalismus muß fallen, ehe eine Besserung eintritt.[17]

Dissidenten der *Socialist Party* hatten 1919 die *Communist Party* (CPUSA) gegründet. Stalin vertrat im Jahr des großen Börsenkrachs die Ansicht, den amerikanischen Genossen komme eine zentrale Bedeutung zu, denn eine revolutionäre Krise stünde in Amerika unmittelbar bevor und diese Krise sei dann der Anfang vom Ende des Kapitalismus auf der ganzen Welt. Das hauptsächlich von Earl Browder verfaßte Manifest der CPUSA von 1934 erklärte den Kommunismus zum Amerikanismus der neuen Zeit und stellte die Diktatur des Proletariats in die Tradition der Unabhängigkeitserklärung. Die Präambel zum Parteistatut von 1939 berief sich auf Jefferson, Thomas Paine, Andrew Jackson und Lincoln.[18]

Der kommunistische Präsidentschaftskandidat William Foster war 1924 auf 33000 Stimmen gekommen. 1932 hatte sich diese Zahl verdreifacht: 102000 Amerikaner wählten kommunistisch. In diesem Jahr wurde die CPUSA nach stalinistischen Prinzipien umorganisiert. Danach fühlten sich viele der liberalen Mitglieder und Mitkämpfer von der Partei abgestoßen. Richtungskämpfe beeinträchtigten die Parteiarbeit. Die Redakteure der *Partisan Review* wurden wegen trotzkistischen Formalismus' ausgeschlossen. Earl Browder erhielt 1936 nur noch 80000 Stimmen, 1940 ging sein Anteil auf 46000 Stimmen zurück, 1945 wurde er abgelöst. Obwohl die CPUSA nie mehr als ein Viertel Prozent aller Stimmen für sich verbuchen konnte, wäre es nicht richtig, die Partei als einen ephemeren Club von Künstlern, Intellektuellen und Berufsrevolutionären abzutun. Unabhängig von den Wahlergebnissen repräsentierte die CPUSA mehr als nur »Greenwich Village Communism«. Unter Schwarzen in den Südstaaten zum Beispiel gab es eine Basis für kommunistische Ideen. Das erklärte die Härte, mit der die Behörden gegen Angelo Herndon vorgingen, dem der Besitz kommunistischer Literatur zum Verhängnis wurde, darunter die Broschüre *The Communist Position on the Negro Question*. Darin war von einem autonomen Staatsgebiet für Schwarze die Rede, klassenlos und frei von Imperialismus. Der Staat Georgia aktivierte ein altes Gesetz aus der Sklavenzeit und verurteilte Herndon zu 18 bis 20 Jahren Zuchthaus. Weil der Supreme Court nicht über das Strafmaß entscheiden kann, sprach er Herndon in letzter Instanz frei, doch zeigte der Fall, wo die Grenzen des Liberalismus sind und daß der Aufstand nur dann gepredigt werden darf, wenn sich keine Konsequenzen abzeichnen.[19]

Kommunismus als Amerikanismus des 20. Jahrhunderts, dieser Slogan Earl Browders aus dem Wahlkampf des Jahres 1936 ist von den wenigsten Außenstehenden ganz ernst genommen worden. Die Mehrzahl der Interpreten, etwa Irving Howe oder Lewis Coser, hielten patriotische Bekenntnisse der Volksfront für scheinheilig oder aufgesetzt. Theodore Draper ist nicht von seiner These abzubringen, daß die CPUSA absolut abhängig blieb von der Komintern. Neuere Historiker freilich – die »Historians of American Communism« haben ihren eigenen Verband – glauben beweisen zu können, daß die Genossen der dreißiger Jahre auf spezifisch amerikanische Probleme zu reagieren wußten und die Beschwörung des Amerikanismus mehr war als nur Maskerade.[20]

Politisches Exil

Armut und Arbeitslosigkeit im eigenen Land brachte prominente Politiker und andere Personen des öffentlichen Lebens dazu, sich gegen eine Lockerung der Einwanderungsbestimmungen auszusprechen, auch wenn dies für ungezählte Verfolgte des Naziregimes einem Todesurteil gleichkam. Das US-Außenministerium bediente sich einer Klausel aus dem *Immigration Act* von 1917, um politische Flüchtlinge fernzuhalten. Wer erwarten ließ, der öffentlichen Hand zur Last zu fallen – »likely to become a public charge«, abgekürzt LPC – durfte nicht einreisen. Damit konnten die für europäische Länder gültigen Einwanderungsquoten unterschritten werden. Die LPC-Klausel fand Anwendung sogar bei solchen Antragstellern, für die in den USA Freunde oder Verwandte als Bürgen auftraten. Daraus kann geschlossen werden, daß das wirtschaftliche Argument nur vorgeschoben war. Antisemitisch eingestellte Beamte in führenden Stellungen sind für diese Politik verantwortlich gemacht worden. Aus antisemitischen Gründen wurden Visaanträge von Juden nur schleppend bearbeitet. »Es dauert Monate und Monate bis das Visum bewilligt wird«, klagte der Kongreßabgeordnete Emanuel Celler, »und dann bezieht es sich gewöhnlich auf eine Leiche.« Auf Proteste hin, unter anderem von der Arbeitsministerin Frances Perkins, kam vorübergehend eine leichte Liberalisierung zuwege, aber keine grundsätzliche Änderung der Quoten. Unmittelbar nach der Kristallnacht erklärte Präsident Roosevelt, es bestehe kein Anlaß, die Quoten anzuheben; er wußte in dieser Frage 77 Prozent der Bevölkerung hinter sich. Die deutsche Einwanderungsquote ist 1938 nur zu knapp zwei Dritteln ausgeschöpft worden. Bei Kriegsausbruch wurden die US-Konsulate sogar zu einer noch schärferen Auslese angehalten. Nur Mathematiker wurden des Bedarfs wegen bevorzugt ins Land gelassen.[21]

Der Altphilologe Varian Fry organisierte ab August 1940 von Frankreich aus praktisch im Alleingang die Flucht von 2000 Verfolgten, darunter Marc Chagall, André Breton, Marcel Duchamp und andere, sorgfältig ausgewählte Prominente. Heinrich Mann, Franz Werfel und Alma Mahler-Werfel überquerten mit Frys Hilfe die Pyrenäen nach Spanien. Fry handelte im Auftrag eines privaten Hilfskomitees, das mit Washingtons Einwanderungs- und Asylpolitik nicht einverstanden war.[22] Im amerikanischen Exil lebten die Verleger Kurt und Helen Wolff, die Physiker Hans Bethe und Edward Teller, die Architekten Walter Gropius und Ludwig Mies van der Rohe. Der kulturelle Einfluß dieser *Refugees* ist unterschiedlich bewertet worden. Ohne Frage hat der Maler Hans Hofmann einer ganzen Generation von Künstlern Impulse gegeben. Die Gestaltpsychologie gewann gegenüber dem Freudianismus an Boden. Adorno und Horkheimer begründeten das Frankfurter Institut für Sozialforschung in Amerika neu. An der New School for Social Research in New York arbeiteten so eminente Gelehrte wie Claude Lévi-Strauss. Deutsch-jüdische Emigranten schufen sich mit der Zeitung *Aufbau* ein eigenes Presseorgan. Lotte Lenya und Kurt Weill fühlten sich in New York sofort heimisch und blieben künstlerisch produktiv. Jazz und Klassik befruchteten sich gegenseitig. Darius Milhaud erteilte Jazzmusikern Unterricht, Igor Strawinski komponierte für die Woody Herman-Band und schrieb eine Partitur für das *Star-Spangled Banner,* die gewöhnlichen Patrioten allerdings zu gewagt schien. Hanns Eisler komponierte Filmmusiken. Filmregisseure wie Fritz Lang und Billy Wilder wirkten mit Erfolg in den Studios von Hollywood. Emigrierte Schriftsteller verdingten sich in der Filmindustrie als Drehbuchschreiber, ihr Einfluß blieb freilich begrenzt. Amerikanische Filmschaffende wußten vielfach nicht, was sie mit den Entwürfen deutscher Autoren beginnen sollten. Ein offenes Arbeitsfeld waren antifaschistische Filme überwiegend naiver Machart, worin ironischerweise zwangsemigrierte Schauspieler die Nazitypen spielen mußten. Bertolt Brecht schrieb das Skript zu *Hangmen Also Die* (1942), Fritz Lang nahm sich die Freiheit, die radikaleren Textpassagen zu entschärfen.

Brecht, dessen Telefon vom FBI überwacht wurde,[23] ließ über Hollywood einige bissige Bemerkungen fallen und reagierte mit europäischem Dünkel auf andere Phänomene der amerikanischen Kultur. Die Mehrzahl der Refugees hatte mit erheblichen Kommunikations- und Anpassungsproblemen zu kämpfen. Zwangsemigrierte Künstler und Wissenschaftler mußten zumindest in den Anfangsjahren einen Verlust an Prestige und Status hinnehmen, gleichzeitig fühlten sie sich den Amerikanern geistig überlegen. Bruno Bettelheim fehlte das Verständnis für eine Studentin, die während seiner Vorlesung strickte. Mit Verwunderung registrierten Emigranten aus Hitlerdeutschland, daß man an den dorischen Säulen südstaatlicher Herrenhäuser mit Reißzwecken Fotos befestigen konnte. Hannah Arendt vermochte sich nie an die oberflächliche Art des sozialen Umgangs zu gewöhnen und hat ihrer Krankenschwester strikt verboten, sie »honey« zu nennen.[24] Paul Tillich ließ sich bei der Betrachtung des Problems »Zeit« aus Unbehagen über das amerikanische Tempo zu der Tautologie verleiten, eine bewegliche Grenze sei kein Ort, auf dem man stehen kann. Noch deutlicher bestimmte bei Erich Fromm das Emigrantenschicksal die Theorie. Aus seinem 1941 erstmals erschienenen Werk *The Fear of Freedom* sprachen ungewollt die eigenen Ängste vor der neuen Umgebung. Fromm, der in einer früheren Arbeit die Einrichtung des Sabbat psychoanalytisch als Sehnsucht nach dem paradiesischen Mutterschoß interpretiert hatte, gebrauchte jetzt binnen weniger Zeilen Wendungen wie »the individual cannot bear his isolation«, »the unity of the world has broken down«, »lost any point of orientation« oder »the bondage is different from the primary bonds«. Hermann Brochs in Amerika vollendeter Roman *Der Tod des Vergil* ist streckenweise ein kaum verhüllter Kommentar auf das Emigrantendasein: »... und nimmermehr vermag der Mensch zu bestehen, insolange er nicht heimwärts atmet.«[25]

Amerikanische Exilforscher können nicht ganz begreifen, warum emigrierte Schriftsteller aus dem deutschsprachigen Raum ihre neue Umwelt nicht mit größerer Neugier betrachtet und stärker in ihr Werk einbezogen haben. »Warum gab es nicht mehr Emigrantenromane über New York oder Los Angeles, zwei Städte, die sie gut kannten?« Die Prosa von Thomas Mann blieb so deutsch wie sein persönlicher Lebensstil. Princeton und Los Angeles waren Orte der Zuflucht, als literarisches Ambiente wurden sie kaum wahrgenommen. Dagegen hat Vladimir

Nabokov, der 1940 mit seiner jüdischen Frau aus Frankreich geflohen war, die amerikanische Wirklichkeit mit unnachahmlicher Treffsicherheit charakterisiert. Ein Grund für die refraktäre Haltung der Deutschen war, daß sie nicht unbedingt und überall willkommen waren. Alfred Döblin und Ludwig Marcuse sind während des Krieges in einem Café in Hollywood aufgefordert worden, nicht mehr Deutsch zu sprechen oder das Lokal sofort zu verlassen. Ein zweiter Grund für Anpassungsschwierigkeiten und kulturelle Taubheit könnte das fortgeschrittene Alter der Emigranten gewesen sein; die meisten hatten das 50. Lebensjahr überschritten, als sie nach Amerika kamen. Arnold Schönberg, Jahrgang 1874 und wie Paul Hindemith im Dritten Reich als Kulturbolschewik verschrien, glaubte nicht, sich in seiner neuen Umgebung irgendwie gewandelt zu haben. Werner Heisenberg und andere Physiker konnten sich rascher anpassen als Literaten und Musiker, weil die amerikanische Gesellschaft ihren Ideen aufgeschlossener gegenüberstand. Dagegen wurde Schönberg zum Beispiel von der Guggenheim-Stiftung abgelehnt.[26]

Zu anderen Literaten bestanden nur spärliche Kontakte, zwischen den Literaturen fand kein sinnvoller Austausch statt. Bruno Frank, Franz Werfel und Thomas Mann fanden ein so gutes Auskommen, daß sie sich von sozialen Problemen nicht behelligt zu fühlen brauchten. Egal ob einer in einer luxuriösen Villa lebte wie Lion Feuchtwanger oder sich als Tellerwäscher durchschlug wie Ernst Bloch: die Vertreter der beiden Kulturen blieben sich recht fremd. Amerikanern fehlte das Interesse an der Welt der Emigranten, Europäer begegneten Amerikanern mit einem beträchtlichen Maß an Borniertheit. Sie kritisierten das amerikanische Essen, besonders das Brot, den Egoismus, die Haltung zum Tod, die ihrer Meinung nach zu lasche Kindererziehung, die hohe Mobilität, die Wurzellosigkeit, den raschen Wechsel des Arbeitsplatzes. Adorno reagierte auf Jazzmusik mit neurotischem Haß. Für Toscanini war Kalifornien ein Italien ohne Seele, Thomas Mann wollte nicht in Amerikas seelenloser Erde begraben sein und kehrte 1952 nach Europa heim. Brecht kam sich in einer gequälten Formulierung vor »wie franz von assisi im aquarium, lenin im prater (oder oktoberfest), eine chrysantheme im bergwerk oder eine wurst im treibhaus«. Das amerikanische Theater hielt er schlicht für Dreck. Seine sechs Jahre in Amerika waren nicht sonderlich produktiv. Sein literarisches Interesse an den Amerikanern war schier größer gewesen, als er das Land noch nicht persönlich kannte.[27]

Lion Feuchtwanger hatte in Buchform die Moskauer Prozesse verteidigt und sich recht unsolidarisch gegenüber anderen Hitleropfern gezeigt, die nicht mehr rasch genug aus Europa herauskamen. Das gemeinsame Schicksal verhinderte nicht Spannungen unter den Emigranten. Adorno wollte aus politischer Vorsicht nicht zu viel mit Hanns Eisler zu tun haben. Erikson distanzierte sich von Thomas Manns harter Haltung gegenüber Deutschland. Auch der amerikanische Theologe Reinhold Niebuhr konnte Manns unversöhnlichen Rundfunkansprachen nichts abgewinnen.[28]

Herbert Marcuse arbeitete für den amerikanischen Geheimdienst. Albert Einstein entschloß sich, Amerika zu lieben und wußte ab da nur noch Gutes zu berichten. Golo Mann behauptete 1941, in den USA sei eine »permanente Revolution« im Gange, die andere Revolutionen obsolet gemacht habe. Typisch waren freilich nicht die Mechanismen der Überanpassung, sondern Trauer, kulturelle Isolation und das Gefühl, im fremden Land seine Zeit zu vergeuden. Der Historiker George W. F. Hallgarten, der sich in seinen Memoiren betriebsam und angepaßt gab, führte in Wirklichkeit ein von Einsamkeit und Bitterkeit beherrschtes Leben.[29]

III. Kapitel

DIE LITERATUR DER DREISSIGER JAHRE

Autoren, Literaturkritiker und Herausgeber von Anthologien haben sich alle Mühe gegeben, ihre ex-kommunistischen Landsleute und Kollegen als liebenswerte Mitmenschen hinzustellen, die es eigentlich nicht so gemeint hätten und die passable Schriftsteller geblieben seien trotz ihrer vorübergehenden Überzeugung, die ohnehin nur eine blaßrote Tönung angenommen habe.[1] Derlei Retuschen können nicht verbergen, daß kommunistisches Ideengut während der dreißiger Jahre eine gewaltige Anziehungskraft auf amerikanische Schriftsteller ausübte.

Ernest Hemingway schrieb für die kommunistische Zeitschrift *New Masses* und trat auf dem Schriftstellerkongreß der CPUSA in Erscheinung. Radikale Autoren fanden sich in den kommunistischen John Reed-Clubs zusammen, deren erster 1929 in New York gegründet worden war und der ab 1934 mit der *Partisan Review* seine eigene Zeitschrift herausgab. Der Lyriker Kenneth Rexroth gehörte zum Vorstand dieses nach einem Gründer der kommunistischen Partei Amerikas benannten Klubs. Edmund Wilson, Waldo Frank, Clifton Fadiman, Granville Hicks, Sherwood Anderson und andere Autoren bekannten sich zu einer marxistischen Sicht der Gesellschaft. Der ehemalige *muckraker* Lincoln Steffens sah drei Wege aus der liberalen Sackgasse: Kommunismus, Faschismus, Fordismus – und entwickelte sich zu einem linientreuen Kommunisten. Die Lösung der Probleme Amerikas und der Welt liege im Kommunismus, meinte Theodore Dreiser, der »Hindenburg des amerikanischen Romans«, der zum Entsetzen vieler Genossen einen kräftigen Antisemitismus an den Tag legte.[2] Kommunist wurde der Schriftsteller Edward Dahlberg, der uneheliche Sohn einer Einwanderin, der in jüdischen und katholischen Waisenhäusern aufgewachsen war. Kommunist wurde der aus Ungarn gebürtige Edward Newhouse, der eine Zeitlang in einem Hooverville gelebt und in den *New Masses* seine erste Kurzgeschichte untergebracht hatte. Kommunist wurde Richard Wright, Sohn eines Farmarbeiters und einer Lehrerin in Mississippi. Seine Mutter wurde von einer totalen Lähmung heimgesucht, worauf er im Alter von neun Jahren in ein Heim, hernach zu Verwandten kam. Nach Jahren des Vagabundierens trat er 1934 dem John Reed-Club in Chicago bei, wo er zum erstenmal das Gefühl hatte, willkommen zu sein und nicht herumgestoßen zu werden. Er schrieb für die *New Masses* und begann seine Karriere als einer der repräsentiven schwarzen Autoren. Von seinem Roman *Native Son* (1940) wurden binnen eines Monats eine Viertelmillion Exemplare verkauft. Wright löste sich erst 1944 von der Partei.

Die Hinwendung zum Kommunismus war ideell gesehen ein Aufstand gegen die Denkschule des »Humanismus«, gegen das wohlproportionierte, ästhetisierende und letzten Endes unverbindliche und langweilige Weltbild eines William Brownell, eines Irving Babbitt, eines Paul Elmer More; sie kamen den Radikalen altjüngferlich und moralisierend vor. Die Kommunisten Michael Gold und V. F. Calverton wollten im Humanismus faschistische Züge erkannt haben, wogegen T. S. Eliot, einer der Favoriten der Humanisten, umgekehrt den Kommunismus in die Nähe des Faschismus rückte, wobei er im Zweifelsfall sogar den Faschisten den Vorzug gegeben hätte. In Thornton Wilder erblickten kommunistische Kritiker einen ausgeprägten Vertreter des Humanismus. Ihm, dem »gutgekleideten Leichnam«, sagten sie nekrophile Neigungen, einen verwerflichen Anglokatholizismus und homosexuelle Allüren nach.[3]

Proletarischer Realismus

Michael Gold, der Chefredakteur der *New Masses*, attackierte die Intellektuellen seiner Zeit wegen ihrer Ziellosigkeit und ihrer Hingabe an vergängliche Moden. Stattdessen propagierte er den proletarischen Realismus, der sich mit den tatsächlichen Konflikten der Menschen auseinanderzusetzen habe und nicht mit den kapriziösen Themen des Pariser Emigranten. »Wir müssen über unseren eigenen Pfuhl schreiben«, meinte Gold, und die kritische Zuspitzung nach dem Schwarzen Freitag kam ihm ganz zupaß. Schnelle Aktion sollte die neue Stilrichtung auszeichnen, eine klare Form, eine direkte Linienführung, Kino in Worten – eine recht amerikanische Auffassung von Literatur.[4]

Die Teilnehmer am Schriftstellerkongreß wurden aufgefordert, in der Masse der Arbeiter aufzugehen, mit und unter ihnen zu leben. Bald konnte eine Anthologie mit proletarischer Literatur herausgegeben werden. *You Can't Sleep Here* (1934) von Edward Newhouse und andere *conversion novels* zeichneten die Wandlung eines Bürgerlichen zum Kommunisten nach. In *Moscow Yankee* (1935) von Myra Page begibt sich ein Fordarbeiter in eine russische Lastwagenfabrik, heiratet eine russische Frau und baut fleißig mit am Arbeiterstaat. Jack Conroy befaßte sich in *The Disinherited* (1933) mit den Bergarbeitern in Missouri, Josephine Herbst versetzte sich in *The Executioner Waits* (1934) in die prekäre Lage der Farmer Iowas. In Michael Golds *Jews Without Money* (1930) erfüllt sich der amerikanische Traum für jüdische Einwanderer gerade nicht, der soziale Aufstieg bleibt ihnen verwehrt. Golds Buch, das noch im Erscheinungsjahr elf Auflagen erlebte, war als Gegenstück zu Abraham Cahans *The Rise of David Levinsky* (1917) zu verstehen. Nelson Algrens *Somebody in Boots* (1935) zierte ein Motto aus dem Kommunistischen Manifest. *In Time of Peace* (1935) von Thomas Boyd vermittelte die Botschaft, im Frieden habe man sich auf den Klassenkrieg vorzubereiten. Robert Cantwell brachte in *The Land of Plenty* (1934) ein neues Klassenbewußtsein der Arbeiterschaft zur Geltung. Der Bogen radikaler, proletarischer Literatur spannte sich von Dos Passos' *The 42nd Parallel* (1930) über Henry Roths *Some Call It Sleep* (1935) und Ruth McKenneys *Jake Home* (1943) bis zur Autobiographie des Sängers Woody Guthrie *Bound for Glory* (1942), die zu einem Klassiker der Depressionsjahre geworden ist. Am Subgenre der *strike novel* versuchten sich so prominente Autoren wie Sherwood Anderson und John Steinbeck.[5]

Kenneth Fearing und Horace Gregory veröffentlichten proletarische Dichtung in der Zeitschrift *Blues*. George Sklar und Albert Maltz kamen am Broadway mit ihrem Stück *Merry-Go-Round* (1932) heraus, das die politische Korruption in New York zum Gegenstand hatte. Es wurde prompt abgesetzt, auf öffentliche Proteste hin jedoch wieder aufgenommen. Auch der Komponist Marc Blitzstein mußte einige Schwierigkeiten überwinden, ehe er mit seinem kapitalismusfeindlichen *The Cradle Will Rock* (1937) am Broadway landen konnte. Die Theaterleute standen unter Erfolgszwang, erkannte Dos Passos, und wer Proletarier auf die Bühne brachte, mußte wissen, wie man Erfolg beim Publikum mit großer Kunst verbindet. Zumindest die erste Forderung erfüllte eines der populärsten Stücke der Zeit, *Waiting for Lefty* (1935) von Clifford Odets. Die Sturmvögel der Arbeiterklasse reißen dort das »Schlachthaus ihres alten Lebens« ein und bauen sich eine neue Welt. Rache für den ermordeten Genossen Lefty fordernd, wendet sich ein Schauspieler ans Publikum:

> Well, what's the answer?
> Strike!
> Louder!
> Strike!

Bei einer Aufführung in London konnte man H. G. Wells beobachten, wie er mit erhobener Faust und erregter Stimme in die Rufe einstimmte.[6]

Ein beträchtlicher Teil der literarischen Elite verschrieb sich marxistischen Lehren und strebte kommunistische Lösungen an. Jack Douglas deutete den »Bonus March« in marxistischen Begriffen (*Veterans on the March*, 1934). Granville Hicks lieferte in *The Great Tradition* (1933, 1935) eine marxistische Interpretation der amerikanischen Literatur. Er flog von seiner Hochschule, wurde Redakteur der *New Masses*, trat 1935 der CPUSA bei und konnte trotzdem von der Harvard Universität als Berater für amerikanische Kultur beschäftigt werden. In seinem programmatischen Werk *I Like America* (1938) erweckte er den Eindruck, als wolle er Earl Browders Maxime vom Kommunismus als Amerikanismus des 20. Jahrhunderts unterstreichen. Die Entdeckung des Klassenkampfes eignete sich seiner Ansicht nach zu einer Fundamentalinterpretation amerikanischen Lebens.[7]

Die Reaktion auf den literarischen Radikalismus nahm verschiedene Formen an. In Birmingham (Alabama) war es verboten, mehr als eine radikale Zeitschrift zu besitzen. Marxistische Romane fielen nach einigen Jahren bei Literaturkritikern in Ungnade. Albert Halper (*Union Square*, 1933), Albert Maltz (*The Underground Stream*, 1940) oder Meyer Levin (*Citizens*, 1940) schienen beweisen zu wollen, daß guter Stil und doktrinärer Kommunismus nicht zusammenpaßten. Die von der Gewerkschaftspresse oftmals nachgedruckte Story »Man on the Road« von Albert Maltz handelt von einem Arbeiter, der an Silikose erkrankt ist, nur noch vier Monate zu leben hat und deshalb Frau und Kind verläßt und sich auf die Wanderschaft begibt: »So i am agoin away becus the doctor says i will be dead in about fore months.«[8]

Politische Naivität trug zur Unterminierung radikaler Positionen bei. Unter der Leitung von Clifford Odets entsandte der Schriftstellerverband eine Delegation nach Kuba, um dort *Realingo 18*, den ersten amerikanischen Sowjet in Augenschein zu nehmen. Die kubanische Regierung setzte die Besuchergruppe gleich fest und deportierte sie am nächsten Tag. Bei Odets deutete sich eine Rekonversion an, eine Rückkehr ins bürgerliche Lager. In *Waiting for Lefty* hatte er eine bessere Welt durch Streik, durch kollektive Aktion erreichen wollen. Sein nächstes Stück, *Awake and Sing*, ebenfalls 1935 aufgeführt, ist eher ein Protest gegen spezifisch familiäre als gegen allgemein gesellschaftliche Zustände. Wohl hängt noch ein Bild von Sacco und Vanzetti an der Wand und eine der älteren Figuren schwört auf Karl Marx. Aber entwicklungspsychologische Themen und individualistische Töne bestimmen den Charakter des Stücks.[9]

Max Eastman führte seine journalistische Laufbahn von den *Masses* und dem *Liberator* zum *Readers' Digest*. Sidney Hook entwickelte sich als New Yorker Philosophieprofessor zu einem der zuverlässigsten Antikommunisten. In seiner Schrift »Why I am a Communist« (1934) hatte er den Kommunismus nicht als die Negation der Demokratie, sondern als deren Erfüllung bezeichnet. Bekannte Faktoren wie zunehmendes Alter und wirtschaftlicher Erfolg haben bei den Rekonversionen hereingespielt. Der Sozialist ist ein Kommunist mit zwei Kindern, hat man gesagt, und zum Liberalen wird einer, wenn zur Freiheit die Lebensmittel kommen. Der Spanische Bürgerkrieg und der Zweite Weltkrieg sorgten ebenfalls für eine Dämpfung radikalen Aufbegehrens. Irwin Shaw hatte als Pazifist in *Bury the Dead* (1936) behauptet, Kriege entstehen aus Propaganda; später untersagte er die Aufführung seines Stücks. Robert Jordan, der

Held in *For Whom the Bell Tolls* (1940), weiß plötzlich, wofür er kämpft. Hemingway mußte sich von Michael Gold im *Daily Worker* Geistesarmut und Klassenegoismus vorwerfen lassen.[10]

Der wichtigste Grund, warum der Kommunismus in den USA nicht Fuß fassen konnte, hatte mit der amerikanischen Mentalität zu tun. Wettbewerbsgeist, Individualismus und Distanzbewußtsein ließen sich nicht über Nacht abschaffen, auch nicht durch große wirtschaftliche Not. Sinclair Lewis hat das wettbewerbsorientierte Denken seiner Landsleute parodiert, indem er eine seiner Figuren mit Blick auf die Russen sagen läßt: »We'll do a whole lot better when *we* get Communism.« Dos Passos, der jede Form von Organisation schon immer für tödlich gehalten hatte, wandte sich vom Kommunismus ab und verherrlichte die Geschichte seines Landes. Er und andere hatten ihre Leidenschaft fürs Ungebundene nur vorübergehend abgelegt.[11]

William Faulkner

Die Südstaaten hatten seit Calhoun keine großen politischen Denker mehr hervorgebracht, aber große Künstler und Schriftsteller. Damit war gewissermaßen eine Umkehrung der Situation vor dem Bürgerkrieg eingetreten. Aus dem Süden als kultureller Region kamen Autoren wie Thomas Wolfe, Erskine Caldwell, Willa Cather, Margaret Mitchell und natürlich William Faulkner. Als »Agrarians« bezeichnete man eine Gruppe südstaatlicher Autoren, die 1930 die Erträge eines Symposiums unter dem Titel *I'll Take My Stand* herausgegeben hatten. Allen Tate, Robert Penn Warren, John Gould Fletcher und andere wandten sich darin gegen das moderne Konzept eines »New South«. Sie wollten lieber zu agrarischen Werten zurückkehren und dem Süden seine Eigenart bewahren. Allen Tate, ein Dichter, der auf Kritik mit Duellforderungen reagierte, hatte in seiner »Ode to the Confederate Dead« (1927) den »aktiven Glauben« des Südens gepriesen und sich gegen den Solipsismus der Moderne ausgesprochen – eine aus der Antebellumperiode wohlbekannte Haltung. Die besondere Problematik der Region, der qualvolle Übergang des Plantagensüdens zu einer kommerzialisierten Gesellschaft, hat in William Faulkner einen der Größten der amerikanischen Literaturgeschichte hervorgebracht.

Er war der erstgeborene Sohn des erstgeborenen Sohns des erstgeborenen Sohns des erstgeborenen Urahns der Familie. So beginnt David Minter seine Biographie über William Faulkner, der sein Leben oft genug nur als einen Punkt in einer langen Reihe von Vorfahren begriff und der sich von Anfang an mit dem »sense of place« und dem »sense of family« befaßt sah. Bruder John Faulkner hat berichtet, daß die Familiengruft in Oxford (Mississippi) zu klein wurde, weil die Faulkners und ihre Sippschaft zu lange dort gelebt hatten und gestorben waren.[12]

Im ersten Lebensjahr war William oder Bill Faulkner, der Sohn von Maud und Murry Falkner – das »u« hat er erst später angenommen –, fast jede Nacht von einer Kolik heimgesucht worden. Als er ein Jahr alt war, zog die Familie von New Albany nach Ripley, als er fünf war von dort nach Oxford, wo seine Vorfahren schon früher ansässig gewesen waren. Er blieb klein für sein Alter, seine drei jüngeren Brüder gerieten allesamt größer und schwerer als er. Der Vater betrachtete ihn mehr als den Sohn der Mutter, einer kleingewachsenen Person, willensstark und energisch. William Faulkner blieb ihr zeitlebens eng verbunden, hat sie noch bis kurz vor ihrem Tod – sie starb 1960, zwei Jahre vor ihm – beinahe täglich besucht. Ein Collegestudium hatte sie aufgeben müssen, ihrer eigenen, pflegebedürftigen Mutter wegen, die sie 1896 mit in die Ehe brachte. Auf die zunehmenden Konflikte zwischen den Eltern reagierte William mit Schulschwänzen, Trotz und Zurückgezogenheit. Als Zehnjähriger war er das einsame Kind auf dem Schulhof, er schien seine Umwelt zu ignorieren, zeigte sich passiv, nahezu träge, war als »queer« oder – wie man in seiner Gegend sagte – »quair« verschrien, eine auffällige Verhaltensänderung, die sich als dauerhaft erweisen sollte. Die Erziehungsmethoden seiner Mutter waren nicht immer dazu angetan, einen Ausgleich herbeizuführen. Seine Haltungsschwäche versuchte sie mit einer Art Zwangsjacke aus Walfischknochen zu korrigieren, und wenn die vier Söhne unartig waren, mußten sie regungslos und stumm einige Stunden auf einem Stuhl sitzend zubringen. Sein Bruder John rannte von zu Hause fort, wollte mit 16 zum Militär und mußte zurückgebracht werden.[13]

Der Vater war nach übereinstimmender Schilderung distanziert, affektarm und schier unfähig, Zuneigung zu zeigen oder enge Bindungen einzugehen. Er neigte zu Gewalttätigkeit, sobald er sich in die Enge getrieben sah, und hat bei einem seiner Kämpfe fast sein Leben verloren. Mit den geschäftlichen und gesellschaftlichen Erfolgen seines Großvaters und seines Vaters vermochte er nicht Schritt zu halten. Einmal plante er, in Texas neu anzufangen, dies scheiterte am Widerstand seiner Frau, die partout nicht unter Fremden leben wollte. Er war ein starker Trinker und mußte sich mehrmals in eine Entziehungsanstalt bei Memphis begeben, wo Frau und Söhne über mehrere Tage hinweg seine Ausnüchterung und die nicht eben erfolgreiche Kur abzuwarten hatten. Das Verhältnis zu seinem ältesten Sohn verschlechterte sich zunehmend. Kurz vor seinem Tod versuchte er, den Verkauf von *Sanctuary* (1931) zu hintertreiben. Lieber wäre es ihm gewesen, William hätte Wildwestgeschichten à la Zane Grey geschrieben, die er sehr schätzte. Zur Beerdigung seines Vaters – er starb 1932 – konnte William Faulkner nicht erscheinen.[14]

Die Familie legte Wert auf Zusammenhalt und Autonomie. Gemeinsam war den Faulkners die Eigenart, einigen wenigen Menschen zu zeigen, daß sie willkommen, anderen aber umso deutlicher, daß sie es nicht waren. Eine wahllose Verteilung von Freundlichkeit, wie sie im Hauptstrom der amerikanischen Kultur verlangt wird, wäre ihnen ganz zuwider gewesen. William Faulkner konnte sich in seinen ersten Lebensjahren in seiner Familie geborgen fühlen. Speziell bei seiner Mutter fand er den Halt, den er brauchte. Von da leitete er seine Selbstsicherheit und seine Allmachtsgefühle ab, die er wieder einbüßte, ohne daß ein schwerwiegendes Trauma zu erkennen gewesen wäre, es sei denn die Unverträglichkeit der Eltern, die anscheinend so arg war, daß die Mutter noch auf dem Totenbett hoffte, ihrem ungeliebten Mann – »I never did like him« – nicht im Himmel begegnen zu müssen. William Faulkner suchte sich Rollen und Verhaltensweisen aus, um zu anderen Menschen jederzeit auf Distanz gehen zu können, bewegte sich zwischen Zurückgezogenheit, schweigsamer Passivität und episodenhafter Selbstdramatisierung.[15]

Nach dem zweiten Jahr ging er vorzeitig von der High-School ab und verdingte sich am Ort in der Bank seines Großvaters. Weil er sich stutzerhaft kleidete und überhaupt sehr auf sein Äußeres achtete, belegte man ihn mit dem Spitznamen »the Count«. Estelle, seine Jugendliebe, gab einem anderen den Vorzug, worauf er Oxford verließ, beim Militär unterzukommen trachtete, wo er abgewiesen wurde. Mit gefälschten Papieren gab er sich als Engländer aus und durchlief bei der Royal Air Force im kanadischen Toronto eine Fliegerausbildung. Der Krieg ging zu Ende, ehe er zum Einsatz kam. Mit Offiziersuniform, Offiziersstöckchen und einer angeblichen Verwundung kehrte er in die Heimat zurück und schrieb sich als »special student« an der Universität von Mississippi ein. Die Kommilitonen bespöttelten ihn ob seiner Eitelkeit als den »beau-u-tiful man with cane«, den Schönling mit Spazierstock. Wie früher hat er sich in seiner privaten Welt verloren, spielte den Einzelgänger oder hockte bei den alten Männern am Stadtplatz und hörte sich ihre Geschichten an.[16]

1924 erschien Faulkners erste Gedichtsammlung *The Marble Faun*, zwei Jahre später veröffentlichte er mit Sherwood Andersons Hilfe *Soldier's Pay* (1926), einen Roman im Stil der »Lost Generation«. *Mosquitos* (1927), ein in New Orleans angesiedelter satirischer Roman, ist der Tradition der *tall tales* verpflichtet und enthält mit der Geschichte von den Schafen und den Whiskeyfässern den vielleicht größten »whopper« seit den Tagen Mark Twains. Faulkner hat sich immer mal wieder der Lügenmärchen aus der Frontierzeit bedient, so in *The Hamlet* (1940), wo Flem Snopes dem Teufel das Nachsehen gibt.

Beim Schreiben von *Sartoris* (1929), der ersten seiner großen Familiensagas, machte er eine Entdeckung, die ihm anscheinend selbst weiterhalf: »Ich entdeckte, daß Schreiben eine tolle Sache ist; man konnte Menschen auf die Hinterbeine stellen und sie einen langen Schatten werfen lassen.« Neunzehn Romane hat er verfaßt, die wichtigsten in einer Zeitspanne von zehn Jahren. Im gleichen Jahr wie *Sartoris* erschien *The Sound and the Fury* (1929), neben *Absalom, Absalom!* (1936) sein Meisterwerk. Faulkner läßt die Geschichte der Brüder Compson und ihrer Schwester Caddy viermal erzählen, vom Idioten Benjy, vom habgierigen Jason und vom Schwärmer Quentin Compson, der materielle Dinge nur mit Ekel betrachten kann, und von einem detachierten Beobachter. Benjy und Quentin lieben ihre Schwester, Jason haßt sie. Quentins Liebe trägt inzestuöse Züge; er schlägt den Sohn der Negermammy Dilsey, sooft der die Hochzeit von Caddy erwähnt. Caddy ist das zentrale Objekt, nur sie macht sich von ihren Zwängen frei, die Brüder gehen, jeder auf seine Weise, vor die Hunde. Autobiographische Parallelen sind leicht herzustellen. Faulkner wollte keine Söhne haben. Sein Vater war wie der alte Mr. Compson Alkoholiker, ein gemütsarmer Mann, der mit dem Schicksal seiner Kinder spielte. Und Dilsey ist eine schwarze Mammy wie die Falkners eine hatten.[17]

Estelle Oldham kehrte nach einer gescheiterten Ehe heim und heiratete 1929 ihren Jugendfreund William. Während der Flitterwochen beging sie einen Selbstmordversuch. Eine Tochter starb fünf Tage nach ihrer Geburt; Faulkner hat sie eigenhändig beerdigt. Nach der Veröffentlichung von *The Sound and the Fury* sah er sich aus Geldnot gezwungen, einen Job als Heizer anzunehmen. Nachts vor den Kesseln der Heizungsanlage der Universität, an der sein Vater Verwaltungschef war, schrieb er in wenigen Wochen *As I Lay Dying* (1930). Um Geld zu verdienen, ließ er diesem Roman die Horrorgeschichte *Sanctuary* (1932) folgen. Trotz guter Honorare aus Hollywood ist ihm immer wieder das Geld knapp geworden. 1936 verkündete er per Anzeige im Lokalblatt, er werde künftig für die Schulden seiner Frau nicht mehr aufkommen – sieben Jahre nach der Eheschließung. 1942, nachdem er seine Hauptwerke geschrieben hatte, belief sich sein Tantiemenertrag auf ganze dreihundert Dollar.

Bei allem Lokalkolorit ist in Faulkners Werk die Geographie der Seele wichtiger als die Geographie des Staates Mississippi. Joe Christmas, die Hauptfigur aus *Light in August* (1932), ist ein fast schulmäßiger Fall von gestörten Objektbeziehungen. Er weiß nicht, woher er kommt, noch wohin er geht, trägt als Eskapist auf der Suche nach einem erlösenden Frieden sein Leben mit sich herum »wie einen Korb voller Eier«. Joes Vater blieb unbekannt, seine Mutter starb bei der Geburt, er wuchs in einem Waisenhaus auf, hat persönliche Zuwendung in seiner Kindheit nie kennengelernt und ist seither unfähig, Liebe zu geben oder zu empfangen.[18]

Eine Urne, schrieb der von Keats beeindruckte Faulkner, signalisiere Bewegung und Stillstand in einem. Für sich hat er diese Ausgeglichenheit nie finden können, und sein persönlicher Konflikt zwischen Nähe und Ferne, zwischen Flüchten und Standhalten ist der beste Schlüssel zu seinem verrätselten Werk, den wir kennen. Seine Persönlichkeit zeigt viele Elemente des aggressiven, risikofreudigen, narzißtischen Typs, ein Mensch, der in dem Ruf stand, eine unsichtbare Mauer um sich errichtet zu haben, damit niemand ihm zu nahe treten konnte; der freizügig Geld ausgab, mehrmals ein Vermögen erwarb und wieder verschleuderte und der den Wunsch nach einer neuen Frau in die Worte kleidete, er benötige einen »physischen Spucknapf«.[19] Faulkner übte die klassischen Sportarten des Philobaten aus. Er besaß ein Flugzeug, ein Reitpferd und ein Segelboot. Fliegen bezeichnete er

William Faulkner im Jahr 1933

zeitweise als sein einziges Vergnügen. Sein Roman *Pylon* (1935) handelt von der Waghalsigkeit der Flieger. Einer von ihnen fliegt wissentlich mit einer defekten Maschine. In den Erzählungen »Honor« und »Death Drag« setzte er den tollkühnen »barnstormers« ein Denkmal, die sich über das Elend der Welt erheben und über den irdischen Tod.[20] Der tödliche Absturz seines Bruders Dean weckte Trauer und Schuldgefühle, tat aber seiner Begeisterung fürs Fliegen kaum Abbruch. Noch im Zweiten Weltkrieg wollte er als Kampfflieger antreten, wurde wegen seines Alters natürlich abgelehnt.

Mit seinem südstaatlichen Dichterkollegen Sidney Lanier teilte er die Leidenschaft für den Reitsport. Reiten, Segeln und Fliegen fielen für ihn in eine Kategorie. Je älter er wurde, desto halsbrecherischer gebärdete er sich auf dem Pferderücken. Bei zahlreichen Stürzen zog er sich schmerzhafte und langwierige Verletzungen zu. Besonders das Springreiten hatte es ihm angetan. Er brauchte das Risiko, den Nervenkitzel bei der Jagd, er stellte gern seinen persönlichen Mut unter Beweis und neigte dann dazu, die erlebten Gefahren zu übertreiben und sich selbst als unüberwindlich hinzustellen.[21]

»Ich bin der Beste in Amerika, mein Gott«, sagte er nach seinen großen schriftstellerischen Erfolgen. Die Tendenz zur Selbstvergrößerung, wie man sie beim narzißtischen Typ findet, hatte bei ihm auch mit der Körpergröße zu tun, denn er hat darunter gelitten, nur 1,67 Meter zu messen. Seine Besäufnisse sollten dies vergessen machen. Alkohol, wußte Faulkner aus Erfahrung, machte ihn »bigger, wiser, taller«.[22] Nach seinen alkoholischen Exzessen und Kreislaufzusammenbrüchen brauchten Ärzte oft mehrere Tage, bis sie ihn wieder auf den Beinen hatten. Einmal mußte er mit der Tragbahre aus dem Flugzeug geholt werden.

Nun war Faulkner kein reiner Philobat. Man findet an ihm eine ganze Reihe entgegengesetzter Merkmale, und niemanden wird dies wundern bei einem Schriftsteller, der dafür berühmt geworden ist, über die »eigene kleine Briefmarke heimatlichen Bodens« zu schreiben, wie er das einmal ausgedrückt hat. Faulkner hatte als Kind schon eine Eichhörnchenmentalität entwickelt. Es fiel ihm schwer, etwas wegzuwerfen, in seinem Zimmer stapelten sich ausrangierte Gegenstände aller Art. So sehr er auf sauberes, korrektes Aussehen bedacht war – manche seiner Jacken hat er immer wieder flicken lassen, weil er sich nicht von ihnen trennen konnte. Seine Autos fuhr er so lange, bis die Bodenplatten durchgerostet waren und man unten den Asphalt vorbeiflitzen sah. In Rowan Oak hat er sich oft in seinen Arbeitsraum zurückgezogen und den Türknopf abgenommen. Er trank nicht mit der großen Geste eines Ernest Hemingway, sondern schloß sich zum Saufen ein und trank sich in Hotelzimmern buchstäblich selbst und bis zur Bewußtlosigkeit unter den Tisch.[23]

Der »kalten und rastlosen Monotonie des Atlantik« vermochte er keinen Reiz abzugewinnen. Kalifornien faszinierte ihn nicht. Einer seiner Geliebten machte er klar, es habe keinen Sinn, in Hollywood das Glück zu suchen, zum Glücklichsein brauche man einen zeitlosen Ort. »Die Zeit ist dein Unglück«, erfährt Quentin in *The Sound and the Fury.* Faulkner hatte bei allen zentrifugalen Neigungen ein starkes Anklammerungsbedürfnis. Mit den freien, objektlosen Weiten, mit der Sehnsucht des Narziß nach Auflösung im Nichts wollte er nichts zu schaffen haben. Der Satz »Zwischen der Trauer und dem Nichts wähle ich die Trauer« aus *The Wild Palms* (1939) gehört zu seinen markantesten Selbstcharakterisierungen.[24]

Die Spannung zwischen zentrifugalen Wünschen und die Angst vor der Überschreitung räumlicher Grenzen war Faulkners persönliches Problem, es war aber auch das Problem des amerikanischen Südens. Faulkners Ruhm gründet sich darauf, dieses Spannungsverhältnis so tief empfunden und so meisterhaft wiedergegeben zu haben.

Literaturwissenschaftler schätzen *Absalom, Absalom!* (1936) manchmal als Faulkners inhaltsschwersten und sogar besten Roman ein, ein schwieriges, aber lehrreiches Werk über den amerikanischen Süden vor und nach dem Bürgerkrieg. Faulkner hat hierzu mündliche Überlieferungen verarbeitet, wie er sie aus seiner Umgebung kannte, er hat wie so oft Ereignisse aus der Geschichte seiner Ahnen einfließen lassen und vielleicht sogar die Bände von Douglas Freeman und Bruce Catton über die Bürgerkriegszeit zu Rate gezogen. Seine Geschichte sollte freilich mehr werden als ein historischer Roman. Deswegen ließ er sie von Quentin Compson erzählen, der Figur aus *The Sound and the Fury.* Er sollte die Handlungsfäden bündeln und vor dem Hintergrund seines eigenen Schicksals der Erzählung eine metahistorische Dimension geben. Die biographischen Bezüge zu Faulkner selbst sind unverkennbar: das mächtige Erbe der Vorfahren, die klangvollen Namen, die man in sich selbst spürt wie das Echo in einer leeren Halle, die Schilderung unzulänglicher Eltern und des Ruins ihrer Kinder. Rosa Coldfield, eine der erzählenden Figuren, sitzt einmal in ihrem Stuhl wie »ein gekreuzigtes Kind«.[25]

Schriftstellerkollegen, Literaturkritiker und Englischprofessoren, darunter Robert Penn Warren, Malcolm Cowley und Cleanth Brooks, konnten sich nie darauf einigen, welche Bedeutung dem Hauptakteur des Romans, Thomas Sutpen, zukommt. Für die einen repräsentiert er den Süden schlechthin, für andere den Yankee aus dem Norden, für dritte den *new man* im Tiefen Süden. Gerade diese Frage ist anhand des Textes am leichtesten zu beantworten; die dritte Interpretation kommt der Wahrheit am nächsten. Sutpen ist der Eindringling, der seine Umwelt korrumpiert und dann mit ihr und an ihr scheitert. Er ist keiner der sattsam bekannten Yankeeteufel, eher noch satanischer als diese. Der Erzähler Quentin sucht anders als in *The Sound and the Fury* diesmal neben seiner persönlichen auch nach seiner sozialen Identität. Deswegen ist er besonders daran interessiert zu erfahren, wer Sutpen ist, wo er herkam, wie er sich zu einem monströsen Wesen entwickelt hat, wie er zugrundeging.[26]

Thomas Sutpens Mutter stammte aus dem schottischen Hochland, lernte nie richtig Englisch und starb früh. Sein Vater, ein Säufer, der oft so betrunken war, daß man ihn tragen und stützen mußte, zog abrupt von den Bergen des westlichen Virginia hinunter in die Tidewater Region. Thomas Sutpen war damals etwa zehn Jahre alt, sein genaues Alter kennt er nicht. Seine beiden nichtsnutzigen Brüder machen sich davon, seine Schwester bringt unverheiratet Kinder zur Welt. Er weiß weder, wo er herkam, wo er sich befindet, noch warum er sich dort befindet. Faulkner schildert seine Verlorenheit auf fast penetrante Weise und unterstreicht besonders das eine: wenn der Vater schon nicht weiß, was er tut, woher soll es der Sohn wissen. Der Umschwung kommt nach einer tiefempfundenen Kränkung. Bei einem Botengang wird er vom schwarzen Dienstboten eines Herrschaftshauses vom Vordereingang verwiesen und an den Hintereingang geschickt. Er zieht sich in eine Höhle zurück – nicht schwer zu erkennen als Ort der Wiedergeburt –, um über sich selbst nachzudenken und sich über seine Zukunft klarzuwerden. Er faßt den Entschluß, seine Erniedrigung nicht mehr wie bisher widerstandslos hinzunehmen. Ab da zeigt er übersteigerten Ehrgeiz und unermüdliche Energie. Sein Lebensplan, sein »design« richtet sich auf Geld, ein Haus, Land, Sklaven, eine Familie und »nebenbei gesagt natürlich eine Frau«. Sein Elternhaus verläßt er vor Tagesanbruch und für immer; er sieht seine Familie nicht wieder.

Somit hat er im Alter von 14 Jahren allem den Rücken gekehrt, was er je kannte, und eine Welt betreten, von der er nichts wissen konnte. Gefahren und Risiken bei der Erfüllung seines Plans scheut er nicht, im Gegenteil; er sucht sie sogar. Auf Haiti kommt er zu Wohlstand, er heiratet, zeugt einen Sohn, verstößt aber seine Frau in dem Moment, als sie nicht mehr in seinen Großen Plan paßt: sie ist nicht reinrassig. Eines Sonntagmorgens taucht er auf der Flucht vor Gläubigern in einer südstaatlichen Kleinstadt auf, deren Bewohnern er wie eine Mischung aus Faust und Beelzebub vorkommt, ein mit Pistolen bewehrter Dämon, begleitet von zwanzig Hilfsdämonen in Gestalt schwarzer Sklaven. Einem armen Indianer listet er hundert Quadratmeilen Land ab und baut darauf ein Haus, so groß wie man es in der Gegend nie gesehen hat.

Als Eindringling in einer eng vernetzten Gemeinschaft gelingt es ihm, sich mit undurchsichtigen Mitteln und Methoden binnen zwei Jahren eine Existenz aufzubauen. Dann geschieht etwas Seltsames. Er fällt in eine Art Stupor, verharrt drei Jahre wie bewegungslos, als wären einem elektrischen Dynamo die Drähte abgeklemmt worden. Nachdem er diese statische Phase überwunden hat, heiratet er. Jetzt widerfährt ihm die soziale Kränkung: Die Stadt boykottiert seine Hochzeit. Die Gemeindemitglieder, vor allem die Frauen, haben ihm nie verziehen, keine Vergangenheit zu haben. Seine erste Frau hat Sutpen verstoßen, die zweite stirbt. Er wirft ein Auge auf die minderjährige Enkelin seines Handlangers Walsh. Walsh rächt Frauenehre und ermordet Sutpen, der die sexuellen Rituale des südstaatlichen Dreikastensystems verletzte, weil er sich nicht mit heiratsfähigen Frauen, weißen Kurtisanen und schwarzen Sklavinnen begnügt hat.

Faulkners Figuren sind so stimmig gezeichnet, als müßten sie die Lehrsätze in einem entwicklungspsychologischen Standardwerk illustrieren. Sutpen kann nicht anders als zerstören, was ihm nahesteht. Weil ihm Zuneigung seit seiner Kindheit versagt blieb, weil er mal um mal zurückgestoßen wurde, hat er ein Verhalten entwickelt, das neue Enttäuschungen ausschließt. Sutpen ähnelt Ahab. Das Ziel liegt immer ein Stück im Jenseits, die Verwirklichung seines Großen Plans darf nie zu Ende kommen, Erfüllung wäre gleichzusetzen mit Scheitern. Mit seiner Dynamik und seinen transzendentalen Gelüsten setzt er sich in Widerspruch zu seiner Umgebung, die bei Bedrohung nicht mit der Flucht nach vorn sondern mit dem Rückzug nach innen reagiert. Goodhue Coldfield, sein Schwiegervater, nagelt die Tür hinter sich zu und stirbt. Seine Tochter Ellen verschwindet in einem abgedunkelten Raum, den sie bis zu ihrem Tod nach zwei Jahren nicht mehr verläßt.[27]

Die besten Kenner der südstaatlichen Geschichte meinen, die Region habe sich wegen der universellen Kritik an der Sklaverei in sich selbst zurückgezogen und freiwillig abgekapselt. Man könnte das Argument auch umdrehen: Weil der Süden isoliert war, hat sich die Sklaverei dort so lange halten können. Der Bürgerkrieg war in den Augen Faulkners oder in den Augen seiner Gestalten eine törichte Verirrung. Nach dem Krieg war der alte Süden tot, seine Bewohner zum Weiterleben verurteilt, ohne das traditionelle Privileg in Anspruch nehmen zu können, sich an der Vergangenheit zu orientieren.[28] Auch Sutpen hat sein Vermögen eingebüßt, hält sich aber für fähig, ein drittesmal neu zu beginnen, ehe er seine Familie und sich selbst endgültig zerstört. Seinen Unsterblichkeitsplan hat er bis zuletzt nicht aufgegeben – das ist wie die eitle Selbstvergrößerung, die der Süden des Antebellum den Nordstaatlern vorgeworfen hatte. In den dumpfen Ressentiments alteingesessener Südstaatler war es Sutpen, der dem Land den Bürgerkrieg beschert hatte, weil er *time* über *place* setzte. Sein großes Design geriet zum Verhängnis, der Süden mußte den Preis für ihn und seinesgleichen bezahlen, bezahlen dafür, daß man den Parvenüs erlaubt hatte, die Existenz auf den Treibsand des Opportunismus und des Brigantentums zu bauen statt auf den Felsen moralischer Aufrichtigkeit. Diese harten Worte fand Sutpens Schwiegervater. Sutpen war ausgezogen, eine Welt zu erobern. Er scheiterte an der Unbeweglichkeit, der Starrheit dieser Welt und hinterließ keine Nachkommen außer einem halbidiotischen Mischling, der nach Westen geht und nicht einmal den Namen seines Vaters trägt. Auch von der Familie Compson bleibt am Ende nur ein stotternder Idiot übrig.

Faulkners grundsätzlicher Beziehungskonflikt setzte sich in allen Phasen seines Lebens fort. Seine erste Liebe hatte ihm vorgeschlagen, gemeinsam auszureißen. Er weigerte sich und heiratete sie erst nach ihrer Scheidung von einem anderen Mann. Auf dem Weg nach Europa ließ er sich leicht überreden, in New Orleans Station zu machen. Als er schließlich doch fuhr, blieb er fünf Monate statt wie geplant mehrere Jahre. Seine Zeit in New Orleans und seinen ersten Europaaufenthalt will er als »ein Tramp, ein harmloser, besitzloser Vagabund« erlebt haben. Doch scheint er Fernweh und Entwurzelung im nachhinein doch etwas übertrieben herausgestellt zu haben. Denn ein Heimatloser war er nie. Er hat das Exil nur immer mal ausprobiert, um seine Bindung an seine briefmarkengroße Welt desto intensiver zu erfahren. Oxford blieb sein Lebens- und Arbeitszentrum, das er in periodischen Abständen mit Los Angeles oder New York vertauschte. Er brauchte »Ferien von der Nestwärme«, sagte er dann, aber es waren eben Ferien mit begrenztem Ziel und nicht der unbefristete Aufbruch der Lost Generation. Faulkner segelte aus Leidenschaft, wie Hemingway auch, aber nicht auf dem freien Meer, sondern auf einem benachbarten Stausee, der so tief war, daß ein Mensch darin ertrinken konnte, wie einer seiner Brüder respektvoll anmerkte. Er ging gern auf die Jagd, aber um der Jagd und nicht wie Hemingway des Tötens willen. Er redete von Scheidung, blieb dann aber doch bei seiner Frau. Als er endlich zu Geld gekommen war, drückte er seine Verachtung gegenüber der Anhäufung leblosen Krempels aus, den man Besitz nennt, und war dann doch fleißig dabei, gemeinsam mit Frau und Tochter Jill Besitztümer aller Art zusammenzutragen.[29]

Faulkners Werk ist immer doppelgesichtig, er war Realist und Imaginist in einem, er konnte heimelig sein und dann wieder das Frissonement, den Schauder herbeirufen wie die besten seiner europäischen und amerikanischen Lehrmeister. Als Erzähler blieb er bei aller Sympathie für die handelnden Figuren distanziert und gab keine eindeutige Stellungnahme zum Geschehen ab. Einmal scheint er sich mit den Landaristokraten alten Stils gegen die Neureichen zu verbünden, im nächsten Moment zeigt er, »daß der Aristokrat nicht besser ist als der Parvenü und daß die edle Tradition des Südens unecht ist«.[30]

Liberale schimpften ihn während des Krieges einen Kryptofaschisten. Konservativ war er in dem Sinne, als er sich gegen Farmerorganisationen und Gewerkschaften aussprach. Erst spät hat er sich zur Integration der Rassen bekannt, sofern sie ohne Zwang und ohne Intervention der Regierung geschah. In der Erzählung »The Bear« aus *Go Down, Moses* (1942) erscheint das Tier als Symbol der Freiheit. Wer die Natur gut behandelt, will Faulkner sagen, wird auch den Schwarzen Gerechtigkeit widerfahren lassen. Mit seinem Eintreten für die Rassengleichheit hat er sich das Unverständnis seiner Familie und den Haß der Nachbarn zugezogen. Als er 1950 den Nobelpreis erhielt, stand in der Lokalpresse, Faulkner sei leider der Literatur der Gosse zuzurechnen.

In seinen letzten Werken hat Faulkner nie mehr das gewohnte literarische Niveau erreicht. *A Fable* (1954) ist ein zu gewolltes neutestamentarisches Analogon zum alttestamentarischen Absalom-Motiv geworden.[31] *Intruder in the Dust* (1948) sollte mehr Zuversicht dokumentieren, aber hier hat Faulkner gegen sein eigenes Gemüt angeschrieben. In dem moralisierenden *Requiem für eine Nonne* (1951), einer Hure also, klingt ein altes Credo an, die Reinigung durch Leiden, »die

Angst um der Angst willen«, ein seltsamer Trost, aber ganz im Einklang mit seiner Lebensphilosophie. Eine Affirmation der Zukunft zu erbitten von einem, der das Vorrücken der Zeit für ein Unglück hielt, wäre wirklich bizarr gewesen. Fortschritt konnte in Faulkners Augen nur ein Trugschluß, eine Halluzination sein. Der Reiter in der Erzählung »Carcassonne« galoppiert dahin mit »rhythmischem und nie erlahmendem Ungestüm und ohne voranzukommen«.[32] Marcus Cunliffe hat dieses Bild mit dem Oxymoron »frozen passion« umschrieben, erstarrte Leidenschaft, eine Formulierung, die das Zwiespältige in Faulkner gut trifft.

Margaret Mitchell

Als Tochter eines Rechtsanwalts und einer engagierten Suffragettin wurde Margaret Mitchell im Jahr 1900 in Atlanta geboren. Ihre Eltern bezogen 1903 und 1912 innerhalb Atlantas neue Wohnhäuser, sind aber der Stadt stets treu geblieben. »Peggy«, wie sie genannt wurde, entwickelte sich zunächst zu einem scheuen Kind, die Schüchternheit wurde ihr aber als Unhöflichkeit ausgelegt und von der Mutter früh ausgetrieben, notfalls mit Schlägen. Die Mutter war in einem katholischen Konvent in Quebec erzogen worden. Durch ihre Heirat glaubte sie, eine Karriere à la Madame Curie aufgegeben zu haben. Peggy legte gegenüber der Mutter eine seltsame Verschlossenheit an den Tag; die beiden kamen sich nie wirklich nahe.[33] Peggy sprach viel, fragte viel, zeigte ein jungenhaftes Auftreten und wurde nach dem Übertritt in eine Privatschule von ihren Mitschülerinnen nicht akzeptiert. Sie galt als »loner« und war so wenig beliebt, daß sie keiner der »sororities« beitreten durfte, der Schwesternschaften, die für die Sozialisation junger Damen gerade im Süden so wichtig genommen werden. Als Kind hatte sie sich die Beine arg verbrannt, ab da mußte sie auf Geheiß der Mutter Hosen tragen. Bei einem Reitunfall zog sie sich eine neue, schwere Beinverletzung zu. Zeitlebens wurde sie von Unfällen heimgesucht, von Verletzungen und Krankheiten.

Margaret Mitchells auffälligstes Merkmal war ihre geringe Körpergröße. Noch als Erwachsene hat sie ihre Kleider in der Abteilung für Teenager gekauft. Als der Ruhm gekommen war, hieß sie in Journalistenkreisen »the little woman who wrote the big book«. Dabei war sie mit 1,50 m sogar noch fünf Zentimeter größer als ihre Mutter. Der Vater war mit 1,65 m auch nicht gerade ein Riese. Peggy war ihm, nach Meinung einer Biographin, »zu ähnlich ... um wirklich mit ihm auszukommen«. 1918 bezog sie das Smith College in Massachusetts. Ihre akademischen Leistungen waren ziemlich durchschnittlich, sie kam sich unter den 2000 Studentinnen dieses Frauencolleges verloren vor, wurde wegen ihres südstaatlichen Akzents und wegen ihres Zwergenwuchses gehänselt. Ihrem Bruder schrieb die Achtzehnjährige: »If I can't be first, I'd rather be nothing.« Der Tod ihrer Mutter während der großen

Grippeepidemie von 1919 gab ihr die Gelegenheit, dem College nach einem Jahr für immer Ade zu sagen und nach Atlanta zurückzukehren.[34]

Margaret Mitchell hatte eine enge Bindung an ihre Heimatstadt, und doch wurde sie von dem Gefühl des »I'll show you« beherrscht, dem Gefühl, anderen etwas beweisen zu müssen, nachdem sie sowohl als Schülerin wie auch einige Jahre später als Debütantin schwer brüskiert worden war. Debütantinnen sind gewöhnlich in die »Junior League« aufgenommen worden, Peggy hat man nicht zum Beitritt aufgefordert. Das entsprach im südstaatlichen Milieu beinahe einer sozialen Ächtung. Aus der Brüskierung heraus ist die enorme Energieleistung erklärbar, die hinter ihrem großen Roman steht.

1922 heiratete sie Berrien Kinnard Upshaw, genannt »Red«, einen 1,88 m großen, körperlich brutalen Menschen, der nach wenigen Monaten das Weite suchte oder weggeschickt wurde und später Selbstmord beging. Mitchell legte sich zu ihrem Schutz eine Pistole zu und bewarb sich nach ihrer mißglückten Ehe als Reporterin beim *Atlanta Journal.* Man mußte dort für sie ein Schreibpult und einen Stuhl ein Stück absägen. 1925 heiratete sie einen ehemaligen Freund ihres ersten Mannes, einen leichten Epileptiker, der ihr treu ergeben war. Ein Jahr später schied sie bei der Zeitung aus und machte sich an die Abfassung eines Romans, der zu einem der größten Bucherfolge der Weltgeschichte wurde.

Als Kind hatte sie erste Schreibversuche unternommen. *Gone With the Wind* war jedoch außer einem Romanfragment ihr erstes Werk, und es sollte ihr einziges bleiben. Ab 1926 oder 1927 saß sie im Overall hinter einer tragbaren Remington, nach Journalistenart ausgerüstet mit einem grünen Augenschirm. Das Schlußkapitel schrieb sie zuerst, was ebenfalls journalistischer Praxis entsprach. Abends deckte sie Maschine und Manuskript mit einem Badetuch ab. Eine Bekannte, die sich erkundigt hatte, wie es mit dem Roman vorwärtsgehe, bekam zu hören: »Die Sache stinkt mir ... Ich weiß nicht, warum ich mich abmühe, aber ich weiß sonst nichts mit meiner Zeit anzufangen.«[35] Fertige Kapitel steckte sie in große Umschläge, die sich bald stapelten und ihr am Ende angeblich bis zur Schulter reichten. 1929 war die erste Fassung geschrieben.

Entgegen späterer Beteuerungen hat sie sich sehr gewünscht, daß ihr Werk auch veröffentlicht wird, kam aber erst 1935 mit einem ernsthaften Interessenten in Kontakt. Harold Latham vom New Yorker Macmillan-Verlag prüfte das 2000 Seiten starke Manuskript während einer Bahnreise und riet zur Veröffentlichung. Bestärkt wurde er in seiner Meinung durch das Gutachten eines Literaturprofessors von der Columbia-Universität. Der Text mußte geglättet, der Umfang reduziert werden. Es blieben immer noch 400 000 Wörter. Das Buch wurde in nur sieben Wochen hergestellt; im Juni 1936 war es auf dem Markt.[36]

Der ursprüngliche Titel hatte gelautet »Tomorrow Is Another Day«. Weil zu viele ähnliche Titel kursierten, einigten sich Verlag und Autorin auf *Gone With the Wind.* Diese Phrase kommt im Text vor, wurde von Mitchell aber eventuell erst nachträglich eingefügt. Noch eine weitere wichtige Änderung hatte sie vorgenommen: sie taufte Pansy O'Hara in Scarlett O'Hara um und schuf damit »einen der einprägsamsten und unvergeßlichsten Namen in der Prosaliteratur«. *Gone With the Wind* schildert das Leben der Scarlett O'Hara im Alter zwischen 16 und 28 Jahren. Er beginnt mit dem Bürgerkrieg und endet mit der Phase der Rekonstruktion, als die unterlegenen Südstaaten mühsam versuchten, sich von der Niederlage zu erholen. Margaret Mitchell hatte schon als Kind im Verwandtenkreis endlose Stories aus der Bürgerkriegszeit gehört, die immer so erzählt wurden, als wären sie eben erst passiert. Als Journalistin hatte sie Kurzbiographien über verdiente Generäle aus Georgia schreiben müssen, von daher kannte sie die militärische Seite der Sezession recht gut. Armut und Elend hatte sie kennengelernt, als der Schädling *boll weevil* die Region verwüstete. 1917 war Atlanta von einem großen Brand heimgesucht worden, den Mitchell miterlebt hatte und der das Modell abgab für eine meisterhafte Beschreibung im Roman. Biographisches im engeren Sinne läßt sich unschwer entdecken. Red Upshaw ist Rhett Butler, Scarlett trägt Züge einer Großmutter von Margaret Mitchell, die im übrigen ihre weibliche Hauptfigur mit Eigenschaften ausstattete, die sie selbst gerade nicht besaß. Scarlett stellte sich furchtlos sozialen und geographischen Veränderungen, während Mitchell am Gewohnten hing und höchst ungern reiste: »Reisen ist mir mehr zuwider als einer Katze.«[37]

Die traditionelle Interpretation geht von der Bindung an Grund und Boden aus, einer existentiellen südstaatlichen Erfahrung. Demnach wurde die Erde in *Gone With the Wind* als göttlich vorgestellt. Scarlett aber sei falschen Göttern gefolgt und mußte dafür büßen. Als zentrale Passage fungiert für diese Interpretation die Stelle, wo von der »unzerstörbaren roten Erde, auf der sie stand« die Rede ist. James Michener hat in Scarlett ein Symbol für den Zusammenhalt der Familie gesehen. Neuere Interpreten betonen die zentrifugalen Tendenzen des Romans. Tara ist da nur noch ein zeitweiliges Refugium in der historischen Plantagenlandschaft, das vitale Handlungszentrum befindet sich in der Stadt. Anders als die Figuren Allen Tates oder William Faulkners bleiben die Protagonisten in *Gone With the Wind* nicht erstarrt zwischen Vergangenheit und Gegenwart stehen. Rhett Butler ist ein unternehmungslustiger, am Kapitalismus orientierter Typ. Scarlett erklärt ausdrücklich, es gebe »kein Zurück und sie ginge vorwärts«. Familienrücksichten kann sie auf ihrem Weg nach vorne nicht nehmen. Der Stammbaum darf ihren Zukunftsglauben nicht behindern. Beziehungen zu anderen bleiben oberflächlich. Die Beziehung zur Mutter ist zu ostentativ positiv ausgefallen, um glaubwürdig zu sein. Scarletts Mutter wirkt von Haus aus distanziert und mit sich selbst beschäftigt. Mit dem Vater weiß Scarlett sich darin einig, daß man sich nicht viel um familiäre Bindungen scheren sollte. Um ihre Kinder kümmert sie sich kaum, und der Schwester spannt sie den Bräutigam aus. »Ich dachte, jeder würde merken«, hat Margaret Mitchell geäußert, »daß Scarlett eine frigide Frau war, die Aufmerksamkeit und Bewunderung um ihrer selbst willen schätzte, die aber wenig oder kein

Verständnis für wirklich tiefe Gefühle hatte und Liebe oder Zuwendung anderer nicht erwiderte.« Scarlett hat eins erkannt: »Um eine Lady zu sein, brauchte man Geld.« In diesem Punkt denkt sie wie die siegreichen Yankees. Sie ist auf dem Wege, den Lebensstil der Nordstaatler für sich zu reklamieren, entwickelt sich zu einer smarten Geschäftsfrau und kann sich in der von Yankees beherrschten Welt des Business behaupten.

Margaret Mitchell hat offengelassen, ob ihr Roman eine Bestätigung oder eine Kritik südstaatlicher Lebensart sein soll. Dem Leser wird das Gefühl gegeben, das Schicksal der Scarlett mitzuerleben, gleichzeitig muß er sich aber ausgeschlossen fühlen. Am Ende wird nicht mitgeteilt, ob Rhett Butler je zurückkommen wird. Diese Unentschiedenheit machte einen Teil des phänomenalen Erfolgs auf dem Literaturmarkt aus.[38] Das fertige Buch hatte einen Umfang von 1037 Seiten und kostete drei Dollar. Die Startauflage betrug 10000 Exemplare. Nach wenigen Wochen waren 178000 Exemplare verkauft, binnen eines halben Jahres wurde die Millionengrenze überschritten. Die Auflage der englischsprachigen Hardcoverausgabe lag 1983 bei sieben Millionen Exemplaren, weltweit beträgt die Auflage über 25 Millionen. In den USA werden jährlich noch etwa 250000 Paperbacks abgesetzt. *Gone With the Wind* dürfte – außer der Bibel – das meistgekaufte Buch der Welt sein und ist sicherlich der meistgelesene Roman aller Zeiten.

Literaturkenner wie Bernard de Voto äußerten sich nach dem Erscheinen eher herablassend. In einer seither vielzitierten Besprechung in der Zeitschrift *The New Republic* bezeichnete Malcolm Cowley das Werk als »eine Enzyklopädie der Plantagenlegende«.[39] Dieser Vorwurf war sicher zu pauschal, doch ist nicht zu leugnen, daß Mitchell die Praktiken des historischen Ku Klux Klan verteidigt hat und einige alte Klischeevorstellungen über schwarze Menschen tradierte. Sie selbst war anscheinend nicht unglücklich darüber, daß die Linke ihr Buch ablehnte. Vor wenigen Jahren erst hat man die professionelle Qualität, die historische Detailgenauigkeit und die Tiefenstruktur des Romans zu würdigen gelernt.

Amerikaner, die eben die Wirtschaftsdepression durchlebt hatten oder noch unter ihren Nachwirkungen litten, konnten sich mit der unverwüstlichen Hauptfigur identifizieren. »Gott ist mein Zeuge«, schwört Scarlett, »ich werde dies durchstehen und wenn es vorbei ist, werde ich nie mehr hungrig sein ...« Die Starken überleben, wenn sie kämpfen und sich nicht unterkriegen lassen. Der Historiker H. S. Commager glaubte die Schlüsselstelle des Romans entdeckt zu haben, und die Verfasserin hat ihm den Fund bestätigt. Ihre grundsätzliche Philosophie habe sie Rhett Butler in den Mund gelegt, der in diesem Moment auch für Scarlett spricht: »Die Welt steht nicht zum erstenmal auf dem Kopf und auch nicht zum letztenmal. Es ist vorher passiert und wird wieder passieren.« Der Roman gab dem Leser Gelegenheit, Selbstmitleid für durchlittene Not zu empfinden, er verlieh aber auch Mut und stellte eine bessere Zukunft in Aussicht – »tomorrow is another day«.

Der Ruhm setzte schlagartig ein. So stark war die Nachfrage, daß der Verlag zunächst mit dem Drucken nicht nachkam. Ganze Lieferungen wurden gestohlen und weiterverkauft. Mitchell schien an persönlicher Publicity nicht interessiert zu sein, um so mehr litt sie unter dem Rummel, der um ihre Person gemacht wurde. Hochstaplerinnen traten unter ihrem Namen auf und hinterließen hohe Rechnungen. In der Presse dichtete man ihr ein Holzbein an. Ihr Mann wurde als der wahre Verfasser verdächtigt. Schier unaufhörlich wollten Leser übers Telefon Unverstandenes beantwortet haben, und einmal kam ein junger Mann bis an die Haustür, um im Auftrag eines Frauenclubs herauszufinden, ob Rhett und Scarlett sich nun wiederfinden oder nicht.

Mit der Verfilmung des Romans durch David Selznick im Jahr 1939 erreichte Mitchells Popularität noch einmal einen Höhepunkt. Anfang der vierziger Jahre begann ihr Ruhm zu verblassen. Da sie erklärt hatte, kein neues Werk verfassen zu wollen, diesen Vorsatz auch einhielt und sich sogar beharrlich weigerte, Beiträge für die großen Publikumszeitschriften zu liefern, begann ihr Name aus den Zeitungen zu verschwinden. Sie zeigte sich plötzlich enttäuscht darüber, machte den Krieg dafür verantwortlich und begann, die Redaktionen mit phantastischen Stories über ihren Roman zu füttern, nur um sich nachher über ihren Abdruck zu empören.[40]

Ihrer egomanischen Figur Scarlett war Margaret Mitchell insofern ähnlich, als sich jede Unterhaltung nur um die eigene Person drehen mußte, sollte sie nicht das Interesse daran verlieren. Sie schätzte und verbreitete »blue jokes«, leicht anrüchige Witze, und besaß eine Sammlung pornographischer Postkarten. Sie wußte, wie man eine humorvolle Geschichte gut erzählt, als aber eine Satire auf *Gone With the Wind* auf die Bühne kam, verklagte sie deren Verfasser. Dem Alkohol war sie nicht abhold, vielleicht müßte man sie sogar als eine Problemtrinkerin bezeichnen. Einzelheiten zu ihrer Biographie sind nur begrenzt erforschbar. Unmittelbar nach ihrem Tod – sie wurde 1949 auf dem Weg ins Kino von einem Auto überfahren – wurde ihr persönlicher Nachlaß zum größten Teil verbrannt.

Freiheit und Chaos

Die Redakteurin Margaret Anderson war mit einer Geldstrafe belegt worden, weil sie es gewagt hatte, in der *Little Review* (1919/20) einen Serienabdruck des *Ulysses* von James Joyce zu bringen. Prompt hatte die Post zugeschlagen und die Zeitschrift konfisziert. Touristen, die sich die Buchausgabe in Paris besorgen konnten, wurden sie beim Zoll wieder los. Hemingway schmuggelte Exemplare in seiner Hose über die kanadisch-amerikanische Grenze. Raubdrucke und gereinigte Fassungen kamen auf den Markt. In England, Irland, Kanada und den USA wurden der *Ulysses* und andere, als anstößig empfundene Bücher verbrannt und gerichtlich verfolgt oder der Library of Congress übermittelt zum geheimen Gebrauch der Gelehrten.

1930 änderte sich das Zollgesetz. Wurde gegen eine Beschlagnahmung Einspruch erhoben, mußte der Staat sein Vorgehen vor einem Geschworenengericht rechtfertigen. Der Schatzminister konnte ab jetzt Klassiker und anerkannte Autoren von der Einfuhrsperre ausnehmen. Auf diesem Wege gelangten Werke von Voltaire, Rabelais und Boccaccio ins Land. 1933 klagte das Verlagshaus Random gegen eine erneute Beschlagnahme des *Ulysses* und gewann den Prozeß. Der Vorsitzende eines Bundesdistriktgerichts, John Woolsey, erklärte den »Hicklin-Test« für überwunden, statt Kindern und Schwachsinnigen bestimme »l'homme moyen sensuel« das Niveau der Literatur. Außerdem sei zu berücksichtigen, daß der Roman im keltischen Raum spiele, und zwar im Frühling. Ein New Yorker Magistratsgericht gab etwa zur selben Zeit Erskine Caldwells Werk *God's Little Acre* (1933) frei, das wegen obszöner Wörter in Bedrängnis geraten war. Man könne von primitiven Leuten keinen verfeinerten Sprachgebrauch erwarten, sagte das Gericht.[41]

Konservative Kräfte sorgten dafür, daß die Liberalisierung in Grenzen blieb. Senator Smoot, ein Republikaner aus dem Mormonenstaat Utah, setzte eine Ergänzung zum *Tariff Act* von 1930 durch, der die Bürger vor obszönen Einflüssen abschirmen sollte. Smoot war davon überzeugt, daß die Seele von D. H. Lawrence in ihrer Schwärze die Hölle verdunkelt hätte. Noch 1960 erschien eine Schallplatte mit gereinigten Fassungen der Monologe von Molly und Leopold aus dem *Ulysses,* und es dauerte dreißig Jahre, bis Henry Millers *Tropic of Cancer* (1934) endgültig freigegeben wurde.[42]

Literaturkritiker haben es meist vorgezogen, einen Bogen um Henry Miller zu machen, stellte Norman Mailer, einer seiner Bewunderer, 1976 fest. »Raw sex« ließ sich mit dem gewohnten Vokabular nicht sinnvoll besprechen. Typische Millersätze wie »I was ready and willing to fuck my brains away if necessary« oder »It was an enormous cunt, too, when I think back on it« waren einfach nicht zitierfähig. Noch Jahre nach seinem Tod gab es unbewußte Widerstände, sein Werk in den Kanon der großen amerikanischen Literatur aufzunehmen. Das organisierte Deutschamerikanertum blickt geflissentlich über einen seiner Söhne hinweg.

Henry Miller ist im Deutschenviertel Yorkville auf Manhattan zur Welt gekommen und in Brooklyn aufgewachsen. Zeitweise arbeitete er in der Schneiderwerkstatt seines Vaters mit, ein Studium brach er nach wenigen Monaten ab, eine ordentliche Stellung bei der Telegraphengesellschaft Western Union gab er wieder auf. Die dreißiger Jahre verbrachte er in Frankreich, zehn Jahre später als seine gleichaltrigen Schriftstellerkollegen. In Paris verlegte Jack Kahane, der Gründer der Obelisk Press, Millers Hauptwerke *Tropic of Cancer* (1934) und *Tropic of Capricorn* (1938). »Endlich ein nicht druckbares Buch, das zu lesen lohnt«, sagte Ezra Pound über den ersten der »Wendekreise«.

Miller hat in *The Air-Conditioned Nightmare* (1945) mit Amerika abgerechnet und seinen Vorvätern verübelt, immer vor etwas davongelaufen zu sein, genau wie die Exilschriftsteller, die ebenfalls ihre Heimat aufgegeben haben. Sich überall daheim fühlen zu können, hat er selbst freilich als Plus begriffen. »Auf der Straße geboren zu werden heißt, sein Leben lang wandern zu können, frei zu sein«, schwärmte er in *Black Spring* (1936). Frei ausgelebte Sexualität verstärkte seiner Ansicht nach das Realitätsgefühl, gleichzeitig bemühte er sich aber, irdische Wirklichkeiten zu transzendieren. Zu mystischen Autoren aller Spielarten fühlte er sich hingezogen, zu allen, die eine persönliche Vision hatten und sei es die Theosophin Helena Blavatsky. Millers Mystizismus konnte dann elitäre Züge annehmen: «Die Gesetze, die den Geist regieren, sind ebenso leicht ablesbar wie die Gesetze, die die Natur regieren. Aber sie abzulesen, muß denen überlassen bleiben, die sich in den Mysterien auskennen. Gerade die Tiefe einer Konzeption macht sie naturgemäß ungenießbar und unannehmbar für die nicht denkende breite Masse.« Aus diesen Worten sprach auch die Enttäuschung, daß er in vielen Ländern jahrzehntelang verboten blieb und in seiner Heimat erst gegen Ende seines Lebens gelesen werden durfte.

In *Tropic of Capricorn* klang Miller wie eine der zahlreichen amerikanischen Stimmen, die sich auf die Suche nach dem großen »Beyond« begeben haben: »Ich bin ein Erwachsener, ein Vater und ein verantwortliches Mitglied der Gesellschaft gewesen. Ich habe mein tägliches Brot verdient. Ich habe mich einer Welt angepaßt, die nicht die meine war. Ich will diese erweiterte Welt durchbrechen und wieder an der Grenze zu einer neuen Welt stehen, die diese blasse, einseitige Welt in den Schatten stellt. Ich will über die Verantwortlichkeit der Vaterschaft hinausdringen zur Unverantwortlichkeit des anarchischen Menschen, der weder gemaßregelt noch beschwatzt noch verführt noch bestochen noch verleumdet werden kann.« Schon in *Black Spring* jedoch war ein Gedanke aufgetaucht, der bis zu Millers Lebensende übermächtig wurde: Man landet dort, von wo man aufgebrochen ist, die Gerade wird zum Kreis, zum Wendekreis. Miller strebte in »metaphysischer Gewißheit« die Vereinigung mit dem Kosmischen an. Sein literarischer Anarchismus, der mit etablierten Moralvorstellungen gründlich gebrochen hatte, machte einem pseudoreligiösen, mitunter recht windigen Philosophieren Platz, sein Antiamerikanismus wich einer Ideenwelt, in der Tatsachen bedeutungslos werden und in der Gedanken bloß noch »jenseits der Wörter« ausgedrückt werden können.[43]

In den Jahren der Wirtschaftsdepression machten sich Amerikas Schriftsteller auf und zogen über Land, um dort zu erfahren, wie sich die Krise auf die Bevölkerung auswirkte. Sie taten dies zum Teil im bezahlten Auftrag der Regierung. Das *Federal Writers' Project* legte eine volkskundliche Sammlung an und erfragte hierzu die Lebensgeschichten von Durchschnittsbürgern. Nelson Algren trieb sich als Tramp – »on the bum« – herum und beobachtete seinesgleichen: »Die

Leute zogen herum, zogen herum ... die Züge sammelten Leute auf wie Fliegen ... Alle reisten allein, keine zwei gingen zusammen.« Algrens Schriftstellerkollege James M. Cain erzählte in seiner Geschichte »Dead Man« (1936), wie die Privatpolizeien der Eisenbahngesellschaften die Züge durchkämmten und die Tramps abstreiften wie Raupen von einem Zweig. Mit einem ähnlichen Motiv begann *The Postman Always Rings Twice* (1936), Cains erster und berühmtester Roman. »They threw me off the hay truck about noon« – als ob die Tageszeit das wichtigste dabei gewesen wäre. Die Amerikaner, wunderte sich Bertolt Brecht, »sind tatsächlich nomaden. sie wechseln die berufe wie stiefel, bauen häuser für nur 20 jahre und wohnen die zeit nicht aus, so ist ihre heimat nichts lokales, nicht umsonst hat sich die GROSSE UNORDNUNG hier so üppig entwickelt«.[44]

Dos Passos hat später gemeint, die Ideale des New Deal seien durch Intrige und Bürokratie zunichtegemacht worden, er blieb mit dieser Meinung aber ziemlich allein. Eher bestand Übereinstimmung darin, daß die Kontakte zwischen der schriftstellerischen Intelligenz und den notleidenden Bürgern weder zu einer dauerhaften Kommunikation noch zu einer Erklärung der Wirtschaftskatastrophe führten. Die Fakten allein und die Informationssammlung an sich ergaben keine gesellschaftliche Analyse. Physische Bewegung war kein Ersatz für geistige Beweglichkeit, spottete einer der radikalen Autoren. Die Figuren in John Steinbecks *The Grapes of Wrath* (1939) wissen am Schluß immer noch nicht, warum sie die gesäte Frucht nicht auch ernten konnten.[45]

Ein Grund war der Mangel an Solidarität. Die Hauptfigur einer großangelegten Romantrilogie von James Farrell entwickelt sich auf der verzweifelten Suche nach Arbeit zum »Lonewolf Lonigan«, der im Alter von 29 Jahren vor die Hunde geht. Thomas Wolfe beklagte in seinem postum erschienenen Roman *You Can't Go Home Again* (1939) den moralischen Verfall seiner Landsleute, denen offenbar die »kommunale Aufrichtigkeit« abging, mit den Problemen gemeinsam fertigzuwerden. Man glaubt Walt Whitman zu hören, wenn Wolfe fortfährt: »Sie zogen übers Land und sammelten sich in den großen Städten, wenn der Winter kam, hungrig, geschlagen, leer, hoffnungslos, rastlos, getrieben von man-weiß-nicht-was, immer in Bewegung ...« – nur waren es jetzt keine Einwanderer die vor Europas Nöten flüchteten, sondern amerikanische Bürger, die vor ihrer eigenen Krise davonliefen.[46]

Die Literaten entwarfen ein recht düsteres Bild von der menschlichen Natur in Zeiten der Not. Thomas Bells Romane aus dem slowakischen Stahlarbeitermilieu übermittelten die Kaltschnäuzigkeit, mit der alteingesessene Bürger ihre Positionen »on top« verteidigten, und die Arroganz, mit der sie auf zugewanderte »Hunkies« herabsahen. Nathanael West, Sohn jüdischer Einwanderer, verdeutlichte in *A Cool Million* (1934) die tragikomischen Situationen, die sich ergaben, wenn ehemalige Bankpräsidenten bei der Heilsarmee um eine Tasse Kaffee bettelten oder Juden Faschisten mit Kleidern und Waffen ausrüsteten. In

The Day of the Locust (1939) rechnete West radikal mit der Scheinwelt Hollywoods ab.[47]

Die Autoren der »West Coast crime novel«, darunter Raymond Chandler und James M. Cain, setzten sich aktiv mit sozialen Problemen auseinander. Dagegen ließ Erle Stanley Gardner seine Figur Perry Mason die Flucht aus der Wirklichkeit antreten. Gardner, der das erste seiner mehr als einhundert Bücher in dreieinhalb Tagen verfaßte, ist wahrscheinlich der erfolgreichste Kriminalschriftsteller aller Zeiten gewesen.[48] Die Flucht in die Vergangenheit war eine andere Möglichkeit, den rauhen Tatsachen des Alltags zu entkommen. Maxwell Anderson verklärte in einem Schauspiel Maria Stuart zu einer keuschen und integren Person. T. S. Eliot versetzte sich ins Jahr 1170 und untersuchte anhand von Thomas Beckett die Frage, ob das Gesetz Gottes über dem des Menschen steht. Willa Cather erzählte eine Geschichte aus dem Antebellum: Nancy, das Mulattenmädchen, steht allerlei Anfechtungen durch. Liebe, Ehe und das Glück des Kinderkriegens blieben Themen konventioneller und volkstümlicher Prosa- und Bühnenliteratur.[49]

Nie zuvor jedoch hatte sich die Kritik an sozialer Not und Ungerechtigkeit so ausgebreitet wie jetzt. Ein Abgeordneter aus Georgia fühlte sich bemüßigt, im Repräsentantenhaus aufzustehen und Protest einzulegen gegen Erskine Caldwells Schilderung ländlicher Armut in *Tobacco Road* (1932): »We never lived thataway down in our part.« Als Reaktion auf die Sozialkritik regte sich der alte amerikanische Zukunftsglaube. Carl Sandburg legte in *The People, Yes* (1936) ein Bekenntnis zur Demokratie ab. In einer Neuerscheinung mit dem Titel *Moby Dick* tötet Ahab den Wal und kehrt, anders als bei Melville, in die Arme seiner Geliebten heim. Sherwood Anderson meinte, das Traurigste am arbeitenden Menschen, der von seiner Kultur einfach zur Seite gestellt worden war, das Traurigste und Jämmerlichste sei sein unsterblicher, so amerikanischer Optimismus.[50]

Reginald Marsh, *The Bowery* (1930)

IV. Kapitel

MALEREI: FORMEN DES REALISMUS

Seit Whistler war bewiesen, sagte Ezra Pound, daß man auch als Amerikaner in der Bildenden Kunst zur Weltspitze gehören konnte. John Sloan und die Künstler der Gruppe *The Eight* wagten den Aufbruch zur Moderne gegen den Widerstand konventioneller Maler, von denen sie sich als »Apostel der Häßlichkeit« und als »Ash Can School« diffamiert sahen. Sloan hatte von der *Armory Show* (1913) wichtige Impulse erhalten, und der Beginn der Moderne in der amerikanischen Malerei stand zweifelsohne noch unter europäischem Einfluß. Marsden Hartley experimentierte mit kubistischen Formen, Charles Sheeler bewegte sich vom Kubismus zum Präzisionismus. Als Charakteristika schälten sich heraus die vereinfachte Formgebung, der Verzicht auf Überladenheit, eine richtiggehende Angst vor Hedonismus und Sinnlichkeit sowie die Eliminierung von Details. Amerikanische Künstler waren seit je unfähig zum Barock. Versuchten sie sich daran, wurde Kitsch daraus.[1]

Georgia O'Keeffe beeindruckte mit Aquarellen und Ölbildern. *Light Coming on the Plain* (ca. 1917) erweckte den Anschein des Grenzenlosen. *City Night* (1926) erhob die Vertikale der Wolkenkratzer zum Prinzip. In Sheelers Städtebildern und Industrielandschaften kamen keine Menschen vor, die Gebäude schienen in luftleeren Räumen zu stehen. Sheeler knüpfte seine Vorstellung von absoluter Schönheit an Objekte in einem Vakuum. Die in Europa von Le Corbusier artikulierte Maschinenästhetik ist in Amerika von Präzisionisten wie Sheeler und Louis Lozowick fortgeführt worden. Lozowick erkannte in den New Yorker Wolkenkratzern, den Getreidesilos von Minneapolis, den Bohrtürmen von Oklahoma und den Fabrikschloten von Pittsburgh ein Kulturepos, das sich wie Orgelpfeifen zu Oktaven geformt hatte. Sheeler taufte ein Fabrikgelände *Classic Landscape* (1931) und Joseph Stella nannte eine seiner Versionen der Brokklyn Bridge *American Landscape* (1921). Amerikanische Künstler malten Stahlbrücken, nicht Betonbrücken. Stahl besaß die Qualität des Ätherischen, Beton zog hinab.[2]

Regionalisten und Realisten

Der aus Pennsylvania stammende Maler Charles Demuth (*Acrobats*, 1919; *Aucassin and Nicolette*, 1921), der in Paris studierte, hatte Anfang der zwanziger Jahre von Marcel Duchamp den Rat erhalten, nach New York zu gehen – Europa sei am Ende. Der Bahā'i-Anhänger Mark Tobey und die Maler der *Seattle-School* hielten von der pazifischen Nordwestküste aus eher Ausschau nach japanischen als nach europäischen Vorbildern. Die programmatischen Regionalisten Thomas Hart Benton, Grant Wood und John Steuart Curry, die alle aus dem Mittelwesten stammten, setzten ihre Kunst als Propaganda gegen europäische Werte und gegen elitäre Spielarten des Modernismus ein. Die Bilder Bentons sollten nach eigenen Worten »unmißverständlich amerikanisch« und möglichst vielen seiner Landsleute begreiflich sein. Publizistisch unterstützt wurden die Regionalisten von Thomas Craven, der in seiner Schrift *Modern Art* (1934) chauvinistisch gegen die europäische Malerei zu Felde zog und die Kunst Picassos für bedeutungslos und

Thomas Hart Benton, *Planting* (1939)

unoriginell erklärte. Auch bei Benton selbst lassen sich borniert chauvinistische Elemente ausmachen. Eine amerikanische Windmühle, ein Müllhaufen und ein Spießer vom Rotarierclub würden ihm mehr zu sagen haben als Notre Dame oder der Parthenon. Bentons Bilder erzählen Geschichten, sie verlieren sich aber selten in der Idylle, sondern zeigen die rastlose, dynamische Qualität der Komposition, die für amerikanische Maler typisch ist. Grant Woods Europafeindlichkeit ging nicht so weit, daß er sich nicht in der Münchner Pinakothek von Dürer und Holbein hätte inspirieren lassen. *American Gothic* (1930), eines der bekanntesten Gemälde der amerikanischen Kunst, war als Satire auf provinzielle Engstirnigkeit gedacht, wurde aber in der Kritik zu einem Zeugnis bäuerlicher Zuversicht und Stärke umstilisiert.[3]

Die Bildenden Künste würden von der allgemeinen Bevölkerung beinahe vollständig ignoriert, hatte 1933 eine noch von Präsident Hoover eingesetzte Kommission befunden. Kunst zu ignorieren war in der Zeit des New Deal schon der Menge nach nicht möglich. Mit staatlicher Förderung entstanden zehntausende, wenn nicht hunderttausende von Bildern und Skulpturen. Das *Federal Art Project* (FAP) beschäftigte zwischen 1934 und 1941 rund 5000 Künstler zu einem Wochenlohn von durchschnittlich vierzig Dollar. Zwei Millionen Kinder erhielten praktischen Kunstunterricht in öffentlich finanzierten Workshops. In zahlreichen Postämtern verkündeten Wandgemälde einen »illustrativen Nationalismus«. Aber die Ehe zwischen Staat und Kunst verlief auf Dauer nicht glücklich, dazu gab es zu viele Reibungsflächen. Künstler haben das Projekt sogar bestreikt. 1942 wurde die »Post Office Art« eingestellt, aus kriegsbedingten Ursachen, aber auch wegen grundsätzlicher Erwägungen. Nur mittelmäßige Künstler treten in Horden auf, lautete ein Argument, der wahrhaft Kreative sei ein einsamer Wolf. Staatlich geförderte Kunst geriet nicht ganz ohne Grund in den Geruch des *boondoggling*, der leeren, sinnlosen Betriebsamkeit. Bekannt wurde der Fall eines Altwarenhändlers, der einen größeren Posten Auftragskunst in der Form bemalter Leinwände zu 4 Cent das Pfund aufkaufte und in Manhattan weiterverhökerte. Ein Kunstliebhaber erwarb aus diesem Fundus 300 Bilder zu fünf Dollar das Stück, darunter drei Pollocks und mehrere Rothkos.[4]

Der New Yorker John Reed Club richtete unter dem Thema »The Social Viewpoint in Art« 1933 seine erste Kunstausstellung aus. Radikale, thesenartige Botschaften hatten immer wieder Eingang in die amerikanische Malerei gefunden, waren aber von der konventionellen Kunstgeschichtsschreibung am liebsten totgeschwiegen worden. *The Hand of Fate* (1909) von William Balfour Ker zeigte eine proletarische Faust, die den Parkettboden eines Salons durchstößt, in dem die Geldaristokratie sich beim Tanze vergnügt. Die sozialen Realisten der dreißiger Jahre bezogen ihren Marxismus über mexikanische Künstler wie Diego Rivera, David Siqueiros oder José Orozco. Ben Shahn schuf als Maler und als Fotograf im Auftrag der *Work Progress Administration* soziale Karikaturen und soziale Polemiken. *The Passion of Sacco and Vanzetti* (1931–1932) interpretierte die beiden Mordverdächtigen in 23 Einzelbildern als arme Einwanderer, die heuchlerischen Bostoner Brahmanen zum Opfer gefallen waren. Jack Levine nahm im Dienste des *Federal Art Project* mit seinem Bild *The Feast of Pure Reason* (1937) die Bonzen aus Politik und Wirtschaft aufs Korn. Reginald Marsh gelangen einprägsame New Yorker Milieustudien (*The Bowery*, 1930; *Why Not Use the »L«*, 1930; *Minskey's Chorus*, 1935; *Twenty-Cent Movie*, 1936). Auch George Grosz, seit 1932 in den

Reginald Marsh, *Bread Line – No One Has Starved* (1932)

USA, wird mitunter den amerikanischen Sozialrealisten zugeschlagen, und wegen der fotografischen Exaktheit seiner Bilder auch Andrew Wyeth (*Christina's World*, 1948).

Bevorzugte Sujets waren die Welt der Arbeit (James Allen, *Sky Man*, 1935) und die Ausbeutung des arbeitenden Menschen. Louis Guglielmi setzte seinen *American Dream* (1935) aus einem unmoralischen Unternehmer, einem geknechteten Arbeiter und prügelnden Soldaten zusammen. Am Rande stand auf einem Schild zu lesen: »Workers of the World Unite«. Das 27teilige Fresco *Man at the Crossroads*, das Rivera mit Shahns Hilfe in monatelanger Arbeit am Rockefeller Center in New York geschaffen hatte, mußte kurze Zeit nach der Fertigstellung wieder abgehämmert werden; die Wand wurde neu verputzt. Nelson Rockefeller hatte den Wunsch geäußert, das eingearbeitete Leninporträt durch einen Anonymus zu ersetzen. Rivera sperrte sich, erhielt sein Resthonorar und wurde von der Polizei hinauskomplimentiert. Die *New York Times* spendete Beifall und verglich einen Lenin am Rockefeller Center mit einem Hakenkreuz an einer Synagoge.[5]

Die amerikanische Version des Sozialen Realismus war theoriearm. Die Erfahrung rangiere vor aller Theorie, sagte Ben Shahn, dessen Weg vom sozialen zu »einer Art persönlichem Realismus« führte. Seine späteren Bilder sind individueller, gefühlsbetonter; man hat auch von »magischem Realismus« gesprochen. Gegen Ende seines Lebens hatte sich Shahn wieder ganz der amerikanischen Tradition eingefügt. Drei Themen habe er nur behandelt, sagte er gegen Ende seines Lebens, die Einsamkeit, die Unmöglichkeit menschlicher Kommunikation und den unvergänglichen Geist des Einzelgängers.[6] Die Regionalisten malten »folk«, die Sozialen Realisten malten »masses«, doch sind die beiden Richtungen nicht ganz so säuberlich zu trennen. Wohl hat Benton das Landleben idyllisiert (*Planting,* 1939), er und andere Regionalisten haben aber auch Katastrophen, Streiks und die Ausbeutung der Kleinpächter dargestellt (Benton, *Engineer's Dream,* 1931; Curry, *John Brown,* 1939). Außerdem bevorzugten die Sozialen Realisten genau wie die Regionalisten amerikanische Themen, ohne allerdings gleich in Xenophobie zu verfallen. Die Klassifizierungen sind eben nicht sehr tragfähig. Fragwürdig ist das Etikett »sozialer Surrealismus«, mit dem man Peter Blumes Bilder ausgestattet hat, darunter ein gegen Mussolini gerichtetes Gemälde mit dem Titel *The Eternal City* (1937). Charles Burchfield und Edward Hopper hat man zu romantischen Realisten erklärt, weil sie von der Leere hinter der großen Erfolgsstory erzählten. Aber gerade bei Hopper erwies sich, wie wenig mit bloßen Benennungen auszurichten war.[7]

Edward Hopper

In der am Hudson River gelegenen Stadt Nyack (New York) ist Edward Hopper geboren und aufgewachsen. Über Kindheit und Jugend des hochaufgeschossenen Jungen – mit 12 Jahren maß er 1,80 Meter – weiß man wenig. Der Vater, ein Kurzwarenhändler, war in den herablassenden Worten des Sohnes »ein Intellektueller im Anfangsstadium, der es nicht ganz geschafft hat«. Über seine Mutter sprach er nie, seine Schwester hat er dazu vergattert, über das Familienleben Stillschweigen zu bewahren.[8]

An der New York School of Art studierte Hopper bis 1906 unter Robert Henri, ging anschließend nach Frankreich, wohnte in der Rue de Lille, mied Ateliers und verschrieb sich der Freiluftmalerei. Bis 1910 hat er noch zwei Europareisen unternommen, danach aber den Atlantik nicht mehr überquert. Die Kunst europäischer Zeitgenossen betrachtete er reserviert. Von den Amerikanern schätzte er am meisten Thomas Eakins, den er für größer hielt als Manet. Er war auch selbstbewußt genug um zu sagen: »Der einzig wahre Einfluß, den ich je hatte, war ich selbst.« Seinen eigenen Stil hat er bald und anscheinend mühelos gefunden. Frühe Bilder wie *Italian Quarter, Gloucester* (1912) sind leicht als »Hoppers« zu erkennen.[9]

Um sein Einkommen aufzubessern, gab er in Nyack Kindern Zeichenunterricht. Ein Übermaß an pädagogischem Eros ist ihm von keiner Seite vorgeworfen worden. Einer eifrigen Mutter hat er kalt eröffnet, ihre Tochter sei zu dämlich um weiterzumachen. 1913 bezog er in Manhattan das oberste Stockwerk eines Ziegelhauses am Washington Square. In diesem Jahre verkaufte er sein erstes Bild. *Sailing* (1913) brachte auf der Armory Show 250 Dollar. Es sollte volle zehn Jahre dauern, bis er wieder einen Käufer für ein Gemälde fand. Zwischendurch wurde er etwas bekannter, als er mit einem antideutschen Plakat (*Smash the Hun,* 1918) einen Wettbewerb für Kriegsplakate gewann. Seine erste Einzelausstellung fand 1920 in Greenwich Village statt.

Kurz vor seinem 42. Geburtstag heiratete er eine Malerin, das Modell für fast alle seine Frauenfiguren. Die Ehe blieb kinderlos und verlief mitunter stürmisch. Einer der Streitpunkte scheint gewesen zu sein, daß »Eddie« seiner Frau zu wenig redselig war. 1930 kaufte sich das Ehepaar Hopper ein Stück Land auf Cape Cod und baute dort, mit Blick auf eine Meeresbucht, das erste Haus in der Gegend, einen schmucklosen Bau, in dem beide die wärmere Hälfte des Jahres verbrachten. Der Lebensstil war anspruchslos, Hopper lebte ohne Aufwand und bevorzugte spartanische Interieurs. Seine Lieblingsautoren waren Emerson, Thoreau, Robert Frost und E. B. White. Er schätzte Hemingways Kurzgeschichte »The Killers«. Manchmal gelang es ihm, sich mit Nonsense und knabenhaften Streichen aus periodisch auftretenden Depressionen herauszuholen. Über die Ursachen seiner Anfechtungen hat er sich selten ausgelassen. Wenn er sie kannte, hat er sie in Worten nicht beschreiben können. Ein Freund fragte ihn vor einem seiner letzten Bilder: »Worauf willst du da hinaus?« Darauf Hopper: »Auf mich.«[10]

Viele seiner Ölbilder, Radierungen und Drucke zeugen von der Vorliebe fürs Nautische, die er in jungen Jahren am Hudson River entwickelt hatte (*Tramp Steamer,* 1908; *Tugboat,* 1908; *Sailing,* 1913; *Lighthouse,* 1923; *Lighthouse Hill,* 1927; *Ground Swell,* 1939; *The Lee Shore,* 1941). Eisenbahnen sind seit *Railroad Train* (1908) ein auffälliges Motiv. Eisenbahnschienen symbolisieren Mobilität und Wurzellosigkeit. »Für mich«, sagte er, »ist das wichtigste das Gefühl, unterwegs zu sein.« Wenige haben so oft und so charakteristisch wie er Reisende dargestellt, in Hotels und in Zügen, auf der Straße und an Tankstellen (*Hotel Room,* 1931; *Gas,* 1940; *Hotel Lobby,* 1943; *Solitude,* 1944; *Hotel by a Railroad,* 1952; *Hotel Window,* 1956; *Chair Car,* 1965). Im Sommer 1925 hatte er eine Autoreise nach Neumexiko unternommen, wo ihm die Natur »zu schön« vorkam, um gemalt zu werden. Seine Frau stöberte ihn in einer Eisenbahnwerkstätte beim Malen einer Lokomotive auf. Seine Umwelt beobachtete er wie ein Mensch auf Reisen.

Approaching a City (1946) sollte die Gemütsverfassung einfangen, mit der man sich einer fremden Stadt nähert, die Mischung aus Neugier und Furcht. Landstraßen und Automobile hat kaum jemand mit so viel Abstraktionsvermögen wieder-

Edward Hopper, *Hotel Room* (1931)

gegeben wie Hopper (*Road and Houses, Cape Cod*, 1940; *Solitude*, 1944; *Four Lane Road*, 1956 mit der keifenden Frau; *Road and Trees*, 1962). Dasselbe gilt für Motels, diese amerikanischsten aller Einrichtungen, wie man sie einmal genannt hat (*Western Motel*, 1957).[11]

Nach seiner Rückkehr aus Frankreich war ihm seine Heimat wie »ein Chaos aus Häßlichkeit« vorgekommen. Aber gerade er hat es verstanden, aus dem Häßlichen Schönheit zu schöpfen und Amerika mit neuem Realismus zu sehen. Die grotesken Stilmischungen in der amerikanischen Architektur wollte er nach eigenem Bekunden nicht unterschlagen, sondern ehrlich wiedergeben. Ein Kritiker schrieb 1927, man könne sich kaum einen Maler vorstellen, der die Qualität amerikanischen

Lebens so einzufangen wisse wie Hopper. Bilder wie *Sunday* (1926) unterstreichen dieses Urteil. In den »Notes on Painting« (1933), einer seiner wenigen programmatischen Äußerungen zur Kunst, forderte Hopper, sich nun endgültig von französischen Vorbildern zu lösen. Am »Nationalen« in der Kunst war ihm sehr gelegen. Sein Amerikanismus wirkte so überzeugend durch den direkten Weg, den er einschlug, und durch den Verzicht auf Dualismen. Er hat seinen Kurs unbeirrbar eingehalten und ist im Alter eher noch kompromißloser geworden. Edward Hopper stand souverän über den Stilrichtungen und hat universell Anerkennung geerntet.[12]

»Im allgemeinen kann man sagen, daß die Kunst eines Landes dann am größten ist, wenn sie den Charakter seiner Bewohner widerspiegelt«, schrieb Hopper 1933. Distanz und Einsamkeit, dieses »seltsam amerikanische« Thema, spricht aus fast allen seinen Werken. *House by the Railroad* (1925), mit dem er endgültig seinen Stil fand, verströmt eine Stimmung absoluter Verlassenheit und Melancholie und scheint die Wurzellosigkeit der amerikanischen Gesellschaft zu verkörpern. In Dutzenden von Bildern hat er einsame, beziehungslose Figuren in den Mittelpunkt gestellt: *Night in the Park* (1921), *Night Shadows* (1921), *New York Pavements* (1924), *Automat* (1927) mit Frau und Kaffeetasse in einem Schnellrestaurant, *Hotel Room* (1931) oder *Room in Brooklyn* (1921). *Two on the Aisle* (1927) zeigt ein Paar, wie es im Theater Platz nimmt. Zu einer *dritten* Person in der Loge wird keinerlei Beziehung hergestellt. Typischer noch sind Bilder von Paaren, die sich nichts zu sagen haben: *Room in New York City* (1932), *Cape Cod Evening* (1939), *Summer Evening* (1947), *Summer in the City* (1949), *Seawatchers* (1952), *Sunlight on Brownstones* (1956), *Second Story Sunlight* (1960), um nur einige zu nennen. Hopper selbst hat einmal gemeint, die Kritiker würden das Thema Einsamkeit in seinen Bildern überbetonen, was freilich kaum möglich ist.[13] *Eleven A. M.* (1927) zeigt eine Nackte, die durch das Fenster einem ereignislosen Tag entgegenstarrt. In seiner Version eines New Yorker Kinos (1939) gibt nicht einmal die Leinwand einen gemeinsamen Fokus ab. Die Personen scheinen sich in lähmender Stille verkapselt zu haben, kommen sich niemals nahe, sehen sich nicht an, wenden einander halb den Rücken zu oder starren ins Nichts aus dem Fenster. Sie sind sich, wenn nicht körperlich, so doch seelisch fern, existieren in einem privaten Raum, hängen privaten Träumen oder Gedanken nach. Distanz herrscht als Prinzip in Bildern wie *Morning Sun* (1952), *Hotel by a Railroad* (1952) oder *Sunlight in a Cafeteria* (1958), ein Bild, das sich Hopper einen ganzen Sommer lang zurechtgelegt hat. Die Gesichter seiner Figuren wirken ausdruckslos, hölzern, maskenhaft. In *Night Hawks* (1942), einem der bekanntesten Werke, gleichen die Personen surrealistischen Puppen.[14]

Menschenmengen sucht man auf Hoppers Bildern vergeblich. Nach und nach verschwinden die kleinen Figuren aus seinen Stadtlandschaften ganz. Eines seiner späten Bilder, *Sun in an Empty Room* (1963) kommt ohne Menschen und ohne Objekte aus. Bereits in *House by the Railroad* hatte er darauf verzichtet, die

Komposition durch einen Baum oder einen Busch aufzulockern. Er brauchte Jahre, bis er sich dazu durchrang, eine Wolke in einen Himmel zu setzen. Eine menschliche Figur im Fenster der Häuserfront von *Early Sunday Morning* (1930) hat Hopper dann doch überpinselt. Dieses Bild hieß ursprünglich *Seventh Avenue Shops* und wurde später von einem Unbekannten umgetauft, vermutlich wegen der sonntäglichen Stille, die davon ausgeht. Auch hier vermittelt sich der Eindruck von Monotonie und Einsamkeit, aber die Grundstimmung ist eher affirmativ als verzweifelt.

Leblose, puristische Frontalansichten von Gebäuden hatten in der amerikanischen Malerei Tradition. Bei Hopper erwecken die wiederholten Bildelemente und die Betonung der Horizontalen den Eindruck, als würde sich die Ladenreihe über die Bildränder hinaus fortsetzen. Genau dies war seine Absicht: das horizontale Format sollte, wie in *Manhattan Bridge Loop* (1928) oder *Carolina Morning* (1955) über die unmittelbare Szene hinausweisen. Man hat die starken Horizontalen bei Hopper auch als Bühnenkante interpretiert, hinter der sich das Drama des Lebens entfaltet. *Two Comedians* (1965), sein letztes Bild, sein künstlerisches Testament, bestätigte diese Interpretation und brachte gewissermaßen die Auflösung zu seinem Werk: die beiden Hoppers auf der Bühne der Welt – als Clowns.[15]

Hopper zeigte sich interessiert an den Medien Film und Fotografie. Er schätzte den Bürgerkriegsfotografen Mathew Brady, weil dieser seine Bilder nicht mit Einzelheiten vollstopfte. Auch Hopper schreckte vor unnötigen Details zurück. Als Kinogänger war er beeindruckt von *The Savage Eye* (1959), ein halbdokumentarischer Film über die Dekadenz der Großstädte, der Hoppers Ansicht nach die amerikanische Wirklichkeit treffend wiedergab. Umgekehrt haben Filmemacher von Hoppers Kunst Notiz genommen. Das alte Haus in Hitchcocks *Psycho* ähnelt dem *House by the Railroad.*

In Gesellschaft war er für seinen Nachsatz »I don't know« und für sein »monumentales Schweigen« bekannt. Wo er konnte, ist er anderen Menschen aus dem Weg gegangen. Er weigerte sich, der National Academy of Design beizutreten und nahm wider die Gepflogenheiten eine hohe Auszeichnung nicht persönlich entgegen. Stattdessen schickte er eine Dankesrede von gerade zwei Absätzen Länge. Seine Äußerungen zur Kunst waren nie besonders originell. Im Grunde hat er wiederholt, daß Kunst der äußere Ausdruck des Innenlebens des Künstlers sein müsse. Daß vieles in seiner Malerei aus dem Unbewußten kam, hat er geahnt. Letztlich ging es ihm um die Umsetzung eigener Emotionen; alles andere hat ihn gelangweilt.[16]

Nach Hopper war die amerikanische Kunst nicht mehr rechtfertigungsbedürftig. Als vor Kriegsausbruch bedeutende Künstler wie André Breton, Max Ernst, Yves Tanguy, Moholy-Nagy, Ozenfant, Jacques Lipchitz oder Lyonel Feininger in die USA flohen oder dorthin zurückkehrten, hatten amerikanische Maler gelernt, sich zu behaupten. Es dauerte nicht mehr lange, ehe die abstrakten Expressionisten sogar die internationale Richtung angaben.

Die Südspitze Manhattans, fotografiert von Berenice Abbott

V. Kapitel

FOTOGRAFIE – DER MAJESTÄTISCHE AUGENBLICK

Die Erfindung der Fotografie wird meist auf das Jahr 1839 gelegt. Gerade in den USA wurde das neue Medium rasch akzeptiert, aber seine ästhetische Klassifizierung bereitete unerwartet lange Kopfzerbrechen. Noch 1922 befragte die Zeitschrift *Manuscripts* einen Querschnitt von Künstlern und Schriftstellern zu dem Thema »Can a Photograph Have the Significance of Art?«. Der Stand der Forschung ist beachtlich, und Kenner wie Susan Sontag vermögen die Wolkenbilder von Muybridge und die von Stieglitz einwandfrei auseinanderzuhalten. Und dennoch herrscht in vielen Punkten Ratlosigkeit. Das Genre Fotografie ist immer noch von Rätseln umgeben, wie man sie in anderen Künsten nicht findet. Die klärend gemeinten Äußerungen einzelner Fotografen haben eher das Gegenteil bewirkt. »Je mehr es dir sagt, desto weniger weißt du«, orakelte Diane Arbus über das fotografische Abbild. Der aus Ungarn stammende, im Alter von 91 Jahren gestorbene André Kertész versicherte, seine besten Aufnahmen seien diejenigen gewesen, die er nie gemacht habe. Roland Barthes wollte der Rätselhaftigkeit im cartesianischen Denkstil beikommen, verstieg sich jedoch zu höherem Blödsinn, der in der Erkenntnis gipfelte, am besten wäre ein Foto zu sehen, wenn man wegschaue oder die Augen schließe.[1]

Die Massenproduktion des Rollfilms im letzten Jahrzehnt des vorigen Jahrhunderts machte aus dem Fotografieren »die demokratischste aller Künste«. In diese Zeit fiel aber auch ein künstlerischer Höhepunkt der Fotografie. »The Terminal« (1892), das Bild eines New Yorker Pferdebahnhofs von Alfred Stieglitz, gehört zu den zehn bekanntesten und vielleicht auch besten Fotos der Welt. Stieglitz war der Meister einer Fotografierweise, der man das Attribut »malerisch« verliehen hat. Die Gemeinde seiner Anhänger sprach von seinem Werk in beinahe religiösem Tonfall.

Alfred Stieglitz wurde als Sohn eines aus Deutschland ausgewanderten jüdischen Wollhändlers in Hoboken (New Jersey) geboren. Im Alter von 13 Jahren lief er ein Rennen über 25 Meilen gegen sich selbst – dreieinhalb Stunden lang im Keller seines Hauses. Der Vater schickte ihn zur Ausbildung nach Deutschland aufs Karlsruher Realgymnasium. Danach schrieb er sich am Berliner Polytechnikum ein. Stieglitz

Alfred Stieglitz, *Terminal* (1892)

hat mit seiner Galerie *291* an New Yorks Fifth Avenue wesentlich zur Internationalisierung amerikanischen Kunstschaffens beigetragen. Der Name der von ihm gegründeten *Photo-Secession* war der Münchner Sezession nachempfunden. Die Mitglieder dieser Gruppe, schrieb Stieglitz, waren ihrer Grundeinstellung nach Rebellen gegen das Philistertum. Damit hat er sich mitgemeint, denn er war unermüdlich bereit, dem Routinemäßigen, dem Gewohnten, dem Statischen den Kampf anzusagen. Eine seiner Auseinandersetzungen führte er mit Sir Purdon Clarke, dem konservativen Direktor des Metropolitan Museum, der ungeniert gesagt hatte: »Es herrscht ein Zustand der Unrast in der gesamten Kunstwelt und in allen anderen Dingen ... Und ich verabscheue Unrast.«[2]

Die Journalistin Elizabeth McCausland vom *Springfield Republican*, einem angesehenen Blatt im Mittelwesten, brachte Stieglitz eng mit dem Nationalcharakter der Amerikaner zusammen, deren »naivem aber leidenschaftlichen Rennen gegen die untergehende Sonne«. *An American Place* nannte Stieglitz die Galerie, die er Ende der zwanziger Jahre an New Yorks Madison Avenue eröffnete. Die Räume waren unmöbliert und hatten keine Türen. Ein paar Rahmen lehnten an den blanken Wänden, das Ganze verströmte den Eindruck der Leere. Eine Besucherin dachte ungewollt an die unbefleckte Empfängnis. Pferde, Wasser und Himmel waren seine bevorzugten Themen. Der Mensch sei ein seltsames Wesen, sagte Stieglitz, mit Wolken wisse er mehr anzufangen. Seine Wolkenbilder sollten verdeutlichen, daß die Kunst der Fotografie nicht vom Sujet abhing. Er gab der Wolken-Fotoserie den Titel »Äquivalente«, weil sie seinen inneren Gefühlszustand, seine ästhetische Erfahrung und wohl auch seine menschenfeindliche Lebensphilosophie wiedergaben. Ähnlich dem misanthropischen Maler Edward Hopper liebte er es, horizontale Barrieren in seine Bilder einzubauen – zum Beispiel in »The City of Ambition« (1910) –, um Distanz zum Betrachter und zum Objekt zu signalisieren.[3]

Eduard alias Edward Steichen war im Alter von zwei Jahren mit seiner Familie aus Luxemburg nach Amerika gekommen. Der spätere Grandseigneur der ameri-

Edward Steichen, *Gloria Swanson* (1924)

kanischen Fotografie mußte in seiner avantgardistischen Zeit mancherlei Anfeindungen überstehen. Seine malerischen Porträts in der *Photographischen Rundschau* lösten um die Jahrhundertwende unter den Abonnenten einen derartigen Proteststurm aus, daß die Zeitschrift sich genötigt sah, die Leser um Entschuldigung zu bitten und den verantwortlichen Redakteur zu entlassen. Ab 1923 machte Steichen Modefotos für *Vogue* und durfte sich zeitweise als der Welt bestbezahlter Fotograf fühlen. Eine Reihe von Hollywoodstars ließ sich von ihm ablichten. Das Porträt der Filmdiva Gloria Swanson für *Vanity Fair* hat einige Berühmtheit erlangt.

Im Kreis der Galerie *291* verkehrte Man Ray. Zusammen mit Marcel Duchamp und Picabia gründete er 1917 den New Yorker Dada. Ray gilt als der einzige bedeutende Amerikaner im Kreise der Dadaisten und Surrealisten. 1921 ging er nach Paris und wandte sich desto stärker der Fotografie zu, je schlechter sich seine Gemälde verkauften. Ray wird gemeinhin als der Erfinder der kameralosen Fotografie angesehen, obgleich Christian Schad schon einige Jahre vorher mit dieser Technik experimentiert hatte, nämlich Objekte auf lichtempfindliches Papier zu legen und sie vor dem Entwickeln dem Licht auszusetzen. Der Lichtbildner Ray nannte seine Produkte »Rayographien«, veröffentlichte einige davon unter dem Titel *Les Champs Delicieux* (1922) und behauptete, sie seien eigentlich der Langeweile entsprungen.[4] In guter dadaistischer Manier wurden die Rayographien vom kompositorischen Zufall regiert.

Die Fotografie nahm ab 1920 »typisch amerikanische Züge« an, aber schon einige Jahre vorher hatte sich ein Stil abgezeichnet, der fortan als die charakteristisch amerikanische Art zu fotografieren gelten konnte: die *straight photography*, der direkte Stil. Dieser Stil verzichtete auf den Einsatz malerischer Mittel, es gab keine verschwimmenden Konturen, stattdessen gleichmäßige Bildschärfe, jede Figur wurde plastisch herausgearbeitet, die Grundstimmung war realistisch. Trotz der witzigen Rayographien, trotz der »Vortographien« von Alvin Langdon Coburn, eines Freundes von Ezra Pound, und trotz der Photogramme von Laszlo Moholy-Nagy dominierten scharfe, erkennbare, präzise, frontal aufgenommene Bilder die amerikanische Fotografie seit etwa 1915. Im Gegensatz zu den »Piktorialisten« verlangten die »Puristen« reine, unretuschierte Aufnahmen. In der Literatur war eine Rose eine Rose, in der Gastronomie eine Kartoffel eine Kartoffel, in der Fotografie ein Motiv ein Motiv, das man nicht verändern sollte. Ein Fotograf habe ohne Tricks und Manipulationen auszukommen, schrieb im Jahr 1917 Paul Strand, dessen scharf konturierte Gegenstände sich deutlich von den malerischen Bildern eines Alfred Stieglitz unterscheiden.[5] Ironischerweise hatte die *New York Times* bereits 1901 den Begriff *straight photography* auf die Bilder von Stieglitz bezogen. Der neue Stil erwies sich als langlebig. Die nackte, kompromißlose Frontalperspektive ist bis in die jüngste Zeit ein Spezifikum amerikanischer Fotografen geblieben.

Edward Steichen machte eine persönliche Entwicklung von der *pictorial tradition* zur *straight tradition* durch. Die reine Fotografie sollte den verspielten Stil verdrängen, der im Gefolge der *Photo-Sezession* Platz gegriffen hatte. 1933 wurde an der Westküste die Gruppe *f.64* gegründet, deren Mitglieder sich einer Renaissance guten, ehrlichen Fotografierens verschrieben. *f.64* stand für Blende 64 und damit für die mit einer kleinen Blende zu erzielende Tiefenschärfe. Das Gruppenmitglied Imogen Cunningham hatte mit »Martha Graham, Dancer« (1931) vom malerischen zum direkten Stil gefunden. Haupt der Gruppe war Edward Weston. Er hatte ebenfalls einen weichen, fließenden Stil zugunsten scharfer Konturen aufgegeben. Nachträgliche Retuschen waren verpönt. »Die Fotografie ist ein Medium, dessen Wert durch manuelle Einmischung zerstört wird«, schrieb Weston. Er war stolz darauf, mit wenig Ausrüstung auszukommen, mit einfachsten Mitteln Filme zu entwickeln und Abzüge zu machen. Manche halten ihn für einen der größten Künstler des zwanzigsten Jahrhunderts. Er war der Fotograf des Westens, der »weiten Räume«, der natürlichen Monumente. 1942 brachte er eine neu illustrierte Ausgabe von Whitmans *Leaves of Grass* heraus. Sogar in einer Toilettenschüssel vermochte er perfekte Linienführung und vorwärtsstrebende Bewegung zu erkennen.[6]

Die direkte Fotografierweise kam bei verschiedenen Gelegenheiten zum Tragen: in der Porträtfotografie, bei Interviews, Stilleben oder Städtebildern. Der markanteste Vertreter der *straight photography* war Walker Evans, der seine Objekte nicht

Walker Evans, *Corrugated Tin Facade* (1936)

anvisierte, sondern gewissermaßen anstarrte.[7] Wie bei Hopper oder dem Architekten Louis Sullivan steht man bei Evans vor einer Begabung, die aus sich selbst herausgewachsen und von Dritten ziemlich unabhängig war. Wo mittlere Talente wie Andreas Feininger reizvolle Kompositionen aus Hell und Dunkel ablieferten – die Chicago-Bilder von 1941 zum Beispiel – schuf Evans Meisterwerke mit persönlicher, unverwechselbarer Aussagekraft.

Jacob Riis, selbst ein Einwanderer, war um 1890 mit einer Kamera in die Quartiere der Immigranten gegangen, um auf Not und unhygienische Zustände aufmerksam zu machen (siehe Bd. II, S. 118). Ähnliche Absichten verfolgte Lewis Hine, von dem der Begriff »social photography« stammt. Hine war ursprünglich Lehrer. Seinen Entschluß, Fotograf zu werden, kommentierte er nicht unbescheiden mit dem Satz, er habe lediglich seine erzieherischen Anstrengungen vom Klassenzimmer auf die Welt verlegt. Motive fand er auf Ellis Island, der Anlaufstation für Einwanderer. Er fotografierte die Welt des Fabrikfrons, Kinder bei der Arbeit in den Kohlebergwerken von Pennsylvania, ausgebeutete Ausländer, die ihre Arbeitskraft in den *sweatshops* verkauften oder als Heimarbeiter in ihren engen Wohnungen. Wie die meisten seiner Kollegen wollte Lewis Hine keine Montagen, keine Retuschen, sondern *straight photography*. Anders als Stieglitz oder Steichen ging es ihm nicht um technische oder künstlerische Perfektion, sondern um sozialpolitische Ergebnisse. In der politischen Aufbruchstimmung des *Progressive Movement* sollten seine Fotos einen Reformbeitrag leisten. Und wenn niemand mehr Bilder von arbeitenden Kindern sehen wollte – um so besser. Dann sei die Zeit gekommen, das archaische Relikt der Kinderarbeit endlich abzuschaffen.[8]

Während des *New Deal* erlebte die soziale Fotografie ihre Blütezeit. Paul Strand, den man einmal einen jüdischen Puritaner genannt hat, bewegte sich wie andere Künstler der Epoche nach links. Die *Photo League*, der er angehört hatte, wurde später auf die Liste der subversiven Organisationen gesetzt. Margaret Bourke-White, vielleicht die beste Fotografin ihrer Zeit, wurde 1936 zu einer von zehn »Außergewöhnlichen Frauen in Amerika« gewählt. In den fünfziger Jahren diffamierte man sie aber als subversive und gefährliche Person. Bourke-White hatte während der Depressionsjahre das *amerikansko tempo* in der UdSSR beobachtet und zwei Bildbände über ihre Reisen herausgebracht. Als Bildreporterin der Illustrierten *Life* stellte sie, zusammen mit ihrem Mann Erskine Caldwell, ein Buch über Armut in den USA zusammen. *You Have Seen Their Faces* (1937) sollte das soziale Gewissen ihrer Landsleute wecken.[9]

Berenice Abbott hatte Mitte der zwanziger Jahre als Assistentin von Man Ray gearbeitet und sich mit Porträts berühmter Zeitgenossen einen Namen gemacht. 1929 kehrte sie aus Frankreich nach New York zurück. Die Menschen auf ihren Bildern wirken manchmal wie Reisende in Wartesälen. Sie selbst war eine seltsame und einzelgängerische Person. Man hat ihr den lapidaren Beinamen »amerikanische Fotografin« gegeben. Ihre Grundmaxime lautete: »Ein Bild muß auf seinen eigenen zwei Beinen stehen.« Auf dem Höhepunkt des New Deal arbeitete sie für die Fotoabteilung des *Federal Art Project* und erstellte in dessen Auftrag eine umfangreiche Dokumentation über den städtebaulichen Wandel in New York City. *Changing New York* (1939) dokumentierte nicht den Abbruch des Alten, sondern »die unaufhörliche Verdrängung des Neuen«, wie Susan Sontag sich ausdrückte. Das Stadtbild New Yorks symbolisierte für sie »die chronisch selbstzerstörerische Eigenart der amerikanischen Erfahrung, in der selbst die jüngste Vergangenheit dauernd verbraucht, weggeschwemmt, niedergerissen, ausgestoßen und eingetauscht wird«. Nicht ohne Wehmut verwies Sontag auf eine ganz andere Haltung in Rilkes *Duineser Elegien.* Eine Landschaft wird dort erst menschlich durch jahrhundertelang gebrauchte Gegenstände. Von den Bauten, die Abbott für *Changing New York* fotografierte, standen nach einer Generation nicht einmal mehr die Hälfte.[10]

Soziale und pädagogische Ziele verfolgte die »Historische Abteilung« innerhalb der *Farm Security Administration* (FSA). Unter der Aufsicht von Roy Stryker, einem Schüler von Lewis Hine, entstanden zwischen 1935 und 1943 über eine Viertelmillion Aufnahmen mit Motiven aus der ländlichen Arbeitswelt. Bekannte Fotografen, darunter Walker Evans, Dorothea Lange und Ben Shahn, sollten mit ihren Bildern die Öffentlichkeit auf das Elend der Landpächter aufmerksam machen und die Volksvertreter davon überzeugen, daß eine staatlich gelenkte Umsiedlung verarmter Farmer dringend geboten war. Die FSA war 1937 aus der zwei Jahre zuvor gegründeten *Resettlement Administration* hervorgegangen.[11] Nicht Fotografen seien hier am Werk, sagten Kritiker, sondern ein Haufen Soziologen mit Kameras.

Einen »Semiotiker des Elends« hat man Walker Evans einmal genannt. Alfred Stieglitz kam ihm zu ästhetisierend vor, und der Stil Edward Steichens, dem er Geldgier unterstellte, war ihm zu glatt und parvenühaft. Evans hat seine Objektive zwar auf die Armen und Entrechteten in aller Welt gerichtet – etwa auf kubanische Dockarbeiter in Havanna (1932) –, seine *American Photographs* (1938) sind aber auch beispielhaft für eine Fotografierweise, die sich von »reiner Mitleidsfotografie« unterscheidet. Nach Stil und Motivwahl repräsentiere er die Quintessenz des Amerikanismus, urteilte der Kunstkritiker Hilton Kramer. Wo der Franzose Henri Cartier-Bresson gewissermaßen aus der Gesellschaft heraus fotografierte, bewahrte Evans innere Distanz zum Bild, er identifizierte sich nicht mit seinen Figuren. Er bevorzugte Aufnahmen bei Tageslicht, möglichst um die Mittagszeit, die Konturen sollten scharf werden, die Schatten kurz und steil. Evans hielt sich für einen eingefleischten Yankee. Einen witzigen Akzent, ein gelegentliches Wortspiel ließ er sich nicht entgehen. Aber die Grundstimmung seiner Bilder war elegisch und seine Figuren wirkten fast immer verloren und vergessen. Im Auftrag der Zeitschrift *Fortune* recherchierte James Agee die Lebensumstände ausgepowerter Pächterfamilien in den Südstaaten. Evans lieferte die Fotos. Beide arbeiteten so gut wie unabhängig voneinander, Text und Bild paßten nicht wirklich zusammen; Evans war zudem der Ansicht, Agee habe seinen persönlichen Gefühlen zu sehr freien Lauf gelassen. Trotzdem ist aus dem resultierenden Band *Let Us Now Praise*

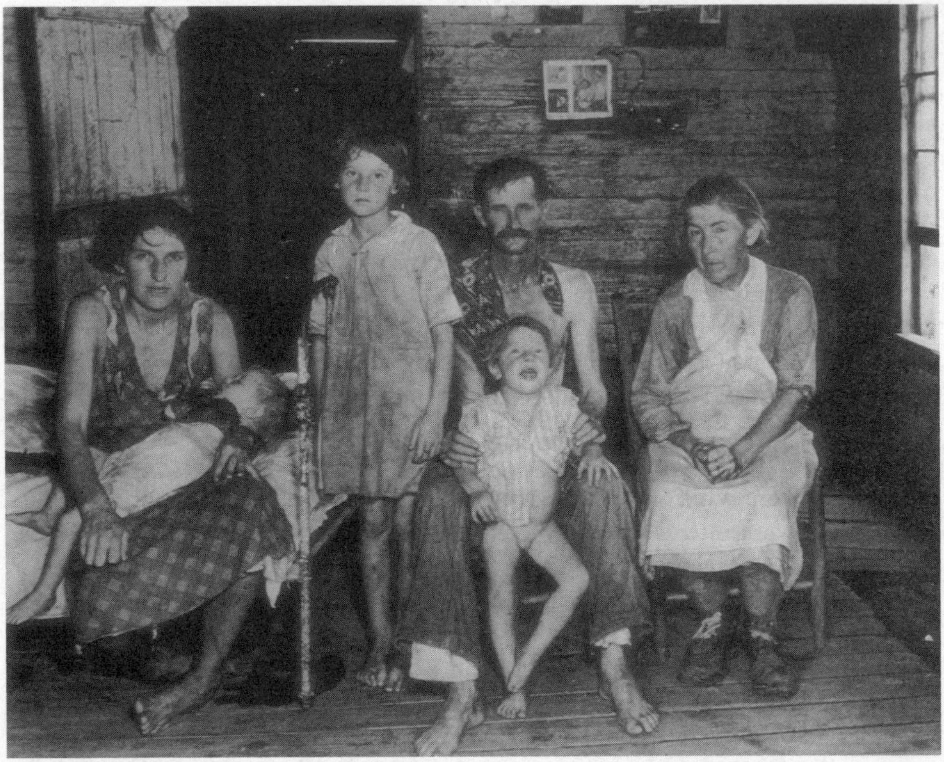

Walker Evans, *Farmerfamilie in Alabama* (1936)

Famous Men (1941) ein Klassiker unter den *Americana* geworden.[12] Die Beziehungen zur FSA hatten sich mittlerweile verschlechtert. Aus Evans war nach eigenem Eingeständnis ein »ziemlich offener Anarchist« geworden, dessen Stil sich mit der Regierungsbürokratie nicht gut vertrug. Amtschef Stryker setzte ihn an die Luft, weil er mit seiner großen Kamera nicht ebenso viele Bilder schoß wie andere mit ihren Leicas.[13]

In Hoboken, dem Geburtsort von Alfred Stieglitz, kam auch Dorothea Lange zur Welt. Die Eltern waren aus Stuttgart nach Amerika ausgewandert. Bald nach der Geburt seiner Tochter suchte Vater Henry Nutzhorn das Weite. Die Mutter nahm ihren Mädchennamen wieder an und verdiente den Lebensunterhalt in einer

Filiale der New York Public Library an der Lower East Side. Man wohnte bei der Großmutter, einer schwierigen, dem Alkohol nicht abgeneigten Frau. Die familiäre Situation war auch deswegen konfliktträchtig, weil die Mutter der Ansicht war, Dorothea solle ihre Behinderung durch ein poliogelähmtes Bein verbergen, was die Schamgefühle freilich nur verstärkte. Sie hat ihre Körperbehinderung später als den entscheidenden Faktor in ihrem Leben bezeichnet.[14]

Als einzige christliche Schülerin in einem jüdischen Milieu fühlte sie sich isoliert; sie entwickelte sich zur Schulschwänzerin und hielt die Mutter für zu autoritätsgläubig. Sie löste sich von der Familie, besuchte kurze Zeit ein Lehrerseminar und brach 1918 zu einer Weltreise auf – »ich wollte so weit gehen, wie ich nur gehen konnte« –, die allerdings in San Francisco endete. 1920 heiratete sie den Maler Maynard Dixon, machte ein Fotoatelier auf, wandte sich aber unter dem Einfluß von Paul Strand von der Porträtkunst ab und zeigte gegen Ende der zwanziger Jahre größeres soziales Engagement, derweil sie ihre Söhne in ein Internat steckte. Während der Depressionsjahre etablierte sie sich als soziale Dokumentaristin ersten Ranges. Die Motive für ihre »soziologischen Fotografien« fand sie auf den Straßen der Gescheiterten, den *skidrows,* die sich während der Wirtschaftskrise zusehends bevölkerten. Vor einer Suppenküche in San Francisco vereinigte sich die alte Armut eines Greises mit Blechnapf und die neue Armut von Männern in noch recht ansehnlichen Hüten und Mänteln. Zusammen mit ihrem zweiten Mann, dem Agronomieprofessor Paul Taylor, arbeitete Dorothea Lange ab August 1935 für Stryker und die FSA. Im Frühjahr 1936 entstand ihr berühmtestes Foto, die kalifornische »Migrant Mother«, ein für die Sozialfotografie der dreißiger Jahre exemplarisches Bild, das seitdem in nicht weniger als zehntausend verschiedenen Publikationen reproduziert worden ist. Die Mutter war 32 Jahre alt, Erbsenpflükkerin in einem Zeltlager, wegen der Kälte gab es keine Arbeit. Die Kinder lebten von gefrorenen Feldfrüchten. Weil man die Reifen des Autos verkauft hatte, um Essen zu kaufen, konnte man nicht weiterziehen. Lange hat die Entstehungsgeschichte des Bildes später aufgeschrieben. Sie hatte fünf Aufnahmen gemacht, jede aus geringerer Entfernung. Der Wert der letzten Nahaufnahme wurde von den Kollegen bei der FSA gleich erkannt. Mit der unglücklichen Mutter hatte sie nur wenige Worte gewechselt. In zehn Minuten war die Sache vorbei.[15]

Im Unterschied zu Walker Evans, der lieber Gegenstände ablichtete, findet man bei Lange mehr menschliche Gestalten. Ihre Körperbehinderung, das wußte sie, half ihr dabei, das Vertrauen der Ausgebeuteten und Enttäuschten zu gewinnen. Um die Ursachen der Wanderungsbewegung zu dokumentieren, bereiste sie mehrfach die Staaten Oklahoma und Texas. Dort interessierte sie weniger die Bodenerosion, als das, was sie die »menschliche Erosion« nannte. Im Erscheinungsjahr von Steinbecks *Grapes of Wrath* veröffentlichte sie zusammen mit Paul Taylor *An American Exodus – A Record of Human Erosion* (1939). Den Vergleich mit dem thematisch verwandten Werk *You Have Seen Their Faces* (1937) von

Dorothea Lange, *Migrant Mother* (1936)

Bourke-White und Caldwell hörte sie nicht gern, da sie die eigene Arbeitsweise für kulturanthropologisch und nicht für journalistisch hielt.[16]

Im November 1939 wurde Dorothea Lange von der FSA wegen Eigenmächtigkeit entlassen. Während des Zweiten Weltkriegs fand sie Gelegenheit, einen Exodus in umgekehrter Richtung mit der Kamera zu begleiten: die Zwangsumsiedlung von Amerikanern japanischer Abkunft von der Pazifikküste ins Landesinnere. Sie stellte sich anderthalb Jahre in den Dienst dieser *War Relocation Authority*, obwohl sie wußte, daß ihre Fotos zensiert wurden und obwohl sie der Zwangsumsiedlung eher negativ gegenüberstand. Ihr Kollege Ansel Adams dagegen gewann der Zwangsevakuierung auch positive Seiten ab, zum Beispiel die Möglichkeit zur Berufsausbildung. Manche sehen in Adams den bedeutendsten Landschaftsfotografen Amerikas, andere heben seine Porträtkunst hervor. Er selbst machte nach eigenem Bekunden keinen großen Unterschied zwischen Menschen, Felsen und Bäumen. Die »Historische Abteilung« der FSA tat bis zuletzt ihre Schuldigkeit. Stryker forderte nach Kriegsausbruch von seinen Angestellten Bilder mit »a hellish lot of food«, um zu zeigen, daß die USA gerüstet waren. Die neuen Fotos sollten plötzlich nicht das ländliche Elend dokumentieren, sondern die Zuversicht im Lande. Mehr junge Menschen wollte Stryker sehen, und wenn schon alte, dann solche, die Zufriedenheit ausstrahlten.[17]

Seit Timothy Sullivan, einer der Pioniere der Fotografie, nach dem Bürgerkrieg die Sanddünen von Nevada aufgenommen hat, haben sich die besten amerikanischen Fotografen von weiten Horizonten faszinieren lassen. Lewis Hine dokumentierte die Arbeit der »sky boys«, der Bauarbeiter auf dem Empire State

Lewis Hine, *Empire State Building* (1930)

Building. Dorothea Lange erfaßte die endlosen Dimensionen von Texas, und der alte Walker Evans suchte das Gefühl der Weite in der kanadischen Provinz Nova Scotia.

Ein wiederkehrendes Stilmittel ist der ironische oder sarkastische Widerspruch zwischen Wort und Bild. Margaret Bourke-White fotografierte die Opfer einer

Überschwemmungskatastrophe in Louisville vor einem Werbeplakat, das den hohen Lebensstandard der Amerikaner pries: »There's no way like the American way« (1937). Langes Foto »Towards Los Angeles« (1939) zeigt zwei armselige

Dorothea Lange, *Towards Los Angeles* (1939)

Tippelbrüder auf dem Weg nach Los Angeles vor einer riesigen Reklametafel mit dem Werbespruch einer Eisenbahngesellschaft. Und »Such a load« (1942) plaziert das Gepäck von zwangsevakuierten Amerikanern japanischer Abstammung vor den dümmlichen Slogan einer Speditionsfirma.

Das obligatorische Lächeln in die Kamera setzten abgebrühte Fotografen als perfides Stilmittel ein; so etwa Weegee in »Drowned Man« (1940). Weegee war das Pseudonym von Arthur Fellig, der aus Polen stammte und als Kind nach Amerika gekommen war. Er hat die *straight tradition* ins Extreme getrieben, Direktheit als Brutalität verstanden, Menschen als Material begriffen, Täter und Opfer, Tote und Verstümmelte im Auftrag der *Daily News* ohne Skrupel abgelichtet. Eine Sammlung seiner makabren Bilder erschien unter dem Titel *The Naked City* (1945). Diane Arbus, die »Fotografin der Ausgeflippten«, ist stark von ihm beeinflußt.

Typisch für den Geist der fünfziger Jahre waren die Werbe- und Publicityfotos großer Firmen, wie die »Frankfurter Queen« (1952) einer Wurstfabrik. In der Nähe zum sozialen Kitsch geriet Edward Steichen mit der Wanderausstellung *Family of Man.* Steichen war seit 1947 Direktor für Fotografie am New Yorker Museum of Modern Art. Ihn bewegte die Idee, dem Frieden und der Völkerverständigung mit einer gigantischen Fotoschau zu dienen. Die Tätigkeit des Fotografen für die FSA hatte den Glauben an die soziale Wirksamkeit von Bildern genährt. Von zwei Millionen Fotos kamen 10000 in die engere Wahl, 503 wurden ausgestellt. Die

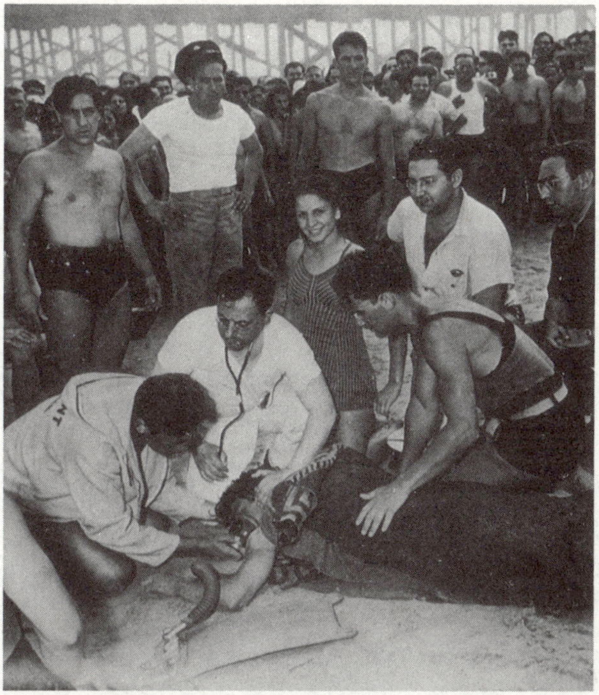

Weegee, *Drowned Man* (1940)

Diane Arbus, *Russische Liliputaner* (1963)

Eröffnung fand 1955 statt, die Ausstellung wurde zu einem weltweiten Erfolg. Da in der *Family of Man* Not und Elend vorwiegend bei Ausländern, höchstens noch bei Schwarzen anzutreffen war, eigneten sich die Exponate vorzüglich für die Lobbies von Amerikahäusern. 1959 ging die Show nach Moskau.[18]

Ein Beitrag von Robert Frank zu der Ausstellung *The Family of Man*

Das auf einem Foto dargestellte Ereignis werde *nie* transzendiert, mutmaßte Roland Barthes. Jede Fotografie sei von leichenhafter Unbeweglichkeit umgeben und deshalb, wie das Haiku, nicht weiter entwickelbar. Foto und Haiku seien in sich abgeschlossen und regten deshalb nicht zum Träumen an. Das bewegungslose Foto habe sozusagen keine Zukunft, es repräsentiere das Retentive, das Gewesene, das *interfuit.*[19] Ähnlich hat Susan Sontag von der »gefrorenen Zeit« im fotografischen Bild gesprochen, von seiner anmaßenden, aufdringlichen Stasis; Fotos dienten der Nostalgie, dem *memento mori,* sie strahlten Trauer aus, eine elegische Stimmung, ein Gefühl des Verlustes; die Zeit fließe nicht mehr, sondern sei zum Stillstand gekommen. Sontag hält es nicht für einen Zufall, daß sich Massentourismus und Fotografie etwa gleichzeitig ausgebreitet haben: Der Tourist stellt seine Kamera zwischen sich und die fremde Umgebung und verliert dadurch seine

Scheu. Was er einmal aufgenommen hat, ließe sich hinzufügen, braucht ihn nicht mehr zu kümmern. Susan Sontag glaubt, daß diejenigen Völker, denen ihre Geschichte geraubt wurde, die Japaner zum Beispiel, am eifrigsten fotografieren. Fotografen seien hinter der Vergangenheit her, sie folgten dem Lumpensammler auf der Fährte; wenn irgendeine Kunstform keine transzendenten Qualitäten habe, dann die Fotografie.[20]

Gegen Ende ihrer Interpretation hat Sontag sich jedoch eines anderen besonnen und behauptet nun, ein Foto verleihe Gegenständen und Ereignissen neue Bedeutungen und Nutzungsmöglichkeiten, die *jenseits* der alten Unterscheidung zwischen schön und häßlich liegen. Plötzlich kann sie sich mit dem zuvor bekämpften Bekenntnis von Walker Evans befreunden, ein Foto habe »transzendent« zu sein, ehe es ihn zufriedenstelle. Fotos sind ein dynamischer Beweis dafür, daß Leben und Geschichte weitergehen. Die vorher behauptete Unbeweglichkeit des Fotos stellt sie selbst mit der These in Frage, die Fotografie sei die charakteristische Kunst von Gesellschaften, in denen Überfluß, Verschwendung und Rastlosigkeit den Alltag bestimmen, nämlich in den USA nach dem Bürgerkrieg und in Europa nach dem Zweiten Weltkrieg.[21]

Die Fotografie ist ein rasches Medium, das den an Motorik gewöhnten Amerikanern zupaß kam. Die Kamera ist ein Instrument des »schnellen Sehens«, formulierte der Photosezessionist Coburn. Wie lange er an einem bestimmten Bild gearbeitet habe, wurde ein amerikanischer Fotograf gefragt. »Eine fünfhundertstel Sekunde«, gab er zurück. Der Dichter Hart Crane hob an den Fotografien von Alfred Stieglitz das Tempo als das Wesentliche hervor, die Bewegung, die über die Bildränder hinausführe ins Unendliche. Der Fotograf bewegt sich unaufhörlich von einem Ereignis zum anderen. Er führt eine Waffe mit sich. Fotos werden geschossen. Die Kamera ist ein sublimiertes Schießeisen. Der Fotograf kann seine Arbeit aus der Entfernung verrichten, braucht sich am Geschehen nicht zu beteiligen. Der »Wille zur distanzierten Darstellung« ist ein Merkmal der amerikanischen Fotografie seit den zwanziger Jahren. An den Frauenporträts der dreißiger Jahre nahm Hans-Jürgen Syberberg eine »distanzierende Vergeistigung« wahr. Starfotos sind von Einsamkeit umgeben und »wirken auf ihre Weise so verlassen wie eine Farmersfrau von Dorothea Lange«. Lewis Hine und Walker Evans waren darauf bedacht, nie zu persönlich zu werden, inneren Abstand zu wahren und sich diskret zurückzuhalten. Diane Arbus schließlich wäre nie auf die Idee gekommen, sich mit ihren Figuren zu identifizieren. Fotos wollen zeigen, was »out there« ist, was weit draußen liegt.[22]

Bereits 1840 veröffentlichte Edgar Allan Poe drei Aufsätze über Daguerreotypie (»pronounced as if written Dagairraioteep«). Wo Baudelaire sich alarmiert und pessimistisch zeigte, wertete Poe die neue Erfindung als einen Triumph der modernen Wissenschaft. Mark Twain ermutigte den Bürgerkriegsfotografen Mathew Brady. Amerikas Porträtfotografie nahm im vorigen Jahrhundert eine herausragende Stellung ein. Edward Steichen, Paul Strand und andere knüpften im 20. Jahrhundert an diese Tradition an. Sie haben ein umfangreiches Werk hinterlassen und sei es nur deswegen, weil eine ganze Reihe von Fotografen ein hohes Alter erreichte. Steichen zum Beispiel starb zwei Tage vor seinem 94. Geburtstag. Einen prominenten Beitrag haben Deutschamerikaner oder aus dem deutschen Sprachraum stammende Emigranten wie Albert Eisenstaedt, Lisette Model oder Robert Frank geleistet. Im allgemeinen kann man sagen, daß amerikanische Fotografen gebildeter waren als ihre europäischen Kollegen, breitere Interessen verfolgten und mehr intellektuelles Format unter Beweis stellten.[23]

Intelligente und gebildete Fotografen haben scharfsinnige Kritiker gefunden, die sich hartnäckig mit den Paradoxa dieses Mediums abgaben. Paul Rosenfeld sprach von der »Majestät des Augenblicks«, die sich in den Bildern von Alfred Stieglitz zeige. Die Rayographien von Man Ray, sinnierte ein anderer Kritiker, wirkten abstrakt, obwohl sie konkrete Gegenstände abbildeten. Harold Edgerton machte das Unsichtbare sichtbar, indem er die Bewegungsabläufe des Tennisschlägers oder des Golfstocks mit dem Stroboskop zerlegte und in Momentaufnahmen aneinanderreihte.[24]

Die Kritikerin Susan Sontag ließ sich 1973 von einer Arbus-Ausstellung im Museum of Modern Art zu Studien über Fotografie anregen. Ihre Haltung ist oft hyperkritisch, manchmal mißgünstig und feindselig. Statt *On Photography* hätte sie gut und gern auch den Titel *Against Photography* wählen können. Sontag hat aber einige Wahrheiten zum Doppelcharakter der Fotografie aufgespürt, die man anderswo so exquisit nicht findet: Amerikas führende Fotografen suchten wie Walt Whitman nach der Schönheit im Häßlichen. Auf dieser Suche traten sie sowohl als Plünderer wie als Bewahrer auf. (Walker Evans hatte sich etwas ziviler ausgedrückt: der Fotograf sei Sammler und Schöpfer in einem.) Sozial bewußte Fotografen rüttelten das Gewissen wach, schläferten es aber auch ein. Der Gefühlsgehalt einer Fotografie verliert sich mit der Zeit, die »ästhetische Distanz« scheint mit eingebaut zu sein. Die Ästhetik neutralisiert den sozialen Impuls. Mitleid wird erregt, aber gleich wieder besänftigt. Der Seelenschmerz, den eine Fotografie erzeugen kann, hält nicht lange vor und macht kalter Objektivität Platz.[26] Sontag vergaß hinzuzufügen, daß der einfältigste Schnappschuß nach Jahren einen Gefühlswert annimmt. Sontag macht nicht ganz deutlich, worauf sie den Doppelcharakter einer Fotografie zurückführt, kommt aber der Lösung des Rätsels sehr nahe, wenn sie schreibt: »A photograph is both a pseudopresence and a token of absence«; der Fotograf nimmt quasi am Geschehen teil und hält sich innerlich doch fern. Die Paradoxien lassen sich fast endlos fortsetzen. Das Exotische wird dem Betrachter nahegebracht, während das Alltägliche plötzlich seltsam und entlegen wirkt. Der Blick durch die Kamera ist »intensiv und kühl, herausfordernd und abweisend«. Die »Majestät des Augenblicks« liefert Sofortanalysen, Sofortgeschichte, *instant antiques.*[27]

VI. Kapitel
FILM – DAS KINETISCHE MEDIUM

Filme sind, nächst der Musik, die eindruckvollsten Produkte der amerikanischen Kultur. Filme zu verstehen jedoch ist wegen der theoriearmen, kumulativ angelegten Filmliteratur keine einfache Sache. Einer der Autoren machte sich ausführlich Gedanken über die Beziehungen zwischen Film und Gesellschaft und kam nach rund 300000 Wörtern zu dem Schluß, daß mit Hilfe der Wissenschaft auf diesem Gebiet nichts ausgesagt werden könne. Ungelöst ist die Streitfrage geblieben, ob Hollywood den Lebensstil oder ob der Lebensstil Hollywood geprägt hat. Filmexperten scheinen allerorten Narrenfreiheit zu genießen. Krampf und Kitsch wurden nachträglich als Selbstironie ausgelegt. Mit zweifelhaften Kriterien ordnete man Buster Keaton dem extrovertierten, Charlie Chaplin dem introvertierten Typ zu. Wem danach war, lobte Cecil B. De Mille und verteufelte Otto Preminger. Wer sich selbst keine besseren Kriterien ausdenken konnte, nahm die Zahl der verliehenen »Oscars« als Qualitätsbeweis.[1]

Cinema leitet sich aus dem griechischen Wort für Bewegung ab, *motion picture* trifft das Gemeinte. »Motion picture means move«, wußte ein amerikanischer Regisseur. »And if you don't move, the audience moves out on you.«* Oft genug nehmen schon die Titel von Filmen Bezug auf das Element der Bewegung: *The Big Trail, One-Way Passage, The Last Flight* oder *High Plains Drifter.* Filme setzen sich über räumliche und zeitliche Begrenzungen dort hinweg, wo sie im Theater nur mit bühnentechnischen Mitteln oder mit Hilfe der immer etwas lächerlich wirkenden Teichoskopie überwunden werden können. Gerade Amerikaner haben die unendliche, ewige Dimension des Filmuniversums als etwas Wundervolles begriffen. Dutzende von Filmtiteln beginnen mit »Across ...« oder »Beyond ...«.

---

* »Motion picture heißt, sich bewegen. Und wenn du dich nicht bewegst, verläßt das Publikum den Saal.«

Die Zeitschrift *Independent* schrieb im Jahr 1910, der Film sei anderen dramatischen Künsten überlegen, weil er problemlos Räumlichkeit herstellt und Entfernungen erzeugt. Als Beispiel nannte die Zeitschrift den Eisenbahnzug, der auf den Betrachter zurast, oder den Reiter, der quer über die Prärie davongaloppiert und am Horizont verschwindet. Fliegen werde so leicht wie Gehen, und dem Akrobaten seien keine Grenzen gesetzt – »unlimited« hieß das Zauberwort. Das Prinzip der Bewegung erstreckte sich auf den Zuschauer. Während er im Theater sein Auge auf einem bestimmten Szenen- oder Kulissenausschnitt ruhen lassen konnte, war er im Kino genötigt, dem Blick der Kamera zu folgen und damit selbst in Bewegung zu bleiben. Der Film ist das kinetische Medium. Je überzeugender die kinästhetischen Probleme eines Films gelöst wurden, desto höher war seine Qualität. Stasis wird gezielt eingesetzt, um Erschöpfung, geistige Lähmung oder den Schatten des Todes anzudeuten.[2]

Stummfilmzeit

Die Geschichte des amerikanischen Films reicht bis ins 19. Jahrhundert zurück. Samuel Goodale aus Cincinnati hatte 1863 in seinem Stereoskop bewegte Bilder gezeigt. Zehn Jahre später ließ Eadweard Muybridge in Kalifornien ein Pferd an einer Batterie von 24 Kameras vorbeigaloppieren, um zu beweisen, daß es alle vier Beine *gleichzeitig* vom Boden abhob. *Movie books* mit gezeichneten Szenen, die sich beim Durchblättern bewegten, gehören mit zu den Anfängen des Kinos.

Thomas Edison verknüpfte mit der Erfindung des Kinetoskops »eine Vision von Bewegung«. Menschen, Tiere oder »andere Objekte« sollten naturgetreu abgebildet werden, »in tatsächlicher Bewegung«. Ein Reporter von *Harper's Weekly* zeigte sich bei der Vorstellung des Geräts besonders beeindruckt davon, daß man die Bilder mit dreifacher Geschwindigkeit laufen lassen konnte und daraus komische und groteske Übertreibungen entstanden. Die Möglichkeiten des neuen Mediums schätzte der Reporter 1891 ganz zutreffend ein: »Welch anschauliche Beispiele es uns nicht bringen wird aus fremden Landen mit buchstäblich bewegenden Ansichten oder Unfällen, und die belebte Gegenwart entlegener Völker!« Es war recht charakteristisch für Edison, daß er den alten Meistern in europäischen Kunstgalerien wenig abgewann und ihren hohen Wert hauptsächlich auf ihre Seltenheit zurückführte. Alte Kunst war in seinen Augen tot. 1896 stellte er am New Yorker Herald Square sein Vitaskop vor. Aus komplizierten Rechtsstreitigkeiten mit Rivalen geht hervor, daß Edisons Beitrag zur Erfindung des Films eher bescheiden war. Eine große Zukunft sah der altgewordene Visionär fürs Kino ebensowenig voraus wie fürs Auto, und er blieb ein eher widerwilliger Filmunternehmer. Immerhin entwickelte er so viel Initiative, zwei ausrangierte Eisenbahnzüge zu erstehen und vor laufender Kamera aufeinanderkrachen zu lassen.[3]

Patriotische Amerikaner haben den Anteil erfinderischer Engländer zugunsten Edisons heruntergespielt. Richtig ist, daß der Film zwischen 1893 und 1895 in mehreren Ländern gleichzeitig entstand, daß er aber in Nordamerika auf das größte Publikumsinteresse stieß. 1895 machte in Pittsburgh das erste Filmtheater auf, bis 1910 gab es nicht weniger als 10000 *Nickelodeons,* so benannt nach dem Eintrittspreis* und der Halle des Perikles für musischen Wettstreit. Zur Programmvielfalt gehörten eine Messe im Vatikan, Kaiser Wilhelm beim Abnehmen einer Parade oder »Washington beim Überqueren des Delaware«, ein von Schauspielern nachgespieltes Gemälde. Gezeigt wurden aber vor allem Morde, Überfälle auf Eisenbahnzüge und Verfolgungsjagden. Die atemlose Jagd auf Bösewichter aller Art über alle erdenklichen Hindernisse machte mit Abstand den beliebtesten Programmteil aus. Phantastische Geschwindigkeiten wurden dabei erzielt: Jäger und Gejagte legten hundert Meter in weniger als sechs Sekunden zurück. Der Film war in seinen Anfängen ein eskapistisches Medium und ist es geblieben.[4]

Kinovorstellungen mit einspuligen Filmen wurden ab 1914 von längeren Spielfilmen mit Kurzfilmen als Dreingabe abgelöst. Die Handlung war sorgfältiger konstruiert, auf technische Kompetenz und stilvolle Fotografie wurde größerer Wert gelegt. Vier von fünf Filmen kamen in der Stummfilmzeit aus Amerika: bis 1920 sind in den USA mindestens 20000 Filme gedreht worden. Noch vor dem Ersten Weltkrieg nahm die Sittenkommission von Chicago Anstoß an billigen Kinos, vor allem an der dort herrschenden Dunkelheit. Auch die Herren vom Obersten Bundesgerichtshof, die den Film als Geschäft, nicht als Kunst einstuften, zeigten viktorianische Ängste, da Frauen und Männer die Kinos gemeinsam besuchten. In der Provinz betrachteten rückständige Zeugen Jehovas den Film noch zur Zeit des Zweiten Weltkriegs als Instrument des Teufels.[5]

Kinos erwiesen sich als besonders attraktiv für die Unterschicht und für Einwanderer, die in den Nickelodeons eine angenehmere Atmosphäre vorfanden als in ihren elenden Behausungen. Die ersten Filme identifizierten sich zwar nicht mit den Problemen der Arbeiterklasse, ließen aber auch die Welt der Arrivierten beiseite und präsentierten eine simple, eingängige Moral wie etwa »Armut ist schlecht« oder »die Polizei ist beknackt«. Die Sozialreformerin Jane Addams erklärte sich in ihrem Beitrag »House of Dreams« (1909) mit dem Kino als Freizeitbeschäftigung für junge Menschen einverstanden, solange man ihnen im Film nicht eine rosarote Zukunft vorspiegelte. Auf der ökonomischen Gegenseite stellten eine Reihe gewerkschaftsfeindlicher Filme Arbeitgeberinteressen zufrieden. Ab 1907 wurde in Filmen wie *Gus – the Anarchist, The Dynamiters* oder *Lazy Bill and the Strikers* gewerkschaftliche Agitation als Folge von Faulheit, Trunkenheit oder ausländischer Propaganda hingestellt.[6]

---

* 1 Nickel = 5 Cents

Der erste bedeutende US-Filmregisseur war Edwin Porter, Edisons Fotograf und Kameramann, ein Mensch, dem man nachsagte, lieber mit Geräten und Maschinen umzugehen als mit Menschen. Porter baute in seinem Film *The Life of an American Fireman* (1902) mit Zwischenschnitten Spannung auf und manipulierte die Chronologie durch Umkehrung der Szenenfolge. Was uns heute ganz selbstverständlich vorkommt, wirkte damals wie ein raffinierter Trick: jemand löst einen Alarm aus, im nächsten Bild sieht man Feuerwehrleute *vor* der Auslösung des Alarms. Ein »Montageballon« in der oberen Bildecke zeigte die Frau des Feuerwehrmanns, wie sie ihr Kind zu Bett bringt. Der Film gehört zur Spezies der *rescue movies,* deren Grundidee das Rennen gegen die Zeit ist. Mit *The Great Train Robbery* (1903) drehte Porter den ersten Film mit zusammenhängender Handlung. Fachleute neigen dazu, diesen Film als den ersten amerikanischen »Klassiker« des neuen Mediums anzusehen. Hier wurden räumliche Dimensionen mit einem vorher nicht gekannten Tempo erschlossen. *The Great Train Robbery* enthielt bereits die Grundelemente der Aufholjagd, wie man sie später in buchstäblich hunderten von Western sehen sollte.[7]

»Die Bühne hat sich über Jahrhunderte hinweg entwickelt, sie beruht auf bestimmten Prinzipien und existiert innerhalb vorgeschriebener Grenzen«, sagte der Schauspieler und Regisseur D. W. Griffith. »Die Filmkunst dagegen, obwohl nur innerhalb weniger Jahre gewachsen, ist grenzenlos in ihren Dimensionen und endlos in ihren Möglichkeiten.« David Griffith hat die technischen Möglichkeiten des Films, Nahaufnahme, mobile Kamera, *fade-out* und *freeze-frame* konsequent genutzt. Der technische Innovator war Porter, aber Griffith steigerte das Tempo, erhöhte die Spannung, filmte Autos und Züge aus anderen Fahrzeugen heraus und bewegte sich so frei wie niemand vor ihm durch Raum und Zeit. Griffith wußte, wie man neue Entfernungen herstellt. In *Enoch Arden* (1911) zeigte er in Nahaufnahme das Gesicht einer Frau, die an ihren verschollenen Mann denkt. Ein rascher Schnitt: schon sieht man ihn auf einer einsamen Insel. Rasche Zwischenschnitte in *The Lonely Villa* (1909) verdeutlichen das Rennen eines besorgten Vaters gegen die Zeit und wie er seine Familie vor Einbrechern bewahren will. Diese Technik verwendete Griffith auch in *Birth of a Nation,* seinem berühmtesten Film: den wiederholten Bildwechsel zwischen eingeschlossenen Opfern und ihren Rettern vom Ku Klux Klan.[8]

Birth of a Nation (1915) war die Verfilmung des Romans *The Klansman* (1905), dessen Autor Thomas Dixon die Verschiffung der ehemaligen Sklaven nach Afrika und Südamerika favorisierte, wie seinerzeit Abraham Lincoln. Die Regie des Films legte Dixon in die Hände von Griffith, dem er traute, denn sein Vater war ein Kriegsveteran auf Seiten der Konföderierten gewesen, ein trinkfreudiger Herr, der am Alkohol und an einer alten Kriegsverletzung starb, als David sieben Jahre alt war. Buch und Film verherrlichen den rassistischen Geheimbund Ku Klux Klan, der den Süden aus der Anarchie der Schwarzen errettet habe. Der Bürgerkrieg wird ein Heiliger Krieg zum Schutze arischer Geburtsrechte. Der Bösewicht, modelliert nach dem radikalen Republikaner Thad Stevens, läßt sich von einer geilen Mulattin beherrschen. Der schwarzamerikanische Interessenverband NAACP protestierte schriftlich gegen diese Geschichtsfälschung, ein Kritiker sprach von »drei Meilen Schmutz und Schund«, andere hielten dem Regisseur Naivität zugute. Griffith setzte sich mit dem Argument zur Wehr, das Kino sei die Universität des Arbeiters und müsse deshalb unbehelligt bleiben. Griffith hat jedoch zumindest indirekt die Sklavenhalterordnung dem Kapitalismus der Nordstaaten vorgezogen. Nach dem Zweiten Weltkrieg wurde immer noch von Manipulationen des Ku Klux Klan berichtet, den Film auf den Spielplan südstaatlicher Kinos zu setzen.[9]

Birth of a Nation war ein überwältigender Publikumserfolg beschieden, wurde als erster Film im New Yorker Theaterdistrikt am Broadway gezeigt und verhalf dem Kino über die kritischen Stimmen hinweg zu Respektabilität. Griffith drehte seinen nächsten Film *Intolerance* (1916) mit mächtigem Aufwand, die babylonische Stadtkulisse war eine Meile breit und an die hundert Meter hoch. Eine »dynamische Montage«, die für US-Filme typisch wurde, verbindet die vier Episoden von *Intolerance:* Eine Frau wiegt ihr Kind zu Whitmans Gedichtzeilen »Out of the cradle endlessly rocking ...« Verglichen mit *Birth of a Nation* war *Intolerance* ein Mißerfolg; die pazifistische Botschaft wollte nicht mehr recht in die Zeit passen. Spätere Filme sind von der Kritik zum Teil hämisch beurteilt worden. Griffith war enttäuscht, vergrub sich jahrelang in einem Hotel, trank stark, landete einmal nach einer Sauftour im Gefängnis von Beverly Hills. Man hat ihn einen »emotionellen Kannibalen« genannt, einen heimatlosen Menschen und ewigen Wanderer, der sich anderen Menschen entzog und letztlich auch dem Zugriff seiner Biographen.[10]

Der erste Schauspieler des Stummfilms war gewissermaßen der Laborgehilfe Fred Ott, den man wegen seines lustigen Naturells dazu ausersehen hatte, 1888 den Clown in einer kleinen Szene zu spielen. Ein Fachjournalist hat diese Begebenheit zum Anlaß genommen, die Geburtsstunde des Films eng mit der Slapstick-Komödie zusammenzubringen. Slapstick – der Begriff leitet sich von zwei Brettern oder Faßdauben her, die mit lautem Knall aneinandergeschlagen wurden, ein Effekt, der von Wanderschaustellern aller Art immer gern benutzt worden war. Slapstick im Sinne von Klamauk kennzeichnete die Stummfilmkomödien von Mack Sennett, der das von Griffith in *The Curtain Pole* (1909) vorgelegte Tempo noch einmal verschärfte, um damit eine oft schwache Story zu überdecken. Sennett hielt das Schneiden eines Films für wichtiger als das Drehen, ließ sich am Drehort mitunter gar nicht blicken, überwachte aber den Schneidevorgang von seinem Schaukelstuhl aus. In Sennetts Komödien herrscht die totale Unordnung. Die »Keystone Kops« als vermeintliche Ordnungshüter sind noch chaotischer organisiert als die Übeltäter, denen sie nachjagen. Anarchische Einzelfiguren bewegen sich in einer anarchischen Welt, obwohl gerade die Jagdszenen bei aller traumhaften und halluzinatorischen Qualität ihre eigene Choreographie haben und ein Maß von Ordnung wenigstens andeuten. Zum Beispiel verfehlen die Keystone Kops in aller Regel die beweglichen Ziele, die vor ihnen auftauchen, sie krachen aber in voller Fahrt auf ruhende Hindernisse, die auf ihrem Weg liegen.[11]

Rasche Bewegung ist ein wesentliches Merkmal dieser Filme, an deren Ende oft die totale Massenzertrümmerung steht. Das Auto wurde zu einem zentralen Requisit, und wenn die Handlung stockte, konnte sie jederzeit mit einem Sahnetortenbombardement wieder in Gang gebracht werden. Buster Keaton war vertraut mit allen Fortbewegungsmitteln, sei es Motorrad, Dampfschiff oder die Lokomotive *The General* (1926), und er legte bei ihrer Bedienung akrobatische Fähigkeiten an den Tag. Die Angstlust erzeugenden Kunststücke des Akrobaten waren eine Spezialität des Komikers Harold Lloyd, von *Safety Last* (1923) als menschliche Fliege an der Fassade eines Hochhauses bis zu späteren Filmen wie *Welcome Danger* (1937). In Hollywood wußte man Akrobaten aller Varietäten zu schätzen. In einem um 1918 entstandenen Couplet mit dem Titel »At the Moving Picture Ball« hieß es:

Douglas Fairbanks shimmied on one hand
like an acrobat!
Mary Pickford did a toe-dance grand
And
Charlie Chaplin with his feet
Stepped all over poor Blanche Sweet
Dancing at that moving picture ball.

Charlie Chaplin

Charlie Chaplin wurde am 16. April 1889 in Fontainebleau bei Paris geboren. Manchmal zeigte er sich bedrückt, daß ihn nur wenige Tage von Hitlers Geburtstag trennten. Seine Eltern waren Varietékünstler, die mit dem noch nicht Einjährigen ins armselige Londoner East End zogen. Der Vater entfremdete sich der Familie und starb am Alkohol. Die Mutter kränkelte und mußte in Nervenheilanstalten untergebracht werden, während Charlie in Waisen- und Arbeitshäusern aufwuchs. Mehrmals riß er aus und schloß sich Schauspielgruppen an. Vor dem Ersten Weltkrieg wurde er auf der Amerikatournee eines britischen Ensembles von Mack Sennett entdeckt und engagiert. 1914 entwickelte er scheinbar spontan die Urform des Tramp, der sich sofort als Publikumserfolg entpuppte. Chaplin drehte 34 Kurzfilme für Mack Sennetts Firma »Keystone«, darunter den Einakter *The Face on the Bar-Room Floor* (1914). Bertolt Brecht erkannte darin »ganz reine Kunst …, das Erschütterndste was ich je im Kino sah«. Es folgten 14 Filme für das Studio »Essanay«. Am Schluß von *The Tramp* (1915) strebt er, mit dem Rücken zur

Kamera, zuerst enttäuscht, dann mit neuem Mut, in Richtung Horizont. Zu den zwölf Werken für »Mutual« zählen einige seiner besten Kurzfilme: *The Vagabond* (1916), wo Charlie mit einem Zigeunermädchen auf Wanderschaft geht; *The Pawnshop* (1916) mit der unvergeßlichen Weckerszene; *Easy Street* (1916), ein Film, der noch sehr von der physischen Komik lebt; *The Immigrant* (1917), worin bereits sozialkritische Züge aufscheinen: vor dem Hintergrund der Freiheitsstatue werden Einwanderer wie Vieh zusammengetrieben. Unter den neun Filmen für »First National« befindet sich *Shoulder Arms* (1918), sein erster mittellanger Film, mit antimilitaristischer Tendenz.

1919 gründete Chaplin mit anderen eine Filmgesellschaft, die »United Artists«, und drehte *The Kid* (1921), seinen ersten Langfilm. Von der historischen »Donner Party«, den kannibalistischen Pionieren auf der Sierra Nevada, ließ er sich zu *The Gold Rush* (1925) inspirieren, ein Film, den manche unter seinen Meisterwerken – *The Kid* (1921), *City Lights* (1931), *Modern Times* (1936), *The Great Dictator* (1940) – am höchsten einschätzen. Viele halten das Frühwerk für den echten Chaplin, der böse, lästig und grausam ist, der sentimental nur aus ironischer Distanz sein kann, wogegen spätere Filme oft wirken, als seien sie in Zuckerwatte

Charlie Chaplin in *City Lights* (1931)

gepackt. Chaplin war ein Mann des Stummfilms, beim Tonfilm hat ihn sein Genie oft in Stich gelassen.[12]

Wegen seiner Amouren und abrupten Scheidungen geriet er immer wieder in die Schlagzeilen. 1943 wurde er wegen des »illegalen Transports von minderjährigen Frauen über Staatsgrenzen hinweg« belangt. 1947 stellte ihn der Abgeordnete John Rankin als »pervertierten Staatsbürger von Großbritannien« und wüsten Blaubart hin. Chaplin sagte sich von Hollywood los: Der amerikanische Film habe nicht mit Kunst, sondern mit der sinnlosen Belichtung von Zelluloid zu tun. 1952 verwehrte ihm das Justizministerium die Wiedereinreise mit der Begründung, Chaplin habe mit seinen Filmen seit einem halben Jahrhundert die Moral der Amerikaner untergraben. Chaplin verbrachte seinen Lebensabend im Schweizer Exil und wollte nicht, daß seine Filme in den USA noch gezeigt werden.

Die Vendetta gegen Chaplin hatte einmal zu tun mit dem forcierten Antikommunismus in der Zeit des Kalten Krieges und mit dem Umstand, daß man in vermeintlichen Kommunisten aus Tradition Anhänger der freien Liebe oder gar Sexualbestien witterte. Der Affekt gegen Chaplin saß jedoch tiefer. Bereits sein früher Film *The Immigrant* hatte Fragen ausgelöst, warum Chaplin nicht US-Bürger werden wollte. Die Zensur schnitt seinen sarkastischen Flirt mit der Freiheitsstatue am liebsten heraus.[13] Das Ressentiment gegen Chaplin war somit auch die Reaktion beleidigter Patrioten. Chaplins Weigerung, Vollamerikaner zu werden, hatte wiederum mit seinem persönlichen Stil zu tun, der in seiner Kunst zum Ausdruck kam.

Man kann die Figur des Tramp als einen Außenseiter interpretieren, der die Kraft hat, Enttäuschungen zu verwinden und sich, sein Bambusstöckchen schwingend, neuen Abenteuern widmet, einer, der das Weite sucht, sobald die Probleme übermächtig werden. Unbedingt typisch ist diese Einstellung in Chaplins Filmen nicht. In *The Circus* (1928) ziehen die Artisten weiter, Charlie bleibt zurück. Natürlich ist der Tramp ein Luftikus, aber die schweren Hosen und Schuhe ziehen ihn auch hinab. Der Tramp war nicht nur Tramp, Chaplin hat das sehr betont, er war auch Gentleman, Poet, Träumer, Einzelgänger – ein durchaus proteischer Mensch. Zwischen dem Tramp und dem Waisenkind in *The Kid* spinnt sich eine herzliche Beziehung an, die nichts von dem üblichen Solipsismus an sich hat. Chaplin war als Person und Künstler komplett und vermochte mit der Nähe und der Distanz zu Dritten zu spielen, ohne sich auf eine bestimmte Haltung festlegen zu müssen.[14]

Es hatte der Überredung bedurft, ehe der junge Engländer Chaplin dazu gebracht war, in Amerika zu bleiben und in Hollywood ein neues Leben zu beginnen. *Making a Living* (1914), sein erster Film, war reiner Klamauk, aber das sollte sich bald ändern. Chaplin zeigte sich irritiert von dem wilden Tempo, das in den »Keystone«-Komödien vorgelegt wurde. Die Handlung war für seinen Geschmack zu hektisch, die Gags fielen zu dicht hintereinander, er fand kaum Gelegenheit, seine pantomimische Kunst einzusetzen, die er in den englischen

Music Halls gelernt hatte. Bei »Essanay« wählte er ruhigere, längere Einstellungen, kam zu einem intimeren Stil, legte weniger großen Wert auf die ewigen Aufholjagden und ging mit Objekten wesentlich differenzierter um als seine amerikanischen Kollegen, die an einem Drehtag bis zu fünfzehnhundert Sahnetorten verbrauchten. Die Antwort auf soziale Unordnung hieß radikaler Wandel, sagte der biographisch motivierte Sozialist Chaplin. Also schuf er aus dem vorgefundenen Chaos nicht ein neues, schlimmeres Chaos, wie Sennett etwa, sondern eine neue, wenn auch phantastische Ordnung, die aus einer magischen Transformation der Realität entstanden war. Statt rasender Verfolgungsjagden und apokalyptischer Vernichtungsorgien rückte Chaplin das Gegenständliche in den Vordergrund – Juwelen, Schuhe, die Bewegung der Hände. Der Wecker in der berühmten Szene aus *The Pawnshop* wird nicht sinnlos zerstört, wie in den gängigen Materialschlachten, sondern sukzessive als neues Objekt vorgestellt, als Konservendose zum Beispiel. Keine Frage, der Wecker hat am Ende ausgedient, aber die Zerlegung hatte etwas Liebevolles und ist nicht wesensgleich mit der Zerstörungsarbeit von Laurel & Hardy, die in *The Finishing Touch* (1928) ein halbfertiges Haus abreißen, statt es zu vollenden. In *The Gold Rush* werden Schnürsenkel zu Spaghetti, Gabeln zu Beinen, Brötchen zu Ballerinaschuhen und er selber zu einem Brathuhn. Chaplin hat Objekte nicht planlos aus dem Weg geräumt, sondern mit Phantasie umfunktioniert. Was andere wegwarfen, hat er aufgehoben und einer neuen Verwendung zugeführt. In *Shoulder Arms* posierte er selbst als Objekt, als Baum. Dort warf er sich zum Helden auf, nicht indem er seine Gegner niedermähte, sondern einen Trupp Soldaten allein »umzingelte«.[15]

Der Film *The Gold Rush* symbolisierte Chaplins Leben, schrieb der Dramatiker Robert Sherwood, denn er war »mit von der Partie und doch abseits von den anderen«. Zu seiner seelischen Heimat sind die USA nie geworden. Anders als die grenzüberschreitenden Gestalten, an denen die amerikanische Kultur so reich ist, wandert Chaplin in *The Pilgrim* (1923) genau *auf der Grenzlinie* von dannen. Chaplins Humor war universell. Marxistische Kritiker hat er mit Hollywood ein bißchen versöhnt. Majakowski widmete dem »himmlischen Charlie« ein Gedicht. Die schärfsten Kritiker fand er in seinem Gastland. Manchen Amerikanern waren seine Späße zu servil, anderen kam er zu romantisch, zu sanft vor. Dritte bemängelten das langsame Tempo, mit dem er weit hinter eingeborenen Komikern zurückblieb.[16]

Hollywood und der Tonfilm

Der gute amerikanische Film war abhängig von ausländischen Talenten, von Chaplin, Lubitsch, Hitchcock, aber aus der heterogenen Zusammensetzung entstand doch wieder etwas sehr Amerikanisches. Aus Europa stammende Regisseure wählten eine langsamere, überlegte Gangart und schenkten der Bildkomposition mehr Aufmerksamkeit. Kombiniert mit der temporeichen und zerhackten Machart früher Hollywoodfilme entstand so ein neues, fließendes Medium unverwechselbaren Stils. D. W. Griffith erklärte nicht unbescheiden, der Film sei es, der die Welt »safe for democracy« mache. Die Zeitschrift *The Nation* pries 1913 die Filmkunst als wahrhaft demokratische Kunst, weil jedermann von wohlfeilen Plätzen aus seine Lieblingsthemen betrachten konnte, gleich welchen Alters oder Geschlechts, welcher Klassenzugehörigkeit oder Nationalität. Das Los der Einwanderer wurde im Film teils realistisch, teils sentimental abgehandelt. Das gilt für die *Romance of a Jewess* (1908) von Griffith oder für *The Italian* (1911) von Thomas Ince und C. Gardner Sullivan oder für *The Immigrant* (1917) von Chaplin. Begegneten sich ethnische Minderheiten auf der Leinwand, brach meist die Heiratswut aus, so in *The Cohens and the Kellys* (1926) oder in *Abie's Irish Rose* (1929).[17]

Wenn es in den USA je einen Schmelztiegel gab, dann in Hollywood. Edison wurde von William Fox und Adolph Zukor entmachtet, die beide aus Ungarn stammten und sich zu »Filmmoguln« aufwarfen, ein Begriff, der etwa ab 1915 in Umlauf kam. William Wyler stammte aus Mulhouse im Elsaß. Aus Deutschland oder Österreich kamen Billy Wilder, Fritz Lang, Fred Zinnemann und Otto Preminger. Die Tochter eines jüdischen Produzenten ging so weit zu sagen, Hollywood sei die Rache russischer Juden an Amerika, weil sie in den Filmen puritanische Unnahbarkeit mit barocker Üppigkeit vermischten und die Einheimischen damit verrückt machten.[18]

»Gebt mir ein paar Seiten aus der Bibel und ich gebe euch einen Film«, prahlte Cecil B. De Mille, der Begründer des biblischen Spektakelfilms der Stummfilmzeit. Seine überlebensgroßen Szenen in *The Ten Commandments* (1923) oder *King of Kings* (1925) haben ihn berühmt gemacht. Die Frauenfiguren in De Milles Filmen waren nicht mehr fragil und hilfsbedürftig wie bei Griffith, sondern aggressiv und skrupellos. Der Mörder Heinrich Pommerenke kam bei einer Szene in *Die Zehn Gebote,* in der Jüdinnen um das Goldene Kalb tanzen, auf die Idee, daß Frauen das Böse sind, das beseitigt werden mußte. Erich von Stroheim, Sohn eines jüdischen Kaufmanns aus Schlesien und ebensowenig von Adel wie sein Kollege Joseph von Sternberg, rückte die Geldgier eines Weibes in den Mittelpunkt von *Greed* (1923), den manche Kritiker zu den besten Filmen überhaupt rechnen. Stroheim folgte darin dem Roman *McTeague* von Frank Norris. Der Vater der männlichen Hauptfigur ist ein versoffenes Ungeheuer, die ehrgeizige Mutter zwingt den Sohn in den Erfolg. Die Knauserigkeit von McTeagues Frau Trina beschleunigt den sozialen Abstieg, sie schläft auf ihren Goldstücken, wird von McTeague ermordet, der aber anschließend kein besonderes Interesse an den gehorteten Schätzen zeigt, sich vielmehr naturalistischen Prinzipien getreu weiter ins Verderben begibt, die Berge überquert und im Tal des Todes ein schauriges Ende findet. Die Endfassung

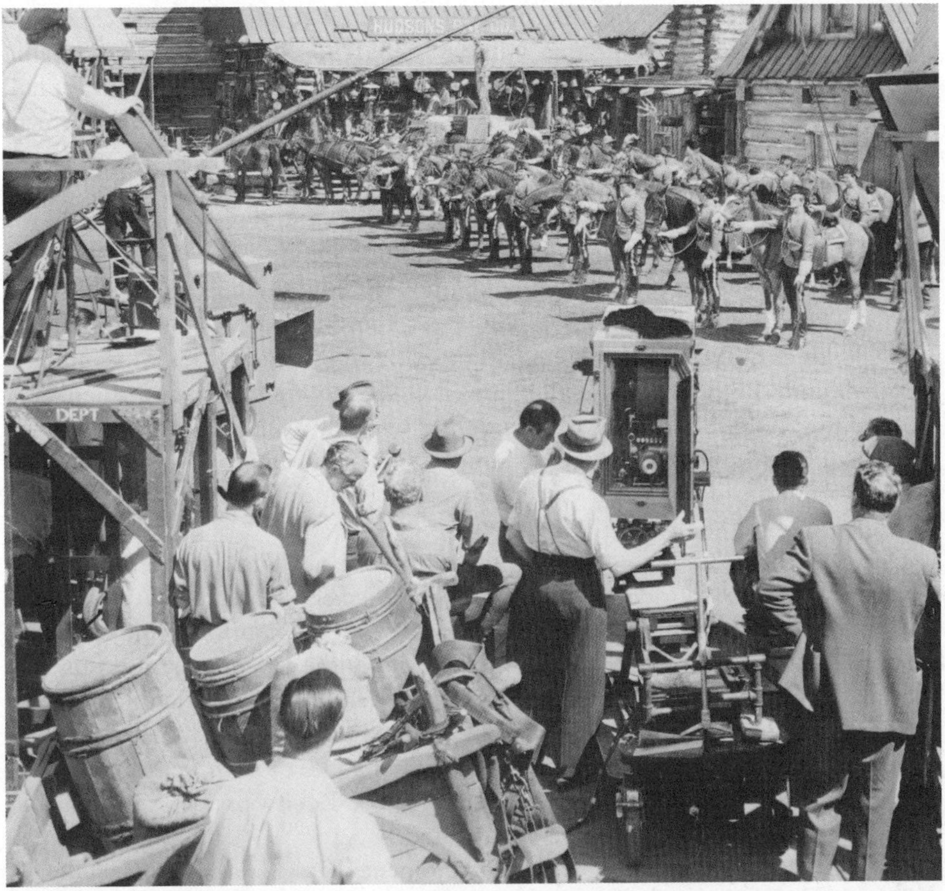

Dreharbeiten in Hollywood

des Films wurde von 40 auf 12 Spulen gekürzt, was zu Fehlinterpretationen einlud.[19]

In der Nachfolge von Griffith stand William Wellman, der sich in *Beggars of Life* (1927) des stets gefragten, scheinbar zeitlosen Genres der *fugitive romance* bediente. »Tramp« und »girl« durchqueren auf Güterzügen Minnesota und träumen davon, über die Grenze nach Kanada zu gelangen. Wellman zeigte das Amerika der »open roads«, die endlosen, von Eisenbahnschienen zerteilten Weizenfelder, und er hob vor allem den unerschütterlichen Optimismus von Amerikanern hervor, die sich auf Achse befinden. Nachklänge dieser Einstellung finden sich in *Sullivan's Travels* (1941) von Preston Sturges und in hunderten anderer, weniger anerkannter Filmwerke.[20]

Nach dem Ersten Weltkrieg brach Walt Disney alle Brücken hinter sich ab und ging nach Hollywood. Er war in Chicago geboren, hatte die Schule vorzeitig verlassen und war Zeichner geworden. »Mickey Mouse«, sein erster großer Einfall, wuchs sich zu einem sagenhaften Erfolg aus. Fachkritiker geraten ins Schwärmen, wenn sie die Hartnäckigkeit schildern, mit der Disney seinen Weg machte. René Clair nannte Disneys Kunst sublim, Thornton Wilder zählte ihn gemeinsam mit Chaplin zu den Genies des Films. Schon die ersten drei Mickey Mouse-Filme – *Plane Crazy, Gallopin' Gaucho, Steamboat Willie* (1928) waren dem Prinzip der Bewegung verpflichtet. Wie in den von Menschen gespielten Komödien bildete der Wettlauf zwischen Jäger und Gejagtem den Höhepunkt der Zeichentrickfilme. »Donald Duck«, »Big Bad Wolf«, »Three Little Pigs«, »Snow White«, »Dumbo«, »Goofy« und »Pinocchio« sind zu weltweit bekannten Gestalten geworden, aber auch zu Symbolen für Kitsch, Billigware und geistige Armut. Kulturell lehrreich sind die Disney-Filme allemal. Der unsympathische »Scrooge« benimmt sich »völlig unamerikanisch«, weil er auf seinem Geld hocken bleibt statt es auszugeben.[21]

Disney baute sich mit den Vergnügungsparks »Disneyland« in Kalifornien und »Disney World« in Florida zu Lebzeiten seine eigenen Denkmäler. An »Disneyland« werde immer weitergebaut werden, sagte er bei der Eröffnung im Jahr 1955, wenigstens solange der Mensch Phantasie zeige. Disneys Vorstellungskraft wies allerdings beträchtliche Lücken auf. In »Disneyland« gibt es kein Elend, keine Krankheit, keinen Tod. Kleinstädtische Gemeinden renovierten ihre Straßenzüge nicht nach authentischen historischen Maßgaben sondern nach dem Muster von »Disneyland«, den Einfällen des Zeichners Norman Rockwell oder den Kulissenstädten in den großen Studios von Hollywood.[22]

Disneys geschäftliche Erfolge waren phänomenal. Das Verlagshaus Dell, das die *Disney Comics* herausbrachte, stellte allein im Jahr 1953 zweieinhalb Milliarden Mickey Mouse- und Donald Duck-Heftchen her. Der Massenappeal der Disneyfiguren, die schnell dachten und fix handelten, erklärt sich allgemein gesprochen daraus, daß Disney es verstand, jedes Alpdrücken in angenehme Träume innerhalb einer märchenhaften Welt zu verwandeln. Mit den kleinen, anthropomorphen Gestalten konnte sich der Zuschauer mühelos identifizieren. Er war dann das »little thing« auf der Leinwand, und die Rettung aus brenzligen Situationen bestand hauptsächlich aus einem: Davonlaufen.[23]

Edisons Assistent W. K. L. Dickson hatte 1889 Optik und Akustik kombiniert und sein Gerät einen Kineto-Phonographen genannt. *The Jazz Singer* (1927) wird meist als der erste eigentliche Tonfilm bezeichnet, allerdings war bereits ein Jahr vorher *Don Juan,* gespielt von John Barrymore, mit der Synchrontechnik »Vitaphone« herausgekommen.[24] Der Tonfilm wurde rasch akzeptiert und üppig eingesetzt. Musik ist ziemlich wahllos über die Spielhandlung gelegt worden. Ohne Rücksicht auf mathematische Genauigkeit sprach ein Reklametext von einem Film, der »100% talking, 100% singing, 100% dancing« sei. Ein Könner wie Lubitsch ging mit der Neuheit subtiler um und ließ Eisenbahngeräusche in das Lied »Beyond the Blue Horizon« übergehen. Fast gleichzeitig mit dem Tonfilm war der Farbfilm einsatzreif. Douglas Fairbanks spielte in *The Black Pirate* (1926) bereits in Technicolor.

Der Tonfilm machte das Kino populärer denn je. »Middletown«, eine Stadt von 46000 Einwohnern, hatte Ende der zwanziger Jahre neun Filmtheater, die von 13 bis 23 Uhr geöffnet waren. Die ersten überprüfbaren gesellschaftlichen Folgen wurden notiert, die dezentralisierende Wirkung auf die Familie, weil Kinder meist ohne ihre Eltern ins Kino gingen, der offenere, freiere Umgang zwischen Frauen und Männern, so wie man ihn auf der Leinwand gesehen hatte. Junge Menschen ahmten ihre Lieblingsstars nach, lernten wie man küßt, und nahmen den Eindruck mit nach Hause, daß es normal sei, in Liebesdingen flugs zum Ziel zu kommen. Zeitgenossen sahen die Gefahr einer Überstimulierung. Gute, pädagogische Filme hatten in den Kinos kaum eine Chance, dafür aber Filme, die man heute in den Filmlexika nicht mehr findet: *Sinners in Silk, The Queen of Sin, Women Who Give, Rouged Lips.* Eine Anzeige versprach »neckers, petters, white kisses, red kisses, pleasure-mad daughters, sensation-craving mothers, by an author who didn't dare to sign his name«.[25]

Amerikanische Schriftsteller haben sich von Anfang an für die Filmkunst begeistern können. Frank Norris benützte bereits in *Octopus* (1901) »cinematische Aufnahmen« und Zwischenschnitte, um den Kontrast zwischen Arm und Reich, zwischen völlerischen Eisenbahnbossen und einer sterbenden Farmersfrau herauszuarbeiten. Vachel Lindsay verfaßte einen Essay über *The Art of the Moving Picture* (1915). Autoren, die von ihren Tantiemen nicht stilgemäß oder gar nicht leben konnten – Fitzgerald oder Faulkner – verdingten sich als Drehbuchautoren. Hollywood wird in literarischen Dokumenten der Zeit abfällig beurteilt. Ring Lardner beschrieb in seiner von Robert Sherwood dramatisierten Geschichte »The Love Nest« (1926) einen Filmmagnaten und dessen frustrierte, trunksüchtige Frau. »Hollywood ist ein kaltes Sibirien«, meinte ein Drehbuchschreiber, und er sprach damit die Kontaktarmut aller Beteiligten an: die ihre Isolationsgefühle mit Draufgängertum, Narzißmus oder scheinheiligem Altruismus kaschierten. In Hollywood erlebten Koseworte wie »sweetheart«, »darling« oder »honey« ihre erste Inflation. Man dachte und sprach in Superlativen und entwertete die Sprache durch inflationären Gebrauch. In der Anekdote galt ein Film mit »exzellenten« Einspielergebnissen als Flop. Leo Rosten wollte es vorkommen, als sei Hollywood Ausdruck der Kultur der Neureichen, mit mannigfachen Gelegenheiten zur Selbstdramatisierung. Der Filmschaffende konnte seine Arbeit als Spiel auffassen, das neben finanziellen Einkünften ein beachtliches »psychologisches Einkommen« abwarf. Man bewegte sich in einer polyglotten Welt, war ewig auf der Suche nach neuen Gesichtern und ausgefallenen Fertigkeiten, begegnete zwanglos Tiefseetauchern und Schlangenbeschwörern, Walroßdompteuren und Fremdenlegionären, Korsaren, Yogis, den schönsten und den absonderlichsten Kreaturen der Erde, einem »Latin male« wie Valentino oder einer nordischen Jungfrau wie Greta Garbo alias Greta Gustafsson. In dieser Atmosphäre gedieh der Starkult, in dem Milieu wuchsen Berühmtheiten heran, von denen das Publikum dann oft nicht viel mehr wußte, als daß sie eben berühmt waren.[26]

Zwischen 1930 und 1950 erreichte der Film seinen Höhepunkt als populäre Unterhaltungsform und nicht nur wegen spektakulärer Publikumserfolge wie *Gone With the Wind* (1939). In den dreißiger Jahren wurden in Hollywood jährlich über 500 Spielfilme produziert, obwohl die Auslandsnachfrage nach amerikanischen Filmen zurückging. Der heimische Markt erwies sich als nahezu unersättlich. Spätestens 1933 war aus dem Filmgeschäft eine Industrie geworden, die hauptsächlich mit dem Kapital New Yorker Banken abgesichert wurde. Insider hegten keine Zweifel, daß die Geldgeber letztlich bestimmten, welche Art von Produkten in den Verkauf gelangten. Die Kompetenzen der Filmkünstler und Filmtechniker mußten Profiterwägungen weichen. Auch die Wünsche des Publikums wurden nur in einem sehr begrenzten Sinne erfüllt. Werbefachleute gingen davon aus, daß der durchschnittliche Kinogänger die geistige Kapazität eines Vierzehnjährigen besaß. Es ergab sich das merkwürdige Phänomen, daß intelligente Menschen banale Ideen und Ereignisse, die sie in den Druckmedien ignoriert hätten, in der visuellen Verarbeitung des Kinos ernst nahmen. Das mächtigste Studio, Metro-Goldwyn-Mayer, pflegte einen simplen, konservativen Moralismus, Paramount war etwas flexibler angelegt, aber insgesamt herrschte eine konservative Grundstimmung vor und wenigstens bis zum Jahr 1940 eine konformistische Haltung zu den Entwicklungen in der Gesellschaft. Radikale Autoren widerstanden dem Konformitätsdruck nur selten. Dos Passos hat einmal einen Kommunisten parodiert, den fette Honorare nach Hollywood gelockt hatten: »Ich kann der Bewegung innerhalb eines der großen Studios doch viel besser dienen als draußen auf einer Parkbank, oder nicht?« Hollywood ist fast zum Markenzeichen für schlechte Qualität, für Schaumschlägerei und aufgeblähte Produktionskosten geworden. Einen Film, den man nicht mag, wird man als Hollywoodfilm, nicht als amerikanischen Film ansprechen. Hollywood selbst konnte oder wollte sich vom Image der Oberflächlichkeit nicht befreien. *Singin' in the Rain* (1952) von Stanley Donen war eine Satire auf den Hollywoodrummel und setzte ihn doch fort. Das Management der Studios fürchtete Zensur und Pleiten, reagierte jedoch gelassen auf ästhetische oder ideelle Kritik. »Geh in einen Film«, lautete ein bekannter Hollywoodslogan, »und laß dich gehen.«[27]

In Hollywood wurden »formula films« gedreht, Filme nach Rezept gewissermaßen, mit vorgeschriebenen, simplen Antworten auf unrealistische Probleme. In den seichteren Komödien löste eine gesunde Portion Humanität alle Konflikte. In den Burlesken der Marx Brothers wurde das Schreckliche in ein absurdes Gewand gesteckt und war damit nicht mehr so schrecklich. Die Musical-, Tanz- und Vaudevillefilme übten sich in Eskapismus. Ginger Rogers ergab sich vis-à-vis Fred Astaire in ihr »kinästhetisches Schicksal«. Horrorfilme vom Schlage *King Kong* (1933) spielten mit der Angstlust. Abenteuerfilme zeigten eine Besessenheit mit physischer Bewegung. In den Piratenfilmen gingen die Briganten über die Grenze, die *peiras*. Wie ihre griechischen Vorgänger, die *peirates*, stürzten sie sich mit Lust ins Ungewisse. Der Westen war so formelhaft, daß der gute Cowboy auf einem weißen Pferd von links nach rechts durchs Bild ritt, während schwarzgekleidete Schurken sich von rechts nach links bewegten. Einzig der Gangsterfilm und einige sozialkritische Filme erreichten ein gewisses Maß an Realismus. Für Dokumentarfilme wie Robert Flahertys *Nanook of the North* (1922), *Moana* (1926) oder *Man of Aran* (1934) interessieren sich heute nur noch Filmhistoriker.[28]

Europäische Regisseure, die in den USA arbeiteten, waren ursprünglich realistischer und schonungsloser ans Werk gegangen als die Amerikaner, aber die Lubitsch-Filme *Trouble in Paradise* (1932) oder *Design for Living* (1933) stellten dann doch nicht viel mehr dar als eskapistische Massenunterhaltung. Aus Filmen wie *Bringing Up Baby* (1938) von Howard Hawks spricht eine heute kaum noch erträgliche Oberflächlichkeit. Die *social comedies* von Frank Capra waren reichlich wirklichkeitsfremd: In *Mr. Deeds Goes to Town* (1936) werden die amerikanischen Farmer aufgefordert, sich zu Jeffersons Ideal des Kleinbauern zu bekennen. *It Happened One Night* (1934) thematisierte die Unfähigkeit von Menschen, im Zeitalter der Kommunikation privat miteinander zu kommunizieren. Man hat gerade diesen Film ausführlichst analysiert und die berühmte Decke zwischen dem Liebespaar sogar in kantianischen Begriffen interpretiert.[29]

In einem unterscheiden sich die Komödien der dreißiger Jahre von den komischen Figuren der Golden Twenties. Anders als Chaplin, Harold Lloyd, Buster Keaton oder Laurel & Hardy ließ Groucho Marx von den Marx Brothers sich nicht in die Rolle des »Little Man« drängen, der ewig herumgeschubst und ausgetrickst wird. Groucho verachtet die Gesellschaft und unternimmt gar nicht mehr den Versuch, sich ihr anzupassen. Er versteht es, sich verbal aggressiv zur Wehr zu setzen – »Ich vergesse niemals ein Gesicht, aber in Ihrem Fall mache ich gern eine Ausnahme.« – oder mit Wortspielen seine Überlegenheit vorzuzeigen – »Ein Mann ist nur so alt, wie die Frau, die er fühlt.« In *Duck Soup* (1933), bemerkte der Historiker Arthur Schlesinger, werde die spezielle Logik der Marx Brothers so weit vorangetrieben, daß es beinahe kein Zurück mehr gibt. Ein Politiker verspricht, daß alles schlechter werden wird; den Wirtschaftswettbewerb parodiert die gegenseitige Zerstörung von Besitz; an die Stelle der sozialen Unordnung tritt das komische Chaos. Destruktivität blieb ein Merkmal der Hollywoodkomödie. In den Studios existierten eigene »breakaway departments«, in denen Stühle und Flaschen hergestellt wurden, die man anderen über den Kopf ziehen, Fenster, durch die man fliegen konnte. Die Marx Brothers, W. C. Fields und Mae West widmeten sich der Aufgabe, die Gesellschaft auf komische Weise zu unterwandern. Mae West veralberte in *She Done Him Wrong* (1933) die gängige Moral und beantwortete die Frage, ob sie je einen Mann getroffen habe, der sie glücklich gemacht habe mit den Worten: »Several times.« Das mußte als kühn gelten. Fields machte die Menschenverachtung zu seinem wichtigsten Stilmittel. Er, der notorische Kinderhasser, war selbst als Kind vom Vater buchstäblich aus dem Haus geprügelt worden.[30]

Allein im Jahr 1931 kamen 50 Gangsterfilme heraus. Die besten des Genres – *Little Caesar* (1930), *The Public Enemy* (1931), *Scarface* (1932) – waren temporeiche, kraftvolle und milieuechte Filme, schmucklos und »anti-barock« in ihrem Stil, eine Eigenart, die sich noch in John Hustons *The Maltese Falcon* (1941) wiederfand. Der neue Realismus fand hier erstmals eine passende Ausdrucksmöglichkeit. Der Killer in *The Public Enemy* scherte sich nicht um die Schwarzweiß-Moral und tötete aus Freude am Töten. Schuld traf ihn trotzdem nicht. Auch wenn sich »um seine Fußgelenke die Leichen häuften«, wie der Kritiker Kenneth Tynan beobachtete, war das Chaos im Gangstermelodram doch nicht verwerflicher als das gesellschaftliche Chaos ringsum. *Scarface* von Howard Hawks, ein notdürftig verschlüsselter Film über Al Capone, personalisiert soziale Konflikte und Mißstände. Der Einzelkämpfer repräsentiert in kondensierter Form die Wünsche und Sehnsüchte der Masse und darf frei über die Mittel verfügen, sie zu verwirklichen. In *Scarface* ist ein Mitglied einer rivalisierenden Bande »nicht ordnungsgemäß umgebracht worden«. Die Tötungsorgie beginnt. Das Symbol des X taucht in verschiedenen Formen auf und kündigt an, daß wieder einer ausgeixt wird. Scarface jagte den Kinobesuchern wohlige Schauer über den Rücken.[31] Er handelte nach einer Devise, die recht amerikanisch klang und vielen einleuchten mußte: »The World is Yours.«

Der Westernfilm hat mit anderen Hollywoodgenres, zum Beispiel der Filmkomödie, das Tempo gemeinsam, die Kompaktheit, das zielbewußte Vorantreiben der Handlung. Diese Hollywoodprodukte mochten nicht so »künstlerisch« sein wie europäische Filme, es mochte ihnen der gewisse »Lubitsch touch« fehlen, aber sie entsprachen in ihrer Unmittelbarkeit den Möglichkeiten des Mediums Film mehr als manch anderer Stil. Gerade im Western war »American action at its purest« zu betrachten. Westernfilm und Gangsterfilm hatten ebenfalls gemeinsame Züge. Cowboy und Gangster »bestehen darauf, daß man frei nur ohne Rücksicht auf andere leben kann«. Aber der Code des Westerners unterscheidet sich doch um einiges von dem des Großstadtmenschen. Der Gangster schießt zuerst, während der Cowboy aus Prinzip wartet, bis der andere zieht oder, besser gesagt, ziehen will. Und er reitet von dannen, wenn die Dinge fürs Geradebiegen (*to straighten out*) zu kompliziert werden. Er läßt die Konflikte hinter sich, die er nicht lösen kann, wogegen der Gangster Störendes niederschießt und dabei bis zur Selbstvernichtung geht. Für den Cowboy ist die Welt grundsätzlich einfach, nur das

Ungeziefer aus der Großstadt sorgt für Komplikationen. Das zweite Irritans sind Frauen. Sie stören das soziale Gleichgewicht in dem Moment, da sie mit Reifröcken angetan, mit überdimensionierten Hutschachteln ausgerüstet und mit anderen unhandlichen Objekten versehen der Postkutsche entsteigen.[32]

Negt und Kluge haben scharfsinnig beschrieben, wie in Westernfilmen Mal um Mal der Versuch scheitert, die Einheit mit dem Primärobjekt wiederherzustellen. Die Akteure handeln im Notfall gemeinsam, sie trennen sich aber nach der Aktion, reiten davon und nehmen sich in der Entfernung nur noch als Punkte wahr. King Vidor war wie sein Lehrer Griffith ein »Action-Regisseur«, dessen Filme *Billy the Kid* (1930) oder *Duel in the Sun* (1946) dort am schwächsten sind, wo er sich mit den Feinheiten der menschlichen Natur auseinandersetzen mußte. Seit Porters *The Great Train Robbery* (1903) hat der Film die Vorstellung der Amerikaner von der Frontier mitgeprägt. John Ford, der ebenfalls von Griffith herkam, hat statt der Geschichte des Südens die Geschichte des Westens auf Generationen verfälscht. Ähnliches läßt sich für die Regisseure Raoul Walsh und Henry Hathaway sagen. *Drums Along the Mohawk* (1939) zeigt die Frontier des 18. Jahrhunderts mit überzeugenden Aktionsszenen aber mit reichlich gestelzten Dialogen. In *Stagecoach* (1939) wird aus dem verkommenen Aristokratensohn in letzter Minute ein Held, der sich mit einem herzzerreißenden Satz von dieser Welt verabschiedet: »Wenn Sie jemals Richter Ashburne sehen, grüßen Sie ihn von seinem Sohn.« Die barbarischen Apachen in »Pferdeopern« wie *Arrowhead* (1953), die Indianer als Störer der öffentlichen Ordnung in *She Wore a Yellow Ribbon* (1953) von John Ford, die edlen Wilden in *Broken Arrow* (1950), die heroischen Viehzüchter in *Red River* (1948) oder der romantisch-patriotische König der Wildnis in Disneys Film *Davy Crockett* (1955) haben dem Western eine fast universelle Popularität eingebracht. Die schwarzen Arbeiter in den Diamantbergwerken Südafrikas, wo das Kino noch unter dem Namen Bioskop bekannt war, sahen am liebsten Wildwestfilme.[33]

The Plainsman (1936) oder *Union Pacific* (1939) von Cecil B. De Mille finden unter Filmästheten heute mehr Anerkennung als früher. William Wellmans *The Ox-bow Incident* (1943) oder *Yellow Sky* (1948) werden als Edelwestern bezeichnet, die sich gewissermaßen ihrer selbst schämen und als Dreingabe eine sozialethische Botschaft vermitteln. *Little Big Man* (1970) zeigte die brutale Ausrottung der Indianer in schonungslosem Detail. Bereits in *Massacre* (1934) erschienen die Indianer bar aller Wildwestromantik als ausgepowerte Opfer eines grausamen Vernichtungsfeldzugs. *McCabe and Mrs. Miller* (1971) geht auf die Existenz von Zuhältern und Prostituierten an der Frontier ein. Schließlich ist nicht zu übersehen, daß die Hollywoodleute auch fähig waren, sich selbst auf den Arm zu nehmen und die Klischees des Westerns mit einem Augenzwinkern zu präsentieren. »Gemütsmensch?« lautet eine lakonische Frage in *Vera Cruz* (1954). Sie wird ebenso lakonisch beantwortet: »Nur bei Pferden.«

Die filmische Dutzendware aus dem Hollywood der dreißiger Jahre faßte das menschliche Dasein in Platitüden, bot für Probleme einige formelhafte Lösungen an und dirigierte soziale Konflikte auf eine ideologische Einbahnstraße. Nachdem Eisenstein die Verfilmung eines wichtigen Romans von Theodore Dreiser zu realistisch und systemkritisch anpacken wollte, übernahm Sternberg die Aufgabe. Er eliminierte aus *An American Tragedy* (1931) sozialkritische Elemente und reduzierte die Handlung auf die Geschichte von dem armen Mädchen, das sterben muß, weil es dem Reichtum im Wege stand. Das Studio der Warner Brothers produzierte patriotische, antikommunistische Kurzfilme im Dienste des Amerikanismus. Um die Wahl Upton Sinclairs zum kalifornischen Gouverneur zu unterbinden, fabrizierten Hollywoodproduzenten eine Serie von Wochenschauen, in denen bezahlte Schauspieler, als Anarchisten kostümiert, gottesfürchtige Bürger bedrohten, ein wahrer »Gewaltstreich der Propaganda«.[34]

Anders als in der Literatur der dreißiger Jahre sind in der Filmkunst dieser Epoche sozialkritische Werke von Format dünn gesät. *The Front Page* (1931) stellte einen Journalismus bloß, der in seiner Sensationsgier über Leichen geht. *San Quentin* (1937), *Alcatraz Island* (1938) und *Women in Prison* (1938) gingen zum Teil ernsthaft auf Mißstände im Strafvollzug ein. Von Sträflingen in Ketten berichtete der nach einem authentischen Fall gedrehte Film *I Am a Fugitive* (1932). Jüdisch-ethnische Filme wie *My Yiddisher Mama* (1930) oder *Amerikaner Schadchen* (1940) beschäftigten sich mit Familientragödien und verzichteten auf die schalen Rezepte der kalifornischen Filmemacher. Hollywood fand erst mit *Citizen Kane* (1941) zu einem allseits anerkannten sozialkritischen Niveau. Kane – eine Schlüsselfigur für den Zeitungszaren William Randolph Hearst – wird als grenzenloser Opportunist ohne echte Freunde geschildert, egoistisch wie ein Säugling, unfähig, sich in die Lage anderer zu versetzen. *Citizen Kane* bildete gewissermaßen Orson Welles' zeitnahe, packende und unverblümte Antithese zu dem, was Frank Capra oder George Cukor, John Ford oder William Wyler an Eskapismus lieferten.[35]

Das Niederreißen der Spanischen Flagge (1898) von J. Stuart Blackton, einer der ersten Filme überhaupt, stachelte die Hysterie vor dem Krieg gegen Spanien auf Kuba an. Die amerikanische Regierung und die Justiz haben meist sorgsam darauf geachtet, daß zu Kriegszeiten die richtigen Filme in die Kinos kamen. Der Film *The Spirit of '76*, der den Unabhängigkeitskrieg behandelte, durfte wegen der notgedrungen negativen Zeichnung britischer Soldaten im Ersten Weltkrieg nicht aufgeführt werden. Griffith mußte sich zu der Zeit dazu bequemen, ebenfalls Kriegsfilme zu drehen, sein pazifistischer Film *Intolerance* interessierte das Publikum nicht sonderlich. In *Hearts of the World* konnte man Erich von Stroheim als preußischen Offizier erleben. Filme wie *The Battle Cry of Peace*, *Wake Up America!*, *Womanhood* oder *The Glory of a Nation* stimmten die Amerikaner auf einen Krieg ein, von dem sie ursprünglich nichts hatten wissen wollen. Der Bedarf an Schlachtszenen war gewaltig. King Vidor konnte noch Jahre nach Versailles auf die militärische Schaulust zählen. Sein Kriegsfilm *Big Parade* (1925) spiegelte schon den Stil der Wildwestfilme wider. Lediglich Charlie Chaplin mit *Shoulder Arms* (1918) und Lewis Milestone mit *All Quiet on the Western Front* (1930), einer Verfilmung von Remarques Antikriegsroman, bezogen zwischen den Weltkriegen eindeutig und scharf gegen den Militarismus Stellung.[36]

1942 brachte die Regierung in Washington ein Handbuch für die Filmindustrie heraus. Darin hieß es: »Vor uns liegt eine wackere neue Welt, wenn wir denn darum kämpfen.« Hollywood kam der Aufforderung nach, sich an der Mobilmachung zu beteiligen. *A Yank in the RAF* (1941) bekundete tiefe Sympathien für England, *Mission to Moscow* (1943) schmeichelte den sowjetischen Waffenbrüdern, *Hitler's Children* (1943) drückte den Abscheu vor dem Nationalsozialismus aus. »Combat films« aus dem Jahr 1945 wie *The Story of G. I. Joe, A Walk in the Sun* oder *Pride of the Marines* stellten sich nicht blind hinter die Glorifizierung des Militärischen, sondern zeigten, wie der durchschnittliche US-Soldat trotz seiner Vorbehalte gegen den Krieg am Ende doch zu Heldentaten fähig ist. Typischerweise kommt die ethnische Schmelztiegelsituation in einer militärischen Einheit zur Sprache; sie wird meist mit Humor entschärft. Dem Kritiker James Agee wollten Hollywoodkriegsfilme banal, kleinmütig und steril vorkommen. Nach einem Drehbuch von Robert Sherwood entstand *The Best Years of Our Lives* (1946) von William Wyler. Vier entlassene Soldaten versuchen sich wieder ans Zivilleben anzupassen, finden jedoch keine lebensbejahenden Werte mehr vor und meinen, die besten Jahre im Krieg verbracht zu haben. Der Hauptmann träumt wieder vom Fliegen und trauert dem Elan nach, mit dem man den Faschismus bekämpft hatte.[37]

Daß der Frieden nicht unbedingt besser war als der Krieg, taucht als Gedanke im Genre des *film noir* auf, zu dem man mehr als hundert Filme rechnen darf, in der Mehrzahl Adaptationen von Romanen, zum Beispiel der Kriminalromane von Raymond Chandler oder James M. Cain. Typische Beispiele für die »Schwarze Serie« sind *Laura* (1945) und *Fallen Angel* (1945) von Otto Preminger; *Double Indemnity* (1944) von Billy Wilder; *Ministry of Fear, Woman in the Window* und *Scarlet Letter* (alle 1945) von Fritz Lang; *Phantom Lady, Christmas Holiday, Cobra Woman* (alle 1944) und *The Suspect* (1945, von Robert Siodmak); *Murder My Sweet* (1944) von Edward Dmytryk und als Paradebeispiel *The Maltese Falcon* (1941) von John Huston. Der *film noir* ist zynisch. Seine Gestalten sind paranoid, und dies nicht ohne Grund. Sie bewegen sich zwischen Schuld und Unschuld, tappen in fremde und selbstgestellte Fallen, sind auch als Helden schwach, fehlbar, unmoralisch und haben es so gut wie aufgegeben, sich über ihre eigene Identität Klarheit zu verschaffen. Mit ihrem ersten Leben haben sie gebrochen, die zweite Existenz erweist sich als ebenso trostlos, es gibt keinen Ausweg, egal was man tut, höchstens den Tod. »Die USA erscheinen ästhetisch als eine Nekropolis«, schrieb einer der einfühlsamsten Kritiker des *film noir,* »der Blick in die Zukunft ist von Ängsten geprägt.« *Woman in the Window* präsentiert eine Welt zwischen Traum und Tod, in die der Betrachter mit hineingezogen wird. Die Grenzen zwischen Bewußtem und Unbewußtem, zwischen Normalität und Wahnsinn verschwimmen. Die Hauptfiguren sind Jäger und Gejagte in einem. Gegenstände entpuppen sich als Falsifikate oder Sinnestäuschungen, Menschen als Phantome, konkrete Erfahrungen als Halluzinationen und umgekehrt. Die Handlung entwickelt sich in eine oblique, von niemandem vorhergesehene Richtung. Die Welt ist aus den Fugen geraten, keiner fühlt sich berufen, sie zu kitten. Man hat den *film noir* wegen seiner Trostlosigkeit mit europäischen Einflüssen erklären wollen; Hitchcock wurde genannt. Tatsächlich finden sich in amerikanischen Filmen wie *Brief Encounter* (1946) Stilmittel und Atmosphärisches aus Marcel Carnés *films noirs* der dreißiger Jahre: *Quai de brumes, Hôtel du Nord, Le Jour se lève.* Das Genre entsprach aber auch gesellschaftlichen Stimmungen und Erwartungen gegen Ende des Zweiten Weltkriegs und war in mancher Beziehung ein Vorgriff auf den Schwarzen Humor der fünfziger Jahre.[38]

1937 hatten 61 Prozent der Amerikaner wöchentlich einmal ein Kino besucht, 1963 waren es nur noch 32 Prozent. Der empfindliche Zuschauerschwund, der in den fünfziger Jahren eingesetzt hatte, ließ sich weder durch spektakuläre Neuerungen wie Cinemascope oder Todd A–O auffangen, noch durch besonders gute Filme wie Elia Kazans *A Streetcar Named Desire* (1951), *Viva Zapata* (1952), *On the Waterfront* (1954) oder *East of Eden* (1955). Mancher Regisseur mußte lernen, daß kompromißloser Realismus im Amerika der fünfziger Jahre keine Erfolgsgarantie bot und das Publikum eher auf »grandiose Vulgarität« eingeschworen war. 1960 fand sich in New York die *New American Cinema Group* zusammen, die ihre wirtschaftlichen Probleme gemeinsam lösen und Hollywood Paroli bieten wollte. Innerhalb des Hollywoodapparates, sagte Filmemacher Jonas Mekas, sei es nicht möglich, oppositionelle Filme zu drehen. Die Studios in Hollywood dagegen klagten über zu penible Kritiker, die an Publikumserfolgen wie *In Cold Blood, The Graduate, Guess Who's Coming to Dinner* oder *Bonnie and Clyde* (alle 1967) herummäkelten. Umgekehrt hat die kommerzielle Ausschlachtung der Gegenkultur – etwa der Film über das Rockfestival *Woodstock* (1970) – ernsthafte und weiterführende Experimente behindert. Schwarze suchten über den Film ein neues Selbstbewußtsein. Ossie Davis und andere verfilmten Romanvorlagen des schwarzen Kriminalschriftstellers Chester Himes. Schwarze sind nicht mehr Onkel Toms, sondern Menschen, die sich zu wehren wissen und die zunehmend froh darüber sind, daß ihnen keine weißen Liberalen zu Hilfe eilen. Die NAACP hatte 1963 eine Kampagne gegen Rassendiskriminierung im Film gestartet, weil der Schwarze dort entweder als Karikatur oder als Randfigur vorkam. Anstoß erregte Walt Disneys *Song of the South* (1946) nach den Onkel Remus-Geschichten von Joel Chandler Harris. Die NAACP drohte damit, 10 Millionen Schwarze gegen

Marilyn Monroe (1926–1962)

Hollywood zu mobilisieren. Marlon Brando, damals einer der am meisten geachteten Schauspieler, stellte sich hinter die Initiative. Die Filmindustrie reagierte konstruktiv. »Free niggers« aus dem Mund von Scarlett in *Gone With the Wind* wurde in »freedmen« umgewandelt, das Wort »Nigger« durften ab jetzt nur noch Schwarze selbst benutzen.[39]

Eine herausragende Rolle unter den Regisseuren spielte ab Mitte der sechziger Jahre Stanley Kubrick. *Dr. Strangelove* (1964) mit dem Untertitel *How I Learned to Stop Worrying and Love the Bomb* ist eine Satire auf die amerikanisch-sowjetischen Beziehungen im Atomzeitalter und persifliert den Standpunkt von Henry Kissinger zum Thema Nuklearwaffen in der Außenpolitik.[40] In *2001: A Space Odyssey* (1968) holt Kubrick weit aus, um eine Erklärung für die Aggressivität zwischen den Nationen zu finden: der Knochen, den der Menschenaffe von sich schleudert, wird zum Raumschiff. Der technische Fortschritt katapultiert den Menschen ins All, aus dem es kein Zurück mehr gibt. Kubrick ist mit *A Clockwork Orange* (1971) und *Shining* (1980) seinem Stil treu geblieben: ein Thema wird vor einem realen Hintergrund futuristisch und mit einem grausigen Pessimismus abgehandelt.

Kritiker, denen Amerika im Film bisher zu weltfremd oder zu idyllisch vorgekommen war, klagten in den siebziger Jahren über den verbreiteten Nihilismus und Defätismus, über die Einschätzung der menschlichen Existenz als schlechten Witz. Was sollte das für eine Welt sein, wenn in *Jesus Christ Superstar* (1973) Judas ein Neger, Maria Magdalena ein Hippie und die Hofschranzen um König Herodes Homosexuelle waren? Vor den Kinos bildeten sich Schlangen, um *Deep Throat* (1972) mit Linda Lovelace zu sehen, die nach Meinung eines Kritikers für die Fellatio tat, was der Tänzer Nurejew für den Ballettsprung getan hatte. Die »esophagische Akrobatik« von Frau Lovelace machte deutlich, daß die Tage vorüber waren, in denen Doris Day die keimfreie amerikanische Venus verkörperte. Unsterblich war nur die Legende, die sich um Marilyn Monroe gebildet hatte, deren Lebenshaltung und deren Schicksal zwanglos in die amerikanische Tradition paßten. In Monroes Buch *My Story* (1974) stand zu lesen: »Der wahre Liebhaber ist der Mann, der dich erregt, indem er einfach deinen Kopf berührt oder dir in die Augen lächelt – oder einfach ins Weite starrt.«[41]

Filmzensur

Lokale Idiosynkrasien machen es schwierig, ein annähernd vollständiges Bild verbotener Filme zu geben. In Memphis durfte *King of Kings* nicht gezeigt werden, weil De Milles Bibelinterpretation offenkundig nicht protestantischer Rechtgläubigkeit entsprach. In Maryland war aus einem Film über Jeanne d'Arc der Satz »Oh God, why hast Thou forsaken me?« als blasphemisch zu streichen. Im Interesse des

Jugendschutzes wurde *Never on Sunday* in Atlanta auch Erwachsenen vorenthalten. *Blackboard Jungle* (»Rock Around the Clock«) erhielt in dieser Stadt keine Freigabe; Gründe wurden nicht genannt. Die Szene aus *The Man With the Golden Arm,* in der sich ein Süchtiger Heroin spritzt, mußte in Maryland getilgt werden, weil der Zensor die abschreckende Wirkung nicht wahrhaben wollte. In Kansas bestand man auf der Eliminierung einiger Saufszenen aus *The Lost Weekend,* obwohl dieser Film zu den stärksten Dokumenten gegen den Alkoholismus zählt. *The Southerner* ist in Memphis wegen der Passagen über südstaatliche Lumpenproletarier verboten worden. Daß ein Film wegen eines Übermaßes an Gewalt beanstandet wurde, ist eher die Ausnahme gewesen. Immerhin untersagte die Stadt Memphis die Aufführung von *Destry Rides Again* wegen »too much shooting«.[42]

In der Zeit nach dem Zweiten Weltkrieg existierten staatliche Filmzensurstellen in Kansas, Maryland, New York, Ohio, Pennsylvania und Virginia. Die Zensoren wurden meist vom Gouverneur berufen, etwa als Belohnung für langjährige Parteizugehörigkeit oder als Trostpflaster für Witwen von Polizeioffizieren. 1959 gab es eine aktive Filmzensur auf Staatsebene noch in Kansas, Maryland, New York, wo die meisten Verbote ausgesprochen wurden, und in Virginia, wo sämtliche Mitglieder der Zensurbehörde über 70 Jahre alt waren. Die Zahl der Zensurstellen auf kommunaler Ebene ist nicht bekannt, man weiß aber, daß in den Großstädten Chicago, Detroit, Memphis und Atlanta eine Vorzensur für alle Filme galt. Dazu kam die Tätigkeit von Bürgervereinen, Veteranenverbänden und kirchlich bestimmten Gremien. Die Filmzensur wurde somit von Vertretern breiter Bevölkerungsschichten getragen. Auf Betreiben der Zensoren mußten Liebe und Leidenschaft auf der Leinwand gleichsam in pasteurisierter Form angeboten werden. Eine städtische Verordnung in Milwaukee untersagte Nacktheit von den Schultern bis zum Knie. In Pennsylvania durfte ein Kuß nicht mehr als fünf Fuß Film verbrauchen. In New York waren Szenen zu schneiden, die Lady Chatterley »in a state of undress« zeigte. In Little Rock (Arkansas) wurde *Lady Chatterley's Lover* verboten, selbst nachdem ihn der Supreme Court in Washington freigegeben hatte. Die Zensoren Chicagos ließen aus Disneys *Vanishing Prairie* die Szene mit der Geburt eines Büffelkalbs tilgen.[43]

Filmzensur ist Vorzensur in ihrer klassischen Form und steht nach Idee und Praxis den Druckerlaubnisgesetzen des 17. Jahrhunderts nahe, schrieb einer der kenntnisreichsten Kommentatoren zur Pressefreiheit. Der Staat Massachusetts kannte eine spezielle Vorzensur für Filme, die sonntags aufgeführt werden sollten. 1949 taten drei Richter in einer vom Urteilstenor abweichenden Stellungnahme erstmals kund, daß Radio und Film zur Domäne der öffentlichen Meinung gehören. Drei Jahre später machte sich der Oberste Bundesgerichtshof diese Auffassung zu eigen: auf das Medium Film treffe die Pressefreiheitsgarantie zu. Der Film *The Miracle* mußte daraufhin freigegeben werden. Gegen diesen Import aus Italien hatte sich New Yorks katholische Kirche aufgelehnt, weil darin ein

Bauernmädchen von einem Fremden verführt wird, von dem es glaubt, es sei der Heilige Joseph. Nach dem Urteil im Fall »Miracle« schien klar zu sein, daß Filme unter das Erste Amendment fallen. Diese Entwicklung wurde allerdings noch im selben Jahr wieder umgestoßen, als im Süden ein Film über eine Schwarze aufgeführt werden sollte, die so hellhäutig war, daß sie für weiß gelten konnte. Wegen eines schwarzen Arztes, der ebenfalls wie ein Weißer aussah, wurde dem Kinopublikum von Memphis der Film *Lost Boundaries* vorenthalten. Hier werde eine Form sozialer Gleichheit postuliert, urteilte die städtische Zensurbehörde, wie sie im Süden nicht existiert. In Atlanta meinte eine Zensorin, der Film sei geeignet, Frieden, Ordnung und Moral zu untergraben. Wegen einer ähnlichen Thematik wurde *Pinky* in Texas verboten. *Native Son* blieb in Ohio bis 1954 unaufgeführt, der Film verstoße gegen die Interessen beider Rassen. Differenzierter ging die Behörde einer Stadt in Texas vor. Sie gaben *And God Created Woman* nur für Kinos frei, die von Weißen besucht werden durften. Die Zensoren von Memphis erwarben sich im Lauf der Jahre einen Ruf besonderer Unnachgiebigkeit und kultureller Sturheit: Lieder der Sängerin Lena Horne mußten geschnitten werden, »weil es genügend weiße Sänger gibt«.[44]

Um staatlichen und kommunalen Eingriffen zuvorzukommen, hat sich Hollywood einer mehr oder weniger freiwilligen Selbstzensur unterworfen. Der Antisemitismus der Offiziere in *The Young Lions* wurde stark heruntergespielt, Rassisten, anders als in der literarischen Vorlage, einer gerechten Strafe zugeführt. Dreimal wurde das Drehbuch dem Pentagon zur Genehmigung vorgelegt, andernfalls hätte das Militär die technische Zusammenarbeit aufgekündigt. *From Here to Eternity* erlebte sechzehn Skriptrevisionen. Offiziersfrau und gemeiner Soldat mußten sich gegenseitig versichern, daß ihre Beziehung moralisch falsch sei. In der berühmtgewordenen Strandszene sollte wenigstens einer der Partner einen Bademantel tragen, heischte der studio-interne Zensor, womit er sich allerdings nicht durchsetzte. Im Buch wurde der sadistische Hauptmann zum Major befördert, im Film mußte er entlassen werden, sonst hätte die Heeresleitung keine Dreherlaubnis auf bundeseigenem Kasernengelände erteilt. Regierungsstellen haben ihre Unterstützung von Filmprojekten mehrfach von der Erfüllung von Auflagen abhängig gemacht. Die Einwanderungsbehörde im Justizministerium stellte inhaltliche Bedingungen, ehe sie bei *Illegal Entry* mithalf.

Daß Blanches erster Mann homosexuell war, fiel in der Filmversion von *A Streetcar Named Desire* weg. Stella strafte Kowalski, indem sie ihm eröffnete, wegen der Vergewaltigung von Blanche nie mehr zu ihm zurückzukehren; in Tennessee Williams' Schauspiel hielt sie die Gewalttat für eine Halluzination von Blanche. Sowohl Williams wie Regisseur Elia Kazan fürchteten, eine textgetreue Verfilmung würde dem Werk ein schlechtes Prädikat einbringen und katholische Kinogänger fernhalten. Der Gigolo in *Sweet Bird of Youth*, in der Bühnenfassung kastriert, erhielt im Film eine Tracht Prügel und seine Jugendliebe zur Frau. In

Happy Anniversary gestand ein Mann nach vierzehnjähriger Ehe seinen Schwiegereltern, er habe einmal mit seiner Frau vor der Hochzeit geschlafen. Der Zensor ließ sich nur durch einen eingeblendeten Kommentar besänftigen, der Reue verriet. Aus verschiedenen Stories von Hemingway komponierte Hollywood ein filmisches Potpourri. Faulkners *Sanctuary* wurde mit dem *Requiem for a Nun* zusammengemixt. Die Verfilmungen von Faulkners Romanen fielen schon deshalb nie sehr gelungen aus, weil das Thema Sexualität so behandelt werden mußte, daß der Film fürs »allgemeine Publikum« tragbar blieb. *Lolita* ist in Nabokovs Roman zwölf, im Film vierzehn Jahre alt. Edward Dmytryk und seine Geldgeber machten in *Crossfire* aus der Verfolgung Homosexueller die Verfolgung von Juden. In Billy Wilders *The Lost Weekend* war ein homosexueller, sadistischer Krankenpfleger aufgetreten. Als aber in *Spartacus* der Römergeneral den Sklaven begehrte, mußte die Szene auf Druck der »Legion of Decency« gestrichen werden. Jonas Mekas wurde verurteilt, weil er die homosexuellen Phantasien in Jean Genets *Un Chant d'Amour* gezeigt hatte.[45]

Der Oberste Bundesgerichtshof urteilte im Jahre 1950, Filmverleih und Theaterbesitz dürften wegen geltenden Antitrustbestimmungen nicht in ein und denselben Händen liegen. Dies hatte zur Folge, daß sich unabhängig gewordene Kinobesitzer nicht mehr an die Vorgaben des Filmcode oder die Klassifizierungen der Zensurlobby hielten. Filme wie *The Moon Is Blue* oder *I Am a Camera* wurden in vielen Theatern ohne das offizielle Siegel gezeigt, das moralische Unbedenklichkeit bescheinigte. Der Regisseur Otto Preminger nahm sich die Freiheit, die Bestimmungen der Selbstkontrolle zu ignorieren. Sein Film *Anatomy of a Murder* war in Chicago verboten worden, weil Ausdrücke wie »Vergewaltigung« oder »empfängnisverhütend« fielen. Preminger entschloß sich 1956, sein Werk *The Man With the Golden Arm* ohne Billigung der internen Hollywoodzensur zu verleihen. In diesem Jahr kam auf Betreiben Samuel Goldwyns ein neuer Filmcode zustande, der auf drei Prinzipien fußte. Filme durften erstens das moralische Niveau nicht senken, zweitens inkorrektes Verhalten nur bei dramatischer Unabweisbarkeit zeigen, drittens göttliches, menschliches und natürliches Recht weder verspotten noch in Frage stellen. Premingers Vorpreschen führte dazu, daß die Vorschriften bezüglich Drogen- und Alkoholmißbrauch gelockert wurden. Außerdem nahm man in Fragen der Rassenmischung eine weniger verkrampfte Haltung ein. Tabuisiert blieben Blasphemie, Gnadentod, sprachliche Zweideutigkeit, Volksverhetzung und detaillierte Darstellungen physischer Gewalt. Ein Polizist, der von der Hand eines Gangsters starb, sollte nicht vorkommen, »es sei denn, solche Szenen sind für die Handlung absolut notwendig«. Derselbe Vorbehalt traf Ehebruch. Abtreibung durfte nur angedeutet, keinesfalls als Begriff verwendet werden. Sexuelle Perversionen, oder was man dafür hielt, waren verpönt. Erst 1961 wurden die Bestimmungen über die Behandlung des Themas Homosexualität gelockert. William Wyler durfte in *The Children's Hour* das Thema lesbische Liebe zur Sprache bringen. 1966 veranlaßte der Verband der Filmproduzenten eine umfangreiche Revision des Code.

Die Selbstzensur bewirkte, daß bestimmte Stoffe für eine Verfilmung überhaupt nicht in Frage kamen. Einige der besten ausländischen Filme bekamen Anstände. *Fahrraddiebe* erhielt kein Siegel der Zensurstelle, weil der Vater im Film ein Bordell aufsucht. Die Filmrollen von *Clochemerle* ließ der Zoll gar nicht erst ins Land. Von verschiedenen Filmen wurden mehrere Fassungen gedreht. *The Victors,* ein Kriegsfilm, zeigte eine Schauspielerin fürs europäische Publikum nackt, für Amerikaner schulterfrei. Experten bei Metro-Goldwyn-Mayer und in anderen Studios haben Filme regelmäßig auf ihre Exportierfähigkeit hin überprüft. Aus südafrikanischen Versionen wurden Szenen geschnitten, die Weiß und Schwarz in vertrauter Nähe zeigten. Für Indien wurden Trinkszenen eliminiert oder eine milchtrinkende Hand eingeblendet. Deutsche mußten sich in *Ben Hur* mit einer gekürzten Sterbeszene von Messala zufriedengeben. In Filmen für mexikanische Kinos sollten keine schlafenden Reiter und keine barfüßigen Fußgänger vorkommen. In Südamerika waren Nazis, so einmal aufgetaucht, auch zu verhaften.

Trotz der flexiblen Exportpolitik sind amerikanische Filme im Ausland verboten worden. *Ivanhoe* durfte in Ägypten nicht gespielt werden, weil die Charakterisierung der jüdischen Rebecca von Staats wegen zu positiv ausgefallen war. Monroe-Filme wurden dem ägyptischen Publikum vorenthalten, als sie nach ihrer Ehe mit Arthur Miller zum jüdischen Glauben übergetreten war. Filme mit Liz Taylor traf dasselbe Schicksal, weil sie Geld für Israel gestiftet hatte.

Ein Filmexperte meinte, es sei seltsam, daß gerade junge Demokratien in Zensurdingen penibel seien. Jedoch scheint der Abstand zu Nationen mit einer älteren demokratischen Tradition nicht sehr groß zu sein. Nach Intervention von Clare Booth Luce, der US-Botschafterin in Italien, mußte *Blackboard Jungle* vom Filmfestival in Venedig zurückgezogen werden. Das Außenministerium protestierte, als *The Defiant Ones* beim Berliner Filmfest gezeigt wurde und suchte die Vorführung in Mexiko zu unterbinden. Das Erstaunliche ist, daß das filmische Niveau in Hollywood trotz Fremd- und Selbstzensur über Jahrzehnte hinweg gehalten oder verbessert werden konnte.[46]

Bewegte Bilder vom Fluß des Lebens

Clark Gables Satz »Frankly, my dear, I don't give a damn« aus *Gone With the Wind* oder Humphrey Bogarts genuschelter Befehl »You played it for her, you can play it for me ... Play it!« aus *Casablanca* sind vielen kulturinteressierten Amerikanern wörtlich geläufig. Filme sind, wie Comics, ein amerikanisches Idiom und der Kultur so eigentümlich, daß sogar der Gedanke aufkam, die Filmkunst der USA sei als eine Art »isolationistischer Erfahrung« auch ohne vergleichende

Seitenblicke und außerhalb der Weltgeschichte des Film begreifbar. Luis Buñuel attestierte den Amerikanern im Vergleich zu den Europäern einen weit höher entwickelten Sinn für das Filmische. Trotz ihrer Trivialität seien die US-Filme in ihrem Rhythmus »total cinematographisch«. Was sich den europäischen Filmemachern erst erschließen mußte, schienen die Amerikaner von Haus aus zu besitzen: den Sinn für Tempo, das Geheimnis der körperlichen Bewegung, das, was man das »physikalische Genie« genannt hat. Die Europäer haben den amerikanischen Vorsprung auf diesem Gebiet immer noch nicht aufgeholt. Szenen wie der Hubschrauberangriff in *Apokalypse Now* (1979) – »eine kinetische tour-de-force« – konnten nur einem US-Regisseur gelingen.[47]

Ein internationaler Vergleich ergab um 1950, daß in britischen Filmen der Konflikt zwischen Trieb und Gewissen das Hauptthema ist, in amerikanischen der Konflikt zwischen dem Menschen und äußeren Umständen, die es siegreich zu bewältigen gilt. Film ist eines gewiß nicht: eine »art of repose«. Das Grundgesetz der »motion pictures« heißt »motion«. Deswegen eignen sich Situationen der Angst, der Flucht, der Katastrophe besonders gut für die Kamera. Das Publikum wird beim Betrachten in Bewegung versetzt. Geniale Regisseure, Chaplin an erster Stelle, haben die *proxemics* des Films, die Bedingungen von Nähe und Ferne, studiert oder intuitiv erspürt. »Long shot for comedy, closeup for tragedy«, lautete Chaplins Diktum. Je näher die Kamera dem Geschehen war, desto stärker identifizierte sich der Zuschauer mit den Gefühlen der Akteure, je größer der Abstand zum Schauspieler, dest weniger betroffen durfte sich das Publikum fühlen.[48]

Eine »visuelle Abstraktion des Lebensflusses selbst« macht den spezifischen Charakter der Kunstform Film aus. Die zugrundeliegende Story kann dabei so banal sein, daß sie kaum der Rede wert ist, wie in *Niagara* (1953). Wichtig ist die Durchführung, die Umsetzung des Stoffs in bewegte Bilder. So gesehen sind amerikanische Filme nicht so oberflächlich und transparent wie sie scheinen. Mit anderen Worten: Filme können nicht »gelesen« werden wie Bücher, sie bedürfen ihrer eigenen Interpreten und Übersetzer.[49]

»Slow-moving« ist für amerikanische Filmkritiker fast immer ein negatives Attribut. Daß ein Regisseur »belebte Gemälde« zustandegebracht hat, muß als Vorwurf verstanden werden. Statik im Filmgeschäft: die unerläßliche Sünde. In *The Front Page* (1931) ist die Kamera ständig in Bewegung. Durch zahlreiche Schnitte wird der Zuschauer in Atem gehalten. Die Marx Brothers lassen in *Coconuts* (1929) oder *Animal Crackers* (1930) die Gags in allen Richtungen losgehen und spulen den Dialog mit großer Geschwindigkeit ab. Natürlich gibt es Abstufungen zwischen den einzelnen Regiestilen. Die Filme von George Cukor wirken maßvoll und kultiviert im Vergleich zu der direkten, temporeichen Arbeitsweise eines Frank Capra. Wyler nahm eine Sonderstellung ein, weil ihm die Innenaufnahmen besonders gut gelangen. Auf amerikanische Weise zu filmen hieß im allgemeinen, Handlung, Gestik und Dialoge auf das Wesentliche zu reduzieren. *The Big Sleep* (1946) wirkte als Film so überzeugend wegen der lakonischen Lässigkeit der Figuren und weil Howard Hawks ein tiefes Mißtrauen gegen alles Barocke hegte.[50]

Betrachte man das Dreieck Hollywood-USA-Film, schrieb eine Kulturanthropologin im Jahr 1950, so sei unübersehbar die Vereinsamung der Menschen, die zwar in körperlichem Kontakt stehen, deren Beziehungen zueinander aber entpersonalisiert sind. Die Vorstellung von Partnerschaft ist bloß Illusion. Die Filmstadt ist eine Karikatur des Wirtschaftslebens. Menschen werden als Besitz angesehen und wie Objekte manipuliert. Die filmischen Endprodukte sind Träume, die mit den gesellschaftlichen Erfordernissen nicht mehr viel zu tun haben: Ein Konzertpianist schlägt in *A Kiss in the Dark* (1949) einen Rivalen nieder, wirft seine Übungstastatur weg und entschwindet auf Nimmerwiedersehen mit der schönbeinigen Heldin.[51]

Die Variationen der Daseinsflucht sind unendlich, der persönliche Eskapismus ein durchgängiges Muster in der Geschichte des amerikanischen Films. *Casablanca* (1942) ist deshalb so berühmt geworden, weil alle Hauptfiguren fugitive Charaktere sind, Menschen in Aufbruchstimmung, die nicht wirklich daran denken, sich tiefer miteinander einzulassen. »If I stay in Loyalton, I'll die«, sagt die grüne Vorstadtwitwe in einem Film von King Vidor, der den bezeichnenden Titel *Beyond the Forest* (1949) trägt. Der große Freund *Shane* (1953) reitet nach erfüllter Aufgabe weiter. Der Sheriffstern in Fred Zinnemanns *High Noon* (1952) landet im Staub der Straße. Ob sein Vorbild Schule gemacht hat, interessiert den Sheriff nicht. Einen zweiten Versuch wird es nicht geben, wenigstens nicht am gleichen Ort. Man hat als Held groß und blond zu sein, lakonisch und gelassen, und man muß im rechten Moment verschwinden können. Alles was länger ist als breit, ist bei der Überwindung von Distanzen von Nutzen – *Have Gun, Will Travel; Have Rocket, Will Travel* –, der wahre Held muß aber bereit sein, notfalls auf alle Hilfsmittel zu verzichten und die Gefahr freihändig durchzustehen. Ein Artist überquert in *The Big Circus* (1959) die Niagarafälle, strauchelt in der Mitte, geht in die Knie und – wirft die Balancierstange weg. Jetzt vermag er sich aufzurichten, seine Züge entspannen sich, unangefochten und mit ausgebreiteten Armen erreicht er das kanadische Gegenufer.

In den neueren Melodramen wird betont, daß die politischen Institutionen und Autoritäten nicht in der Lage sind, gesellschaftliche Probleme zu lösen. *Death Wish* (1974) setzt die Tradition des »lone ranger« fort. *Dirty Harry* (1972), der brutale Polizist, schafft mit ungesetzlichen Mitteln und gegen die Anweisungen seiner Vorgesetzten Recht und Ordnung. Gerechtigkeit – das heißt für ihn vor allem die Beseitigung von Verrückten. Während der Cowboyheld mithalf, die Zivilisation an die Siedlungsgrenze zu bringen, bekämpft der moderne Stadtheld die Auswüchse dieser Zivilisation. Tendenziell werden die urbanen Probleme wieder auf die Landstraße verlegt, in dem Punkt sind die modernen Melodramen den älteren verwandt. Am Ende machen es die neuen Helden wie die alten: nach dem Blutbad verlassen sie ihre Wirkungsstätte und ziehen allein von dannen.[52]

VII. Kapitel
ARCHITEKTUR: DIE EINHEIT VON FORM UND FUNKTION

Von einem Aufbruch zur Moderne in der Architektur war schon in den 1880er Jahren etwas zu spüren, einmal durch Kontakte mit Japan, zum anderen als allgemeiner Protest gegen denaturierte Formen und übertriebene Verkünstelung. Die Bauten der Zeit wiesen damals noch eine »enzyklopädische Bekanntschaft« mit der Vergangenheit auf. In Las Vegas haben diese eigenartigen Stilmixturen – vorne maurisch, hinten Tudor – kürzlich eine Wiederauferstehung erlebt. Ein moderner Stil, so ahnte man, müßte erst einmal den kakophonen Chor der Stilarten überwinden. Das *Home Insurance Building* (1885) in Chicago als der erste Wolkenkratzer und die Bauwerke von Adler und Sullivan ließen die Hoffnung aufkeimen, daß die amerikanische Architektur endlich zu sich selbst finden würde. Als schwerer Rückschlag erwies sich die Chicagoer Weltausstellung von 1893 mit ihrem von Richard Morris Hunt diktierten pseudoantiken Stil. Sullivan geriet in Vergessenheit, Frank Lloyd Wright setzte sich nach Japan ab, der Wolkenkratzerbau blieb bis in die dreißiger Jahre hinein ohne kreative Weiterentwicklung. Trotz einiger interessanter Experimente wie das Modell eines *Endless House* von Frederick Kiesler oder das transportable *Dymaxion House* von Buckminster Fuller mußte man die zwanziger Jahre als »das dunkle Zeitalter der modernen Architektur« einstufen.[1]

Aus Finnland traf 1922 Eliel Saarinen ein und wurde Professor an der Universität von Michigan, ein Jahr später kam der Österreicher Richard Neutra. Mies van der Rohe ging nach Chicago. Walter Gropius, den Direktor des 1934 geschlossenen Bauhauses, fand man ab 1937 in Harvard. Diese Architekten und der Schweizer Le Corbusier waren dem »International Style« verpflichtet, einer Bauweise, die den Amerikanern der dreißiger Jahre wegen der antiviktorianischen Elemente attraktiv erschien. Quader aus Stahl und Glas brachten mehr Licht und mehr Raum.

Volumen statt Masse und der Verzicht auf willkürliche Dekorationen charakterisierten den Stil. Zum erstenmal sei es möglich, schrieben 1932 Philip Johnson und Henry-Russell Hitchcock, die großen Stilarten nachzuempfinden statt sie zu imitieren. Es entstanden bedeutende Baudenkmäler wie die Lake Shore Drive Apartments von Mies van der Rohe, das Kaufmann-Haus von Neutra in Kalifornien oder das Graduiertenzentrum in Harvard von Gropius. Der »International Style« brachte aber auch Routinebauten, schmucklose Stahl- und Betongehäuse mit Flachdächern und monotonen Fensterreihen. Die Architekten des »International Style« teilten mit Frank Lloyd Wright die Begeisterung für den »free flowing space«. Der Grenzverlauf zwischen »Außen« und »Innen« war oft so vage, daß Glastüren zum Schutz der Bewohner eigens markiert werden mußten. Alan Gowans schloß daraus auf ein gewandeltes Verhältnis nur Natur, die jetzt nicht mehr bekämpft und überwunden, sondern erschlossen und integriert werden sollte. Im Unterschied zu Wright hatte sich der »International Style« auf die Vertikale festgelegt. Das zwischen 1931 und 1940 im Zentrum Manhattans errichtete Rockefeller Center, auch *Radio City* genannt, wird von senkrechten Geraden bestimmt.[2]

Die Behausungen des amerikanischen Westens, so meinte der Architekt John Root, sollten sich durch ihre Offenheit auszeichnen, durch mehr Fenster und Türen nach außen, aber auch weniger Türen in den Erdgeschoßräumen. Amerikanische Häuser und Wohnungen sind in der Regel großzügiger geschnitten als europäische. In der Ratgeberliteratur zählte ein eigener Raum für den Hausherrn zu den Vorbedingungen für eine glückliche Ehe. In den dreißiger Jahren war für ein Wohnhaus etwa ein doppeltes Jahresgehalt zu veranschlagen. Somit konnte der amerikanische Durchschnittsverdiener leichter zum Hausbesitzer avancieren als der Europäer. Ein Haus wurde in den seltensten Fällen als vererbbarer Familienbesitz betrachtet; man baute anders als in Europa nicht für die eigenen Nachkommen. Rasche Änderungen im Charakter von Wohngebieten machten den Erhalt von Baudenkmälern schwierig. Neue Gebäude waren zu oft von minderwertiger Substanz. Die Wasserleitungen in New Yorker Wohnungen und Hochhausbüros mußten reihenweise nach fünf bis acht Jahren ausgewechselt werden. Niedrige Baukosten verursachten mangelhafte Haltbarkeit, die aber bei starker Fluktuation leichter in Kauf zu nehmen war. In den ersten vier Jahren nach dem Ersten Weltkrieg sind auf Manhattan mehr alte Gebäude abgerissen als neue errichtet worden.[3]

Als gesetzliche Maßnahmen des New Deal sollte der *Wagner-Steagall Housing Act* (1937) die Beseitigung gefährlicher und unhygienischer Wohnhäuser bringen. Die *Federal Housing Authority* befaßte sich als Staatsbehörde mit der Abschaffung von Elendsvierteln. Zunächst achtete man darauf, Neubauten in die alten Viertel zu integrieren. Später änderte man diese Politik zugunsten großer Wohnkomplexe, die mit Grünanlagen von den Slums rundum isoliert wurden. Aus 17450 Billighäusern entstand zwischen 1947 und 1951 auf Long Island die Ortschaft Levittown, so benannt nach dem Häuserfabrikanten, der Firma Abraham Levitt, deren Modelle so gefragt waren, daß sie zeitweise alle 15 Minuten ein Haus produzierte. Fertighäuser ermöglichten eine weitere Ausdehnung der Vorstädte. Die Häuser waren dort aufgereiht wie die Autos auf den großen Parkplätzen. Strenge, teils absurde *zoning laws* sorgten für homogene Bevölkerungen. Die Häuser in Levittown hatten vier Zimmer, der offene Kamin im Zentrum des Erdgeschosses war Frank Lloyd Wrights *open plan* nachempfunden. Im allgemeinen eignete sich Wrights Stil jedoch nicht für Massenfabrikation.[4]

Deutsche können sich etwas darauf zugutehalten, daß Frank Lloyd Wright als Kind mit den Bauklötzen von Friedrich Froebel spielte; die Mutter hatte ihn früh auf den Beruf des Architekten festgelegt. Der Vater war vor dem Bürgerkrieg im Zuge der »Westward Migration« nach Wisconsin gekommen, wo ihm seine zweite Frau den kleinen Frank gebar. Zwischen dem launischen, depressiven, von beruflichen Fehlschlägen zermürbten Vater und dem Sohn entstand keine engere Bindung. Der heranwachsende Frank verbat sich Schläge vom Vater, fixierte ihn einmal auf dem Stallboden und nahm ihm das Versprechen ab, körperliche Züchtigungsversuche künftig zu unterlassen. Die Ehe der Eltern endete in Scheidung. Der Vater suchte das Weite, nachdem ihm die Mutter, die ihn offenbar nie geliebt hatte, den Zugang zum Schlafzimmer verwehrt hatte. Im Alter von 17 Jahren sah Frank seinen Vater zum letztenmal. Bis dahin hatte er die Sommerferien bei den Lloyd-Joneses verbracht, der Familie der Mutter. In dieser Ersatzfamilie fand er die Zuwendung, die er daheim vermißte. Er hat diese Zeit für den besten Teil seiner Jugend gehalten, die im übrigen sehr unruhig verlief und nomadenhafte Züge trug. Der ewig unzufriedene Vater versuchte sich einmal als Priester, dann als Rechtsanwalt, dann wieder als Musiklehrer. Bevor er elf Jahre alt war, hatte Frank in sechs Städten in vier verschiedenen Staaten gelebt. Nach der elterlichen Scheidung ging er vorzeitig von der High-School ab. Das College verließ er nach zwei Jahren. Als Volontär in Chicago brachte er es binnen Jahresfrist auf drei Arbeitgeber.[5]

Nach einem Zerwürfnis mit Louis Sullivan machte er sich selbständig. Frank Lloyd Wright ist hauptsächlich als Architekt von Wohnhäusern bekannt geworden, die öffentlichen Gebäude sind in der Minderzahl. Seine Bauten betonen den Raum, nicht das Material. Das Grundprinzip lautet »from within outward«, und dies war nicht bloß räumlich zu verstehen, sondern ebenso zeitlich als Entfaltung und Entwicklung. Wrights Ziel war die Beseitigung der »box«, die Überwindung des schachtelförmigen Baustils. Seine Vorliebe für die Horizontale trieb seltsame Blüten. Die vertikalen Fugen einer Ziegelwand färbte er rot ein, die Schlitze von Holzschrauben ließ er parallel zum Fußboden ausrichten.[6]

Die natürlichen Horizontalen in der Prärie waren sein Ideal und die flachen »Präriehäuser« seine grundlegende architektonische Schöpfung. Diese Häuser mit ihren auskragenden Dächern sollten sich ursprünglich in die ebene Landschaft des nördlichen Illinois einfügen. Auf Keller und Speicher wurde verzichtet, desgleichen auf Zwischenwände im Erdgeschoß, das dadurch im Sinne von Wrights *open plan* zu einem einzigen Raum mit einem offenen Kamin geriet. Seit seinem ersten Entwurf für ein Präriehaus im Jahr 1901 hatte Wright mit diesem Konzept Erfolg, das nicht nur mehr Luft und Licht, sondern auch die Beförderung des Familiensinns verhieß.[7]

Frank Lloyd Wright war fest entschlossen, der größte Architekt aller Zeiten zu werden, und er stand auch nicht an, diesen Anspruch öffentlich zu proklamieren. Bescheidenheit war seine Stärke nicht. In biographischen Schriften erwähnte er seine beiden leiblichen Schwestern nur am Rande, seine drei Stiefgeschwister gar nicht, als hätten die Eltern nur für ihn existiert. Er hatte nie etwas dagegen, in die Schlagzeilen zu kommen, auf großem Fuß zu leben, Geld so rasch wieder auszugeben, wie er es verdient hatte. Mitunter gefiel er sich in der Rolle des verfolgten Genies oder des Opfers einer Verschwörung, gab sich exzentrisch, schrullenhaft und launisch, neidete Le Corbusier und anderen großen Architekten den Ruhm.[8]

Mit seinem in Berlin erschienenen Band *Ausgeführte Bauten und Entwürfe* (1910) beeinflußte er die europäische Architektur. Nach eigener Einschätzung hatte er zusammen mit Sullivan die Baukunst aus einem fünfhundertjährigen Schlaf erweckt. Die Vorstädte des späten 19. Jahrhunderts wollten ihm wie ein »Fiasko al fresco« vorkommen. Die suburbane Bauweise trug in seinen Augen servile Züge, die nachgemachten Chateaux und Manor Houses, die pseudovenezianischen Paläste und Queen Ann Cottages seien eines Amerikaners unwürdig. Die Architektur sei in Nachahmung befangen und liefere »Kopien von Kopien von Originalimitationen«, sagte er 1901 in einem leidenschaftlichen Vortrag vor dem Chicagoer *Hull House*. Die Weltausstellung in Chicago und der dort gezeigte Klassizismus habe dem Land eine schwere Hypothek aufgebürdet. Die City von Chicago sei angefüllt mit »leeren Gesten vor der Vergangenheit«. Wieder steht man vor einer kulturellen Unabhängigkeitserklärung, wie sie Emerson einst als Prototyp geschaffen hatte. Der amerikanische Mensch werde seinen eigenen Weg machen, sagte Wright, es sei immer Zeit für einen Neuanfang und die große Zeit für das Individuum habe eben erst begonnen.[9]

Wright distanzierte sich somit sehr deutlich vom Klassizismus und später auch vom »International Style«. Keiner konnte so beißend über die Schöpfungen anderer Baumeister urteilen wie er. Innenarchitekten, die ihm mißfielen, titulierte er mit »inferior desecrators« statt »interior decorators«, wenn sie etwa nicht begriffen hatten, daß die Schönheit des Holzes in seinen Eigenschaften als Holz lag. Seine vitriolhaltige Sprache erinnerte manchmal an H. L. Mencken. Philip Johnsons Glashaus wollte ihm vorkommen wie »ein Affenkäfig für Affen«. Hemingways architektonische Meinung bezeichnete er als »eine Stimme aus dem

Dschungel«, und einem gutwilligen Frager, der wissen wollte, wie man Pittsburgh verschönern könne, wurde die Antwort zuteil: »abreißen und neu aufbauen«.[10]

Frank Lloyd Wright heiratete, bezog ein Haus in Oak Park vor Chicago, zeugte sechs Kinder und wähnte alsbald, seine Familie habe sich gegen seine Freiheit verschworen. Wie sein Vater verspürte er den Drang, sich davonzumachen. Zusammen mit Mamah Cheney, der Frau eines Kunden, setzte er sich abrupt nach Europa ab, ließ sich nach seiner Rückkehr scheiden und lebte mit seiner neuen Lebensgefährtin im neuerbauten und vielbestaunten Haus *Taliesin.*[11] Mamah Cheney und sechs weitere Personen seines Haushalts wurden von einem offenbar geistesgestörten Butler ums Leben gebracht, ein entsetzliches Massaker, das die biedere Umgebung als gerechte Strafe für ein Leben in Sünde empfand. Wright zog sich für einige Jahre nach Japan zurück, ging eine Ehe mit einer schweren Neurotikerin ein, ließ sich nach vielen Komplikationen erneut scheiden und heiratete ein drittesmal, Olga Hinzenberg, eine Anhängerin von Gurdjieff, dem aus Griechenland stammenden Mystiker, der 1924 die USA bereist hatte.

Die Flut der persönlichen Probleme machte die Zeit zwischen 1915 und 1932 zu einer für seine Verhältnisse wenig produktiven und erfolgsarmen Periode. Wäre er um 1930 gestorben, schrieb ein Architekturhistoriker, wären die Parallelen zu Louis Sullivans Laufbahn noch deutlicher hervorgetreten. In einem 1932 erschienenen, von Philip Johnson mitverfaßten Fachbuch wurde Wright zur »older generation« gerechnet und gewissermaßen abgehakt. Wright dachte mitnichten daran, sich zum alten Eisen werfen zu lassen, setzte zu einer zweiten Karriere an und erreichte als Sechzigjähriger einen Berühmtheitsgrad wie nie zuvor. Er profilierte sich nun auch als Stadtplaner, nahm sich vor, die vertikal orientierten Wolkenkratzermetropolen zu entzerren und ein horizontal angelegtes, dezentralisiertes und desurbanisiertes Amerika zu schaffen. Seine modellhafte *Broadacre City* (1935) war als Kontinuum gedacht und sollte selbsttätig über den gesamten Subkontinent wachsen. Wright hat in seinen Entwürfen die Fußgängerzone vorweggenommen und die Einkaufszentren vor den Toren der Stadt. Hochhäuser wollte er, so überhaupt noch erwünscht, hinausstellen aufs flache Land. Die Bewohner von *Broadacre City* sollten seinen Vorstellungen gemäß in *Usonian Houses* leben – Usonia stand für Amerika –, die verwandt waren mit den Präriehäusern, womöglich noch langgestreckter, geduckter und vor allem billiger. Das *Herbert Jacobs House* (1937) in Madison, das erste der usonischen Häuser, kostete inklusive Architektenhonorar nicht mehr als 5500 Dollar. Als Variante entwarf er das *Usonian Automatic* aus vorfabrizierten Teilen. Es war vor allem für ehemalige Soldaten mit beschränkten Mitteln gedacht. Nach 1945 sind tatsächlich einige usonische Gemeinden entstanden. Wrights Konzept erinnert an das heutige Exurbia, aber auch an Edward Bellamys utopische Vorstellungen von einem vorindustriellen Amerika. Jedem Bewohner von *Broadacre City* sollte ein Stück Land für den Eigenanbau von Obst und Gemüse zur Verfügung stehen.[12]

Die 1932 gegründete »Taliesin Fellowship« für werdende Architekten war Wrights Zugeständnis ans Kollektiv. Er beklagte die Auswüchse des Kapitalismus, äußerte sich in den dreißiger Jahren positiv zu Stalin, sprach auf einem Architektenkongreß in Moskau zu den »lieben Genossen« und kritisierte das in den USA potenzierte Profitsystem. Aus einer populistisch-progressiven Tradition stammend schloß er sich vor dem Zweiten Weltkrieg dem isolationistischen *America First Committee* an. Viele in seinem Umkreis verweigerten den Dienst mit der Waffe. Nach dem Krieg hatte er den Mut, den Kongreßausschuß für unamerikanische Umtriebe selbst als unamerikanisch zu bezeichnen und Senator Joseph McCarthy einen pervertierten Politiker zu schelten. 1955 pries die Zeitschrift *House Beautiful* in einem Schwerpunktheft Frank Lloyd Wright als repräsentativen Amerikaner. Allein in einem Artikel wurde fünfmal die Unabhängigkeitserklärung bemüht. Wright hatte in der Schrift *When Democracy Builds* (1945) seine Bauweise als Modell für die ganze Welt vorgestellt. Sein Idealismus schlug manchmal in panamerikanischen Missionsgeist um.[13]

Wright und seine Entourage pflegte in *Taliesin West* zu überwintern, den Rest des Jahres verbrachte man in *Taliesin East* bei Spring Green (Wisconsin). *Taliesin West* (1938) hatte er im »Paradise Valley« bei Phoenix (Arizona) erbaut, einer Gegend, die jenseits der Zivilisation zu liegen schien und an die alten Mythen des amerikanischen Westens gemahnte. Bei Sonnenlicht verlor der Bau seine festen Konturen und wurde fast eins mit der Wüste. Die Aufteilung und Anordnung der Räume sollte familiäre Bindungen zwischen den Bewohnern begünstigen. Wright hat seine Renaissance nicht zufällig im sozial bewußteren New Deal erfahren. Nach dem Krieg erlebte er gewissermaßen eine dritte Blüte, entwarf zwischen 1946 und 1959 nicht weniger als 350 Gebäude und krähte als 89jähriger fröhlich: »Ging's mir besser, könnt' ich's nicht aushalten.« Sein Einfallsreichtum hielt an bis ins hohe Alter. »Noch 'ne ganze Menge im Oberstübchen«, sagte er gern, sich dabei an die Stirn tippend, »ne ganze Menge.« Auf das Jahr 1957, in dem er 90 wurde, entfielen 27 neue Entwürfe. Nach eigener Zählung hatte er 700 Bauten vollendet. Die Eröffnung des von ihm entworfenen Guggenheim Museums im Jahr 1959 konnte er nicht mehr erleben.[14]

Die Bauten von Frank Lloyd Wright sind kleiner, haben menschlichere Dimensionen als die Monumentalbauten eines Richard Hunt, Daniel Burnham oder Stanford White. Im Vergleich zu den kosmopolitischen Konstruktionen des »International Style« umgibt Wrights Entwürfe etwas Archaisches und Romantisches. Umgekehrt glaubte er, der modernere Baumeister zu sein; die New Yorker Skyline hielt er für ein mittelalterliches Relikt. Für ihn hatte ein Gebäude mit den Konturen seiner Umwelt übereinzustimmen. Ein Haus sollte nicht *auf* dem Berg sondern *am* Berg stehen und mit Grund und Boden quasi verheiratet sein. Die Horizontale hat er deshalb so stark eingesetzt, weil sie ihm als die »Linie der Häuslichkeit« erschien. Seine frühen Wohnhäuser wirken statischer und reservierter als spätere Exemplare in ihrer Dynamik. Mit dem Spätwerk Guggenheim Museum schien er wieder abgeschlossene, kompakte Bauformen vorzuziehen. Der Besucher betrachtet die Exponate auf ganz ungewöhnliche Weise, indem er auf einer Spirale mit dreiprozentigem Gefälle abwärtsschreitet.[15]

Frank Lloyd Wright, *Fallingwater* (1936)

Man hat sich gefragt, worauf statische und zirkuläre Elemente bei Wright zurückgehen, und dabei an japanische Einflüsse gedacht, an präkolumbianische Vorbilder in Gestalt der Bauten der Maya oder sogar an eine europäische Rückkoppelung. *Fallingwater* (1936) zum Beispiel zeigt Gemeinsamkeiten mit dem Lovell House des aus Wien stammenden Richard Neutra. Man darf darüber nicht vergessen, daß Wright sich gerne einem uramerikanischen Gefühl überließ: der transzendentalen Einstimmung. Auf einer Fahrt durch die Dakota Bad Lands gab er sich schwärmerischen Gefühlen hin, geriet in einen euphorischen Schwebezustand, glaubte sich von der Materie befreit und meinte, unter sphärischen Klängen in ein lichterfülltes, heiliges Reich getragen zu werden. »Go and see«, lautete seine Empfehlung, dieses Urteil traue er sich als »alter Soldat des Vergeistigten« schon zu. In seiner dezentralisierten *Broadacre City* fiel dem Automobil eine wichtige Rolle zu. »Die Straße ist besser als die Kneipe«, schrieb Wright in seinen Memoiren. In seinem Buch *The Natural House* (1954) riet er dringend, möglichst weit vom Stadtkern zu siedeln und – wie weiland David Crockett – weiterzuziehen, wenn andere folgten. »Du wirst bald sehen, daß du gar nicht weit genug gehen kannst.«[16]

Frank Lloyd Wrights große architektonische Leistung ging weder auf die zentrifugale noch auf die zentripetale Komponente zurück, sondern auf die organische Verbindung beider. Der Besucher des Guggenheim Museums findet sich eingemauert, und wird doch auf eine Reise geschickt. Das Museum, meinte Wright, solle die Atmosphäre einer »ungebrochenen Welle« verströmen. Das Robie-Haus ist niedrig und erdverbunden und wirkt doch fließend und bewegt. Die späteren Präriehäuser schmiegen sich an die Landschaft und weisen doch über sich selbst hinaus. *Fallingwater,* für einen Millionär aus Pittsburgh erbaut, trägt einen doppelten Charakter: substantiell und ephemer, im Felsen verankert, aber doch ausgreifend und scheinbar ohne förmliche Begrenzungen. Die Usonian-Houses waren als »shelter in the open« eine geglückte Kombination. Man fühlte sich geborgen, aber nicht eingesperrt, die Privatheit jedes Familienmitglieds wurde respektiert, die Zusammengehörigkeit dabei nicht unbetont gelassen.[17]

Als Stadtplaner war Wright bestrebt, den zentrifugalen Kräften des Stadtlebens, der Auflösung des Familienlebens entgegenzuwirken, blieb aber ein Gegner der Zentralisierung. Die architektonische Doppelgesichtigkeit findet sich in seinem persönlichen Leben wieder. Als guter Bohemien ignorierte er die Mores seiner Nachbarn, entschuldigte sich aber hernach für seine Entgleisungen. Kaum war ein Baum vor seinem Fenster auf sein Geheiß gefällt worden, mußte ein anderer, möglichst ähnlicher an dieselbe Stelle gepflanzt werden. Seine Mitarbeiter in Taliesin sollten auch seine Freunde und Lebensgenossen sein. Freilich hielt er Distanz zu ihnen und präsidierte bei abendlichen Zusammenkünften auf einem erhöhten Podest. Die Mutter, der er sich immer nahefühlte, repräsentierte Seßhaftigkeit, das Leben des Vaters suggerierte Flucht. Frank Lloyd Wrights Lieblingsstelle aus den *Leaves of Grass* lautete: »... innehaltend, suchend, empfangend, betrachtend, sanft, aber mit unleugbarem Willen entwinde ich mich den Griffen, die mich halten wollen.«[18]

VIII. Kapitel

ZWEITER WELTKRIEG

Andrew Carnegie waren noch vor der Jahrhundertwende die »Re-United States of the British-American Union« vorgeschwebt. Frances Hodgson Burnett, die in England geborene Verfasserin des *Little Lord Fauntleroy,* beschwor einige Jahre später in einem ihrer Romane die Schicksalsgemeinschaft zwischen Engländern und Amerikanern. Der amerikanische Kriegsbeitritt auf der Seite der Alliierten im Jahre 1917 war somit ideell vorbereitet und schließlich von der Mehrheit der amerikanischen Bevölkerung gutgeheißen worden. Nach Kriegsende jedoch entfernten sich England und die USA voneinander, die pro-irischen Kräfte erstarkten, mitunter kam es zu ausgesprochen antibritischen Manifestationen. Amerikanische Militärs spielten unter Codenamen auch einen Konflikt mit England durch. Bis heute haben Historiker Überlegungen darüber angestellt, ob ohne amerikanische Mitwirkung nicht ein Verhandlungsfrieden zwischen England und Deutschland zustandegekommen wäre, der den Aufstieg Hitlers verhindert hätte; ob Hitler es gewagt hätte, einen neuen Krieg zu beginnen, wäre die britisch-amerikanische Allianz durch den Beitritt der USA intakt geblieben; oder ob es Hitler schwerer gefallen wäre, die soziale Not in Deutschland für seine politischen Ziele zu nutzen, hätten die Amerikaner in den ersten Nachkriegsjahren nicht so hartnäckig auf den deutschen Reparationszahlungen bestanden. Der Versailler Vertrag war ein »furchtbarer Vertrag« ohne völkerrechtliche Grundlage, sagte Gustav Stresemann im Reichstag. Unverdrossen müsse man auf seine Revision hinarbeiten, »so wie der Amerikaner in seiner Propaganda eine Tatsache in das Hirn der Öffentlichkeit dadurch hineinwirft, daß er sie immer wiederholt«.[1]

Der Kongreß hatte mit dem *National Defense Act* (1920) der allgemeinen Kriegsmüdigkeit im Lande entsprochen und die Obergrenze des Heeres bei 280 000 Mann angesetzt, von denen nicht einmal die Hälfte aufgestellt wurden. Die USA hatten damit kaum mehr Soldaten unter Waffen als das besiegte Deutschland und lag hinsichtlich der Truppenstärke weltweit auf dem siebzehnten Platz.[2]

Revisionisten und Anti-Interventionisten

Bald nach 1918 äußerten amerikanische Historiker Zweifel an der alleinigen Kriegsschuld Deutschlands. Eines ihrer Foren war eine 1923 gegründete deutsche Zeitschrift, die unter dem Titel *Die Kriegsschuldfrage* erschien. Weil einige dieser Historiker deutschklingende Nachnamen trugen, wurde die Vermutung laut, eine revisionistische Betrachtung der Schuldfrage sei die Rache der Teutonen; es war aber mehr als das. Reinhold Niebuhr vertraute als junger Geistlicher in Detroit seinem Tagebuch an, wie sehr ihn die Enthüllungen über die Existenz von Geheimverträgen aus dem Gleichgewicht gebracht hatten. Der Historiker Harry Elmer Barnes, vormals einer der eifrigsten Verfechter des Kriegsbeitritts, kam zu der Überzeugung, die USA seien von den Alliierten und von den eigenen Diplomaten genasführt worden. Zu den Intriganten gegen das eigene Volk zählte er den amerikanischen Botschafter in London, den er mit Benedict Arnold verglich, den Verräter aus der Zeit des Unabhängigkeitskrieges. Mitte der dreißiger Jahre hatten sich die revisionistischen Thesen einiger Fachgelehrter als herrschende Meinung durchgesetzt. Im Jahre 1937 betrachteten zwei Drittel der Amerikaner den Kriegsbeitritt als einen Fehler. Für Charles Tansill lautete die Frage nicht mehr, ob das amerikanische Eingreifen ein Fehler war, sondern wie er zustandegekommen war, nämlich durch den Einfluß perfider Berater in Wilsons Umkreis; durch die Machenschaften von Big Business, speziell der Rüstungsindustrie und durch britische Schläue, die sich amerikanischer Naivität bediente. Tansills Analyse fand Zustimmung. Eine wohlwollende Kritik schrieb unter anderem der nachmals betont patriotische Historiker H. S. Commager.[3]

Charles Beard, der angesehenste Geschichtswissenschaftler seiner Generation, bekehrte sich zur revisionistischen Schule und blieb auch dabei, als andere Revisionisten im Vorfeld des Zweiten Weltkriegs wieder umfielen. Beard fürchtete die neuerliche Verwicklung der USA in einen europäischen Konflikt durch den Einfluß wirtschaftlicher Interessen und erinnerte zur Warnung an eine Maxime Heinrich IV., aufmüpfige Geister beschäftige man am besten mit ausländischen Kriegen.[4]

Die Forschungsergebnisse der revisionistischen Historiker belasteten England, entlasteten Deutschland und vertieften die Enttäuschung über den Ausgang des Ersten Weltkriegs. Senator Gerald Nye aus North Dakota kam zu der Erkenntnis, der Erste Weltkrieg sei von amerikanischer Seite geführt worden, um die Haut einiger Großbankiers zu retten. Als sich die Konflikte zwischen europäischen Nationen wieder zuspitzten, vertrat die überwiegende Mehrheit der Amerikaner die Meinung, die USA könnten überhaupt keine größere Dummheit begehen, als sich erneut in Europas Händel zu mischen, wo doch die Hauptsorge die Überwindung der Wirtschaftsdepression war und man aufgrund der geographischen Lage exzellenten Schutz genoß. Unmittelbar nach Kriegsausbruch sprachen sich nur zweieinhalb Prozent der Amerikaner für eine Intervention aus, nach der Besetzung Frankreichs lag der Anteil der Kriegsbefürworter noch unter acht Prozent und stieg bis zum Angriff auf Pearl Harbor nicht über zwanzig Prozent. Charles Lindbergh hatte die Statistik auf seiner Seite, als er erklärte, es sei ein Unding, im Ausland Demokratie und Freiheit verteidigen zu wollen, wenn hierzu vier Fünftel der eigenen Bevölkerung gegen ihren Willen in einen Krieg hineingezogen werden müssen.[5] Der Abgeordnete Louis Ludlow aus Indiana hatte 1937 im Repräsentantenhaus einen Antrag auf Verfassungsänderung eingebracht, wonach über Kriegserklärungen per Volksabstimmung entschieden werden sollte. Das »Ludlow Amendment« verfehlte die erforderliche Mehrheit nur knapp. In einzelnen Wahlbezirken wurden Volksabstimmungen durchgeführt, die samt und sonders gegen ein neues militärisches Engagement ausfielen.

Die Gegner einer Intervention kamen aus den verschiedensten politischen Lagern und sozialen Schichten. Pazifisten, Antisemiten und Faschisten waren darunter, Familien mit Söhnen im wehrpflichtigen Alter, Deutschamerikaner und eingefleischte Roosevelthasser, die *Silver Shirts* unter William Dudley Pelley und die *Christian Front* unter Pfarrer Charles Coughlin. Im ganzen Land entstanden lokale Vereinigungen gegen einen Kriegsbeitritt, wie das *Youth Committee Against War*, die *American League Against War and Fascism* mit Louise Bransten oder der *Keep America Out of War Congress* mit Avery Brundage, dem späteren Präsidenten des Internationalen Olympischen Komitees. Das *America First Committee* versuchte ab September 1940, die sehr heterogenen Strömungen auf nationaler Ebene zusammenzufassen. In einer der Publikationen dieses neutralistischen Interessenverbands hieß es sarkastisch, England habe vor, bis zum letzten amerikanischen Blutstropfen zu kämpfen. Finanzielle Zuwendungen erhielt *America First* unter anderem von dem jungen John F. Kennedy aus Boston, einer Stadt, in der besonders viele Iren lebten. Getragen wurde das Komitee hauptsächlich von erfolgreichen Geschäftsleuten, die sich bald gegen Zuwanderung von links und von rechts zur Wehr setzen mußten. Brundage wurde wegen seiner Sympathien für den Faschismus hinausgeworfen.[6]

Gegen die Einführung der allgemeinen Wehrpflicht zu Friedenszeiten protestierten Dorothy Day vom *Catholic Worker* und die katholische Zeitschrift *Commonweal*, die isolationistischen Senatoren William Borah aus Idaho und Burton Wheeler aus Montana, der Sozialist Norman Thomas, die Gewerkschaftsverbände AFL und CIO. Das *Committee on Militarism in Education* erklärte: »Nach unserer Auffassung schmeckt die Wehrpflicht zu Friedenszeiten nach Totalitarismus ...«[7]

Faschisten, Bundisten, Kommunisten

Anfang der dreißiger Jahre prophezeite die Journalistin und Schriftstellerin Dorothy Thompson, Hitler werde nie zur Macht kommen. Nach 1933 konnte Hitler in einem amerikanischen Magazin dem Lesepublikum als ausgesprochen netter Mensch präsentiert werden. Prominente Amerikaner fühlten sich zum Faschismus hingezogen. Ezra Pound trat noch 1942, wie vor ihm andere seiner Landsleute, für eugenische Maßnahmen ein. H. L. Mencken hatte sich 1939 für eine Sterilisierung der offenkundig Dummen und Unfähigen eingesetzt. Autoren des *Federal Writers' Project* brachten im New Deal die Leistungen der Pioniere an der Frontier mit natürlicher Zuchtwahl zusammen, die zugunsten des amerikanischen Nationalcharakters ausgeschlagen habe. Seit 1924 wurden im Staat Virginia mit Billigung des Obersten Bundesgerichtshofs Tausende von geistig Behinderten, Prostituierten, Straftätern und verhaltensgestörten Kindern sterilisiert.[8]

Der Dichter Edgar Lee Masters glaubte seine Leser mit dem Argument zu beruhigen, eine Hebraisierung Amerikas sei nicht zu befürchten, denn Juden zeigten sich immun gegen den amerikanischen Geist und die agrarische Grunderfahrung der Pioniere des Landes. Antisemitische Äußerungen konnten nach einer höchstrichterlichen Entscheidung nicht strafverfolgt werden. Robert Edward Edmonton verfaßte zwischen 1934 und 1936 über vierzig antisemitische Schriften, vom Flugblatt bis zum Buch, die in fünf Millionen Exemplaren verbreitet wurden. Die angesehene Zeitschrift *Christian Century* meinte, das Problem mit den Juden bestünde darin, daß sie sich nicht assimilieren lassen.[9] In Eureka Springs (Arkansas) richtete Gerald L. K. Smith judenfeindliche Passionsspiele à la Oberammergau ein. Seine antisemitische Zeitschrift *The Cross and the Flag*, 1942 gegründet, hat den Krieg überdauert. Ab 1933 kamen 132000 deutsche und österreichische Juden auf der Flucht vor dem Nationalsozialismus in die USA. Es hieß, sie würden den Einheimischen die Arbeitsplätze wegnehmen. In New York und Boston kam es zu antisemitischen Demonstrationen.

Italoamerikanische Bürger, alteingesessene Geschäftsleute, einflußreiche Bischöfe und Politiker, der Veteranenverband American Legion, der US-Botschafter in Rom sympathisierten mit Mussolini und den *fascisti* ebenso wie Churchill und der Papst.[10] Seward Collins, ein Absolvent der hochkarätigen Universität Princeton, rief eine faschistische Zeitschrift ins Leben. Lawrence Dennis, ein Bankier an der Wall Street, der in Exeter und Harvard studiert hatte, verehrte Hitler und veröffentlichte ein Buch mit dem Titel *The Coming of American Fascism* (1936). William Pelley organisierte seine *Silver Shirts* nach dem Vorbild der SS und kehrte gegen Juden, Liberale und Kommunisten die protestantische Seite heraus. Auch der Pressezar William Randolph Hearst zeigte sich von Hitler beeindruckt und stattete ihm einen Besuch ab. Hearsts Zeitungen verfolgten die faschistischen Strömungen in den USA Mitte der dreißiger Jahre nicht ohne Sympathie. Charles

Lindbergh besuchte Hermann Göring und empfing einen Naziorden. Später sagte man, er habe nur den technischen Stand der Luftwaffe ausspionieren wollen. In Deutschland legte man Wert auf die Feststellung, daß Henry Luce, der Herausgeber von *Time, Life* und *Fortune,* erst unter dem Einfluß seiner Frau »Clare Booth Brokaw« jede Kritik am Judentum einstellte. Die milde Annette Kolb äußerte die Vermutung, in New York würde es zu viele Juden geben.[11] Antisemiten modelten die Namen von Politikern um – Charles Dawes in Charles Davidson, J. P. Morgan in Morgenstern und das holländische Roosevelt in Rosenfelt oder Rosenveldt – und schufen einen Spottvers über angebliche Drückebergerei und Profitsucht jüdischer Bürger, der während des Kriegs als *bumper sticker* an die Stoßstangen von Autos geklebt wurde:[12]

First man killed – Mike Murphy
First man to sink a Jap warship – Colin Kelly
First man to down five Jap planes – Eddie O'Hara
First man to get four new tires – Abie Cohen.*

Die nationalsozialistische Bewegung in den USA wurde hauptsächlich getragen von Bürgern deutscher Abstammung, aber auch von Iren, Italienern, russischen Emigranten und echten Yankees. Genaue Zahlen sind nicht bekannt. Immerhin kamen zu einer nationalsozialistischen Großkundgebung im Madison Square Garden 25000 Personen. 1922 war in Brooklyn die erste amerikanische Zelle der NSDAP gebildet worden. Zwei Jahre später nahm die *Teutonia Association* gegen die Weimarer Republik eingestellte Deutsche auf, die Amerika als zeitweiliges Exil aufgesucht hatten. In den frühen dreißiger Jahren existierte eine »Gauleitung USA«; sie wurde wegen interner Zwistigkeiten im April 1933 aufgelöst. Im Juli 1933 formierte sich der *Bund der Freunde des Neuen Deutschland,* die »Bundisten« unter Leitung des Fotografen Heinz Spanknöbel. Die Mitglieder waren meist jüngeren Alters und wurden per Eid auf das Führerprinzip verpflichtet. 1936 benannten sich die Bundisten in *Amerikadeutscher Volksbund* um. Die Leitung übernahm Fritz Kuhn, ein gebürtiger Münchner, der 1927 über Mexiko in die USA gekommen war. Kuhn hatte in München ein Chemiestudium absolviert, wollte dann aber doch lieber ein deutscher Thomas Paine werden. Weil man ihm wegen der gesetzlichen Bestimmungen zur Meinungsfreiheit nicht ohne weiteres beikommen konnte, wurde er nach dem amerikanischen Kriegsbeitritt wegen Steuerhinterziehung belangt, eingesperrt, 1943 ausgebürgert, nach dem Krieg deportiert, verurteilt, wieder eingesperrt und 1950 entlassen. Ein Jahr später ist er gestorben.

* Der erste Gefallene – Mike Murphy
Der erste, der ein Kriegsschiff der Japse versenkte – Colin Kelly
Der erste, der fünf japanische Flieger herunterholte – Eddie O'Hara
Der erste, der vier neue Reifen kriegte – Abie Cohen

Bundistische Zeitungen wie der *Deutsche Weckruf* in Chicago, der *California Weckruf* in Los Angeles oder der *Philadelphia Deutsche Weckruf* verbreiteten nationalsozialistisches Gedankengut. Der *Deutsche Beobachter* bot in seiner Kolumne »Hebraica« antisemitische Witze an. In Yorkville, dem Deutschenviertel auf Manhattan, gab es Julius Streichers *Stürmer* zu kaufen. Der »Aryan Bookshop« vertrieb in Kalifornien Hitlers *Mein Kampf*, die *Protokolle der Weisen von Zion* und andere judenfeindliche Publikationen.

Das Deutsche Reich hat die Bundisten nach dem Motto »Nationalsozialismus keine Exportware« nur halbherzig unterstützt. Dem deutschen Botschafter in Washington waren die Aktivitäten Kuhns und seiner Mitstreiter eher unangenehm. Umgekehrt aber hatte Hitler die finanzielle Unterstützung vermögender Amerikaner gefunden. Bis 1933 sind den Nationalsozialisten über den Bankier Sidney Warburg von der amerikanischen Industrie Beträge in Millionenhöhe zugeflossen.[13]

Im Herbst 1939 reiste Lothrop Stoddard nach Deutschland, wo er sich hauptsächlich in Berlin aufhielt. Der Titel seines Reiseberichts, *Into the Darkness* (1941), bezieht sich auf die Verdunkelungsmaßnahmen und ist nicht im übertragenen Sinne zu verstehen. Stoddard bewunderte den Gauleiter von Thüringen als echten Selfmademan. Er hob die geistige Lebendigkeit von Joseph Goebbels hervor und zeigte sich beeindruckt von Hitlers unpompöser Haltung im Interview. Das »jüdische Problem« spielte nach Stoddards Erkenntnissen keine große Rolle mehr, denn die »physische Eliminierung« der Juden stünde unmittelbar bevor, womit er wahrscheinlich deren Vertreibung meinte. Der Antisemitismus zur Weimarer Zeit sei größer gewesen. Stoddard hatte also einen vorwiegend positiven Eindruck vom Deutschen Reich gewonnen. Nur bei der Sterilisierung sozial Minderwertiger gingen die deutschen Gerichte seiner Ansicht nach »zu konservativ« vor.[14]

In Chicago wurde Charlie Chaplins Film *The Great Dictator* (1940) verboten, vermutlich wegen des hohen deutschen Bevölkerungsanteils in dieser Stadt. Im übrigen hielten sich die Sympathien für das Dritte Reich in Grenzen. Die tief verwurzelte Abneigung gegen alle Spielarten des Kollektivismus ist wohl der allgemeinste Grund für diese Haltung gewesen. Sinclair Lewis malte ein faschistisches Amerika an die Wand, aber der ironische Titel seines Romans *It Can't Happen Here* (1935) kann im nachhinein als Tatsachenfeststellung bewertet werden. Die Hauptfigur, der Redakteur Doremus Jessup, ist zunächst wie andere Amerikaner der Ansicht, daß der Faschismus in Amerika keine Chance habe. Aber gab es nicht den Ku Klux Klan, hatte nicht im Zuge des Ersten Weltkriegs jemand vorgeschlagen »German measles«, die englische Bezeichnung für Röteln, in »liberty measles« umzubenennen? Als der Diktator Buzz Windrip, ein »berufsmäßiger *common man*«, an die Macht kommt, ahmt er den antiliberalen, antisemitischen Wahn Hitlerdeutschlands nach. Seine Lakaien terrorisieren die Opposition, jagen Homosexuelle und Mormonen, verbrennen Bücher, darunter Hemingways

A Farewell to Arms, sperren Jessup in ein Konzentrationslager und errichten einen sadistischen »Corpo«-Staat, der den Beifall des Völkischen Beobachters findet. Allein auf Long Island gibt es neunzehn Konzentrationslager. Die Diktatur verleiht dem durch die Wirtschaftsdepression geschwächten Amerikanismus neue Kräfte. Einer von Windrips Anhängern meint: »Wir müssen wieder zu Europa aufschließen – müssen expandieren – das ist das Gesetz des Lebens. Mit Nationen ist es wie mit Menschen, entweder es geht vorwärts oder es geht rückwärts.« *It Can't Happen Here,* unter dem Einfluß von Dorothy Thompson entstanden, ist kein sehr gelungenes Werk. Lewis selbst hat nicht viel von diesem Roman gehalten, zum Geldverdienen sei er gut genug. Teils wird die Geschichte des deutschen Nationalsozialismus auf die amerikanische Politik aufkopiert, der andere Teil lebt von reiner Komik. Franklin Roosevelt wird unter Windrip Botschafter in Liberia. Die »Minute Men«, der SA nachgebildet, treten in operettenhaften Kostümen auf. Der grausame Diktator steht mit seinem Humor in der Tradition von Artemus Ward, Mark Twain und Will Rogers.[15]

Der Kongreß verabschiedete im Juni 1940 den *Alien Registration Act,* kurz *Smith Act* genannt, der freilich mit der Registrierungspflicht von Ausländern wenig zu tun hatte. Der *Smith Act* war vielmehr das erste Landesverratsgesetz in Friedenszeiten seit den *Alien and Sedition Acts* von 1798. Alle Bestrebungen, den gewaltsamen Sturz der Regierung herbeizuführen, konnten mit 10000 Dollar Geldstrafe oder zehn Jahren Freiheitsstrafe geahndet werden. Während der Verfassung und die bisherige Gesetzgebung nur den »overt act« unter Strafe stellte, die Tat oder die Vorbereitung zur Tat, wurde nach dem neuen Gesetz auch die Idee, die Verbreitung landesverräterischen Gedankenguts in Wort und Schrift strafrechtlich verfolgt.[16]

Der *Smith Act* wurde häufiger zur Bekämpfung von Kommunisten als von Nationalsozialisten eingesetzt. Die rote Gefahr ist weithin, etwa von Reinhold Niebuhr, für gefährlicher eingeschätzt worden als die braune. Auch Churchill hatte kundgetan, er würde, vor die Wahl gestellt, sich lieber für den Nazismus entscheiden als für den Kommunismus.[17] Die Bibliothek der Universität Harvard hatte Bücher und andere Dokumente zur Russischen Revolution gesammelt. Unter dem *Smith Act* konnte dieses Material konfisziert und vernichtet werden. Roosevelt ordnete an, in Minneapolis einige Trotzkisten zu belangen, weil sie marxistische Pamphlete unter die Leute gebracht hatten. Gegen 18 Mitglieder der Sozialistischen Arbeiterpartei wurde 1941 Anklage erhoben, ein Jahr später gegen 28 Nationalsozialisten, drei Jahre nach dem Krieg – im Fall Dennis – gegen zwölf Kommunisten. Hier liegen die Ursprünge der Kommunistenjagd in der McCarthyzeit. Erstmals seit dem Fall Schenck (1919) ist die Formel von der »clear and present danger« wieder häufiger zur Anwendung gekommen, die allerdings so unterschiedlich ausgelegt wurde, daß sie kaum noch nützlich war. Die Zahl der Verurteilten – darunter 18 Trotzkisten im Jahr 1944 – war geringer als während der

Radikalenverfolgung zur Zeit des Ersten Weltkriegs. Wegen bloßer Mitgliedschaft in der Kommunistischen Partei konnte ein Amerikaner nur in Ausnahmefällen belangt werden. Insgesamt wurden unter dem *Smith Act* 141 Personen verurteilt, darunter 108 Kommunisten. 29 Angeklagte erhielten Gefängnisstrafen. Unter dem *Espionage Act* des Ersten Weltkriegs war gegen 1956 Personen Anklage wegen kommunistischer Umtriebe erhoben worden, 877 wurden schuldig gesprochen.[18] Dem Naziführer Fritz Kuhn ist nicht der *Smith Act*, sondern ein Steuervergehen zum Verhängnis geworden. Ezra Pound brachten seine Sympathien für den Faschismus zwölf Jahre in eine Heilanstalt, weil die Regierung vor einem Landesverratsprozeß zurückschreckte.

Kriegsausbruch und bewaffnete Neutralität

Nach dem deutschen Einmarsch in Polen versprach Franklin D. Roosevelt, die USA aus dem Krieg herauszuhalten. »Thinks it can be done«, berichtete die *New York Times*. Der kommunistische *Daily Worker* versuchte, seinen Lesern die Hintergründe des deutsch-russischen Nichtangriffspakts zu erläutern. Der Parteiführer Earl Browder forderte die USA und die UdSSR auf, mit vereinten Kräften dem Krieg Einhalt zu gebieten. Senator Gerald Nye hegte den Verdacht, das amerikanische Volk solle erneut in einen ausländischen Krieg hineingetrieben werden. Der irische *Gaelic American* gab zu bedenken, daß Roosevelt ein glühender Parteigänger Englands und Frankreichs sei und stellte die bange Frage, ob er Wilsons Fehler wiederholen würde. Im deutschen Konsulat in New York erklärten junge und alte Deutschamerikaner ihre Bereitschaft zum Dienst mit der Waffe. »Freiwillige vor!« lautete eine Überschrift in der deutschsprachigen *New Yorker Staatszeitung*, die es außerdem für berichtenswert hielt, daß sich Hitler eine neue, feldgraue Uniform zugelegt hatte.

An der amerikanischen Börse kamen die Kurse in Bewegung. Besonders gefragt waren »war babies«, Aktien der Stahl-, Kupfer- und Chemieindustrie. Das *Journal of Commerce* vermerkte mit Genugtuung, daß die Wirtschaft anders als 1914 ohne Panik auf den Kriegsausbruch reagierte. Im Gegenteil: die Möglichkeit, mit den kriegführenden Nationen gegen Bargeld Handel treiben zu können, würde nach allgemeiner Ansicht die Umsätze steigen lassen. Die Preise für Gebrauchsgüter zogen an, die Investitionsfähigkeit belebte sich. »Geschäftsaussichten günstig«, befand das *Wall Street Journal*.[19]

Als Gegenstück zum isolationistischen *America First Committee* formierte sich im Mai 1940 das *Committee to Defend America By Aiding the Allies*. Diese Lobby befürwortete unter der Leitung des republikanischen Zeitungsmanns William Allen White jede Hilfestellung für die Alliierten »short of war«. Die Isolationisten verloren an Boden, die Schatten des letzten Krieges wurden kürzer. Dem

Meinungsbefrager Gallup zufolge hielten immer weniger Amerikaner Wilsons Entscheidung von 1917 für einen Fehler. Ein Kongreßausschuß für unamerikanische Umtriebe befaßte sich mit den revisionistischen Thesen von H. E. Barnes, ein College warf ihn hinaus. Roosevelt zierte ein 1940 erschienenes, isolationistisches Werk von Charles Beard mit dem bösen Vermerk: »40 Jahre intensiven und stetigen Forschens haben eine inzüchtige Maus geboren.«[20]

Interventionisten machten die Summe außenpolitischer Entwicklungen für ihre Position geltend: den italienischen Einmarsch in Äthiopien, die Besetzung des Rheinlands, die Wiederaufrüstung der japanischen Marine, den Spanischen Bürgerkrieg, das deutsch-italienische Militärbündnis und den 1937 ausgebrochenen Konflikt zwischen China und Japan. Die weltpolitischen Perspektiven waren freilich nicht zu trennen vom binnenwirtschaftlichen Kalkül. Kapital- und Produktionsüberschüsse sollten durch die Erschließung neuer ausländischer Märkte leichter ausgeführt werden können. Die wirtschaftliche Expansion von Deutschen, Japanern und auch Briten in Südamerika wurde von amerikanischer Seite mit Argwohn beobachtet. Unmittelbar nach Hitlers Einfall in Polen verstärkten amerikanische Unternehmen ihre Anlagetätigkeit in lateinamerikanischen Ländern. Interventionen mit wirtschaftlichen und militärischen Mitteln hatten auch zwischen den Kriegen nie aufgehört. 1917 waren wieder amerikanische Marineinfanteristen in Kuba gelandet, 1920 marschierten US-Truppen in Guatemala ein, 1924 in Honduras. 1928 unterdrückte man in Kolumbien auf Veranlassung des Konzerns *United Fruit* gewaltsam einen Streik. *Standard Oil* schürte 1932 den Chacokrieg zwischen Paraguay und Bolivien. Roosevelts »Good Neighbor Policy« gegenüber Lateinamerika brachte nicht viel mehr als einen neuen Namen, denkt man an die Rolle der Amerikaner beim Attentat auf den Revolutionär Sandino in Nicaragua (1934), die Anschläge auf andere, den USA mißliebige Parteiführer in diesem Land (1935) oder an das Massaker unter honduranischen Arbeitern (1944). Pandit Nehru hatte am 3. Januar 1933 an seine Tochter geschrieben: »Glaube nicht, daß sich das Kolonialreich der Vereinigten Staaten auf die Philippinen beschränkte. Nach außen hin sind sie ihr einziger Kolonialbesitz, aber tatsächlich haben die Vereinigten Staaten unter Ausnutzung und Erfahrung und Schwierigkeiten der anderen imperialistischen Mächte die alten Methoden verbessert. Sie machen sich nicht die Mühe, sich ein Territorium anzueignen, wie sich Großbritannien Indien aneignete; sie sind nur am Profit interessiert, und so ergreifen sie Maßnahmen, um den Reichtum des Landes zu kontrollieren. Wenn sie den Reichtum des Landes kontrollieren, ist es leicht genug, das Volk, ja das Land selbst zu kontrollieren. Und auf diese Weise haben sie die Kontrolle über das Land ohne viel Unannehmlichkeiten, ohne Auseinandersetzungen mit einer aggressiven nationalen Bewegung, und sie erhalten ihren Anteil an seinem Reichtum. Diese geniale Methode wird ökonomischer Imperialismus genannt. Auf der Landkarte tritt er nicht in Erscheinung. Das Land mag frei und unabhängig erscheinen, wenn man die Lehrbücher der Geographie oder einen Atlas studiert. Wenn man aber hinter den Schleier blickt, stellt man fest, daß es in den Klauen eines anderen Landes steckt, vielmehr in den Klauen seiner Bankherren und Großkapitalisten. Die Vereinigten Staaten von Amerika besitzen ein unsichtbares Kolonialreich.«[21]

Ein militärisches Engagement der USA war 1939 wahrscheinlicher als 1914. Aber unbeschadet dessen, wie die Entscheidung diesmal ausfallen würde, hat die amerikanische Wirtschaft sofort nach Kriegsausbruch reagiert und etwaige Vorteile bei der Verschiebung des internationalen Kräftefelds routiniert wahrgenommen. Der amerikanische Lebensstandard lag 1943 um ein Sechstel über dem von 1939.

Die anfänglichen Maßnahmen zur Wahrung der Neutralität waren unter Roosevelt strenger als unter Wilson. Kriegführenden Nationen wurden keine Kredite eingeräumt, ein Embargo auf Waffen und Munition erlassen, Rohstoffe mußten im Exportgeschäft bar bezahlt und auf eigenen Schiffen transportiert werden: *cash-and-carry*. Amerikanische Handelsschiffe durften nicht bewaffnet sein und US-Bürgern, die auf Schiffen kriegführender Staaten reisten, konnten ausdrücklich nicht auf den Schutz Washingtons zählen. Der isolationistische Senator William Borah meinte zu der Praxis des *cash-and-carry* sarkastisch: »Wir suchen alle Risiken, alle Gefahren zu vermeiden, aber wir stellen sicher, alle Profite zu erhalten.«

Die USA hatten nach dem Ersten Weltkrieg demobilisiert. Die Stärke des Heeres lag 1939 bei 167000 Freiwilligen. Argwöhnisch wurde beobachtet, ob andere Nationen ernsthaft abrüsteten. Einer Zeitung in Dallas kam der Verdacht, Frankreich betreibe eine Beschränkung der U-Boote zu Land und der Kavallerie zur See. Ein Provinzblatt in South Carolina gab der zynischen Hoffnung Ausdruck, der Kellogg-Pakt möge so lange ewigen Frieden garantieren, bis die amerikanischen Schlachtkreuzer gebaut sind. Trotz gegenteiliger Beteuerungen hat Roosevelt sich ab November 1938 für eine massive Wiederaufrüstung entschieden, zum Beispiel im Flugzeugbau.[22]

Die Roosevelt-Regierung, der Kongreß und andere Kräfte haben seit Anfang 1940 fast wöchentlich neue Maßnahmen ergriffen oder befürwortet, die dazu angetan waren, die amtlich verkündete Neutralität Stück für Stück abzubauen: Der Rüstungsetat wurde um ein Vielfaches aufgestockt; Roosevelt verlangte den Bau von 50000 Flugzeugen im Jahr; das »Office for Emergency Management« und die »National Defense Advisory Commission« stellten sich hinter die Rüstungsanstrengungen; Roosevelt forderte »full speed ahead« bei der Aufrüstung; *Naval Supply Act* und *Military Supply Act* setzten weitere Milliarden frei; eine »two-ocean-navy« wurde vorgeschlagen und gleich genehmigt; Roosevelt ernannte zwei Politiker der Opposition zum Kriegs- und Marineminister; ein neuer *Defense Act* wurde verabschiedet, der *Espionage Act* erneuert, der *Smith Act* kontrollierte fünf Millionen Ausländer; die Guthaben von Dänemark, Norwegen und der Beneluxländer, von Litauen und Lettland wurden eingefroren, alte Zerstörer gegen neue Stützpunkte eingetauscht; der *Selective Training and Service Act* (16.9.1940), das erste Wehrpflichtgesetz im Frieden, erfaßte alle männlichen Amerikaner im Alter zwischen 21 und 36 Jahren; James B. Conant, der Präsident von Harvard, ließ im Juni 1940 ein Register von 40000 Naturwissenschaftlern samt ihrer Spezialgebiete anfertigen; der Export von Stahl und Flugbenzin nach Japan wurde verboten; das Rote Kreuz richtete einen Blutspendedienst ein; Streiks in der Rüstungsindustrie wurden erschwert; ein »Office of Price Administration« und ein »Office of Civilian Defense« wurden eingerichtet, deutsche Konsulate geschlossen, Island besetzt; die Navy erhielt einen *shoot-on-sight*-Befehl. Roosevelt freilich erklärte zum wiederholten Male, er wolle die USA unter allen Umständen aus dem Krieg heraushalten.

Zwischen Weihnachten und Neujahr des Jahres 1940 regte der Präsident in einem seiner »fireside chats« an, die USA sollten das »große Arsenal der Demokratie« werden und sich selbstauferlegten Beschränkungen bei den Hilfsleistungen für Alliierte entledigen, insbesondere was Großbritannien anging. Anfang 1941 initiierte er den *Lend-and-Lease Act,* eine Maßnahme, die Senator Wheeler vom *American First Committee* mit Roosevelts Agrarpolitik verglich: »Sie wird jeden vierten amerikanischen Jungen unterpflügen«, eine hochgradig unpatriotische Bemerkung, wie Roosevelt fand. Senator Taft aus Ohio beurteilte den *Lend-and-Lease Act* realistisch: Kriegsgerät zu verleihen sei so ähnlich wie Kaugummi zu verleihen – »Man will ihn nicht zurückhaben.«[23] Roosevelt gebrauchte ein anderes Bild: Man müsse dem Nachbarn, dessen Haus brennt, den Gartenschlauch leihen, ohne gleich nach der Bezahlung zu fragen.

Die Reformpolitiker des New Deal gaben im Jahr 1941 mehr für Rüstung aus als im Vorjahr für soziale Wohlfahrt und öffentliche Aufträge. Dem Fachhistoriker Thomas Bailey zufolge hatte Deutschland mehr Grund zur Klage über nichtneutrales Verhalten der USA als die USA über die Verletzung amerikanischer Rechte. Allein der angloamerikanische Tauschhandel mit Zerstörern und Stützpunkten hätte für eine Kriegserklärung ausgereicht.[24] Im Januar 1941 trafen britische Militärs zu geheimen strategischen Besprechungen ein. Im März wurden in amerikanischen Häfen ein paar Dutzend deutsche und dänische Schiffe geentert und den Briten übergeben, die Matrosen wegen versuchter Spionage eingesperrt. Im April 1941 verlegten die USA ihre Sicherheitszone bis zur Atlantikmitte, um sich vor deutschen U-Booten zu schützen. Wenige Monate später legten Roosevelt und Churchill vor Neufundland ihre Ziele für die Neuordnung der Welt *nach* dem Krieg fest, zu einem Zeitpunkt also, da die Amerikaner sich noch gar nicht für den Krieg entschieden hatten. Im September 1941 beschossen sich die amerikanische »Greer« und ein deutsches U-Boot. Die US-Navy erhielt daraufhin Schießbefehl. Spätestens jetzt befanden sich die USA in einem unerklärten Krieg.

Die Versenkung amerikanischer Schiffe löste unter Amerikanern nicht die Entrüstung aus wie nach der »Lusitania«. Die Isolationisten versuchten bis zuletzt, den Kriegsbeitritt zu verhindern. Senator Wheeler machte die Landung von Marineinfanteristen auf Grönland publik. Senator Nye griff antifaschistische Filme aus Hollywood an, weil sie zum Krieg führen würden. Die traditionell englandfeindliche *Chicago Tribune* und die Hearst-Presse warnten davor, sich von England in einen Krieg hineinziehen zu lassen. »Er hat uns in den Krieg hineingelogen«, entrüstete sich Clare Booth Luce über ihren Präsidenten. Andere meinten, Roosevelt hätte das amerikanische Volk zu dessen eigenem Wohl belügen müssen. Daß er gelogen hat, steht außer Frage. Zu einem Zeitpunkt, als er entschlossen war, die Neutralität aufzugeben, versprach er seinen Wählern: »Ich habe es schon gesagt, aber ich werde es wieder und wieder sagen. Eure Boys werden in keinen ausländischen Krieg geschickt.« (30. Oktober 1940) Die Reformimpulse des New Deal waren verbraucht, viele Wirtschaftsprobleme hatten sich als dauerhaft erwiesen, Roosevelt suchte sich ein neues Feld, die Außenpolitik, um seinen Führungsanspruch zu behaupten.[25]

Von Pearl Harbor bis Hiroshima

Unter der Leitung von Basil Liddell Hart hatten britische Experten vor dem Krieg die Bedingungen analysiert, unter denen die Amerikaner an einem neuen Konflikt teilnehmen könnten. Es bedürfe, so lautete das Ergebnis, einer konkreten Bedrohung (»definite threat«) und einer propagandistischen Ausschlachtung dieser Bedrohung, ehe die Amerikaner wieder zu den Waffen greifen würden.[26] Die Zerstörung von Pearl Harbor durch japanische Flugzeuge am Morgen des 7. Dezember 1941 stellte die nationale Entschlossenheit zum Krieg auf »beinahe elektrische« Weise her, wie Arthur Miller sich erinnerte. Die liberale Linke konnte nun gegen die Faschisten mobil machen, die xenophobische Rechte gegen die Japaner, der Arbeiter fand Arbeit, der Unternehmer Aufträge, pro-britische Südstaatler erneuerten ihre militärische Tradition und ihre Jagdleidenschaft – kurz: »Innerhalb derselben Armee sind mehrere verschiedene Kriege geführt worden.«[27] Der Vorsitzende der nationalen Rundfunkbehörde (FCC) veranlaßte eine Stunde nach Pearl Harbor die ersten Koordinierungsmaßnahmen zur Programmgestaltung. »Die Früchte einer mehr als einjährigen Planung sind prompt verwirklicht worden«, schrieb die Fachzeitschrift *Broadcasting*, was umso erstaunlicher wirkt, als der japanische Bombenangriff der Öffentlichkeit als heimlicher Überfall und große Überraschung präsentiert wurde.

Die USA hatten Japan während der Mandschurei-Krise (1931) gewähren lassen. Im Sommer 1940 aber stoppte Roosevelt den Export von Stahl, Eisen und Öl, um die japanischen Übergriffe auf China zu behindern, und fror japanische Guthaben in den USA ein. Durch die Handelsblockade sanken japanische Importe um 75 Prozent. Der Schlag gegen Pearl Harbor war in erster Linie eine Reaktion Japans auf das amerikanische Ölembargo. Daß die USA auf einen »overt act« der Japaner gewartet und von der Attacke auf Pearl Harbor vorher gewußt hatten, ist von Politikern, Publizisten und Historikern während und nach dem Krieg immer wieder vermutet worden. Ein Leutnant gab zu Protokoll, seine Einheit habe Oahu zehn Tage vor dem Luftangriff feldmarschmäßig verlassen. Drei große Flugzeugträger liefen vorsorglich auf die offene See aus. Ein britischer Minister räumte ein, Japan sei provoziert worden. Arthur Sulzberger von der *New York Times* sagte in aller Unschuld: »Wir sind nicht in den Krieg gezogen, weil wir bei Pearl Harbor angegriffen wurden. Wir sind bei Pearl Harbor angegriffen worden, weil wir in den Krieg gezogen waren.« Im Juli 1946 warfen Mitglieder eines parlamentarischen Untersuchungsausschusses Roosevelt und seinen engsten Beratern vor, sie hätten fahrlässig oder absichtlich Opfer unter den eigenen Truppen riskiert, um einen Kriegsgrund zu schaffen. Die Geschichtsschreibung hat dieses Verdikt erhärtet. Die Amerikaner hatten den japanischen Funkcode entschlüsselt und waren gewarnt. Die Marine wußte, daß japanische Flugzeugträger Kurs auf Hawaii genommen hatten, und sie nicht mehr aus den Augen gelassen.[28]

Eine Welle des Patriotismus erfaßte die Amerikaner. In den großen Städten verbarrikadierten Geschäftsinhaber ihre Läden mit Sandsäcken, so wie es in den Wochenschauen aus England zu sehen war. Die Bauindustrie rechnete mit Hochkonjunktur, obwohl kein einziges amerikanisches Haus zerbombt wurde. Um Energie zu sparen, wurden die Uhren eine Stunde vorgestellt. 85 Millionen Amerikaner kauften Kriegsanleihen im Wert von 156 Milliarden Dollar. Die Preise stiegen, die Arbeitslosigkeit ging zurück, das Steueraufkommen versechsfachte sich in den dreieinhalb Kriegsjahren. Ein effektiver *War Production Board* zog die Fäden in der Wirtschaft, ein Sonderausschuß unter dem späteren Präsidenten Truman hielt übermäßige Kriegsgewinne unter Kontrolle. Insgesamt ging der Übergang vom Frieden zum Krieg wesentlich organischer vonstatten als 1917.

Über 17 Millionen Arbeitnehmer waren in der Kriegsindustrie beschäftigt. Trotz zahlreicher Streiks – etwa der Bergarbeiter unter John Lewis – lief die Produktion auf Hochtouren. Die USA stellten allein 275 000 Flugzeuge und 86 000 Panzer her. Die Kriegsflotte wurde von 91 000 Tonnen (1933) auf 5,5 Millionen Tonnen aufgestockt. Drei von vier Physikern arbeiteten an militärischen Projekten. Fachzeitschriften wurden um die Hälfte dünner, Fachkongresse waren schwach besucht. Akademiker, Schriftsteller und andere Intellektuelle gliederten sich mehr und mehr in den öffentlichen Dienst ein, wie Arthur Koestler etwas beunruhigt feststellte. Die Kulturanthropologin Margaret Mead saß dem *Committee on Food Habits* vor. Eine Reihe amerikanischer Intellektueller arbeitete für den Vorläufer der CIA, das *Office of Strategic Services* (OSS), ein Amt, das ab 1943 mit Geheimagenten die französische Resistance unterstützte und nach dem Krieg einen Mann namens Ho Chi Minh im Guerillakampf ausbildete. Archibald MacLeish, Ruth Benedict, Leo Rosten, Elmer Davis und der ehemalige Pazifist Robert

Sherwood arbeiteten für das *Office of War Information* (OWI). Zeitschriften wie *Saturday Evening Post* und *True Story* wurden aufgefordert, den Beitrag der Erwerbstätigen zum Sieg gebührend zu würdigen, die Eintracht zwischen Gewerkschaften und Kapital herauszustellen und die Befriedigung zu unterstreichen, die ein Arbeitsplatz den Menschen in einem Rüstungsbetrieb verlieh.[29]

Oklahoma City 1942: ein Geschäftsinhaber ist Soldat geworden, seine Firma bleibt bis Kriegsende geschlossen

Das Einberufungsalter wurde auf 18 Jahre gesenkt. Ein junger Kriegsfreiwilliger, der für die Luftwaffe zu klein war, blieb vier Tage im Bett, wuchs dabei um einen guten Zentimeter, ließ sich auf dem Rücksitz liegend zur Musterungsstelle chauffieren und wurde angenommen. Der Präsident eines kleinen College rief den wehrpflichtigen Absolventen des Jahres 1942 zu: »Seid fröhlich in der Gewißheit des Sieges im Geiste Jesu.« Der Kongreß autorisierte die Aufstellung weiblicher Hilfstruppen für Heer, Marine und Air Force (WAC, WAVES, WAAF). Krankenschwestern wurden rasch in den Offiziersrang erhoben, wahrscheinlich um zu verhindern, daß sie sich mit gemeinen Soldaten einließen.[30]

Irving Berlin komponierte das heitere Musical *This Is the Army* (1942). Marion Hargrove hatte schon vor Pearl Harbor die vielgelesene Militärklamotte *See Here, Private Hargrove* (1941) verfaßt, Paul Robeson mit einer »Ballad for Americans« Radiohörer in patriotische Stimmung versetzt. Die Zeitschrift *Yank* belieferte die Soldaten mit *pin-up girls.* Bill Mauldin porträtierte in seiner Karikaturenserie »Up Front« für die Soldatenzeitschrift *The Stars & Stripes* den fußkranken, unrasierten, geschundenen und trotzdem humorvollen Infanteristen an den europäischen Fronten. »G. I. Joe« von Dave Breger und andere Comic strips verfolgten den Zweck, die Moral der Truppe aufrechtzuerhalten.

An der »Heimatfront« hatten sich die Amerikaner vorgenommen, es nicht zu den vaterländischen Exzessen kommen zu lassen wie im vorigen Krieg. Wohl gab es ein *Office of Censorship* unter dem Agenturjournalisten Byron Price, aber das Kriegsinformationsamt verfolgte eine »Strategie der Wahrheit«. Aus propagandistischer Sicht war es leichter, gegen Hitler Krieg zu führen als gegen den Kaiser und Bethmann-Hollweg. Bis 1943 wurden von Justiz- und Postministerium nur 45 Publikationen beanstandet, darunter zwei von prominenten Gegnern Roosevelts betreute Zeitschriften, *Social Justice* von Father Coughlin und das *Townsend National Weekly*. Während des Ersten Weltkriegs waren in einer etwa gleichlangen Zeitspanne rund tausend Fälle von Postzensur bekanntgeworden.

Pazifisten und Mitglieder religiöser Sekten konnten mit mehr Toleranz rechnen. Allerdings kamen einige hundert Zeugen Jehovas wegen Kriegsdienstverweigerung in Haft, nachdem ihnen die Anerkennung als Priester versagt worden war. Die Irokesen, die 1917 Deutschland gesondert den Krieg erklärt hatten, sind nicht alle freudig zu den Fahnen geeilt; manche büßten ihre Weigerung ebenfalls mit Gefängnisstrafen. Kriegsunwillige Künstler und Schriftsteller wurden vor allem in Camp Waldport zusammengezogen, einem isolierten Lager in Oregon. Zu den Kriegsdienstverweigerern gehörte der Dichter Robert Lowell und der Bürgerrechtskämpfer Bayard Rustin.

Schwarze Soldaten waren anfangs in getrennten Unterkünften kaserniert und mußten innerhalb der Garnison segregierte Kasinos, Filmtheater und Versorgungsmagazine benutzen. In Camp Shenango (Pennsylvania) kam es erst nach einem blutig unterdrückten Aufstand schwarzer Truppen zu integrierten Einrichtungen. Ein Rassenkrawall in Fort Dix (New Jersey) forderte im April 1942 drei Tote. Die Presse wurde dazu angehalten, die Tragödie zu verschweigen. Die Zeitungen der Schwarzen verzeichneten während des Krieges wachsende Auflagen. Claude Barnett organisierte einen eigenen Nachrichtendienst, die *Associated Negro Press.* Die schwarze Presse war nach außen loyal, übte aber heftige Kritik an der Diskriminierung innerhalb der Armee. Das Kabinett Roosevelt erwog Zensurmaßnahmen, das FBI fühlte sich zu besonderer Wachsamkeit aufgerufen, nachdem der schwarze Gewerkschaftsführer A. Philip Randolph die *Atlantic Charter* als Manifestation des Rassismus, des dekadenten Liberalismus und des Monopolkapitalismus angegriffen hatte.[32] Einheiten schwarzer Soldaten sollten wie im Ersten Weltkrieg möglichst vom Kampfeinsatz ferngehalten werden. Erst nach der Ardennenkrise ließ General Dwight D. Eisenhower Freiwillige schwarzer Hautfarbe in die Infanteriekompanien an der Front eingliedern.

Als Geste gegenüber dem verbündeten China erlaubte man ab 1943 chinesischen Einwanderern, die amerikanische Staatsbürgerschaft zu erwerben und ließ pro Jahr 105 neue Einwanderer aus China ins Land. Japanische Einwanderer und Amerikaner japanischer Herkunft wurden in Lager im Landesinneren gebracht. Kanada entschloß sich ebenfalls zu einer Relozierung, weil nach Meinung militärischer Experten die Anwesenheit von Japanern an der Westküste eine Bedrohung darstellte. Die erzwungene Umsiedlung von 110 000 Personen japanischer Abkunft gilt heute als einer der dunkelsten Punkte in der amerikanischen Geschichte, ist aber noch nach dem Krieg von führenden Intellektuellen verteidigt worden.[33] Der rassistische Einschlag ist kaum zu übersehen. Von 600 000 Italoamerikanern sind lediglich 228 interniert worden.

Auf den Blitzkrieg in Polen war der Sitzkrieg in Frankreich gefolgt. Die Amerikaner waren nach ihrem Eingreifen auf die militärischen und politischen Komplikationen nicht gefaßt, die sich zwischen Vichy und den Exilfranzosen ergaben. Pétain stemmte sich zunächst gegen eine Invasion Nordafrikas, weil man Frankreich nicht verteidigen könne, indem man es verläßt. Offiziere der Vichy-Regierung waren anfangs entschlossen, eine Landung alliierter Truppen in Marokko oder Algerien abzuwehren. Der Feldzug in Afrika brachte den Amerikanern zahlreiche Rückschläge und Niederlagen ein.

Einflußreiche Mafiosi halfen den Amerikanern bei der Invasion Siziliens, an ihrer Spitze Don Calogero Vizzini, der *capo dei capi*. Mitglieder der Mafia sind im allgemeinen als Antifaschisten eingestuft und von den Amerikanern in öffentliche Ämter eingesetzt worden. General Patton zerstreute vor der Landung bei seinen Truppen etwaige Skrupel im Kampf gegen ehemalige Landsleute: »Viele von euch haben deutsches oder italienisches Blut in den Adern, seid aber eingedenk, daß diese eure Vorfahren die Freiheit so sehr liebten, daß sie deretwegen Familie und Vaterland aufgaben und auf der Suche nach Freiheit den Ozean überquerten. Die Vorfahren der Leute, die wir töten werden, brachten den Mut zu diesem Opfer nicht auf und blieben Sklaven.« Bei der Eroberung Siziliens entwickelte sich ein regelrechter Wettlauf zwischen britischen und amerikanischen Truppen und sogar zwischen amerikanischen Divisionen untereinander. Die Forderung nach einer bedingungslosen Kapitulation zögerte die Waffenstillstandsverhandlungen bis Anfang September 1943 hinaus, währenddessen Deutschland Verstärkung nach Italien schickte. Der Vormarsch auf der Halbinsel zog sich unerwartet lange hin – acht Monate für die 150 Kilometer von Neapel nach Rom – und kostete viele Opfer. Bei der Schlacht von Montecassino starben auf jeder Seite 5000 Soldaten.[34]

Ein US-Kettenfahrzeug in einem sizilianischen Dorf

Die Führung der UdSSR hegte den Verdacht, daß die USA zögerten, in Frankreich eine zweite Front aufzumachen, damit sich in der Zwischenzeit sowjetische und deutsche Soldaten gegenseitig ausbluteten. Dieser Verdacht scheint unbegründet. Roosevelt hatte bereits im November 1942 eine Invasion Frankreichs geplant, war aber auf den Widerstand Churchills gestoßen. Den Engländern, die den amerikanischen Kriegsbeitritt so herbeigesehnt hatten, gingen die Amerikaner nun zu rasch und zu wenig umsichtig vor. Churchill wollte den nationalsozialistischen Machtbereich von der Peripherie her bekriegen, vom Balkan nach Wien und von Norwegen aus auf dem Kontinent vordringen. Die Amerikaner setzten sich mit ihren Invasionsplänen durch, landeten am 6. Juni 1944 in der Normandie und Mitte August in Südfrankreich. In den folgenden Wochen wurden Paris und Brüssel befreit, im September überschritt eine amerikanische Einheit erstmals die deutsche Grenze. Beim Vormarsch sind Dörfer, Wälder und MG-Stellungen mit Napalmbomben in Brand gesteckt worden. Zwischen Dezember 1944 und Januar 1945 wogte die Ardennenschlacht, von den Amerikanern »Battle of the Bulge« genannt. Die Amerikaner verloren 19000 Soldaten, 40000 wurden verwundet, 15000 gerieten in Gefangenschaft – es war die größte Landschlacht, in die amerikanische Truppen bis dahin verwickelt waren. Frauen vom Roten Kreuz verteilten Kaffee und *doughnuts* an die abgekämpften G. I.s.* In Amerika hängten Familien, die einen Toten zu beklagen hatten, einen goldenen Stern ins Fenster. Eisenhower erwiderte auf die Frage, ob er während der Ardennenschlacht nicht Angst gehabt hätte: »Also damals nicht. Aber ich war zu Tode erschrocken, als ich drei Wochen später dazu kam, die Zeitungsberichte zu lesen.« Angst hatten die Amerikaner vor den Sabotagetruppen Otto Skorzenys, die auf Hitlers Weisung zur Täuschung des Feindes den »amerikanischen Dialekt« sprachen, wenigstens einige von ihnen. Die G. I.s versuchten sich mit besonderen Erkennungsworten vor Saboteuren zu schützen und fragten sich gegenseitig nach Einzelheiten des Baseballspiels, Merkmalen der Mickey Mouse und den gegenwärtigen Ehemännern berühmter Hollywoodstars ab.[35]

Eisenhower mußte seinen britischen Kameraden Montgomery mehrfach spüren lassen, wer den Oberbefehl innehatte. Montgomery ließ anklingen, die Ardennenschlacht wäre aufgrund seiner weisen Voraussicht gewonnen worden. Dies machte böses Blut unter den Amerikanern, die wesentlich höhere Verluste hatten hinnehmen müssen. General Omar Bradley drohte mit Demission, würde er unter Montgomerys Kommando gestellt. Churchill sah sich genötigt, beschwichtigend einzugreifen und den Ausgang der Schlacht als amerikanischen Sieg zu feiern. Zwischen englischen und amerikanischen Einheiten entwickelte sich wieder ein Wettlauf, wer zuerst über den Rhein setzen würde. Die Amerikaner machten das Rennen bei Remagen im März 1945. Am deutschen Ufer stellten G. I.s ein Schild für die nachrückenden Truppen auf:

Cross the rhine with dry feet
Courtesy of the 9th armed division**

* Government Issue (GI) stand auf den Heeresbeständen aufgedruckt.
** Überquert den Rhein trockenen Fußes dank der 9. Panzerdivision.

Die Brücke bei Remagen stürzte wenig später ein und riß einen Zug amerikanischer Pioniere in den Tod. General Patton hatte es sich nicht nehmen lassen, bei der Überquerung in den Rhein zu urinieren, so wie sich vor ihm Churchill auf der Siegfriedlinie erleichtert hatte.[36] Der mit einer ebenholzbesetzten Pistole bewaffnete Patton gab die schillerndste Figur unter den US-Generälen ab. Seine militärische Karriere nahm Schaden, nachdem er einen seelisch erkrankten Soldaten im Lazarett geohrfeigt hatte.

»Drive like hell«, hatte Patton seinen Soldaten vor der Ardennenschlacht zugerufen, die von den Amerikanern wegen ihrer größeren Reserven und ihrer größeren Beweglichkeit gewonnen wurde. »Just go like hell« lautete der Befehl an die 3. Panzerdivision, von der erwartet wurde, schneller als die Kameraden von der 9. Armee in Paderborn einzurücken. Beweglichkeit und Tempo waren wie im Ersten Weltkrieg hervorstechende Kennzeichen der US-Einheiten. Zeitraubende Einzelgefechte wie in den *bocages* der Normandie waren gar nicht nach dem Geschmack der Amerikaner – »too slow a process«, klagte General Bradley. Die militärische Führung legte großen Wert darauf, die Kampftruppen bewegungsfähig zu halten. Divisionen sollten nie zu groß werden und mit möglichst wenig Truppenteilen auskommen. Infanteristen erfüllten gleichzeitig Funktionen als Fahrer, Funker und Mechaniker. Pioniere, Artilleristen, Fernmelder und die Panzerabwehr marschierten in separaten Bataillonen, um die Manövrierfähigkeit zu erhalten. »To get thar fustest with the mostest men« – so soll der Südstaatengeneral Nathan Forrest einmal das Geheimnis militärischer Siege erklärt haben. Eine Kompanie von Kanonieren war oft das einzige »Fett«, das man sich erlaubte. Obwohl die amerikanischen Einheiten wie je auf rasches Vorrücken drangen, hatten es die Engländer offenbar eiliger als die Amerikaner, den Krieg zu beenden. Eisenhower verzichtete zwar auf eine Winterpause, wollte aber dem Drängen Churchills, Montgomerys und der eigenen 9. Armee nicht nachgeben, unverzüglich nach Berlin vorzustoßen. Churchill sah sich genötigt, die erhitzten Gemüter mit einem bildungsschweren Telegramm an Roosevelt zu besänftigen: »Amantium irae amoris integratio est.«* Die Amerikaner hätten Berlin wahrscheinlich schneller erreichen können als die Rote Armee. Eisenhower war freilich bekannt, daß die Reihenfolge der Ankunft nichts an den bereits vereinbarten Besatzungszonen und dem Viermächtestatus ändern würde.[37] An der Elbe kam es zum ersten Kontakt zwischen G.I.s und sowjetischen Soldaten – dem Ereignis war wieder ein intensiver Wettbewerb zwischen amerikanischen Einheiten vorausgegangen, die auf diese Weise Einzug in die Geschichtsbücher halten wollten.

General Douglas MacArthur floh während der ersten Kriegsmonate im Pazifik von den Philippinen, als dort die militärischen Dinge schlecht standen und setzte

* Der Liebenden Zorn ist der Liebe Erneuerung.

sich samt Frau, Kind und Kindermädchen nach Australien ab. Die Soldaten hatten ihm den Spitznamen »Dugout Doug« gegeben, weil er sich mehr um seine eigene Bequemlichkeit als um das Wohl seiner Truppen sorgte. Seinen ruhmlosen Rückzug verbrämte er mit einem Satz in der von ihm am meisten geschätzten Form der ersten Person Singular: »I came through, and I shall return.« Von den alleingelassenen Truppen überlebten viele den »Bataan March« nicht, einen 65 Meilen langen Marsch in die Gefangenschaft.[38]

Charles Lindbergh stattete dem philippinischen Kriegsschauplatz einen Besuch ab und war entsetzt, mit welcher Brutalität die G.I.s von den Japanern sprachen. Amerikanische Soldaten haben an sich selbst beobachtet, wie sie im Verlauf des Krieges mehr und mehr zu Barbaren wurden. Es war nichts besonderes, japanischen Gefallenen oder Verwundeten die Goldzähne herauszubrechen, man wußte genau, wie man das Messer dabei anzusetzen hatte. Ein G.I. vertrieb sich die Wartezeit vor dem nächsten Einsatz damit, kleine Korallenstücke in den mit Wasser gefüllten Kopf eines toten Japaners zu werfen, dem es die Schädeldecke weggerissen hatte. In der Serie »Victory at Sea« sind Kampfeinsätze von Marineinfanteristen auf Film festgehalten worden: Ein Sergeant macht Japaner, die widerstandslos aus ihrem Unterstand hervorkommen, nacheinander mit einem Flammenwerfen nieder. Ihre brennenden Körper schwellen auf. Der Sergeant dreht sich ab und zu um und lächelt in die Kamera.[39] Der Kampf um Iwo Jima, eine acht Quadratmeilen große Pazifikinsel, kostete wenige Monate vor Kriegsende tausenden von Soldaten das Leben. Auf Iwo Jima entstand das berühmteste Foto des Zweiten Weltkriegs: G.I.s hißten auf dem Suribachi das Sternenbanner. Zuerst hatten sie eine kleinere Flagge aufgestellt, die aber nicht fotogen genug war. Schließlich gelang es, im Verein mit dem Korrespondenten der Associated Press, ein größeres Exemplar aufzutreiben.

Der amerikanische General Billy Mitchell hatte seit den zwanziger Jahren die Bedeutung der Luftwaffe in einem künftigen Krieg hervorgehoben. Die »Luftüberlegenheit« der Amerikaner spielte sowohl in Europa wie im Pazifik eine Rolle bei der Beendigung des Krieges. In Italien warfen 250 Flugzeuge 600 Tonnen Sprengstoff auf die Mönche in der Abtei von Montecassino. Eintausend Bomber bereiteten eine Woche lang die Invasion in der Normandie vor. Zu diesem Zeitpunkt, Ende Februar 1944, hatte bereits der Niedergang der deutschen Luftwaffe eingesetzt. Die Verwendung als Bomberpilot war unter amerikanischen Freiwilligen äußerst begehrt und oftmals ein Sprungbrett für eine erfolgreiche Zivilkarriere. Der spätere Präsidentschaftskandidat George McGovern unterbrach sein Studium und flog im Air Corps von Nordafrika und Italien aus 35 Einsätze gegen europäische Ziele. Eine Formation von Bombern des Typs B-17 hatte sich unter der Bezeichnung »Hell's Angels« einen Namen gemacht. Ehrgeizige Kommandeure waren bekannt und gefürchtet dafür, daß sie den Piloten ein Übermaß an riskanten, selbstmörderischen Einsätzen zumuteten.[40] Bei der Bombardierung

Hamburgs entstand ein Feuersturm, der mit über 200 Stundenkilometern dahinbrauste und Menschen, Bäume und Fahrzeuge mit sich riß. Der Luftkrieg gegen Deutschland kostete 300000 Menschen, meist Zivilisten, das Leben und schuf

Amerikanisches Kampfflugzeug auf Iwo Jima beim Start

einen Präzedenzfall für die konventionelle Bombardierung Tokios und die Atombombenabwürfe auf Hiroshima und Nagasaki. In Tokio wurde eine Fläche von 16 Quadratmeilen vernichtet. Der Einsatzleiter, General Curtis LeMay, hatte sich dafür entschieden, ausschließlich Brandbomben, darunter Napalm, zu verwenden. Die Temperatur wurde so hoch, daß Menschen einfach Feuer fingen und die aufsteigende Hitzewelle Flugzeuge nach oben oder in Rücklage drückte.

Bei den Pionieren gab es eine Einheit für Kunst im Krieg, die nach wenigen Monaten wieder aufgelöst wurde. Individuelle Künstler verzierten die Nasen von Flugzeugen – »airplane nose art« – mit Frauenbildnissen, tauften ihre Maschinen auf Namen wie »Lucky Strike« oder pinselten zu der Aufschrift »Special Delivery« einen Storch auf den Rumpf, der eine Bombe im Schnabel trug. Das Titelblatt der Zeitschrift *Newsweek* zeigte zum Jahresende 1942 eine junge Frau, die eine Bombe mit den Worten bemalte: »Merry Xmas to Hirohito. Rush«.[41] In den Kriegsfilmen *Air Force* (1943) und *Thirty Seconds Over Tokyo* (1944) wurden die guteingespielten Bomberbesatzungen als Mikrokosmen der amerikanischen Gesellschaft vorgestellt.

Nach dem ersten erfolgreichen Atombombentest in Neumexiko brach unter Wissenschaftlern und Technikern große Freude aus. Manche hüpften vor Begeisterung auf und nieder, andere tanzten wie in alten Zeiten einen ausgelassenen *jig*. Roosevelts Nachfolger Harry Truman, den die Nachricht während der Potsdamer Konferenz erreichte, sprach von innerem Glück. Zu diesem Zeitpunkt hatten sich Wissenschaftler, Politiker und Militärs über den Einsatz der Atombombe bereits verständigt. Robert Oppenheimer hob bei den Beratungen des maßgeblichen *Interim Committee* den optischen Eindruck hervor – »a brilliant luminescence« –, der seine moralische Wirkung nicht verfehlen würde. Einen Demonstrationsabwurf auf unbewohntes Gebiet lehnte Oppenheimer ab, nicht weil er den politischen Gesichtsverlust bei einer Fehlzündung fürchtete, sondern weil die militärische Schockwirkung verlorenginge. James B. Conant (Harvard) schlug als geeignetes Ziel eine zentrale Rüstungsfabrik mit einer großen Zahl von Arbeitern und umliegenden Arbeitersiedlungen vor, um die Leistungsfähigkeit der Bombe möglichst variantenreich vorführen zu können.[42]

Nach dem Abwurf am 6. August 1945 konnte zur Rechtfertigung darauf verwiesen werden, daß der Krieg rasch beendet, das Leben amerikanischer Soldaten geschont und Japan nicht auf dem Wege einer langwierigen Invasion niedergekämpft werden mußte. Andere behaupteten, taktische und humanitäre Erwägungen hätten hinter der politischen Strategie höchstens eine zweitrangige Rolle gespielt. Der Abwurf sei ein Vorgriff auf den Kalten Krieg gewesen, die USA wollten die Sowjets beeindrucken und sie daran hindern, sich in Japan breitzumachen. Eine Teilung des Landes wie in Deutschland sollte unterbunden werden. Weil man das japanische Fell nicht auch noch mit der UdSSR teilen wollte, brannte man in Hiroshima und Nagasaki lieber zwei große Löcher hinein. Der Krieg hatte seine eigene Mechanik entwickelt, und die Atombombe stellte damals kein ethisches Problem dar. Zivilisten in großer Zahl zu verbrennen, war nichts Ungewöhnliches mehr. Eine Alternative wurde nicht ernsthaft erwogen, unüberwindliche Vorbehalte existierten nicht, zumal die Opfer gelber Hautfarbe waren.[43] Der Lyriker Robert Frost interpretierte den Abwurf in dem Gedicht »Bursting Rapture« als Erlösung aus den unerträglich gewordenen Komplikationen im Leben der Völker miteinander: »That's what a certain bomb was meant to be.«

Im Namen der Humanität war das Unmenschliche geschehen, schrieb Günther Anders. Die Auseinandersetzung um die ethische Frage wird nach wie vor kontrovers geführt. Der christliche Anarchist Ammon Hennacy protestierte ab 1950 mit Hungerstreiks gegen die Bombe. Der Volksprediger Billy Graham stellte sich unter dem Eindruck des Vietnamkrieges gegen Trumans damalige Entscheidung. Noch 1982 ist einem amerikanischen Militärhistoriker von der Armee die Erlaubnis verweigert worden, sich an einer Fernsehdiskussion über Hiroshima zu beteiligen. Für manche ist das wahre Verbrechen der Abwurf von »Fat Boy« auf Nagasaki, nachdem man mit »Little Boy« auf Hiroshima das Exempel statuiert hatte. Der linksliberale Publizist Dwight MacDonald konnte kein Verständnis dafür aufbringen, daß die japanische Bevölkerung nicht vorgewarnt worden war und stellte sich und seine Landsleute auf eine moralische Stufe mit den Bestien von Majdanek. Ivan Illich fiel auf, daß die Verurteilung von Nazi-Ärzten von denselben Amerikanern in die Wege geleitet wurde, die zwei Tage später der Zerstörung Hiroshimas zustimmten. Paul Tibbets, der am 6. August 1945 die nach seiner Mutter benannte Maschine »Enola Gay« nach Hiroshima flog, hat nichts bereut und sich nie geschämt, aber Paul Bregman, der als Navigator über Nagasaki dabei war, nahm sich vierzig Jahre später das Leben. In der Heimat beflügelten Hiroshima und die Nuklearphysik die Phantasie. Geschäftsleute stellten den Namen ihrer Firmen das Wort »Atom« voran und hofften auf eine Umsatzsteigerung. Dr. Oppenheimer erklärte 1946, in fünf Jahren würde die Menschheit in rauchlosen, weil atomgeheizten Städten wohnen.[44]

Die Atombombe wurde von denjenigen Soldaten als Segen betrachtet, die Ardennenschlacht und Kriegsgefangenenlager überstanden hatten und kurz davor standen, bei der Invasion Japans eingesetzt zu werden. Das Argument, die Bombe sei geworfen worden, um Soldatenleben zu schonen, verliert etwas an Zugkraft, wenn man bedenkt, daß knapp ein Jahr nach Hiroshima 42000 G.I.s als Testpersonen bei Atombombenversuchen auf dem Bikini-Atoll zum Einsatz kamen. Spuren der Atomwolke gingen im 7500 Kilometer entfernten San Francisco nieder. Von den Testpersonen ist ein hoher Prozentsatz frühzeitig gestorben. Der Vorsitzende der *National Association of Veterans,* ein Mann der keine Beine mehr hatte und dessen linke Hand auf den fünffachen Umfang angeschwollen war, gab vor seinem Tod zu Protokoll, daß die Soldaten der Versuchsexplosion so gut wie schutzlos ausgesetzt waren und daß niemand sie davon abhielt, in radioaktiv verseuchten Gewässern zu baden. Eine Anerkennung als Kriegsbeschädigte fanden sie nicht.[45]

Über 290000 Amerikaner sind an der Front gefallen, davon 177000 in Europa, Nordafrika und auf dem Atlantik. Dazu kamen 113000 Soldaten, die nicht durch direkte feindliche Einwirkung ihr Leben lassen mußten. Jeder Tote erfüllte seinen Sinn, schrieb James Jones, als Teil des meßbaren Gewinns an Terrain. Die Verluste der Amerikaner waren niedriger als die anderer Nationen. Die Japaner verloren allein bei der Schlacht von Leyle 56000 Soldaten. Weltweit starben zwischen 1939 und 1945 wahrscheinlich 35 Millionen Militärs und Zivilpersonen durch Kriegseinwirkungen. 670000 Amerikaner wurden verwundet. In der Soldatenzeitschrift *Yank* waren Verwundete immer mit lachenden Gesichtern präsentiert worden. Sie sahen so aus, als würden sie bald wieder auf die Beine kommen. Zivilisten waren auf das wahre Bild, das sich ihnen in den Lazaretten bot, oft gänzlich unvorbereitet. Eine der »Andrew Sisters«, ein Gesangstrio, das zur Truppenbetreuung eingesetzt wurde, erinnerte sich: »Vor uns waren Betten und hinter uns waren Betten ... Der Anblick war entsetzlich. Wir sahen Boys ohne Arme und Beine, mit halben Gesichtern. Wir drei hielten uns aneinander fest, weil wir fürchteten, ohnmächtig zu werden. Das Schrecklichste war, die Tränen zurückzuhalten.« Von dauerhaften Kriegsschäden wollte die amerikanische Öffentlichkeit nichts wissen. Ein Comic strip mit einem beinamputierten Kriegsinvaliden mußte in den fünfziger Jahren nach Protesten der Zeitungsleser eingestellt werden.[46]

Anders als im Ersten Weltkrieg, in dem die USA lediglich den Ausschlag gegeben hatten, stellten die Amerikaner jetzt mehr als die Hälfte der in Europa eingesetzten alliierten Truppen. Der »Kreuzzug in Europa«, wie Eisenhower ihn verstand, forderte einen hohen seelischen Tribut unter den Soldaten. Ein beträchtlicher Teil der Entlassenen klagte über Unkonzentriertheit, nervöse Anspannung und innere Rastlosigkeit. Viele litten unter Schuldgefühlen. In einer psychologischen Studie wurde behauptet, nur jeder fünfte Infanterist habe bei Angriffen sein Gewehr tatsächlich abgefeuert.[47]

Die typische Haltung der Entlassenen war zwiespältig, weil sie die Kriegserfahrung um keinen Preis wiederholen, aber auch nicht missen wollten. Armut und Verwüstung in Europa bestärkten sie in ihrem Glauben, daß Amerika das beste Land der Welt sei. Die amerikanische Wirtschaft hatte mit wenigen Ausnahmen vom Krieg profitiert. Nur in einigen Südstaaten war ein Bevölkerungsschwund zu verzeichnen. Je niedriger die Rüstungsaufträge ausfielen, desto höher kletterte die Abwanderungsquote. Arkansas verlor mehr als zehn Prozent seiner Einwohner.[48]

Für die Amerikaner war der Zweite Weltkrieg unter anderem »the best reported war in history«. Kriegsberichterstatter wie Ernie Pyle (*Brave Men*, 1944) wurden zu prominenten Figuren des öffentlichen Lebens. Über den Gesundheitszustand Roosevelts, der sich im Laufe des Jahres 1944 stetig verschlechtert hatte, wurde die Bevölkerung allerdings im unklaren gelassen. Als der Präsident starb, wurde er in den Zeitungen unter die Gefallenen eingereiht: »Roosevelt, Franklin, D., Commander-in-Chief ...« Eine revisionistische Schule wie nach dem Ersten Weltkrieg gab es in der Geschichtsschreibung diesmal nicht, sofern man von den immer noch nicht ganz aufgeklärten Umständen um Pearl Harbor absieht.

Ein Unschuldiger findet sich hilflos in ein Kampfgeschehen unvorstellbaren Ausmaßes versetzt – das war die zentrale Aussage von Romanen, wie sie nach dem Ersten Weltkrieg geschrieben wurden, von Ernest Hemingway *A Farewell to Arms* (1929), *Three Soldiers* (1921) von John Dos Passos oder *The Enormous Room* (1922) von E. E. Cummings. In den Kriegsromanen des Zweiten Weltkriegs repräsentieren die Helden die Gesellschaft, die den Krieg hervorgebracht hat. In Norman Mailers *The Naked and the Dead* (1948), Joseph Hellers *Catch 22* (1961) oder *The Caine Mutiny* (1951) von Herman Wouk ist der Krieg die Verlängerung einer gewalttätigen Welt und er endet nicht mit dem Friedensschluß. Auch *Gravity's Rainbow* (1973) lebt von dieser Vorstellung, nur teilt Thomas Pynchon mit den Autoren der früheren Generation die Sehnsucht nach einer paradiesischen Kindheit, einer friedlichen Vorexistenz.[49] In *The Naked and the Dead* quält ein protofaschistischer General seinen liberalen und sensiblen Untergebenen. Mailer zeichnete die Kommißhengste der eigenen Truppe scheußlicher als die feindlichen Japaner. Sein Buch bekam Schwierigkeiten mit der Zensur, vor allem nachdem es als Paperback erschienen war. *From Here to Eternity* (1951) von James Jones, gewissermaßen die amerikanische Version der deutschen 08/15-Serie, wurde von der Post aufgehalten und durfte wegen angeblich obszöner Passagen nicht weiterbefördert werden. Nicht die menschliche Sexualität, der Krieg ist obszön, hatte Henry Miller in *Obscenity and the Law of Reflection* (1944) geschrieben, ein Gedanke, der später von Gegnern des Vietnamkriegs wiederaufgegriffen wurde.

Ein heimgekehrter G.I. erzählt seine Kriegserlebnisse – Titelblatt der *Saturday Evening Post* vom 13. Oktober 1945, gezeichnet von Norman Rockwell

IX. Kapitel

NACHKRIEGSZEIT

Besatzung

Amerikanische Kriegsberichterstatter waren nicht darauf vorbereitet, was der Bombenkrieg in Deutschland angerichtet hatte. Gegen die Schäden in manchen deutschen Städten wirkten Coventry und Plymouth wie die Launen eines unartigen Kindes, berichtete am 15. April 1945 Edward Murrow, einer der bekanntesten Radioreporter. Die amerikanische Bevölkerung zeigte Mitleid mit den unterlegenen Deutschen. CARE-Pakete *(Co-operative for Remittances to Europe)* linderten die Hungersnot. Am 30. Juli 1945 trat in Berlin erstmals der Alliierte Kontrollrat zusammen. Den Vorsitz führte General Eisenhower. Am 20. November begann in Nürnberg der Prozeß gegen 24 Naziführer, von denen 11 zum Tod durch Erhängen verurteilt wurden. Wie später bekannt wurde, hat der amerikanische Chefankläger Robert Jackson, Richter am Obersten Gerichtshof, Verfahren dieser Art in einer geheimen Denkschrift mißbilligt, weil sie dazu angetan seien, das Vertrauen der Öffentlichkeit in die Privatindustrie zu untergraben. Auch Trumans Kriegsminister Robert Patterson hegte starke Vorbehalte gegen Kriegsverbrecherprozesse. Kleinere Nazitäter kamen meist mit milden Strafen davon. Oft wurde auf den Haftantritt verzichtet, um die Unterstützung der Deutschen zu gewinnen.[1]

Einen Versuch des Landes Hessen, die Schlüsselindustrien zu verstaatlichen, haben die Besatzer rigoros unterbunden. Wo die Weichen auf Sozialisierung gestellt waren, sind sie rasch wieder umgelegt worden. Amerikanische Firmen hatten noch während des Krieges damit begonnen, neue Absatzmärkte zu erschließen. Für fünf Cents pro Flasche verkaufte der Coca-Cola-Konzern seine Limonade an G.I.s. Die Regierung sorgte für den Transport und genehmigte die Errichtung von 64 europäischen Abfüllstationen. Nach Kriegsende konnte Coca-

Cola zu einem Weltgetränk werden. Was so uneigennützig ausgesehen hatte, war eine gezielte Verkaufsstrategie gewesen. »Die feuchte Stimme Amerikas« nannte *Der Spiegel* dieses Getränk. Es besteht aus Caramel, Cola-Extrakt, Phosphorsäure, Aromastoffen, Zucker, Wasser, Kohlensäure und dem Element »X 7«, dessen Zusammensetzung besser gehütet wird als manches Staatsgeheimnis.

Exportorientierte Unternehmer konnten kein ernsthaftes Interesse für den Plan des Finanzministers Henry Morgenthau aufbringen, der Deutschland in einen Agrarstaat zurückverwandeln wollte. Morgenthau hatte Landwirtschaft studiert und nach dem Ersten Weltkrieg die Zeitschrift *American Agriculturist* herausgegeben. 1945 veröffentlichte er ein Buch mit dem Titel *Germany is Our Problem.* Roosevelt fand zeitweise Gefallen an den pastoralen Ideen seines Kabinettsmitglieds, auch Churchill liebäugelte manchmal mit dem Bild eines agrarischen und deshalb ungefährlichen Deutschland. Nach zahlreichen Richtungskämpfen zwischen Militärs und Zivilisten, Kompetenzschwierigkeiten unter den Ministern und Meinungsverschiedenheiten der Alliierten wurde wenigstens die Demontage von Industrieanlagen bis zum Juli 1947 offizielle Politik. Morgenthaus Plan war jedoch gründlich verwässert und konnte auf Dauer keine politische Grundlage abgeben. Das *European Recovery Program,* nach dem US-Außenminister auch »Marshallplan« genannt, stellte ab 1948 nicht weniger als 17 Milliarden Dollar bereit, um die europäische Wirtschaft wieder auf die Beine zu bringen, den Klassenkonflikt zu entschärfen und kapitalistische Produktions- und Vertriebsformen nach amerikanischem Muster zu fördern. Heute weiß man, daß der Vergabemodus die Produktivität eher behindert hat und daß rund 13 Milliarden Dollar überhaupt nicht abgerufen wurden.[2]

Die Amerikahäuser, in denen ein breites Spektrum amerikanischer Kultur angeboten wurde, waren für Europäer der schwierigen Nachkriegsjahre schon deshalb attraktiv, weil sie geheizt waren. Lange verbotene und unzugängliche Literatur konnte nun wieder gelesen werden. Bis zu 400 US-Filme wurden pro Jahr in die drei westlichen Zonen gebracht. Der Soldatensender AFN (*Armed Forces Network*), eine Einrichtung, die der »Morale Branch« im Washingtoner Kriegsministerium entsprungen war, unterhielt eine halbe Million amerikanische Hörer, aber 30 Millionen Europäer, darunter acht Millionen Deutsche. Der AFN brachte keine Werbung und durfte deshalb in amerikanischen Häfen nicht empfangen werden, um privaten Sendern keine Konkurrenz zu machen. Unter amerikanischer Ägide wurden wieder Lizenzen für eine demokratische Presse vergeben. Eine besondere Bedeutung kam hier dem *Spiegel* unter Rudolf Augstein zu, der nach Kriegsende in Hannover unter dem Pseudonym »Argus« Lokalspitzen geschrieben hatte. Die *Neue Zeitung* stand unter der Leitung von Hans Habe. Stefan Heym, Erich Kästner, Robert Lembke und andere Ressortchefs dieser Zeitung verabreichten die von den Amerikanern geforderte »Re-education« nicht mit dem Holzhammer, sondern in verträglichen Dosen. Beim *Kid's Day* während der amerikanischen

Besatzungszeit nahmen Kinder und Jugendliche für einen Tag wichtige Funktionen in der Verwaltung ein, um demokratische Tugenden zu lernen. Ein bezopftes Mädchen, einen Tag lang Sozialministerin, meinte: »Vielleicht wenn unsere Befreier überzeugt sind, daß wir als Demokraten leben, werden sie alle wieder nach Hause gehen.« Die Umerziehung der deutschen Bürgerschaft will amerikanischen Historikern im Rückblick nur als mäßiger Erfolg vorkommen. Mangelnde Vorbereitung, unfähiges Personal besonders in der zweiten Welle, Rivalitäten zwischen den einzelnen Instanzen und der Begriff »Re-education« selbst wurden dafür verantwortlich gemacht. Die Umbenennung in »Re-orientation« vermochte daran nichts Entscheidendes zu ändern. Die Schulreform ging schleppend voran; man überließ sie, nach Protesten von Kardinal Faulhaber, den Deutschen. Zur Gesamtschule kam es nicht. Im Ost-West-Konflikt waren die Sieger erpreßbar, und zielbewußte deutsche Nachkriegspolitiker haben diese Tatsache genutzt.[3]

Die deutsche Bevölkerung war »beinahe froh«, daß der Krieg zu Ende war. In den westlichen Teilen Deutschlands herrschte Erleichterung darüber, daß mit den Amerikanern ein »kultiviertes Volk« einmarschierte und nicht »der Russe«, auch wenn die Yankees dazu neigten, die Füße auf den Tisch zu legen und Gummi zu kauen, Eigenarten, die in zahllosen Erinnerungen aus der Nachkriegszeit zur Sprache gebracht wurden. Daß man die Amerikaner willkommen hieß, bedeutete aber nicht, daß man sie für geeignet hielt, den Deutschen »Kultur« beizubringen. Ähnliche Vorbehalte traf man bei anderen europäischen Nationen an. Der amerikanische Historiker Perry Miller hielt sich Anfang der fünfziger Jahre in Europa auf und konstatierte als durchgängige Stimmung einen tiefen Antiamerikanismus. Die »Ami go Home«-Parolen an den Hauswänden wurden von den Besatzungssoldaten mitunter sogar geteilt. Ein Militärgeistlicher nahm kein Blatt vor den Mund, als er den typischen G.I. in Europa charakterisierte: »Da steht er nun in seinen ausgebeulten Kleidern, dick, übergewichtig, einsam, ein bißchen sehnsüchtig, sieht wenig, versteht noch weniger – der Eroberer, mit einer Schokoladentafel in der einen Tasche und einer Packung Zigaretten in der anderen.« Deutsche Zivilisten und amerikanische Soldaten sind sich in den Jahrzehnten nach dem Krieg nicht nähergekommen. Deutschamerikanische Freundschaftsprogramme in großen Garnisonsstädten wie Hanau oder Kaiserslautern haben etwas Künstliches an sich. Die Sprach-, Interessen- und Mentalitätsunterschiede waren zu groß, um durch bloße Proklamationen beseitigt werden zu können.[4]

Nach dem Waffenstillstand mit Japan setzte General Douglas MacArthur als Militärgouverneur die Richter für die Kriegsverbrecherprozesse ein. Es kam zu 3500 Verurteilungen, davon waren 720 Todesurteile. Hirohito wurde nicht zur Verantwortung gezogen. Der australische Präsident des Internationalen Tribunals hielt den Kaiser für mitschuldig, aber der amerikanische Staatsanwalt hatte die politische Anweisung, ihn unbehelligt zu lassen. Dagegen wurde der japanische

Kommandeur Yamashita im Februar 1946 exekutiert. Seiner Einlassung, er habe nach der Invasion der Amerikaner die Kontrolle über seine Truppen verloren, schenkten die Richter keinen Glauben. Japan erhielt eine neue, von MacArthur gebilligte Verfassung. Die Macht der *zaibatsu,* der Kartelle, sollte gebrochen, dem Land eine gerechtere Wirtschaftsordnung gegeben werden. MacArthur hatte nach Hiroshima und der Kapitulation des Gegners von verpaßten Chancen und einer drohenden schweren Niederlage gesprochen. »Das Problem ist grundsätzlich theologisch«, sprach der General, »und hat mit einer geistigen Wiederauferstehung zu tun.« Im Dezember 1948 wurde auch der ehemalige Premier Tojo gehenkt.[5]

In den US-Konsulaten bildeten sich Schlangen von Auswanderungswilligen. Nach einer Weile sind auch die Anträge Deutscher wieder bearbeitet worden. Zu den extremsten Nachkriegsdramen gehörten die Schicksale absichtlich zurückgelassener Kinder. In Köln hängte eine Frau ihrem vierjährigen Kind ein Pappschild um den Hals. »Ich hau ab nach Amerika. Kümmern Sie sich um meinen Sohn.« Wie bei früheren Auswanderungswellen zeigte sich, daß der Emigrant eine grundsätzliche und oftmals radikale Bereitschaft zum Ortswechsel mitbrachte. Auch in Notzeiten wandern überwiegend Personen mit bestimmten soziographischen und typologischen Merkmalen aus. Autobiographische Erhebungen unter Auswanderern in Kanada förderten schwere Identifikationskonflikte im Elternhaus (Vater Nazi, Mutter strenge Katholikin) oder gravierende Erziehungsfehler zutage. Die Auswanderung ist nicht unbedingt als einmaliger Akt zu verstehen, sondern als Prozeß, das heißt, der Auswanderungsentschluß wird laufend überprüft und gegebenenfalls rückgängig gemacht. In den seltenen Fällen, in denen die Lebensgeschichten und Lebensansichten von ausgewanderten Geschwistern vorliegen, wird dieses Phänomen klarer. Die Brüder Detlev und Heinz K. sind als Dreizehn- und Zehnjährige mit ihren Eltern ausgewandert. Als Hauptgrund wurde die Münchner Wohnungsnot der Nachkriegszeit angegeben. Heinz ist ganz in der amerikanischen Kultur aufgegangen, hat sich zum Militär gemeldet und rotiert zwischen den weltweiten Militärstützpunkten der USA. Detlev kehrte im Alter von 26 Jahren nach München zurück, obwohl er als Bergwerksingenieur in den USA ein gutes Auskommen hatte. Sein Entschluß zur Rückwanderung ist langsam gereift. Als Student irritierte ihn die Oberflächlichkeit der Kommilitonen, die schnell geschlossenen Freundschaften, die leeren Floskeln. Als Katholik fühlte er sich unter Druck, in der deutsch-amerikanischen Gruppe störten ihn die internen Spannungen. Nach seinem Gefühl rann den Amerikanern das Geld zu schnell durch die Finger. Das einzig Gute an der Kreditwirtschaft sah er darin, daß man sich leichter ein Haus bauen kann.[6]

Die Motivforschung bei holländischen Auswanderern der Nachkriegsjahre ergab, daß die Initiative zur Auswanderung meistens beim Mann lag. Frauen taten sich offenbar schwerer, sich von den Eltern zu lösen. Wirtschaftliche Sorgen spielten eine untergeordnete oder gar keine Rolle. 84 Prozent einer Stichprobe wollten am Auswanderungsentschluß festhalten, selbst wenn eine wirklich gute Stellung gelockt hätte. Die Wohnungsnot allein war nie ausschlaggebend, eher das Gefühl, daß die Lebensumstände in Holland zu eng werden. Ein Viertel der Befragten hatte bereits einen längeren Auslandsaufenthalt hinter sich, andere waren bei der Marine gewesen. Unter älteren Auswanderern ließ sich Rastlosigkeit und Abenteuerlust früherer Jahre unvermutet reaktivieren. Bei einem Fünftel holländischer Auswanderer nach Übersee waren schwere familiäre Probleme zu verzeichnen: eine unglückliche Kindheit, der frühe Tod von Vater oder Mutter, die Scheidung der Eltern, die eigene Scheidung, aufreibende Auseinandersetzungen mit dem Lebensgefährten oder mit Blutsverwandten. Signifikant war die Zahl derjenigen, die in ihrer Umwelt eine Sonderstellung eingenommen hatten: durch psychische oder körperliche Auffälligkeiten, durch asoziales Verhalten oder als Straftäter. Es ist kaum jemand ohne einen ganz persönlichen Grund ausgewandert. Wer sagte, in Holland sei es zu eng, wer seine Landsleute für engstirnig hielt, wer anderswo größere Möglichkeiten für sich sah, der hatte in aller Regel die Erfahrung »subjektiven Unbehagens« gemacht und strebte danach, diese Erfahrung hinter sich zu lassen. Verwandte in Übersee erleichterten den Auswanderungsentschluß, das ist keine Frage. Am Ursprungsort aber waren von großer Bedeutung schwache soziale Bindungen, eine unvollständige Integration in die Gesellschaft und reduzierter Kontakt zu den Eltern. Im Vergleich zu seßhaften Personen hatten Auswanderer sich häufiger im Ausland aufgehalten, waren politisch stärker interessiert und machten häufiger Besuche als andere Personen, aber nicht aus Kontaktfreudigkeit, sondern weil sie ihre Energie auf Ziele außerhalb ihres engeren Gesichtskreises lenkten.[7]

Mit dem *McCarran-Walter Act* (1952) änderten sich die Einwanderungsbestimmungen. Asiaten hatten es fortan leichter, ins Land zu kommen, kommunistische oder subversive Antragsteller sollten ausgefiltert werden. Mit dem *Refugee Relief Act* (1953) versuchte der Kongreß, Ostblockflüchtlingen die Grenzen zu öffnen.

Internationale Verpflichtungen

Anders als nach dem Ersten Weltkrieg ergriffen nun nicht die Isolationisten die politische Initiative; der Beitritt der USA zur UNO fand im Senat nur zwei Gegenstimmen. Die Europäer nahmen nicht ohne Beklommenheit zur Kenntnis, daß sie stärker als je von Washington abhängig sein würden und daß wegen der Atombombe den Amerikanern die Verantwortung für den Fortbestand der Menschheit zugefallen war. Bernard Baruch lehnte 1946 als Vertreter seines Landes in der Atomenergiekommission den Vorschlag ab, die Uranfelder unter internationale Kontrolle zu stellen. Ein solches Vorgehen, sagte Baruch, würde zur Verstaatlichung führen und den *American Way of Life* gefährden.

Die Verdienste der Amerikaner bei der Stabilisierung der Zustände in Europa nach dem Krieg sind unbestreitbar. Die Ausrottung der Malaria im Mezzogiorno zum Beispiel ist humanitären amerikanischen Stiftungen zu verdanken. Ein Kulturanthropologe mußte allerdings feststellen, daß amerikanische Politiker individuelle Freiheit für ein Abstraktum hielten, das praktisch unter allen Bedingungen gedeihen könne. Die Vorstellung, daß jemand freiwillig Kommunist wird, wollte amerikanischen Europabeobachtern nur schwer in den Kopf. In Europa wiederum wurden Zweifel an der Fähigkeit der Amerikaner wach, die ihnen zugefallene Führungsrolle auch auszuüben: »Europa braucht Kunde von einem neuen Thomas Paine. Es will nicht von einem neuen ›Babbitt‹ hören, sondern von einem neuen Emerson.« Eingeweihte wußten, daß Roosevelt sowjetischen Reparationsforderungen auch in Form von deutscher Zwangsarbeit zugestimmt hatte, »eine für einen demokratischen Präsidenten äußerst irritierende Konzession«.[8]

Truman gelobte, die »gutnachbarliche« Lateinamerikapolitik seines Vorgängers fortzusetzen. Im Vertrag von Rio (1947) versprachen sich neunzehn amerikanische Republiken gegenseitigen Beistand. Große US-Konzerne übten Kontinuität insofern, als sie mit Unterstützung der lateinamerikanischen Machtelite und des eigenen Außenministeriums die Ressourcen des südlichen Halbkontinents zum Schaden der Bevölkerung ausbeuteten. Kompensatorische Dollarspritzen aus Washington erwiesen sich als ungeeignetes Mittel, die sozialen und politischen Probleme des Subkontinents zu lösen.

Zwischen 1937 und 1941 hatten die USA unter der *Cash & Carry*-Klausel zum Nachteil der Chinesen Waffen an Japan geliefert. Pearl Harbor brachte den Frontwechsel. Der US-General Joseph Stilwell befehligte chinesische Truppen auf Burma. Hohe US-Militärs und Diplomaten sympathisierten nach dem Krieg mit Tschiang kai-chek und der Kuo-min-tang. Die amerikanische Öffentlichkeit hatte seit je ein intensives Interesse an China gezeigt, vor allem an geheimnisvollen Dingen wie dem Opiumrauchen, langen Fingernägeln, eingebundenen Füßen, tausendjährigen Eiern, Akrobaten und Jongleuren, dem Ahnenkult oder dem Töten weiblicher Säuglinge. Maos Sieg wurde nicht nur als politische Niederlage empfunden. Man meinte auch, mit dem Kommunismus würde die faszinierende Exotik ein Ende finden. Die USA, die 1947 erklärt hatten, sie wollten zwischen Tschiang und den Kommunisten nicht weiter vermitteln, blieben parteiisch und stellten sich hinter Nationalchina. John Foster Dulles ging im Januar 1955 wegen Quemoy und Matsu an den Rand eines Krieges: »Wir schritten zum Abgrund und sahen ihm ins Antlitz. Wir haben Stärke gezeigt.«[9]

Seit Anfang der fünfziger Jahre machte das Wort von den USA als »Weltmacht wider Willen« die Runde. Amerika sei mehr Macht zugefallen als jeder anderen Nation, ohne besonders intensiv danach gestrebt zu haben, schrieb der Theologe Reinhold Niebuhr. Die »weltweiten Verpflichtungen« seiner Regierung betrachtete Niebuhr mit gemischten Gefühlen, denn nun fänden sich die USA, ein

Paradies an innerer Sicherheit, mitten in eine Hölle aus globaler Unsicherheit gestellt.[10] Washington zeigte Ungeduld mit anderen Systemen, und Dulles verkündete 1954, im Zenit des Kalten Krieges, die Doktrin der »massive retaliation«, womit ein vernichtender atomarer Gegenschlag gemeint war.

Die USA haben ihr außenpolitisches Engagement nach dem Zweiten Weltkrieg ständig vergrößert. Das Außenministerium hatte 1917 nur 1400 Angestellte, im Jahr 1956 deren 40000. Überall auf der Welt waren amerikanische Soldaten stationiert und Diplomaten akkreditiert. Gewohnheitsmäßig gaben sie ihren Standort mit Paris (France) oder Izmir (Turkey) an – ein Indiz für die Panamerikanisierung der Welt, meinte der konservative Zeitgeschichtler John Lukacs. Vormals isolationistisch eingestellte Republikaner verlangten jetzt eine möglichst globale Streuung von US-Militärstützpunkten. Die expansive Orientierung mache neue Horizonte erforderlich, schrieb 1957 der Politologe Robert Straus-Hupé, kosmische Unternehmungen müßten den Krieg ersetzen: das amerikanische Empire und die Menschheit – das seien nur zwei verschiedene Namen für eine neue Weltordnung in Frieden und Freiheit. Der nicht unbescheidene Entwurf wurde durch den Sputnikerfolg der Sowjets beschädigt. Das Weiße Haus zeigte sich zwar unbeeindruckt, gab sich dadurch aber erst recht eine Blöße. Der Pressezar Henry Luce hatte 1941 in seiner Illustrierten *Life* unter der Überschrift »The American Century« dafür plädiert, daß Amerika die Weltführung übernimmt. Arthur Schlesinger war in seiner Schrift *The Vital Center* (1949) für einen machtvollen Amerikanismus jenseits von Faschismus und Kommunismus eingetreten. Doch konnten sich die USA als Supermacht nicht mehr konkurrenzlos fühlen. Es gibt Stimmen, die den Beginn des Abstiegs Amerikas als Weltmacht bereits auf die Suezkrise (1956) legen.[11]

Die Entfremdung zwischen den Waffenbrüdern USA und UdSSR hatte bald nach Kriegsende eingesetzt. Einer der Gründe für die Entfremdung war finanzieller Natur: Während die Engländer von Washington 1945 mit einer großzügigen Anleihe bedacht wurden, ging ein entsprechender Kreditantrag der Sowjetunion in den Tiefen des amerikanischen Außenministeriums verloren. Ein weiterer Grund war die deutsche Frage, »the German problem«. In amerikanischen Augen hatte Moskau vor, Deutschland auszuplündern und damit den Kardinalfehler von Versailles zu wiederholen. In Washington plante man dagegen, den unterlegenen Deutschen und anderen Europäern wieder auf die Beine zu helfen. Ein wichtiges Instrument hierzu sollte der Marshallplan sein, der auf Initiative von Dean Acheson zustandegekommen war und von dessen damaligem Chef, Außenminister George Marshall, der Öffentlichkeit vorgestellt wurde. Vor Harvard-Studenten erläuterte Marshall im Juni 1947, die vorgeschlagenen Hilfsmaßnahmen richteten sich weder gegen ein bestimmtes Land noch gegen eine bestimmte Doktrin – ein beinahe sicheres Zeichen, daß das Gegenteil der Fall war. Regierung und Bevölkerung bekundeten Uneigennützigkeit ihrer Absichten. Der alte Truman sagte im Rückblick ganz mechanisch, »there wasn't anything selfish about it«, räumte aber wenige Sätze später ein, daß man Europa wirtschaftlich stützen mußte, um nicht selbst in eine böse Rezession hineinzugeraten. Mit Altruismus ließen sich für amerikanische Reeder, Bankiers und Farmer ordentliche Gewinne erzielen. Ab dem zweiten Jahr seiner Laufzeit wurden unter dem Marshallplan mehr Mittel für die Rüstung als für die zivile Wirtschaft bereitgestellt.[12]

Die beiden großen politischen Parteien waren sich einig in ihrem Anspruch auf die Weltführung Amerikas. Eisenhower sagte im Wahlkampf: »Wir müssen vor der Weltöffentlichkeit beweisen, daß wir die Welle der Zukunft sind.« Sein demokratischer Gegenkandidat Adlai Stevenson begründete den globalen Führungsanspruch der Amerikaner religiös: »Gott hat uns einen furchteinflößenden Auftrag gegeben: nichts Geringeres als die Führerschaft der freien Welt.« Antikommunismus war sehr früh nach dem Krieg zu einem Grundelement der amerikanischen Politik geworden. Weil er die Sowjets gewissermaßen in Schutz genommen hatte und für eine Aufteilung der Interessensphären eingetreten war, hatte Handelsminister Henry Wallace 1946 zurücktreten müssen. Für den Abgeordneten John Rankin aus Mississippi waren es Kommunisten gewesen, die den Heiland gekreuzigt und unter dem Kreuz um seine Kleider gewürfelt hatten. Der erste Kulturbeitrag des jungen kalifornischen Abgeordneten Richard Nixon hatte 1947 darin bestanden, den Komponisten Hanns Eisler auf eine Schwarze Liste setzen zu lassen, so daß dieser »Karl Marx der Musikszene« in Hollywood nicht mehr beschäftigt werden konnte. Eisenhowers Außenminister John Foster Dulles war in der Washingtoner Gesellschaft als Griesgram bekannt, der zu dem Wortspiel »dull, duller, Dulles« animierte. Seine politischen Initiativen waren freilich nicht dazu angetan, einschläfernd zu wirken. Trumans Strategie des »containment« hielt Dulles für ungenügend. Neutrale Positionen konnte er sich schlicht nicht vorstellen. Seine Politik des »brinkmanship«, zum Beispiel bei einer Intervention im Libanon, brachte ihm den Ruf ein, ein »Duellant am Abgrund« zu sein, das heißt, sich ohne Not bis an die Grenzlinie zwischen Krieg und Frieden zu begeben.[13]

Allen Dulles, ein Bruder des Außenministers, war der Chef der CIA, deren Aktivitäten sich unter Eisenhower erheblich ausweiteten. Außenministerium und CIA inszenierten 1953 mit Wissen des Präsidenten einen Coup gegen Mossadegh. Der Schah kam an die Macht zurück und schloß neue Verträge mit amerikanischen Ölfirmen. Erfolglos blieb 1954 der Versuch eines CIA-Teams, die Übernahme Hanois durch die Vietminh zu sabotieren. Dagegen gelang es der CIA im selben Jahr, auf Anordnung Eisenhowers in Guatemala eine Gegenrevolution vorzubereiten und nach dem persischen Modell Staatschef Arbenz zu stürzen. Von Managua aus starteten CIA-Piloten und terrorisierten die Bewohner von Guatemala City mit Bombenangriffen. Moralisch unterstützt wurde diese Operation von dem heftig antikommunistisch eingestellten Francis Kardinal Spellman, den man den amerikanischen Papst genannt hat. Ein nicht einmal besonders selbstkritischer Zeitgeschichtler meinte, die lateinamerikanischen Staaten hätten US-amerikanische Interventionen fast ebenso zu fürchten gehabt wie den Kommunismus.[14]

Das *Office of Strategic Services* (OSS) hatte gegen Ende des Krieges zugunsten der französischen Resistance verdeckte Operationen gegen die Japaner durchgeführt und einmal durch den Abwurf von Medikamenten Ho Chi Minh das Leben gerettet. Truman war anders als Roosevelt damit einverstanden, daß Frankreich wieder von Indochina Besitz ergriff. So wurde nach Kriegsende der Kolonialismus mit seinen sozialen Begleiterscheinungen wiederbelebt. Im französisch kontrollierten Vietnam kam ein Arzt auf 38 000 Einwohner. Als die Vietnamesen gegen die Fremdherrschaft revoltierten, kritisierte Washington die zurückhaltende Strategie der Franzosen und machte weitere Militärhilfe abhängig von einem aggressiveren Vorgehen. Dulles gab sich überzeugt, Indochina binnen 18 Monaten »säubern« zu können. Nixon schlug vor, US-Truppen zu entsenden oder drei Atombomben zu werfen, um eingeschlossene Franzosen aus Dien Bien Phu herauszuhauen. Walter Lippmann hatte richtig erkannt, daß Mobilität die amerikanische Truppe auszeichnete und ihr deswegen eine hinhaltende Taktik zuwider war. Eine Strategie des Abwartens, um den Gegner zu frustrieren, lag den Amerikanern nicht. Eher stellte sich bei ihnen selbst Frustration ein. »Mein Gott, wir dürfen Asien nicht verlieren«, seufzte Eisenhower im Februar 1954. Zwei Monate später brachte er die Dominotherorie in Umlauf, wonach ein Staat nach dem anderen kommunistisch werden würde, zeigte man sich in Indochina nachgiebig. Eine Intervention wurde nie ganz ausgeschlossen, auch wenn man sich bewußt war, gegebenenfalls alle Spuren verwischen zu müssen. 1957 schlug die UdSSR vor, das Land zu teilen. Nord- und Südvietnam sollten als eigene Staaten in der UNO vertreten sein. Die USA lehnten diesen Vorschlag ab.[15]

Im Vorfeld der Suezkrise hatten die USA Israel zuliebe den Ägyptern keine Waffen geliefert, worauf sich Nasser in der UdSSR bediente. Als Reaktion darauf zog Washington die Zusage zurück, den Assuanstaudamm zu finanzieren. Nasser kündigte daraufhin die Verstaatlichung des Suezkanals an, um mit den Passagegebühren den Staudamm bauen zu können. England und Frankreich verabredeten eine Intervention, Israel benützte die Gelegenheit, auf die Halbinsel Sinai vorzurücken. Nach der Abwendung der Krise verkündete das Weiße Haus die »Eisenhower-Doktrin«. Der Präsident nahm sich das Recht, arabischen Staaten in Nahost bei Bedarf militärisch und wirtschaftlich unter die Arme zu greifen. Die Eisenhower-Doktrin sollte die Position Nassers schwächen. Eine Probe aufs Exempel folgte wenig später. Um Nasser eine Lektion zu erteilen, intervenierten die USA mit Marineinfanterie und Flugzeugträgern im Libanon. Es handelte sich hier um eine Art von Kanonenbootdiplomatie, wie man sie bei England und Frankreich kurz zuvor noch verurteilt hatte. Gegen die Intervention des Kreml in Ungarn konnten die Westmächte nur halbherzig protestieren, da sie zur selben Zeit in Suez intervenierten. *Radio Free Europe* und die *Stimme Amerikas* ermunterten die ungarischen Rebellen, doch konkretere Pläne zu ihrer Unterstützung lagen nicht vor.[16]

Legislative, Exekutive, Lobby

Ehemalige Kriegsteilnehmer hatten mit größeren persönlichen, familiären und beruflichen Problemen zu kämpfen als andere Bürger. Der *Servicemen's Readjustment Act* (1944), gemeinhin *G.I. Bill of Rights* genannt, brachte arbeitslosen Exsoldaten Barkredite und Ausbildungsbeihilfen, die sich zu einer beachtlichen Höhe summierten. Vier Millionen Männer und Frauen kamen in den Genuß dieser Leistungen, die man als den bis dahin massivsten Eingriff der Bundesregierung ins Erziehungswesen seit dem *Morrill Land Grant Act* (1862) bezeichnet hat. Trotz dieses sinnvollen und nützlichen Gesetzeswerkes stand der Kongreß nicht gerade im besten Ansehen bei der Bevölkerung. Sich über die Volksvertretung lustig zu machen, war fast zu einer Art Volkssport geworden. Die Bundeshauptstadt Washington hieß im Volksmund »the Great Dismal«, das große Übel, und eine witzige Charakterisierung der Mechanik von Vertragsabschlüssen wurde zum geflügelten Wort: »The President proposes, the Senate disposes, and the country dozes.«*[17]

Die Staatsverdrossenheit hatte zum Teil mit der Person des Präsidenten zu tun. Kaum ins Weiße Haus gewählt, hatte Truman erklärt, es gebe eine Million Amerikaner, die dieses Amt besser ausfüllen könnten als er. Je länger seine Amtszeit dauerte, desto mehr Bürger waren geneigt, dieses Bekenntnis nicht als Zeichen der Bescheidenheit, sondern wörtlich zu nehmen. Harry S. Truman war der erste Präsident seit Cleveland ohne Collegebildung. Als Kurzwarenhändler hatte er Anfang der zwanziger Jahre Bankrott gemacht, ein Ereignis, das mancher für eine nationale Katastrophe hielt, weil Truman sich danach nämlich der Politik zuwandte. Thomas Pendergast, der Demokratenboß von Missouri, förderte ihn nach Kräften, aber Truman genoß nicht einmal unter Parteifreunden besonderen Respekt, als ihm nach Roosevelts Tod dessen Amt zufiel. Der demokratische Senator William Fulbright hat ihm einmal empfohlen, zurückzutreten und einem Republikaner Platz zu machen. Überraschung machte sich breit, als Truman die Wahlen von 1948 gewann. Besonderes Mißvergnügen empfand der Meinungsbefrager George Gallup, der einen deutlichen Sieg des Republikaners Thomas Dewey vorausgesagt hatte. Trumans Popularität nahm rasch ab. Am Ende waren nur noch 26 Prozent der Bürger mit seiner Amtsführung einverstanden. Seine

* to doze = dösen

rhetorische Unbeholfenheit und seine politischen Mißgriffe hat man ihm erst später verziehen. Solange er amtierte, machte das böse Wort »to err is Truman« die Runde.[18]

Ein Grund für Trumans politische Schwierigkeiten waren die Hindernisse, die ihm der Kongreß in den Weg legte. Praktisch gesehen war aus dem Zweiparteiensystem ein Vierparteiensystem geworden: liberale Republikaner, konservative Republikaner, New Deal-Demokraten und südstaatliche Demokraten. Geschickte Politjongleure vermochten dieser Konstellation immer neue Mehrheiten abzugewinnen oder das Entstehen von Mehrheiten zu verhindern. Das Filibuster diente seit Cato dem Jüngeren als erprobtes Mittel, die Verabschiedung eines Gesetzes zu torpedieren. Eine beliebte Verzögerungstaktik war ferner die Feststellung des Quorums. Dazu konnte die mehrfache Verlesung der Namensliste (*roll call*) nötig werden. Anschließend war es möglich, die Verlesung des Protokolls zu verlangen, worauf die Abgeordneten wieder auszogen und man erneut die Überprüfung des Quorums verlangen durfte. Der Mythos, der sich um altgediente Volksvertreter wie Sam Rayburn oder Richard Russell rankte, beruhte auf der überlegenen Beherrschung parlamentarischer Regeln wie sie in *Jefferson's Manual* der Parlamentsgesetze niedergelegt sind, in den Geschäftsordnungen der beiden Kammern und in den elf Bänden von *Hinds' and Cannons' Precedents* mit den historischen Auslegungen der Geschäftsordnungsparagraphen.[19]

Ein Durchschnittsabgeordneter im Repräsentantenhaus fühlte sich nicht an die »Plattform«, das Wahlprogramm seiner Partei, gebunden, wußte er doch, daß dieses Programm hauptsächlich auf die bevölkerungsstarken Industriegebiete zugeschnitten war, aus denen die entscheidenden Wahlmännerstimmen kamen. Er selbst operierte lieber in einem lokalen Kontext, denn sein wichtigstes Ziel war die Wiederwahl, der er sich alle zwei Jahre zu stellen hatte. Je öfter einer wiedergewählt wurde, desto höher seine Anciennität und je höher die Anciennität, desto größer die Chancen, einen Ausschußvorsitz oder ein anderes wichtiges Amt zu ergattern. Der typische »middle-of-the roader« unter den Volksvertretern fühlte sich in erster Linie seinem eigenen Wahlkreis verpflichtet. Er versprach seinen Wählern in allgemeinen Formulierungen, sich gegen alle Formen der Autokratie, von oben oder von unten, zur Wehr zu setzen. Um außenpolitische Fragen kümmerte er sich meistens nicht.[20]

Lobbyisten sind Personen, die die Entscheidungen öffentlicher Amtsträger zu beeinflussen suchen. Seit dem *Federal Regulation of Lobbying Act* (1946) besteht für Lobbyisten Registrierpflicht. 1950 sprach ein Kongreßausschuß von der Gesamtheit der privaten Interessenvertreter als einer »major industry«. Zeitweise gab es um die 5000 Lobbyisten in Washington oder zehn auf jeden Volksvertreter. Von den 1000 größten Firmen unterhielten 80 Prozent eine Lobby in der Bundeshauptstadt. Lobbyisten bearbeiten vorwiegend Abgeordnete, die ihren Zielen im Grundsatz bereits positiv gegenüberstehen. Vom Geschick einer Lobby kann das Wohlergehen einer Branche abhängen. So bauten nach dem Zweiten Weltkrieg nur drei Prozent aller amerikanischen Farmer Zuckerrüben oder Zuckerrohr an, verteilt allerdings auf neunzehn Staaten. Demnach kamen 38 Senatoren als Ansprechpartner für die Zuckerlobby in Frage. Kleine aber vermögende Lobbies sind imstande, dem Allgemeinwohl dienende Gesetzesinitiativen zu Fall zu bringen. Zwischen 1938 und 1963 hat der Kongreß kaum ein innovatives Gesetz erlassen. Das Ansehen der Abgeordneten und Senatoren war zeitweilig so schlecht, daß normale Pflichterfüllung lobend hervorgehoben wurde: wenn ein Abgeordneter aus Delaware einmal gegen die Interessen des DuPont-Konzerns in seinem Staat stimmte, ein Südstaatler für Bürgerrechte eintrat oder Senator Fulbright aus Arkansas sich bei einer Postgebührenfrage der Stimme enthielt, weil seine Familie eine kleine Zeitung besaß.[21]

Parteitage oder *Conventions* zur Nominierung von Präsidentschaftskandidaten sind seit der Jacksonzeit einberufen worden. Die ritualistischen und theatralischen Elemente dieser Veranstaltung sind im Lauf der Geschichte stärker in den Vordergrund getreten. Heute fühlen sich außenstehende Betrachter an die Atmosphäre beim Karneval, im Zirkus oder in Sportarenen erinnert. Ein Parteikonvent befriedigt emotionelle Bedürfnisse, er wirkt motivierend und einheitstiftend, nach geglückter Nominierung singt das Parteivolk gemeinsam die *Battle Hymn of the Republic.* Die Convention gibt den Rahmen ab für parteipolitische Manöver. Hier prüfen die Parteiflügel ihre Stärke, hier beweist sich, ob ein Kandidat den politischen Instinkt besitzt, den man zu einem Wahlsieg braucht. Das Geschehen auf einem Parteitag, an dem Tausende von Personen beteiligt sind, wird von ein paar Dutzend Parteimanagern kontrolliert. Die rivalisierenden Spitzenreiter für die Nominierung beobachten und beeinflussen den Ablauf von ihren Hotelsuiten aus. Ihre Berater und Wahlhelfer behalten das Plenum über Bildschirme im Auge und geben den *floor captains* in der Halle per Telefon ihre Einsätze. Die Beraterteams müssen erkennen, wann der günstigste Zeitpunkt für eine Demonstration der Stärke erreicht, wann eine Beifallskundgebung notfalls abzubrechen ist, wann die »Psychologie« einsetzt, wann eine »Stampede« inszeniert werden muß: »turn them on« heißt dann die Parole für die Einpeitscher im Saal.[22]

Die Kunst besteht darin, das Wechselbad der Gefühle für die eigene Sache zu nutzen und die komplizierte Wahlarithmetik zu beherrschen. Über die Stimmberechtigung der Delegierten aus den einzelnen Bundesstaaten entscheidet ein *Credentials Committee*, ein *Platform Committee* stellt das Wahlprogramm zusammen. In diesen Ausschüssen ist jeder Staat gleich repräsentiert, im Plenum dagegen nach Parteistärke. Entscheidungen werden jenseits einfacher demokratischer Verfahren herbeigeführt. Zum Beispiel kann es politisch klug sein, im Vorfeld eine Abstimmungsniederlage aktiv anzustreben, um keinen Präzedenzfall im Verfahren für eine nachfolgende und wichtigere Abstimmung zu schaffen. Die Vollversammlung kann Entscheidungen der Ausschüsse aufheben. 1952 hatte das *Credentials*

Committee eines Republikanischen Parteitags einige umstrittene Südstaatler zugelassen, die sich auf den Bewerber Robert Taft festgelegt hatten. Im Plenum sorgte Eisenhowers Anhängerschaft dafür, daß diese Delegierten ausgeschlossen wurden.[23]

Trotz seiner ausgefeilten Rhetorik hatte der demokratische Präsidentschaftsbewerber Adlai Stevenson im Wahlkampf von 1952 nichts zu bestellen. Als wirksamer erwiesen sich die lapidaren Slogans seines republikanischen Gegenkandidaten Dwight D. Eisenhower: »K_1 C_2« für Korea, Communism, Corruption – Probleme, die man den Demokraten vor die Füße warf – und »I like Ike«, nach

Wahlwerbung 1952: Eisenhower und Nixon versprechen mehr Sauberkeit

Meinung der Zeitschrift *Sales Management* der beste Slogan in der gesamten Geschichte des Landes. Amerikaner neigten dazu, Slogans als Amulett gegen eigenes Denken einzusetzen, kritisierte ein kanadischer Beobachter, aber Werbesprüche waren eben angezeigt, wo Präsidentschaftskandidaten wie Artikel verkauft wurden.[24]

Erleichterung, Freude, Ergriffenheit bestimmte die Reaktionen einfacher Menschen auf Eisenhowers Wahlsieg. »It's like America has come home«, sagte eine Hausfrau. Für Angehörige der Oberschicht gingen zwanzig ungeliebte Jahre demokratischer Reformpolitik zu Ende. Republikaner besetzten wieder Schlüsselpositionen der Macht. Ein wichtiger Ausschußvorsitz fiel an John Taber, der 1940 so laut gegen ein New Deal-Gesetz gedröhnt hatte, daß er das Gehör im ertaubten

Ohr eines Parlamentskollegen wiederherstellte. Eisenhower selbst meinte, die Zeit des »schleichenden Sozialismus« sei jetzt vorbei. Der aus Österreich gebürtige Wirtschaftswissenschaftler Friedrich von Hayek hatte in *The Road to Serfdom* (1944) Liberalismus, New Deal und Nazismus aus denselben Wurzeln sprießen sehen. Die Gleichsetzung von New Deal mit Kommunismus war im Zeichen des McCarthyismus ohnehin nicht ungewöhnlich. Eisenhower verkaufte seine Politik unter den Bezeichnungen »progressiver Konservativismus« oder »dynamischer Konservativismus« und stellte in Aussicht, den Einfluß der Bundesregierung auf Wirtschaft und Gesellschaft zurückzunehmen.

»Ike« Eisenhower

Der aus Texas gebürtige, in Kansas aufgewachsene Eisenhower stammte von deutschen Mennoniten aus der bayerischen Rheinpfalz ab, die zur Zeit des Dreißigjährigen Krieges über die Schweiz nach Holland geflohen und um 1740 nach Pennsylvania ausgewandert waren. Die Eisenhowers gehörten zur Sekte der »River Brethren«, die am Susquehanna siedelte, streng pazifistisch dachte und kommunal, fast utopisch ausgerichtet war. Wie viele utopische Gemeinschaften fühlten sie sich auf einer Insel, von Fremden umgeben, deren Gesellschaft man nicht suchte. Eisenhowers Großvater Jacob, Bauer und Pfarrer, sprach und predigte meist auf Deutsch. Seine Mutter hatte ebenfalls deutschstämmige Vorfahren. Die Stoevers waren aus Hessen über die Schweiz nach Amerika gekommen. 1878 zogen die »River Brethren« von Pennsylvania nach Kansas, um dort einen neuen Anfang zu wagen. Ihr Auszug war gut geplant, Vorausabteilungen hatten das Terrain sondiert. Man hat der Sekte attestiert, in Kansas die bis dahin bestorganisierte Kolonie aufgebaut zu haben. Eisenhowers Vater mußte sich im allgemeinen Erfolgsmilieu als Außenseiter, wenn nicht als Versager fühlen. Er wurde als stiller, entscheidungsschwacher, mitunter launischer Mensch beschrieben, der oft einsam vor sich hinbrütete, die Farmarbeit haßte und sich nach Texas absetzte, nachdem er mit einem eigenen Geschäft gescheitert war. In Texas arbeitete er als Hilfsarbeiter bei der Eisenbahn. In der Ortschaft Denison wurde als dritter von sechs Söhnen Dwight David Eisenhower geboren. Wenige Monate nach seiner Geburt zog es die Familie im Frühjahr 1891 wieder zurück nach Kansas, wo der Vater als Mechaniker in einer Molkerei unterkam.[25]

Die Eisenhowerbrüder waren in Abilene, einem Städtchen von 4500 Einwohnern, unter dem Spitznamen »Ike« bekannt, gebildet aus der ersten Silbe des Nachnamens. Es gab einen »Big Ike«, einen »Little Ike«, der spätere Präsident war zeitweise als »Ugly Ike« bekannt. Er war unter Gleichaltrigen gefürchtet wegen seiner plötzlichen Temperamentsausbrüche. Die Eisenhowerbuben wuchsen in ärmlichen Verhältnissen heran. Der Vater hat wohl nie mehr als hundert Dollar pro

Monat verdient. Dwight mußte die geknöpften Schuhe seiner Mutter auftragen und erntete dafür den Spott der Schulkameraden. Die Armut hat die Familiensolidarität gestärkt und einen kämpferischen Geist erzeugt. Besonders die Mutter scheint über eine natürliche pädagogische Begabung verfügt zu haben. Der junge Eisenhower zeigte einiges Interesse für Englisch, Geschichte und Mathematik, war aber insgesamt nur ein mittelmäßiger Schüler. Deutsch und andere Fremdsprachen waren ihm ein Greuel. Nach Absolvierung der High School wußte er nicht, was er mit sich anfangen sollte. Einige Monate lang ging er Gelegenheitsjobs nach, dann bewarb er sich über den Widerstand der pazifistischen Eltern hinweg für die Offiziersschule West Point. Mit 20 Jahren war er älter als die meisten anderen Kadetten, durch besondere Leistungen ist er nicht aufgefallen. Am ehesten tat er sich noch als Halfback im Football hervor, bis ihn eine Verletzung zum Aufhören zwang. Trotz eines mittelmäßigen Examens machte er militärisch Karriere, unter anderem als Adjutant von General MacArthur, mit dem er 1932 gegen demonstrierende Kriegsveteranen vorging und dem er später im Kampf um die Präsidentschaftskandidatur das Nachsehen gab. Sein soldatischer Ruhm gründete sich vor allem auf die erfolgreiche Überquerung des Ärmelkanals während des Zweiten Weltkriegs. Eisenhower hatte mit den dürren Worten »Well, we'll go« das Kommando dazu gegeben.

Truman war gegen Ende seiner Amtszeit so wenig populär wie Nixon vor seinem unfreiwilligen Abgang. Ein Grund für die mangelnde Zustimmung zu seiner Politik waren Korruptionsaffären bei wichtigen Regierungsbehörden. Mit Eisenhower konnten die Republikaner einen untadeligen Bewerber vorweisen. Die Präsidentschaftskandidatur war ihm bereits 1948 angetragen worden, aber damals hatte er erklärt, ein Berufssoldat solle sich ohne Not nicht um ein ziviles Amt bewerben. Inzwischen war der Präsident der Columbia University geworden, hatte sich aber 1951 dort beurlauben lassen, um das Amt des Oberkommandierenden der Alliierten Streitkräfte in Europa einzunehmen. Im Vorfeld der Nominierung bewegte er sich fast ausschließlich in Kreisen von Big Business. Als Universitätspräsident hatte er Gegner des Profitmotivs zu Demagogen gestempelt. 1952 wurde er mit einer bis dahin unerreichten Stimmenmehrheit ins Weiße Haus gewählt. In seiner ersten Rede zur Lage der Nation visierte er einen Mittelkurs zwischen individueller Freiheit und staatlicher Wohlfahrt an. Sein Programm des »dynamic conservatism« sollte ursprünglich »conservative dynamism« heißen, klang aber andersherum etwas besser. Das Oxymoron erklärte sich aus Eisenhowers Absicht, in wirtschaftlichen Fragen konservativ, in »menschlichen Beziehungen« liberal sein zu wollen. Nach den ersten Wochen im Weißen Haus stellte er sich die Frage, wann ein Mensch in diesem Amt zum Nachdenken kommen würde. Einen großen Teil der Zeit beanspruchten Quertreiber aus der eigenen Partei, die in beiden Häusern über knappe Mehrheiten verfügte. Eisenhower war nahe daran, aus Frustration über die erzkonservativen »Old Guard Republicans« eine eigene

Partei zu gründen. Die Verfügungen, die er als Präsident traf, wurden keineswegs so prompt ausgeführt, wie er es als militärischer Oberbefehlshaber gewohnt war.[26]

Lewis Strauss zum Beispiel, Chef der *Atomic Energy Commission,* ignorierte Eisenhowers Anweisung, die Atomenergie tunlichst zu entmilitarisieren. Der Präsident rückte schließlich von dieser Position ab. Wenige Monate nach einer programmatischen Rede zum Thema »Atome für den Frieden« setzte sich Eisenhower über die Obstruktionsversuche von Oppenheimer hinweg für eine beschleunigte Entwicklung der H-Bombe ein. Bereits bei der Parade zur Amtseinführung hatte man stilgerecht ein Atomgeschütz mitgeführt. Ab 1955 sprach niemand mehr in seiner Regierung von einem allgemeinen Atomwaffenverbot. Gestützt auf ein Gutachten der *National Academy of Science* ließ das Weiße Haus ein Jahr später verkünden, der Fallout aus Atombombenversuchen sei ungefährlich. Lewis Strauss und der Physiker Isidor Rabi machten dem Präsidenten 1957 klar, man habe in der Nuklearforschung zur Zeit die Nase vorn, also sei ein Atombombenversuchsstopp anzuraten, um den Sowjets die Gelegenheit zu nehmen, den Vorsprung aufzuholen. Trotzdem kam es ab 1958 zu einem »atomaren Patt« zwischen den USA und der UdSSR.[27]

Nicht klar ist, ob Eisenhower das intellektuelle Format hatte, die Empfehlungen seiner Berater und ihre möglichen Folgen richtig einzuschätzen. Nach seinen persönlichen Eigenarten und Freizeitvergnügungen zu schließen war er eher einfach konstruiert. Er konnte sich tagelang mit Golf- und Kartenspielen unterhalten, einmal spielte er achteinhalb Stunden Bridge nonstop. Zum Einschlafen bevorzugte er Wildwestheftchen mit Titeln wie *Vengeance Valley* von Luke Short oder *Colt Comrades* von Bliss Lomax. Mit seinen Künsten als Hobbymaler war es nicht allzuweit her. Die Umrisse seiner Porträts von Washington und Lincoln wurden ihm vorgezeichnet, er selbst malte die Vorlage aus. In der Gegenwart von Frauen fühlte er sich ungemütlich. Zu Juden und Schwarzen ging er möglichst auf Distanz. Freundschaftlich verbunden fühlte er sich einigen südstaatlichen Senatoren. Für das von Strom Thurmond, Russell Long, William Fulbright, Harry Byrd, James Eastland und anderen Gegnern der Rassenintegration unterzeichnete *Southern Manifesto* (1956) zeigte er Verständnis.[28]

Gegen Ende seiner zweiten Amtszeit büßten Eisenhower und seine Partei politische Sympathien ein. Nach den Zwischenwahlen von 1958 saßen fast doppelt so viele demokratische wie republikanische Abgeordnete im Congress. Der Zwischenfall mit einem Aufklärungsflugzeug vom Typ U-2 zur Zeit der Pariser Gipfelkonferenz brachte ihm einen schlechten politischen Abgang ein, was ironisch deshalb war, weil Eisenhower sich intern gegen Spionageflüge über der Sowjetunion ausgesprochen hatte. Als das Unglück passiert war, log er Chruschtschow an. Weil er annehmen mußte, Pilot Powers sei tot, die U-2 samt Filmen verbrannt, erklärte Eisenhower, es habe sich um ein Wetterflugzeug gehandelt.

Aber Powers lebte, die Filme existierten, der Gipfel platzte. Chruschtschow hatte den amerikanischen Präsidenten in eine Falle tappen lassen.

Kenneth Davis, der Verfasser einer vor Bewunderung strotzenden Biographie über den General Eisenhower, äußerte sich abfällig über Eisenhower in zivilen Ämtern. Seiner Version nach hatte bereits die Ernennung Dwight Eisenhowers zum Präsidenten der Columbia University auf einem Versehen beruht. Der angesehene Pädagoge Robert M. Hutchins habe mit seinem Vorschlag Milton gemeint, den jüngsten, fähigsten und gebildetsten der Eisenhowerbrüder. Tom Watson freilich, Chef von IBM und im Kuratorium der Universität habe den Namen auf den General bezogen. Der deutsche Politologe Waldemar Besson bezeichnete die Außenpolitik Eisenhowers nach der Suezkrise als Fiasko. Seine Regierung habe sich unfähig gezeigt, »die Revolutionierung der Entwicklungsländer als eigenständigen weltpolitischen Vorgang ohne kausalen Bezug zum Ost-West-Konflikt zu sehen«. Truman schimpfte seinen Nachfolger einen »gottverdammten Narren«, der acht Jahre im Weißen Haus gelebt habe, aber niemals Präsident gewesen sei. Kennedy wählte ein Bild aus einer Erzählung von Washington Irving, um seinen Vorgänger zu diskreditieren: Die Jahre unter Eisenhower seien acht Rip Van Winkle-Jahre gewesen, in denen das Land in tiefen Schlaf versunken war.[29]

Im historischen Urteil der letzten Jahre hat Eisenhower an Statur gewonnen, Kennedy verloren. Die Auffassung, Eisenhower sei ein passiver oder bequemer Präsident gewesen, ließ sich nicht halten. Allein 1954 hat er den Kongreß mit 232 verschiedenen Vorlagen beschäftigt. Aus seinen Tagebuchaufzeichnungen geht sogar eine gewisse antikapitalistische Haltung hervor: Die eigennützige Kampagne des Ärzteverbandes gegen eine nationale Krankenversicherung stieß ihn ab. In der Praxis hat sich Eisenhower dann aber gewöhnlich doch auf die Seite des Kapitals und der Arbeitgeber geschlagen. Sein Arbeitsminister trat nach acht Monaten zurück, weil Eisenhower nicht gewillt war, einer Novellierung des *Taft-Hartley Act* im gewerkschaftsfreundlichen Sinne zuzustimmen. Mehrfach hat Eisenhower bei aktuellen politischen Fragen eine unklare Haltung bevorzugt. An einem Tag rief er Studenten zu, sich nicht den Bücherverbrennern anzuschließen, drei Tage später räumte er dem Außenminister das Recht ein, antikommunistische Literatur zu verbrennen. Privat gebrauchte er starke Worte gegen Joseph McCarthy, seine Vorbehalte teilte er jedoch der Öffentlichkeit nicht mit, die deshalb annehmen mußte, der Kommunistenjäger agiere mit Billigung des Präsidenten.[30]

In mancher Hinsicht vertrat Eisenhower eine modernere Politik als Kennedy. An einer Mondlandung zeigte er kein Interesse. Der Gründung der *National Aeronautics and Space Agency* (1958) stimmte er nur widerwillig und nach fünfjähriger Überlegungsfrist zu. Er initiierte ein Fernstraßenprogramm, mußte dann aber zu seinem Entsetzen feststellen, daß die Freeways mitten durch die Städte gelegt wurden. Als Anhänger eines ausgeglichenen Haushalts versuchte er, die Rüstungsausgaben zu drücken, die sich oft nur aus der Rivalität der Waffengattungen erklärten. Eisenhower war seit je ein vorsichtiger Stratege gewesen. Montgomerys Plan, geradenwegs auf Berlin vorzustoßen, hatte nicht seine Billigung gefunden. Der Erziehung nach neigte er zu engen Bindungen. Als Vorgesetzter tat er sich immer schwer, Untergebene zu entlassen, auch wenn sie versagt hatten.[31]

Eisenhowers Bild in der Geschichte wird getrübt von der Verantwortung für eine ganze Reihe von geplanten oder vollendeten politischen Attentaten. 1953 diskutierte sein Kabinett ungeniert über die Frage, wie Syngman Rhee zu beseitigen sei; eine Palastrevolte wurde in Erwägung gezogen. Im Auftrag Eisenhowers sollte die CIA Patrick Lumumba aus dem Weg räumen; Mobutu ist ihr zuvorgekommen. Dem Drahtzieher der »Operation Ajax« zur Ermordung Mossadeghs, Kim Roosevelt, verlieh Eisenhower hinter verschlossenen Türen einen Orden. In seinen Memoiren gab er vor, den Namen nicht zu kennen. Eisenhower war ein eifriger, wenn auch nicht besonders erfolgreicher Fälscher seiner eigenen Geschichte. Vor seinem Abtritt fälschte er die Unterlagen, die bewiesen, daß er einen Putsch gegen Castro unterstützt und die Pläne des Geheimdienstes gutgeheißen hatte. Sollte man amerikanische Truppen nach Indochina schicken, meinte er 1954, müsse man dies ewig leugnen. Nicht daß es dem Präsidenten an historischem Bewußtsein gemangelt hätte; Eisenhower nahm Gespräche im *Oval Office* auf Tonband auf, das er mit einem Schalter unter dem Schreibtisch in Betrieb setzen konnte. Sein Vizepräsident Nixon kann damals praktische Erfahrungen gesammelt haben. Den Tonbandaufzeichnungen verdanken wir die Information, daß Eisenhower seinen Freund George Marshall für den »Verlust Chinas« verantwortlich machte. 1963 schrieb Eisenhower in seinen Memoiren, ein militärisches Eingreifen in Dien Bien Phu (1954) hätte sich für die USA nicht gelohnt. Erstens wäre eine Division nach der anderen vom vietnamesischen Dschungel geschluckt worden. Zum anderen hätten immer mehr weiße Männer in Uniform die Asiaten nur noch stärker gegen den Westen aufgebracht. Diese Passagen wurden noch vor Drucklegung gestrichen. Zu sehr waren die USA inzwischen in den Vietnamkrieg verstrickt.[32]

Kapital, Konsum, Wegwerfethik

Die »reconversion«, die Rückkehr zur Friedenswirtschaft mußte etwas hastig vorgenommen werden, da man mit einem längeren Krieg gegen Japan gerechnet hatte. Trotzdem ging die Umstellung weniger problematisch vonstatten als nach dem Ersten Weltkrieg. Staatskontrollen wurden abgebaut, der New Deal verlor an Ansehen nicht nur bei kapitalistischen Puristen, sondern auch in weiten Kreisen der Mittelschicht, die erst durch den New Deal zu einer solchen geworden war.

Frauen wurden auf Plakaten aufgefordert, in die Haushalte zurückzukehren. Truman hatte große Mühe, die sozialpolitischen Errungenschaften seines Vorgängers zu verteidigen.

Eisenhower berief acht Millionäre und einen Gewerkschaftsboß als Arbeitsminister in sein Kabinett. Der Kongreß setzte die Steuerprogression für hohe Einkommen herab. Verteidigungsminister Wilson erläuterte bildhaft und mit Blick auf Fürsorgeempfänger, ihm seien Jagdhunde lieber als Hofhunde, weil sie sich ihre Nahrung selbst beschaffen und nicht auf dem Hintern sitzen und jaulen. Ein Assistent des Präsidenten sagte öffentlich, es gehöre zu den Freuden einer freien Wirtschaft, unter Arbeitslosigkeit leiden zu dürfen. Die Gesundheitsministerin diffamierte eine Gesetzesvorlage zur kostenlosen Polioimpfung für Kinder als »sozialisierte Medizin«. Wie im Jahrzehnt nach dem Ersten Weltkrieg schienen auch jetzt wieder die Werte der Businesswelt zum Maß aller Dinge zu werden. Collegeprofessoren und Geschäftsleute waren in ihrem Gebaren kaum noch voneinander zu unterscheiden, mußte der Soziologe David Riesman feststellen. Sie reisten auf Spesen, betrieben *public relations* für ihre Produkte und bedienten sich des Vokabulars von Industriemanagern. Der Historiker Allan Nevins sah die Notwendigkeit einer Geschichtsrevision gegeben. Angesichts der amerikanischen Vormachtstellung in der Welt müsse die Leistung der Westinghouse, Rockefeller, Carnegie, Ford und anderer »Architekten unseres materiellen Wachstums« neu und positiver gesehen werden. Nicht mehr solle der Historiker die Liebe zum Dollar verurteilen, das schnelle Wirtschaftswachstum war gerade schnell genug, um in Weltkriegen und gegen die Herausforderung des Kommunismus bestehen zu können. Aus Räuberbaronen wurden Wohltäter. Nevins mußte sich hierzu selbst revidieren. 1940 hatte er die Bevormundung der Arbeiter im Rockefeller-Konzern sehr kritisch beurteilt, 1953 schrieb er diese Passage um und meinte, Rockefeller habe eine »neue Ära« in den Beziehungen zwischen Arbeitnehmern und Arbeitgebern eingeleitet.[33]

In einer recht amerikanischen Metamorphose hatten sich ehemalige Anhänger des New Deal zu »ökonomischen Royalisten« entwickelt. Als Lobbyisten des Kapitals bekämpften sie soziale Reformen. Die Probleme der Armen wurden in diesem Milieu nicht ernsthaft erörtert. Der Pressemagnat Henry Luce definierte Armut als die Gewohnheit, ärmlich zu denken. Europa konnte der Unterschicht als Projektionsfläche angeboten werden – »die Europäer fressen uns arm« –, während die Mittelschicht leicht irritiert Vergleiche anstellte: »Von dem, was unsere Kinder auf dem Teller lassen, könnte sich ein europäisches Kind sattessen.« Peter Drucker charakterisierte die USA in *The New Society* (1950) als das Nonplusultra, als eine Gesellschaft, die jenseits von Kapitalismus und Sozialismus lag, weil sie nämlich beide transzendiert habe. Der Begriff Volkskapitalismus (*people's capitalism*) wurde in Wirtschaftskreisen im Jahr 1956 geprägt, zu einer Zeit also, da jede der großen Gelddynastien mehr Aktien besaß als alle Lohnempfänger zusammengenommen und weniger als ein Prozent aller Familien über vier Fünftel der persönlichen Aktien in Besitz hatten.[34]

Max Lerner glaubte, zwei Typen von Kapitalisten unterscheiden zu können: Einmal »Magnificos« wie J. P. Morgan oder die frühen DuPonts, die sich in ihrem Reichtum sonnten und privat und geschäftlich auf Grandeur aus waren. Zum anderen »Puritaner« wie die Rockefellers oder Henry Ford, die das Evangelium der Arbeit predigten, knauserig, abstinenzlerisch und irgendwie kleinstädtisch blieben. Wirtschaftspolitische Folgen hatte diese Zweiteilung kaum. Es war eine Machtelite entstanden, behauptete C. Wright Mills. Das Kapital hatte Politiker und Militärs zu sich herübergezogen, die Entscheidungen fielen im engsten Kreis. Mochte die offizielle Rhetorik von Pluralismus sprechen – die *National Association of Manufacturers* unterschied sich nicht wesentlich von japanischen *zaibatsu*, deutschen Kartellen oder der *Federation of British Industries*. Der Dollar sei überall auf der Welt fast zu einer Ikone geworden, wunderte sich der Dramatiker Arthur Miller. Zwischen 1950 und 1961 verdreifachten sich die Auslandsinvestitionen der USA. Die politische Folklore sagte dem Selfmademan einen weichen Kern in einer rauhen Schale nach, aber europäische Unternehmer, die an aggressive US-Firmen verkaufen mußten, wußten es anders.[35]

Der Soziologe Seymour Martin Lipset fühlte sich zu einer unzweideutigen Aussage berufen: »Die grundsätzlichen Probleme der industriellen Revolution können als gelöst gelten.« Tatsächlich war das Realeinkommen zwischen 1929 und 1956 um mehr als 50 Prozent gestiegen. Aber: Die Einkommensverteilung war nach wie vor durch extreme Ungleichheit gekennzeichnet. Der Aktienbesitz lag 1953 zu 90 Prozent, der Besitz von Regierungsobligationen zu beinahe 100 Prozent bei 1,6 Prozent der Bürger. Wo Europäer aus alter Gewohnheit dazu tendierten, ein vorhandenes Ganzes zu teilen, strebten Amerikaner danach, das Vorhandene so zu vergrößern, daß es für alle reichte. Außerdem konnte man sich als Amerikaner notfalls auf das Argument zurückziehen, in den USA sei der Klassenkampf durch Angleichung glimpflicher verlaufen als in europäischen Nationen. »Deshalb erfreuen wir uns eines Maßes an politischer und moralischer Gesundheit«, schrieb nicht ohne Selbstgefälligkeit der Theologe Reinhold Niebuhr. Ein »Wohlfahrtskapitalismus« sollte auftauchende soziale Probleme lösen, der Arbeitgeber den Arbeitnehmerschutz selbst in die Hand nehmen. Der Automobilkonzern *General Motors* dynamisierte von sich aus die Löhne.[36]

Amerikas Kommunisten erhielten 1952 weniger Stimmen als die Partei der Prohibitionisten. Der Kommunistenführer William Foster machte Pragmatismus, Freudianismus, Existenzialismus und die amerikanische Gegenwartsliteratur einschließlich Hemingway und Faulkner für die »Verwirrung« der Wähler verantwortlich. Was Billy Graham in Rundfunkpredigten über die Ursachen von Jugendkriminalität und häuslichen Unfrieden zu sagen hatte, fand mehr Glauben als Parteiprogramme. Staat und Kirche rückten wieder enger zusammen. 1954 gab der Kongreß dem Eid auf die Verfassung die Formel »under God« bei. »Laßt die Kirchen für den Kapitalismus eintreten«, schrieb Pfarrer Norman Vincent Peale 1953 im *Readers' Digest.* Peale hatte mit seiner Schrift *The Power of Positive Thinking* (1952) Bestsellerrekorde gebrochen, obwohl er darin nichts anderes sagte, als vor ihm William James: Jeder Mensch hat in seinem Innern unangezapfte Energien, die der Glaube freizusetzen vermag. Aus popularisierter und theologisch verbrämter Psychologie entstand so ein Erfolgsevangelium, das auf die individuelle Leistungsfähigkeit baute und wenig von solidarischer Aktion hielt.[37]

Eisenhower kam als Offizier, abgesehen von seinen Pensionsansprüchen, in den Genuß staatlicher Gesundheitsfürsorge und einer Lebensversicherung. Der Mann, der vor schleichendem Sozialismus gewarnt hatte, entschloß sich gegen Ende seiner ersten Amtsperiode zu sozialen Maßnahmen, die auch Roosevelts New Deal oder Trumans Fair Deal wohl zu Gesicht gestanden hätten. Die Renten- und Arbeitslosenversicherung wurde verbessert, die Mindestlöhne angehoben, ein Ministerium für Gesundheit, Erziehung und soziale Wohlfahrt eingerichtet. Der Einfluß der Bundesregierung auf das politische Geschehen nahm keineswegs so stark ab, wie man dies nach der öffentlichen Rhetorik hätte vermuten können. Bei seinem Abtritt warnte Eisenhower vor dem Druck, den der »military-industrial complex« auf den Staat ausübte. Er wußte wovon er sprach: In den fünfziger Jahren hatten sich die Militärausgaben verdreifacht. 1956 übertraf der Wert der Rüstungsgüter den Wert der Konsumgüter um das Doppelte.[38]

Die amerikanische Bevölkerung vermehrte sich zwischen 1950 und 1960 um 29 Millionen Menschen. Deshalb ist die Einlassung des Wirtschaftstheoretikers John Kenneth Galbraith in *The Affluent Society* (1958), eine Produktionssteigerung sei in der modernen Zeit erst nach Bedarfsweckung möglich, mit Vorsicht aufzunehmen. Die Werbeindustrie war natürlich von diesem Zusammenhang überzeugt, und ein Forschungsinstitut erläuterte mit naiver Ehrlichkeit, die Hauptfunktion eines jeden Mediums bestehe darin, der werbenden Firma ein Publikum zu verschaffen. Die Kapriolen der Werbewirtschaft erreichten ein bis dahin nicht gekanntes Format: neue Antiquitäten wurden angeboten, natürliches Vinyl für Christbäume, echtes Faßbier auf Flaschen gezogen. Die Firma Lastex behauptete, mit ihrer Unterwäsche sei eine »reconversion to prewar beauty« möglich. Die Werbebranche rechnete mit einer neuen Mittelklasse bestehend aus Managern, angestellten Akademikern, Bürokräften und Verkaufspersonal. Sie hatte die ältere Mittelklasse aus Farmern, Geschäftsleuten und Freiberuflern zahlenmäßig überholt. Die Konzentrationsbewegung in der Landwirtschaft war besonders auffällig. 1940 hatte ein Farmer zehn Menschen ernährt, 1960 deren 24. Die Landflucht ging, gemessen an den Produktionsüberschüssen und einer durchschnittlichen Betriebsgröße von 215 acres noch zu langsam voran. Noch immer wollten junge Amerikaner sich im Westen als Farmer niederlassen, aber neu erschlossenes und bewässertes Land war knapp, die Wartelisten der Regierung lang. An der Ostküste glaubte ein

Forschungsteam, inzwischen nicht weniger als sechs soziale Klassen ausmachen zu können: jeweils eine obere und untere Oberklasse, Mittelklasse und Unterklasse. Die Klassenhierarchie berührte alle Lebensbereiche, einschließlich des Vereinslebens, mit Ausnahme der Soldatenverbände. Die Fabrikanten reagierten mit ihren Produkten auf die Klassenstruktur. General Motors offerierte eine statusverleihende Typenpalette, die von Chevrolet über Pontiac, Buick und Oldsmobile zum Cadillac als Krönung reichte.[39]

Werbefachleute bildeten auf ihre Art das Epitom amerikanischer Mobilität. Bis zum 40. Lebensjahr wechselten sie alle drei Jahre die Stellung. Ihre Lebenserwartung lag acht Jahre unter dem Landesdurchschnitt. Eine große Agentur konnte bis zu 1100 Angestellte beschäftigen. Wem es gelungen war, für Coca-Cola zu werben

Coca-Cola-Werbung aus den 1950er Jahren

oder für die Schwanzflossen der Autos aus dem Detroiter Barock oder für andere populäre Produkte, konnte mit hohem gesellschaftlichen Ansehen rechnen. Ein Werbemanager wurde unter Eisenhower Minister. Der Vatikan bestimmte einen Schutzpatron fürs Anzeigengeschäft. Der Historiker David Potter verglich in *People of Plenty* (1952) den sozialen Einfluß der Werbung mit dem von Schule und Kirche.[40]

Die Anzeigen wiesen die verschiedensten Stile auf, allgemein war jedoch eine Rückkehr zum »hard sell« zu spüren: je weniger die Produkte sich voneinander unterschieden, desto aggressiver mußten sie dem Kunden schmackhaft gemacht werden. Die wirkungsvollste Produktwerbung – Marlboro-Zigaretten, Hathaway-Hemden – kam mit einer prägnanten Fotografie und einem merkbaren Slogan aus. Die Mehrzahl der Werbeagenturen wandte Ergebnisse der Motivforscher an. Am erfolgreichsten arbeitete der Freudianer Ernest Dichter, aber auch eine Adlerianerin wie Herta Herzog betrieb Motivforschung. Dichter glaubte zu wissen, warum sich Chrysler mit dem Absatz von Kabrios schwertat: weil ein Kabrio im Gegensatz zur Limousine mit Geliebten, nicht mit Ehefrauen assoziiert wurde. Manches was man für Zufallseinfälle hielt, war wohlüberlegte Verkaufsstrategie. Der Werbespruch für einen Tee – »Make mine hefty, hale and hearty« – war entstanden, weil der Durchschnittsverbraucher Tee mit etwas Femininem in Verbindung brachte. Ähnlich sollte der Marlboro Man mit dem Cowboy-Image Filterzigaretten die weibliche Aura nehmen. Vance Packard stützte sich in *The Hidden Persuaders* (1957) hauptsächlich auf Ernest Dichter und die Motivforschung. Es gab jedoch Gegner dieser Richtung, die irrationale Kaufmotive in Abrede stellten, den Käufer vielmehr zwischen ungezählten Angeboten umherirren sahen und ihm deshalb per »Unique Selling Position« (USP) ein verständliches, einprägsames Angebot machen wollten. Hauptvertreter dieser Richtung war Rosser Reeves (*Reality in Advertising*, 1961). Er glaubte, auf Sexappeal verzichten zu können, sobald ein zugkräftiger Slogan gefunden war. Coca-Cola blieb über Jahre und Jahrzehnte hinweg bei demselben Slogan. Der Einfluß der Werbebranche war so spürbar, daß die Kulturanthropologin Margaret Mead zu dem Urteil kam, die Kultur der USA sei zur Kultur der Madison Avenue geworden, wo die großen Werbeagenturen saßen.[41]

Im Lauf der fünfziger Jahre vergrößerte sich der Anzeigenteil der Tageszeitungen von 40 auf 60 Prozent vom Gesamtumfang, eine Umkehrung der ursprünglichen Proportion. Zu besonders gesuchten Werbeträgern entwickelten sich die Zeitungen der Vorstädte, deren Auflagen entsprechend der Bevölkerungsverlagerung weiter zunahmen. 1960 gab es rund 2000 Vorstadtzeitungen. Sie erschienen zumeist wöchentlich. Die Verkaufszahlen der Zeitungen in den Stadtkernen waren rückläufig. Als nicht untypisch kann man den Erfolg von *Newsday* ansehen, die auf Long Island herauskam, also außerhalb der New Yorker Stadtgrenzen. Die Zahl der Zeitschriften stieg während der fünfziger Jahre um ein Fünftel auf 8500 verschiedene Periodika, davon nicht weniger als 50 mit Millionenauflage. Zu den erfolgreichsten Gründungen zählten der *TV-Guide, Sports Illustrated,* das populärhistorische *American Heritage* und das Skandalblatt *Confidential.* Aufgeben mußte *Collier's,* eine der älteren Illustrierten. Das politische Spektrum reichte von der erzkonservativen *National Review* des William Buckley bis zur marxistischen *Monthly Review* von Leo Huberman und Paul Sweezy, die 1949 mit einer

Startauflage von 400 Exemplaren herauskam. Am Ende der fünfziger Jahre standen als die angesehensten Tageszeitungen da die *New York Times*, der *Christian Science Monitor*, der *St. Louis Post-Dispatch*, die *Washington Post* mit ihrem exzellenten Karikaturisten Herblock alias Herbert Block, und das *Milwaukee Journal.*[42] Die Meinungsvielfalt scheint heute bei 7000 Rundfunkstationen, fast 900 Fernsehsendern und 1700 bis 1800 Tageszeitungen gesichert zu sein. Allerdings achtet das Kapital sorgfältig auf seine Interessen. *New York Times, Washington Post* und *Newsweek* werden von der Morgan-Gruppe kontrolliert, *Time, Fortune* und *Business Week* von der Rockefeller-Gruppe und das *Wall Street Journal* von beiden.

Gemeinsam sei den amerikanischen Bürgern aller Klassen ihre Marktorientierung, erkannte Erich Fromm. Es war bis zur Energiekrise nichts besonderes, an einer Straßenkreuzung vier Tankstellen vorzufinden, eine an jeder Ecke. In Huntsville (Alabama) mußte das Bürgerkriegsdenkmal einem Supermarkt weichen. Politiker verlegten ihre Wahlkämpfe mehr und mehr auf die Kaufstraßen und Parkplätze der großen Einkaufszentren, weil sie dort die meisten Menschen vorfanden und wohl auch die zufriedensten. Shopping war Freizeitgestaltung und Antidepressivum. Die Verkaufsstrategen kalkulierten mit dem »impulse buying« oder Spontankauf. Sie förderten die Nachfrage nach *needless needs,* nach Dingen, die man nicht wirklich brauchte, gestreifte Zahnpasta zum Beispiel. Die Vergabe von Krediten wurde zum Mißvergnügen der Pfandleiher leicht gemacht und begünstigte den Kaufentschluß. »Diner's Club« kam 1950 mit der ersten Kreditkarte heraus. Kalkulierter Verschleiß (*planned obsolescence*) sorgte dafür, daß gekaufte Artikel nicht lange hielten und neuen Bedarf weckten. Ein Auto behielt man im Durchschnitt zweieinviertel Jahre. Fernsehgeräte waren 1947 stabiler gebaut als zehn Jahre später. Das Jahr 1960 brachte einen Rekord an defekten elektrischen Haushaltsgeräten. Das Fahrrad mit 12 Gängen sollte das Zehngangrad obsolet machen, obwohl niemand sagen konnte, wozu die beiden zusätzlichen Gänge gut sein sollten.[43]

Die Konsequenz aus dem geplanten Verschleiß war das Wegwerfprodukt. Gleichlaufend mit der Prosperität entwickelte sich eine Wegwerfethik. In den Illustrierten *Look* und *Life* erschienen Artikel mit Überschriften wie »Those Wonderful Throwaways« oder »Throwaway Living«. Zu den wegwerfbaren Produkten zählten Kugelschreiber, Aschenbecher, Blumenvasen, Schlafsäcke, Toilettenbürsten und Mausefallen samt Maus.

Die Großzügigkeit, die man seit jeher gegenüber den natürlichen Ressourcen hatte walten lassen, wurde seit Ende des 19. Jahrhunderts, besonders aber nach dem Zweiten Weltkrieg auf künstliche Produkte übertragen. Papierkragen, Papiermanschetten und papierne Hemdbrüste trug man in New York seit 1853. Nach dem Bürgerkrieg kamen Petticoats, Westen, Hüte und Hauben aus Papier hinzu. Sie waren zum einmaligen Gebrauch bestimmt, während man die aus Japan importierten Papierprodukte wenigstens ein paarmal waschen konnte. Papierteller waren zuerst bei Picknicks gebräuchlich, dann auch im Haushalt akzeptabel. Papiertassen oder »Dixie cups« kannte man seit den 1870er Jahren. Sie wurden, zum Beispiel auf Eisenbahnen, auch aus Furcht vor Mikroben verwendet. 1948 stellten die Brüder Maurice und Richard McDonald ihr kalifornisches Grillrestaurant auf Papierteller und Papierbecher um. Kleenex war 1924 auf den Markt gekommen, wegwerfbare Windeln schon einige Jahre früher. Hausfrauen setzten dem Wegwerfprinzip mitunter Widerstand entgegen, kapitulierten aber schließlich vor dem überwältigenden Angebot. Die Zunft der Uhrmacher hatte sich beunruhigt gezeigt, daß es immer noch Mitbürger gab, die eine goldene Uhr als Besitztum fürs Leben oder als Erbstück betrachteten. Zur Umsatzförderung inszenierten sie fortan, ähnlich wie in der Automobilbranche, rasche Modellwechsel. Jane Bush hat die Herausbildung der Wegwerfethik anhand der Wegwerfflasche nachgezeichnet. Ab 1820 herrschte bei Glasflaschen, die vorher Mangelware gewesen waren, ein ausgeglichenes Verhältnis zwischen Angebot und Nachfrage. Nach der Jahrhundertwende kam es zu einer Überproduktion von Flaschen und Glasbehältern. Leere Baugrundstücke waren vielfach mit Glassplittern übersät, weil Anrainer ihre ausgetrunkenen Flaschen einfach aus dem Fenster schleuderten. Im Jahr 1906 waren kaum noch Flaschen in Umlauf, die das Herstellungsdatum 1903 oder 1904 trugen. Mitte der dreißiger Jahre wurde ein Bundesgesetz *gegen* die Wiederverwendung gebrauchter Schnapsflaschen erlassen, womit man den Schwarzbrennern beikommen wollte. Die Zeitschrift *Business Week* schrieb damals, eine alte Schnapsflasche sei so schwierig loszuwerden wie eine alte Rasierklinge. Bierflaschen waren während der Depressionsjahre häufig zu Pfandflaschen erklärt worden, aber dieser Trend wurde durch den Krieg unterbrochen. Europäer und Inder verwendeten die Einwegflaschen der Amerikaner als Milchflaschen, Kerzenhalter und Isolatoren. Der Prozentsatz der mit Pfand belegten Bier- und Limonadeflaschen hat in den USA seit 1947 ständig abgenommen. Ökologen vermochten mit ihrer Forderung nach Wiederverwendung von Glas gegen das Marktsystem und gegen eingefahrene Lebensgewohnheiten wenig auszurichten.[44]

Arbeitsmarkt

Einen Monat nach Hiroshima mußte die Autofabrik *Ford* wegen Streiks bei Zulieferfirmen für drei Wochen schließen. Der Streik beim Konkurrenten *General Motors* im November 1945 sollte fast fünf Monate dauern. 1946 traten insgesamt vier Millionen Erwerbstätige in den Ausstand, darunter Bergarbeiter, Eisenbahner und die Betriebsangehörigen von *General Electric.* Die Regierung besetzte Bergwerke und Bahnhöfe, Truman drohte damit, Eisenbahner zum Militär einzuziehen. John L. Lewis führte 400 000 Bergarbeiter in den Streik und ignorierte eine richterliche Verfügung, was die *United Mine Workers* Strafgeld in Millionenhöhe kostete. Auf weitere Streikverbote reagierte Lewis auf besondere Weise: Er ordnete nach einem Bergwerksunglück eine sechstägige Trauer an. Streiks sollten Lohnerhöhungen bringen, drückten aber auch eine allgemeine Unzufriedenheit der Arbeiter mit ihrer Lage aus. Die Arbeitszeit ging nach Kriegsende zurück, Überstunden fielen weg, die Löhne nahmen bis zu 50 Prozent ab, der Verdienstausfall sollte mit Lohnerhöhungen ausgeglichen, die Lohnerhöhungen durch Streiks erzwungen werden.

Im Zuge der *reconversion* von der Kriegs- zur Friedenswirtschaft rang sich der Kongreß zu einem *Full Employment Act* (1946) durch, eine euphemistische Bezeichnung, denn keiner der Gesetzgeber glaubte wirklich an Vollbeschäftigung. Der Initiator der Gesetzesvorlage, der in Kanada geborene Senator Murray aus Montana, war auf erheblichen Widerstand gestoßen. Gegner des Gesetzeswerks wollten die Regierung aus dem Arbeitsmarkt heraushalten. *New York Times* und *Wall Street Journal* sprachen sich gegen weiteres *deficit spending* aus, gegen sozialistische und damit unamerikanische Bestrebungen. Murray und seine Mitarbeiter revidierten auf die Kritik hin ihre Vorlage, wiesen dem Staat eine bescheidenere Rolle zu und betonten, daß die Rechte des freien Unternehmertums gewahrt blieben.[45] Eine Klausel über das Recht auf Arbeit rief besonders laute Proteste hervor. Zu deren Abdämpfung ließ Murray entsprechende Klauseln in den Verfassungen von Brasilien, Kuba, Nicaragua, Paraguay, der UdSSR und einiger anderer Länder heraussuchen – womit er allerdings ein Eigentor schoß. Denn nach der Logik seiner Gegner war Rußland eine Diktatur, Rußland hatte Vollbeschäftigung, also bedeutete Vollbeschäftigung Diktatur. Vollbeschäftigung gefährdete außerdem den zyklischen Ablauf der Konjunktur, und den wollten Vertreter der *National Association of Manufacturers*, der *Chambers of Commerce*, der *American Farm Bureau Federation* und von *General Motors* nicht missen. »Wir brauchen diese Krisen«, schrieb das *Bulletin* der Universität von Illinois im August 1945. Das *Committee for Constitutional Government*, ursprünglich eine Lobby gegen Roosevelt, wandte sich bei Hearings im Kongreß gegen »humanitäre Sentimentalitäten«. Die Gesetzesvorlage habe ihre Ahnen in Rußland, Truman und Henry Wallace zu Vätern, Hitler und Mussolini als Onkel. Der Senat stimmte der Vorlage seines Mitglieds Murray zu, das Repräsentantenhaus verabschiedete eine stark abweichende, businessfreundliche Fassung. »Full employment« wurde nun zum begrifflichen Streitpunkt im Schlichtungsausschuß beider Kammern. Schließlich einigte man sich auf eine hochkomplizierte Definition. Aber das Gesetz war so verwässert, daß ihm keine sozialpolitische Bedeutung mehr zukam.[46]

Der amerikanische Industriearbeiter hatte weder etwas mit dem europäischen Handwerker alter Schule noch mit dem idealisierten Wesen gemein, das Ernst Jünger in *Der Arbeiter* (1932) porträtiert hatte. Ein Unternehmer betrachtete seine Angestellten als Mittel zum Zweck, und diese wiederum interpretierten die ihnen aufgetragene Arbeit auf dieselbe Weise. Bestimmte Branchen wurden von Kriminellen unterwandert, die als *racketeers* von ihren Arbeitskollegen Geld erpreßten und ihnen den Verlust ihres Arbeitsplatzes androhten, wenn sie nicht zahlten. Arbeiterpriester wie der Jesuitenpater Pete Corridan standen gegen solche Machenschaften meist auf verlorenen Posten. Ab Mai 1950 untersuchte ein Senatsausschuß unter Estes Kefauver den Einfluß von Verbrechersyndikaten in der Arbeitswelt. Ein Gangster namens Moretti, als Zeuge vor den Kefauver-Ausschuß geladen, stellte die Bandenkriminalität und Schiebung in einen größeren gesellschaftlichen Rahmen: »Heute ist alles ein racket. Jeder hat sein eigenes racket. Die Börse ist ein racket. Warum macht man nicht alles legal.« 1957 wurde der Kriminelle Jimmy Hoffa Präsident der Transportarbeitergewerkschaft.[47]

Die Opposition gegen Roosevelts New Deal hatte auch mit der Opposition gegen den *Wagner Act* zu tun und mit der Angst der Unternehmer, daß aus der Arbeiterschaft eine geschlossene politische Kraft wird. Der Abgeordnete Fred Hartley und Senator Robert Taft entwarfen ein Gesetz, das den liberalen *Wagner Act* in wesentlichen Punkten zugunsten der Arbeitgeberseite revidierte. Die Kompetenzen des *Labor Relations Board* wurden beschnitten. Gewerkschaftsfunktionäre durften keine Kommunisten sein. Vor dem Beginn eines Streiks war eine sechzigtägige »cooling-off period« einzuhalten. Bei drohender Gefährdung der öffentlichen Sicherheit und Gesundheit und des öffentlichen Interesses herrschte Streikverbot. Die Formel vom »Recht auf Arbeit« wurde nun gegen die Gewerkschaften eingesetzt. Der *closed shop*, also ein gewerkschaftlich durchorganisierter Betrieb, bedrohe dieses Recht und sei deshalb nicht statthaft. Gewerkschaftsführer bezeichneten das Gesetz als »Slave Labor Act«, waren aber dem unternehmerischen Aufwand an Öffentlichkeitsarbeit nicht gewachsen. Der *Taft-Hartley Act* fand eine breite Mehrheit aus Republikanern und südstaatlichen Demokraten. Zu dem Zeitpunkt waren die Gewinne der Firmen um 34 Prozent auf eine vorher nie erreichte Höhe geklettert. Spätere Versuche, die Klausel vom »Recht auf Arbeit« in Paragraph 14 b des Gesetzes zu Fall zu bringen, wurden von einem konservativen *National Right to Work Committee* und im Senat durch die Taktik des Filibusters unterbunden.[48]

»Escalator clauses« in Arbeitsverträgen garantierten Lohnerhöhungen bei steigenden Preisen. Dies schien zu dokumentieren, daß das Unternehmertum die Macht der Gewerkschaften anerkannte, deren Dachverbände sich 1955 unter Walter Reuther (CIO) und George Meany (AFL) zusammenschlossen. Trotz gegenteiliger Rhetorik war man zu Arrangements bereit. Von *laissez-faire* konnte unter diesen Bedingungen kaum noch die Rede sein. Als der Koreakrieg einen Boom auf dem Arbeitsmarkt erzeugte, entspannte sich die Lage. 1956 gab es erstmals mehr Angestellte als Arbeiter. Auch dadurch ging die Bereitschaft zu streiken zurück, und nach einigen Jahren entstanden durch Kaffeepausen größere Zeitverluste als durch Arbeitsniederlegungen. Von einer selbständigen Arbeiterkultur konnte man schon deshalb nicht mehr sprechen, weil Betriebsangehörige zwar noch in klassenspezifischen Wohnlagen, aber nicht mehr in denselben Wohnvierteln lebten und nach Feierabend nicht in denselben Lokalen, Kirchen und Vereinen zusammenkamen. William H. Whyte diagnostizierte als den repräsentativen Erwerbstätigen der fünfziger Jahre den *Organization Man* (1956). Er lebte mit seiner Familie in Suburbia, die jetzt Lebensmittelpunkt und nicht bloß Schlafstätte war. Dort sollte die Frau eine Oase der Erholung schaffen, während sich der Mann *downtown* dem Existenzkampf stellte. Gleichmacherei, Konvention und Mittelmaß regierten die Vorstädte. In einer der Geschichten von John Cheever sorgte ein Familienvater für hochgezogene Augenbrauen, weil er in Sandalen und nicht in Halbschuhen den Morgenzug in die Stadt bestieg. Nierenförmige Schwimmbecken wurden *de rigueur.* Eine forcierte Kommunalität bestimmte den Ablauf der Alltagsrituale zwischen Bridgepartien, Cocktailstunden, Picknicks und Kostümfesten. Manche gingen so weit, nicht einmal mehr anzuklopfen, wenn sie des Nachbarn Haus betraten. Neuankömmlingen blieb nichts anderes übrig, als sich integrieren zu lassen. Die Vorstadtbewohner sind »eingesperrt in Brüderlichkeit«, folgerte Whyte aus seinen Beobachtungen. Trotzdem entstand kein dauerhaftes Gemeinschaftsgefühl. Die Durchschnittsfamilie zog alle vier Jahre um.[49]

Zum Wohle aller müssen die Besitzrechte von Zeit zu Zeit überprüft werden, sagte der Journalist Walter Lippmann in Anlehnung an Blackstone. 1956 verabschiedete der Kongreß Zusätze zum *Social Security Act* von 1935. Armen Familien wurde darin mehr Initiative und Verantwortung bei der Lösung ihrer Probleme übertragen. Die Sozialfürsorge schränkte Barzuwendungen ein und stellte mehr auf Dienstleistungen ab, nämlich Familienberatung, Berufsausbildung und Wiedereingliederung Haftentlassener. Senator Paul Douglas aus Illinois brachte 1955 eine Gesetzesvorlage ein, die Geld in die abgewirtschafteten Kohlegebiete im Süden seines Staates pumpen sollte. Damit war eine Reindustrialisierung und eine Minderung der Arbeitslosigkeit beabsichtigt. Senator William Fulbright sabotierte die Vorlage mehrfach mit der Geschäftsordnung und dem Hinweis auf Zuständigkeiten. Sein wahres Motiv bestand freilich darin, seinen eigenen, unterentwickelten Heimatstaat Arkansas zu fördern. Durch die Verzögerungstaktik anderer Volksvertreter, zwei Vetos Eisenhowers und verschiedene andere Hindernisse dauerte es bis 1961, ehe der *Depressed Areas Act* in Kraft treten konnte. Interessierte Kreise entwickelten einen beachtlichen Einfallsreichtum, wenn es darum ging, Armut zu erhalten und Arme zu isolieren. Der New Yorker Verkehrsplaner Robert Moses weigerte sich, parallel zum Long Island Expressway eine Schnellbahn zu errichten, weil damit ärmere Bürger in ein teures, erholungsträchtiges Gebiet geraten wären. Die Viadukte über dem Northern State Parkway sind für Omnibusse zu niedrig gebaut worden, um Villengegenden vor dem Ansturm der Massen zu schützen. Schwarze sollten dazu gezwungen werden, in der City zu bleiben, Weiße zogen hinaus nach Suburbia und besonders Wohlhabende nach Exurbia.[50]

Das unfaire Non-sequitur

Am besten betrachte man sich Amerika um zwei Uhr morgens aus einem fahrenden Schlafwagen heraus, schrieb der Universitätsprofessor Jacques Barzun. Da könne man die herzerfrischende Erfahrung eines riesigen Kontinents machen, grenzenlos und menschenleer wie der Ozean, ohne Namen, ohne Mauern. Europa sei »lovely«, fuhr Barzun fort, ähnele aber in seiner gegliederten Putzigkeit eher einem gestutzten Pudel, und die europäische Landschaft sei insgesamt zu brav. Politisch und gesellschaftlich schnitten die USA laut Barzun ebenfalls besser ab. Seit Tausenden von Jahren haben sich die Europäer mit Kriegen, Pogromen und Massakern gegenseitig nach dem Leben getrachtet, während es in Amerika gelang, binnen zwei Generationen durch Assimilation in der Schule, in der Ehe und so weiter einen »sozialen Frieden« zu erreichen – wie in Gottes eigenem Land.[51]

Nachkriegszeit und fünfziger Jahre gelten in der Kulturkritik gemeinhin als eine Phase kritikloser Selbstgefälligkeit. Es gibt zahlreiche Belege für diese Charakterisierung. In der *Partisan Review,* dem vormals trotzkistischen Kampfblatt, stellte der Historiker Daniel Boorstin die Vereinigten Staaten als eine ideale Nation vor, die keinen Fünfjahresplan brauche, weil Gott dem Land einen Tausendjahresplan vermacht hatte. In Selbstbeglückwünschung pries der Dichter Peter Viereck die USA als eine Gesellschaft, in der die Ideale des Sozialismus bereits erfüllt waren. Edmund Wilson, einer der gescheitesten Männer seiner Zeit, wollte einfacheren Gemütern an Optimismus nicht nachstehen und verkündete, die USA seien politisch das am meisten fortgeschrittene Land der Erde. Unter dem Titel »America the Beautiful« erklärte die Schriftstellerin Mary McCarthy das Amerika von Steinbeck und von Caldwell für imaginär; in Wirklichkeit seien die Amerikaner unmaterialistisch eingestellt und alles andere als aggressiv. Im Überschwang kulturellen Eigenlobs stufte John O'Hara Hemingways dürftigen Roman *Across the River and Into the Trees* als das beste Stück Literatur seit Shakespeare ein.[52]

Das Klima der Selbstgerechtigkeit und das Gefühl, es besser getroffen zu haben als alle anderen Menschen dieser Welt, leistete einer Bagatellisierung der Atombombe Vorschub. Edward Teller rechtfertigte in der Illustrierten *Life* die Fortsetzung der Atombombenversuche mit dem Argument, durch diese Versuche werde man schließlich zu einer »sauberen Bombe« kommen. Das begleitende Bildmaterial zeigte einen fröhlichen Piloten unter einem Atompilz. Das Konkurrenzblatt *Look* trug selbständig zur Verharmlosung bei, machte die Bombe kleiner, sie passe in jedes Wohnzimmer und liege außerdem recht preisgünstig. In Salt Lake City wurde ein schmackhafter »Uraniumburger« als *fast food* angeboten. Die Streitfrage, ob man im Ernstfall den Nachbarn in seinen Atombunker einlassen sollte, beantwortete ein Jesuitenpater mit dem Axiom, Selbstverteidigung sei eine christliche Tugend.[53]

Nachkriegszeit und fünfziger Jahre waren eine Zeit wiedererstarkten religiösen Empfindens. Mit Truman war ein Mann hanebüchener Moral ins Weiße Haus gelangt. An einem Provinzcollege fand ein Revival von 39 Stunden Dauer statt. Studenten und Professoren strömten aus den Hörsälen direkt zum Altar. Auf dem Buchmarkt erschien das Werk *Pray Your Weight Away:* bete dich schlank. Die ersten *drive-in churches* kamen in Mode. Bei der Parade zu Eisenhowers Amtseinführung wurde ein »float to God« mitgeführt. Der presbyterianische Hauspastor von Präsident Eisenhower vermutete, die Menschen seien deshalb so religiös geworden, weil sie durch Achtstundentag, bezahlten Urlaub und technische Hilfen im Alltag mehr Zeit für Gott aufbrachten.[54]

Die Mehrzahl der Geschichtsbuchautoren gaben Beschaulichkeit als kulturellen Tenor der Dekade wieder. Man hörte jedoch auch andere Töne. Der Dramatiker Eugene O'Neill erkannte in den Nachkriegsereignissen ein »unfaires *non-sequitur*«. Für Norman Mailer waren die fünfziger Jahre »eine der schlimmsten Dekaden in der Geschichte der Menschheit«. In der Kurzgeschichte »The Man who Studied Yoga« (1952) versuchte Mailer, die Grundstimmung der Zeit zu erfassen. Zwei Freunde, in den dreißiger Jahren Mitglieder der Kommunistischen Partei, sind politisch müde geworden. Aus Gewohnheit denken sie immer noch radikal, aber ohne Begeisterung und ohne Objekt, auf das sich ihr Radikalismus richten könnte. Einer der beiden resignierten Ex-Linken kommt sich vor wie ein paar Zeilen aus einem psychoanalytischen Text. Dem Schlaf gibt er sich hin wie jemand, der keinen Schmerz mehr fühlen wollte und der auf diese Weise keine Lust mehr empfand.[55]

In Suburbia war fast eine eigene Kultur herangewachsen. In den Vorstädten, den »Schlafzimmern« der großen Metropolen, wurde mit besonderem Eifer nach einem Sinn von »belonging«, nach Zugehörigkeit gefahndet. Die Suche fiel beinahe hektisch aus, weil die Mehrzahl der Bewohner von einem Gefühl der Wurzellosigkeit beherrscht war. Der Amerikaner zog im Durchschnitt alle fünf Jahre um, der Vorstadtbewohner noch häufiger. In Levittown auf Long Island wechselten 3000 der 17600 Häuser jährlich den Besitzer. Die in Suburbia intensiv gepflegte Nachbarschaftlichkeit hielt immer nur ein paar Jahre vor. John Cheever hat in seinen Kurzgeschichten das soziale Milieu dort meisterhaft beschrieben: »Es war die Art von Vorstadt, wo die Häuser ... alle aus Holz sind, alle weiß gestrichen, alle vor zwanzig Jahren gebaut, und neben jedem war ein Auto geparkt, das substantieller wirkte als das Haus selbst, als handle es sich um den Teil einer nomadischen Kultur. Und es war eine Art Laichplatz, ein Ort, wo man Junge austrägt und großzieht und sonst nichts ...« Raymond Chandler schilderte in *The Long Goodby* (1953) die Reize einer Trabantenstadt, die saubere Luft, die netten Menschen, die perfekte Lebensqualität, um dann die rührende Passage im Stakkato zu Ende zu bringen: »Aber ein Mann namens Marlowe wollte von da weg. Und zwar schnell.« Wie spezifisch amerikanisch die Vorstadtkultur geworden war, erwies sich 1959 beim Besuch Chruschtschows in den USA. Eisenhower bot seinem Gast einen Helikopterflug, zeigte ihm, wie am späten Nachmittag die Bürger in ihren Autos auf den Freeways ihren suburbanen Wohngemeinden zustrebten: jeder freie Amerikaner ein Hausbesitzer. Chruschtschow blieb unbeeindruckt. Er hielt die vielen Automobile für Zeit-, Geld- und Energieverschwendung, das ausgebaute Straßensystem ließ ihn sichtlich kalt, in seinem Land gebe es keinen Bedarf dafür. Denn das sowjetische Volk lebe gern eng beieinander, mache sich nichts aus Autos und ziehe selten um.[56]

Eine Reihe von Klischees, die man an die fünfziger Jahre anzulegen gewohnt ist, wollen nicht passen. Der General im Weißen Haus warnte vor dem »militärisch-industriellen Komplex« und hielt den Zivilisten auf dem Capitol ihre hohen Rüstungsausgaben vor, während der liberal eingeschätzte Senator William Fulbright gegen eine Reduzierung der Truppenstärke protestierte. In diesem angeblich so wenig kreativen Jahrzehnt entwickelte sich New York zur Welthauptstadt der Kunst, einer Kunst, die experimentierfreudig war und traditionelle Werte radikal in Frage stellte. Der Amerikanismus war nicht mehr mit gewohnter Selbstverständlichkeit definierbar. Eisenhower bildete ein *Committee on National Goals,* das der Gesellschaft sagen sollte, wozu sie da ist. Optimismus an den Tag zu legen, war nach wie vor ein Grunderfordernis für gute Amerikaner, aber nationale Zuversicht war nicht mehr problemlos herstellbar. Die *Indianapolis News* druckte Anweisungen für lippengymnastische Übungen, mit deren Hilfe man lächeln lernte, ohne es wirklich zu wollen.[57]

George Tooker, *The Subway* (1930) – ein Bild, das die Angst und die Paranoia der Epoche signalisiert

X. Kapitel

KALTER KRIEG UND KOREAKRIEG

Mitten im Weltkrieg ließ die Regierung in Washington Empfehlungen an die Filmindustrie in Hollywood hinausgehen, wie die Sowjets im Film am besten darzustellen seien. Ihre Macht, ihr Heldentum und alle ihre Siege seien gebührend zu würdigen, hieß es da. Die Waffenbrüderschaft schien den Krieg zu überdauern. Der Schriftsteller Ilja Ehrenburg pries den ehemaligen Vizepräsidenten Henry Wallace als einen guten Farmer, sachlichen Gesprächspartner und edlen Menschen.[1]

Zu diesem Zeitpunkt begann sich der Wind bereits zu drehen. Filmproduzenten, die zu Kriegszeiten die Empfehlungen der Regierung wörtlich genommen hatten, gerieten in Schwierigkeiten. Die Filme *Mission to Moscow* (1943), *Song of Russia* (1943), *North Star* (1943) und *None But the Lonely Heart* (1944) wurden 1947 von einem Kongreßausschuß zur Untersuchung unamerikanischer Umtriebe wegen sowjetophiler Passagen beanstandet. Das Verhältnis der USA zur UdSSR hatte sich nach dem erfolgreichen Atombombentest von Alamogordo etwas abgekühlt. Das Interesse an militärischer und politischer Zusammenarbeit ließ nach. Die USA wußten Japan, den größeren Teil von Deutschland und deren industrielles Potential auf ihrer Seite. Der militärische Sieg und das Bewußtsein, die einzige Nuklearmacht zu sein, verliehen Allmachtgefühle, die manchmal vermischt waren mit der Angst vor einer neuen Wirtschaftskrise. Der nachgerückte Präsident Harry Truman nahm sich die Freiheit, den damaligen sowjetischen Botschafter Molotow in einem Ton anzuherrschen, der einen Reporter an die Sprache von Mauleseltreibern im hinteren Missouri erinnerte. Nach der Konferenz von Yalta signalisierten Kongreßabgeordnete Verhandlungsmüdigkeit, Senatoren verlangten im Umgang mit der Sowjetunion eine neue Festigkeit, die mitunter als neue Plötzlichkeit in Erscheinung trat. Abrupt stellten die USA am Tag der deutschen Kapitulation die Hilfsleistungen unter dem *Lend-and-Lease Act* ein. Diese Maßnahme bezog sich auf alle Alliierten, traf aber besonders hart die Sowjetunion, ein Land in dem Tausende von Städten, Zehntausende von Dörfern und über dreißigtausend Industriebetriebe von den Deutschen zerstört worden waren und in dem über zwanzig Millionen Bürger den Krieg nicht überlebt hatten. Trumans unsentimentale Haltung gegenüber den ehemaligen Verbündeten erinnerte an den Zynismus, den er vor dem amerikanischen Kriegsbeitritt an den Tag gelegt hatte: »Stellt sich heraus, daß Deutschland den Krieg gewinnt, sollten wir Rußland helfen, und wenn Rußland gewinnt, sollten wir Deutschland helfen, damit sich auf diese Weise möglichst viele umbringen«.[2]

Nach Kriegsende hieß es wieder: »Bring the boys home.« Joseph Kennedy, der Vater des späteren Ehrenberliners, fragte 1950: »Was haben wir durch unsere Präsenz in Berlin gewonnen?« Aber ein politisch bedeutsamer Isolationismus, wie nach dem Ersten Weltkrieg, war nicht entstanden. Mochte man bisher von »foreign relations« gesprochen haben wie von Masern, Kopfweh oder einer anderen Krankheit, die man behandeln und hinter sich bringen mußte – nun wurde klar, daß auch in Friedenszeiten die Außenpolitik eine gewichtige Rolle spielen würde. Es gibt keinen »magischen Schlüssel«, mit dem sich die goldene Tür zur globalen Sicherheit öffnen läßt, formulierte Außenminister Dean Acheson. Die Neue Welt war angetreten, die Alte vor der Tyrannei zu retten, sagte der Rundfunkreporter Edward Murrow. »Es läßt sich schwer vorstellen, wie wir aus Europa wieder herauskommen.« Senator Vandenberg hatte im Januar 1945 erklärt: »Der wissenschaftliche Fortschritt hat die Isolation unmöglich gemacht ... Unsere Ozeane sind keine Burggräben mehr.«[3]

Das US-State Department als das älteste Ministerium der USA ist im eigenen Verständnis der »amtliche Kanal, durch den das amerikanische Volk Beziehungen mit anderen Regierungen und Völkern pflegt«. Weniger feierlich drückte sich der Politiker Adlai Stevenson aus. Die Welt der Diplomatie wurde seinen Beobachtungen zufolge von drei Kräften beherrscht: Protokoll, Alkohol und Geritol. Diplomatische Posten sind gerade in den USA oft weniger nach der Eignung als nach dem politischen Verdienst vergeben worden. Ein US-Botschafter in einem südamerikanischen Land soll angeblich nur zwei Worte Spanisch gesprochen haben: si, si.[4] Der amerikanischen Militärregierung in Korea gehörte niemand an, der Koreanisch sprach. Trotz dieser anscheinend ungünstigen Voraussetzungen und des moralischen Prestigeverlusts nach Hiroshima haben die Amerikaner in den Nachkriegsjahren manchen diplomatischen Coup landen und in Machtpositionen anderer Länder eindringen können. Während der Irankrise gelang es den Amerikanern, den Sowjets den Zugriff zu persischem Öl zu verwehren und sich selbst eine militärische Ausgangsbasis weitab vom eigenen Land zu verschaffen. In Griechenland und der Türkei lösten sie Großbritannien als Schutzmacht ab.

England hatte sich nach einer Wirtschaftskrise außerstande erklärt, weiterhin Truppen in Griechenland zu unterhalten und sah sich ferner gezwungen, alle

Zahlungen an die Türkei einzustellen. Diese Gelegenheit benutzte Präsident Truman zu einem ideologisch begründeten Manöver gegen den Kommunismus. Am 12. März 1947 sagte er vor dem Kongreß: »Ich glaube, es muß die Politik der USA sein, freie Völker zu unterstützen, die der versuchten Unterwerfung durch bewaffnete Minderheiten oder durch äußeren Druck widerstehen.« Die Truman-Doktrin war geboren. Solche Staaten erhielten finanzielle Zuwendungen, die gelobten, dem Kommunismus Paroli zu bieten. Truman hatte in Worte gekleidet, was von Verteidigungsminister James Forrestal und anderen sowjetfeindlichen Politikern antizipiert worden war. Trotzdem wirkte die Nachricht wie eine Sensation. Die Sowjets waren offensichtlich überrascht. Die Welt war ab jetzt in freie und unfreie Länder einzuteilen. Churchill hatte im März 1946 in einer Rede in Fulton (Missouri) vom »Iron Curtain« vor den Ländern des Ostblocks gesprochen. Durch die Truman-Doktrin war zwischen den Ländern diesseits und jenseits dieses Eisernen Vorhangs endgültig ein Kalter Krieg angesagt. Der Journalist H. B. Swopes, ein Redenschreiber für den Finanzier Bernard Baruch, war auf den Ausdruck *Cold War* gekommen; der bekanntere Walter Lippmann brachte ihn in Umlauf.[5]

Die Strategie der Eindämmung

Unter dem Pseudonym Mr. X verlangte George F. Kennan in der Zeitschrift *Foreign Affairs* vom Juli 1947 das *containment*, die Eindämmung des Kommunismus, und lieferte damit ebenfalls nur den Begriff für eine bereits praktizierte Politik. Kennan mußte feststellen, daß in der Praxis seine Formel alles andere als behutsam eingesetzt wurde. Und der Chef des Washingtoner Büros des Nachrichtenmagazins *Time* sah in der Truman-Doktrin ein Instrument, mit dem man hinter dem Eisernen Vorhang Unfrieden stiften konnte. Ins Jahr der Truman-Doktrin fiel die Gründung der *Central Intelligence Agency* (CIA), innerhalb derer ein inoffizielles »Department of Dirty Tricks« eingerichtet wurde just zu dem Zeitpunkt als Truman zu verstehen gab, die Tätigkeit des Außenministeriums und der CIA werde von der Botschaft der Bergpredigt bestimmt. In Italien untersagte eine Spezialform der Eindämmung kommunistischen Wählern die Auswanderung in die USA.[6]

Der Marshallplan vom April 1948 kann als eine Fortsetzung der Politik der Offenen Tür interpretiert werden. Sein Hauptzweck bestehe darin, so erläuterte ein Kabinettsmitglied, Europa wieder in die Lage zu versetzen, amerikanische Waren zu kaufen. In der Gestalt des *European Recovery Programm* (1948) brachte der Marshallplan sechzehn europäischen Ländern finanzielle Unterstützung. Die Hilfsleistungen sind auch als Gegenoffensive sowjetischer Avancen in Osteuropa zu sehen. Ein ehemaliger Parteigänger Trumans, Henry Wallace, sprach deshalb vom *Martial Plan.* Bei den Wahlen von 1948 kandidierte Wallace unter dem Beifall Moskaus als Präsidentschaftskandidat für die Progressive Partei.

Im vierten Punkt seiner Antrittsrede als gewählter Präsident erneuerte Truman im Januar 1949 sein Hilfsangebot an alle nichtkommunistischen Staaten. Im April 1949 wurde der Nordatlantikpakt unterzeichnet, kurz bevor die sowjetische Blockade Berlins zu Ende ging. Truman-Doktrin, Eindämmungsstrategie, Marshallplan, Point Four-Programm und NATO sind im Rahmen des schärfer werdenden Antikommunismus als politische Erfolge Trumans zu werten. Ab September 1949 setzten Rückschläge ein. In diesem Monat kam die Meldung vom ersten sowjetischen Atombombenversuch und von der Gründung der Volksrepublik China.

Das traditionell starke Interesse der Amerikaner an China war in den dreißiger Jahren wachgehalten worden durch Pearl Bucks *The Good Earth* (1931) und Edgar Snows *Red Star Over China* (1937). Buck schilderte die erbarmungslose Unterdrückung chinesischer Kleinbauern, Snow zeigte Sympathien für die Revolutionäre. In der amerikanischen Presse sprach man zeitweise nicht mehr von roten Banditen, sondern von Agrarreformern mit demokratischen, antijapanischen und proamerikanischen Neigungen, und das amerikanische Unternehmertum sah in China nach wie vor ein Reservoir von 400 Millionen Kunden. Während des Zweiten Weltkriegs entsandte Roosevelt den Obersten Joseph Stilwell nach China, einen ausgezeichneten Kenner des Landes, der sich jedoch mit Tschiang-Kai-schek nicht vertrug und von General Albert Wedemeyer abgelöst wurde. Wedemeyer warnte seine Regierung vor einer roten Machtübernahme, ist jedoch nicht so ernst genommen worden, wie er sich das gewünscht hätte. Der Abzug amerikanischer Truppen aus dem pazifischen Raum nach dem Sieg über Japan veranlaßte Wedemeyer zu dem Kommentar: »Amerika führte den Krieg wie ein Fußballspiel, wonach der Sieger den Platz verläßt und zum Feiern geht.« Maos Machtergreifung wurde nicht bloß als politische Niederlage empfunden oder als Verschwendung von zwei Milliarden Dollar, die man allein seit Kriegsende investiert hatte. Wie selbstverständlich hat sich »the loss of China« im Sprachgebrauch eingebürgert, als wäre ein Teil des eigenen Staatsgebiets verlorengegangen. Die Versuche, Versäumtes nachzuholen, oder Fehler gutzumachen, haben bizarre Formen angenommen. Dean Rusk, der damalige Ostasienexperte im Außenministerium, tat kund, die Regierung Nationalchinas repräsentiere die chinesische Volksmeinung »authentischer«. Dulles untersagte Journalisten die Ausreise in die Volksrepublik. Militärs wähnten, Rotchina lasse sich von Taiwan aus zurückerobern. In Colorado wurden Tibetaner zu Guerrillakriegern ausgebildet. Hollywoods Visagisten griffen in zwei verschiedene Schminktöpfe, wenn sie Darsteller als Chinesen herrichteten, einen für freie, vorrevolutionäre oder historische Chinesen, den andern für Maoisten.[7]

Der Kalte Krieg ging um die Frage, ob der Welt eine Pax Americana oder eine Pax Sovjetica beschert werden sollte. Die Schule der orthodoxen Historiker sah in der amerikanischen Nachkriegspolitik im Einklang mit Kennan, Acheson oder John Foster Dulles eine Antwort auf kommunistische Expansionsbestrebungen. Radikale Kritiker wie W. A. Williams, David Horowitz, Gabriel Kolko und andere Historiker der New Left hoben eher die wirtschaftlichen Motive und ideologischen Ansprüche der Amerikaner hervor, mußten sich aber Kunstfehler nachweisen und den Vorwurf gefallen lassen, ihre Abhandlungen seien wenig mehr als Polemiken mit Fußnoten. Die Schule der Realisten – Hans Morgenthau oder Arthur Schlesinger – interpretierte den Kalten Krieg als ein unvermeidliches Dilemma, maßen aber Fehleinschätzungen auf amerikanischer Seite das größere Gewicht bei. Dies alles war im nachhinein gesprochen. Auf dem Höhepunkt des Kalten Krieges gab es in der wissenschaftlichen Diskussion so gut wie keine Stimme, die von der Regierungslinie abgewichen wäre. Im Vorfeld des McCarthyismus wurde Loyalität als Konformismus mißverstanden. Im Gefolge des Kalten Krieges sind linke Wissenschaftler von den Hochschulen vertrieben worden, andere mußten eine Kürzung der Forschungsmittel hinnehmen, wieder andere, die bereits fest angestellt waren, ekelten die Kollegen auf mehr oder weniger subtile Weise hinaus.[8]

Modifizierte Revisionisten, auch Postrevisionisten genannt, strebten eine Synthese aus den Positionen der realistischen Schule und des eher linksgerichteten Revisionismus am. Lynn Davis verlieh ihrer Überzeugung Ausdruck, die Revisionisten alten Stils seien zu simpel ans Werk gegangen und hätten die dezentralisierte Natur des politischen Entscheidungsprozesses in den USA übersehen. Daniel Yergin weigerte sich, die totalitären und terroristischen Elemente des Sowjetstaates herunterzuspielen, meinte aber, die USA hätten irrtümlich an einen festgefügten Plan des Kreml geglaubt, die Wirkung des Zufalls unterschätzt und nicht realisiert, daß auch die Sowjetführung Unsicherheiten ausgesetzt war.[9]

Unter dem Einfluß des Vietnamkriegs hat mancher Historiker seine Ansichten zum Kalten Krieg geändert. Die Selbstrevision läßt sich besonders deutlich an Lehrbüchern beobachten, die über Jahre hinweg in immer neuen Auflagen erschienen. Die Distanz zu den Entscheidungen der eigenen Politiker wurde in diesem Zeitraum größer. In einem mehrfach aufgelegten Lehrbuch zur US-Außenpolitik seit dem Zweiten Weltkrieg heißt es zur Truman-Doktrin in der Ausgabe von 1962: »Wenn Griechenland kapitulierte ..., wäre es nur eine Frage der Zeit, bis die Türkei und der Iran unter der Sowjetmacht zusammenbrachen.« Ab der sechsten Auflage (1974) heißt es dann: »Wenn Griechenland kapitulierte ..., so dachte man in Washington, wäre es nur eine Frage der Zeit, bis die Türkei und der Iran unter der Sowjetmacht zusammenbrachen.«[10]

Eindämmung und Eiserner Vorhang wollten vom Begrifflichen her nicht recht zusammenpassen. Was hinter einer eisernen Wand liegt, braucht nicht eingedämmt zu werden. Aber die amerikanische Außenpolitik war im Sinne der Atlantikcharta auf offenen Zugang zu anderen Ländern eingestellt und konnte sich mit der

Ausgrenzung, die die Sowjets vornahmen, nicht abfinden. Im Außenministerium kam man zunächst auf den Gedanken, Stalins eisernen Zaun mit wirtschaftspolitischen Maßnahmen einzudrücken.[11] Die Irritation nahm zu, als dies nicht gelingen wollte.

Ursache und Folge des Kalten Krieges in einem war die Tatsache, daß sich nach 1945 erstmals in der amerikanischen Geschichte starke politische und militärische Widerstände gegen eine rasche und gründliche Demobilisierung ergeben hatten. Das Militärbudget machte 1950 noch ein Drittel des Gesamthaushalts aus. Die Maxime der Gründungsväter, daß »stehende Heere in Friedenszeiten mit den Prinzipien des Republikanismus unvereinbar« sind, war noch nie besonders wörtlich genommen worden. Bis dahin hatte fast jeder dritte Präsident Generalsrang bekleidet, ehe er ins Weiße Haus einzog, aber nie zuvor hatten hohe Militärs ihre im Krieg erworbene Macht in dem Umfang ausspielen können wie jetzt. Drei Jahre nach Kriegsende hielten schätzungsweise 150 Militärs wichtige politische Schaltstellen in der zivilen Verwaltung besetzt. Der Brigadegeneral, der in Washington mit »drei Sekretärinnen und vier Telefonen« Macht ausübte, wurde gesellschafts- sogar literaturfähig. In J. P. Marquands Roman *Melville Goodwin, USA* (1951) ist die Doppeldeutigkeit von USA für *United States Army* und *United States of America* nicht unbeabsichtigt. Der Journalist Sid Skelton teilt mit General Goodwin die Abneigung des Konservativen gegen eine zentralistische Regierung. Das Arrangement mit der Sowjetunion während des Krieges und der »phony peace« danach ist ihnen beiden zuwider. Skelton ist zu intelligent, um nicht zu wissen, daß Uniformen und Orden dazu da sind, kindliche Gemüter zu beeindrukken; er merkt, daß Goodwin in Zivil die personifizierte Mittelmäßigkeit abgibt. Trotzdem kann er sich der Ausstrahlung des Generals nicht entziehen. Militärischer Rang verrät Würde, verleiht Respekt und bietet den einzigen Halt in einer Umgebung des Wandels und der Unsicherheit. General Goodwin weist äußerliche und charakterliche Merkmale auf, die ihn als erstrebenswerte Idealfigur aus einer fremden, dem Zivilisten unzugänglichen Welt erscheinen lassen. Der Journalist neidet dem General sein »einfaches Glaubenslexikon«, das Gewähr gibt für problemlose Orientierung und rasche Entscheidungsfindung.[12]

Morris Janowitz hat mit soziologischen Methoden eine Beschreibung der amerikanischen Generalität geliefert, zu der John Marquand mit literarischen Mitteln anhand einer einzelnen Figur neun Jahre früher gekommen war: protestantisch, Vater Akademiker, kleinstädtische Herkunft, Mittelklasse, Ahnenreihe bis ins 18. Jahrhundert nachweisbar, West Point, Frau unterstützt Karriere, hält das Zivilleben für zu lasch, Söhne werden Berufssoldaten, Aufgabe der Militärs besteht darin, Führerpersönlichkeiten zu produzieren, die Kriege für ihr Land gewinnen. Das Pentagon betrieb im Kalten Krieg aktive Propaganda zur Beeinflussung der öffentlichen Meinung und bestimmter Politiker. Große Firmen sicherten sich die Mitarbeit pensionierter Generäle, die als Lobbyisten auftraten: Bedell-Smith bei

American Machine & Foundry, Omar Bradley bei Bulova und Halsey bei Standard Electric. Rechtsextreme Organisationen waren mit aktiven und pensionierten Generälen durchsetzt, die dort ihrer Frustration über die *no-win policy* im Kalten Krieg Ausdruck verliehen.[13]

In rechtsextremistischen Kreisen stellte man sich die quälende Frage, was der des Kommunismus verdächtigte Alger Hiss in Jalta verloren und warum Roosevelt den Russen dort so große Zugeständnisse gemacht hatte. Die John Birch Society kam auf eine Antwort: Roosevelt war auf der Konferenz von Teheran (1943) entführt und durch einen russischen Doppelgänger ersetzt worden, der bis zu seinem Tod im Weißen Haus regierte.[14]

Ausbruch des Koreakriegs

Von Deutschland und Japan war die bedingungslose Kapitulation verlangt worden, eine Forderung, die den Zweiten Weltkrieg verlängert und den Großmächten die Möglichkeit gegeben hatte, in entstehende Machtvakuen einzudringen. Korea wurde von den USA und der UdSSR besetzt. Sowjetische Soldaten waren zwei Tage vor der japanischen Kapitulation in Korea einmarschiert. Eine Demarkationslinie am 38. Breitengrad teilte die koreanische Halbinsel in zwei Hälften. Die Grenzziehung richtete sich nach dem Standort der Truppen und ergab wirtschaftsgeographisch keinen Sinn. Industrie war hauptsächlich im Norden angesiedelt, der Bevölkerungsschwerpunkt lag im Süden. Eine im Norden durchgeführte Landreform vertiefte die Spaltung. Die Sowjets zogen ihre Kampftruppen 1948 ab, die Amerikaner folgten ein Jahr später. Außenminister Dean Acheson erklärte im Januar 1950, Korea käme in der amerikanischen Politik keine erstrangige Bedeutung zu. Der Kongreß stoppte finanzielle Hilfsleistungen, nachdem verschiedene Abgeordnete sich geweigert hatten, das »Rattenloch« Korea weiterhin zu unterstützen.[15]

Am 25. Juni 1950 überschritten nordkoreanische Truppen die Demarkationslinie in Richtung Süden. Der Zweck dieser Invasion war die Wiedervereinigung des Landes mit gewaltsamen Mitteln. Über die Wahl des Zeitpunkts gibt es auseinandergehende Meinungen. Vielleicht löste die Verhaftung von drei nordkoreanischen Abgeordneten die Invasion aus, die in Seoul über die Wiedervereinigung hatten sprechen wollen. Präsident Truman handelte nach dem Einmarsch im Rahmen der Politik des *containment* und mobilisierte die UNO gegen diesen offensichtlich aggressiven Akt. Edward Murrow erläuterte seinen Hörern die amerikanischen Gegenmaßnahmen so: »Wir haben eine Linie gezogen, nicht über die Halbinsel, sondern über die Welt.«[16]

Als Truman im Repräsentantenhaus seine als Polizeiaktion definierten Interventionspläne vortrug, erhoben sich die Abgeordneten jubelnd von ihren Plätzen.

James Reston von der *New York Times* äußerte sich beifällig über die »kühne Tat« des Präsidenten. Protest kam von einzelnen republikanischen Abgeordneten. Senator Capehart aus Indiana meinte, die Demokraten hätten das Land zum drittenmal im 20. Jahrhundert in einen Krieg geführt und sollten sich lieber Kriegspartei nennen. Als Truman jedoch dem Kongreß die runde Summe von 10 Milliarden Dollar für den Krieg abforderte, war die Opposition eingeschwenkt. Das Repräsentantenhaus erfüllte Trumans Forderung mit nur einer Gegenstimme, die des kommunistischen Abgeordneten Vito Marcantonio aus New York. Nach der Entscheidung über die Intervention brach eine Kauforgie aus. Eine Hausfrau rechtfertigte ihre Hamsterkäufe mit den Worten: »Ich will noch was erwischen, ehe die Hamsterer alles wegkaufen.«[17]

Mit Ausnahme ihrer nuklearen Schlagkraft – 18 Staffeln des *Strategic Air Command* – waren die USA für einen neuen Krieg schlecht gerüstet. Die konventionelle Rüstung war vernachläßigt worden, weil man die Atombombe als souveräne Waffe angesehen und mit einem örtlich begrenzten Krieg nicht gerechnet hatte.[18] Die Einführung der allgemeinen Wehrpflicht sollte das Manko ausgleichen. Vier von fünf Amerikanern sprachen sich für diese Neuerung aus, die von James B. Conants *Committee on the Present Danger* aktiv betrieben wurde. In der Praxis wurde jedoch das Lotteriesystem beibehalten. Die Militärausgaben stiegen kontinuierlich an, von 13 Milliarden Dollar (1950) über 22 Milliarden (1951) auf 44 Milliarden (1952) bis sie schließlich bei Kriegsende 50 Milliarden (1953) erreicht hatten. Zur Finanzierung des Krieges war man auf Steuereinnahmen angewiesen, die entsprechend rasch anstiegen: die Bundessteuern von 36 Milliarden Dollar (1950) auf 64 Milliarden (1953). Festzuhalten ist, daß die Militärausgaben schon vor der nordkoreanischen Invasion steigende Tendenz aufwiesen, nachdem das National Security Council im April 1950 eine schriftliche Empfehlung (NSC-68) in dieser Richtung abgegeben hatte.

Auf Antrag der USA sollten Streitkräfte der UNO die Nordkoreaner mit Waffengewalt zurückwerfen. Erstmals war eine Weltorganisation aufgerufen, in einem größeren Konflikt aktiv Partei zu ergreifen. Der Sicherheitsrat sprach sich einstimmig für den amerikanischen Antrag aus. Warum die Sowjetunion kein Veto einlegte, sondern das Gremium wegen der Diskriminierung Rotchinas weiterhin boykottierte, ist unbekannt. Möglich, daß die Sowjets von der schnellen Reaktion der Amerikaner auf die Invasion überrascht wurden. Zusammen mit den USA waren 16 Mitgliedstaaten der Vereinten Nationen an der Gegenaktion beteiligt, darunter eine Kompanie Soldaten aus dem Großherzogtum Luxemburg. Die internationalen Truppenverbände standen unter dem Oberkommando der USA.

Die Invasion der Nordkoreaner hatte, egal ob sie mit oder ohne Provokation erfolgt war, mittelbare und unmittelbare politische Folgen. Die Stellung von Tschiang-Kai-schek auf Formosa und von Synghman Rhee in Südkorea wurde gestärkt. Die Proteste gegen die fortdauernde Besetzung Japans verstummten. Eine

Wiederbewaffnung Japans und Westdeutschlands rückte angesichts kommunistischer Bedrohung in den Bereich des Möglichen.

Die Nordkoreaner nahmen wenige Tage nach Beginn der Invasion Seoul ein. Die Amerikaner glaubten zu dem Zeitpunkt noch, den Konflikt mit Luft- und Seestreitkräften und ohne Bodentruppen bewältigen zu können. Mitte September landeten amerikanische Truppen bei Inchon, zwei Wochen später war Seoul zurückerobert, wieder eine Woche später, am 7. Oktober 1950, billigte die Generalversammlung der Vereinten Nationen bei fünf Gegenstimmen den Plan, die Invasion gleichsam umzudrehen und über den 38. Breitengrad nach Nordkorea einzumarschieren.

Befreiung statt Eindämmung: Douglas MacArthur

Wie diese Entscheidung zustandekam, ist nicht im einzelnen bekannt. Jedenfalls drangen noch am selben Tag auf Befehl des militärischen Oberkommandos amerikanische Truppen nach Nordkorea ein, um feindliche Streitkräfte zu vernichten. Daß der Gegenvorstoß im Siegestaumel unternommen wurde oder einen Fall militärischer Hybris darstellt,[19] ist falsch. Die Umstände deuten eher auf politisches Kalkül hin. Der Chefdelegierte der USA bei den Vereinten Nationen erklärte, man könne es nicht zulassen, daß ein Aggressor hinter einer imaginären Linie Zuflucht suche. Der 38. Breitengrad war plötzlich zu einer Schimäre geworden, nachdem man vorher den Nordkoreanern die Verletzung einer spezifischen Grenzlinie vorgeworfen hatte. Die USA verfolgten nun dasselbe Ziel mit denselben Methoden wie ihre Gegner: die Vereinigung des Landes mit militärischen Mitteln. Aus dem *containment* war ein *roll-back* geworden, und der *roll-back* sollte zur *liberation* führen. *Liberation* war im Umkreis von John Foster Dulles gleichbedeutend mit dem Sturz kommunistischer Regierungen.[20]

General Douglas MacArthur sagte zu diesem Zeitpunkt ein baldiges Ende des Krieges voraus. Bis Weihnachten würden die Soldaten wieder zu Hause sein. Am 15. Oktober erwiderte er auf Trumans Frage, wie hoch er die Wahrscheinlichkeit einer Intervention Chinas beurteile: »Very little.« Einen Tag später überschritten chinesische Truppen den Yalu. Einer anderen Version zufolge haben die Chinesen erst nach dem amerikanischen Vormarsch in Richtung Yalu angegriffen. In der Heimat waren Stimmen zu vernehmen, die die Zuspitzung der Lage begrüßten. »Wir haben die Klapperschlange beim Schwanz«, sagte ein baptistischer Pfarrer, »und je eher wir ihr den verdammten Schädel einschlagen desto besser.« Damit war Rotchina gemeint. Die Offensive der Amerikaner an der Grenze zur Mandschurei wurde mit zwei Flügeln vorgetragen, die in der Mitte ein freies Feld ließen, das zum Gegenvorstoß geradezu einlud. Es ist behauptet worden, daß China dadurch in den Krieg verwickelt und ein rascher Friedensschluß verhindert werden sollte. Möglich ist aber auch, daß die Amerikaner ihren Gegner unterschätzt haben. Die amerikanische Presse ignorierte die von der Sowjetunion an China gelieferten Abfangjäger vom Typ MIG, weil man nicht wahrhaben wollte, daß unter unfreien Bedingungen technische Spitzenleistungen möglich sind. MacArthur versuchte eine Strategie anzuwenden, die er im Kampf um pazifische Inseln eingeübt hatte: die Halbinsel Korea am Yalu und Tumen vom Festland abzutrennen und vom Nachschub abzuschneiden und sie quasi im Meer schwimmen zu lassen. Dies funktionierte nicht. Unterbrochene Versorgungslinien überbrückte der Gegner zu Fuß mit Rückenlasten, zudem fror der Yalu bald zu. In der grausamen Kälte haben beide Seiten aus toten Kameraden Schutzwälle gebaut. Die UNO-Truppen, fast nur Amerikaner, mußten im Dezember dem chinesischen Druck weichen. Ein US-General versuchte das Gesicht zu wahren und meinte, von Rückzug könne keine Rede sein, man würde lediglich aus einer anderen Richtung angreifen. Die *Army Times* sprach später vom »epischen ›Vormarsch nach hinten‹«. Die Chinesen überschritten den 38. Breitengrad nach Süden. Seoul wurde ein zweitesmal kommunistisch. Matthew Ridgway, General der 8. US-Armee, fand vor der Räumung Zeit zu dem Kommentar, der zweite Fall der südkoreanischen Hauptstadt müßte die Amerikaner daheim eigentlich aufwecken und zu verstärkten Kriegsanstrengungen motivieren. Seoul wurde ein zweitesmal zurückerobert, die Chinesen aus Südkorea vertrieben, aber Truman weigerte sich, den Krieg zu forcieren und auf chinesisches Gebiet auszuweiten. Das Pentagon maß dem Konflikt in Ostasien nicht die Bedeutung bei wie der Möglichkeit einer kommunistischen Attacke in Europa. Omar Bradley, der Generalstabchef, meinte überdeutlich, ein Krieg mit China wäre »der falsche Krieg, am falschen Ort, zur falschen Zeit und mit dem falschen Feind«. Mehr als vor den Chinesen wolle man vor den Sowjets auf der Hut sein, die den Koreakrieg vielleicht nur als Finte benutzten, um von einem großen Schlag in Westeuropa abzulenken.

Anderer Ansicht war General MacArthur, der die Kampftruppen in Korea befehligte. Seine militärische Strategie sollte nach eigener Formulierung in einem »arrogant display of strength« bestehen. Mit dieser hochmütigen Zurschaustellung von Stärke ist auch ein wichtiges Kennzeichen seiner Persönlichkeit umrissen. MacArthur hatte hervorstechende narzißtische Züge, er war außergewöhnlich eitel, er warf sich in makelloser Kleidung gern in Positur und agierte wie vor einem Spiegel oder vor Kameras. Zu anderen Personen wahrte er Distanz, seine »engsten Freunde« waren die jeweiligen Mitglieder seines Stabes. Seine Frau redete ihn in der Öffentlichkeit mit »General« an, er sie mit »Ma'am«, seinen Sohn mit Vornamen Arthur nannte er »Sergeant«, um die Befehlsverhältnisse klarzumachen. In Gesprächen mußte er die erste Geige spielen, auch wenn er mit Experten redete, weshalb er vergleichsweise wenig dazulernte. Westernfilme mit Tom Mix und Hopalong Cassidy entsprachen seinem Verlangen nach heldenhaftem Edelmut, Schwarzweißmoral und »fast-moving action«. Noch im Alter von mehr als fünfzig

Jahren hat MacArthur seiner Bewunderung für Dschingis Khan Ausdruck verliehen, weil dessen Truppen »mit solch vernichtendem Tempo« zuzuschlagen wußten.[21]

1930 hatte ihn der Ruf erreicht, Generalstabchef zu werden. Als oberster Militär ließ er es sich nicht nehmen, persönlich gegen die »Bonus Expeditionary Forces« anzutreten, gegen die Veteranen des Ersten Weltkriegs, die in der Hauptstadt kampierten und die vorzeitige Auszahlung einer Prämie verlangten, die ihnen für geleistete Kriegsdienste zustand. Die Kavallerie rückte mit gezogenem Säbel vor. In der Nähe des Capitols wurden die Demonstranten mit Gas vertrieben. MacArthur hatte wenig Verständnis für die sozialen Proteste der dreißiger Jahre. In einer Rede vor Studenten erklärte er Pazifismus und Kommunismus zu Bettgenossen, überall sei man von ihnen umgeben. Nach Ablauf seiner Amtsperiode als Generalstabchef wurde er als Militärberater wieder auf den Philippinen stationiert. Für das Disaster in den ersten Kriegsmonaten war er mitverantwortlich, da er angesichts schlecht ausgebildeter Filipinos zuviel Optimismus verbreitet hatte. Seine erzwungene Flucht von den Inseln hat seine militärische Reputation beschädigt. Eisenhower lief ihm auf dem europäischen Kriegsschauplatz den Rang ab. Mit dem Admiral der US-Flotte im Pazifik und mit anderen hohen Offizieren mußte er zahlreiche Meinungsverschiedenheiten austragen. Erst nach dem Krieg, als er sozusagen das Amt eines amerikanischen Prokonsuls in Japan ausübte, hat sich sein Status wieder gefestigt. Nach dem Ausbruch des Koreakriegs wurde ihm das Oberkommando übertragen. Die *New York Times* spendete dieser Nachricht überschwenglichen Beifall.[22]

Für die unzureichende Abwehrbereitschaft der südkoreanischen Truppen machte er unfähige Zivilisten in Washington verantwortlich, die wenig vom Pazifik und so gut wie nichts von Korea wußten. Die ungünstige militärische Ausgangslage kam seiner Neigung zur Dramatisierung entgegen. Die Erfolgschancen stünden 1:5000, sagte er vor der Landung bei Inchon, eine Äußerung, die von Unverantwortlichkeit oder einem verwirrten Geist zeugt. Es ging in diesem Krieg um die Rolle der USA in Ostasien und im Pazifik, es ging um Kommunismus versus Kapitalismus, es ging aber auch um den Erfolgshunger, um die militärischen und politischen Ambitionen eines Mannes, dessen Leben sich dem Ende zuneigte. »Wir müssen handeln oder wir werden sterben«, sagte der Siebzigjährige vor der Landung.[23]

Der General hat mit einigem Geschick die Vorstellung propagiert, daß der Koreakrieg nicht örtlich begrenzt bleiben könne, und die sowjetische und chinesische Interventionsgefahr stets groß an die Wand gemalt mit Ausnahme einer kurzen Phase, als die Chinesen nämlich tatsächlich in den Konflikt eingriffen. Daß es sein Ziel war, Rotchina in den Krieg hineinzuziehen, hat MacArthur mehr oder weniger offen zugegeben. Gabriel Kolko hegte die Vermutung, MacArthur habe es darauf abgesehen, in Japan und Korea zu einer Art amerikanischem DeGaulle zu werden, den die öffentliche Meinung ins höchste Staatsamt trägt. Asien war des Generals »neue Frontier«, nicht das abgebrauchte Europa, das seiner Ansicht nach im Sterben lag. Die Europäer wurden vielleicht von den liberalen Demokraten an der Ostküste hofiert, nicht aber von nationalistisch gesinnten Republikanern wie ihm. In der Absicht, den Krieg auf China auszuweiten, bot Tschiang von Formosa aus Soldaten an. MacArthur kam diese Offerte zupaß, aber Washington lehnte dankend ab. Zwischen Truman und MacArthur entwickelte sich eine »running battle«, die einen Zeitgenossen an die endlosen Aufholjagden in den frühen Filmkomödien von Mack Sennett erinnerte. Die fortgesetzten Überfälle an der Grenze mußten wirken, als wolle der General dem Präsidenten die Zunge herausstrecken. Truman blieb keine andere Wahl, als ihn abzusetzen, zumal er Zweifel am Geisteszustand des Generals hegte.[24]

Die Abberufung MacArthurs am 11. April 1951 war kein Konflikt zwischen ziviler und militärischer Gewalt; die Militärführung stand auf der Seite des Weißen Hauses. MacArthur mußte gehen, weil der Konflikt um Korea zu einem unkalkulierbaren Risiko geworden war.[25] In seiner Abschiedsrede vor dem Kongreß log MacArthur, er scheide ohne Groll. Am Ende seiner sentimentalen Ansprache zitierte er aus einem Soldatenlied: »Old Soldiers never die, they just fade away.« Patriotische Amerikaner waren mit Trumans Entscheidung nicht einverstanden. New Yorker Dockarbeiter demonstrierten gegen MacArthurs Entlassung, Nixon verlangte seine Wiedereinsetzung. Der General selbst hoffte noch nach seiner Abberufung auf seine Chance als republikanischer Präsidentschaftskandidat.

Verhandlungen und Kriegsfolgen

Truman und MacArthur waren in ihren strategischen Positionen nicht allzuweit voneinander entfernt: beide hatten Angst, daß vorzeitig der Frieden ausbricht. In London argwöhnte man wahrscheinlich nicht zu Unrecht, daß die USA es darauf anlegten, die Kämpfe unnötig lange hinauszuziehen. Anders als MacArthur versuchte jedoch Truman, eine unkontrollierbare Ausuferung des Konflikts zu vermeiden. MacArthur hatte den Befehl erhalten, nur die koreanische Seite der Yalubrücken bombardieren zu lassen. Dies erforderte einen tangentialen Anflug, erleichterte der feindlichen Flugabwehr ihre Aufgabe und machte es schwer, Chinesen und Nordkoreaner entscheidend zu treffen.[26]

Im Sommer 1951 nahmen General Nam und Admiral Joy Waffenstillstandsverhandlungen in Kaesong auf. Das Verhandlungsklima war feindselig. Bei einer Sitzung starrten sich die beiden Offiziere zwei Stunden und elf Minuten lang an ohne ein Wort zu sagen, bis der Amerikaner schließlich aufgab. Nach einem neuen Waffengang wurden die Verhandlungen nach Panmunjon verlegt, einem Ort mit ein paar Lehmhütten. Die Gespräche fanden in einem Zelt statt, waren getragen von Bitterkeit und Haß und dauerten insgesamt 21 Monate. Der Hauptstreit drehte sich um kommunistische Kriegsgefangene in Südkorea, die sich aus verschiedenen Gründen weigerten, in den Norden entlassen zu werden, unter anderem weil sie nicht wieder Soldat werden wollten. Aus humanitären Gründen sträubten sich die USA gegen eine zwangsweise Entlassung und nahmen dafür eine Verzögerung des Kriegsendes um anderthalb Jahre und Tausende von Toten und Verwundeten in Kauf. Ein Vermittlungsangebot Nehrus wurde abgelehnt.[27]

Im Oktober 1951 ergab eine Umfrage von Gallup, daß zwei Drittel der Befragten den Koreakonflikt für einen »äußerst nutzlosen Krieg« hielten. Trotzdem war die Mehrheit dafür, diesen Krieg zu Ende zu führen. James Michener griff in seinem Roman *The Bridges of Toko-Ri* (1953) das Argument vom falschen Krieg zur falschen Zeit am falschen Ort auf und bezeichnete es als Quatsch. Die Studentenschaft verhielt sich – anders als im Vietnamkrieg – weitgehend passiv. Die Wehrbereitschaft war gering. Viele gingen aufs College, um der Wehrpflicht zu entgehen. Ab März 1951 boten gute Noten einen gewissen Schutz vor der Einberufung. Truman mußte sich von Senator Everett Dirksen (Illinois) vorhalten lassen, er sei zu Kommunisten stets zu weich gewesen und erhalte jetzt die Quittung dafür in der Form junger Amerikaner, die »in wooden boxes« aus Korea zurückkehrten. Am schärfsten wurde Dean Acheson kritisiert. Das Blut amerikanischer Koreakrieger klebe an seinen Händen, sagte ein Senator aus Nebraska. Eine Musterungsbehörde in Montana weigerte sich, weitere Einberufungsbescheide auszustellen, ehe Washington nicht die Atombombe eingesetzt habe.[28]

Während sich in Panmunjon die Verhandlungen hinzogen, wurde aus dem Koreakrieg ein Stellungskrieg, ein Sitzkrieg, eine Kampfform also, die den Amerikanern nicht lag. Die offiziell so bezeichnete »Operation Killer« bestand ab dem Sommer 1951 in brutalen Schlachten, die den Amerikanern in der Einschätzung von Pearl Buck die Sympathien der Asiaten kostete.[29] Die vorrückende Infanterie wurde aus der Luft und mit Artillerie unterstützt. Unter dieser Taktik hatte vor allem die Zivilbevölkerung zu leiden, deren Sterben man hinnahm, um die eigenen Soldaten zu schützen. Marineinfanteristen trieben die Nordkoreaner über den Naktong zurück. Im Logbuch eines Flugzeugträgers heißt es hierzu, daß die Feinde in so großer Zahl fielen, daß sich der Fluß vom Blut tatsächlich rot färbte. Dörfer erhielten eine »Sättigungsbehandlung« mit 500pfündigen Bomben und mit Napalm. Die Stadt Wonsan und ihre 35 000 Einwohner sind 41 Tage lang aus der Luft und von der See her bombardiert worden. Während des gesamten Krieges wurden an die acht Millionen Gallonen Napalm abgeworfen. Pioniere machten sich einen Spaß daraus, bei der Sprengung von Brücken doppelt so viel Dynamit zu verwenden wie nötig. Ein Reporter beobachtete, wie sie ihr pyrotechnisches Zerstörungswerk mit wilden Freudenrufen begleiteten.

Die Energieversorgung Nordkoreas war nach zwei Wochen zu 90 Prozent vernichtet, das Land binnen drei Monaten zerschossen und zerbombt. Man hätte noch weitere Ziele ins Visier genommen, um Druck bei den Verhandlungen auszuüben, hätte es noch substantielle Ziele gegeben. Das Land ist vielleicht deshalb nicht noch stärker pulverisiert worden, weil auch die Sowjets inzwischen die Atombombe hatten. Eisenhower, eben zum Präsidenten gewählt, ließ im Februar 1953 seine Bereitschaft zu einem atomaren Einsatz erkennen, falls die Verhandlungen nicht zum Abschluß kämen. Eine ähnliche Drohung hatte sein Vorgänger bereits im November 1950 ausgesprochen. Am 27. Juli 1953 unterzeichneten ein amerikanischer und ein nordkoreanischer General ein Waffenstillstandsabkommen. Die beiden würdigten sich bei der Unterzeichnung keines Blickes.[30]

Eine UNO-Kommission hatte im Anfangsstadium des Krieges die Konfliktursache nicht ermitteln können; trotzdem wurde Nordkorea von den NATO-Staaten zum Aggressor erklärt. Erst als die Volksrepublik China einen Sitz in den Vereinten Nationen erhielt, bequemte sich der Westen dazu, die Kriegsursache etwas differenzierter als in einem Überfall Nordkoreas auf Südkorea zu sehen. Es gibt nach wie vor Historiker, die von einer unprovozierten Aggression oder von angreifenden »chinesischen Horden« sprechen, so wie das US-Hauptquartier in Tokio gerne von den »roten Horden« gesprochen hatte. Die Scheidung in Gut und Böse ist nicht so einfach zu treffen, die Rolle der UdSSR bei der Invasion noch nicht geklärt. Wahrscheinlich wurde der Einfluß des koreanischen Nationalismus bisher unterschätzt.[31]

Das Verdienst, früh hinter die Schleier der Propaganda geschaut zu haben, kommt I. F. Stone zu, der zunächst weder einen amerikanischen noch einen englischen Verlegern fand, ehe die Monthly Review Press seine *Hidden History of the Korean War* (1952) druckte. Stone hat die Generalität, insbesondere MacArthur, dadurch entlarvt, indem er aufmerksam die aktuellen Berichte in der *New York Times* und die amtlichen Verlautbarungen studierte, Zusammenhänge herstellte und Widersprüche aufdeckte. Er kam zu dem Schluß, daß MacArthur bemüht war, das Kriegsfeuer neu anzufachen, sobald es auszugehen drohte.[32]

Gabriel Kolko ist nach umfangreichen Forschungen zu ähnlichen Ergebnissen gekommen wie I. F. Stone zwanzig Jahre vor ihm. Er schließt nicht aus, daß dem Konflikt ein sinistres Zusammenspiel zwischen MacArthur und Syngman Rhee vorausgegangen war. Die Sowjets sind nach Kolkos Auffassung von der Invasion wahrscheinlich überrascht worden. Sie zeigten keine Neigung, selbst zu intervenieren, weil sie wußten, daß ein größerer Konflikt das Tempo der Aufrüstung in den USA beschleunigt hätte. Daß die Nordkoreaner Syngman Rhee nur zuvorgekommen sind, als sie am 25. Juni um 4 Uhr morgens den 38. Breitengrad überschritten, hält Kolko für leicht möglich. So gesehen war die Invasion eine von zahlreichen Grenzverletzungen, wie sie immer wieder vorgekommen waren in diesem latenten Bürgerkrieg. Problematisch ist somit nicht, wer diesmal zuerst angriff, sondern warum die Nordkoreaner plötzlich so durchschlagenden Erfolg hatten. Kolko meint ziemlich unverhohlen, Rhee und MacArthur hätten konspiriert, den Nordkoreanern Anfangserfolge zu schenken und durch Scheinniederlagen und fabrizierte Rückzüge dem Konflikt größere Dimensionen zu geben, um desto gewaltiger zurückschlagen zu können.[33] Kolkos Interpretation läßt wenig Zweifel daran, daß MacArthur China »zurückerobern« wollte, um gegen Eisenhower, seinen früheren Adjutanten, Boden gutzumachen und nach einer militärischen Großtat ins Weiße Haus einzuziehen. Der Krieg, so urteilte Kolko, war eine »nützliche Krise« und bot Truman und Acheson einen Hebel, mit dem sich Politik vor allem außerhalb Asiens bewegen ließ. Während MacArthur Asien und seine persönlichen Pläne im Visier hatte, wollte Truman dem Kongreß Geld für die Aufrüstung entlocken und ein Klima für die Wiederbewaffnung der Bundesrepublik Deutschland schaffen. »Korea war ein Segen«, so bekannte ein hoher US-General. »Es mußte ein Korea geben, entweder dort oder sonstwo auf der Welt.«[34]

Nach Opfern gerechnet war der Koreakrieg der drittgrößte Krieg, den die USA bis dahin geführt hatten, obwohl Truman nicht müde wurde zu behaupten, die USA befänden sich nicht im Krieg, sondern nähmen an einer Polizeiaktion der Vereinten Nationen teil, und zwar auf deren Aufforderung hin. Dem Koreakrieg ist besondere Bedeutung zugemessen worden, weil er der erste »begrenzte Krieg« des Atomzeitalters war, begrenzt in dem Sinne, als auf den Einsatz nuklearer Waffen verzichtet wurde.[35]

Erstmals hatten die USA einen größeren Krieg geführt, ohne den Kongreß vorher um Erlaubnis gefragt zu haben. Eine große Debatte vor dem Kriegseintritt hatte wegen des Umwegs über die UNO nicht stattfinden können. Die Amerikaner schienen sich mit einem Konflikt abzufinden, der manchmal als »Trumans Torheit« bezeichnet wurde. Kriegsbegeisterung und Hurrapatriotismus waren nicht typisch für diesen Krieg, weder in der Heimat noch an der Front. Soldaten der 24. Division traten mehrfach befehlswidrig den Rückzug an, warfen Waffen und Helme weg, weigerten sich zu kämpfen, ließen Verwundete im Stich oder warteten passiv auf ihre Gefangennahme. »Bugging out« für das rechtzeitige Davonlaufen wurde zu einem festen Begriff, ein Regiment machte den »Bug-Out Blues« zu seinem Lied. Amerikanische Kriegsgefangene ergaben sich in den Lagern apathisch in ihr Schicksal und legten sich oft einfach zum Sterben hin. Daheim machte man den Wohlfahrtsstaat und einen zu weichen Erziehungsstil für das erbärmliche Bild verantwortlich. General MacArthur war von einer Maxime ausgegangen, die er für bewährte amerikanische Tradition halten konnte: Im Kriegsfall würde die gesamte Nation für den Sieg kämpfen. Am Ende sah er ein, sich getäuscht zu haben. Unter nuklearen Bedingungen war MacArthurs Formel »Es gibt keinen Ersatz für den Sieg« zu primitiv gedacht, ganz abgesehen davon, daß das Ende des Zweiten Weltkriegs erst wenige Jahre zurücklag.

Nach ungefähren Berechnungen forderte der Koreakrieg zweieinhalb bis vier Millionen Opfer. Die nordkoreanische Armee war am Boden zerstört, die Chinesen hatten binnen acht Monaten eine halbe Million Soldaten verloren, die

Verluste der Südkoreaner lagen mit 415 000 kaum darunter. 94 000 Soldaten der UNO waren gefallen, davon 33 000 Amerikaner. Dazu kamen mehr als 100 000 amerikanische Verwundete. 80 Prozent ihrer Verluste hatten die Amerikaner allein nach dem Überschreiten des 38. Breitengrads in nördlicher Richtung erlitten.[36] Söhne aus ärmeren Familien hatten eine geringere Überlebenschance als solche auf besserem Hause.[37] Eine unterschiedlich große Überlebenschance für Soldaten schwarzer oder weißer Hautfarbe gab es anscheinend nicht. Schwarze wurden in diesem Krieg als gleichwertige Frontsoldaten anerkannt, nachdem man sie bisher als minderwertige Kämpfer eingestuft hatte. Doch immer noch gab es segregierte Einheiten.

G.I.s in Korea fotografiert von Al Chang

Der Krieg verschärfte das innenpolitische Klima und trug bei zur Verabschiedung des *McCarran Act* (1950), der dem Kongreß als *Mundt-Nixon-Bill* bereits drei Jahre vorgelegen hatte. Auch liberale Politiker wie Hubert Humphrey und Paul Douglas stimmten jetzt für dieses Gesetz, das Kommunisten eindeutig vom

Regierungsdienst ausschloß, ihre Registrierung vorschrieb und die Kennzeichnung von kommunistischer Propaganda obligatorisch machte. Die Angst vor denjenigen, die ein »boring-from-within« angesagt hatten, also ein Anbohren des Systems von innen, diese Angst war größer geworden. Joseph McCarthy hat jedoch seinen Aufstieg nicht dem Krieg zu verdanken; er war bereits prominent. Sein Einfluß ging zu Kriegsbeginn sogar kurzfristig etwas zurück, als er nämlich nicht mehr die erste Seite der Tageszeitungen beherrschte. Ein weiteres Instrument der Verfolgung blieb der *Espionage Act* (1917), gültig in Zeiten des Krieges und des nationalen Notstands, den Truman 1950 verhängt hatte. Noch 1956 wurde ein Verfahren gegen drei Redakteure der *China Monthly Review* mit Sitz in Schanghai angestrengt, weil sie in den Kriegsjahren unter amerikanischen Armeeangehörigen den Ungehorsam gefördert haben sollen.[38]

Der Krieg verhalf großen Wirtschaftsunternehmen wie United States Steel und Bethlehem Steel wieder zu Rekordgewinnen. Die Entwicklung der Währung gestaltete sich wie üblich inflationär, das vertraute »nickel coke« war ab jetzt nicht mehr für fünf Cents zu haben. Die soziale Gesetzgebung kam praktisch zum Stillstand, nach der Waffenruhe stellte sich eine wirtschaftliche Rezession ein. Die Regierung versuchte indes unverdrossen, den Eindruck des »business as usual« zu erwecken. Dazu gehörte auch das Angebot, den Chinesen bei Interesse Weizen zu verkaufen.[39]

Machtpolitisch hatte die Invasion nach Nordkorea hinein nicht nur zum Vorteil der westlichen Alliierten ausgeschlagen, weil angesichts der Kräfteverhältnisse ein Patt wie ein kommunistischer Sieg aussah. Auf der Habenseite konnte die Truman-Regierung die starke Einbindung der BRD ins westliche Bündnis und die erste Weichenstellung für eine westdeutsche Wiederbewaffnung verzeichnen. Die Berechtigung amerikanischer Auslandshilfe unter antikommunistischen Vorzeichen schien sich zu bestätigen, selbst wenn nur ein Drittel oder ein Viertel der Gelder der wirtschaftlichen Entwicklung eines Landes zugutekam und manchmal bis zu neunzig Prozent für Militärausgaben bestimmt waren.[40]

General Bradley und Präsident Truman bekräftigten den Standpunkt, mit dem Koreakrieg sei ein Dritter Weltkrieg verhindert und der Ostblock davon abgehalten worden, sich Länder »closer to our shores« einzuverleiben – eine Version der Dominotheorie. Koreakrieg und Vietnamkrieg weisen eine Reihe von Gemeinsamkeiten auf: die Strategie des Overkill, der zähe Widerstand der Einheimischen gegen materielle Überlegenheit, die Desinformation der Presse und die ideologischen Voraussetzungen. Beide Konflikte waren von derselben Art, zu beachten ist aber die Chronologie: die Vorgänge in Indochina haben Washington auf Korea vorbereitet, nicht umgekehrt.[41]

1947: Der Abgeordnete John Rankin präsentiert Listen mit Unterschriften von Bürgern, die eine politische Durchleuchtung der Filmindustrie in Hollywood gutheißen

XI. Kapitel
ANTIKOMMUNISMUS

In einem städtischen Park predigt eine Rednerin die Revolution; ein Zuhörer beschwert sich darüber beim nächsten Polizisten; der Polizist sagt, die Frau verletze keine Gesetze, deshalb stünde sie unter seinem Schutz; wenn er, der Zuhörer, ein Meeting abhalten wolle, solle er auf die andere Straßenseite wechseln, dann genieße er ebenfalls polizeilichen Schutz. Ein Experte für Meinungsfreiheit zitierte diese Episode als Beispiel für Toleranz, für ein entspanntes Verhältnis zwischen Bürger und Staat, für wahren Amerikanismus. Zwingend ist diese Schlußfolgerung nicht. Denn man weiß aus der Geschichte, daß gerade den namenlosen Revoluzzer die Härte des Gesetzes traf, wo Arrivierte wie Jefferson, John Adams oder Lincoln mit ihren revolutionären Äußerungen unbehelligt blieben. Es machte einen Unterschied, ob ein Aufruf zum Umsturz in Schweinsleder gebunden in den Regalen stand oder als Flugblatt in jiddischer Sprache an den Straßenecken verteilt wurde.[1]

Der führende Weltrepräsentant des Kommunismus, Josef Stalin, war während und unmittelbar nach dem Weltkrieg von ausgesprochen kapitalistisch orientierten Amerikanern mit Lob überschüttet worden. Der Präsident der US-Handelskammer bedachte »Uncle Joe« mit Schmeicheleien, Roosevelts republikanischer Gegenspieler Wendell Willkie schlug in seinem Buch *One World* (1943) prosowjetische Töne an. Der US-Botschafter in Moskau erklärte, wer an Stalins gutem Willen zweifle, sei ein schlechter Christ, ein mieser Sportsmann und ein schwacher Denker. Anzeichen für eine Änderung des politischen Klimas waren ab 1946 zu erkennen, als bei der Hearst-Presse eine Kampagne gegen »linke Schriftsteller«, gegen Hollywood und gegen moderne Kunst anlief. Die *National Association of American Manufacturers* nahm Anstoß an »subversiven Lehrbüchern«. In amerikanischen Schulbüchern galt die Regel: keep smiling. Kinder, auch solche aus ethnischen Minderheiten – Chicanos, Puerorikaner, Chino-Amerikaner – waren lächelnd darzustellen. Russische Kinder dagegen blickten ernst und grimmig drein. Als nun russische Kinder doch einmal lächelnd abgebildet waren, brach unter rechtsradikalen Organisationen sofort ein Sturm der Entrüstung los.[2] Das *National Council for American Education* setzte sich die Ausrottung von Sozialismus und Marxismus zum Ziel und erklärte seine Bereitschaft, zu diesem Zweck mit dem Kongreßausschuß für unamerikanische Umtriebe zusammenzuarbeiten, dem *House Committee on Un-American Activities* (HUAC). Der liberale Historiker Arthur Schlesinger befaßte sich in einer großen Illustrierten mit Thomas Jeffersons Diktum, den USA könne eine Revolution alle zwanzig Jahre nicht schaden, und kam zu der Erkenntnis, die Kommunistische Partei der USA (CPUSA) sei keine wirklich revolutionäre Partei, also habe sie das Recht auf Revolution verwirkt.

Was die Intoleranz aufkeimen ließ, ist noch nicht genau erforscht. Das allgemeine Unbehagen über einen »phony peace« spielte sicher eine Rolle, ebenso der Prozeß um die Atomspione Julius und Ethel Rosenberg, die zum Tode verurteilt und hingerichtet wurden. Aber zu dem Zeitpunkt war die Kommunistenjagd längst im Gang. In England schlug Bertrand Russell vor, die Russen mit Atomwaffen zu vernichten, falls sie den amerikanischen Plan zur Nuklearkontrolle ablehnten. In der vom CIA mitfinanzierten Zeitschrift *Encounter* erklärten später die amerikanischen Intellektuellen Irving Kristol und Leslie Fiedler, es sei nicht angezeigt, mit den Rosenbergs Mitleid zu empfinden. Neuere Forschungsergebnisse deuten darauf hin, daß die Rosenbergs tatsächlich schuldig waren, wenngleich sich die Experten immer noch nicht über die Wertung der Evidenz einig sind.[3]

Im März 1947 war die Truman-Doktrin verkündet worden. Der Kongreß stellte 400 Millionen Dollar bereit, um in Griechenland und in der Türkei den kommunistischen Einfluß abzublocken. Im selben Monat erließ der Präsident eine »Loyalty Order«. Über zwei Millionen Bundesangestellte mußten schwören, daß sie niemals zu einer von 78 »Organisationen« gehört hatten; die aufgeführte Zahl schloß »Publikationen« ein. Edgar Hoover, der Chef des FBI, erstellte mit Hilfe der Post eine Liste von Abonnenten. Ein Parteifreund Trumans, der texanische Abgeordnete Lyndon B. Johnson, setzte Kommunisten mit Gangstern gleich. Man müsse den Anfängen wehren: »Wenn du einen Raufbold in deinen Vorgarten läßt, sitzt er anderntags auf deiner Veranda und am Tag danach vergewaltigt er deine Frau in deinem eigenen Bett.« Der *Taft-Hartley-Act* verlangte von Gewerkschaftsfunktionären eine antikommunistische Erklärung. Der Bergarbeiterführer John Lewis weigerte sich, eine solche zu unterzeichnen und trat im Dezember 1947 aus dem Dachverband AFL aus. New Yorker Lehrer waren gehalten, gemäß dem *Feinberg Law* (1949) einen Treueeid zu leisten, der sich auch auf das bezog, was jemand außerdienstlich publizierte. Der Supreme Court bestätigte das Urteil und die Entlassung eines Lehrers, dem nicht gestattet wurde, sich auf den Grundsatz der Pressefreiheit zu berufen. Der Dramatiker Arthur Miller hat die Aufgeregtheit beschrieben, die ihm als Teilnehmer an einer Friedenskonferenz liberaler Intellektueller im New Yorker Waldorf Hotel im Jahre 1949 entgegenschlug. Vor dem Hotel hatten sich Nonnen niedergekniet, die mit lauten Gebeten die Erlösung liberaler Geister aus den Fängen des Satans erflehten. Allerorten, zum Beispiel in den Veteranenverbänden, erstarkte der *yahooism,* zu deutsch Hurrapatriotismus.[4]

Politiker, Polizeichefs, Rechtsanwälte und einfache Bürger glaubten an eine kommunistische Verschwörung, mit Schmutz und Schund die Moral der amerikanischen Jugend zu untergraben. Post und Zoll brachten Weltrevolution und Pornographie eng zusammen. Nach Ansicht der Postbehörde war das Werk *The Five Arrows* (1944) von Allen Chase ein kommunistischer Propagandaroman, weil die Hauptfigur mit der Tochter eines amerikanischen Botschafters schläft. Die Bostoner *Watch & Ward Society* erstellte als Bürgerverein eine schwarze Liste mit den Werken mißliebiger Schriftsteller. Der protestantische Denker Reinhold Niebuhr verglich die Wohlhabenheit des kapitalistischen Westens mit der Armut in kommunistischen Ländern und betonte, daß sich die Religion keineswegs als Opium fürs Volk erwiesen habe. Francis Kardinal Spellman erklärte 1949, Amerika stehe unmittelbar vor der Eroberung und Vernichtung durch die Kommunisten. Als der kommunistische Kongreßabgeordnete Vito Marcantonio starb, wurde ihm ein katholisches Begräbnis verweigert. Pater Edmund Walsh warnte in *Total Power* (1948) vor dem kommunistischen Weltherrschaftsanspruch.[5]

Nach Maos Machtergreifung wurden Vorwürfe gegen die eigenen Diplomaten laut, man habe China leichtfertig den Rotchinesen überlassen. Diese Vorwürfe wurden vom HUAC, vom Veteranenverband *American Legion* und vom *Readers' Digest* erhoben, noch ehe McCarthy eine Rolle in der nationalen Politik spielte. Maos Agenten, so lautete ein Gerücht, würden Drogen nach Amerika schleusen, um die Entschlossenheit des Klassenfeinds auszuhöhlen. Der Fall des unter Spionageverdacht stehenden Alger Hiss, der ab Mai 1949 verhandelt wurde, nährte den Argwohn, daß das Außenministerium und andere Ämter ehemalige und womöglich noch aktive Genossen beherberge; Hiss wurde im Januar 1950 des Meineids überführt und zu fünf Jahren Gefängnis verurteilt. Er kämpfte um seine Rehabilitierung, die Indizien für seine Schuld im Sinne der Anklage haben aber seither eher zugenommen.[6]

Täter, Opfer, Helfershelfer

1949 wurden nach einer Prozeßdauer von neun Monaten, sechs davon zur Beweisaufnahme mit 16000 Seiten Protokoll, elf Kommunisten verurteilt, weil sie gegen den *Smith Act* verstoßen hatten. Die Anklagevertretung bot Renegaten und Spitzel als Zeugen auf, die Verteidigung strenge Parteigänger. Zehn der Angeklagten erhielten fünf Jahre, der elfte drei Jahre Gefängnis. Der Supreme Court bestätigte die Urteile. Als *Dennis v. United States* (1951) hat der Fall Rechtsgeschichte gemacht. Einige der Verurteilten flohen, der Parteiführer Gus Hall wurde wieder eingefangen und erhielt zusätzlich eine dreijährige Haftstrafe. Fünf Verteidiger handelten sich im Laufe des Verfahrens wegen Mißachtung des Gerichts bis zu fünf Monate Freiheitsentzug ein. Der Oberste Gerichtshof hatte hauptsächlich zu entscheiden, ob der *Smith Act* gegen die *Bill of Rights*, insbesondere gegen das Erste Amendment verstoße. Die Mehrheit der Richter war nicht dieser Ansicht, denn es gebe kein Recht auf Umsturz, solange ein Regierungssystem friedlichen Wandel erlaube. Außerdem habe die Redefreiheit sich gelegentlich anderen Werten und Erwägungen unterzuordnen. Die Frage, ob eine »klare und unmittelbare Gefahr« überhaupt vorgelegen habe, wurde so beantwortet: der Staat könne nicht auf das Signal zum Putsch warten, Verschwörung sei kein Bürgerrecht. Generell hatt sich seit 1940 die Tendenz ergeben, »unmittelbar« im Sinne von »wie wahrscheinlich« auszulegen. Die Jury im Fall Dennis hatte nicht darüber zu entscheiden, ob eine unmittelbare Gefahr bestehe oder nicht; diese Entscheidung behielt sich das Gericht selbst vor: Auch nichtstrafbare Taten müßten bestraft werden, sofern sich »entlegene Folgewirkungen« auf das Staatswohl ablesen lassen; hätte etwa das Gericht in Bayern den Ausländer Hitler 1924 abgeschoben, wäre großes Unheil verhindert worden.[7] Die Richter Frankfurter, Black und Douglas stimmten gegen den Urteilstenor. Felix Frankfurter meinte, in einer freien Gesellschaft müßte auch Platz für Kommunisten sein. Für Hugo Black war und blieb das Erste Amendment der Grundpfeiler des US-Regierungssystems. William Douglas argumentierte, solange die Schriften von Marx und Engels, von Lenin und Stalin in den USA nicht verboten seien, solange dürfe auch der Inhalt dieser Schriften propagiert werden. Er warnte davor, sich auf das Niveau Wischinskys zu begeben, der 1948 erklärt hatte, im Sowjetstaat gebe es keinen Platz für Pressefreiheit.

Nach dem Ausbruch des Koreakriegs nahm die Kommunistenfurcht weiter zu. Der *Battle Act* (1951) verschärfte bestehende Exportbeschränkungen, um die wirtschaftliche Expansion kommunistischer Staaten zu behindern. Weil der *Smith Act* als Instrument zur Kontrollierung subversiver Elemente als nicht mehr ausreichend empfunden wurde, kam es zur Verabschiedung des *Internal Security Act* (1951), nach seinem Initiator auch *McCarran Act* genannt. Im ersten Paragraphen dieses Gesetzes wurde festgestellt, eine Einschränkung der Pressefreiheit sei nicht beabsichtigt. In §7 wurden alle kommunistischen Organisationen aufgefordert, sich beim Justizminister registrieren zu lassen. Die Registrierpflicht erstreckte sich auf Druckpressen, Hektographiergeräte und andere Vervielfältigungsapparate, sofern sie Kommunisten gehörten oder ihnen zugänglich waren. Gemäß §10 mußten Publikationen und Briefe den Aufdruck »Disseminated by ------, a Communist organization« tragen. Vor entsprechenden Rundfunksendungen mußte die Ansage kommen: »The following program is sponsored by ------, a communist organization.« Bei Zuwiderhandlungen drohte Haft bis zu fünf Jahren. Kommunistische oder des Kommunismus verdächtige Vereine hatten dem Justizministerium ihre Mitgliederlisten auszuhändigen. Arbeitgeber nahmen Einblick in diese Listen um die Loyalität ihrer Angestellten zu überprüfen.[8]

Was später McCarthyismus genannt werden sollte, fand vor mehreren Gremien statt: dem bereits genannten HUAC oder *Dies Committee* (1938), dem bis 1944 der Abgeordnete Martin Dies vorstand; die *Loyality Boards* (1947), die Regierungsangestellte bundesweit daraufhin überprüften, ob sie Trumans Loyality Order erfüllten; das *Internal Security Subcommittee* (1950) des Senatsjustizausschusses unter den Senatoren McCarran und Eastland; die für Deportationen zuständigen Ausschüsse der Einwanderungsbehörde; das *Permanent Subcommittee on Investigations* des Senatsausschusses für Regierungsarbeit unter den Senatoren McCarthy (1953–54) und McClellan (1955–60).

Die Hearings vor dem *Dies Committee* im Jahre 1947 waren in mancher Hinsicht interessanter als die Anhörungen zu Beginn der fünfziger Jahre auf dem Höhepunkt des McCarthyismus, die oft nur noch einen Abklatsch darstellten. Der Ausschuß unterschied zwischen aussagewilligen »friendly witnesses« und verbockten »unfriendly witnesses«. Zur ersten Gattung zählte Ronald Reagan, der als Boß einer Schauspielergewerkschaft zu berichten wußte, daß Hollywood kommunistisch unterwandert werde. Ähnlich äußerten sich Walt Disney und Gary Cooper. Adolphe Menjou gab seine Definition von »Kommunist« zum besten: ein Mensch, der gerne den Liedern von Paul Robeson lauscht. Ginger Rogers klagte vor den Abgeordneten, ihre Tochter sei gezwungen worden, kommunistische Propaganda zu wiederholen, nämlich den Satz »Teilen und gleich zu teilen, das ist Demokratie«. Der proletarische Schriftsteller und Drehbuchautor Albert Maltz entpuppte sich erwartungsgemäß als »unfriendly witness«. Er legte zunächst ein patriotisches Standardbekenntnis ab – »Ich bin ein Amerikaner, und ich glaube, es gibt keinen stolzeren Begriff im Wortschatz eines Menschen« –, zog dann aber vom Leder und verglich die Tätigkeit des HUAC mit den Machenschaften von Himmler, Goebbels und Quisling.[9]

Ursprünglich sollten die Hollywoodgrößen William Wyler, John Huston, Humphrey Bogart und Laureen Bacall ebenfalls vor den Ausschuß zitiert werden. Man verzichtete darauf, nach den schlechten Erfahrungen mit Bertolt Brecht, der das Komitee souverän auf den Arm genommen hatte. Die zentrale Frage vor dem Ausschuß, in Anlehnung an eine bekannte Quizsendung auch die »64-Dollar-Question« genannt, lautete »Are you now or have you ever been a member of the Communist Party?« Albert Maltz, Dalton Trumbo, Ring Lardner Jr. und sieben andere Drehbuchautoren, Produzenten und Regisseure zogen es vor, diese Frage nicht zu beantworten. Als »Hollywood Ten« wurden sie wegen Aussageverweigerung (*Contempt of Congress*) und kommunistischer Tätigkeit zu Gefängnisstrafen verurteilt. Weil die Filmindustrie Millionen beeinflusse, so argumentierte das

Gericht, sei es legitim, nach der Parteizugehörigkeit der Filmschaffenden zu fragen. In Hollywood wurden Schwarze Listen angelegt, um den Ruch des Kommunismus loszuwerden. Howard Koch, der Drehbuchautor von *Casablanca*, verlor seine Stellung. Jules Dassin, Joseph Losey, Sam Wanamaker gingen ins Ausland. Dassin erzielte später mit *Never on Sundays* einen überwältigenden Erfolg. Der Drehbuchschreiber Louis Pollock wurde das Opfer einer Namensverwechslung, geriet auf die Schwarze Liste und war ruiniert. Kaltgestellte Autoren legten sich einen Strohmann zu, unter dessen Namen sie gegen Honorarteilung ihre Skripte einreichten. Ein gewisser »Robert Rich« erhielt einen Oscar für das Drehbuch zu *The Brave One* (1957); der Preis wurde nie abgeholt. Bald entstand die Legende, daß alle ausgebooteten Autoren Spitze seien und Agenten dichteten mäßigen Autoren ein Verfolgtenschicksal an. Manche Autoren konnten dagegen auch als *blacklisted authors* gut verdienen. Dalton Trumbo, zu einem Jahr Haft verurteilt, überwand die Diskriminierung und wurde wieder zu einem gefragten und teuren Drehbuchverfasser. Andere mußten aufgeben, zumal die Fernsehanstalten die Praxis des *blacklisting* aufgriffen. Eine Reihe von Fernsehautoren arbeiteten mit Strohmännern und Pseudonymen, manche hatten drei oder vier Sozialversicherungskarten. Nach Protesten der Veteranenverbände durfte der Tänzer Paul Draper nie mehr in der populären Ed Sullivan-Show auftreten, das Bolschoi Ballett war den Programmdirektoren nicht länger willkommen.[10] Dalton Trumbo wandte sich in seinem Pamphlet *The Time of the Toad* (1948) gegen die widerwärtige Verfolgung Andersdenkender, noch ehe Joseph McCarthy auf den Plan getreten war.

Joseph McCarthy

Er hat selbst eine Definition für das Phänomen geliefert, das nach ihm benannt wurde: »McCarthyismus ist Amerikanismus mit aufgerollten Hemdsärmeln.« Joseph McCarthy hat das Prinzip der Hemdsärmeligkeit seit seinen Studienjahren eingehalten. Auf dem College fiel er dadurch auf, daß er mit blindem Eifer ans Werk ging. Als Richter in seinem Heimatstaat Wisconsin legte er ein so atemberaubendes Tempo vor, daß er Scheidungen binnen fünf Minuten schaffte. 1946 wurde er in den Senat gewählt und trat dort vor allem als Lobbyist für die Firma Pepsi-Cola in Erscheinung.

McCarthy entstammte einem Milieu mit hinterwäldlerischem Einschlag, wo man Städter für Gecken und Intellektuelle für weibisch oder »verdreht« hielt. Ganz konsequent hat er gegen die »twisted-thinking New Dealers« gelästert, die einfache Dinge nur kompliziert machen. Sein Haß als Antikommunist richtete sich nicht etwa gegen die Proletarier am Fuße der sozialen Leiter, sondern gegen »die flotten jungen Männer, die mit Silberlöffeln im Mund auf die Welt kommen«. McCarthys

Anhänger waren anfangs die bessergestellten deutsch-amerikanischen Farmer in den kleinen Orten und auf den Höfen von Süd- und Ostwisconsin, nicht etwa die ärmeren skandinavischen Farmer, die das Progressive Movement gegen die reicheren Teile des Staates mitgetragen hatten. Unterstützt wurde er von den kleinen lokalen Zeitungen, die im allgemeinen als Sprachrohr der konservativen Businessinteressen einer Region fungieren. Mit einer Kampagne für deutsche »Märtyrer« vor den Kriegsverbrecher-Tribunalen hatte sich McCarthy erste Sympathien bei deutsch-amerikanischen Wählern verschafft, die dumpfe Revanchegefühle hegten, weil ihre Loyalität während des Krieges angezweifelt worden war. McCarthy selbst hatte irische und deutsche Vorfahren. Als Katholik hörte er auf den Rat von Pater Walsh, der ihm zu einer antikommunistischen Kampagne riet.

Aus der antikommunistischen Stimmung heraus wurde Richard Nixon 1952 zum Kandidaten für die Vizepräsidentschaft nominiert. Er besaß keine besonderen Qualifikationen für dieses Amt, außer daß er den mutmaßlichen Kommunisten Alger Hiss streng ins Verhör genommen hatte. Eisenhower stand McCarthy mit einiger Reserve gegenüber und hat ihn zurückgepfiffen, als er den Heeresminister angriff, der von der Spitze des Morgan-Konzerns in die Regierung gekommen war. Eisenhower hat McCarthy aber auch eine ganze Weile gewähren lassen, und erst durch seinen und der Republikaner Wahlsieg war McCarthy in die Position gelangt, von der aus er den Großinquisitor spielen konnte: als Vorsitzender eines Unterausschusses im Senat.[11]

Als McCarthy sein Amt antrat, waren bereits mehrere Säuberungswellen übers Land gegangen. Die Justizbehörden hatten eine Vielzahl von Schulen und Vereinen für kommunistisch erklärt, darunter die Abraham Lincoln Brigade, die George Washington Carver School und die Jefferson School of Social Science in New York, die Tom Paine School of Social Science in Philadelphia, die Walt Whitman School of Social Science in Newark, die League of American Writers, die American Friends of the Spanish People, das Committee to Save Spain and China, den International Congress of Women, die League Against Yellow Journalism, das Reichstag Fire Trial Adversary Committee, die Vanguard Press, die Young Pioneers of America und den Book Find Club.

Kommunistenjäger interessierten sich hauptsächlich für Organisationen, Mitgliedschaften und Reden. Nach gedrucktem Material forschten sie erst in zweiter Linie. Trotzdem kam ein beachtliches Quantum indizierter Literatur zusammen. Zu den als kommunistisch eingestuften Publikationen gehörten die *Anti-Nazi News*, der *Daily Worker*, *Der Arbeiter*, *Freiheit*, *German-American*, *Hollywood Independent*, *Honolulu Record*, *Indonesian Review*, *Jewish People's Voice*, *Negro Quarterly*, *New Masses*, *Photo-History*, *Soviet Sports* und *United Farmer*. John Powell erhielt eine langjährige Freiheitsstrafe, weil seine *China Monthly Review* den Koreakrieg und Tschiang Kai-schek kritisiert hatte. Der Chefredakteur der *China Daily News* erhielt zwei Jahre Gefängnis, weil er das chinesische Festland und nicht Taiwan für das eigentliche China hielt. Einer der Ausschüsse erkundigte sich nach Personen, die *The Road Ahead* (1949) von John Flynn in größeren Mengen gekauft hatten. *Proposed Roads to Freedom* (1919) von Bertrand Russell geriet ins Visier des Staatsanwalts, weil darin aus dem Kommunistischen Manifest zitiert wurde. Öffentliche Bibliotheken sind einer gründlichen Reinigung unterzogen worden. Ihr fielen Schriften der UNO, der UNESCO, der *American Civil Liberties Union,* Werke amerikanischer Historiker, Romane von Mailer, Salinger, Hemingway, Faulkner, Edmund Wilson, Maugham, John O'Hara, Dos Passos und James T. Farrell zum Opfer. Aus den Schulbibliotheken von Detroit wurde Howard Fasts *Citizen Tom Paine* entfernt, in Newark verschwand die mit dem New Deal sympathisierende Zeitschrift *The Nation,* in der New Yorker Bronx Arthur Millers gegen den Antisemitismus gerichtetes Stück *Focus.* Seinen Posten verlor ein Schuldirektor im Staat Oregon, weil er sich weigerte, *Grapes of Wrath* von Steinbeck und *Strange Fruit* von Lillian Smith aus dem Leihverkehr zu ziehen. Auf Empfehlung eines kalifornischen Untersuchungsausschusses sollten an öffentlichen Schulen Bücher kassiert werden, die den progressiven Historiker Charles Beard oder den Senator Frank P. Graham erwähnten. Eine Schulbuchkommission in Indiana verlangte 1952 die Ausmerzung von Robin Hood-Geschichten und von Quäker-Büchern. Es schien so, als wollten die USA auf irgendeine Weise die Kulturbarbarei der Nazizeit nachholen. Zwei Mitarbeiter von McCarthy, die 26jährigen Roy Cohn und David Schine, begaben sich im Frühjahr und im Sommer 1953 auf eine Blitztour durch die europäischen Amerikahäuser und konfiszierten in den Bibliotheken des *US-Information Service* zirka 30000 Titel. Entfernt wurde zum Beispiel Thoreaus *Walden* als »ausgesprochen sozialistisch«. Vermeintlich Unamerikanisches wurde verbrannt, wogegen sich gerade in Deutschland Widerstand regte. James B. Conant schlug vor, die inkriminierten Werke antiquarisch zu verkaufen, eine Lösung, die McCarthy mißfiel. Conant geriet alsbald in des Senators Schußfeld, weil er 1943 in der Zeitschrift *Atlantic Monthly* einen hochpatriotischen Aufsatz veröffentlicht hatte, der nur leider die verdächtige Überschrift »Radikale Amerikaner gesucht« trug.[12]

Gegen die kritische *Capitol Times* von Madison in seinem Heimatstaat Wisconsin organisierte McCarthy einen Anzeigenboykott. Den Chefredakteur des New York *Post Standard* überzog er mit einer Verleumdungsklage. Der Kolumnist Drew Pearson wiederum strengte eine Verleumdungsklage gegen McCarthy an. Pearson gehörte zusammen mit Lippmann und den Brüdern Alsop zu den wenigen, die den Kommunistenjägern Paroli zu bieten wagten oder doch vor den schlimmsten Übergriffen Abscheu zeigten. Lyman Bradley, Direktor des Germanistischen Seminars an der New York University, hatte 1947 seine Stellung verloren und war ins Gefängnis gekommen, weil er dem HUAC keine Exkommunisten nennen wollte. Dagegen gab James Wechsler, der Chefredakteur der *New York Post,* die Namen von 59 ehemaligen Mitgliedern der *Young Communist*

League preis. Der Regisseur Edward Dmytryk, einer der »Hollywood Ten«, denunzierte, kaum aus dem Gefängnis entlassen, dreißig Exgenossen und durfte wieder Regie führen. Der Schriftsteller Budd Schulberg, Sohn eines Filmproduzenten, verriet einige seiner Freunde. Der Exkommunist Westbrook Pegler bediente sich der Hearst-Presse, um frühere Parteigenossen anzuschwärzen. Gierige Kommunistenfresser waren die Zeitungs- und Rundfunkjournalisten Walter Winchell, Herbert Philbrick und Ed Sullivan. Der Literaturwissenschaftler Leslie Fiedler meinte, man solle ruhig Namen nennen, auch wenn man McCarthy an sich nicht billige. Der Historiker Arthur Schlesinger rief dazu auf, kommunistische Aktivitäten zu melden. Zechariah Chafee, Rechtsprofessor und Experte für Meinungsfreiheit an der Universität Harvard, empfahl seinen Mitbürgern, das im Fünften Verfassungszusatz garantierte Recht auf Aussageverweigerung nicht in Anspruch zu nehmen. Der Juristenverband schloß 1953 Mitglieder aus, die sich bei Hearings auf dieses Recht beriefen. An verschiedenen Hochschulen wurden »Fifth Amendment Communists« unter Druck gesetzt oder entlassen, so am Massachusetts Institute of Technology, in Harvard, an der New York University und an der Universität Rutgers, um nur einige der größten zu nennen. Der Historiker Daniel Boorstin denunzierte 1953 vor dem HUAC zwei ehemalige Studienkollegen als vormalige Parteimitglieder; er selbst bekämpfe die Partei seit seinem Austritt. Wie das geschehe, wollte ein Ausschußmitglied wissen. Erstens durch Religion, erwiderte Boorstin, zweitens indem er Studenten und den Lesern seiner Bücher die Vorzüge der US-Demokratie nahebringe; im übrigen sei er kein politischer Mensch. Ein Fachmann für politische Justiz schrieb zusammenfassend: »Der Versuch, politische Gegner zur Preisgabe der Namen ihrer Mitstreiter oder Freunde zu zwingen, ist in unserer Ära zu einer amerikanischen Spezialität geworden.« Selbständig denkende und in der Grundeinstellung liberale Politiker wie John F. Kennedy haben nichts gegen die Hexenjagd unternommen. Sein Bruder Robert Kennedy gehörte zum Stab des McCarthy-Ausschusses. McCarthy war der Taufpate eines seiner Kinder.[13]

1953 landete der Kriminalschriftsteller Dashiell Hammett wegen Aussageverweigerung vor dem HUAC im Gefängnis. Langston Hughes gab klein bei und sagte, er habe sich seit seinem Gedicht »Goodbye Christ« neu orientiert. Der konservative William F. Buckley, ebenfalls im Mitarbeiterstab von McCarthy, nahm noch 1954 seinen Chef vor kritischen Stimmen in Schutz. Der Physiker Robert Oppenheimer durfte als Sicherheitsrisiko die Atomenergiebehörde nicht mehr beraten. Der Veteranenverband erreichte die Absetzung alter Chaplin-Filme, weil Chaplin als Mitläufer galt, der bei einer Rede in San Francisco das Publikum mit »Genossen« angeredet hatte. Der Sänger Paul Robeson durfte als ehemaliger Kommunist das Land nicht verlassen und sang über die Landesgrenze hinweg zu 40000 Kanadiern. Kommunisten wurden von Fürsorgezahlungen ausgeschlossen und verwirkten ihr Wohnrecht im öffentlich geförderten Wohnungsbau. Apotheker mußten vor der Approbation beweisen, daß sie keine Kommunisten waren.[14]

Es ist nicht übertrieben, von hysterischen Formen der Kommunistenfurcht zu sprechen. In New York verständigte ein Passant die Polizei, weil sich zwei Männer in einem Ruderboot auf dem East River mit einer roten Flagge Signale gaben – Kabelleger der Elektrizitätsgesellschaft. In Memphis ließ sich eine Zeitung über die Ursachen der Trockenheit im August 1952 aus und kam zu dem Schluß, die Russen würden mit großen, zwischen Flugzeuge gespannten Netzen die Wolken aufhalten, so daß sie sich über der Sowjetunion abregneten.[15]

Im Februar 1954 startete Edward Murrow eine Kampagne gegen McCarthy, dessen Karriere sich dem Ende zuneigte. Im Mai 1954 wies Eisenhower seinen Heeresminister an, Armeeangehörige nicht vor dem McCarthy-Ausschuß aussagen zu lassen. Der Präsident berief sich auf ein Recht, wonach die Exekutive Informationen zurückhalten könne. Die »Army-McCarthy-Hearings« wuchsen sich zu einer moralischen und politischen Niederlage für McCarthy aus. Dem Rechtsberater des Heeres, einem Gentleman alter Schule aus Neuengland, gelang es, den Populisten aus Wisconsin in seiner Schäbigkeit vorzuführen und ihn mit der Frage, ob er denn gar keinen Sinn für menschliche Würde habe – »Have you no sense of decency, sir, at long last?« – in die Enge zu treiben. Die Senatskollegen sprachen McCarthy eine Rüge aus. Er war erst der vierte Senator in der Geschichte der USA, dem dies widerfuhr.[16]

Unentwegte, Renegaten, Weltverbesserer

Nach der Entmachtung McCarthys setzte Senator Patrick McCarran den antikommunistischen Feldzug fort. Er ging gezielt und nach außen hin emotionslos vor, schreckte aber ebensowenig wie McCarthy vor falschen Anschuldigungen zurück. Es wurde schon behauptet, McCarranismus treffen den Geist der Epoche besser als McCarthyismus. Der *McCarran Act* von 1950 wurde um den *Communist Control Act* (1954) ergänzt. Kommunistische Tätigkeit war laut § 5 unter anderem dadurch nachgewiesen, wenn jemand schriftlich, mündlich, durch Signale, Gesten oder Semaphore Befehle, Pläne oder Direktiven kommunistischen Ursprungs weitergab.[17]

Der Pädagoge Alexander Meiklejohn stellte 1955 vor einem Senatsausschuß die »clear & present danger«-Doktrin in Frage, die bisher niemand brauchbar definiert habe. Nur ein Aufruhr selbst könne illegal sein, dazu müsse der illegale Akt jedoch erst ausgeführt sein. Der Zoll lockerte 1956 – in der BRD wurde gerade die KPD verboten – die Einfuhrbestimmungen für kommunistisches Propagandamaterial, das seit 1951 vermehrt konfisziert worden war. Der Oberste Bundesgerichtshof verfolgte in diesen Jahren keine klare Linie. Im Fall *Yates vs. United States* (1957) ging es um vierzehn kalifornische Kommunisten, die wegen ihrer Tätigkeit für die Zeitungen *Daily Worker* und *Daily People's World* fünf Jahre Gefängnis und hohe Geldstrafen erhalten hatten. Anders als im Fall *Dennis* hielt es der Supreme Court nicht mehr für gegeben, daß aufrührerische Reden und Schriften unmittelbar zur Tat anregen. Auch die Gründungsväter hätten in schwierigen Zeiten gelebt und doch das Erste Amendment hochgehalten. Zwei unter *Dennis* Einsitzende begehrten daraufhin ihre Freilassung, ohne Erfolg. 1961 wurde im Fall *Scales* ein Mann wegen bloßer Parteizugehörigkeit zu sechs Jahren Gefängnis verurteilt. Die CPUSA war zu dem Zeitpunkt äußerst schwach organisiert. Im Fall *Noto* (1961) stellte sich das Gericht wieder gegen seine eigene *Dennis*-Entscheidung und lehnte es ab, eine Identität zwischen dem Verkünden revolutionärer Ideen und umstürzlerischer Taten zu konstruieren.

Das State Department setzte währenddessen seine antisowjetische Politik fort, wobei die Auseinandersetzungen um Berlin eine Rolle spielten. Washington und der Kreml warfen sich gegenseitig vor, am Aufstieg Hitlers mitgewirkt zu haben. Seit etwa 1954, sagten die Spezialisten im Außenministerium, verfolgten die Sowjets das Ziel der Weltherrschaft mit subtileren Mitteln als ehedem. Nicht mehr Gewalt, Subversion, Gehirnwäsche oder Erpressung seien die Hauptinstrumente, sondern die wirtschaftliche Durchdringung eines Landes. Bei US-Militärs fand wie gewohnt antikommunistischer Weltanschauungsunterricht statt. Außenstehenden Beobachtern wollte es jedoch so vorkommen, als würden weder Ausbilder noch Soldaten diese Sache noch ganz ernst nehmen.[18]

Obwohl das antikommunistische Feuer nicht mehr gar so hell brannte, wurden nach wie vor verdächtige Personen vor das HUAC zitiert. Der Maler Ben Shahn erhielt 1959 die Aufforderung, seine ehemaligen politischen Verbindungen zu offenbaren; er weigerte sich zu kommen. Den Historiker William A. Williams erreichte 1961 eine Ladung, samt dem Manuskript von *Contours of American History* vor dem Ausschuß zu erscheinen. Ein Anwalt konnte dieses Ansinnen abwehren, aber Williams mußte jahrelang persönliche Einbußen in Kauf nehmen; Freunde sagten sich los, anonyme Anrufer beschimpften ihn, die Medien schwiegen seine Arbeit tot, der Fiskus forderte Steuern nach. Allein im Jahr 1962 sollten kommunistische Organisationen zwölf Millionen Dollar Strafe zahlen, weil sie gegen den *McCarran Act* verstoßen hätten. Der spätere Kennedy-Attentäter Harvey Oswald verlor im Frühjahr 1963 seinen Arbeitsplatz unter anderem deswegen, weil er eine russischsprachige Zeitung mit in die Firma brachte.[19]

Mit dem Amtsantritt Kennedys schien sich eine Liberalisierung anzubahnen. Er hob antikommunistische Zollbestimmungen auf, begnadigte Junius Scales und gab der Nation so viel Selbstvertrauen, daß die schlimmsten hysterischen Reaktionen abgebaut wurden. Otto Preminger verschaffte zwei Mitgliedern der »Hollywood Ten« Arbeit. Proteste der Veteranenverbände konterte Preminger mit dem Argument, die beiden hätten ihre Strafe abgesessen und seien freie Bürger. Ein

Fernsehautor klagte 1962 dagegen, auf einer Schwarzen Liste zu stehen und bekam recht. 1965 entwertete der Supreme Court den *McCarran Act.* Das Fünfte Amendment – Schutz vor Selbstbezichtigung – gebe den Bürgern das Recht, die Registrierung beim Justizminister zu verweigern. 1961 hatte die Mehrheit des Gerichts das Gesetz noch ausdrücklich für verfassungsmäßig erklärt.

Auf Bundesebene ließ die Verfolgung nach, auch aus Mangel an Masse. 1967 hatten 45 Einzelstaaten eigene antikommunistische Gesetze. Auf Anstiftung zum Umsturz standen in der Regel zwanzig Jahre Zuchthaus. Der *Texas Suppression Act* erlaubte die Konfiszierung jedweden kommunistischen Materials. In einem Fall wurden Schriften von Marx, Sartre und Castro, von Theodore Draper, Earl Browder, Hugo Black und von Johannes XXIII. beschlagnahmt. McCarthys ehemaliger Mitarbeiter William Buckley blieb davon überzeugt, daß der Kommunismus sich anschicke, den Westen zu verschlingen während die Intellektuellen tatenlos zusehen würden. Die Witwe von George Gershwin verwahrte sich dagegen, daß der Name ihres Mannes in einem Atemzug mit »Kommunisten« wie Walt Whitman, Jack London oder Paul Robeson genannt werde. Der Herausgeber des *Manchester Union Leader* in New Hampshire tat kund, seine Zeitung drucke alle Leserbriefe, solange sie niemanden verleumdeten, obszönen Inhalts seien oder von Kommunisten stammten. Kalifornische Parlamentarier witterten Kommunisten praktisch hinter jeder Filmkulisse. Die demokratischen Mitglieder des kalifornischen Untersuchungsausschusses – auch »little HUAC« genannt – benützten die antikommunistische Kampagne aber auch dazu, partei-interne Zwistigkeiten auszutragen und sich für entgangene Posten zu rächen. Earl Warren, der als Gouverneur von Kalifornien einige der antikommunistischen Gesetze mitgetragen hatte, half als Oberster Bundesrichter mit, sie für verfassungswidrig zu erklären.[20]

Der Süßwarenfabrikant Robert Welch gründete 1958 mit einer Gruppe von Geschäftsfreunden und Ölmillionären die rechtsradikale *John Birch Society.* Namenspatron war ein von chinesischen Kommunisten ermordeter Missionar der Baptistenkirche. Nach Ansicht der John Birchers bedrängten drei Probleme Amerika und den Westen: 1. eine kriminelle kommunistische Weltverschwörung, 2. die Krankheit des Kollektivismus in Form einer mächtigen Zentralregierung und 3. die Zunahme von Unmoral und Unsittlichkeit. Die kommunistische Gefahr drohte von allen Seiten, von der Regierung, den Parteien, den Gewerkschaften als Keimzellen des Sozialismus, der Presse, dem Fernsehen, den Kirchen, den Hochschulen mit ihren liberalen Intellektuellen und Atheisten und von Gerichten. 1961 veranstaltete Welch unter Collegestudenten einen Aufsatzwettbewerb. Sieger sollte sein, wer nachweisen konnte, daß die Urteile des Bundesrichters Earl Warren kommunistisch gelenkt seien, damit man gegen diesen gefährlichen Mann endlich Staatsanklage erheben könne.

Der rechtsextreme Autor Alexander Holmes hatte in seinem Roman *The Equivocal Men* (1964) nur Abscheu übrig für Künstler und Intellektuelle, für launische Dichter und lüsterne Maler, die nach ihrer Halbtagsarbeit sich auf Parties herumtreiben. Wer zuviel weiß, meinte Holmes, wird hartherzig und verliert den Kontakt zum Volk. Ein aufrechter amerikanischer Bürger sagt zu einem verlebten Snob namens Boston, er beherrsche vielleicht ein Dutzend Fremdsprachen, aber nicht die einfache und schöne Sprache des amerikanischen Herzens. Mr. Boston war es nämlich nicht gelungen, einen patriotischen Leitartikel zu verfassen. Fast zwangsläufig kommt in dem Roman ein Wiener Jude vor, der sich gegen patriotische Vereinigungen ausspricht, weil sie ihm präfaschistisch vorkommen.[21]

Auf dem Nationalkonvent der CPUSA von 1959 erklärte Gus Hall, vor zwei Jahren habe die Partei noch um ihre Daseinsberechtigung gerungen. Jetzt aber sei die Zeit gekommen, aus der Isolation herauszutreten, selbständige Politik zu machen und gegen die Reaktion Kandidaten des Friedens, der Gewerkschaften und der Bürgerrechte zu unterstützen. Zu dem Zeitpunkt hatte die CPUSA einige ihrer besten Köpfe schon verloren. Anlaß für den Austritt des Schriftstellers Howard Fast – Mitglied von 1943 bis 1957 – waren Chruschtschows Enthüllungen über den Stalinterror. Ihn hatten aber auch Stilfragen irritiert. Als Gast bei rumänischen Parteigenossen mußte er feststellen, daß sie ihren Chauffeur vor dem Restaurant warten ließen. Die rigorose Parteidisziplin störte ihn, das Desinteresse an den Unterprivilegierten, das er etwa beim Genossen Dennis wahrnahm, der falsche Ton in Wort und Tat, die geistige Unfreiheit. Louis Fischer, Korrespondent der *New York Post,* Autor eines Buches über Stalin *und* Ghandi (1947), hatte lange in Rußland gelebt und sich fasziniert gezeigt vom sowjetischen Aufbauwillen und der spartanischen Lebensweise, die so ganz anders war als die »langweilige Gleichförmigkeit der Harding-Coolidge-Ära«. Dann aber wuchs sich die UdSSR nach seinem Empfinden durch Gleichschaltung, Bürokratie und Terror zu einem Monstrum aus: »Alles in mir lehnte sich gegen die kriecherische Speichelleckerei und sacharinsüße Verherrlichung Joseph Stalins auf.« Richard Wright hatte in einem kommunistischen Literaturclub eine geistige Heimat gefunden, sah sich aber von der Partei bald als Intellektueller abqualifiziert. Auch er vermochte sich mit der Parteidisziplin nicht abzufinden. In wenigen Worten brachte er die unüberbrückbare Kluft zwischen Amerikanismus und Kommunismus zum Ausdruck: »Ich wollte ein Kommunist sein, aber ein Kommunist nach meiner Art.«[22]

So wie Joseph McCarthy nach Sündenböcken für die außenpolitischen Erfolge der Internationale fahndete, so verlangte die amerikanische Gesellschaft nach einem Sündenbock für die Auswüchse der Hexenjagd – und das war eben McCarthy. Sein Name steht heute für die inquisitorische Behandlung Andersdenkender unter Umgehung rechtlicher Vorschriften. Man muß dabei bedenken, daß McCarthy nur einer von mehreren prominenten Kommunistenjägern war und daß auf dem Höhepunkt seiner Macht 50 Prozent der Bevölkerung eine positive und 21 Prozent gar keine Meinung über ihn hatten. »McCarthyismus ist die Rache derjenigen«, schrieb Peter Viereck, »die ihre Nasen zwanzig Jahre lang an die

Fensterscheibe pressen mußten, während drinnen groß gefeiert wurde.« Er meinte damit die Wachablösung der Demokraten durch die Republikaner, die seit 1933 von der politischen Macht ausgeschlossen waren, verkannte aber, daß der Antikommunismus lange vor Eisenhowers Amtsantritt unschuldige Opfer gefordert hatte. Geoffrey Gorer vermutete, die Warnung vor der sowjetischen Übermacht und die Reaktion darauf, hätte vor allem solche fasziniert, die sich selbst schwach und unsicher fühlten. Max Lerner versuchte, dem Problem näherzukommen, indem er den Antikommunismus der fünfziger Jahre mit der Kommunistenjagd nach dem Ersten Weltkrieg verglich. 1919 hatten die Liberalen ziemlich einmütig gegen die zahlreichen Verhaftungen, Strafprozesse und Deportationen votiert, die inmitten erheblicher sozialer Unruhe stattfanden. In der McCarthy-Zeit kam kein geschlossener Protest zustande, weil sich die Liberalen vom Kreml und seinen Anhängern getäuscht sahen. Hearings im Kongreß, Denunziationen in der Presse und indirekte Diffamierung waren die Hauptinstrumente der Verfolger. Von sozialen Unruhen konnte man nicht sprechen, niemand glaubte noch ernsthaft an eine kommunistische Machtergreifung in den Gewerkschaften. Aus dem Mangel stichhaltiger Gründe für eine Verfolgung schloß Lerner auf eine »synthetische Qualität« des McCarthyismus. Der entscheidende Unterschied zwischen 1919 und 1950 war die Existenz der Atombombe. Der Verrat der Atomgeheimnisse sei die Prämisse für die Furcht vor einer Verschwörung gewesen. Auch hierzu ist zu bemerken, daß das HUAC seine Tätigkeit bereits 1938 aufnahm und daß seitdem Kongreßausschüsse faktisch Recht gesprochen haben. Die USA ließen sich auf ein Spruchkammerverfahren ein, ohne ein totalitäres Regime aufarbeiten zu müssen. Nicht die Befürworter eines Sowjetstaats sollten belästigt und möglichst vernichtet werden, sondern die als kollektivistisch verschrienen Anhänger des New Deal auf ihrem Weg zum Sozialstaat.[23]

Literaten, Künstler und Filmemacher haben nach Kräften versucht, die Phase des McCarthyismus aufzuarbeiten: Arthur Miller mit *The Crucible* (1953), Ray Bradbury mit *Fahrenheit 451* (1953), Lillian Hellman mit *Scoundrel Time* (1976), Woody Allen spielte in *The Front* (1976) einen Strohmann. Die Maler Philip Reisman, Jack Levine (*The Trial*, 1953/54), William Gropper und Ralph Fasanella haben sich in ihren Bildern mit dem leidigen Thema auseinandergesetzt und sich wie die Autoren moralisch gehörig entrüstet. Eine interessante Variante lieferte John Dos Passos, ein Renegat, mit *Most Likely to Succeed* (1954). Hauptfigur dieses satirischen Romans ist der Dramatiker Jed Morris, der als Mitglied der CPUSA und der Bohème in Greenwich Village das Theater für das wichtigste Ritual der Revolution hält – bis sein unsäglich schlechtes Stück *Shall Be the Human Race* durchfällt und er als Drehbuchautor in Hollywood zu einigem Ruhm und Reichtum gelangt. Dos Passos ist bemüht, mit satirischen Mitteln das gespaltene Bewußtsein seines Helden hervorzuheben, der sich der Süße des Daseins im Kapitalismus hingibt und gleichzeitig wähnt, für Rebellion und Arbeiterbewegung sein Leben zu opfern. Als Passagier der Ersten Klasse sagte er »Merci camarade« zum Steward, der ihm den Sekt in die Kabine bringt. Morris ist Egozentriker, der hinter der Maske des Weltverbesserers das Ende eines verderblichen Individualismus erwartet. Dos Passos hat mit diesem Roman Kommunisten und Liberale in einem karikiert. Trotz ihrer egalitären Bekenntnisse haben sie keinen Kontakt zur Arbeiterschaft, trotz der proklamierten Sympathien für den Proletarier geht es ihnen um die eigene Anerkennung und den eigenen Geldbeutel: tönende Radikale mit 1500 Dollar Wochenlohn.[24]

In englischsprachigen Nationen hängt man gerne der Ansicht an, daß die Demokratie ihre Gebrechen selbst heilt. Zumal in den USA war zu hören, daß ein Fanatiker wie McCarthy der grundsätzlichen und kolossalen Unschuld des Landes und seiner Menschen nichts anhaben könne. Die Rolle von McCarthy als Einzelkämpfer harrt der genaueren Erforschung; seine persönlichen Papiere liegen noch unter Verschluß. Dagegen sind die Hearings vor dem HUAC in drei Bänden auf über zweitausend Seiten nachgedruckt worden – abzüglich der Dokumente, die man vorher aussortiert hat. Es gibt eine Zensur der Zensur, und wie so oft sind auch hier die Zensoren bemüht gewesen, ihre Spuren zu verwischen.[25]

Navajo-Indianerinnen beim Zusammenbau von Flugzeugteilen

XII. Kapitel

ETHNISCHE HIERARCHIEN

Newburyport in Massachusetts ist unter dem Decknamen »Yankee City« besonders gründlich erforscht worden. Die soziale Hierarchie hatte unmittelbar mit der ethnischen Zugehörigkeit zu tun und das Sozialprestige zeigte eine absteigende Rangordnung von Engländern über Anglokanadier, Nordiren, Schotten und einigen seit langem integrierten französischen Hugenotten zu deutschen Juden, Iren, anderen europäischen Nationalitäten bis hinunter zu den neuesten Ankömmlingen, den Polen und Russen, und am Ende die separate Kaste der Schwarzen. Der zuerkannte Status war bei den Gruppen weißer Hautfarbe direkt abhängig von der Dauer des Aufenthalts im Lande. Wollte man zur sozialen Crème gehören, mußte die Familie einen langen Stammbaum haben, schon seit Generationen vermögend und nicht erst kürzlich zu Geld gekommen sein. Die weibliche Linie wurde bei der Abstammung berücksichtigt. Inzucht kam vor, gelegentlich heirateten Urenkel.[1]

Der politische Antisemitismus nahm ab. Daß Juden zu viel Macht ausüben in Amerika, glaubten 1938 rund 41 Prozent und 1945 sogar 58 Prozent, 1964 aber nur noch 11 Prozent der Bevölkerung. 1937 hätten nur 46 Prozent der Amerikaner für einen jüdischen Präsidenten gestimmt, 1965 schon 80 Prozent. Der soziale Antisemitismus behauptete sich mit größerer Hartnäckigkeit. Aus vornehmeren Vereinen und Country Clubs blieben Juden ausgeschlossen. In der Nachkriegszeit ausgewanderte Juden klagten über die Herablassung und die Kälte, mit der ihnen alteingesessene jüdische Amerikaner begegneten. Personen, die sich auf Befragen negativ über fiktive Gruppen wie Daniräer oder Pyrenäer äußerten, zeigten sich auch intolerant gegenüber existierenden Minderheiten. Zwischen diskriminierten Minderheiten konnte Solidarität entstehen. Juden kämpften für die Rechte der Schwarzen, *Equality,* eine Zeitschrift für Schwarze, hatte sich während und nach dem Krieg für Juden und Japaner eingesetzt. Die solidarische Haltung stieß aber auch an Grenzen, weil jüdische Bürger befürchten mußten, in jedem Fall antisemitische Vorwürfe zu ernten, egal, ob sie für oder gegen die Rassentrennung votierten. Einen Teil der Bevölkerung wird man immer verprellen, schrieb ein Leser der jüdischen Zeitschrift *Commentary*.[2]

Die Justiz rang mit Definitionsproblemen, wenn es um Minderheiten ging. Chinesen, Japaner und Mongolen wurden 1927 aufgrund höchstrichterlicher Rechtsprechung auf Schulen für Schwarze geschickt. Weiß beträfe nicht die Farbe, sondern die Rasse, hatte bereits 1922 ein Richter befunden, der sich aber alsbald revidierte und das Gegenteil behauptete. Die Volkszählungsbehörde schlug 1930 die Mexikaner den »anderen Rassen« zu, also nichtweißen Indianern, Schwarzen und Asiaten. Bei der Volkszählung von 1950 jedoch rechnete man sie zu den »weißen Personen mit spanischen Nachnamen«. Daß eine Diskriminierung nach Hautfarbe im Widerspruch stand zum demokratischen Credo, war lange nicht zum Tragen gekommen, sondern »akkommodiert« worden. Das hieß, die Ungleichbehandlung auf rassischer Grundlage wurde vom allgemeinen Wertesystem isoliert, das Kastensystem konnte so trotz einer auf Demokratie verpflichteten Gesellschaftsordnung überleben.[3]

1944 zeigte das amerikanische Rote Kreuz einen Werbefilm, in dem der ganze Ernst des Krieges deutlich wurde, nur die schwarzen Soldaten erschienen in der Rolle von Clowns. Walt Disney bediente sich in *Song of the South* (1946) der alten Stereotypen aus den Onkel-Remus-Geschichten. Langfristig zeichnete sich eine Wende zum Besseren ab. Im *Ox-Bow-Incident* (1943) ist es gerade der Schwarze, der menschliche Gefühle zeigt, und programmatische Filme wie *Lost Boundaries* (1949), *Pinky* (1949) oder *Home of the Brave* (1949) versuchten Verständnis für das Schicksal schwarzer Bürger zu wecken, ebenso wie der nach Faulkner gedrehte Film *Intruder in the Dust* (1949/50). Die NAACP führte einen aktiven Kampf gegen die Stereotypisierung von Schwarzen im Film. In New York erreichte die NAACP, daß Mark Twains *Huckleberry Finn* wegen der Figur des »Niggers Jim« an Volksschulen und auf der Unterstufe der High Schools nicht verwendet wurde. Manche sahen darin eine Überreaktion, denn Geschichte lasse sich nicht umschreiben, und niemand dürfe erwarten, daß ein Missouri-Sklave um 1840 so redete und dachte wie Dr. Ralph Bunche. Bunche, Enkel eines Sklaven, hatte im Palästinakonflikt zwischen Arabern und Juden vermittelt und dafür 1950 den Friedensnobelpreis erhalten. Die *New York Times* meinte, *Huckleberry Finn* könne an den New Yorker Schulen ruhig verwendet werden, nicht aber in Arkansas und anderen, vom Rassismus zerrissenen Südstaaten. An Philadelphias Schulen waren 1963 gereinigte Fassungen von *Huckleberry Finn* und *Little Black Sambo* in Gebrauch, damit sich schwarze Schulkinder nicht gekränkt fühlen mußten. In Connecticut verständigte eine Mutter 1964 die NAACP, weil sich ein zehnjähriges Schulmädchen aus der Schulbibliothek die *Mother Goose Rhymes*, Ausgabe von 1917, entliehen und das Wort »Nigger« darin gefunden hatte: Die beanstandeten Seiten wurden entfernt.[4]

Truman hatte 1948 per Präsidialerlaß die rassische Integration der Streitkräfte angeordnet. Sie sollte »so rasch wie möglich« vollzogen werden. In Texas waren ein Jahr vorher schwarze Soldaten auf dem Transport von weißen Soldaten und deutschen Kriegsgefangenen segregiert worden. Schwarze Südstaatler versuchten erneut, in den Städten des Nordens bessere Lebensbedingungen zu finden. Die Eisenbahn blieb für unterdrückte Schwarze ein Symbol sozialer Mobilität. In den Städten des Nordens regte sich Widerstand gegen die Zuwanderung von Schwarzen aus dem Süden. Die Zahl der Schwarzen in Cook County, dem Bezirk, in dem Chicago liegt, verdoppelte sich zwischen 1940 und 1950 auf eine halbe Million. In Cicero, einem Chicagoer Vorort, kam es zu Rassenkrawallen. Ein Flugblatt warnte vor den Folgen der Rassenmischung, vor der Angriffslust der Schwarzen, ihren Messern und Pistolen, ihrem Marihuana und ihren Gelüsten auf weiße Frauen. Der Verteiler des Flugblatts wurde im Fall *Beauharnais v. Illinois* (1952) zu 200 Dollar Geldstrafe verurteilt, eine zentrale Entscheidung, weil die Revisionsinstanzen bisher in ähnlich gelagerten Fällen wegen der Rede- und Pressefreiheitsgarantien zugunsten von Angeklagten entschieden hatten.[5]

In den Rassebeziehungen galt zu diesem Zeitpunkt von Staats wegen noch die *separate-but-equal*-Doktrin. Ein zu ⅞ weißer Mann namens Plessy hatte in Louisiana gegen ein Staatsgesetz geklagt, das die Rassentrennung in Eisenbahnzügen erlaubte. Der Kläger verlor in *Plessy v. Ferguson* (1896) seinen Fall. Fortan war die Segregation der Rassen staatlich sanktioniert. Der Gleichheitsgrundsatz werde durch getrennte Einrichtungen nicht verletzt. Diese Logik hatte bis zum Fall *Brown v. Board of Education of Topeka* (1954) Bestand. Die Rassentrennung an öffentlichen Schulen wurde hier vom Supreme Court einstimmig für unzulässig erklärt. Bereits in *Sweatt v. Painter* (1950) war gerichtlich festgestellt worden, daß eine Rechtsfakultät ausschließlich für Schwarze keine gleichen Ausbildungsmöglichkeiten bieten könne und in *McLaurin v. Oklahoma State Regents* (1950) hoffte man, die Verfassung künftig wahrhaft »farbenblind« nennen zu können.[6]

Hellhäutigere Schwarze hatten soziale und wirtschaftliche Vorteile. Die Produktwerbung nahm darauf Bezug. Eine Brauerei warb in der Schwarzenillustrierten *Ebony* für ihr Bier mit einer Gruppe adretter, hellhäutiger, »anglisierter« Schwarzer, die sich fröhlich zuprosteten. Die Quaker Oats Company präsentierte ihre Kaffeekuchenmischung in den zwanziger Jahren mit dem Bild einer runzeligen, rundäugigen Sklavenmammy mit Kopftuch. Über die Jahre wurden die Augen mandelförmig, am Ende war aus der Figur eine junge, urbane Hausfrau mit modernem Stirnband geworden. Hellhäutige Schwarze oder ihre Nachfahren machten von der Möglichkeit des *passing* Gebrauch, des Überwechselns in die weiße Gesellschaft. Genaue Zahlen sind nicht bekannt, doch haben sich offenbar mehr Männer als Frauen zu diesem Schritt entschlossen. Hellhäutige schwarze Frauen waren besonders begehrte Sexual- und Ehepartnerinnen von schwarzen Männern aus der Oberschicht. Ab 1920 wurden Schwarze und Mulatten nicht mehr getrennt erfaßt; bis dahin kamen 886 Mulatten auf 1000 Mulattinnen. In den fünfziger und sechziger Jahren gab es schätzungsweise eine halbe Million mehr schwarze Frauen als Männer. Überrepräsentiert waren schwarze Familien mit weiblichem Haushaltsvorstand. Die Arbeitslosigkeit des Mannes korrelierte stark mit der Trennung von der Frau. Ab 1917 stiegen die unehelichen Geburten in der schwarzen Bevölkerung merklich an. Die Zunahme mußte gesellschaftlich und nicht rassisch bedingt sein, da die Rate zwischen Bürgerkrieg und Erstem Weltkrieg niedriger gewesen war.[7]

In den beliebten *Dating Games* des Fernsehens wurde sorgsam darauf geachtet, daß nicht unversehens gemischtrassische Paare entstanden. Rassische Mischehen waren in den fünfziger Jahren immer noch eine Seltenheit. In isolierten Gemeinschaften lebten Menschen mit weißen, indianischen und schwarzen Ahnen, so die Brass Ankles in South Carolina, die Cajuns in Alabama, Mississippi und Louisiana, die Croatans in den Carolinas und in Virginia, die Jackson Whites im nördlichen New Jersey oder die Melungeons in den südlichen Appalachen. Rassisten führten die Armut in diesen Gemeinden auf die Rassenmischung zurück, nicht auf die geographische, wirtschaftliche und kulturelle Isolation, die mitunter seit 200 Jahren andauerte und zu Inzucht geführt hatte. In einem relativ aufgeklärten Staat wie Kalifornien waren Ehen zwischen Weißen und Andersrassigen bis 1953 verboten. Bis 1959 mußte auf der Heiratslizenz die Rasse vermerkt werden; der Eintrag »menschliche Rasse« genügte nicht. Der Anteil gemischtrassischer Ehen stieg zwischen 1948 und 1959 von 5 auf 16 pro 1000 Eheschließungen. Danach war keine amtliche Erhebung mehr üblich. Verschiedene Faktoren spielten bei dem Entschluß, eine gemischtrassische Ehe einzugehen, eine Rolle. Geschiedene und Personen, die selbst aus einer Mischehe stammen, stellen einen höheren Anteil. Am häufigsten waren Ehen zwischen schwarzen Männern und weißen Frauen, wobei der männliche Partner meist einen höheren Status hatte als der weibliche. Schwarze Frauen wurden am häufigsten von Einwanderern geheiratet, beide Partner hatten einen niedrigen sozialen Status. Selbst in Staaten, in denen Mischehen seit längerem legalisiert waren, bestand der gesellschaftliche Druck fort. Nach dem Ausbruch von Rassenunruhen in Detroit machte sich ein gemischtrassisches Paar auf die Suche nach einer neuen Bleibe und fand Unterkunft in einem Indianerreservat in Arizona, wo alle Familienmitglieder derselben Rasse angehörten, der »nichtindianischen«.[8]

In den Südstaaten wurde die rassische Trennung der Geschlechter argwöhnisch überwacht. 1955 kam es in Mississippi zum Lynchmord an einem 14jährigen schwarzen Jungen. Eine weiße Frau hatte sich durch seinen Pfiff beleidigt gefühlt. Die Lynchmörder erhielten Freisprüche. Eheverbote förderten den unehelichen Verkehr zwischen Partnern verschiedener Rassen. Die Aufhebung des Eheverbots führte nirgendwo zu einem starken Ansteigen der Mischehen. Die strafrechtliche Würdigung sah unterschiedlich aus. In manchen Staaten wurde Rassenmischung als Vergehen, in anderen als Verbrechen behandelt. Ein gemischtrassisches Paar, das aus New York nach Georgia kam, mußte feststellen, daß seine Ehe plötzlich ungültig war. Die weiße Mildred Jeter und der von Indianern und Schwarzen abstammende Richard Loving hatten 1958 in der Bundeshauptstadt Washington geheiratet. Als sie in ihren Heimatstaat Virginia zurückkehrten, wurden sie verhaftet und zu einem Jahr Gefängnis verurteilt. Die Haftstrafe wurde gegen eine 25jährige Verbannungszeit ausgesetzt. Der Supreme Court nahm sich der grotesken Vorgänge an und entschied im *Loving Case* (1967), daß Mischehen in Zukunft bundesweit als legal zu gelten haben.[9]

Rassendiskriminierung blieb trotz gesetzgeberischer Fortschritte ein gesellschaftliches Faktum. Ein weißer Journalist färbte sich die Haut schwarz ein und erfuhr die Demütigung des *hate stare,* des haßerfüllten Blicks, mit dem Weiße schwarze Menschen streifen. Der spätere Kennedy-Attentäter Harvey Oswald wurde von einer Gruppe weißer Burschen verprügelt, weil er, wahrscheinlich aus Versehen, in der »Negro section« eines Busses Platz genommen hatte. Mit der Verzweiflung des Satirikers stellte Harry Golden seinen »Vertical Negro Plan« zur Diskussion. Golden, dem Herausgeber des *Carolina Israelite,* war aufgefallen, daß Weiße nichts gegen Schwarze zu haben schienen, solange sie standen – als Bankkunden, im Supermarkt, in Telefonzellen –, aber Protest erhoben, sobald sie gemeinsam mit ihnen sitzen sollten – im Restaurant, im Bus, auf der Parkbank. Für den besonders kritischen Bereich der Schule schlug Golden vor, nur Pulte, nicht aber Sitzgelegenheiten aufzustellen, um auf diese Weise die »vertikale Integration« voranzutreiben.[10]

Bei der Aufnahme Hawaiis als Staat in die Union (1959) meldeten Politiker aus rassischen Gründen Bedenken an. Senator Strom Thurmond aus South Carolina fürchtete eine Beeinträchtigung der Errungenschaften westlicher Kultur, deren Gipfel seiner Ansicht nach die USA bildeten. Hawaiianische Nationalisten wiederum zogen sich bald auf antiamerikanische Positionen zurück. Hannani-Kay Trask, eine Professorin an der Universität von Hawaii, fürchtete die Zerstörung ihres Kulturerbes: »All diese Amerikaner kommen hier herüber und reden von Kultur. Hochhäuser, extravagante Kleidung, Stöckelschuhe und Schnellstraßen – das ist die Kultur der Vereinigten Staaten ... Sie haben kein Gefühl für die Zerbrechlichkeit des Lebens ... Tourismus, Entwicklung, Atommüll – das ist die Kultur des haole*.«[11]

Die Demütigung von Indianern hatte nach dem Ende der Indianerkriege ihre Fortsetzung gefunden. Einer Seifenreklame zufolge war mit Hygiene eine Versittlichung der Wilden zu erzielen. Der *Burke Act* (1907) wurde verabschiedet, um die Kontrolle von Indianerland unter dem *Dawes Act* (1887) länger ausüben zu

* haole = weiß

können. Indianer sollten die Staatsbürgerschaft erst nach einer längeren Probezeit auf einem bewirtschafteten Stück Land erhalten. Für die Ansiedlung im Indianerterritorium warben Grundstücksspekulanten mit dem Argument: »Genügend Platz für energische fortschrittliche Leute«. Bei der Volkszählung von 1910 galten alle Personen mit einem erkennbaren Anteil indianischen Blutes als Indianer, eine eindeutigere Definition existierte nicht. Bei späteren Erhebungen war die Zugehörigkeit zu einem Stamm das Kriterium, die Erbfaktoren zählten nicht, wenn keine Stammesverbindung nachgewiesen war. In den zwanziger Jahren rechnete man mit etwa 250000 Indianern, und man erwartete, daß sie nach und nach in der allgemeinen Bevölkerung aufgehen würden, denn 1910 hatte man noch über 300000 indianische Menschen gezählt. Der *Snyder Act* (1924) gab Indianern generell die Staatsbürgerschaft, die manche unter Verzicht auf ihren Stammesbesitz schon nach dem *Dawes Act* erlangt hatten. Der New Deal leitete verschiedene positive Entwicklungen für Indianer ein. Der *Indian Reorganization Act* (1934) hatte die Reservationen gestärkt. Reservate für Indianer waren erstmals 1786 vorgeschlagen worden. Inzwischen existierten deren 200 in 40 verschiedenen Staaten. Die Bewohner lebten hauptsächlich von direkten Zuwendungen der Bundesregierung.[12]

Rund 25000 Indianer hatten während des Zweiten Weltkriegs beim Militär gedient. Der Militärdienst brachte Prestige. Es gab aber auch junge Indianer, die dem Kriegsdienst zu entgehen trachteten, indem sie sich im Stamm um religiöse Ämter bewarben. Nach Kriegsende machte sich eine Atmosphäre der Hoffnung und des Optimismus breit. Indianer kamen in den Genuß der Altersfürsorge und konnten plötzlich landwirtschaftliche Kredite in Anspruch nehmen. Das reale Einkommen verdoppelte sich, und erstmals seit achtzig Jahren nahm die Fläche des Indianerlandes zu statt ab. Die Position gegenüber der Regierung war stärker geworden. Nach Protesten wurde das Alkoholverbot für Indianer, die außerhalb von Reservationen lebten, per Bundesgesetz aufgehoben. Sondergesetze einzelner Staaten, etwa die Einschränkung der Bewegungsfreiheit betreffend, sind vor Gericht für ungültig erklärt worden. Ein Indianer konnte demnach nicht am Verlassen des Reservats gehindert werden.[13]

Etwa ab 1950 bahnte sich ein Umschwung des proindianischen Klimas an. Die Begeisterung für den *Wheeler-Howard Act* aus der Zeit des New Deal flaute ab, seine Bestimmungen wurden nur noch schleppend oder gar nicht mehr vollzogen. Trotz hoher Ausgaben schien das indianische Problem weiterzubestehen. Das *Bureau of Indian Affairs* vergab so gut wie keine Kredite mehr. Indianer wurden ermutigt, ihre Stämme zu verlassen und Arbeit in den großen Städten anzunehmen. Eine neue Politik zielte auf *termination* ab, auf die Auflösung der Reservate. Während Eisenhowers erster Amtsperiode wurden zehn solcher Gesetzesvorlagen eingebracht, sechs davon kamen durch. Das umstrittenste der Gesetze kam 1953 zustande, es fußte auf der Resolution Nr. 108 des Repräsentantenhauses:

Bestimmte Stämme und einzelne Stammesmitglieder sollten fortan ohne Aufsicht durch den Bund über ihre Existenz frei bestimmen können. Davon primär betroffen waren die Reservate der Klamath in Oregon und der Menominee in Wisconsin. Begründet wurde die Maßnahme mit wirtschaftlichen Argumenten. Die Klamath etwa verfügten über ein Familieneinkommen von durchschnittlich 4000 Dollar pro Jahr und erfreuten sich damit ungefähr desselben Lebensstandards wie ihre weißen Nachbarn. Allerdings sollten auch die Seminolen Floridas unter die *termination policy* fallen, von denen 90 Prozent weder schreiben noch lesen konnten, oder ein Chippewa-Stamm in North Dakota, wo das Familieneinkommen bei 500 Dollar lag. Eisenhower unterzeichnete das Gesetz, soll es aber privat als höchst unchristlich bezeichnet haben. Das *Bureau of Indian Affairs* machte geltend, mit der Auflösung der Reservate und der Umsiedlung seiner Bewohner ausschließlich indianische Interessen zu verfolgen. Nach zwei Jahren hatten etwa 10000 Indianer den direkten Schutz der Bundesregierung verloren, sie unterstanden jetzt nicht nur der juristischen, sondern auch der legislativen Gewalt der Einzelstaaten. 3200 speziell ausgewiesene Gebiete mit einer Gesamtfläche von einer halben Million acres verloren ihren Sonderstatus. Indianer mußten befürchten, daß ihr Land nach und nach ganz in weiße Hände überging. 1956 war jedoch der Höhepunkt der Terminationspolitik bereits überschritten. Abgeordneten kamen Zweifel an der Weisheit ihrer Entschließung. Die Bundesregierung gab ihr Kontrollrecht weniger bereitwillig auf, nachdem durchgedrungen war, daß private Öl- und Nutzholzinteressen hinter den Bestrebungen standen, den Indianern ihre »Selbständigkeit« zu geben. Aus indianischer Perspektive hatte es seit jeher so ausgesehen, als ob der weiße Mann den Indianern dann die Assimilation anbot, wenn er ihres Landes, ihrer Wasserreserven, ihrer Wälder und Mineralien habhaft werden wollte. Eine Auflösung der Reservate ohne Vorbereitung der Bewohner sei »unglaublich, sogar kriminell«, erklärte 1958 Frederick Seaton, Eisenhowers zuständiger Innenminister. Kennedys Innenminister Stewart Udall sprach sich ausdrücklich gegen die Beseitigung der Reservate aus. Zu diesem Zeitpunkt hatten die Klamath bereits aufgehört, als Stamm zu existieren. Dagegen wurde das Reservat der Menominee 1973 wieder eingerichtet.[14]

Wer an alten Lebensformen krampfhaft festhalten will, schrieb die Kulturanthropologin Ruth Underhill, schiebt nur den schmerzhaften Prozeß der Akkulturation künstlich hinaus. Die Terminationspolitik ist nicht notwendig eine Enteignungsstrategie habgieriger Weißer gewesen. Indianerreservate stellen tatsächlich einen Anachronismus im modernen Amerika dar. Dieser Anachronismus kann aber nicht ohne indianische Zustimmung aus der Welt geschafft werden. Die Entschließung Nr. 118 des Repräsentantenhauses war ohne Anhörung der Betroffenen zustandegekommen, ohne *consent of the governed.*[15]

Die indianische Bevölkerung stieg zwischen 1950 und 1960 von 357000 auf 524000 Menschen, von denen über die Hälfte in den Staaten Arizona, Oklahoma,

Neumexiko, Kalifornien und North Carolina lebten. Eine niedrige Lebenserwartung aufgrund von Infektionskrankheiten, Alkoholismus und Gewalteinwirkung wurde in der indianischen Bevölkerungsentwicklung teilweise ausgeglichen durch eine Geburtenrate, die doppelt so hoch lag wie in den USA allgemein. Ziemlich genau zwei Drittel aller Indianer oder 350000 lebten 1960 auf Reservaten, an deren Peripherie oftmals leichte Industrie angesiedelt wurde, um Arbeitsplätze zu schaffen. Zwischen den Generationen, zwischen alter und neuer Lebensweise taten sich erwartungsgemäß Konflikte auf. Einem 19jährigen, am Hochbau als Nieter beschäftigten Mohawk, fiel es schwer zu verstehen, daß die älteren Reservatsbewohner elektrisches Licht, Radios, große Limousinen und teure Kinderwagen akzeptierten, aber von Straßennamen und fließendem Wasser nichts wissen wollten. Anthropologen haben registriert, wie sich trotz Ausübung moderner Berufe ein erstaunliches Maß kultureller Persistenz zeigte. Irokesische Stahlarbeiter reisten am liebsten in Gruppen, wie früher Jäger und Krieger. Nach der Heimkehr setzten sie sich zusammen und brüsteten sich durchstandener Gefahren. Ein neues Auto, eine wohlgefüllte Brieftasche entsprachen der alten Beute. Nomadische Überreste ließen sich bei den Caughnawagas beobachten, die in Brooklyn lebten, wenn sie in New York eingesetzt waren. Ihren Arbeitsplatz haben sie oft recht abrupt gewechselt, angeblich, weil es anderswo Arbeit mit Überstunden gab. Mitunter brachen sie während der Mittagspause in eine andere Stadt auf, ohne vorher mit jemandem darüber geredet zu haben, auch nicht unter sich, verzichteten manchmal auf ihren Lohn und waren auch dann nicht zu halten, wenn am Ort Überstunden angeboten wurden. Die Mohawks bewahrten sich Relikte ihrer kriegerischen und männlichen Lebensauffassung, prahlten mit ihrer Arbeitsleistung, zettelten in ihrer Stammkneipe Raufereien an und demolierten die Einrichtung. In Brooklyn lebende Mohawkfrauen fertigten Puppen, Handtaschen, Gürtel mit indianischen Ornamenten an. Im Herbst nahmen besonders »indianisch« aussehende Männer ein paar Wochen Urlaub vom Hochbau und verkauften diese Souvenirs in den Städten der Ostküste. Das Material stammte von einer Firma an der New Yorker Lexington Avenue, die indianische Gebrauchskünstler in ganz Amerika mit Hirschleder und nachgemachten Adlerfedern versorgte.[16]

Die Entmachtung der Stämme durch den Kongreß, die Übertragung der Rechtsprechung auf Zivil- und Strafgerichte führte zu einem neuen Nationalismus unter den Irokesen. Ein Symbol dieses Nationalismus war das Tragen von Skalplocken. Der Kopf wird dabei bis auf einen Mittelstreifen rasiert, hinten hängt eine Locke, die dem Feind sagen soll: so leicht wäre ich zu skalpieren, wenn du nur Mut hättest. Edmund Wilson fragte einen jungen Irokesen, wie lange er das schon mache und erhielt die scharfe Antwort: »Ungefähr dreitausend Jahre.« Mad Bear, einer der nationalistischen Indianerführer, bewarb sich nach dem Koreakrieg um einen Kredit unter dem *Servicemen's Readjustment Act*, wurde aber abgewiesen, weil er auf Reservatsgebiet lebte. Ein in Korea gefallener Indianer durfte nicht auf dem Friedhof von Sioux City (Iowa) beerdigt werden, weil er kein »Kaukasier« war. Die Rechtsstellung von Indianern blieb problematisch. Mehr und mehr Indianer sahen das Hauptproblem auf dem juristischen Sektor. Die zentrale Auseinandersetzung fand für sie zwischen weißen Eindringlingen und den rechtmäßigen Besitzern des Landes statt, ihnen selbst.[17]

Der Kongreß hatte 1946 eine *Indian Claims Commission* eingesetzt. Sie sollte Entschädigungsansprüche von Indianern prüfen und Unrecht wiedergutmachen. Während die Forderungen geprüft wurden, fuhr der Kongreß mit dem Landraub fort. Der *Tongass Act* (1947) nahm Bewohnern von Alaska Land und Wald fort, wenn sie zwei oder mehr indianische Großeltern hatten. Das Gesetz wurde zu früher Morgenstunde durch den Kongreß gepeitscht. Für staatliche Großprojekte wie Stauseen wurde gern auf Indianerland zurückgegriffen, weil Indianer keine Grundsteuer bezahlten und der Staat somit keine Steuereinbußen erlitt. Die Bundesregierung hatte keine Bedenken, sozial Schwächere im Interesse der Schwerindustrie zu enteignen. Einige Projekte mußten abgeblasen werden, weil weiße Bürger sich mit Indianern solidarisierten und die Enteignung von Reservatsland für unamerikanisch erklärten. Daß die Tuscarora von New York eine Teilfläche ihres Landes nicht einmal für einen hohen Betrag hergeben wollten, bezeugte das neuerwachte Nationalbewußtsein der Irokesenstämme, in deren Himmel kein Weißer kommt.[18]

Die neuere Historiographie hat das Vorurteil gegen Indianer nur schwer überwunden. Sie verursachten nach wie vor »Ärger«, überfielen »friedliche Männer und Frauen« und mußten von Zeit zu Zeit »zur Ruhe gebracht« werden. In den Schulbüchern des Staates Idaho sind Indianer lange Zeit als kulturell rückständig, unartikuliert, hinterhältig und abergläubisch beschrieben worden. In Minnesota wurde auf der Grundschulebene der Indianer als fauler Barbar charakterisiert, der nicht viel mehr konnte als jagen, fischen und wilden Reis ernten. Den Vogel schoß ein deutscher Politologe und Amerikanist ab, der die europäische Auffassung vom Indianer als Unperson verriet, als er von dem »menschenleeren, von Indianern bevölkerten Grenzraum« sprach.[19]

Daß Indianerstämme bisher kaum unter dem Aspekt der Objektbeziehungen erforscht worden sind, ist ein Defizit der Kulturanthropologie, das um so erstaunlicher wirkt, als verschiedene Stämme verschiedene Raumbedürfnisse haben, andere Zeitvorstellungen hegen, unterschiedliche Begriffe von Nähe und Ferne besitzen, die sich wiederum graduell oder radikal von den Vorstellungen der Weißen unterscheiden. Daß man beim Warten in einer Schlange einen bestimmten Abstand einhalten soll, will man nicht als unhöflich gelten, mußten Indianer in der Welt der Weißen erst lernen. Daß ein weißer Lehrer von »Zeitverschwendung« sprach oder davon, »Zeit aufholen« zu müssen, konnte ein Indianerkind nicht verstehen, wenn es aus einer Kultur kam, die nicht von Vergangenheit und Zukunft, sondern von einer ewigpräsenten Gegenwart regiert wurde.[20]

Neuauflage des erfolgreichen Erziehungsratgebers von Kinderarzt Benjamin Spock

XIII. Kapitel

VÄTER, MÜTTER UND ERZIEHER

Einen Meilenstein in der amerikanischen Entwicklungspsychologie hatte Arnold Gesell mit seinem Werk *Infant and Child in the Culture of Today* (1943) gesetzt. Gesell distanzierte sich von totalitären Formen der Erziehung in Staaten, in denen *culture* mit K geschrieben wurde. Er grenzte seine Lehre aber auch ab von den Behavioristen des eigenen Landes und deren Verabsolutierung der Akkulturation. Der Konflikt zwischen Natur und Kultur, meinte Gesell, sei durch den Übereifer von Eltern, Ärzten und Ratgebern unnötig verschärft worden. Er stellte die Person über das Erziehungsprogramm, wollte lieber den Signalen der Natur lauschen als dem Kind eine behavioristische Zwangsjacke anzulegen. Das Mittel hierzu war der *self-demand schedule.* Das Kind wurde nicht einem rigorosen Zeitplan unterworfen, sondern konnte selbst zu erkennen geben, wann es etwas brauchte oder wollte. »Es gibt keine Anpassung an die Kultur außer der Selbstanpassung«, formulierte Gesell gegen die Pädagogen, die auf umfassende Konditionierung pochten.[1]

Benjamin Spock bezog in seinem *Common Sense Book of Baby and Child Care* (1946), einem der einflußreichsten Ratgeber überhaupt, ebenfalls Position gegen Watson und seine Schule und forderte eine allgemeine Lockerung der Disziplin, freie emotionale Zuwendung, Fütterung bei Hunger und nicht nach der Uhr, Reinlichkeitserziehung ohne Zwang und ein Entwicklungstempo, das den individuellen Möglichkeiten des Kindes entsprach. Über Umwege war Spock dem progressiven Erziehungsmodell eines John Dewey verpflichtet. Beide räumten dem Kind die Gelegenheit ein, an seiner eigenen Sozialisation mitzuwirken. Spock wollte gewissermaßen den Laufstall des Kindes vergrößern und durch eine *permissive* Erziehung optimale Ergebnisse erzielen.[2]

Seit etwa 1930 war der Übergang von der Kindheit ins Erwachsenenalter weiter hinausgeschoben worden, was biologisch widersinnig war, denn die physische Reife setzte früher ein als je. Mädchen hatten im 17. Jahrhundert mit 17 Jahren erstmals menstruiert, jetzt mit 13. Ins Kreuzfeuer der Kritik geriet die amerikanische Mutter als der aktivere der beiden Elternteile bei der Kindererziehung. Philip Wylie hatte 1942 in der Satire »A Generation of Vipers« den Begriff Momismus (von *mom* für Mama) geprägt: Analog zum Tierweibchen, das seine Jungen frißt, in dem Glauben, das sei gut für sie, wird der Sohn in emotionale Abhängigkeit gebracht, damit er die psychologischen Bedürfnisse der Mutter stille. Der Sohn wird nur zum Schein vergöttert, in Wirklichkeit liebt die Mutter ausschließlich sich selbst. Aus Eigennutz hindert sie ihre Kinder daran, erwachsen zu werden. Das ist die Mutter, die beim Anblick einer vorbeimarschierenden Kompanie ausruft: »All out of step but Bill!«* Der Psychoanalytiker Erik Erikson hat in *Childhood and Society* (1950) das Eigentümliche dieser Mutter-Sohn-Beziehung festgehalten: »Es ist, als ob die Kultur den Menschen dahin geführt hätte, sich übergroß zu plakatieren und sich mit seinem eigenen Riesenplakat zu identifizieren, während er doch wußte, daß seine Mutter nie daran geglaubt hat.«[3]

In den frühen Ausgaben von *Baby and Child Care* war die Mutter als die Hauptverantwortliche in der Erziehung bezeichnet worden. Diese Rollenverteilung hat Dr. Spock in späteren Auflagen revidiert. Jetzt wurde der Vater als gleichberechtigt vorgestellt. Er war damit aufgefordert, seine erzieherische Passivität aufzugeben. Der pflichtvergessene Vater tauchte bis etwa 1950 als Standardfigur in der amerikanischen Literatur auf. Der in Frankfurt geborene Erikson, der die amerikanische Pädagogik so nachhaltig stimulieren sollte, hatte einen Vater, der die Mutter noch vor der Niederkunft im Stich ließ. Eriksons achtstufige Entwicklungspsychologie mit den zentralen Gegensatzpaaren Vertrauen gegen Mißtrauen und Identität gegen Rollendiffusion, hatte mit seinen eigenen Anfechtungen zu tun, ehe er über Wien in die USA kam. Unfreiwillige Emigranten haben sich in ihrer neuen Heimat USA schwergetan, weil sie neben ihrer Familie auch einen kulturellen Übervater vermißten und sich wie Waisenknaben vorkamen. In einem amerikanischen Haushalt redeten die Kinder und der Vater schwieg, so wunderte sich der britische Völkerpsychologe Geoffrey Gorer. In den Vorstadtsiedlungen bestimmten Söhne und Töchter den Umgang der Erwachsenen. Elternpaare, deren Kinder miteinander spielten, freundeten sich an, nicht umgekehrt. Kinder fungierten schon seit längerem als die kulturellen Eltern ihrer biologischen Eltern. Dieser wiederholte Mechanismus blieb für die Erwachsenenwelt nicht ohne Folgen: die Neigung, harmlose Vorfälle übertrieben darzustellen; kindische Fernsehprogramme, Comics und eine auf Jugendliche abgestellte Musik zu goutieren; möglichst jung zu denken, sich mit Gewalt jung zu kleiden, zu schminken, einem Jugendkult anzuhängen oder die Tyrannei der Teenager stumm zu ertragen.[4]

* Alle außer Tritt mit Ausnahme von Bill.

Der häusliche Friede konnte nur deshalb gewahrt werden, erinnerte sich eine selbstkritische Neuengländerin, weil trotz der nach außen gezeigten Wärme und des humorvollen Umgangs miteinander eine »emotionelle Distanz« zwischen den Familienmitgliedern eingehalten wurde. Von Anfang an sind junge Amerikaner zu dieser letzten inneren Reserve erzogen worden. Amerikanische Mütter nahmen in einem geringeren Maße körperlichen Kontakt zu ihren Neugeborenen auf als etwa Japanerinnen. Spock riet davon ab, das Kind aus irgendwelchen Gründen ins elterliche Bett schlüpfen zu lassen. Daß amerikanische Eltern ihre Kinder zur Beweglichkeit bis zum Zerreißpunkt erziehen, hat Erikson notiert. An einer Schule wurden Sechsjährige auf einen Zug gesetzt, um selbständig reisen zu lernen, während die Mütter mit dem Auto zur nächsten Station rasten, um dort ihre Sprößlinge abzuholen. Amerikanische Autobiographien und Tagebücher sind voller Klagen über mangelnde elterliche Präsenz und Zuwendung. Verteidigungsminister James Forrestal, der nach einer unglücklichen Kindheit als Selbstmörder enden sollte, exzerpierte vor seinem Tod die kritischen Bemerkungen eines siamesischen Autors über den Erziehungsstil der Amerikaner: »Ich denke es ist traurig, daß sie so wenig Zeit für Liebe haben. Ihre Männer haben keine Zeit für Frauen und Kinder. Der Vater geht zur Arbeit, die Kinder gehen zur Schule, sie treffen sich nur in den Stunden wieder, da sie vor Erschöpfung schlafen. Ihre Ferien dienen der Erholung – nicht der Liebe. Liebe kennen sie nur aus dem Kino ...«[5]

Der Mutterkult, der in den Fünfzigern wieder ausgebrochen war, und die »feminine mystique« führten nicht etwa dazu, daß die Gesellschaft Maßnahmen zur Entlastung der Mütter ergriffen hätte. Arbeitende Mütter taten sich in den USA schwerer als in anderen Industrienationen. Der gesetzliche Mutterschutz lag im argen, und Tagesstätten für Kinder wurden in der Presse als Teil einer kommunistischen Verschwörung angeprangert. Mangelnde Elternliebe im Vorschulalter konnte durch gesellschaftliche Einrichtungen nicht aufgefangen werden.[6]

An den Schulen der Großstädte wurden früh die Weichen für den weiteren Lebensweg gestellt. Ein Gewerkschafter aus Chicago erinnerte sich, wie er und andere Kinder mit polnischen Nachnamen fast automatisch in den handwerklichen Ausbildungszug kamen und schließlich als Arbeiter in der Stahlindustrie landeten, während Schüler aus angloamerikanischen und jüdischen Familien, die Ärzte oder Unternehmer als Väter hatten, auf die künstlerische oder betriebswirtschaftliche Schiene gesetzt wurden. An den Provinzschulen verschlechterte sich der Notendurchschnitt, erhöhte sich die Durchfallquote mit absteigender sozialer Klasse. In der Freizeit blieben die Schüler je nach sozialer Herkunft unter sich, Mädchen mehr noch als Jungen. Die Schulaufsichtsbehörde war mit lokalen Honoratioren besetzt, etwa mit den Mitgliedern des Rotaryclubs. Sie besetzten freigewordene Lehrerstellen unter Ausschluß der Öffentlichkeit und unter Wahrung der eigenen Interessen. Die Antwort auf die alte Scherzfrage »Wie gut spiegelt die Schule die Kultur wider?« lautete »Nur zu gut.« Öffentliche Schulen konnten unvermutet in

Geldnot geraten, weil sie traditionell aus der Haus- und Grundsteuer finanziert werden. Bei sinkenden Immobilienwerten litten die Schulen.[7]

Im ländlichen Mittelwesten wurden Kinder früh in ein reichhaltiges Kommunalleben eingespannt. Sie partizipierten daran mit Erfolg und bestritten einen guten Teil der Aktivitäten auf Vereinsebene, traten als Tambourmajore oder Schatzmeister in Erscheinung, als Vorsänger oder Laienschauspieler. Die Vielzahl der Aufgaben und Tätigkeiten verhinderte, daß ein Kind auf *einem* Gebiet besondere Fähigkeiten entwickelte. Die Nivellierung ging zu Lasten intellektueller oder künstlerischer Höchstleistungen, dem, was im amerikanischen Kulturkreis unter *excellence* verstanden wird. Ein betonter Amerikanismus behinderte die Erziehung zur Weltoffenheit. Der Fremdsprachenunterricht wurde vernachlässigt, Versuche des Gesetzgebers, die Misere zu korrigieren, erwiesen sich als untauglich. Mangelnde Fremdsprachenkenntnisse wuchsen sich zu einem schweren Handicap in der Außenpolitik aus und gaben eine Ursache für antiamerikanische Sentiments ab. Europäer zeigten sich irritiert darüber, wie wenig man in Amerika über Europa wußte und daß selbst gebildete Amerikaner davon ausgingen, England habe fast ebensoviele Einwohner wie die USA.[8]

In der Pädagogik hatte sich seit Robert M. Hutchins eine Gegenreformation gegen die Grundsätze der progressiven Erziehung herausgebildet. Man wollte weg vom Nurpraktischen, Verspielten, Alltagsorientierten, mehr Wert auf solides, universell verwertbares Wissen legen, weniger naiv auf die Eigenkreativität des Kindes bauen, *excellence* und akademische Hochleistung belohnen. »Wir müssen den vorherrschenden Glauben an die überlegene Weisheit des Ignoranten abschwören«, schrieb der Historiker Daniel Boorstin. Diese Tendenz hatte sich bereits vor dem Sputnik abgezeichnet, sie verstärkte sich nur nach dem sowjetischen Triumph über amerikanisches Know-how. Präsident Eisenhower verlangte wenige Wochen später, den »science gap« zur UdSSR zu überbrücken. Arthur Bestor hatte schon vor dem Sputnik-Schock in seinem Werk *Educational Wastelands* (1953) vom Bildungsideal des »Progressive Movement« Abschied genommen und dazu geraten, sich das Elitedenken der Westeuropäer und die Disziplin der Sowjets zu eigen zu machen. Ins gleiche Horn stieß später ein hoher Militär, Admiral H. G. Rickover mit seiner Schrift *Education and Freedom* (1959). Positivistische Forderungen waren nicht mehr zu überhören. Die Illustrierte *Life* behauptete, von Deweys System seien nur noch Fetzen übrig. Daß sich die *Progressive Education Association* 1955 auflöste, paßte zur Stimmung der Zeit.

Die Unzufriedenheit mit dem Erziehungssystem blieb. Obwohl man sich vorgenommen hatte, weniger Dinge zu lehren, aber diese vertieft, blieb der Stundenplan ein triviales und oftmals banales Sammelsurium, das keine vernünftige Strategie erkennen ließ. Margaret Mead erklärte in einem wütenden Artikel für die *Harvard Business Review* das gesamte System für obsolet. Statt vertikaler Erziehung, durch institutionalisierte Weitergabe des Wissens von einer Generation zur nächsten, empfahl sie eine laterale Vermittlung durch jedes denkende Mitglied der Gesellschaft. Dieses Modell hat etliche Jahre später Ivan Illich aufgegriffen, der an die Pädagogen den Vorwurf richtete, seit Comenius verhindert zu haben, daß der Mensch außerhalb festgesetzter Stunden des Belehrtwerdens etwas lernt. Mit diesem Konzept war man allerdings wieder sehr in die Nähe der progressiven Erziehung gerückt, die man gerade hatte überwinden wollen.[9]

Die normative Pädagogik hatte wiederholt zu einer Abmilderung des Wettbewerbsdenkens aufgerufen. Das Kind müsse lernen, nicht um Geld und materielle Güter zu konkurrieren, sondern wie man anderen am besten helfen und mit ihnen das Schöne und das Gute teilen könne.[10]. Die experimentelle Black Mountain School versuchte seit den dreißiger Jahren, mit diesem Konzept ernstzumachen, scheiterte aber am Haß der Nachbarn und am persönlichen Egoismus der Lehrer. Was nach Reform aussah, war oft nicht mehr als eine Karikatur des Bestehenden. B. F. Skinner riet dazu, möglichst viele Lehrer durch Lernmaschinen zu ersetzen. Buckminster Fuller propagierte »Einschülerschulen«, an denen der Unterricht über Fernsehschirme in gutausgerüsteten »Kapselräumen« stattfinden sollte, und erblickte in Computern vom Menschen unbewußt entwickelte Antikörper zur Atombombe.

Entsetzen machte sich breit in der Öffentlichkeit über den Zusammenbruch junger Kriegsgefangener in Korea, die ihren Vorgesetzten den Gehorsam verweigerten und sich willenlos zu Kommunisten umdrehen ließen. Jeder versuchte für sich allein zu überleben, viele starben an »giveupitis«, wie man das nannte, verfielen in Lethargie, verschmähten das minderwertige Essen, siechten dahin. Betreten hörte man daheim die Nachrichten vom disziplinierten und kooperativen Verhalten der Kriegsgefangenen aus der rückständigen Türkei. Sie hielten zusammen, beachteten hygienische Grundregeln, sorgten für ihre Kranken, denunzierten sich nicht gegenseitig, wiesen Indoktrinationsversuche lachend von sich – und überlebten. Hatte das beschämende Abschneiden der Amerikaner mit der permissiven Erziehung zu tun? Benjamin Spock verneinte diese Frage mit dem Argument, im Zweiten Weltkrieg habe der G. I. doch eine passable Figur abgegeben. Auf dem Höhepunkt des Vietnamkriegs mußte Spock erneut Kritik einstecken. Aus dem Führungszirkel der von Studentenprotesten geschüttelten Columbia University kam der Vorwurf, Spock habe eine ganze Generation versaut und ihr den Respekt vor Autorität genommen. Diesmal trat Spock einen halben Rückzug an und argumentierte, die Eltern hätten die *permissiveness* übertrieben, ihre Kinder vernachlässigt und unvorbereitet ins Leben hinausgeschickt.[11]

Amerikanische Pädagogen haben im 20. Jahrhundert fast einhellig den Standpunkt vertreten, in einem Milieu materieller Sicherheit und bei freien Entfaltungsmöglichkeiten würden sich seelische und geistige Bedürfnisse des Kindes auf eine natürliche Weise von selbst einstellen und auch befriedigen lassen. Aber trotz materieller Absicherung machte eine Figur wie Holden Caulfield in J. D. Salingers

Roman *Catcher in the Rye* (1951) die Erfahrung totaler Richtungslosigkeit. Der große Spielraum, den die Eltern gaben, erzeugte Verlorenheit, kein Hindernis war in Sicht, gegen das man hätte rebellieren, kein Halteseil, an dem man seine Kräfte hätte erproben können – »there was nothing to break away from«, ein Defizit, mit dem man sich in Amerika schwerer abfinden konnte als in anderen Kulturen.[12]

Noch Mitte der siebziger Jahre wurde Eltern in einem Erziehungsratgeber versichert, daß sie ihre Kinder praktisch zu unbegrenzter Intelligenz erziehen können. Zwar gebe es eine erbbedingte Obergrenze, doch sei diese so hoch, »daß nach Meinung vieler Wissenschaftler noch kein menschliches Wesen ihr auch nur nahegekommen ist«. Die Vorstellung, daß Kinder fast beliebig mit Wissen traktiert werden können, ist in der amerikanischen Mittelklasse nach wie vor verbreitet. Die Mutter fühlt sich kulturell aufgerufen, ihr Kind dauernd zu stimulieren oder stimulieren zu lassen, um eine optimale Entwicklung zu gewährleisten. Diese Haltung überfordert nicht nur die Kinder, sondern auch die Eltern. Anfang der achtziger Jahre wurde das Erziehungsprogramm »Toughlove« inszeniert. Es war für Eltern gedacht, die der übermäßigen Ansprüche ihrer Kinder müde waren. Die Ratschläge reichten von der Verweigerung des Familienautos bis zum Hinauswurf aus der elterlichen Wohnung.[13]

Die Empfehlungen, die Kinderärzte und Kinderpsychiater für Eltern und Erzieher parat haben, sind erstaunlich einförmig geblieben. *Permissiveness* ist oft nur mit einem anderen Akzent versehen worden: das egoistische Interesse der Eltern an der eigenen Lebenserfüllung überlagert dann die Sorge für den Nachwuchs. Daß Kinder immer mehr alleingelassen werden, ergibt sich schon aus den demographischen Grunddaten. Die mittlere Haushaltsgröße hat sich seit Bestehen der USA halbiert und ist zwischen 1950 und 1973 noch einmal erkennbar von 3,5 auf 3,0 Familienmitglieder gesunken. Die Zahl der Einpersonenhaushalte hat sich seit der Jahrhundertwende fast verdoppelt. Immer mehr Menschen finden es anscheinend unmöglich oder unerträglich oder sehen sich nicht in der Lage, ein Familienleben zu führen. Die Zahl der alleinerziehenden Mütter – oder Väter – hat in allen Schichten zugenommen. Fast die Hälfte aller amerikanischen Kinder wird in Zukunft in Haushalten mit nur einem Erwachsenen großwerden. In der Bundeshauptstadt Washington übersteigt die Zahl der unehelichen die der ehelichen Geburten (1976). Die alltägliche Gefährdung von Kindern hat neue Dimensionen angenommen. Verbreitetste Todesursachen sind nicht mehr anstekkende Krankheiten, Unterernährung oder organische Erkrankungen, sondern äußere Gewalteinwirkungen. Zwei Drittel aller Todesfälle bei Kindern und Jugendlichen gehen auf Unfälle, Mord oder Suizid zurück. Kinder werden von Eltern mehr und mehr als wirtschaftliche Belastung begriffen, die Aufzuchtkosten als zu hoch empfunden. Jugendlichen erscheint das Leben als »Zermürbungskrieg«. Vielen will der Zustand seelischer Taubheit erstrebenswert vorkommen, um Anfechtungen, Leid und Selbstzweifeln zu entgehen. Nicht nur, daß in der

Unterschicht als Ausweg aus der Perspektivlosigkeit oft nur die Kriminalität bleibt. Auch in Schichten mit ausreichendem Einkommen wachsen Kinder mit dem Gefühl heran, von ihren Eltern nicht wirklich geliebt zu werden. In der Literatur muß man nicht lange nach Eltern suchen, die die Nähe ihrer Kinder nicht einmal ertragen können. »Why is the kid standing so close?« fragt der Vater irritiert in John Updikes *Rabbit Is Rich* (1981). Ein Arzt in dem Roman *Letting Go* (1962) von Philip Roth wünscht sich, daß sein Sohn ertrinkt. Und in Joseph Hellers *Something Happened* (1974) ergreift der Vater eine günstige Gelegenheit, sein Kind zu erwürgen. Fast noch ärger trieb es ein amerikanischer Wissenschaftler in dem Film *Atomic City* (1952): Er riskierte lieber, daß sein Sohn ins Komsomol geschickt wird, als daß er, der Vater, sich den Kommunisten beugt.[14]

Petting to Climax: Rural, Urban

AGE GROUP	RURAL-URBAN GROUP	CASES	TOTAL POPULATION: Mean Frequency	Median Freq.	% of Total Outlet	ACTIVE POPULATION: Incid. %	Mean Frequency	Median Freq
Single Males: Educational Level 0–8								
Adol.–15	Rural	245	0.017±0.006	0.00	0.7	11.8	0.14 ± 0.043	0.06
	Urban	401	0.037±0.011	0.00	1.1	13.7	0.27 ± 0.078	0.07
16–20	Rural	259	0.043±0.012	0.00	1.5	17.8	0.24 ± 0.059	0.07
	Urban	397	0.058±0.015	0.00	1.7	22.4	0.26 ± 0.064	0.07
21–25	Rural	141	0.031±0.013	0.00	1.1	12.8	0.24 ± 0.085	0.08
	Urban	188	0.047±0.023	0.00	1.4	16.5	0.28 ± 0.070	0.07
26–30	Rural	61	0.11 ±0.065	0.00	3.8	21.3	0.53 ± 0.28	0.20
	Urban	88	0.017±0.009	0.00	0.6	17.0	0.10 ± 0.049	0.06

Nocturnal Emissions and Religion

RELIGIOUS GROUP	CASES	TOTAL POPULATION: Mean Frequency	Median Freq.	% of Total Outlet	ACTIVE POPULATION: Incid. %	Mean Freq.	Median Freq.
Single Males: Educational Level 13+ (*Continued*)							
Age: 21–25							
Protestant, active	384	0.42 ±0.03	0.26	20.8	90.1	0.47	0.30
Protestant, inactive	1000	0.36 ±0.02	0.20	13.8	86.9	0.42	0.26
Catholic, devout	94	0.48 ±0.07	0.31	26.6	90.4	0.53	0.34
Catholic, inactive	125	0.40 ±0.05	0.24	14.3	88.0	0.45	0.29
Jewish, inactive	331	0.40 ±0.04	0.19	13.1	81.0	0.50	0.29
Age: 26–30							
Protestant, active	100	0.41 ±0.05	0.27	21.9	95.0	0.43	0.29
Protestant, inactive	279	0.29 ±0.02	0.17	11.2	85.3	0.34	0.24
Jewish, inactive	104	0.31 ±0.06	0.12	9.6	75.0	0.42	0.24

Die Quantifizierung der Sexualität im ersten Kinsey-Report

XIV. Kapitel

DIE SEXUALITÄT DES MANNES UND DER FRAU

Die Neofreudianer

Die amerikanischen Neofreudianer, auch Kulturanalytiker genannt, die in den dreißiger und vierziger Jahren Freuds Lehre umformten, wenn nicht denaturierten, sahen in der biosexuellen Determination nur einen Spezialfall. Erich Fromm, Karen Horney, Harry Stack Sullivan und als Vorläufer Franz Alexander wollten in ihren Analysen über die sexuelle Domäne »hinausgehen« und den sozialen Faktoren, dem religiösen Hintergrund, dem kulturellen Maßstab mehr Gewicht verleihen. Das große Verdienst Freuds, so sagte Horney, sei die Entdeckung des Ödipuskomplexes gewesen, die Rivalität zwischen Vater und Sohn. »Man muß jedoch hinzufügen, daß diese Rivalität nicht biologisch bedingt, sondern das Resultat gegebener kultureller Bedingungen ist und daß ferner die Familiensituation nicht die einzige ist, die Rivalität entfacht, sondern daß wettbewerbsmäßige Reize von der Wiege bis zur Bahre wirksam sind.«[1] Die sexuellen Probleme lägen nicht im dynamischen Zentrum der Neurosen, moralische Fragen gewännen größere Bedeutung, und der Konflikt zwischen Eros und Todestrieb sei sehr wohl lösbar, meinte Horney in ihrer Schrift *New Ways to Psychoanalysis* (1939).

Neurosen seien immer auch ein moralischer Zusammenbruch, befand Erich Fromm, der sich ebenfalls vorgenommen hatte, die soziokulturellen und die moralisch-religiösen Bedingtheiten stärker zu berücksichtigen als der orthodoxe Freudianismus, und den kulturspezifischen Ausformungen von Trieben wie Hunger, Aggression und Sexualität mehr Aufmerksamkeit zu schenken. Man hat gesagt, die Desexualisierung der Psychoanalyse sei eine typisch amerikanische Erscheinung. Erich Fromm hat allerdings schon 1932, vor seiner Emigration, die Abhängigkeit des Triebkomplexes von wirtschaftlichen Faktoren herausgestellt.

Richtig ist, daß Fromm in den USA als Psychoanalytiker nicht praktizieren durfte, weil er keinen medizinischen Doktortitel vorweisen konnte. Laienanalytiker wie Fromm sind von gestandenen Medizinern wie Karl Menninger immer ein wenig argwöhnisch beäugt worden.[2] Daraus zu schließen, daß Fromm nur aus beruflicher Not zum Kulturkritiker wurde, ist voreilig, auch wenn das Bedürfnis, seiner Enttäuschung über amerikanische Zustände Luft zu verschaffen, in Büchern wie *The Fear of Freedom* (1942) und *Man Against Himself* (1945) unübersehbar ist. In Amerika würden die Grundfragen der menschlichen Existenz nicht wirklich angesprochen, klagte Fromm, das »tugendhafte« Leben müsse seiner Ansicht nach mehr gepflegt werden.

Zu den Neofreudianern mit einem selbständigen Beitrag wird der Amerikaner Harry Stack Sullivan gerechnet. Sullivan, der den Begriff des »significant other« in die therapeutische Praxis einführte, hielt interpersonelle Beziehungen für wichtiger als die Libidotheorie. Die Kultur, das soziale Umfeld, nicht eine »innere« Gefahr, erzeuge Angst. Das Kind orientierte sich in seiner Selbsteinschätzung an der Fremdeinschätzung.[3] Eine Sonderstellung unter den Freudianern nimmt Theodor Reik ein, der seit 1938 in den USA lebte und 1949 in *Listening with the Third Ear* seine analytischen Selbstbeobachtungen vorstellte.

Die Neofreudianer lehnten die Überbetonung des Sexuellen ab, die schon G. Stanley Hall gestört hatte. Damit begaben sie sich in die Nähe Adlers. Die Neofreudianerin Karen Horney wurde von Adlerianern des Plagiats bezichtigt, so nahe war die geistige Verwandtschaft. Adler empfand die zeitraubende und kostspielige Freudsche Therapie als einen bourgeoisen Luxus. Seine einfachere und anscheinend praktischere Methode wurde von amerikanischen Sozialarbeitern der zwanziger Jahre bevorzugt. Die *American Society of Adlerian Psychology* machte der weltweiten psychoanalytischen Bewegung, die sich Freud so sehr wünschte, in Amerika Konkurrenz. Die geringste Wirkung auf Amerika hatte zu dieser Zeit C. G. Jung, sieht man davon ab, daß die Entwicklung des Lügendetektors vielleicht auf seinem Assoziationsexperiment beruht. Freilich kommt die Desexualisierung der Lehre Freuds durch die Kulturanalytiker den Jungschen Vorstellungen näher.

Herbert Marcuse hat an den Neofreudianern das Herunterspielen der biologischen Faktoren kritisiert, die Akzentverlagerung von der Kindheit aufs Erwachsenenalter und die Negation der »ewigen« Triebbedürfnisse. Marcuse versäumte nicht hinzuzufügen, daß die Neofreudianer durch das Zurückdrängen der Triebtheorie Freud indirekt bestätigt haben. Jedenfalls überlagerte das, was man gerne amerikanischen Optimismus nennt, die düsteren Seiten der Psychoanalyse. Bruno Bettelheim pochte auf die »innere Würde« des Menschen, H. S. Sullivan wollte die Regelung der Objektbeziehungen so glatt und problemlos gestalten wie das Einstöpseln in einer Telefonvermittlung, und in Erich Fromms *Sane Society* nahm das Über-Ich recht liebenswerte Qualitäten an. Die Verlagerung vom Organischen aufs Persönliche, vom Körperlichen aufs Kulturelle, vom Materiellen aufs Ideelle, sagte Norman O. Brown, machte die Psychologie wieder zu dem, was sie vor Freud gewesen war, zur Lehre von einer autonomen Seele.[4]

1952 glaubte Hans Eysenck herausgefunden zu haben, das Verhältnis zwischen seelischer Gesundung und Psychotherapierung sei umgekehrt proportional. Der Ausbreitung der psychoanalytischen Praxis konnte das keinen Abbruch tun. Gerade in Nordamerika war das Echo auf Freud besonders stark, der Bedarf an Therapie besonders hoch. In New Haven (Connecticut) kam um 1960 auf 5000 Einwohner ein Psychiater.[5] Es gab zwei Grundtypen von Therapeuten in Amerika. Einmal den aus gehobenem protestantischen Milieu stammenden Mediziner, der sich auf organische Heilmethoden verließ und dem Arztideal verpflichtet war. Zum anderen den aus schwierigen Verhältnissen stammenden, oftmals jüdischen Analytiker, der keine körperlichen Untersuchungen vornahm und seelische Unregelmäßigkeiten fast immer als eine Störung zwischenmenschlicher Beziehungen auffaßte. Einen »analyst«, einen »shrink« zu haben wurde zeitweise zu einem gesellschaftlichen Muß.

Die Psychoanalyse ist in den USA so populär geworden, weil erstens die finanziellen Voraussetzungen dazu gegeben waren. Ein konsumgewohntes Publikum bediente sich eines Angebots und fühlte sich vom Anbieter ermutigt, Sex zu konsumieren wie andere auf dem Markt befindliche Artikel oder Dienstleistungen. Der Amerikaner, sagte Max Frisch, benütze seinen Seelenarzt wie einen Garagisten bei der Autopanne. Forscht man nach tieferen, immateriellen Ursachen für die Popularität, werden die Meinungen widersprüchlicher. Manche sagen, die Amerikaner seien mangels Tradition offen für alles Neue gewesen, andere, der Psychoanalytiker habe an die Tradition des indianischen Medizinmannes und des väterlichen Doc im Pionierleben angeknüpft. Einmal hört man, der Freudianismus habe sich trefflich dazu geeignet, den Puritanismus in der Moral zu überwinden, dann wieder, die Suche nach persönlicher Heilung und Errettung, nach Konversion zur Reinheit gehe auf eben diesen Puritanismus zurück. Für die einen war die Lehre Freuds ein brauchbares Gegenstück zur flachen Form der Aufklärungsphilosophie und zum einfältigen Streben nach Glück, für andere ließ sich der Pessimismus Freuds in eine optimistische Richtung umdirigieren. Ein strenger Vater etwa mußte die Entwicklung einer persönlichen Identität nicht unbedingt verhindern. Das amerikanische Interesse an einer wissenschaftlich begründeten Kindererziehung hat eine Rolle gespielt, das *social engineering*, die Suche nach einem neuen, möglichst perfekten Typ unter neuen Bedingungen. James Putnam wollte mit der Psychoanalyse den Amerikaner aus seinen irdischen Zwängen befreien, ihm die Dimension der Unendlichkeit eröffnen, durch die Freisetzung psychischer Energie die Aspirationen des amerikanischen Traums verwirklichen. Wissenschaftsgläubige Amerikaner erkannten in Sigmund Freud einen Pionier des Geistes, der sich auf einem schmalen Grat bewegt und kein Risko scheut. Die gewissermaßen transzendentalen Erklärungsversuche schließen andere nicht aus. Frederick Redlich nennt als »vielleicht wichtigsten« Grund für die starke Affinität der Amerikaner zur Psychoanalyse das Bedürfnis von Patienten nach einem Freund in Gestalt des Psychotherapeuten. Dieses Bedürfnis war in einer Gesellschaft entstanden, die von einem »relativen Mangel an intimen Freundschaften« geprägt wird. Das amerikanische Milieu kennt Hilfsbereitschaft, Herzlichkeit und Großzügigkeit, keine Frage, »aber das Verhältnis wird im Laufe der Zeit nicht intimer, nicht tiefer oder herzlicher«. Der Analytiker vermittelt das Gefühl, jemanden zu haben, dem man sich ganz anvertrauen kann und der bereit ist, sein Eigeninteresse zugunsten des Patienten gegen Bezahlung zu suspendieren.[6]

An der Universalität des Ödipuskomplexes, wie Freud ihn definierte, haben amerikanische Psychiater von A. A. Brill bis Erik Erikson Zweifel angemeldet; aus ihren Krankengeschichten war eine stärkere Dominierung der Mutter herauszulesen. Andere haben vor allem den Pansexualismus und den frühkindlichen Determinismus kritisiert und die Psychoanalyse in Bereiche gezogen, die sie für moralischer hielten. Aufs Ganze gesehen hat aber die psychoanalytische Lehre in Amerika die Umformungen durch Environmentalisten, Neofreudianer und Marxisten gut überstanden. Nicht einmal die falschen oder schiefen Übersetzungen – *instinct* für Trieb, *Ego* für Ich – haben ihr wirklich etwas etwas anhaben können. Die psychoanalytische Methode wurde als eine der erbaulichen Erfahrungen vereinnahmt, nach denen die amerikanische Gesellschaft verlangte. Selbst ein Gegner der Psychoanalyse wie William James hatte die Freudianer aufgefordert, ihre Pioniertätigkeit fortzusetzen und nicht bei »fixed ideas« zu verharren: »Ich hoffe, daß Freud und seine Schüler ihre Ideen bis an die äußerste Grenze weiterdenken, so daß wir in Erfahrung bringen, wie sie aussehen.«[7]

Die Kinsey-Reports

Amram Scheinfeld, ein Vertreter der natürlichen Ungleichheit der Geschlechter, hatte sich noch während des Krieges in der Zoologie umgeschaut und eine Überlegenheit des Männchens ausgespäht. Nur als Mutter sei das Weibchen überlegen, aber selbst Kinderkriegen wachse sich zu einem Handicap aus und hindere die Frau daran, sich synchron zum modernen Leben zu entwickeln. Die Freudianerin Helene Deutsch rechnete in ihrem Werk *The Psychology of Woman* (1944) mit intellektuellen, ehrgeizigen Frauen als der schlimmsten Sorte ab, denn die hätten weibliche Eigenart und Intuition dahingegeben und wären bloß noch unvollständige Männer. Nur die feminine Frau könne auf Erfolg beim anderen Geschlecht zählen, wenn sie »in freudiger Erregung auf ihre endgültige ›Niederlage‹ wartet«. Der Journalist Lundberg und die Psychologin Farnham wurden nach dem Krieg mit einem gemeinsam verfaßten Werk über die moderne Frau populär.

Die Frau, das »verlorene Geschlecht«, habe durch die Anstrengung, mit dem Manne gleichzuziehen, ihre Sicherheit eingebüßt. Höhere Erziehung mache weibliche Wesen neurotisch und unzufrieden. Je gebildeter, desto größer die sexuellen Störungen. Feminismus? Eine schwere Krankheit, eine neurotische Reaktion auf die Vorherrschaft der Männer. Frauen ohne Kinder? Wie Männer ohne Penisse. Im Kinderkriegen liege die Macht der Frau, und das sei gut so.[8] Der eminente Soziologe Talcott Parsons hielt jede Änderung des fundamentalen Status der Frau als Eheweib und Mutter für disfunktional und familiengefährdend.

Gezeigt zu haben, wie sehr die sexuellen Normen und das Sexualverhalten auseinanderklaffen, war das Verdienst von Alfred Kinsey, einem Wissenschaftler, der zeitlebens seine Briefe mit »Professor of Zoology« unterschrieb und der Gallwespen und andere Insekten gesammelt hatte, ehe er seine Sammelleidenschaft der menschlichen Sexualität zuwandte. Tausende von *sex histories* gingen in die beiden Kinsey-Reports über das Sexualverhalten des Mannes (1948) und der Frau (1953) ein. Das Hauptresultat war die Erkenntnis, daß von der gerade in Amerika so geschätzten »Romantik« in den Liebesbeziehungen kaum noch etwas übrig blieb. Allein was Kinsey und seine Mitarbeiter über das Vorkommen von außer- und vorehelichem Geschlechtsverkehr, Homosexualität, Sodomie und Masturbation herausgefragt hatten, widersprach dem kulturellen Über-Ich gründlich. Die sexuellen Gewohnheiten des Alltagslebens schienen dem zu gleichen, was man bisher aus Romanen kannte. 64 Prozent der Amerikanerinnen gaben an, sie wären schon vor der Ehe zur sexuellen Erfüllung gekommen. Da mußte der Proporz zwischen *good girls* und *bad girls* tüchtig durcheinandergeraten. Wo blieb das unschuldige *American girl,* wenn Schülerinnen anscheinend häufiger koitierten als ihre Lehrerinnen? Eine liebgewonnene Legende wurde zerstört, weil die *»city boys«* sexuell mindestens so aktiv waren wie die *»country boys«.*[9]

Es ist nicht ohne Bedeutung, daß der erste gewichtige Beitrag der USA zur Sexualforschung statistischer Natur war, auf rechnerischem Wege die sexuellen »outlets« ermittelte und Durchschnittswerte kalkulierte. Hier fanden Kritiker einen ersten Ansatzpunkt. Kinsey hatte keine mathematische Stichprobe gezogen, sich vielmehr auf freiwillige Kooperation verlassen. Schwarze wurden gar nicht berücksichtigt, ältere Frauen waren unterrepräsentiert. Im ersten Report vor allem sind unbereinigte Statistiken abgedruckt worden. Die Zahl der homosexuellen Kontakte ist wohl zu hoch ausgefallen, weil zu viele Häftlinge unter den Befragten waren. In fast allen anderen Bereichen, beim vor- und außerehelichen Verkehr, bei oralen Formen und anderen Variationen sind die Zahlen eher noch höher anzusetzen, wie Nachfolgestudien ergaben. Kinsey und seine Mitarbeiter beherrschten die Technik des soziologischen Interviews souverän. Die 350 Fragen auf den Fragebögen wurden bewußt rasch abgefeuert, um Übertreibungen einzuschränken, Suggestivfragen reduzierten verschleiernde Untertreibungen, Kontrollfragen legten Widersprüche und Ungereimtheiten bloß.[10]

Methodische Einzelheiten sind denn auch weniger beanstandet worden als einige der Grundvoraussetzungen. Wie kam Kinsey dazu, alles »Natürliche« für gut zu halten? Mußte man Erscheinungen als normal einstufen, nur weil sie in der Gesellschaft weit verbreitet waren? War es überhaupt legitim, die Partnerbeziehung aufs Physiologische zu reduzieren, von mechanischen »outlets« zu sprechen, die Nähe zur Tierwelt auf so deutliche Weise herzustellen? Katholiken beurteilten die Kinsey-Reports kritischer als Protestanten. Historiker, Soziologen, Journalisten und Literaturwissenschaftler hatten mehr dagegen einzuwenden als Biologen, Ärzte, Rechtsanwälte und Pädagogen. Nur knapp die Hälfte aller amerikanischen Akademiker bekannten sich einer Umfrage zufolge zu einer positiven Haltung gegenüber Kinsey und seinen Ergebnissen. Die *New York Times* besprach den ersten Band, verweigerte aber die Annahme von Anzeigen für den Buchverkauf.[11] Trotzdem wurde der erste Report zu einem sensationellen Erfolg in der Öffentlichkeit. Manche hielten die von Kinsey geschaffene Zäsur für so epochal, daß sie fortan das Kürzel »b. K.« – *before Kinsey* – zu verwenden gelobten. Eine Reihe von Imitatoren und Hochstaplern erkundigte sich im Namen Kinseys telefonisch nach den Sexualgewohnheiten verschreckter Bürger. Sexromane wurden als »fiktionalisierte Kinsey-Reports« vermarktet, ein Buch über Vögel kam als »ornithologischer Kinsey-Bericht« auf den Markt, im Radio ertönten der »Kinsey-Boogie« und das Lied »Thank you, Mr. Kinsey«. Ein Hutfabrikant lancierte die Meldung, Dr. Kinsey zähle zu den zehn bestbehuteten Männern Amerikas, und ein Werbemanager trug sich mit dem Gedanken, einen vermutlich autobiographisch gefärbten Bestseller herauszubringen, der den Titel tragen sollte *The Man Who Startled Kinsey*, der Mann, der Kinsey verblüffte.[12]

Eine seriöse Resonanz fanden die Reports in der Kulturanthropologie. Clyde Kluckhohn ließ sich dazu anregen, in traditionellen Kulturen statt Verwandtschaftsgrade und Korbflechtmuster die Sexualgewohnheiten näher zu untersuchen. Bei jungen Navajo eruierte Kluckhohn eine wöchentliche Beischlaffrequenz von null bis vierzigmal. Die obere Leistungsgrenze pro Nacht lag ebenfalls über dem weißen Durchschnitt. Theologen stellten sich die Frage, ob die Ethik sich nach der Praxis zu richten hatte, denn welchen Wert besaß eine ethische Grundlage in der Sexualstrafgesetzgebung, wenn 95 Prozent der männlichen Bevölkerung gegen ihre Paragraphen verstießen? Der Einwand, Kinsey habe auf unzulässige Weise in die Intimsphäre eingegriffen, ließ sich jedenfalls erledigen. Denn Kinsey war es ja gerade darum gegangen, das Intimleben von archaischen Relikten zu befreien. Die unbeantwortete Frage lautete, ob sich die Norm dem tatsächlichen Verhalten anpassen oder im Gegenteil verstärkt an ihr festgehalten werden würde. Als einem deutschamerikanischen Professor in New York die Staatsbürgerschaft verweigert wurde, weil er vor der Ehe Beziehungen zu einer ledigen Frau hatte, zitierte der Anwalt des Bewerbers aus dem Kinsey-Report, daß 85 Prozent der männlichen Bevölkerung vorehelich verkehren; der Mann durfte Amerikaner werden. Jenseits anekdotenhafter Einzelfälle hat sich an der kodifizierten Sexualmoral wenig geändert. Noch Ende der fünfziger Jahre war Ehebruch in 45, Geschlechtsverkehr zwischen unverheirateten Personen in 38 Bundesstaaten unter Strafe gestellt. Kinseys Bedeutung lag darin, daß er die Glaubenssätze der »overt culture« als fiktiv, das öffentliche Credo als verlogen entlarvt hat. Zumindest mußte jetzt erörtert werden, welcher Sinn darin lag, die Mehrheit der Bevölkerung per Sexualstrafrecht zu bedrohen. Menschen mit homophiler Veranlagung wußten durch Kinsey, daß sie nicht so alleine dastanden, wie es immer den Anschein hatte und schlossen sich zu Interessenverbänden wie der *Mattachine Society* (1951) oder den *Daughters of Bilitis* (1955) zusammen. Kinsey hat das Ausmaß »abweichenden« Sexualverhaltens aufgezeigt und dadurch eine Portion Schuld aus der amerikanischen Kultur herausgenommen.[13]

»Mating Habits«

Nach Kinseys Tod setzten seine Schüler Paul Gebhardt, Wardell Pomeroy, Clyde Martin und Cornelia Christiansen die Sexualforschung auf den Gebieten Schwangerschaft, Geburt und Abtreibung fort. Währenddessen wurde aus der Erforschung von Geschlechtsbeziehungen eine wissenschaftliche Mode. Vernünftig wirkende Gelehrte erfragten mit ausgeklügelten Methoden, daß Männer sich mehr für Abenteuer, Sport und Business, Frauen sich mehr für häusliche und ästhetische Dinge interessieren. Besonders die Collegebevölkerung wurde seit Kinsey über Jahrzehnte hinweg stets neuen Analysen unterzogen, die Auskunft geben sollten über das Sexualverhalten von Schülern und Studenten, die sich als Probanden schon deswegen anboten, weil sie auf dem Campus in unmittelbarer Nähe der Professoren lebten. Bis in die siebziger Jahre hinein sind in einzelne Projekte dieser Art Hunderttausende von Dollars aus öffentlichen und privaten Quellen geflossen. Manche dieser Studien fielen hinter das von Kinsey Erreichte zurück, weil sie sich auf das Abfragen normativer Erwartungen beschränkten. Ritterlichkeit, so behauptete ein Forscher, sei fest verankert in der Kultur, weil 89 Prozent der »boys« bei einem Rendezvous sich eigenen Angaben zufolge nicht über etwaige Bedenken der »girls« hinwegsetzten.[14]

Die Sozialwissenschaft hat viel Energie und Geld einem Phänomen gewidmet, das unter der Bezeichnung *dating* zu einem festen Begriff in der Gesellschaft geworden ist.[15] Amerikanische Eltern ermutigen, anders als Europäer, zu Begegnungen mit dem anderen Geschlecht, weil sie sich dadurch auch einen Effekt auf die Erziehung der Kinder zu sozialen Wesen versprechen. Das Durchschnittsalter beim ersten Rendezvous liegt für beide Geschlechter bei 14 Jahren; es gibt aber auch Kinder, die sich als Elfjährige zum erstenmal verabredeten. Das Lehrbuch unterscheidet verschiedene Stufen. Beim *casual dating* in sehr jungen Jahren konzentriert sich der Partner ganz auf sich selbst. Er will ergründen, wie er auf das andere Geschlecht reagiert. In der Phase des *random dating*, auch *playing the field* genannt, hat sich der Partner auf aktive Suche begeben. Er will jetzt testen, ob sein Gegenüber zu ihm paßt und versucht, gleichsam durch *hit-and-miss* die empirische Basis zu verbreitern. Beim *steady dating* oder *serious dating* werden bereits Heiratsabsichten geäußert. Eigentümlich mutet den Europäern an, daß Verabredungen mit wechselnden Partnern selbst innerhalb engster Zeiträume sozial gebilligt werden, manchmal sogar am gleichen Abend mit einem *late date*. In anderen Kulturen würde diese Praxis als promisk ausgelegt werden, hier wird sie analog zum *shopping around* als Chance begriffen, des besten Angebots habhaft zu werden. *Trial-and-error* reduziert Mißgriffe, die Zeit der Prüfung verkürzt sich, das von dritten arrangierte *blind date* maximiert die Wahlmöglichkeiten. Zwanglos geht man miteinander aus, gibt bei Nichtgefallen die Person an der Haustür wieder ab, die sich ab da als »back in circulation« betrachten darf.[16]

Dem männlichen Partner fällt die Rolle des Aggressors zu. Er muß versuchen, möglichst weit zu gehen, aber die von der Frau erwartete Ablehnung respektieren, »before things go too far«. Als Mittelweg zwischen biologischem Trieb und herrschendem Moralkodex dürfen auf der ersten Stufe des *necking* Zärtlichkeiten ausgetauscht werden, die bis zum Hals reichen. Beim *petting* werden andere Körperzonen stimuliert, die aber erst beim *heavy petting* bis oder nahe zum Orgasmus führen. Eine Partnerin, die *heavy petting* erlaubt, gerät als *technical virgin* in leichten Verruf. Kinsey hatte sich verpflichtet gefühlt, einen breiten kulturhistorischen Hintergrund für die Praxis des *petting* aufzuweisen, das variantenreich bei Aristophanes und Theokrit, bei Plautus und Catull, bei Horaz und Ovid beschrieben wird: keineswegs ein Zeichen von Kulturverfall, wollte Kinsey damit sagen. Seine Epigonen haben mit beachtlicher Energie herausfinden wollen, was sich genau bei einem *date* zwischen Schüler und Schülerin, zwischen Student und Studentin abspielt. *Dating* ist von einer Aura des Romantischen umgeben, obwohl die Frage des Gib und Nimm auf recht nüchterne Weise gelöst wird. Margaret Mead hat die Konstellation so charakterisiert: Der Partner gibt vor, bei Frauen so beliebt zu sein, daß er praktisch alles verlangen kann. Die Partnerin erweckt den Eindruck, bei Männern so gefragt zu sein, daß sie nichts zu geben braucht. Ein Schlaglicht auf die rationale, ökonomische Seite des Rendezvous hat die Mutter des Satirikers Paul Krassner geworfen, als sie sich an die *dates* ihrer Jugend erinnerte: »A guy buys you a malted and then tries to squeeze it out of you.«*[17]

Pinning leitet sich von den *fraternity pins* her, den Anstecknadeln der studentischen Verbindungen, die man der Liebsten gibt. Sie signalisieren den Status des

* Etwa: »Erst kauft dir der Kerl einen Milchshake, dann preßt er ihn möglichst wieder aus dir raus.«

going steady, des *formally engaged* oder wenigstens des *engaged to be engaged*. Ein Drittel der Männer und die Hälfte der Frauen lösen ihre Verlobung wieder. *Going steady* ist nicht so permanent gemeint, wie es klingt, und dauerte einer Umfrage zufolge in vier von zehn Fällen weniger als zwei Wochen, in jedem zehnten Fall sogar weniger als eine Woche. Wer in eine andere Stadt zieht, kann das Spiel von neuem beginnen und sich von losen zu festeren Rendezvousformen vorarbeiten.[18]

Das durchschnittliche Heiratsalter der Frauen lag in den fünfziger Jahren bei 20, das der Männer bei 23 Jahren und war damit seit 1890 um zwei bis drei Jahre gesunken. Nur zehn Prozent der Ehen blieben kinderlos. In den westlichen Staaten gab es mehr Männer als Frauen, im urbanisierten Ostteil des Landes war das Verhältnis umgekehrt. Den höchsten weiblichen Bevölkerungsanteil hatte die Bundeshauptstadt Washington zu verzeichnen. An den Colleges und Universitäten des Landes waren meist doppelt so viele Studentinnen wie Studenten eingeschrieben.

Die illustrierten Frauenzeitschriften versorgten ihre Leserinnen in regelmäßigen Abständen mit Tips, wie sie am besten einen Mann ergattern könnten. »Die Kirche ist auch ein guter Platz, um einen Mann zu treffen«, schrieb das *Ladies' Home Journal*. »Tragen Sie in solchen Fällen keine Handschuhe ... Ihre linke Hand muß sichtbar sein, damit er sehen kann, daß Sie keinen Ring tragen ...[19] Ratgeber zur stilgerechten Durchführung einer Hochzeit erlebten zahlreiche Auflagen. Ein Lehrbuch informierte die Braut über die Möglichkeit, sich vor der Hochzeitsnacht das Hymen dehnen zu lassen, warnte aber vor falschen Schlußfolgerungen, die der Bräutigam daraus ziehen könnte. Der Wahl des Partners, riet Ruth Cavan, die Verfasserin dieses Lehrbuchs, solle man mindestens ebensoviel Sorgfalt widmen wie der Wahl eines Berufes oder eines Hauses. Am besten sei es, sich innerhalb der eigenen sozialen Gruppe zu verehelichen. Das arme Mädchen, das einen reichen Mann heiraten will, müsse gewahr sein, als »Goldgräberin« oder »Cinderella« zu gelten. Jede soziale Klasse stelle eine Welt für sich dar, in der unterschiedliche Vorstellungen über Umgangsformen, Satzbau, Kindererziehung und Geldausgaben herrschten. Paare aus derselben Klasse würden in der Ehe glücklicher als Partner, die ein oder gar zwei Klassen auseinanderlagen. Eine Tabelle mit Prozentzahlen verdeutlichte auf die Dezimalstelle genau das mit sozialen Mischehen verbundene Elend. Von rassischen und religiösen Mischehen wurde ebenfalls abgeraten. Ein Katholik, der einen Andersgläubigen begehrte, mußte vor der Ehe ein Revers unterschreiben und sich verpflichten, alles zu tun, den Partner zum katholischen Glauben zu führen. Die Zahl jüdisch-christlicher Ehen blieb gering. Für den orthodoxen und den konservativen Zweig des Judentums existierten solche Verbindungen nicht.[20]

Susan B. Anthony, eine Großnichte der berühmten Feministin, hatte in ihrem Buch *Out of the Kitchen and Into the War* (1943) darüber Klage geführt, daß

Frauen nicht einmal an ihren Arbeitsplätzen in der Rüstungsindustrie gleich behandelt würden. Nach Kriegsende wurde erneut der Versuch unternommen, berufstätige Frauen in die Küche zurückzuzwingen und Platz für die heimkehrenden Soldaten zu schaffen. Die Dekanin des exklusiven Barnard College erklärte in der *New York Times,* Frauen seien körperlich und nervlich schwächer konstituiert als Männer und stellten im mittleren Alter keine konkurrenzfähigen Arbeitskräfte mehr dar. Aber diesmal hielten die Frauen ihre Position, 40 Prozent waren erwerbstätig, Hausfrauen nicht gerechnet. Der weibliche Anteil in akademischen Berufen blieb allerdings wesentlich geringer als in anderen Industrieländern. Mit recht gemischten Gefühlen beäugte man die erste Astronautin, die aus der Sowjetunion kam.

Unter Truman und Eisenhower herrschte wenig Bewegung in der Frauenemanzipation. Das änderte sich erst gegen Ende des Jahrzehnts. Bis dahin hatte die Sache der Frauen gegenüber den dreißiger Jahren empfindliche Rückschläge erlitten. Die Zeitschrift *McCall's* enthielt im Juli 1960 mit wenigen Ausnahmen Artikel, die mit der Rolle der Frau als Mutter, Hausfrau und Verführerin zu tun hatten. Betty Friedan gewann in ihrer Analyse zur *Feminine Mystique* (1963) den Eindruck, Frauen seien in den fünfziger Jahren wiederum auf passive Feminität und auf ein glückliches Hausfrauendasein festgelegt worden. Die Frage »Are you happy?« wurde seltsamerweise Frauen öfter gestellt als Männern. Massenillustrierte sagten erfolgreichen Akademikerinnen überdurchschnittlich viele Probleme nach. Selbst prominente Figuren wie die Dichterin Edna St. Vincent Millay wurde vom *Ladies' Home Journal* unter dem Titel »Poet's Kitchen« ins Hausfrauenstereotyp gepreßt, und nicht ganz zufällig erschien eine Biographie über Emily Dickinson in der Serie *American Men of Letters.* Die Schuld für diese Entwicklung sah Betty Friedan bei Freud und seinen Epigonen, bei den funktionalistischen Soziologen und bei der Kulturanthropologin Margaret Mead, die in eine biologischen Determinismus zurückgefallen sei. Der Frau werde ein geschichtsloses Leben abverlangt, meinte Friedan, das in seiner monotonen Tagtäglichkeit mehr der Existenz eines Tieres gleiche.[20]

Die »Flucht in die Mutterschaft« oder der »Rückzug in die Fruchtbarkeit« war ein verbreitetes Phänomen der fünfziger Jahre. Zwischen 1940 und 1960 verdoppelte sich die Geburtenrate von dritten, vervierfachte sich die Rate von vierten Kindern. Erst nach diesem »Babyboom« sank die Kinderzahl auf den »replacement level« von zwei Kindern pro Familie. In Büchern zur Sexualaufklärung stand zu lesen, daß Kinder normaler Bestandteil der Ehe seien und daß außerehelichen Abenteuern zum Trotz die vollen Möglichkeiten einer Sexualbeziehung erst im Rahmen einer Ehe ausgeschöpft werden könnten. Eine kalifornische Gemeinde wollte Tarzanbücher aus der Volksschulbücherei verbannen, weil Tarzan und Jane offenbar unverheiratet waren. Hatten radikale Autoren dem weiblichen Geschlecht in den dreißiger Jahren eine vielversprechende Zukunft und das

Entstehen eines neuen Frauentyps à la UdSSR prophezeit, so sah man sich jetzt mit einem Frauenbild konfrontiert, das vor lauter Traditionsbeladenheit reif für die Karikatur war. Die Rektorin des Mills College in Kalifornien stellte die Fertigung einer baskischen Paella über die Lektüre von Kant und Hegel.[22]

»Most people are happy in marriage« behauptete die Verfasserin eines Eheberatungsbuches, aber das war nun doch stark übertrieben. Niemand konnte ernsthaft leugnen, daß die Scheidungsraten seit langem anstiegen und sich seit der Mitte des 19. Jahrhunderts versiebenfacht hatten. Die höchsten Quoten wiesen der Westen und Teile des Südens auf, die niedrigsten der Osten und der Mittelwesten. Dies lag zum Teil an der Spezialität der *migratory divorces,* das heißt, viele Paare ließen sich in Arkansas, Wyoming, Florida, Nevada, Alabama oder auf den Virgin Islands scheiden, weil dort die Bestimmungen liberal gehandhabt und im Konkurrenzkampf mit benachbarten Staaten noch weiter gelockert wurden. Jede dritte New Yorker Ehe ist 1950 in einem Scheidungsparadies geschieden worden. Die Interessen von Mann, Frau und Kindern wurden bei der *migratory divorce* nur unzureichend abgedeckt. Das Gefälle zwischen Staaten mit laxen und strikten Scheidungsgesetzen geriet zu einem Geschäft, bei dem menschliche und soziale Aspekte ins Hintertreffen kamen. Die Verfassung schrieb den einzelnen Bundesstaaten vor, ihre jeweiligen Gesetze und Urteile gegenseitig anzuerkennen. In der Praxis freilich hatte ein Bundesstaat die Rechtsprechung eines anderen Bundesstaates nur dann zu respektieren, wenn er der Ansicht war, daß dieser Bundesstaat die Jurisdiktion in einem bestimmten Fall besaß. So sind Scheidungsbeschlüsse oft genug als ungültig betrachtet worden. In Nevada ausgesprochene Scheidungen wurden außerhalb Nevadas manchmal anerkannt, manchmal nicht, ohne daß eine Logik, ein System in den richterlichen Entscheidungen auszumachen gewesen wäre. Bürger kamen wegen Bigamie ins Gefängnis, so meinte ein Kritiker des Scheidungsrechts, weil sie keine hellseherischen Gaben hätten und nicht voraussagen könnten, ob ein höheres Gericht ihre Scheidungsurkunde anzuerkennen geruhte. Zur Behebung dieses Mißstandes hatte der Oberste Bundesrichter William Douglas im Fall *Estin* (1948) das Prinzip der *divisible divorce,* der teilbaren Scheidung, entwickelt. Unter diesem Prinzip wurde der Familienstand anerkannt, eine etwaige Unterhaltsverpflichtung oder das Sorgerecht für Kinder konnte jedoch neu eingeklagt werden. Dadurch wurde die Verwirrung noch größer, denn Geschiedene, die in mehr als einem Staat gelebt hatten, wußten oft nicht mehr, ob ihnen ihre Kinder oder ihr Einkommen noch gehörten, ob sie ein Gesetz verletzt hatten oder nicht.

Am leichtesten konnten sich Prominente und Begüterte scheiden lassen. Ein bekannter Schlagersänger besorgte sich 1954 ein Engagement in Las Vegas, ließ sich dort von einer Filmschauspielerin scheiden und heiratete drei Stunden später eine andere. Namenlose Bürger, besonders, wenn sie aus dem Staat New York stammten, mußten mit mehr Komplikationen und höheren Ausgaben rechnen.

Eine Möglichkeit bestand darin, die Kosten für 42 Tage Las Vegas aufzubringen und obendrein einen teuren Anwalt zu entlohnen. Oder sich mit einer eigens dafür bezahlten Partnerin in ein Hotelbett zu legen und vor dem hereinplatzenden Ehepartner und der Kamera des begleitenden Detektivs den Ertappten zu spielen. Wer diese Scharade nicht mitmachen wollte, konnte darauf beharren, er sei vor der Heirat vom Partner grob getäuscht worden. Dann konnte die Ehe, etwa wegen Trunksucht, vielleicht annulliert werden. Manchen Partnern blieb nichts anderes übrig, als sich zu trennen und an einem anderen Ort mit einem neuen Partner einfach als Mann und Frau aufzutreten. Ehen ohne voreheliche Schwangerschaft und mit längerer Verlobungszeit stellten sich als haltbarer heraus. In den Vorstädten wurde eine geplante Scheidung aber oft aus Rücksicht auf die Nachbarn nur bis zum nächsten Umzug aufgeschoben. Obwohl Gesetzgeber und Gerichte es so nicht wollten: Die Scheidung verlor den Charakter einer endgültigen Katastrophe. Das Recht aufs Experimentieren wurde über die Phase des *dating* hinaus verlängert, Liebe und Ehe als ein »andauerndes Streben« begriffen.[23]

In alten Kulturen war vor einer Eheschließung die gegenseitige Anziehung von Mann und Frau oft nicht wichtiger als Sanktionen und Handreichungen von Familie und Gesellschaft. Die Amerikaner hingen deswegen so leidenschaftlich und wider reale Erfahrungen ihrer Vorstellung von »romantischer Liebe« an, weil sie die einzige, gesellschaftlich gebilligte Fluchtmöglichkeit »aus dem eisernen Gefängnis des Individualismus« bot. Der Mann durfte sich in Amerika seiner Männlichkeit nie ganz gewiß sein, er mußte, um Mann zu bleiben, immer wieder Siege über seine Umwelt und über das andere Geschlecht davontragen, schrieb Margaret Mead in *Male and Female* (1949). Erfolg machte den Mann sexuell attraktiver, bei der Frau war es umgekehrt. Das Thema Sexualität wurde aus Gewohnheit von anderen Lebensbereichen separiert und überschattete sie doch alle.[24]

Pearl S. Buck hat in der Nachkriegszeit ihre Landsleute als gefühlsarm, selbstherrlich und übermäßig individualistisch kritisiert. Weil zwischenmenschliche Beziehungen und die Bereitschaft zur Gegenseitigkeit nicht die Stärke des Amerikaners seien, fehle eine Grundvoraussetzung für eine gute Ehe. Schwarze Frauen und Ausländerinnen hob sie vorteilhaft von der als träge und willfährig beschriebenen weißen Amerikanerin ab, die ihren Mann als Versorgungsinstitut betrachte, sich hinter einem dünnen Firnis von Kultur verstecke und der jeweils neuesten Mode nachliefe. Die Frau mußte ihre eigene Identität bewahren, ihre eigene Seele finden, sonst würde die Beziehung zwischen den Geschlechtern in die Brüche gehen. Betty Friedan, ebenfalls unzufrieden mit der weiblichen Rollenzuweisung, suchte Vorbilder, knüpfte bei Ibsens Nora an und bei Margaret Fuller, die – ganz amerikanisch – Wachstum ins Zentrum ihres Denkens gestellt und sich geweigert hatte, eine statische Rolle zu übernehmen. Auf keinen Fall aber dürfe die Frau die Fortschritte, die sie zwischen den Kriegen erzielt hatte, vergessen oder verdrängen.[25]

Hollywood schien die gewohnten Geschlechterrollen abzuspulen. Die Filme der Zeit sind voller eifriger Weibchen, die hinter widerstrebenden Junggesellen herjagen. »Ein Beruf ist was Schönes«, sagt eine Frau in *The Tender Trap* (1955), »aber kein Ersatz für die Ehe«. Männer empfinden die Ehe als Hemmschuh, als Abschied vom Abenteuer. Durch Kinder wird der Mann – wie in *The Desperate Hour* (1955) – abhängig und angreifbar. Und doch zeichnete sich gerade im Hollywoodfilm eine Änderung ab. In *Some Like It Hot* (1959) experimentieren Jack Lemmon und Tony Curtis mit Frauenrollen. Audrey Hepburn und Jean Simmons werden ohne die übertriebene Zurschaustellung weiblicher Geschlechtsmerkmale zu begehrten Stars.[26] Auch in der illustrierten Presse findet sich hie und da ein Wunsch nach neuen Rollendefinitionen. Die Zeitschrift *McCall's* meinte 1954 unter dem Stichwort »togetherness«, Männer sollten mehr Hausarbeit leisten und den Frauen größeren Spielraum geben.

Von Kalifornien aus empfahl Herbert Marcuse eine »Erotisierung der Beziehungen«. Noch waren Bikinis an neuenglischen Badestränden unerwünscht, doch die sexuelle Verstohlenheit schwand dahin, und mancher glaubte, daß der »pursuit of happiness« auf sexuellem Gebiet bald so ungeniert betrieben werden durfte wie auf materiellem. Das Medikament Enovid avancierte zur Pille schlechthin. Die Angst vor unvermuteter Berührung hielt sich am längsten. »Look, but don't touch« lautete die Parole in den als Sensation begrüßten Playboyclubs. In den Peepshows gehört die gläserne Trennscheibe gewissermaßen zum Geschäftsprinzip. Während die Sexualforscher William Masters und Patricia Johnson die monogame, zweigeschlechtliche Beziehung in historischer Verkürzung als kulturelle Konstante vorstellten, experimentierten betont bürgerliche Amerikaner schon mit offener Ehe, Partnertausch auf Clubebene und Gruppensex.[27]

Eine sexuelle Revolution fand landesweit nicht statt, aber markante Einstellungsveränderungen gegenüber Frauenrollen und Sexualmoral. Eine Generation nach Kinsey glaubte nur noch eine Minderheit, daß unverheiratete Frauen krank oder neurotisch sind und daß dem vorehelichen Geschlechtsverkehr etwas Unmoralisches anhaftet. Norm und Verhalten hatten sich einander angenähert.[28]

XV. Kapitel

INTELLEKTUELLE UND IHRE GEGNER

»Die Intelligentsia ist die Membran der Gesellschaft« hatte Arthur Koestler während des Krieges in der *Partisan Review* geschrieben, aber wem in Amerika diese Ehre zufiel, war nicht so ohne weiteres zu erkennen. Reinhold Niebuhr zählte zu den Intellektuellen die »artikulierten Mitglieder der Gemeinschaft«, vor allem solche, die sich von Berufs wegen im Bildungswesen und in der Kirche, im Journalismus und in der Kunst zu Wort meldeten, nicht aber die »men of affairs« in Politik und Wirtschaft. Ob die Intellektuellen funktionell eine geschlossene Gruppe bildeten, welche Aufgaben ihnen zufielen, welche Verdienste sie sich erworben hatten, war Gegenstand langwieriger Erörterungen und füllte oft die Existenz eines Intellektuellen aus: nachzudenken darüber, wozu er auf der Welt war.[1] Bertrand Russell verwahrte sich dagegen, ein Intellektueller genannt zu werden, den er als eine Person definierte, die weniger Intellekt besitzt als sie glaubt. Aber in den USA war die Diskussion um das Phänomen aus verschiedenen Gründen nicht zu stoppen.

Ein Ausdruck des allgemeinen Bildungshungers: die Buchproduktion hatte sich zwischen 1951 und 1962 verdoppelt. Ambitiöse Zeitschriftengründungen der Nachkriegszeit wie Dwight MacDonalds *Politics* oder Irving Howes *Dissent* belebten die intellektuelle Szene. Mehr als 1500 Colleges und Universitäten entließen Jahr für Jahr ihre Absolventen, in Großbritannien waren es gerade 15 Universitäten, in der Bundesrepublik weniger als 20. An den 40 New Yorker Hochschulen unterrichteten 20000 Personen, die Columbia-University beschäftigte nicht weniger als 60 vollbezahlte Historiker. New York brüstete sich, die meisten Intellektuellen zu beherbergen und als »intellektuelle Hauptstadt« der Vereinigten Staaten dazustehen. New Yorks Intellektuellenkreise waren in sich abgeschlossen, man mied den Kontakt mit verwandten Zirkeln und ließ, anders als in London, branchenfremde Rechtsanwälte, Unternehmer oder Politiker nicht zu.

Deutsche und österreichische Juden gruppierten sich um die Zeitschriften *Partisan Review* und *Commentary* und bevölkerten die Fakultäten in den Fächern Germanistik, Romanistik, Kunst, Politik- und Wirtschaftswissenschaft. Der elegante englische Prosastil früherer Jahre ging dabei verloren, beobachtete der Franzose Henri Peyre, der eine Mischung aus amerikanischem Empirizismus, deutscher Sachlichkeit, Fußnotenvernarrtheit und Spekulationswut heraufziehen sah.[2]

Robert Oppenheimer am Institute for Advanced Study in Princeton, fotografiert von Alfred Eisenstaedt

Die »Entfremdung« des Intellektuellen von seiner Gesellschaft wurde zu einem der meistdiskutierten Themen der Zeit. Es gehörte fast zum guten Ton, sich mit Ezra Pounds Zeilen »O helpless few in my country / O remnant enslaved« zu identifizieren, selbst wenn hinter der angeblichen Entfremdung oft nichts anderes stand als Gewöhnung und Überdruß. Kulturanthropologen wiesen wie zum Trost darauf hin, daß man sogar in primitiven Kulturen den Typus des Normabweichlers kannte, der sich einer »unmöglichen Welt« entfremdet hatte. Irving Howe machte auf die »double alienation« intellektueller Juden aufmerksam, die ihrer Zeit und ihrem jüdischen Hintergrund entfremdet waren.[3]

Intellektuelle der naturwissenschaftlichen Fächer durften sich weniger entfremdet fühlen. Zum einen akzeptierten Amerikaner eine breite Palette von Behauptungen unbesehen, solange sie mit dem Etikett »scientific« im Sinne von naturwissenschaftlich versehen waren. Die induktive Methode kam dem Laienverständnis entgegen, und Sozialwissenschaftler gaben sich redlich Mühe, ebenso »exakt« zu arbeiten wie ihre naturwissenschaftlichen Kollegen. Zum anderen ließen sich epochale Erfolge der Naturwissenschaftler, zum Beispiel in der Medizin, nicht anzweifeln. Jonas Salk entwickelte 1953 einen wirksamen Impfstoff gegen Kinderlähmung. Politisch gesehen bildeten die Naturwissenschaftler keinen monolithischen Block. Physiker neigten dazu, liberale oder radikale Positionen einzunehmen, etwa im *Bulletin of the Atomic Scientists.* Ingenieure tendierten zum Konservativismus, und Chemiker gravitierten zum Zentrum. Liberale Intellektuelle grenzten sich sorgsam nach links und rechts ab. Der nach wie vor hochangesehene Publizist Walter Lippmann erstellte eine Liste konterrevolutionärer Gruppen, nämlich sowjetische Kommunisten, italienische Faschisten, deutsche Nazis, spanische Falangisten, portugiesische Korporatisten sowie Titoisten und Peronisten. Ferner achtete Lippmann darauf, als Liberaler nicht mit Populisten verwechselt zu werden; es gehe heute darum, persönliche Freiheit gegen den Druck der »Massen« zu verteidigen; die Mehrheit der Wähler drücke längst nicht das öffentliche Interesse aus, dazu seien die Menschen zu wenig klarsichtig, rational und altruistisch. In diesem Punkt hatte sich Lippmann bereits den Konservativen genähert, die zur Erklärung eines Phänomens die Menschennatur heranzogen, wo der Liberale zuerst nach den Umweltbedingungen fragte.[4]

Die Wortbedeutung von »liberal« hatte sich seit 1940 zunehmend verwischt, nachdem der Begriff bis dahin die progressiven Fraktionen innerhalb der beiden großen Parteien markiert hatte. Mitunter wurde jeder, der nicht konservativ war, liberal genannt. Zeitungsredakteure hielten den Unterschied zwischen »liberal« und »radikal« nicht sklavisch ein und verwendeten auch das kürzere »red«, wenn es besser in die Schlagzeile paßte. Der Liberale befürwortete statt laissez-faire den Sozial- und Wohlfahrtsstaat und hielt den Bund für verpflichtet, Krankenversorgung, Erziehungswesen, Slumbereinigung und Städteplanung gesetzlich zu regeln. Er trat für einen aktiven Internationalismus durch Auslandshilfe und Mitarbeit bei den Vereinten Nationen ein. Die großen Wirtschaftskonzerne waren seiner Ansicht nach staatlicher Kontrolle zu unterwerfen. Das Grundprinzip des Konservativen lautete »America first«. Sein Nationalismus verlangte nach einer Politik der Stärke, nach Föderalismus statt Zentralismus, nach individuellem Wettbewerb anstelle von Versorgungsdenken, nach einer unkontrollierten, freien Wirtschaft. Der Staat, den die Konservativen wollten, gehörte der Vergangenheit an. Trotzdem schien eine beruhigende Wirkung von dem Begriff »konservativ« auszugehen, zumal Präsident Eisenhower höchstpersönlich dazu aufgefordert hatte, die Verwendung dieses Wortes nicht zu scheuen.[5]

Profilierte Radikale aus der »Roten Dekade« wechselten die Richtung. Der ehemals sowjetfreundliche Edmund Wilson konnte sich nun nicht genug darin tun, die politische und künstlerische Spitzenstellung der USA herauszustreichen. Der engagierte Kommunist Granville Hicks erging sich plötzlich in Lobpreisungen der amerikanischen Demokratie und ihrer sozialen Errungenschaften. Die vormaligen Kommunisten, Sozialisten oder Trotzkisten Max Eastman, James Burnham, Suzanne LaFollette und William S. Schlamm bekannten sich zum Konservativismus, der Russell Kirk zufolge aus einem sechsteiligen Kanon bestand: dem Glauben an Gott, an die Vielfalt alles Lebendigen, an die Notwendigkeit sozialer Klassen, an die Einheit von Besitz und Freiheit, an die Beherrschung des Willens und an den Unterschied zwischen Wandel und Reform. Betrachtete man die schriftlichen und mündlichen Äußerungen von Intellektuellen wie Whittaker Chambers, Henry Hazlitt, Milton Friedman, Peter Drucker, Sidney Hook oder William F. Buckley, so konnte man den Eindruck gewinnen, daß sie ihrer Gesellschaft gar nicht entfremdet waren, sondern im Gegenteil konform gingen mit der politischen Hauptströmung. Die Möglichkeiten, als Häretiker aufzutreten, hatten sich verengt, das Zeitalter des Konformismus schien angebrochen. Intellektuelle wurden wie nie zuvor von der institutionalisierten Welt übernommen, vom Regierungsapparat, von Colleges, von den großen Zeitschriften. Es wirkte symbolhaft, daß ein Teil des alten Radikalenviertels Greenwich Village saniert und in eine Wohnmaschine für die obere Mittelklasse umgewandelt wurde. Unerklärt blieb, warum amerikanische Intellektuelle überhaupt je extrem linke Ansichten vertreten und warum nicht weniger als 165 von ihnen ausgerechnet in der Woche des Hitler-Stalin-Pakts ein prokommunistisches Manifest unterschrieben hatten. Zu erklären blieb ferner, warum sie jetzt Positionen vertraten, die sie jahrelang bekämpft hatten. Manche glaubten, Reformbewegungen hätten schon immer besonders labile Persönlichkeiten angezogen, andere nannten den Neid auf Erfolg als der Radikalen Motiv, das entfalle, sobald sich der eigene Erfolg einstellt.[6]

Standhaft blieb der Kommunistenführer William Z. Foster. Er führte die wirtschaftliche Hochkonjunktur auf das blutige Stimulans des Koreakriegs zurück: »Das amerikanische Wirtschaftssystem ist unheilbar krank – es fault vom Herzen her. Die Abhängigkeit von der Rüstungsindustrie offenbart seine grundsätzliche Schwäche.« Der radikale Autor C. Wright Mills weigerte sich, einer Zeitschriftenredaktion beizutreten und dadurch vielleicht auf dem Kompromißwege gefügig gemacht zu werden. Seine gegen das Establishment gerichteten Werke *White Collar* (1951) und *The Power Elite* (1956) haben die Studentenrevolte und den Vietnamprotest überdauert und sind in Radikalenkreisen noch lange als gültige Analysen betrachtet worden. Zu Hochschulen hatten marxistisch orientierte Denker keinen Zugang. Paul Sweezy wollte Mitte der fünfziger Jahre bei der fortschrittlichen *New School of Social Research* unterkommen und mußte vom Direktor der Anstalt, einem Verfolgten des Naziregimes, mit Bedauern abgelehnt werden.[7]

Das Fach Psychologie stieß auf ein nie dagewesenes Interesse. Im akademischen Jahr 1951/52 wurden in den Geistes- und Sozialwissenschaften 2328 Ph.D.-Titel vergeben, davon 450 oder 23 Prozent in Psychologie, gefolgt von Geschichte mit 17 Prozent, Englisch mit 12 Prozent, Wirtschaftswissenschaften mit zehn Prozent und schließlich Philosophie mit vier Prozent. Den Aufschwung, den ihr Fach genommen hatte, erklärten Psychologen damit, daß andere Sparten dem Menschen bisher nicht zu lehren vermochten, wie man ohne Angst und Frust leben kann. Während des Krieges hatten Psychologen auf dem Propagandasektor zum »survival« der Nation beigetragen und dadurch dem Fach Aufmerksamkeit und Ansehen verschafft. Die Affinität zur Evolutionstheorie, der funktionelle, aus dem Pragmatismus herleitbare Aspekt und die praktische Bedeutung der psychologischen Tests haben die angloamerikanische Psychologie geprägt, deren empirische, rationalistische Tradition bis zu John Locke zurückreichte und sich wiederfand im Assoziationismus, Environmentalismus, im Stimulus-Response-Schema, in der Tierpsychologie, in der genetischen Psychologie, im Positivismus, im Operationalismus und in mathematischen Modellen. Die Frage, was dem Organismus zustößt, wurde für wichtiger gehalten als was der Organismus ist oder von ihm ausgeht wie in der Gestaltpsychologie. Die Vorstellung von der *tabula rasa,* einem »leeren Organismus«, der quasi aufgefüllt werden konnte, kam zumindest unterschwellig dem kulturell verwurzelten Amerikanisierungswunsch entgegen. Dieser Gedanke kam tendenziell selbst bei den Psychologen zum Tragen, die von etwas »Gegebenem« im Menschen ausgingen. Die Persönlichkeit entstehe nicht ausschließlich dadurch, daß sie äußeren Reizen ausgesetzt wird, sagte Gordon Allport, sondern aus einer Disposition, die eigenen Möglichkeiten zu realisieren. Die Kindheit markiere keineswegs das Ende der wesentlichen Entwicklung, nur könnten frühe Festlegungen spätere Entwicklungsmöglichkeiten – »free to become« – blokkieren.[8]

In den USA gab es, auf die Bevölkerungszahl relativiert, etwa 50 Prozent mehr Psychiater als in Deutschland. Im *National Mental Health Act* (1946) hatte der Bund Zuschüsse für den Psychiaternachwuchs bereitgestellt. Behandelt wurden vorwiegend Neurosen. Seit den Nachkriegsjahren fanden sich unter psychiatrischer Leitung und in entspannter Atmosphäre Gruppen von 7 bis 10 Personen zu therapeutischen Sitzungen zusammen. Die Gruppentherapie erleichterte die soziale Anpassung, löste akute persönliche Konflikte und erwies sich als besonders hilfreich bei Angstneurosen, weniger bei Zwangsneurosen. Dem Selbstlob nicht abhold, stellten Psychiater heraus, wie sie mit ihrer Tätigkeit nicht bloß die Intellektuellengemeinde zu mehr Glück, sondern der ganzen Menschheit zu größerem Wohlbefinden verholfen habe. Die Grenzen zwischen Psychiatrie, Psychologie und Psychoanalyse waren durchlässig, es sei denn an konservativen Hochschulen. In Harvard quittierte ein Psychologe das Ansinnen, den Psychoanalytiker Erik Erikson zu berufen, mit der Bemerkung »Psychoanalysis? Why not

Christian Science?«. Erikson, der einen deutschen Akzent und kein rechtes Diplom hatte, war 1933 nach Amerika gegangen, weil er sich in Wien eingesperrt fühlte. Seine Kommentare zur Kindererziehung, zur Rassenproblematik und zum Nationalcharakter gaben nicht nur seiner Disziplin wichtige Impulse.[9]

»Andere Leute sind das Problem, nicht die materielle Umwelt« schrieb David Riesman in der wohl meistzitierten sozialpsychologischen Studie der Nachkriegszeit. Unter dem geschickt gewählten Titel *The Lonely Crowd* (1950) oder *Die einsame Masse* brachte Riesman die Bevölkerungsentwicklung und andere Faktoren mit der Entstehung vorherrschender sozialer Typen zusammen. Bei sinkenden Bevölkerungszahlen sei nach dem traditionsgeleiteten und dem innengeleiteten Typ der außengeleitete Typ entstanden *(tradition-directedness, inner-directedness, other-directedness).* Der letztgenannte Typ orientiere sich weder an herkömmlichen Wertmaßstäben, noch höre er auf seine eigene Stimme, er sei vielmehr abhängig von den Meinungen, Wünschen und Erwartungen anderer und von den Einflüsterungen der Medien. Seine Wettbewerbsenergie richte er nicht mehr auf die Produktion, sondern auf die möglichst umfängliche Billigung durch seine Umwelt. Individualismus mache Konformismus Platz. Um von möglichst vielen akzeptiert oder geschätzt zu werden, durfte er Wettbewerbsdenken nicht mehr offen zur Schau tragen. Die andersgeleitete Person, schloß Riesman, »ist überall und nirgends zu Hause, sie ist fähig, mit jedermann eine rasche, wenn auch manchmal oberflächliche Vertraulichkeit herzustellen«. Eine großangelegte vergleichende Studie schien Riesmans Ergebnisse zu bestätigen, denn die Zahl der »social acts« war in der amerikanischen höher als in anderen Kulturen. Dagegen haben Kritiker Riesman das Recht bestritten, aus beobachtetem Sozialverhalten notwendig auf einen Übergang von *inner-direction* auf *other-direction* zu schließen. In Wirklichkeit sei Konformismus nur ein Nebeneffekt der altbekannten *self-reliance.* Ein Chinese käme dem außengeleiteten Typ viel näher, schrieb Francis Hsu. Riesmans Soziologenkollege S. M. Lipset behauptete, die außengeleitete Person sei keineswegs ein neues Phänomen, und zitierte einen englischen Schriftsteller, der schon vor langer Zeit zu einem Amerikaner gesagt hatte: »Wir haben bei weitem nicht so viel Angst voreinander wie ihr in den Staaten.« Norman Mailer warf Riesman in der sozialistischen Zeitschrift *Dissent* vor, er leugne die Existenz der Klassenherrschaft und erwecke den Eindruck, sämtliche Konflikte hätten sich in konformistischem Wohlgefallen aufgelöst. Riesman selbst sah sich in späteren Ausgaben der *Einsamen Masse* genötigt, Korrekturen anzubringen. Nach dem Babyboom der fünfziger Jahre spielte er den Bevölkerungsschwund als Verursacher herunter und rückte dafür wirtschaftliche Bedingungen, Urbanisierung und das Erziehungswesen in den Vordergrund.[10]

In einem Sammelband zu aktuellen philosophischen Problemen wurde ein Philosoph zwanglos als jemand definiert, der dem Amerikanischen Philosophenverband angehört. Unter dieser Voraussetzung nahm es nicht wunder, daß an gleicher Stelle der »Zustand der Ethik« in den Vereinigten Staaten als »gut« bezeichnet wurde, woran dem Leser bei näherem Hinsehen freilich Zweifel kamen. Vorbei die Zeiten, in denen der Mensch Moral und Ethik intuitiv oder als selbstevidente Einsicht begreifen konnte. Walter Lippmann erinnerte in *The Good Society* (1950) oder *The Public Philosophy* (1955) noch an die ältere Auffassung, indem er die Unverletzlichkeit der Person zur axiomatischen Wahrheit oder zur intuitiv erfaßbaren Norm erklärte. Der Philosoph Paul Weiss nahm den Emotivismus von C. L. Stevenson, den Naturalismus von C. I. Lewis und die Gleichsetzung des »Guten« mit dem »Wünschenswerten« unter Beschuß. In der positivistisch bestimmten Rechtsprechung hatte sich die Meinung durchgesetzt, Werte könnten auf wissenschaftlichem Wege nicht erkannt werden. Wer dieses Theorem wörtlich nahm und die von Morris Cohen wiederbelebte Naturrechtslehre ablehnte, mußte in letzter Instanz einen totalen Wertnihilismus einkalkulieren und im übrigen darauf hoffen, daß Recht und Gesetz bereits identisch waren. Ratsuchende Philosophen glaubten bei Ausflügen in die Kulturanthropologie feststellen zu können, daß ein Stamm wie die Navajo das »Gute« überhaupt nicht aktiv suchte, sondern höchstens danach trachtete, das »Böse« zu meiden. Erfahrene Kulturanthropologen widersprachen dem: der Navajo habe keine »Moral« im eigentlichen Sinn, vielmehr werde seine Kultur von einem »ethischen Egoismus« regiert.[11]

Die Apologeten des Systems erblickten in wirtschaftlicher Kapazitätsauslastung und optimaler Industrieproduktion die beste Garantie für menschliches Glück, intellektuelles Format und künstlerisches Niveau. Ökonomische Sicherheit und die Befriedigung vitaler Bedürfnisse würden die Verwirklichung »unendlicher Möglichkeiten« nach sich ziehen. Philosophische Gegner des Kapitalismus kritisierten die Businesswelt als kulturfeindlich, irrational und selbstzerstörerisch und warfen den Pragmatisten vor, durch ihr empirisch, individualistisch und opportunistisch orientiertes Denken den Kapitalisten und den Imperialisten Hand- und Spanndienste geleistet zu haben. Wer einseitig empirisch denkt, unterschlage die dialektische Beziehung zwischen Praxis und Theorie. Wer individualistisch und spontan angelegt ist, vernachlässige Planung, kollektive Aktion und eile nur immer von einem Krisenherd zum nächsten. Der Pragmatismus toleriere jedes Mittel, das zum Erfolg führt und sei daher von Grund auf prinzipienlos und unmoralisch.[12]

Charles Frankel sehnte sich nach mehr Spielraum für den ungebundenen Geist, der Denken nicht immer als Vorspiel zur Aktion begreifen muß. Aber die Frage nach der Nutzanwendung des Philosophierens beherrschte die aktuelle Diskussion. Als eine Art Neopragmatismus stellte sich die Situationsethik dar. Was »gut« ist, behaupteten Situationsethiker wie Joseph Fletcher, hängt von der jeweiligen konkreten Situation ab. Nach einem berühmt gewordenen Beispiel wird diese Art des ethischen Relativismus auch als Ethik im Rettungsboot angesprochen. Sie erlaubt, einen Insassen über Bord zu werfen, um das Leben der anderen zu retten.

»Indikativ plus Imperativ ergeben die Norm« lautete Fletchers Formel. Sidney Hook und andere Pragmatisten konnten diese Auffassung unterschreiben: Was in einer bestimmten Situation gut ist, kann in einem anderen Zusammenhang böse sein. Der Vatikan allerdings verwarf die »neue Moral«. In den sechziger Jahren hatte die Situationsethik einer von Wittgenstein und der Oxford-Schule inspirierten analytischen Ethik Platz gemacht, und nicht nur unter Philosophieprofessoren, sondern auch in der Persönlichkeits- und Verhaltensforschung.[13]

Die Philosophie des Existentialismus stieß in Nordamerika auf zahlreiche Einwände und Widerstände. Sartre habe übersehen, daß es sehr wohl Ursachen und Wirkungen gebe; gegen Jaspers und seine Auffassung von der unstrukturierten, fließenden Wirklichkeit spreche die konkrete Erfahrung von einer konstanten, zielgerichteten Bewegung; Berdiaeffs fragmentarische Anthropologie bleibe hinter einer brauchbaren Theorie der Natur zurück. Wer in der pragmatischen Denktradition stand, brachte wenig Verständnis dafür auf, daß Existentialisten die Leistungsfähigkeit des Pragmatismus unterschätzten, dessen weitgesteckte Grenzen und Explorationsmöglichkeiten. Sich in sein eigenes Selbst zurückzuziehen, sich innerer Verzweiflung zu überlassen, zuzugeben, daß man sich in einer Sackgasse befand und wie Sisyphos ein ewig währendes Martyrium vor sich hatte – das lief der amerikanischen Grunderwartung entgegen. Untätig, sich mit einer Situation abzufinden – »to be stuck with something« –, das widerstrebte der kollektiven Mentalität. Sartres »no exit« vermochten Amerikaner weniger leicht zu akzeptieren als Europäer. Wo der Existentialismus überhaupt Fuß faßte in Amerika, ist er weniger pessimistisch ausgefallen und manchmal sogar als Aufforderung mißverstanden worden, menschliche Freiheit intensiver zu nutzen. Paul Tillich hat erstaunt wahrgenommen, wie unerschütterlich Amerikaner auf eine Ethik des Wachstums schwörten und sich eine neue Existenz schufen, wenn die alte in die Brüche gegangen war.

Der Existentialismus hat keinen nachhaltigen Eindruck in der amerikanischen Kultur hinterlassen. Martin Heideggers *Sein und Zeit* (1927) ist erst 1964 ins Englische übersetzt worden. Die Phänomenologie Edmund Husserls erlebte um die Zeit des Zweiten Weltkriegs eine kurze Blüte in Amerika, doch blieb der Einfluß begrenzt. Amerikanische Philosophen neigten dazu, philosophische Erkenntnisse aus Europa erst in gut abgelagertem Zustand zu übernehmen. Kierkegaards Existentialphilosophie haben Philosophische Fakultäten erst beachtet, nachdem Theologen und Psychologen sich längst damit auseinandergesetzt hatten. Der englische Philosoph C. D. Broad warf seinen amerikanischen Kollegen vor, immer nur solche philosophische Konzepte aufzugreifen, die man in England schon ausrangiert hatte.[14]

Dies ließe sich auch von der Schule der Neoorthodoxen sagen, die sich schon seit den dreißiger Jahren von liberalen Ideen lösen wollte und dabei auf Gedankengut von Kierkegaard, Franz Overbeck, Miguel de Unamuno und anderen Europäern zurückgriff. Eine Fusion von existentialistischen Prinzipien und orthodoxen Glaubenselementen strebten Paul Tillich und Richard Niebuhr an. Der in Amerika geborene Richard Niebuhr, Professor an der Yale Divinity School, meinte, der institutionalisierte Liberalismus habe keine Chance mehr, das Königreich Gottes in Amerika herbeizuführen. Paul Tillich, ursprünglich mit einem sozialistischen Hintergrund ausgestattet, verlor 1933 seinen Lehrstuhl in Deutschland. Bis 1955 lehrte er am Union Theological Seminary zu New York, danach in Harvard. Offenbarung und Wirklichkeit sollten nach seiner »Methode der Korrelation« zusammengebracht werden, ewige Botschaft und aktuelle Befindlichkeit hatten Bezug zueinander, Eros und Agape waren nicht voneinander zu trennen. Der Mensch mußte sich selbst transzendieren, sagte Tillich, sonst bleibt er ein Gefangener der kapitalistischen Ethik, so sehr er ihr auch zu entrinnen trachtet. Tillichs »transmoralisches« Denken läßt Begriffe wie Wesen und Sein hinter sich und landet bei einer Instanz, die als »God beyond God« angesprochen wird.[15]

Reinhold Niebuhr vom Union Theological Seminary, der einflußreichste der neoorthodoxen Denker, hatte bereits in *Moral Man and Immoral Society* (1932) säkularisiertes Fortschrittsdenken attackiert. Das Glück des Menschen lasse sich nicht gewinnen, indem man möglichst günstige Umweltbedingungen schafft. Grundlage der Demokratie müsse der christliche Glaube sein. Angewandtes Christentum kann die Menschenrechte garantieren, das Recht auf Besitz gültig definieren, links- und rechtsextremistische Entgleisungen verhindern und Schutz bieten vor einem weltlichen, utopischen, fanatischen Fortschrittsglauben. Kritiker warfen den Neoorthodoxen vor, sich aus der großen liberalen Tradition des Landes ausgegliedert zu haben. Bei Tillich stellte sich heraus, daß er im persönlichen Leben einem eher animalischen Begriff von Eros anhing. Reinhold Niebuhr wurde entgegengehalten, sein Werk strotze vor Paradoxa und Vagheiten und unterschreite zu oft die Minimalanforderungen an einen wissenschaftlichen Text.[16]

Der »exzessive Verbalismus« der Intellektuellen hatte oft eine erstaunliche Unproduktivität zur Folge. Das Erfinden schwerfälliger Schlagworte – wie Erich Fromms »Humanistic Communitarian Socialism« – brachte weder gedanklichen noch gesellschaftlichen Fortschritt. Der Mangel an positivem Wissen nährte den Argwohn der Scharlatanerie. In einem wissenschaftlichen Standardwerk figurierte Tycho Brahe als Tycho und als Brahe. Der »educated guess« – eine Spielart von Heideggers »erfahrenem Vermuten« – diente der Verschleierung von Hilflosigkeit. Das Niveau des Diskurses an den großen Begegnungsstätten für Akademiker, den *think tanks,* konnte bis gegen Null absinken. Diplomaten beschwerten sich, daß die heimische Intelligentsia wenig zum Verständnis amerikanischer Ideale im Ausland beitrug. Dies hatte unter anderem damit zu tun, daß amerikanische Intellektuelle im Ausland am liebsten über die Rolle amerikanischer Intellektueller in der Heimat nachdachten. Es gab also eine Reihe stichhaltiger Gründe, den Intellektuellen am Zeug zu flicken und sie als *eggheads* zu bespötteln.[17]

Der republikanische Journalist Stewart Alsop hatte das Wort in einer Unterhaltung mit seinem Bruder, einem Geschäftsmann, aufgeschnappt und unter die Leute gebracht. *Egghead* war im Wahlkampf 1952 auf die Anhänger des demokratischen Präsidentschaftsbewerbers Adlai Stevenson gemünzt, wurde aber bald zum Inbegriff der weichen, Mitleid empfindenden, gebildeten, vom europäischen Sozialismus affizierten Intellektuellen. Ihnen wurde vorgeworfen, durch konfuses Denken und die Verkomplizierung des Einfachen das Land in eine gefährliche Lage und den Bürger seit dem New Deal in die Gewalt der Steuerbehörden gebracht zu haben. Soziologen und Historiker kamen mit dem Einwand, man könne den antiintellektuellen Affekt auch überschätzen. Schließlich nehme der Collegelehrer Platz 5 auf der Berufsprestigeskala ein und nirgendwo sonst würde geistige Tätigkeit so gut bezahlt werden wie in der westlichen Welt. Gleichwohl war nicht zu übersehen, daß Eisenhower darauf verzichtete, einen Vertreter der Wissenschaft, Kunst und Literatur zu einem Bankett für Königin Elizabeth zu laden, und daß der Präsident es gewesen war, der eine recht gehässige Definition des Begriffs Intellektueller beigesteuert hatte: »Ein Mensch, der mehr Worte braucht, um mehr zu sagen als er weiß.«[18]

Das Wort »gobbledygook« wurde wahrscheinlich von einem Geschäftsmann geprägt, der die aufgeblähte, hochtrabende, latinisierende Sprache von Politikern, Bürokraten und wissenschaftlichen Beratern nicht mehr ertragen konnte. Ein Journalist errechnete, daß eine Bestimmung des Gesundheitsministeriums ohne weiteres von 176 auf 26 Wörter gekürzt werden könnte. Präsidenten haben zu Beginn ihrer Amtszeit gerne eine Vereinfachung bürokratischer Regeln und eine Entrümpelung der Amtssprache angeordnet. Aber dazu hätten allein über 70000 Seiten des *Code of Federal Regulations* durchforstet und praktisch neu übersetzt werden müssen. Zudem sind die Reformkommissionen mit Intellektuellen besetzt, die sich schwer von ihren Sprachgewohnheiten trennen und oft agieren wie der Bock als Gärtner.

Die militärische Bürokratie hat sich ihre eigene, wissenschaftsschwangere, manchmal Pentagonesisch genannte Sprache zugelegt. In der Außenpolitik zählen Regulierung und Schönung der Sprache zu den Aufgaben der Diplomatie. Die »Stimme Amerikas« spricht aufforderungsgemäß von »jet fighters«, nicht von »warplanes«, von »freedom fighters«, nicht von »anti-government guerillas«, vorausgesetzt, sie genießen die Sympathien des Weißen Hauses. Explosive Situationen im Inland sollen durch euphemistischen Sprachgebrauch tunlichst entschärft werden. Der schwarze Proletarier in den Ghettos der Hoffnungslosigkeit wurde zum »inner-city black«.[19]

Fremdwörter wurden rasch angenommen und wie selbstverständlich eingesetzt. Im New Yorker Schwarzenghetto ließ sich ein Kind mit dem Satz »I have agoraphobia« vernehmen.[20] Die Verwissenschaftlichung der Sprache hatte sich in den zwanziger Jahren angebahnt; sie nahm einen unaufhaltsamen Fortgang.

XVI. Kapitel

ABSTRAKTER EXPRESSIONISMUS UND POP ART

Die Kunstkritik forderte nach dem Zweiten Weltkrieg, die Malerei habe urban und modern zu sein, Maler sollten sich zwanglos und distanziert geben. Dies war eine Reaktion auf das marxistische Engagement vieler Künstler in den dreißiger Jahren, der roten Dekade. Marx war unerwünscht in der Kunst. Auf direkt sozialkritische Bilder wie *Building More Stately Mansions* (1944) des schwarzen Malers Aaron Douglas glaubte man verzichten zu können. Der Protest gegen eine reglementierte oder versteinerte Kunst war mehr als verschleierter Antikommunismus; er entsprach dem amerikanischen Naturell. Mit dem Abstrakten Expressionismus wurde eine alte kulturelle Forderung eingelöst. Endlich hatte man zu einer Malweise ohne Begrenzungen und ohne Gegenstände gefunden. Objekte spielten keine Rolle mehr.[1]

Die Ästhetik des Zufälligen im Abstrakten Expressionismus erkennt man schon in den Zufallsschöpfungen der Dadaisten und Surrealisten. Kandinsky diente als Inspiration ebenso wie Picassos Kubismus, vielleicht auch indianische Kunstformen. Ungegenständliches Malen war zudem eine Erwiderung auf die Kunst der Fotografie. Zu den Pionieren abstrakten Malens in den USA zählten vor dem Ersten Weltkrieg Stanton MacDonald-Wright und die Synchromisten; Marsden Hartley mit *Painting No. 5* (1914); Georgia O'Keeffe mit *Abstraction* (1926) und Arthur Dove mit *Ferry Boat Wreck* (1931). Arshile Gorky baute eine Brücke zwischen Pariser Kubisten und Surrealisten und New Yorks Abstrakten. 1936 kam es zum Zusammenschluß der *American Abstract Artists,* die freilich das Wort »abstrakt« nicht allzu wörtlich auffaßten. 1944 entstand dann Mark Tobeys bahnbrechende Gemälde *Tundra.*[2]

Der Abstrakte Expressionismus war die erste bedeutende Richtung in der bildenden Kunst, die von Nordamerika ihren Ausgang nahm. New York wurde zur Kunsthauptstadt und zog Maler aus allen Teilen der Welt an. Zu den Hauptvertretern der Schule gehörten Jackson Pollock, Willem de Kooning, Mark Rothko, William Baziotes, Robert Motherwell und Franz Kline. Der abstrakte Expressionist bevorzugte große Leinwände, das Atelier nahm den Charakter einer Arena an, der Künstler ließ seinen Trieben in möglichst rascher und direkter Produktion freien Lauf. Deshalb sprach man die Richtung auch als *Action Painting* an. Die Körperbewegungen des Malers lassen sich vor den Bildern Franz Klines förmlich nachvollziehen. Bei Pollock und de Kooning spürt man die durchgehende Rastlosigkeit in der Entstehungsphase.[3]

Willem de Kooning, 1904 in Amsterdam geboren, kam 1926 in die USA, arbeitete seit 1935 hauptberuflich als Künstler, konnte aber erst 1948 seine erste Einzelausstellung ausrichten. Ab da trat er zusammen mit Pollock als Oberhaupt der New Yorker Maler auf. Zur Verwirrung der Kritiker malte de Kooning abstrakt und gegenständlich in einem. Schulen und Theorien ließ er von Haus aus nicht gelten. Den Begriff »Stil« hielt er für eine Täuschung, den alten Griechen warf er vor, sich hinter ihren Säulen versteckt zu haben. Bilder wie *Excavation* (1950) handeln vom »non-environment« moderner Städte, von der Entwurzelung ihrer Bewohner. Manche meinten, de Kooning sei im Grunde ein nach innen gekehrter Europäer geblieben, der den Raum zerlegte und die Teile neu zusammensetzte, während es dem gebürtigen Amerikaner Jackson Pollock grundsätzlich darauf ankam, Räume zu entleeren und Objekte zu beseitigen.[4]

Die Eltern waren Ende 30, als ihr Sohn Paul Jackson Pollock in Cody (Wyoming) geboren wurde. Die Vorfahren stammten von schottisch-irischen Einwanderern ab, der Vater, ein Adoptivkind, hatte ursprünglich McCoy geheißen. Als Jackson, der jüngste von fünf Söhnen, zehn Monate alt war, zog die Familie weiter ins kalifornische San Diego. Vater Pollock hatte sich als Steinmetz und Bauarbeiter verdingt und versuchte als Gemüsefarmer in Kalifornien und Arizona sein Glück. So kam es, daß Jackson, noch ehe er zehn Jahre alt war, an sechs verschiedenen Orten in drei verschiedenen Bundesstaaten gelebt hatte. Er entwickelte sich zu einem rebellischen Kind, das mehr als einmal wegen Disziplinlosigkeit von der Schule flog. Im Alter von 17 Jahren ging Pollock nach New York, wurde Schüler bei dem Regionalisten Thomas Hart Benton, malte unter dessen Einfluß *Going West* und andere gegenständliche Bilder. Als mittelloser Künstler bezog er Quartier an der 8. Straße von Greenwich Village und verdingte sich als Hausmeister, Museumswärter und Denkmalsreiniger. Eine zwischen 1934 und 1938 entstandene *Overall Composition* deutete den Stil an, der ihn berühmt machen sollte. Benton schilderte den jungen Pollock als schweigsam, ziemlich unbelesen, in sich gekehrt und trübsinnig, wußte aber, daß er unter Alkoholeinfluß auch anders auftreten konnte.

Der Vater war inzwischen Vormann beim Straßenbau geworden, beaufsichtigte Zwangsarbeiter und brachte wenig Verständnis für die künstlerischen Neigungen seines Sohnes auf. Jackson warf ihm vor, keinen wirtschaftlichen Erfolg zu haben und blieb am Ende seinem Begräbnis fern. Womöglich noch schwieriger gestalteten sich die Beziehungen zur Mutter. Die Probleme mit ihr reichten nach Andeutungen eines Bruders bis in die Kindheit zurück. Den angekündigten Besuch seiner Mutter in New York beantwortete Pollock mit einer mehrtägigen Sauftour, die im Krankenhaus endete.[5] Von 1935 bis 1943 förderte ihn das *Federal Art Project* des New Deal mit etwa hundert Dollar monatlich. Am Zahltag setzte er sich gewöhnlich mit Kumpanen zu längeren Gelagen zusammen. 1938 wurde er wegen dauernden Fehlens entlassen, später wieder aufgenommen. Pollock hatte seit seiner Jugend mit Alkoholproblemen zu tun. Er wurde schnell betrunken, reagierte dann überheblich, grob und gewalttätig, griff verschiedene Kollegen an, schlug grundlos einen jungen Burschen nieder und versuchte einmal, den Maler Siqueiros zu erdrosseln. 1937 begab er sich in psychotherapeutische Behandlung, ein Jahr später unterzog er sich sechs Monate lang einer Entziehungskur. Seine »chronischen emotionalen Schwierigkeiten« und die Unfähigkeit, sich verbal auszudrücken, ließen ihn stets sehr intensiv reagieren. Als Kind hatte er eine Geige zertrümmert, weil er ihr nicht gleich die gewünschten Töne zu entlocken vermochte.[6]

Der künstlerische Durchbruch kam mit dem 1942 entstandenen Bild *Male and Female,* in dem sich surrealistische und kubistische Elemente mischten. 1943 machte er die Bekanntschaft der Sammlerin und Mäzenin Peggy Guggenheim, die ihm bei der Organisation von Ausstellungen behilflich war, Kontakte mit Kunsthändlern herstellte und ihm kleine Kredite verschaffte. 1945 heiratete er die Malerin Lee Krasner und bezog ein altes Farmhaus auf Long Island. Den Einwand, daß seine Werke weder Anfang noch Ende hatten, betrachtete er als Kompliment, denn genau dies war die Absicht der »All over-Technik« in Bildern wie *Eyes in the Heat* (1946). Die Tropftechnik – *drip painting* –, die ihm den Spitznamen »Jack the Dripper« einbrachte, hatten vor ihm schon Siqueiros und der aus Bayern stammende Hans Hofmann ausprobiert. Aber keiner verstand es so gut wie er, Email-, Aluminium- oder Ölfarben von einem Stock, einem hartgewordenen Pinsel oder aus einer durchlöcherten Dose auf die horizontal ausgelegte Leinwand zu träufeln und durch Verdickung und Verdünnung der Linien Tempo zu schaffen. »Sichtbar gemachte Energie und Bewegung« sollten die um 1950 gemalten Bilder *Lavender Mist, Autumn Rhythm* oder *Convergence* abstrahlen. Wenn er mit dem Stock über die Leinwand fuhr, fühlte er sich nach eigenem Bekunden freier. Augenzeugen berichteten, daß er seine Vorhaben »in einer Art besessener Tanzbewegung« ausführte. Er hat alle Barrieren zwischen sich und dem Bild eingerissen, staunte ein italienischer Kritiker, der damit den Nagel auf den Kopf traf. Nicht der Zufall sollte die Kunst regieren, behauptete Pollock unter dem Eindruck einiger Thesen von C. G. Jung, sondern Automatismen, aus denen das Unbewußte sprach: »Wenn ich im Bild *drin* bin, ist mir nicht bewußt, was ich tue. Erst nach einer gewissen Zeit des ›Kennenlernens‹ (»a sort of ›get acquainted‹ period«) sehe ich, was ich da eigentlich mache.«[7]

Nach ersten Erfolgen erläuterte Pollock in einem Interview, er habe ein »feeling« für den Westen, schätze weite Horizonte und wisse die Kunst der Indianer zu würdigen. Von daher hat man ihn auch einen »existentiellen Cowboy« genannt.

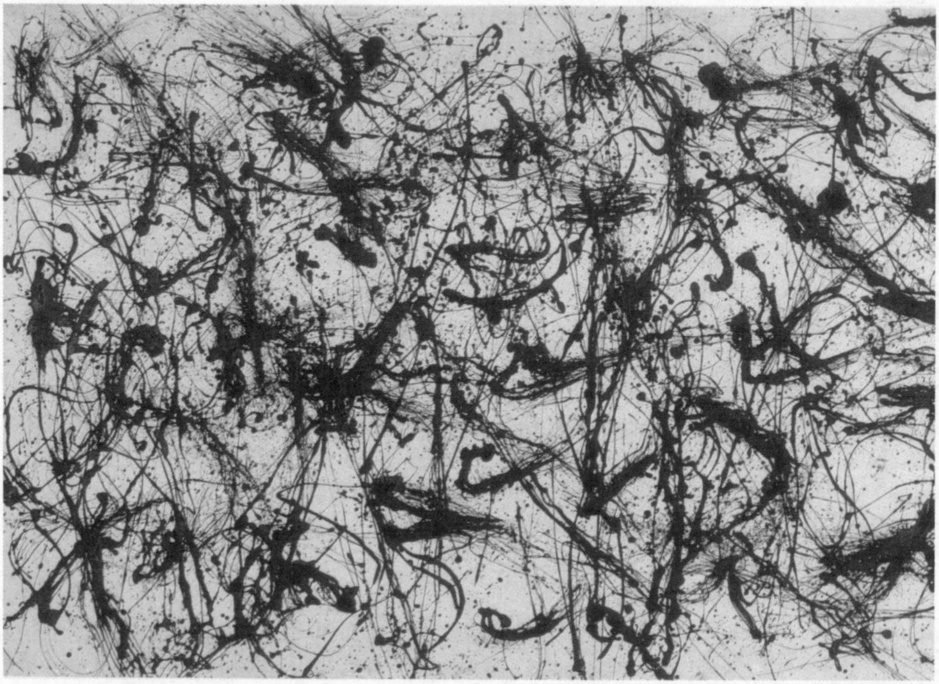

Jackson Pollock, *Number 32*

Der einzige amerikanische Maler, der ihn wirklich interessierte, war Albert Ryder, und Pollocks *Landscape with Rider* sollte wohl ein Wortspiel sein. *Ocean Greyness* oder *The Deep* aus der Reihe der »schwarzen Bilder« zwischen 1950 und 1953 erinnerten ebenfalls an Ryders Motive; man konnte aber auch an bestimmte Passagen aus Melvilles Romanen denken. Pollock kannte *Moby Dick,* hat einige Bildtitel daraus entlehnt und einen seiner Hunde Ahab genannt.[8] Die Periode der »schwarzen Bilder« fiel mit einer neuen Phase des Alkoholismus zusammen; Pollock hatte auch in betrunkenem Zustand gemalt. Womöglich litt er unter Erfolgsangst und der Angst, sich zu wiederholen. Seine finanzielle Lage blieb stets angespannt. Selbstzweifel haben ihn immer begleitet und führten zu provokativen

Handlungen. Nachts erschien er auf Parties, urinierte in Kaminfeuer und hieb seine Faust in Fensterscheiben. Die selbstzerstörerischen Tendenzen verstärkten sich. Nach mehreren glimpflich verlaufenen Verkehrsunfällen kam er schließlich 1956 ums Leben. Nach einem Streit mit einer Geliebten war er berauscht Auto gefahren und mit hoher Geschwindigkeit aus einer Kurve geflogen. Mit Sätzen wie »Ich schenke nie etwas her, außer ich liebe es« hat er seine neurotische Haltung verraten. Ausgesprochen schäbig verhielt er sich seiner Familie gegenüber: Mutter und Brüder durften sich statt eines Erbteils je ein Bild ausleihen.[9]

Das Nachrichtenmagazin *Time* hatte zeitweise eine regelrechte Kampagne geführt, auch die Illustrierte *Life* begegnete seinem Werk mit recht wenig Verständnis. Aldous Huxley stand hilflos vor dem Bild *Cathedral,* weil er keine Begrenzungen erkennen konnte und sich eher an ein Tapetenmuster erinnert fühlte. Die Flucht in die Ironie trat ein Kritiker an, der die Farbkleckse auf dem Atelierboden zu echten »Pollocks« erklärte. Andere wiederum haben in Pollock den »größten Maler des 20. Jahrhunderts« gesehen, sicherlich eine Übertreibung, denn was er vor und nach seiner Tropftechnik geliefert hat, war epigonal, wenn nicht stümperhaft. Biograph B. H. Friedman brachte Pollock mit den auf ihre Weise genialischen und jung verstorbenen Neurotikern James Dean, Jack Kerouac, Lenny Bruce und Charlie Parker zusammen. Der explosive Saxophonstil Parkers wäre keine schlechte Analogie zu dem, was auf Pollocks Bildern geschah. Nicht ganz zufällig hat Pollock sich mit Jazz aus seiner sprachlosen Dumpfheit herauswinden können. Der Kunstkritiker Hilton Kramer fand anerkennende Worte für die Dialektik zwischen dem Anarchischen und dem Dekorativen, hielt Pollock jedoch letztlich für überschätzt. Die Legende um ihn sei – ähnlich wie bei Allen Ginsberg – größer als die erbrachte Leistung.[10]

B. H. Friedman hielt den frühen Tod Pollocks, den Selbstmord Mark Rothkos und die tragischen Schicksale anderer amerikanischer Künstler und Schriftsteller für typische Erscheinungen einer Gesellschaft, in der menschliche Leben ebenso rasch verschlissen werden wie Automobile. Rothkos Bilder wirken nicht so nervös, zerrissen und energiegeladen wie die Pollocks oder de Koonings. Aber auch er hatte sich auf die Suche nach einer transzendenten Wirklichkeit begeben und nicht nach dem Insichruhenden. Der Suizid hatte sich in seiner Lebensphilosophie und in seiner Kunstauffassung angekündigt: »Die geläufige Auffassung von den Dingen muß zerstört werden, um die eng begrenzten begrifflichen Vorstellungen zu vernichten, die uns mehr und mehr den Blick für die Umwelt verschließen.« Rothko wollte wie vor ihm Emerson in ein transzendentales, zeitloses, objektfreies Meer eintauchen, um dort letzter Wahrheiten teilhaftig zu werden. »I swim in it«, sagte der Architekt Philip Johnson ganz zutreffend über einen Rothko, den er in seinem Büro hängen hatte.[11]

Die 1953 gegründete antiabstrakte Zeitschrift *Reality* konnte sich nicht lange halten. Auch das *Museum of Modern Art* gab anfängliche Widerstände gegen

Pollock und die Abstrakten auf. Mark Tobey merkte kritisch an, der Abstrakte Expressionismus spiegele die Gesichtslosigkeit der Zeit, seine eigenen Werke waren jedoch nach Idee und Wirkung, wenn auch nicht in der Technik, mit der neuen Richtung verwandt. Vom Abstrakten Expressionismus führten Entwicklungslinien zur Pop Art. Jasper Johns präsentierte das nationale Symbol der Flagge kalt und emotionsfrei. Robert Rauschenberg kleckste Farbe scheinbar mutwillig auf ein Kissen und einen Quilt und stellte das Ergebnis als *The Bed* (1955) zur Schau. Allan Kaprow wußte sich mit seinen *18 Happenings* (1959) der Aktionsmalerei verpflichtet.[12]

In der Bildhauerei ist eine Unterscheidung in expressionistische und abstrakte Künstler leidlich vernünftig. Zu den Expressionisten zählen Jacques Lipschitz mit *Sacrifice II* (1948) oder Bernard Reder mit *Adam and Eve* (1957), während Herbert Feder mit *Sun Wheel* (1956) den Abstrakten zuzurechnen ist. Eine Sonderstellung nimmt Alexander Calder mit *Pomegranate* (1949) und anderen »Mobiles« ein. Selbst seine »Stabiles«, die an sich Bodenberührung haben, hinterlassen als Gestalten seiner Abstraktion einen ätherischen Eindruck.

Der Magische Realismus in der Malerei ist eine Spielart des Surrealismus gewesen, gegenständlich mit fast fotografischer Genauigkeit, aber mit phantastischen Elementen ausgestattet. Der Hauptvertreter dieser Richtung war neben Peter Blume (*The Eternal City*, 1937) der 1917 geborene Andrew Wyeth, ein Spätentwickler, der isoliert aufwuchs und erst im Alter von 17 Jahren lesen lernte. Auch Wyeth ging es um eine Überwindung der Wirklichkeit. In *Christina's World* (1948), seinem berühmtesten Bild, herrschen frustrierte Wünsche und eine unaussprechliche Sehnsucht. Einsamkeit bleibt als zentrales Thema erhalten. Beim späten Hopper rücken die Figuren immer weiter auseinander. In *Farewell* (1952) von Bernard Perlin kehren Eltern und Sohn einander den Rücken zu. In den Bildern des »empty field painting« stehen einsame Gestalten in leblosen Landschaften, so in Charles Rains *Daymare* (1950) oder in Robert Vickreys *Fear* (1954).[13]

Außerweltliche, mystische, spirituelle Elemente finden sich bei dem von Mark Tobey herkommenden Maler Morris Graves. Ein anderer Einzelgänger, der aus Rumänien stammende Zeichner Saul Steinberg, ist geradezu ein Spezialist für das Phantastische, Traumhafte, für das Verlangen nach dem Unwirklichen. Mangels eines besseren Begriffs hat man Charles Sheeler (*Architectural Cadences*, 1954), Robert Vickrey (*The Labyrinth*, 1951) und George Tooker mit dem Gattungsnamen »präzise Realisten« belegt, obwohl gerade sie mit überwirklichen Effekten gearbeitet haben, um die Anonymität der Bürokratie, den Meinungsterror zur McCarthyzeit oder die Trostlosigkeit einer Stadtlandschaft herauszustellen. In Tookers *Government Bureau* (1956) wachen starre Augen hinter Glaslöchern über die Bürgerschaft. Hier wie in *The Subway* (1950) verwendete Tooker die »wiederholte Figur«, eine Gestalt, die in leicht abgewandelter Form im selben Bild mehrfach auftaucht. »Jeder existiert als eine Insel des Schreckens«, resümierte Tooker, »und fürchtet sich davor, was ›die andern‹ tun werden.«[14]

Willem de Kooning, der holländische Immigrant, empfand es manchmal als Last, ein amerikanischer Künstler zu sein, weil von ihm gefordert wurde, das speziell Amerikanische zu bieten und gewissermaßen dauernd an der Geschichte des Landes mitzuwirken. Vergleicht man das Kunstschaffen der USA zwischen 1942 und 1957 mit der europäischen oder auch kanadischen Szene, so fielen die in New York gemalten Bilder »wesentlich ursprünglicher und ungezügelter« aus als die Gemälde in London, Paris oder Toronto, denen man oft noch die Atelierluft anmerkte. Das Hauptmerkmal der Abstrakten Expressionisten, nämlich »detachiert« zu malen, sich distanziert und abweisend zu geben wie der Cool Jazz, kennzeichnete fast die gesamte amerikanische Moderne. Die avantgardistischen Maler, urteilte die Zeitschrift *Art News,* betrachteten die Leinwand so wie Melville den Ozean betrachtete. Leben und Werk des Künstlers wurden eins. Der Aktionsmaler ging das Risiko ein, auf einer Straße zu reisen, »die zur anderen Seite des Objekts und zu den äußeren Räumen des Bewußtseins führt«.[15]

Robert Rauschenberg, Jasper Johns und andere Künstler hatten sich bis 1960 vom Abstrakten Expressionismus gelöst und der Gegenständlichkeit ihrer Umwelt zugewandt. Der Pop Artist, schrieb Andy Warhol rückblickend, nahm gerade die Gegenstände wahr, die der Abstrakte Expressionist geflissentlich übersehen hatte: Comics, Picknick-Tische, Duschvorhänge, Kühlschränke, Colaflaschen .... Je weiter man nach Westen kam, so beobachtete Warhol auf dem Weg nach Los Angeles, je tiefer man ins Herzland Amerikas eindrang, desto »poppiger« wurde die Landschaft – die Reklametafeln an den Highways, die Leuchtschriften an den Fast Food Restaurants, die Bierdosen am Straßenrand. Der Künstler betonte jetzt wieder »das Amerikanische«, kehrte der europäischen Kunstszene den Rücken, bediente sich bewußt einer nationalen Ikonographie und rückte übergreifende Symbole wie die US-Flagge, die Freiheitsstatue, den Dollarschein oder George Washington in den Mittelpunkt seiner Werke.[16]

Im Vergleich zum düsteren, angstbeladenen Stil der Abstrakten Expressionisten wirkten die Bilder der Pop Artists farblich frischer, inhaltlich witziger und auf eine merkwürdige Weise unpersönlicher. Sie ähnelten den Produkten der Massen- und Medienkultur und glichen ihnen nicht selten sogar bis ins Detail. Die Grenzen zwischen Kunst und Kommerz verschwammen. Robert Indiana interpretierte den Amerikanischen Traum als vorfabriziertes, abgepacktes Standardprodukt (*The Demuth American Dream No. 5*, 1963). Die unintellektuelle Buchstäblichkeit, die man den Pop Artists anfangs nachsagte, bestand nur zum Schein. Denn typischerweise lösten sie sich mit Ironie von den banalen Gegenständen des Alltags. Wo englische Popkünstler wehmütige Gefühle in amerikanische Produkte investierten, gingen die Amerikaner zum Gegenstand auf Abstand. Die Colaflasche war weder gut noch böse, sie war eine Colaflasche. Jasper Johns wollte im Anschluß an den dadaistisch beeinflußten Komponisten John Cage nicht polar denken, sich nicht einem Entweder-Oder ausliefern. Sein Bild *Flag on Orange Field* (1958) läßt sich als Bestätigung und als Kritik des Amerikanismus auslegen. Der abstrakte Expressionist Jackson Pollock hatte sich eins mit der Umwelt gefühlt – »I am nature«. Andy Warhol wäre am liebsten eine fühllose Maschine gewesen, und so stellte er die Maschine wenigstens zwischen sich und andere. Mit Fernseh- und Tonbandgerät gelang es ihm, sich fremden Problemen zu entziehen: »Danach waren mir enge Beziehungen zu anderen nicht mehr so wichtig.«[17]

1953 hatte Rauschenberg seine Werke in Florenz ausgestellt. Von einem bornierten Kritiker war damals der Rat gekommen, der Künstler solle seine Bilder doch lieber in den Arno werfen; Rauschenberg tat genau das. Die Wegwerfkunst war nur eine passende Antwort auf die Wegwerfprodukte der Wirtschaft. Auch Comics sind in diesem Sinne als disponible Artikel gesehen worden, als Readymades, die kein bestimmtes Ereignis mehr repräsentieren und die aus ihrem Zusammenhang gerissen gestelzt und maskenhaft wirken. Roy Lichtenstein brachte es in der Verfremdung von Comic Strips zur Meisterschaft. Der Text zu seinem Bild *We Rose Up Slowly* (1964) verstärkte die traumhafte Befindlichkeit der Figuren: »Wir

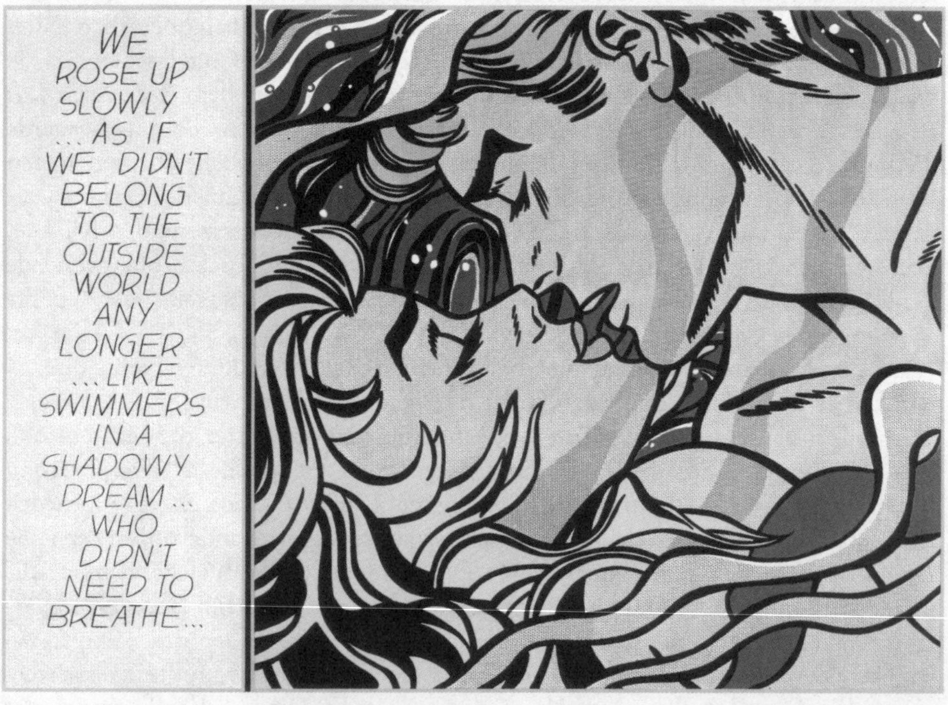

Roy Lichtenstein, *We Rose Up Slowly* (1964)

erhoben uns langsam ... als gehörten wir nicht mehr zur äußeren Welt ... wie Schwimmer in einem schattenhaften Traum ... die nicht atmen müssen.« George Segal wählte für seine Skulpturen roboterhafte oder phantomartige Gestalten, die in keiner Beziehung zueinander stehen, eher tot als lebendig wirken, in *The Gas Station* (1963) oder *The Bus Station* (1963) nicht sonderlich unglücklich sind über ihr zur Routine erstarrtes Dasein. Die Abwendung von europäischen Themen und die Hinwendung zur amerikanischen Alltagswelt ist in der plastischen Kunst unschwer zu erkennen, seien es die Fernsehapparate von Edward Kienholz, die Bierdosen in *Painted Bronze* (1960) von Jasper Johns oder die Colaflasche als Säule der Wahrheit in H. C. Westermanns *Pillar of Truth* (1962).[18]

Claes Oldenburg war wie Jasper Johns ein Anhänger der Neuen Unentschiedenheit. Das heißt aber nicht, daß die Pop Art ganz und gar unpolitisch gewesen wäre. Gerade Oldenburg hat den aktionistischen Aspekt der Kunst herausgestellt: »Ich trete für eine Kunst ein, die politisch-erotisch-mystisch ist, die mehr tut als auf ihrem Hintern im Museum zu sitzen.« James Rosenquist kombinierte in *President Elect* (1961/62) ein Konterfei Kennedys mit der Reklame für Autos und Cakemix, um die Vermarktbarkeit von Politikern augenfällig zu machen. Neben Maiskolben und Baseballschlägern wurden auch Unfallautos und Bomberflugzeuge als echt amerikanische Ikonen begriffen. Kienholz (*The Eleventh Hour Final*, 1968) und Rauschenberg (*Tracer*, 1963) protestierten gegen den Vietnamkrieg. Warhol lieferte für die New Yorker Weltausstellung mit *Thirteen Most Wanted Men* (1963) einen Kommentar zur Kriminalität ab, der nichts Versöhnliches an sich hatte und auf Geheiß von Gouverneur Nelson Rockefeller entfernt werden mußte.[19]

Unter den Präsidenten John F. Kennedy und Lyndon B. Johnson kamen Galerien und Museen, Orchester und Theater in den Genuß verstärkter staatlicher Förderung. Diese Entwicklung ging zum Teil auf einen Bericht des privaten *Rockefeller Brothers Fund* zurück. Eine Belebung der Kunst, so lautete der Tenor, sei hauptsächlich eine Frage des Geldes. Die Avantgarde teilte diese Einschätzung nicht. Im New Yorker Greenwich Village brüstete sich der Lyriker John Perreault damit, seine durch die Vernetzung von Telefonzellen entstandenen Musikstücke hätten gerade einen Dollar gekostet. Nicht viel teurer war ein neodadaistisches Happening, das 1969 stattfand: 50 Personen wurden wahllos aus dem Telefonbuch herausgegriffen und angeschrieben. Die Briefe trugen weder Absender noch Unterschrift, die übermittelte Nachricht bestand aus dem Satz: »Ihr Name ist wahllos aus dem Telefonbuch herausgegriffen worden.«[20]

Happenings wurden zur vieldiskutierten Neuerung. Rauschenberg experimentierte in dem 1967 uraufgeführten Theaterstück *Urban Round* mit Happenings, ebenso das Living Theater unter Julian Beck und Judith Malina. An der New York University organisierten Studenten ein Happening mit Brot. Die Teilnehmer wandelten über einen Brotteppich und bombardierten sich mit Backwaren. Sogar ein Theologenkongreß glaubte um diese Zeit ohne Happenings nicht mehr auskommen zu können. Die Besucher wurden zu absurden Tätigkeiten animiert, durften schwarzen Kartoffelbrei kosten oder eine Schaufensterpuppe auspeitschen. Der Theologe Harvey Cox sah den Sinn so: »Wir durchlebten etwas, was uns nährte, unsere Auffassungsgabe schärfte und unsere konventionelle Sichtweise der Dinge aufbrach.«[21] *Free Art, Street Work, Performance Art* und *Happening* räumten dem Zufall optimalen Spielraum ein. Als Meister des »kontrolliert eingesetzten Zufalls« und als repräsentativster Künstler für die sechziger und siebziger Jahre wird heute allgemein Andy Warhol angesehen.

Die Eltern des 1930 als Andrew Warhola geborenen Andy Warhol stammten aus der Tschechoslowakei. Er wuchs in ärmlichen Verhältnissen auf, kränkelte, litt unter »nervösen Anfällen«, sein auffälliger Pigmentmangel rührte womöglich von einer Erkrankung im Kindesalter her. Als Andy zwölf Jahre alt war, starb der Vater, ein Arbeiter. Warhol hat nie über ihn gesprochen. In Pittsburgh arbeitete er als Schaufensterdekorateur, absolvierte 1949 eine Kunstakademie und ging anschließend nach New York. Dort lebte er mit seiner Mutter an Manhattans Lexington Avenue, reüssierte als Werbegrafiker mit seiner eigentümlichen »blotted ink«-Technik, und schaffte 1962 den künstlerischen Durchbruch mit den *Campbell Soup Cans.* An der 47. Straße, später am Union Square, richtete er *The Factory* ein, ein Produktionszentrum für Bildende Kunst und Film. Dort verübte 1968 die Feministin Valerie Solanas ein Attentat auf ihn, danach ließ seine Schaffenskraft nach. Er starb 1987.[22]

Warhols erste Werke als Künstler erinnern an die Abstrakten Expressionisten, den Pop Artists hat er sich gewissermaßen in letzter Minute angeschlossen. Ähnlich Roy Lichtenstein, verfremdete er anfangs Figuren aus der Welt der Comics, zum Beispiel Superman. Mit der lakonischen Wiedergabe von Konservendosen der Marke Campbell und Kartons der Marke Brillo fand er seinen eigenen Stil. Die Brillo-Kartons, so behauptete Warhol, habe er in einem Supermarkt erblickt, wo sie alsbald seinen Sinn für Schönheit ansprachen und sogar seinen künstlerischen Neid weckten. Pappschachteln, Konservendosen, Colaflaschen waren von ihm als »Reproduktionen des Alltäglichen« gemeint. Sie erinnerten an die Ästhetisierung von Objekten, wie Marcel Duchamp sie betrieb. Für Duchamp war das *objet trouvé* fertige Kunst. Warhol hat manchmal das Readymade belassen wie es war (*A Boy for Meg,* 1961), spielte aber typischerweise mit dem Material und ließ den Zufall wirken. Man hat seine Technik als »sorgfältige Planlosigkeit« beschrieben. Ein wichtiger Unterschied zu Duchamp bestand ferner darin, daß Warhol es nicht mit einer limitierten Auflage seiner Werke bewenden ließ, sondern produzierte, so viel er konnte. Jasper Johns und Rauschenberg hielten Warhol für »zu kommerziell«. Er selbst hatte mit der Verknüpfung von Kunst und Kommerz keine Probleme, im Gegenteil: »Good business is the best art.« Die Fließbandproduktion von Bildern setzte der Vorstellung von der Einmaligkeit eines Kunstwerks ein Ende. Readymades waren keine Meisterwerke im gewohnten Sinn. Jeder könne fortan berühmt werden, orakelte Warhol, und sei es nur für fünfzehn Minuten.[23]

Warhol verfremdete Bilder aus der Illustrierten *Life* und durchstöberte auf der Suche nach dem geeigneten *photo trouvé* das umfängliche Bildarchiv der New York Public Library. Auch Norman Rockwell malte für die Titelseite der *Saturday Evening Post* nach Fotografien, aber Warhol wollte keine Motive aus der heilen Welt Amerika, sondern möglichst morbide Aufnahmen von Autokarambolagen und spektakulären Selbstmorden. Zur Stimulation las er das Sensationsblatt *National Enquirer.* Warhol ordnete seine Bilder gerne in Serie an. Die mehrfache Wiederholung in *25 Colored Marilyns* (1962) ironisierte den Starkult, den Overkill eines Werbefeldzugs, die Banalität und Leere des Erfolgs.[24]

Die kästchenförmige Anordnung vieler seiner »silk screen«-Gemälde verwies bereits auf Warhols Filme, die er im Stil des *New American Cinema* produzierte. Betont unprofessionelle Schauspieler aus den Subkulturen der Homophilen, Transvestiten und Sadomasochisten bevölkern diese Filme, die Nacktheit, Narzißmus und einen alternativen Starkult propagieren. In *Harlot* (1964) ißt ein Transvestit Bananen, im Hintergrund werden Gespräche über Filmstars geführt. *My Hustler* (1965) geht über einen Strichjungen, in *Horse* (1965) agieren homosexuelle und sodomitische Cowboys. In Warhols Filmen sollte es gerade nichts Spektakuläres, nichts Neues, nichts Spannendes geben. Das Dasein wurde zyklisch begriffen, die Beschäftigung des Narziß mit dem eigenen Ich als endlos. Die Zeit dehnte sich zur *dragtime,* sie wurde nur mit Halluzinogenen als *drugtime* erträglich. »Von Anfang an hindert Warhol den Zuschauer daran, es eilig zu haben«, schrieb der Filmemacher Jonas Mekas. In den ausgesprochen abwechslungsarmen Filmen *Eat, Kiss* und *Sleep* (alle 1963) sollte sich beim Zuschauer »eine Art Schwebezustand« einstellen, der auch als »ästhetische Schwerelosigkeit« beschrieben wurde. In *Blow Job* (1963) filmte Warhol 35 Minuten lang das Gesicht eines Mannes ab, der eine Fellatio erlebt. Man hat diesen Film als ein Stück Pornographie à la Duchamp charakterisiert. *Empire* (1964) zeigte acht Stunden lang das Empire State Building in New York, aufgenommen vom 44. Stockwerk des Time-Life Building mit einer Auricon-Kamera, aber ironischerweise ohne Ton. In *Vinyl* (1965) verfilmte der recht belesene Warhol sechs Jahre vor Stanley Kubrick den Roman *Clockwork Orange* von Anthony Burgess. Auch hier wurden wieder alle Anstrengungen unternommen, einen bewußt schlechten Film zu drehen. Die Schauspieler lasen ihre Texte sichtlich ab. Der Zoom der Kamera vollzog täppisch das alte Rein-Raus-Spiel nach. *The Chelsea Girls* (1966) wurde zu einem Undergroundfilm mit beachtlicher Publikumsresonanz. Auf zwölf Filmspulen präsentierte Warhol hier ein zusammenhangloses Geschehen unter assortierten Freaks. Eine narrative Absicht war nicht zu erkennen, aber die verworrenen Vorgänge sollten das Bewußtsein erweitern und auf peinliche Weise die Frage stellen: Wie füllt man die Zeit? Oder: Was passiert nach der Orgie? *Lonesome Cowboys* (1968) – Westernparodie und Lob der Männerliebe in einem – leitete Warhols Abschied vom Filmemachen ein. *Flesh, Trash, Women in Revolt, Heat* und *Amour* wurden von Kennern in der Hauptsache Paul Morrissey zugeordnet.[25]

»Ich habe zu nichts eine intensive Gefühlsbeziehung«, sagte Warhol im Gespräch. Als Repräsentant seiner Zeit wollte er nicht zu sehr Anteil nehmen am Leben seiner Mitmenschen und pflegte den Stil des »non-involvement«. Er vermied es, anderen zu nahe zu kommen. Nach eigener Aussage berührte er nicht einmal Dinge gern, »deshalb ist mein Werk so weit weg von mir«. An Liebe vermochte er nicht zu glauben. Sex fand er stimulierender auf der Leinwand und zwischen Buchseiten als zwischen Leintüchern. Am ehesten eröffnete er sich einem Gesprächspartner am Telefon, und seinen hölzernen Charme legte er nur dann an den Tag, wenn er um sich eine Schutzzone errichtet hatte. Seine Berührungsangst konnte pathologische Züge annehmen. Drohte auf Parties zwischenmenschliche Nähe, zückte er eine Fertigbildkamera und stellte den alten emotionalen Abstand wieder her. Warhol figurierte in der Kunstszene als das sprachlose, beinahe kataleptische, irgendwie Furcht einflößende Orakel. Sein Voyeurtum und seine Distanziertheit ergänzten sich. Der Voyeur ist immer derjenige, der sich absentiert, schrieb Warhol-Kenner Stephen Koch. Der Voyeur zieht seinen Lustgewinn daraus, daß er am Geschehen nicht teilnimmt. Genau dies war Andy Warhols Rolle. Auf eine Vortragstournee schickte er eine Replik seiner selbst.[26]

Von Warhols Bildern geht eine eigentümliche Fühllosigkeit aus. Die Motive werden in ihrer Nacktheit frontal ins Visier genommen, die starre Kamera entspricht Warhols starrem Blick. In den späten Werken nehmen Gefühlsrohheit und Morbidität noch zu. Die extrem gesteigerte Grausamkeit der Bilder – schreckensstarre Unfallopfer, Suizidanten im Sprung – weckt keine adäquaten Emotionen mehr; es entsteht seelische Taubheit. Die Ästhetik des Andy Warhol legt es auf Anästhesie an. Je näher er an seine Objekte herangeht, desto größer wird die innere Distanz. Warhol wollte die ungehinderte Sicht aufs Objekt, schrieb einer seiner Kritiker. Damit tat Warhol seiner pathologischen »remoteness« Genüge. Die philobatischen Eigenschaften sind so überdeutlich ausgeprägt gewesen, daß man unwillkürlich nach dem gefühlsmäßigen Umschlag, nach der Verkehrung ins Gegenteil Ausschau hält. Tatsächlich unterscheidet sich Warhol von den Philobaten herkömmlichen Typs darin, daß endlose Räume bei ihm nicht mehr wichtig sind, daß er vielmehr höchst verschwenderisch mit der Zeit umgeht. Auch die Bilder von Jasper Johns wirken seltsam unräumlich. Existenzielle Vektoren gewichtete Warhol anders als man es von erfolgreichen Amerikanern gewohnt war: »Mein Stil war immer, sich auszubreiten, nicht nach oben zu streben. Für mich führte die Erfolgsleiter seitwärts, nicht in vertikale Richtung.« Seine bedeutendsten kinematographischen Stilmittel, die starre Kamera und die lange Einstellung, brechen mit dem temporeichen Stil des amerikanischen Kinos. Geplant hat Warhol einen Film mit dem Titel *Building*, der sechs Monate dauern und Abriß sowie

Neuaufbau eines Gebäudes zeigen sollte. Mobilität um ihrer selbst willen hat ihn nicht interessiert. In dem Bild *Baseball* (1962) werden die Spieler wiederholt abgebildet, so daß der Eindruck einer Bilderfolge entsteht. Doch sind es immer dieselben Spieler in derselben Positur, statt Bewegung herrscht Stillstand.[27]

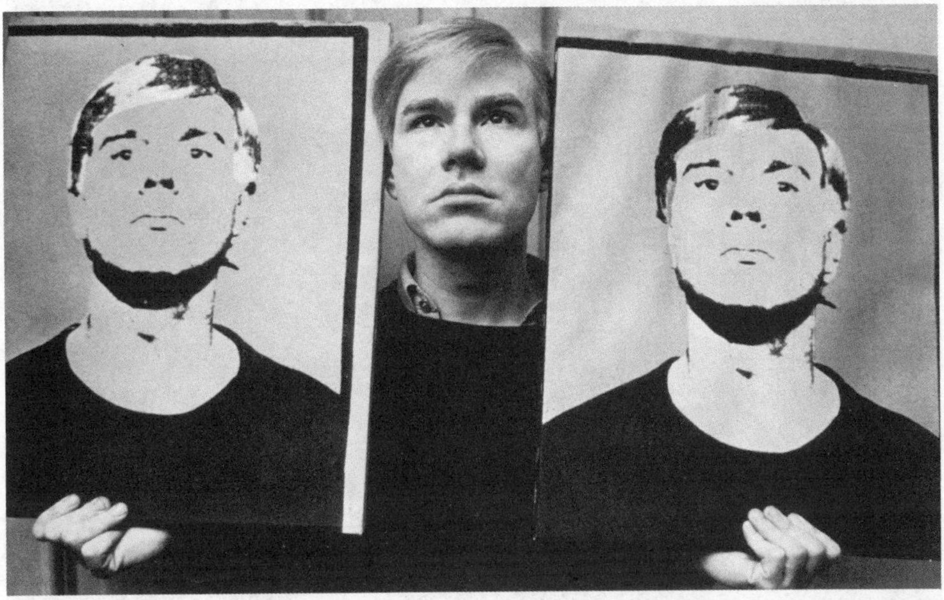

Jonas Mekas hat in Warhol einen Menschen gesehen, der intuitiv die Strömungen seiner Zeit erfaßte; Warhol sei ein »Symbol der Unverbindlichkeit ... der Passivität« und so zum »inkarnierten Nichts« geworden. Seine Lebensphilosophie lautete nach eigenem Eingeständnis: »Es ist letztlich egal.« Bei Interviews wäre es ihm am liebsten gewesen, hätte der Frager die Antworten gleich selbst gegeben, »weil ich so leer bin, daß mir einfach nichts einfällt, was ich sagen könnte«. Seine bleiche Gesichtsfarbe, der persönliche Habitus und das Gesamtwerk legten dem Betrachter nahe, daß das große Thema der Tod war, »die Auslöschung des Selbst, die Unausführbarkeit des gewöhnlichen Lebens«.[28]

Warhol, Kienholz und andere Pop Artists signalisierten den Übergang von der Moderne zur Postmoderne. Die siebziger Jahre brachten das Intermezzo des Fotorealismus, ein reges Interesse an *camp* als absichtlichem Kitsch und die Blütezeit der kalifornischen Muralisten, die in ihre Wandmalereien Elemente der Pop Art, der naiven Malerei und des Realismus einbrachten, um politische Aussagen (»Onkel Sam rafft Geld, der Kuli tut die Arbeit«) optisch möglichst wirkungsvoll zu präsentieren. Im folgenden Jahrzehnt war wieder eine Hinwendung zu den Themen und Stilen der frühen Pop Artists zu beobachten,[29] so daß man die Zeit zwischen 1960 und 1990 als eine geschlossene Kunstepoche ansehen kann.

George Balanchine bei der Probenarbeit mit Suzanne Farrell – Foto: Martha Swope

XVII. Kapitel

NEOKLASSISCHES BALLETT

Auf nur zwei Gebieten hätten die USA kulturelle Höchstleistungen erbracht, behauptete ein reichlich antiamerikanischer Kulturkritiker, in der Architektur und im Tanz. Daß die Amerikaner seit den fünfziger Jahren im Ballett die Weltführung übernommen haben, kam nicht von ungefähr. Ballett ist sichtbar gemachte Transzendenz, ist der künstlerische Wille, sich vom Erdboden zu lösen und der Schwerkraft ein Schnippchen zu schlagen.

Ab dem Zweiten Weltkrieg waren neben den klassischen Balletts vermehrt Aufführungen mit amerikanischen Themen zu sehen. Zur Musik von Aaron Copland kam Agnes de Mille in *Rodeo* (1942) als Cowgirl und als Choreographin zur Geltung. Das Ensemble machte eine Reihe von Pannen mit erhöhtem Tempo wett und brachte so das Publikum auf seine Seite. De Mille choreographierte auch das Ballett *Fall River Legend* (1948), dessen Handlung sich um einen sensationellen Mordfall drehte, ein »Whodunit auf Zehenspitzen«, wie ein maliziöser Kritiker schrieb. *Cakewalk* (1951) bediente sich zur Musik von Louis Moreau Gottschalk des Milieus der Minstrelshows. Tennessee Williams lieferte die Vorlage zu *A Streetcar Named Desire* (1952). Kowalski wurde, so die Kritik, ganz überzeugend getanzt. In *Jones Beach* (1950) tummelten sich die Ballerinen Maria Tallchief und Tanaquil LeClerk an New Yorks beliebtestem Badestrand. Die Choreographie stammte von George Balanchine und Jerome Robbins. Balanchine war auf dem Weg, zur beherrschenden Figur des neoklassischen Fachs zu werden. »Ballett ist ein visuelles Spektakel, das sich bewegt«, sagte er überdeutlich, »es ist nicht statisch.«[1]

George Balanchine, der ursprünglich Balantschiwadse hieß, wurde in St. Petersburg geboren. Sein Vater verschleuderte einen hohen Lotteriegewinn so verantwortungslos, daß er dafür ein paar Jahre ins Gefängnis mußte. Die Mutter brachte dem jungen Balanchine das Klavierspielen bei und schickte ihn im Alter von neun

Jahren auf die Ballettschule des Zaren. Die Disziplin auf dieser Schule war streng, Elternbesuch nicht gestattet, dreimal jährlich durften die Eleven nach Hause fahren. Balanchine litt unter dem strikten Reglement und unter dem Spott der Kameraden, die ihn »Ratte« nannten, riß aus, suchte Zuflucht aber nicht bei seinen Eltern, sondern bei einer Tante, die ihn auf die Schule zurückbrachte. Nach der Revolution von 1917 fand er wieder bei dieser Tante Unterschlupf; die Eltern waren inzwischen nach Georgien gezogen. Er schlug sich eine Weile als Bankbote, Sattlerlehrling und Pianist in Stummfilmkinos durch. 1924 ging er mit einer Gruppe junger Tänzer nach Westeuropa. Mit 21 Jahren wurde er Choreograph der *Ballets Russes* von Serge Diaghilev.[2]

1932 trat er mit dem *Ballet Russe de Monte Carlo* in den USA auf, ein Jahr darauf gründete er seine eigene Kompanie, wieder ein Jahr später eröffnete er in New York mit Lincoln Kirstein und der finanziellen Hilfe von Edward Warburg die *School of American Ballet.* Die Anfangsjahre in Amerika waren geprägt von Auseinandersetzungen mit Rivalen und von künstlerischen Niederlagen. Es existiert ein Foto von Balanchines erster amerikanischer Ballettschule. Die Tänzerinnen wirken ausgesprochen ungelenk. Eine von ihnen nimmt eine Positur ein, die ihr mehr Ähnlichkeit mit einem Berufsringer verleiht als mit einer zukünftigen Ballerina. Balanchine hatte große Probleme, seine Schüler davon zu überzeugen, daß sie »grand and noble« aussehen dürfen, ohne sich deswegen schämen zu müssen oder verlegen zu sein. *Serenade,* Balanchines erstes Ballett in den USA, kam 1934 zur Uraufführung. Die Kritiken waren feindselig, man sprach von Riviera-Ästhetik. Die *New York Times* riet nach seinem Debüt am Broadway, er solle schleunigst nach Paris zurückkehren. Die Widerstände erklären sich aus der amerikanischen Skepsis gegen das klassische Ballett. Unbeirrbar ging Balanchine seinen Weg, kam 1936 mit der musikalischen Komödie *On Your Toes* heraus, und dies zu einer Zeit, als in den USA kaum jemand wußte, was das Wort Choreographie bedeutet. 1946 gründete er das *American Ballet,* das ab 1948 unter dem Namen *New York City Ballet* Weltruhm erlangte. Kenner nannten es »eines der geschlossensten Stilphänomene des zeitgenössischen Kunstschaffens«. Balanchines glühendste Verehrer haben ihn an die Seite von Picasso und Strawinski gestellt.[3]

Als Vater des »abstrakten Ballets« wurde Balanchine angesehen, weil er notfalls auf Libretto, Bühnenbild und Kostüme verzichtete. In einer Art »theatralischem Striptease« zählten dann nur noch Choreographie, Musik und Bewegung. *The Four Temperaments,* das erste Stück des *New York City Ballet,* kam 1946 an einer Oberschule für Handarbeitslehre zur Aufführung. Die Musik stammte von Paul Hindemith, der Untertitel lautete »Ein Tanzballett ohne Handlung«. Wer sich fragte, wie Phlegma in tänzerische Bewegung umgesetzt werden sollte, der erhielt die Antwort: gar nicht. Die vier Temperamente dachten nicht daran, sich an ihre askribierten Eigenschaften zu halten; der Phlegmatiker hüpfte in fröhlichen Sprüngen davon.[4]

Balanchine hat eine »legitim amerikanische Schule des klassisch-akademischen Tanzes« begründet. Seit den fünfziger Jahren griff er auf amerikanische Musikformen zurück. In *Western Symphony* (1954), einem Hohen Lied auf die grenzenlose Prärie, bediente er sich einer Reihe amerikanischer Volkslieder. *Ivesiana* (1954) war auf »Central Park in the Dark« und anderen Kompositionen von Charles Ives gebaut. *Stars and Stripes* (1958) wurde zu Märschen von John Philip Sousa getanzt. Balanchine nahm einige Modifikationen am klassischen Ballett vor. Er ließ auch barfuß tanzen, entwarf akrobatische Figuren, verlangte mehr Expressivität und ein höheres Tempo bei der Ausführung der Schritte. Das Gewicht wurde von den Fersen auf die Fußballen verlagert, um schnellere Richtungsänderungen zu ermöglichen. Insgesamt sind unter ihm die Schrittfolgen rascher und flüssiger dargeboten worden. Auf Arabesken legte er keinen Wert und auf Kostüme hat er manchmal auch dann noch verzichtet, als genügend Geld da war, welche anzuschaffen. Den Zufall wußte er als Stilmittel zu gebrauchen. Eine Tänzerin, die zu spät gekommen war, gliederte sich ab da immer als letzte in die Formation ein, und eine andere, die hingefallen war, mußte das fortan regelmäßig tun.[5]

Balanchine haßte die Frage, was er mit seiner Choreographie »ausdrücken« wolle; das könne er nicht sagen. »Ich weiß überhaupt nichts. Ich kann nur sehen und hören.« »Natürlich habe ich eine Logik. Aber es ist die Logik der Bewegung.« Das Publikum war aufgefordert, die Musik zu sehen und den Tanz zu hören. »Der Tanz weist immer auf die Musik, führt sie vor, macht sie optisch interessant.« Tänzerische Akrobatik hatte für ihn etwas Engelhaftes. Seine Ballerinen, und um die ging es ihm in der Hauptsache, mußten wie Engel sein, die schweben und fliegen und *göttlich* tanzen konnten. Nur wenn sie göttlich waren, waren sie gut. »Die Domäne des Ballettänzers ist nicht die Erde sondern die Luft.« In der Schlußszene von *The Four Temperaments* wurde Jerome Robbins von dem Gefühl überfallen, er sehe interplanetarischen Reisenden beim Abschied von der Erde zu. Von sich selbst pflegte Balanchine zu sagen, er sei kein Mensch, vielmehr »eine Wolke in Hosen«. Große Mühe hat er darauf verwandt, seiner Katze Luftsprünge beizubringen. Stilgerecht bereitete er zur Zweihundertjahrfeier der USA ein Ballett zum Thema *The Birds of America* vor.[6]

Balanchine nahm Anleihen bei anderen Stilarten. Er machte witzige Anspielungen auf Tango und Cancan. Das Fundament seiner Kunst blieb jedoch der Neoklassizismus. Deshalb wirken seine besten Choreographien – *Apollo, Die vier Temperamente, Agon, Movements* – »nicht nur zeitfühliger und zeithaltiger, sondern zugleich überzeitlicher«. Seine entscheidende künstlerische Wende hatte noch in Europa stattgefunden: 1928 bei der Arbeit mit Strawinski an *Apollo.* Strawinski habe ihn gelehrt, daß Ballett Zucht und Ordnung verlange. Die fünf Grundstellungen hielt er nach wie vor für unabdingbar. Dem Schwärmertum des *Modern Dance* konnte er nicht viel abgewinnen. Wo es runde Bewegungen gibt, muß es auch eckige geben, sagte er als Spitze gegen die Konzeption Isadora

Duncans, und wenn sich ein Tänzer in die Luft erhebt, muß er auch wissen, wie er wieder landet.[7]

Das New Yorker Staatstheater im 1964 fertiggestellten Lincoln Center wurde von Philip Johnson eigens für die Bedürfnisse Balanchines und seines Ensembles gestaltet. So berühmt und erfolgreich er war – als Mensch blieb er seinen engsten Mitarbeitern ein Rätsel und ein Fremder. Ehefrauen und Geliebte hat er in Serie verschlissen. Er liebte Westernfilme und bewunderte Fred Astaire als den größten amerikanischen Tänzer. Unter Choreographen ließ er nur sich selbst gelten, ein Jerome Robbins konnte neben ihm nicht bestehen, gefördert hat er lediglich mediokre Begabungen. Seine Selbstsicherheit bezog er aus der Überzeugung, ein Werkzeug Gottes zu sein.[8] Mit »sanfter Rücksichtslosigkeit« hat er seine Ideen verwirklicht. Man nannte ihn einen philosophischen Anarchisten, der ein Auto lieber verschenkte, statt eine Zollgebühr zu entrichten, und der keine Zeit fand, der Mutter beim Tod des Vaters einen Brief zu schreiben. Für die Kompositionen des Bruders, den er nach Jahrzehnten wiedersah, hatte er kein Wort übrig.

Die Anhänger des klassischen Balletts halten ihre Kunst für zeitlos und transkulturell. Trotzdem lassen sich einige nationale Besonderheiten ausmachen. Einmal wurden in Amerika die besten Tänzer herangebildet, die sich schneller und leichtfüßiger zu bewegen wußten als die anderen Länder. Der amerikanische Ballettstil seit Balanchine zeichnet sich laut Lincoln Kirstein durch seine Vielgestaltigkeit aus. Russisch-zaristische und sowjetische Elemente mischen sich mit Jazzrhythmen und freien Formen. Ein Kennzeichen der Amerikaner ist ferner ein athletischer, harter, metrischer Akzent, der im Ausland vielfach als herzlos empfunden wird. Franzosen haben von »le style Frigidaire« gesprochen und Japaner das seelenlose Tempo kritisiert.[9]

Balanchines Leistung bestand auch darin, die USA zur neuen Heimat des klassischen Balletts gemacht zu haben. Er war indirekt dafür verantwortlich, daß überall im Lande Ballettschulen gegründet und vom örtlichen Establishment unterstützt wurden. In New York City gingen 1963 fast ebensoviele Leute in die Ballettvorstellungen wie ins Baseballstadion.[10]

XVIII. Kapitel

LITERATUR: DIE VERTREIBUNG AUS DEM PARADIES

Das Generalthema der amerikanischen Literatur des 20. Jahrhunderts war die Vertreibung aus dem Paradies. Dieses Thema wurde seit dem Zweiten Weltkrieg intensiver behandelt denn je. Henry Miller sah in seinem 1941 geschriebenen Essay »The Air-Conditioned Nightmare« (1945) das Grundübel in der feigen Flucht der Auswanderer aus Europa. Eine Lösung sozialer Probleme könne man dort nicht erwarten, wo Ziellosigkeit, Ignoranz und Degeneration herrschten und die Ur-Ideale ständig pervertiert würden. Saul Bellows *Dangling Man* (1944) erwies sich als unfähig, seine Freiheit auch zu nutzen. Es waren nur Banalitäten, die seine Tage voneinander unterschieden. Einmal nahm er eine zweite Tasse Kaffee, ein andermal gab er sich mit einem versengten Toast zufrieden. Die Unmöglichkeit sinnvollen menschlichen Zusammenlebens blieb im Handlungszentrum der Literatur. John Updike satirisierte in *Rabbit, Run* (1960) die Atomisierung und Desintegration von Familie, Ehe, Arbeitsleben, Nachbarschaft und Kirche. Kurt Vonneguts *Slaughterhouse Five* (1969) empfahl seelische Taubheit als Idealzustand: nichts zu fühlen und dabei doch am Leben zu sein.[1]

Prosa

Der Kriegsroman war seit John Steinbecks Warnung vor der nationalsozialistischen Gefahr in *The Moon is Down* (1942) ein Standardprodukt der großen Verlagshäuser. Zu den bekanntesten Kriegsromanen der unmittelbaren Nachkriegszeit zählten William Saroyans humoristisch angehauchte *Adventures of Wesley Jackson* (1946), John Horne Burns' *The Gallery* (1947) über die Erlebnisse von G.I.s im besetzten Neapel, und Irwin Shaws auf drei persönliche Schicksale zugeschnittenes Epos *The Young Lions* (1948). *From Here to Eternity* (1951) von James Jones und *The Caine Mutiny* (1951) von Herman Wouk erreichten Millionen von Lesern. Der Zweite Weltkrieg blieb ein bevorzugtes Thema amerikanischer Schriftsteller. Die Romane über den Koreakrieg erreichten meist kein besonderes Niveau.[2]

Einer der besten Kriegsromane war bereits 1948 erschienen: Norman Mailers *The Naked and the Dead.* Anhand der Figur des Leutnants Hearn – der einmal eine ausgezeichnete Examensarbeit über »The Cosmic Urge in Herman Melville« geschrieben hatte – und anderer Kriegsteilnehmer im Pazifik schuf Mailer ein breites Panorama mit den persönlichen und sozialen Implikationen des Kriegsgeschehens und einer geglückten Kombination von realistischen und symbolischen Elementen. Norman Mailer wurde von vielen als der repräsentativste Schriftsteller seiner Zeit angesehen, obwohl seine nächsten Romane *Barbary Shore* (1951) über das Dilemma revolutionärer Politik und *The Deer Park* (1955) über Hollywood von der Kritik als mißglückt verurteilt wurden. Mailer, 1923 geboren, lebt seit seinem vierten Lebensjahr in Brooklyn. Die Universität Harvard hatte er in der Absicht bezogen, Flugbauingenieur zu werden. *The Naked and the Dead,* ein recht voluminöser Roman, entstand binnen fünfzehn Monaten. Nach *Barbary Shore* bekannte sich Mailer zu einem antistalinistischen Marxismus, näherte sich jedoch bald den Positionen amerikanischer Liberaler. Unter Studenten fand Norman Mailer zahlreiche Bewunderer, und dies nicht nur wegen seines Protestes gegen den Vietnamkrieg, der ihn 1970 für fünf Tage ins Gefängnis wandern ließ. Mailers Problem als Schriftsteller ist der Konflikt zwischen ambitionierter Literatur und packender Reportage. Er selbst hat sich einmal als Amerikas besten Reporter tituliert, mit einem starken Interesse für aktuelle politische Ereignisse. Einmal kandidierte er für den Bürgermeisterposten der Stadt New York – ebenso erfolglos wie seine Schriftstellerkollegen Gore Vidal und James Michener, die sich um Kongreßsitze bemüht hatten. Eine der unbestrittenen Stärken Mailers ist die sprachliche Erfassung kollektiver Gefühlslagen. Ein Beispiel dafür ist sein Essay »The White Negro« (1957) über den Typ des »hipster«, der sich, obwohl selbst weißer Hautfarbe, den Werten des schwarzen Amerika zugewandt hat.[3]

Der 1914 geborene Ralph Ellison sezierte in seinem Roman *Invisible Man* (1952) die Gewalttätigkeit der weißen Umwelt, ihre »persönlichkeits- und erwartungslöschende Wirkung«. In »ironischer Umkehr des Entwicklungsromans« steht der Held am Schluß ohne kulturelle Orientierung da. Ellison etablierte sich neben Jean Toomer, Langston Hughes, Gwendolyn Brooks und Richard Wright als einer der wichtigsten schwarzen Autoren. William Faulkner als »Epiker des Südens« bekam Gesellschaft. Carson McCullers widmete sich in Drama und Prosa den hermetisch abgeschlossenen, im Gefängnis der Zeit lebenden Figuren in der Provinz von Georgia. Miss Amelie in der *Ballad of the Sad Cafe* (1951) hat sich wie einer der Charaktere in Faulkners *Absalom, Absalom!* in ein Haus mit vernagelten Fenstern zurückgezogen, den Blick nur noch nach innen gerichtet. Der junge Truman Capote, aus New Orleans stammend, versuchte mit *The Grass Harp* (1951) gegen den brutalen Realismus seiner Kollegen anzuschreiben und hatte am Schluß Mühe, nicht unversehens in ein banales Happy-End hineinzuschlittern. Wenn überhaupt, dann war so etwas wie Zuversicht unter südstaatlichen Schriftstellern zu spüren. Robert Penn Warren hielt Traurigkeit für erträglich, denn aus dem Bösen würde Gutes wachsen, und ein anderer schwerer Trinker, William Faulkner, schrieb 1950 in seine Nobelpreisrede den Satz hinein: »Ich glaube, der Mensch wird nicht nur überleben, er wird Sieger bleiben.«[4]

Der Illustrierten *Life* waren derlei menschenfreundliche Töne nicht genug. Sie erhob im Namen anderer Konservativer den Dekadenzvorwurf und schoß unter dem Titel »Gesucht: Ein amerikanischer Roman« eine Breitseite auf die Schriftstellerzunft ab: »Wir bringen immer noch eine Literatur hervor, die manchmal den Eindruck erweckt, als sei sie von einem arbeitslosen Homosexuellen verfaßt, der auf den Kehrrichthaufen der Städte lebt und nur darauf wartet, daß man ihn endlich ins Armenhaus läßt...« Dieser Eindruck war von den Lebensläufen der Schriftsteller her gesehen gar nicht so falsch. *Life* verwahrte sich vorsorglich gegen die Unterstellung von Banausentum: »Niemand wünscht sich eine gefällige und verlogene kitschige Literatur. Was an den heutigen literarischen Erzeugnissen auffällt, ist, daß sie das wirkliche Leben, wie es ist, nicht widerspiegeln.« H. L. Mencken hatte schon vor längerem den Verdacht geäußert, seine Landsleute hegten eine ausgeprägte Vorliebe für das Häßliche um seiner selbst willen. In Westdeutschland suchten bündnistreue Amerikanisten eifrig nach dem »positiven Korrelat« zur Gesellschaftskritik. An konservativen Schriftstellern herrschte zwar kein Mangel. Neben Ayn Rand ließen sich der ältere Steinbeck, der ältere Dos Passos, notfalls auch Hemingway und Faulkner als konservativ bezeichnen. *By Love Possessed* (1957) von James Gould Cozzens ist ein nach Form und Inhalt konservativer Roman, in dem den Werten der »Wasps« das Wort geredet wird. Aber schon bei J. P. Marquand beginnen die Schwierigkeiten: *Melville Goodwin, USA* (1951) strotzt vor Bewunderung für militärische Männlichkeit, aber in der Satire *Life at Happy Knoll* (1957) gibt Marquardt männliche Prärogative der Lächerlichkeit preis. Vladimir Nabokov bringt die ideologischen Kategorien vollends durcheinander. Nabokov stand politisch so weit rechts, daß er die Wortneuschöpfung »Sinistrophobie« herausforderte. Seine Sexualmoral entsprach jedoch nicht gerade dem konservativen Credo.[5]

Nabokovs *Lolita* (1955) erschien im Verlag Olympia Press von Maurice Girodias, dem Sohn Jack Kahanes, der erstmals Henry Miller verlegt hatte. Girodias hielt sein Unternehmen mit billiger Pornographie über Wasser, die von Pariser Exilschriftstellern unter Pseudonymen wie Akbar del Piombo oder Carmencita de las Lunas verfaßt wurde. Die angelsächsische Insel mit einer erotischen Armada zu attackieren, mache ihm großes Vergnügen, gestand Girodias. Nach dem weltweiten Echo auf *Lolita* entzweite er sich prompt mit seinem Autor. In den USA versah die konservative Literaturkritik die Geschichte zwischen dem alternden Nichtstuer Humbert Humbert und dem »Nymphchen« Lolita mit dem Etikett »obszön«. Diese Taktik diente unter anderem dem Schutz vor Selbsterkenntnis, meinte der liberale protestantische Theologe Harvey Cox. Die *New York Times* empfand das Buch als »langweilig« und leistete sich damit eines ihrer markantesten literarischen Fehlurteile. Heute gilt *Lolita* als eine auf monströse Weise zutreffende und trotzdem fröhliche Schilderung amerikanischer Zustände. Nabokov wurde ein populärer Mann und ein *drive-in* in San Francisco setzte *lolitaburgers* auf die Speisekarte. Eine Umfrage zum Gegenwartsroman ergab, daß *Lolita* für manche das letzte große Leseerlebnis war.[6]

Der Literaturwissenschaftler John W. Aldridge beklagte in seiner Studie *After the Lost Generation* (1951) den Verlust literarischer Qualität. Er führte ihn darauf zurück, daß es die Autoren nicht mehr verstünden, ihre privaten Erfahrungen mit öffentlichen Anliegen in Einklang zu bringen. Schriftsteller wie Norman Mailer, Irwin Shaw, James Jones, Gore Vidal oder Calder Willingham mußten sich vorhalten lassen, Aldridges Analyse »aufs Peinlichste« bestätigt zu haben. Der Literaturkritiker Lionel Trilling bemäkelte einen Verlust an Energie, an Ideenreichtum. Psychologisch gingen die Romanciers nach fünfzig Jahre alten Rezepten vor. Aus intellektueller Schwäche sei ihnen seit *Babbitt* zum sozialen Leben nichts Neues mehr eingefallen. Leslie Fiedler, neben Aldridge und Trilling einer der rührigsten Literaturexperten, behauptete in *Love and Death in the American Novel* (1959), Eros sei von der »bleichen, protestantischen Jungfrau« ermordet worden, eine kontinuierliche literarische Sprache gebe es nicht mehr und das Zwiegespräch zwischen den Klassen sei verstummt. Der Erzählband *On the Line* (1957) von Harvey Swados, der das Bild vom glücklichen Fließbandarbeiter korrigieren wollte, gehörte eher zu den literarischen Raritäten. Was jüdischen Schriftstellern gerne unterstellt wurde, daß sie nämlich immer nur sich selbst erklärten, immer nur ihr eigenes Haus bestellten, wurde von vielen als allgemeines Kennzeichen der Literatur seit 1945 wahrgenommen. Literaten glaubten offenbar nicht mehr, mit ihrem Werk etwas bewirken zu können und schrieben nur noch zu ihrer persönlichen Erleichterung. Die Romanschriftstellerin Joyce Carol Oates schien mit ihrem immensen Buchausstoß sagen zu wollen, *scribo ergo sum*. Das eigene Selbst dominierte Exposé, Handlung, Klimax und Ende. Eine Geschichte ausschließlich aus der Perspektive *einer* Figur zu erzählen, wäre zum Beispiel in der traditionellen chinesischen Literatur ganz undenkbar gewesen; bei Amerikanern war dies zum Normalfall geworden.[7]

Henry Millers Einfluß erwies sich als dauerhafter und durchschlagender als manche gehofft hatten, und dies obwohl seine wichtigsten Werke bis 1961 verboten waren. Den schwülen Sex in Bestsellern à la *Peyton Place* (1959) von Grace Metalious vorbereitet zu haben, wird man ihm nicht anlasten dürfen. Miller war auf seine Art ein uramerikanischer Antinomier, einer, der sich von der Masse fernhielt, einer, der alle Formeln und Systeme als gemeine Verschwörung abtat, der die Gesellschaft mit einem sich selbst auffressenden Krebs verglich – und der es doch schaffte, *cheerful* zu bleiben, aktiv und ewig unternehmungslustig. Auf die Frage, was denn nun wirklich obszön sei, hatte er seine eigene Antwort parat. »More obscene than anything is inertia«, heißt es in *Tropic of Cancer*, obszöner als alles ist Trägheit. Der unter Studenten vielgelesene Kenneth Patchen schrieb im Geiste Henry Millers. Mit wüsten Parodien auf Gertrude Stein und Sprachexperimenten im Stil von James Joyce führte er in den *Memoirs of a Shy Pornographer* (1945) den Nachweis, daß die dunklen Seiten des Amerikanismus ärger sind als offene Pornographie.[8]

J. D. Salinger schuf mit seiner Figur des Holden Caulfield aus *Catcher in the Rye* (1951) einen aktualisierten Huckleberry Finn. Wieder begibt sich der »höllisch einsame« Held auf die Suche nach persönlicher Freiheit, wieder ist er seiner eigenen Kultur entfremdet und am Ende sucht auch er das Heil im Westen. Aber das Ziel der Flucht dieses »alterslosen Jugendlichen« ist nicht die offene Prairie, sondern ein Sanatorium bei Los Angeles; die Themen des 19. Jahrhunderts haben sich sozusagen »demographisch und psychologisch abgenutzt«. Jerome David Salinger ist in Manhattan aufgewachsen. Sein Vater war ein jüdischer Lebensmittelimporteur, seine Mutter irischer Abstammung. 1934 schickte man den 1919 geborenen Sohn auf eine Militärakademie in Pennsylvania. Er absolvierte einen Know-how-Kurs für das Schreiben von Kurzgeschichten und veröffentlichte erste Arbeiten in Illustrierten. 1942 wurde er zum Kriegsdienst eingezogen, er machte die Invasion in der Normandie mit. 1946 kehrte er in die USA zurück. Die Ehe mit einer Französin ging entzwei. Der literarische Durchbruch kam mit Veröffentlichungen im *New Yorker*. Die Kritik registrierte mit Beifall, daß hier eine unverbrauchte Stimme zu hören war. Holden Caulfields Motive in *Catcher in the Rye* und Salingers souveräne Beherrschung der Umgangssprache sind in Literatur- und Fachzeitschriften ausführlich gewürdigt worden. Das Buch veranschaulichte nicht nur die Irrwege des amerikanischen Erziehungsstils, es repräsentierte – in der Meinung von Ernest Jones – die zeitlosen, universellen Anfechtungen des Pubeszenten. Für die junge Generation wurde *Catcher in the Rye* praktisch zur Pflichtlektüre, obgleich Buchhändler und Bibliothekare graue Zensur übten und das Werk ohne Gerichtsbeschluß von den Regalen nahmen. Binnen zehn Jahren erreichte Salingers Roman eine Auflage von anderthalb Millionen, Übersetzungen in fremde Sprachen nicht gerechnet. Noch heute werden pro Jahr weltweit 250000 Exemplare abgesetzt. Salinger entzog sich nach dem Erfolg der Öffentlichkeit und lebte ab 1953 in der Kleinstadt Cornish in New Hampshire. 1955 hat er wieder geheiratet. Das Erscheinen einer großangelegten Biographie ließ er gerichtlich verbieten.[9]

Die skurrilste Exponentin des literarischen Konservativismus und des Individualismus alter Art ist die Romanautorin Ayn Rand. Sie wurde im damaligen St.

Petersburg geboren und wuchs als einsames Kind auf, das sich seinen jüdischen Eltern wenig nahe fühlte. Als 16jährige studierte Ayn Rand in Petrograd Geschichte. Sie sah amerikanische Filme und blieb einmal nach der Vorstellung sitzen, um ein Bild von der New Yorker *skyline* ein zweitesmal in sich aufzunehmen. Mit Macht wollte sie nach Amerika, erhielt die Ausreisegenehmigung, verließ hochgestimmt das Konsulat in Riga, bewegte sich über das vereiste Kopfsteinpflaster mit traumwandlerischer Sicherheit und hatte das Gefühl, daß ihr jetzt niemand mehr wehtun könne.[10] Ihre Eltern sah sie nicht mehr wieder.

Im Alter von 21 Jahren ging sie nach Hollywood, wollte Drehbuchautorin werden, mußte sich aber meist mit Gelegenheitsarbeiten durchs Leben schlagen. 1936 erschien *We the Living*, ihr erster Roman, in dem sie vor den Gefahren des Kollektivismus warnte. Rand hielt Franklin Roosevelt für ein Unglück und engagierte sich für seinen republikanischen Gegenspieler Wendell Willkie. In der Zeit des Kalten Krieges fühlte sie sich in ihrem Antikommunismus bestätigt. Als »freundlicher Zeuge« vors HUAC geladen, kritisierte sie die ehemalige Allianz USA-UdSSR und machte Bedenken gegen den prosowjetischen MGM-Film *Song of Russia* geltend.

Ihren Romanen liegt ein »Objektivismus« genanntes Philosophieren zugrunde. In den Abhandlungen *The Virtue of Selfishness* (1964), *Capitalism: The Unknown Ideal* (1966), den Periodika *The Objectivist* (1962–71) und *The Ayn Rand Letter* (1971–76) haben Rand und ihre Anhänger die objektivistische Anthropologie und Gesellschaftslehre samt ihren ethischen Implikationen erläutert. Ausgangslage ist die »verengte Vision« der modernen Menschen, die es durch ein »unverstelltes Bewußtsein« zu ersetzen gilt. Das Grundaxiom lautet »die Existenz existiert«. Der Objektivist unterstützt wahren Laissezfaire-Kapitalismus und großartige Einzelleistungen. In Umkehrung der jüdisch-christlichen Ethik wird Egoismus als Tugend, Altruismus als Schwäche eingestuft.[11]

The Virtue of Selfishness verlangt Unterwerfung unter das Moralgesetz des Stärkeren wie in einem früheren Amerika, denn die Vereinigten Staaten waren aus objektivistischer Sicht »die erste *moralische* Gesellschaft in der Geschichte«. Der Objektivismus ist eine Philosophie des »hands off!«: »Kultur ist der Prozeß, den Menschen von anderen Menschen zu befreien.« Der Staat hat nur noch polizeiliche und militärische Aufgaben, keine sozialen. Die Hauptfigur des Romans *The Fountainhead* (1943), Howard Roark, dem der Architekt Frank Lloyd Wright Modell gestanden haben soll, jagt ein von Dritten verändertes Bauprojekt kurzerhand in die Luft. Im Umgang mit Dingen und Menschen ist er konsequent. Seine Partnerin benützt er als eine Art Selbstbefriedigungsgerät. Der Solipsismus ist ein Wert an sich. *The Fountainhead* schließt mit dem Satz: »Dann gab es nur noch das Meer und den Himmel und die Gestalt von Howard Roark.« 1949 wurde der Roman mit Gary Cooper in der Hauptrolle verfilmt. Es entstand eine Art

»Wagnerianische Seifenoper«. Roark hat weder Vater noch Mutter, er kommt anscheinend aus dem Nichts. Minderwertige Geschäftspartner, und das sind sie alle, stören seine genialen Gedankenflüge. Demokratie – das klingt aus seinem Munde schon fast so übel wie Kommunismus. Frank Lloyd Wright hat sich den Film angesehen und ihn als bösartige Karikatur seines Schaffens empfunden.[12]

Ayn Rand wollte auf eine dermaßen penetrante Weise amerikanisch sein, daß ihre Ideologie zum Zerrbild wurde. Dies gilt besonders für *Atlas Shrugged* (1957), einen Mammutroman von über 1100 Seiten aus dem Milieu der Eisenbahn- und Stahlmagnaten, ein Werk, das sie für ihr wichtigstes hielt. Die Hauptfiguren sind Dagny Taggart, die energische Juniorchefin der Eisenbahngesellschaft Taggart Transcontinental, James Taggart, ihr schlapper Bruder, Hank Reardon, der stahlproduzierende Selfmademan, Francisco d'Anconia, ein südamerikanischer Playboy, der die Lust an den eigenen Kupferminen verliert, John Galt, ein Erfindergenie (aus wenigen Tropfen seines Gehirns könnte man die Welt erretten, allerdings arbeitet er seit zwölf Jahren als Eisenbahnarbeiter), Mr. Thompson, der Präsident Amerikas, Ragnar Danneskjöld, der aus Verärgerung über die Sozialpolitik zum Freibeuter geworden ist und Dr. Stadler, ein vormals großer Forscher, der sich leider mit Washington arrangiert hat. Die Selfmademen des Romans werden der ständigen Bedrängung durch inkompetente Politiker, Wissenschaftler und andere Schwächlinge müde, sagen sich von der Gesellschaft los und eröffnen eine auf Wettbewerb und Genialität gegründete Utopie. Zuvor streicht Ragnar Danneskjöld als invertierter Robin Hood durch die Lande, beraubt die Armen und beschenkt die Reichen. John Galt hat einen sensationellen Motor erfunden und angelegentlich das Problem gelöst, wie statische in kinetische Energie umzuwandeln sei. Francisco d'Anconia machte sich derweil Gedanken über die dynamische Qualität des Dollars. Der Ausdruck »making money« sei die stolzeste Errungenschaft der Amerikaner, weil sie anders als andere Völker nie einem statischen Wohlstandsbegriff angehangen haben. Leider hätten Bettler, Schmarotzer und Erbschleicher die alten amerikanischen Tugenden ausgehöhlt. Gefragt, welchen Rat er Atlas geben würde, wenn der die Last der Erde nicht mehr tragen kann, antwortet d'Anconia: »To shrug«, er solle mit der Achsel zucken. Das tun die Gescheiteren unter den Kapitalisten dann auch, als sie ihre Utopie »Atlantis« aufsuchen, die kurioserweise in den Rocky Mountains liegt.[13] Das Grunddogma in der Millionärskommune lautet: kein Mitleid zeigen. Utopiegründer Midas Mulligan, schon am Namen als schwerreicher Mann zu erkennen, hat dafür Sorge getragen, daß »Atlantis« auf keiner Landkarte verzeichnet ist. Die Utopisten beschäftigen sich ausschließlich damit, frei zu sein und ihre Genialität triumphieren zu lassen. Eine Unterhaltung zwischen Erfinder Galt und Freibeuter Danneskjöld vermittelt einen ungefähren Begriff von den zu erwartenden Resultaten: »Was«, fragt John Galt, »hast du heuer sonst noch erreicht?« – »Ich habe dem Gesetz der Schwerkraft getrotzt.« Dagny Taggart fliegt westwärts, sich den Utopisten anzuschließen. Den Bau von Eisenbahnen und Bahnhöfen hat sie dreingegeben, ihr neues Lebensziel ist der Punkt, an dem sich die Schienenstränge am Horizont treffen, ein Punkt »jenseits der Erdkrümmung«. Die Erde wird bald leer sein und frei wie der Luftraum. »Price no object«, schießt ihr durch den Kopf, ein alter Spruch aus der Businesswelt, der sich doppelt auslegen läßt.*[14]

Die Kritik hat sich nicht mit der Todessehnsucht befaßt, die aus *Atlas Shrugged* spricht, sondern mit stilistischen und ideologischen Fragen. Dem Philosophieprofessor Sidney Hook wollte die Lebensanschauung der Ayn Rand wie eine »extravagante Absurdität« vorkommen. Den Literaturkritikern waren Rands Helden psychisch zu steif. Die meist liberale *New York Times* meinte, der Haß habe der Verfasserin die Hand geführt. Die konservative *National Review* empfand das Buch als peinlich, weil es in seiner Drastik der konservativen Bewegung schadete.

Obwohl die Objektivisten um Rand behauptet hatten, alle Formen der Mystik, der Metaphysik und des Subjektivismus hinter sich gelassen zu haben, entstand aus der objektivistischen Weltanschauung fast so etwas wie ein religiöser Kult. Unter Studenten war Ayn Rand besonders beliebt. Ihr Buch *The Virtue of Selfishness* wurde 1965 von der Rice University in Texas mit einem Preis ausgezeichnet. Um 1970 tauchten in Südkalifornien Autoaufkleber mit der Frage »Who is John Galt?« auf. Alan Greenspan, einer der engsten Vertrauten Rands, wurde 1974 Wirtschaftsberater von Richard Nixon und unter Ronald Reagan Chef der Bundesreservebank. Reagan freilich war für Rand kein willkommener Präsidentschaftskandidat, weil er gegen die Abtreibung auftrat und ihrer Meinung nach keine Ideologie besaß.[15] Die Romane *Fountainhead* und *Atlas Shrugged* wurden noch um 1970 jährlich hundert- bis zweihunderttausendmal abgesetzt. Eine billige Ausgabe von *Atlas Shrugged* wird nach wie vor in fünfzigtausend Exemplaren pro Jahr nachgedruckt. »Moral Majority« und Neokonservative haben jüngst Ayn Rand für sich wiederentdeckt. Die protestantische Zeitschrift *Christian Century* widmete der Hohepriesterin des Eigennutzes einen respektvollen Nachruf. Sie starb, stilgerecht, ohne Angehörige zu hinterlassen.[16]

Über den Erfolgen von William Faulkner und Ernest Hemingway, von Norman Mailer und James Jones sind andere, wichtige Autoren vernachlässigt worden. Gerade in der Bundesrepublik Deutschland hat man von John Hawkes (*The Cannibal,* 1949) oder William Gaddis (*The Recognitions,* 1955) kaum Notiz genommen.[17] Paul Bowles, der in seiner zeitlosen Suche nach dem »beyond« so repräsentativ ist für die amerikanische Kultur, wurde auch im eigenen Lande oftmals unterschätzt. Bowles hat sein Leben als eine unaufhörliche Reise begriffen und seiner Autobiographie den ganz angemessenen Titel *Without Stopping* (1972)

---

* Substantivisch »Der Preis spielt keine Rolle« oder als Imperativ »Schätze kein Objekt«

gegeben. Er ist 1911 unter dramatischen Umständen zur Welt gekommen. Der Kopf des Neugeborenen zeigte nach der notwendig gewordenen Zangengeburt einen tiefen Schnitt. Zwei Nonnen wollten das Kind sofort zur Taufe bringen, da die Gefahr bestand, daß es die Nacht nicht überlebte. Die Mutter protestierte schreiend dagegen und drohte aus dem Bett zu kriechen, um zu verhindern, daß ihr das Kind weggenommen wurde. Der Vater hat seinem Sohn Paul später vorgeworfen, die Gesundheit der Mutter auf Dauer ruiniert zu haben. Von seiner Großmutter mußte er erfahren, daß ihn sein Vater einmal umbringen wollte, indem er ihn im Alter von sechs Wochen nachts auf ein schneebedecktes Fensterbrett legte. Bowles' intensiver Haß auf den Vater kam somit nicht von ungefähr: »Seine bloße Gegenwart bedeutete Elend.« Er leistete einen Schwur, seinen Vater zu vernichten und sein Leben dieser Aufgabe zu widmen. Er entwickelte einen hohen Bedarf an Privatheit, schickte sich in Krankheiten mit der freudigen Erwartung, endlich allein zu sein. Andere Kinder betrachtete er als seine natürlichen Feinde. Die Nähe zu anderen irritierte ihn, Beziehungen zu Mitmenschen hielten ihn, so glaubte er, vom Wesentlichen ab. Angst vor Nähe erforderte Mobilität. Paul Bowles hat einen seiner Großväter heftig bewundert, weil der jeden Staat der Union bereist hatte, oft nicht mehr als eine Nacht in derselben Stadt schlief und drei Häuser besaß, jedes davon wohnbereit. Bowles ist zeitlebens unterwegs gewesen, davon zeugt seine lakonisch, beinahe automatisch, eben »without stopping« hingeschriebene Vita.

Mit 13 Jahren widerfuhr ihm das erste seiner Schlüsselerlebnisse. Er betrat einen Candy Store um Limonade zu kaufen und spürte, wie die Verbindung zwischen sich und seinem Körper urplötzlich unterbrochen wurde. Er verließ den Laden unmittelbar nach Betreten durch eine zweite Tür, kam bei der ersten wieder herein, ging hinaus, kam wieder herein, offenbar unfähig innezuhalten. Er verspürte das Gefühl, endlos darin fortfahren zu müssen. In sein erstes Collegejahr fiel das zweite Schlüsselerlebnis, das er erst später mit dem Vorfall im Candy Store in Verbindung bringen konnte. Ohne Vorwarnung ergriff sein »zweites Ich« von ihm Besitz, als er eines Nachmittags sein Zimmer betrat. Er sprang aufs Bett, warf eine Münze: Kopf. Zahl hätte bedeutet, daß er ein Schlafmittel nimmt und keinen Abschiedsbrief hinterläßt. Kopf bedeutete, daß er so bald wie möglich das College verläßt und nach Europa geht. Scheinbar unmotivierte Mobilität wurde zum wiederkehrenden Muster in seinem Leben.

In Paris marschierte er eines Tages zur Gare de l'Est und bestieg einen Zug nach Saverne, ohne zu wissen wie ihm geschah oder was er in der ihm fremden Stadt suchte oder zu finden hoffte. Er begann zu schreiben, in freier Assoziation, ohne reflektierte Überlegung. Sein Manuskript überschrieb er »Without Stopping«, wie später seine Autobiographie – Schreiben diente ihm als Ersatz für körperliche Bewegung. Ortsveränderung wurde zum Prinzip, unter allen Bedingungen. Trotz großer Armut mietete er sich in seinen frühen New Yorker Jahren zwei Wohnungen gleichzeitig, und zwar in verschiedenen Teilen der Stadt. Später, in Tanger, besaß er ein Haus, lebte aber zeitweise im Hotel. In Algier mietete er ein Haus und zog wieder ins Hotel. Seßhaftere Personen nahm er mit Staunen wahr. Er wunderte sich über eine Marokkanerin, die innerhalb der Stadt Fez für einen Monat zu ihrer Schwester zog, konnte die Aufregung und die komplizierten Reisevorbereitungen kaum begreifen. Ironisch vermerkte er, wie die Frau am Ende erschöpft heimkehrte, die Fahrt war über zwei Meilen gegangen. Bowles liebte eine Perspektive, die die Sicht über große Entfernungen hinweg ermöglichte. Der »unobstructed view« gewährte seelische Befriedigung, und was für Gegenstände galt, traf auch auf Menschen zu. Ihn verlangte es nach Distanz zu anderen, er wollte möglichst außer Hör- und Sichtweite kommen.[18]

Bowles' literarische Figuren reflektieren seine persönliche Disposition. In *Up Above the World* (1968) wird ein »langgehegter Argwohn« ausgesprochen: »... Menschen können sich nicht wirklich nahe kommen, sie stellen sich das nur vor.« In der Kurzgeschichte »Call at Corazón« (1946) sagt der frischgebackene Ehemann zur Ehefrau: »Man verbringt die Flitterwochen nicht allein.« – »Du schon«, erwidert die Frau, und am Ende tut er eben das, setzt die Hochzeitsreise per Schiff alleine fort. Bowles hat Landschaften mit äußerster Präzision beschrieben, aber kaum einmal ein menschliches Gesicht, als würde die Mühe nicht lohnen. Beziehungen zwischen Familienangehörigen entwickeln sich fast regelmäßig zu Katastrophen. In »The Echo« (1946) zieht die Mutter der Tochter eine lesbische Freundin vor. Die Tochter sucht nach einem Wutausbruch das Weite. Der spießige, ordentliche Bruder in »Pages from Cold Point« (1947) wird vom Erzähler als unausstehlich empfunden, weil er ihn an die Kindheit erinnert, an die er sich gerade nicht erinnern will. Der Ehemann aus »Call at Corazón« sinnt nachts in der Kabine dem verflossenen Tag nach, der ihn wieder ein Stück von seiner Kindheit weggebracht hat. Im Traum erscheinen ihm längst vergessene Gegenstände aus Kindheitstagen, bei deren Anblick er von unendlicher Frustration und Traurigkeit ergriffen wird. Erst als das Schiff ablegt, stellt sich ein angenehmes Gefühl ein.[19]

Besonders drastisch und nahe am Autobiographischen hat Bowles seine alptraumhafte Kindheit in »The Frozen Fields« (1957) abgebildet. Die Geschichte spielt zu Weihnachten in einem Landhaus in winterlicher Umgebung und im Familienkreis: der Vater – ein Ungeheuer; der Sohn schafft sich eine Fluchtwelt – »the other world« –, die er vor dem Vater eifersüchtig, aber vergeblich zu verbergen trachtet. Anfangs fühlt er sich unter Tanten und Onkeln recht wohl, sie bieten Schutz vor den wachsamen Augen der Eltern. Bei der Nachricht von der vorzeitigen Abreise des Vaters überkommt ihn Zufriedenheit. Vorher schon hat er geträumt, ein Wolf würde seinem Vater an die Kehle fahren. Sohn und Wolf verbrüdern sich im Traum und laufen über die eisigen Felder davon. Wieder liegt die Befreiung in der Bewegung, in der *remoteness*, in den Regionen ohne menschliche Spuren.[20]

Drama

Die dominierenden Figuren des amerikanischen Theaters der Nachkriegszeit und in den fünfziger Jahren waren Tennessee Williams und Arthur Miller. Williams war in Mississippi geboren und in schwierigen Verhältnissen großgeworden. Sein Vater trank, seine Schwester war hochgradig exzentrisch. Auf Betreiben der Mutter mußte sie sich einer Lobotomie, einem operativem Eingriff in die Gehirnsubstanz, unterziehen, worauf sie den Verstand verlor. Sie kommt als zartes, weltentrücktes Wesen in mehreren Stücken ihres Bruders vor. Thomas Williams – den Beinamen Tennessee legte er sich erst später zu – durfte als 17jähriger mit seinem Großvater eine Europareise antreten, schlug sich während der Wirtschaftskrise mit Gelegenheitsarbeiten durch, absolvierte die Universität von Iowa und erhielt 1940 ein Literaturstipendium der Rockefeller-Stiftung. *The Glass Menagerie* (1945) war sein erster Bühnenerfolg.

Das Stück spielt im Milieu der unteren Mittelschicht, in den billigen Apartmenthäusern überfüllter Stadtkerne, im größten und versklavten Sektor der amerikanischen Gesellschaft, wie Williams im Vorspruch erklärte. Amanda Wingfield, die Mutter, wartet auf den »gentleman caller« für ihre Tochter Laura, einen Arbeitskollegen ihres Sohnes Tom. Jim soll den Freier spielen und obendrein einen Ersatz abgeben für den Vater, der sich vor Jahren in »weite Entfernungen« verliebt und die Familie in Stich gelassen hat. Obwohl sie innerlich von der Hoffnungslosigkeit ihrer Existenz überzeugt ist, klammert sie sich an die Fiktion, daß ihre Kinder etwas Besonderes darstellen und Erfolg haben werden, so sie nur den Mut dazu aufbringen. Jim, der »gentleman caller«, entpuppt sich als Versager, als Mensch, der vor den Trümmern seiner Träume steht. Seine Jugend hatte er dermaßen schwungvoll bewältigt, daß man ihn mit 30 Jahren eigentlich im Weißen Haus erwartet hätte. Aber, nach dem Highschool-Examen phlegmatischer geworden, hat er sich allem Anschein nach mit seiner Gewöhnlichkeit abgefunden. Er entwickelt kein Interesse für Laura, die selbstvergessen mit ihren Glastierchen spielt, und verabschiedet sich ins Kino. Tom hat kein Verständnis dafür: »Die Leute gehn in die *movies* anstatt sich selbst zu bewegen ...« Am Ende beschließt er, in die Fußstapfen seines Vaters zu treten und mit Bewegung wettzumachen, was man an Freiraum verloren hat.[21]

In seinem Stück *A Streetcar Named Desire* (1949) charakterisierte Williams die Hauptfigur Blanche als eine neurasthenische Frau mit Vergangenheit, die mit ihrem unsensiblen Schwager Kowalski schläft, ehe sie ins Nervenspital abgeführt wird. Als Opfer einer Derealisation hält sie an ihren Illusionen fest: »Den Rest meines Lebens werde ich auf See verbringen.« In der elften und letzten Szene überrascht sie den Nervenarzt mit dem gutklingenden Satz: »Wer immer Sie sind – ich mußte mich immer auf die freundliche Hilfe von Fremden verlassen.« Williams' ausdrucksvollste Figuren sind Außenseiter, unangepaßte, immer im Aufbruch befindliche, zum Untergang bestimmte Gestalten. Die düstere Grundstimmung wird gelegentlich durch eine Art romantische Ironie etwas gelockert. Gegen die Fluchtgedanken seiner Figuren hat der Südstaatler Williams die Empfehlung ausgesprochen, beständiger zu leben, sich einzumauern und dem korrumpierenden Einfluß der rasenden Zeit auf diese Weise Paroli zu bieten. Er erinnert da an seine Vorfahren im Antebellum-Süden, die sich gegen die Hektik der Yankees verwahrten, führte aber selbst ein unstetes, chaotisches Leben und erwies sich als unfähig, menschlich warme, reife Beziehungen einzugehen. In *Orpheus Descending* (1957) schrieb Williams den Wunsch hinein, ein Vogel ohne Beine zu sein, das Leben auf Flügeln zu verbringen und nur zum Sterben auf die Erde zurückzukehren.[22]

Das Drama des New Yorkers Arthur Miller vom Tod eines Handlungsreisenden wurde international zu einem der größten Theatererfolge. Willy Loman, der Hauptfigur in *Death of a Salesman* (1949) wird zugestanden, daß der Mensch mehr braucht zum Leben als nur sein Gehalt. Aber Loman ist alt geworden und hat nie eine Chance erhalten. Der Juniorchef seiner Firma gibt ihm zu verstehen, daß er nicht mehr gebraucht wird. Der große Gatsby in Fitzgeralds Roman scheiterte, weil er zu lange einem einzigen Traum nachhing. Loman hatte von Haus aus die falschen Träume. So fest hatte er an die Werte der Gesellschaft geglaubt, das er spaßeshalber die protestantische Arbeitsethik auch mal umdrehen durfte: »How're ya? Workin'? Or still honest?« Die Bilanz seines Lebens fordert nur Schäbigkeit zutage. Von seinen Söhnen halb bemitleidet, halb verachtet, begeht er Selbstmord. Millers Drama hatte unmittelbare Folgen. Der Besitzer einer großen Ladenkette wies seine Filialleiter an, älteren Angestellten nicht mehr zu kündigen. Ein anderer Firmenchef fragte bei Miller an, wie zu verhindern sei, daß seine Handelsvertreter so oft die Stellung wechselten und dadurch die Produktionskosten in die Höhe trieben. Die Filmfassung von 1952 sollte eine Dokumentation vorangestellt werden, aus der hervorging, daß der Beruf des Handelsvertreters materielle und seelische Sicherheit bot und daß Loman einfach ein miserabler Verkäufer war. Miller konnte dies verhindern, nicht aber, daß antikommunistische Gruppen, darunter der Bund katholischer Kriegsveteranen, gegen Film und Bühnenstück öffentlich demonstrierten.[23]

Das amerikanische Theater hinkte hinter den anderen Künsten her. Williams und Miller ergingen sich gegen Ende der Dekade in Wiederholungen. Die erfolgreichsten Stücke am Broadway waren bis 1960 *Life With Father* und *Tobacco Road* mit über 3000, sowie *My Fair Lady* und *Oklahoma!* mit mehr als 2000 Aufführungen. Künstlerisch hatte der Niedergang des Broadway schon bei Kriegsende eingesetzt. Der Glanz des »Great White Way«, einstmals ein Indianerpfad, verblaßte zusehends. Die Experimente von Elmer Rice, der die filmische Rückblende auf die Bühne gebracht hatte, wirkten überlebt. Thornton Wilders Weltbild in *The Matchmaker* (1955) und anderen Stücken war nun doch zu niedlich und zu fromm. Williams beugte sich den Kräften, denen der Kassenerfolg über alles ging. Der Broadwayversion von *Cat on a Hot Tin Roof* (1955) wurde ein optimistischer Schluß angehängt. Die Neigung, akute politische Probleme in unverbindlichen Parabeln abzuhandeln, forderte Kritik heraus. Miller protestierte gegen den McCarthyismus, indem er die Salemer Hexenprozesse aus dem 17. Jahrhundert aufwärmte.[24]

Neue Impulse kamen von den Bühnen *Off-Broadway* und von jüngeren Dramatikern wie dem 1928 geborenen Edward Albee. Eine Attacke gegen unechte Werte hatte Albee im Sinn, eine Verurteilung von Beschaulichkeit, Grausamkeit und Aufgeblasenheit, einen Protest gegen die Fiktion »that everything in this slipping land of ours is peachy-keen«. Wie in England machten auch in den USA gegen Ende des Jahrzehnts zornige junge Männer ihrer Empörung Luft. Albee wählte dort den direkten Weg, wo die älteren Kollegen den Umweg über Gleichnisse bevorzugt hatten. *The American Dream* (1959/60) ist eine bitterböse Abrechnung mit der Familie und des scheinheiligen Umgangs miteinander. »Sie ist einfach eine entsetzliche Frau«, sagte die Mutter über eine Nachbarin, »aber sie ist die Vorsitzende von unserem Frauenclub, und deshalb mag ich sie natürlich schrecklich gern.« Der Theaterprofessor Hanns Braun machte sich nach der Münchner Aufführung Gedanken über die Funktion des *small talk* in diesem Stück: »Zum Vorschein kommen der ordinäre Neid und die durch konventionellen Aufputz noch unerträglicher werdenden Haßgesinnungen ... und obendrein alle die psychologischen und biologischen Abgründe, von denen man eigentlich nie redet, wenn man sich an die Regeln des Small talk hält.«[25] Noch schonungsloser attackierte Albee in *Who's Afraid of Virginia Woolf* (1962) die scheinbare Wohlanständigkeit verheirateter Paare in neuenglischen Collegekreisen. Albee ist von seinen Eltern in Stich gelassen und kurz nach der Geburt von einem Millionär adoptiert worden. Sein Leben hat er als eine Suche nach menschlicher Nähe verstanden, aber die Rezepte, die er hierfür anzubieten hat, muten recht merkwürdig an: »Ich meine, wir alle sollten dicht am Abgrund leben, so ausgiebig und gefährlich wie möglich .... Morgen sterben wir. Warum nicht heute riskant leben, sich voll ausleben?«[26]

Das »Living Theater«, 1951 gegründet, war die radikalste Gruppierung des Off-Broadway. Julian Beck und Judith Malina fühlten sich in den fünfziger Jahren in erster Linie ästhetischen Werten verpflichtet, weil sie an die konstitutionelle Unvereinbarkeit von Kunst und Politik glaubten. Sie ließen sich beeinflußen von Wilhelm Reich, John Cage, Jackson Pollock und vom totalen Theater Erwin Piscators. Artauds radikaler Imperativ »Verbrennt die Texte!« verlangte die Improvisation. Die Politisierung des Ensembles kam mit Paul Goodmans privatem Anarchismus und mit dem Stück *The Brig* (1965) von Kenneth Brown, einem Stück über die unmenschlichen Zustände in einem US-Militärstraflager. Fortan trat die Gruppe als Exponent der antikapitalistischen und antiimperialistischen Bewegung auf. Sie mußte die USA 1965 verlassen. Die Ford Foundation hatte es von Anfang an abgelehnt, die Gruppe finanziell zu unterstützen.[27]

Lyrik

Die Nachkriegslyrik war weniger revolutionär als behauptet. Ältere Dichter wie Marianne Moore hatten ihre besten Sachen schon geschrieben und bei den jüngeren, der Beat Generation, der Black Mountain-Schule und den »Bay Area Writers« fand sich vieles, was man schon bei Whitman gelesen hatte. Ein anarchistischer Zirkel hielt nach Kriegsende in San Francisco Dichterlesungen ab, die großen Publikumszuspruch fanden. Hier bahnte sich die *San Francisco Renaissance* an. Ehemalige Kriegsdienstverweigerer gestalteten die Sendungen einer kooperativen Rundfunkstation. Literaturzeitschriften wie *Circle, City Lights* oder *The Ark* unterstützten den privaten Anarchismus wie er für die USA typisch ist. Lawrence Ferlinghetti kaufte den *City Lights Bookstore* und machte daraus eine Begegnungsstätte der künstlerischen Avantgarde. Die bizarren Lebensläufe der Nachkriegslyriker sind oft interessanter als ihre Werke. Der Lyriker, Maler, Komponist und Jazzpianist Weldon Kees aus Nebraska verschwand 1955 in San Francisco spurlos. In North Carolina leitete der Dichter Charles Olson einige Jahre lang das Black Mountain College. Versmaß und Form erklärte Olson für obsolet. Eine Gedichtzeile habe sich an der menschlichen Atemlänge zu bemessen. Brav beugten sich die Eleven über ihre Schreibmaschinen und betätigten den Zeilenschalter nach Maßgabe ihrer Lungenkapazität.[28]

Ein gutes Gedicht mußte Energie freisetzen, meinte Olson, von dessen Essay *Projective Verse* (1950) die Dichter Robert Duncan, Robert Creeley und Allen Ginsberg gezehrt haben. Olson hat in *The Distances* (1960) ein altes, Whitmanesques Thema der Dichtung wiederaufgenommen, die Suche nach freien Räumen, nach einer unbeschwerten Existenz. Im Titelgedicht heißt es:

You have love, and no object
or you have all pressed to your nose
which is too close

Eudora Welty hatte in ihrer Kurzgeschichtensammlung *The Golden Apples* (1949) die Klasse der ewig unzufriedenen Wanderer angesprochen, und gerade die Biographien der Dichter lesen sich wie Reisebeschreibungen. Die aus Worcester (Massachusetts) stammende Lyrikerin Elizabeth Bishop – *North and South* (1955) – verbrachte ihr Leben auf Reisen und lebte unter anderem in Nova Scotia, Paris, London, Key West, Poughkeepsie, Cape Cod, Mexiko, Boston, Greenwich Village, Seattle und Rio. Im Alter von acht Monaten hatte sie ihren Vater verloren, sie war gerade fünf Jahre alt geworden, als ihre Mutter in eine Anstalt kam; sie hat sie nie wieder gesehen. In ihrem Gedicht »Questions of Travel« (1965) heißt es:

Is it lack of imagination that makes us come
to imagined places, not just stay at home?
Or could Pascal have been not entirely right
about just sitting quietly in one's room?

Continent, city, country, society:
the choice is never wide and never free.
And here, or there ... No. Should we have stayed at home,
Wherever that may be?

John Berryman und Theodore Roethke, zwei der bedeutendsten Lyriker ihres Landes und beide gleichermaßen lebensmüde, waren überzeugt davon, daß »dissociation« einem neuen Zustand der Klarheit vorausgeht.[29]

John Crowe Ransom hatte den *New Criticism* begründet, eine literaturwissenschaftliche Methode, mit der sich auch Cleanth Brooks, Robert Penn Warren, Allen Tate und Richard Blackmur identifizieren konnten. Gemeint war eine Literaturbetrachtung, der es hauptsächlich um die rhetorische Struktur eines Textes ging. Die Biographie eines Autors, sein soziales Umfeld, die historischen Bezüge interessierten gar nicht oder nur am Rande. Die Anhänger des New Criticism beriefen sich auf Henry James, Ezra Pound, T. S. Eliot und Benedetto Croce. Sie verbreiteten ihr Gedankengut vor allem in den Zeitschriften *Kenyon Review, Sewanee Review, Yale Review* und im *Virginia Quarterly Review.* Cleanth Brooks und R. P. Warren gaben zwei Standardwerke des New Criticism heraus. *Understanding Poetry* (1938) und *Understanding Fiction* (1943) sind als Lehrbücher nach wie vor in Gebrauch. Gegen Ende seines Lebens hat Brooks eine ironische Pointe offenbart. Man habe seinerseit das biographische und historische Material aus Platzgründen weggelassen und nicht etwa aus literaturwissenschaftlichen Erwägungen.[30]

Robert Lowell – zusammen mit Robert Frost und T. S. Eliot, einer der drei großen Newenglandpoeten, hatte bei Ransom am Kenyon College studiert. Seine Dichtung wäre ohne den biographischen Hintergrund nicht zu verstehen. Lowell stammte in beiden Linien von alten neuenglischen Familien ab. Seine Eltern waren unvereinbaren Temperaments. Der Vater, ein Marineoffizier, hielt sich in Kalifornien auf, als die Mutter mit Robert schwanger war. Von den ersten acht Lebensjahren verbrachte Robert zwei Jahre in Philadelphia, zwei Jahre in Washington. Der Vater übernachtete in der Kaserne, solange er in Boston stationiert war. Die Mutter brachte ihn schließlich dazu, aus der Marine auszutreten und eine Beschäftigung bei einer Seifenfirma anzunehmen. Die nervenschwache, nörgelnde, ewig unzufriedene Mutter hat ihren Ehemann verachtet und einmal gestichelt, es sei gut, einen Mann im Haus zu haben, womit sie den kleinen Robert meinte. Dessen späteres Axiom »All's misalliance« kam nicht von ungefähr. Später hat er geschildert, wie seine Mutter durch Europa reiste und in ihrem Kielwasser »zerknirschte Chefköche, Schiffskapitäne, Hoteldirektoren, Reiseagenten etc., etc.« zurückließ.[31]

Robert Lowell entwickelte sich zu einem körperlich starken, händelsüchtigen Jungen. Unter Mitschülern war er als Schlägertyp verrufen. Sein Spitzname »Cal« leitete sich von Caligula her. Anderen weh zu tun, erschien ihm so nötig wie atmen.

Als Erwachsener hat er bekannt, sich keinem seiner Schulkameraden jemals nahe gefühlt zu haben. Die schulischen Leistungen waren unterdurchschnittlich. Zeit seines Lebens hat er sich gravierende Rechtschreibfehler geleistet. Seiner unvermittelt auftretenden Wutausbrüche wegen zog die Mutter einen Psychiater zu Rate und nahm auch Kontakt mit C. G. Jung in Zürich auf. Sie wollte ihn in eine Anstalt bringen, als er 1936 im Zorn den Vater niederschlug, der sich in seine erste Liebschaft eingemischt hatte. Robert hat seinen Vater als Schwächling verachtet. Der wiederum hielt nicht viel von den ersten dichterischen Gehversuchen seines Sohnes.[32]

Nach Kriegsausbruch versuchte Robert Lowell zum Militär zu kommen, entschloß sich aber ein Jahr später zur Kriegsdienstverweigerung. Lowells Biograph Ian Hamilton hielt fest, daß die beiden größten Dichter der USA im 20. Jahrhundert – Lowell und Pound – ihr Land im Zweiten Weltkrieg »verraten« haben und dafür eingesperrt wurden.[33] Lowell war mit einem Jahr Gefängnis glimpflich davongekommen, zumal er nach vier Monaten auf Bewährung entlassen wurde. Als Putzer im Schwesternheim eines Krankenhauses in Bridgeport (Connecticut) überstand er die nächste Zeit. Im Juni 1947 erhielt er ein Angebot, das für einen ehemaligen Wehrdienstverweigerer recht bemerkenswert war: als »Berater für Dichtkunst« bei der staatlichen Kongreßbibliothek. Nach dem Scheitern seiner ersten Ehe mit der Schriftstellerin Jean Stafford erlag Lowell häufiger manisch-depressiven Stimmungen. Seine Tobsuchtsanfälle, die Delirien unter Alkoholeinfluß, sein »going off« waren gefürchtet bei denen, die Umgang mit ihm hatten und die ihn sonst als einen bedächtigen und intelligenten Menschen kannten und schätzten.

> … I hear
> my ill-spirit sob in each blood cell,
> as if my hand were at its throat
> I myself am hell;
> nobody's here –*

In ruhigen Phasen war er ein äußerst penibler, streng auf die Regeln der Kunst verpflichteter Lyriker. Die Gedichte in *Lord Weary's Castle* (1946), *The Mills of the Kavanaughs* (1951) und *For the Union Dead* (1964) gehören zu den besten Schöpfungen der amerikanischen Literatur. Eine Kritikerin bewunderte an dem Band *Lord Weary's Castle* die Art, wie der Dichter allen überflüssigen Zierart weggelassen hatte, so daß die Verse wirkten wie poliertes Ebenholz.[34] *The Mills of the Kavanaughs* dokumentierte Lowells Sehnsucht nach Schweigen, nach Weite,

* In der Übersetzung von Curt Meyer-Clason:
… Ich höre / meinen bösen Geist in jeder Blutzelle schluchzen, / als säße meine Hand an seiner Gurgel … / Ich selber bin die Hölle; / kein Mensch ist hier –

nach »sea-room«, wie er es nannte. In zahllosen kinästhetischen Metaphern beklagte er die Enge des Bostoner Milieus.

O Brother, a New England town is death
And incest – and I saw it whole. I said,
Life is a thing I own. Brother, my heart
Races for sea-room – we are out of breath.*

Aus Protest gegen das kalvinistische Boston und gegen seine Eltern war er 1940 zum Katholizismus übertreten:

There are no Mayflower
screwballs in the Catholic Church.**

Er hat sich aber auch in der katholischen Kirche nicht zu Hause gefühlt, bezichtigte Rom der Heuchelei und ist wieder protestantisch geworden. Einen Konflikt zwischen Religion und Sexualität diagnostizierte ein Psychiater, nachdem Lowell 1949 in einem Restaurant einen schweren Anfall erlitten hatte. Vier Polizisten waren nötig gewesen, ihn zu überwältigen. Er wurde in einer Zwangsjacke aufs Revier abgeführt, danach in die Gummizelle eines Krankenhauses gesteckt. Er äußerte Mordabsichten und wurde mit Elektroschocks behandelt. Diese Anfälle kehrten in den nächsten Jahrzehnten beinahe regelmäßig wieder. In seiner Umgebung hatte darunter am meisten Elizabeth Hardwick, seine zweite Frau, zu leiden.

1952 erhielt er die Einladung, auf Schloß Leopoldskron bei Salzburg ein Seminar abzuhalten. Er trat an dieser auf Amerikakunde spezialisierten Tagungsstätte zunächst als erfolgreicher Lehrer auf. Doch stand er das Seminar nicht durch, erlitt einen Anfall, irrte allein an der österreichisch-bayerischen Grenze umher. Freunde schmuggelten ihn außer Landes, in München wurde ein Sergeant überredet, den Zivilisten Lowell in die Krankenabteilung des Militärhospitals aufzunehmen. Aus dieser Zeit stammt Lowells Gedicht »A Mad Negro Soldier Confined At Munich«. 1957 mußte wieder die Polizei gerufen werden. Er kam in ein Bostoner Nervenkrankenhaus, danach in eine Klinik außerhalb der Stadt, wo die Ärzte feststellten, daß er ganz von Kindheitsphantasien beherrscht wurde. Lowell verbrachte eine Woche in der geschlossenen Abteilung. Die Diagnose lautete auf manisch-depressive Psychose. Es bestand Grund, um die Sicherheit der Tochter zu fürchten, die er mit Hardwick hatte. An Ezra Pound, der im St. Elizabeth-Spital zu Washington eingeschlossen war, richtete Lowell brieflich die Frage, ob er einen Sinn darin sehe, sich als Senator zur Wahl zu stellen.[35]

1960 zog die Familie Lowell-Hardwick von Boston in das literarisch lebendigere New York. Tobend mußte er ein Jahr später ins Columbia Presbyterian Medical

---

* Bruder, eine Neuenglandstadt ist Tod / und Inzest – und ich kenne das. Ich sagte, / das Leben gehört mir. Bruder, mein Herz / rast nach Seeraum – wir sind außer Atem.

** In der katholischen Kirche gibts keine Wirrköpfe von der Mayflower.

Center eingeliefert werden. In seinen Wahnsinnsphantasien brachte er sich in Verbindung mit Achilles, Alexander, Hitler, Jesus Christus und mit dem Dichterkollegen Hart Crane, der sich 1932 das Leben genommen hatte. In den folgenden Jahren mußte er noch mehrfach stationär behandelt werden ehe mit exakt dosiertem Lithium etwa ab 1970 eine gewisse seelische Stabilität erzielt werden konnte.

1962 nahm Lowell eine Einladung des Weißen Hauses zu Ehren des französischen Kulturministers André Malraux an, ließ sich die Angelegenheit aber eine Lehre sein. Denn am nächsten Tag mußte er in der Zeitung lesen, daß Kennedy die Siebte Flotte nach Laos entsandt hatte. Ab da verspürte er keine Lust mehr, Politikern als Schaufensterdekoration zu dienen. Im Juni 1965 lehnte er eine Einladung von Präsident Johnson brieflich ab. Seit dem Frühjahr 1965 hatte er sich gegen den Vietnamkrieg engagiert. Im Oktober 1967 protestierte er mit Norman Mailer, dem Linguisten Noam Chomsky und anderen Intellektuellen vor Justizministerium und Pentagon gegen den Krieg in Südostasien. Im Jahr darauf stellte er sich für den Wahlkampf des Friedenskandidaten Eugene McCarthy zur Verfügung.

Ein kontinuierliches politisches Engagement war ihm schon wegen seiner psychischen Besonderheiten nicht möglich. Nach der Ermordung Kennedys hing er zeitweise der Wahnvorstellung an, Johnson wolle ihn ins Kabinett holen. 1970 erreichte ihn ein Ruf als Gastprofessor an das All Souls College in Oxford. Dort lernte er die 38jährige Lady Caroline Blackwood kennen, die von ihm schwanger wurde und die er 1972 heiratete. Lowell ließ sich in England nieder. Im November 1975 mußte er in ein Krankenhaus bei London gebracht werden.

Eine genauere Auslegung seiner inneren Konflikte ist nicht möglich. Lowells persönlicher Stil war schwer erträglich. Aus dem Inhalt privater Briefe seiner geschiedenen Frau hatte er Gedichte gemacht. Seine dritte Frau zeigte sich seiner Krankheit nicht gewachsen und drückte offen ihren Haß aus. Er selbst tendierte ebenfalls dazu, die Ehe zu beenden. Inzwischen hatte er wieder Kontakte zu Elizabeth Hardwick aufgenommen. Anläßlich der Zweihundertjahrfeier der USA wurde sein Stück *The Old Glory* in New York aufgeführt. Ein Jahr später starb er auf dem Weg vom Kennedy-Flughafen nach Manhattan in einem Taxi.

An mehreren Punkten seines Lebens hat Lowell schwere Schaffenskrisen durchlitten. Da hielt er seine Werke für wertlos, für überladen, für »absichtlich schwierig«, da hatte er dann genug von »lustloser Selbstnachahmung«. Mit den *Life Studies* (1959) war es ihm einmal gelungen, aus einer dieser Krisen herauszufinden, aber nur um einen hohen persönlichen Preis: indem er seine Eltern, seine Familie und sich selbst gnadenlos sezierte.[36] Seit *Lord Weary's Castle* hat Lowell in seiner Dichtung die Stumpfheit des modernen Menschen behandelt, der ziellos dahintreibt und mehr und mehr gleichgültig wird gegenüber dem Unterschied zwischen Gut und Böse. Noch ehe 1964 *For the Union Dead* herauskam, wurde

Lowell bereits als *der* amerikanische Dichter angesehen. In der Zeit des Vietnamkriegs hat er wie andere den Militarismus seiner Gesellschaft angeprangert. Die Grundstimmung seiner Gedichte verrät freilich mehr als Verzweiflung über konkrete politische Entwicklungen. Lowells Todeswunsch war so deutlich ausgeprägt, daß niemand im literarischen Establishment sonderlich überrascht gewesen wäre, hätte er sich das Leben genommen.

I often sigh still
for the dark downward and vegetating kingdom
of the fish and reptile.*

Der Grundcharakter seines Werkes ist ein geradezu »systematischer Pessimismus«, eine untröstliche Stimmung, die auf Rezepte und gute Ratschläge ganz verzichten will und schließlich nur noch das Ende herbeisehnt.

When will we see him face to face
Each day, he shines through darker glass.**

Aus Lowells Werk spricht eine »nihilistische Erschöpfung«. Er hielt die Regeln der Kunst ein, sie waren ihm oft wichtiger als der Inhalt, denn im Zeichen des Nihilismus kam den Worten keine Bedeutung mehr zu. Wenn er ein Gedicht überarbeitete, hat er nichts dabei gefunden, eine Negation einzuführen, so dies den Klang verbesserte. Erheblich konnten Änderungen dieser Art für ihn nicht sein, der ohnehin überzeugt davon war, daß wir in einer Zeit des »no advance« leben, einer Zeit, in der es kein Vorankommen mehr gibt.[37]

Die Beat Generation

»Eine Art *beatness* ... einen Überdruß an all den Formen, all den Konventionen« glaubte Jack Kerouac 1948 feststellen zu können und fuhr fort: »Ich schätze, man könnte uns eine *beat generation* nennen.« *Beatness* bezeichnet einen Zustand der Abnutzung, der Ermüdung. Die Beatniks reagierten auf das Sterile in der Literatur, auf die geschniegelte Essayistik, auf die gezirkelte Sprache in Robert Spillers *Literary History of the United States* (1946), auf dichterische Gebildetheit und Fremdwörtelei. Allein die letzten acht Zeilen von T. S. Eliots *Waste Land* enthalten acht Zitate in fünferlei Sprachen, inklusive Sanskrit. Das Wort *beat* eignete sich außerdem dazu, Allusionen zu *beatitude* herzustellen, wie im Zen-Buddhismus, oder zum *beat* der Musik, besonders des *Cool Jazz*. *Cool* zu bleiben war wiederum als Gemütslage gefragt, das Verlangen, *far-out* zu sein, eine einsame ozeanische

* Oft sehne ich mich leise / nach dem dunklen, tiefen, pflanzenhaften Königreich / der Fische und Reptilien.

** In der Übersetzung von C. Meyer-Clason: Wann werden wir Ihn sehen von Angesicht zu Angesicht / Tagtäglich leuchtet er durch dunkleres Glas.

Existenz zu führen. Einige Grundthemen der Beat Generation waren Entfesselung, Flucht und »disaffiliation«, die gemeinsame Ideologie ein anarchischer Individualismus. Die Welt der Beatniks hatte ständig in Fluß zu bleiben, dauerhafte Loyalitäten gegenüber Orten oder Personen waren nicht vorgesehen. Der Titel von Kerouacs Roman *On the Road* (1957) war nicht zufällig gewählt. John Holmes kam ihm 1952 mit der Veröffentlichung einer *beat novel* um einige Jahre zuvor. Sie trug den Titel *Go.*[38]

Der bekannteste Lyriker der Beatniks war Allen Ginsberg. Er hatte an der New Yorker Columbia-University englische Literatur studiert, war dann Mitte der fünfziger Jahre zusammen mit Gregory Corso und Jack Kerouac nach San Francisco gegangen, für ihn ein Akt der Befreiung. In der »Six Gallery« beeindruckte er mit der Lesung seines Gedichtes »Howl!« (1956). Ginsberg, der Säle füllen konnte, leitete eine Wiedergeburt der öffentlichen Dichtung ein. Manche halten *Howl* für das bedeutendste Gedicht Nachkriegsamerikas. Ginsberg bewegte sich oft am Rand der Satire, wenn er die Welt als »dirty joke« begriff. In jedem Beatnik steckte auch ein Schlemihl, und *Howl* ließ sich zur Not als Travestie von Whitmans »Song of Myself« lesen. Ginsbergs Dichtung war aber auch eine seriöse Fortsetzung der Whitmanschen, populistischen, sozialrevolutionären Tradition in der Literatur, eine Tradition, die nicht nur bei ihm untermischt war mit der Jeremiade des hebräischen Propheten.

I saw the best minds of my generation
starving hysterical naked
dragging themselves through the negro streets
at dawn looking for an angry fix …

Zornig hat er in seinem Gedicht »America« (1956) die Frage gestellt:

America when will we end the human war?

um sich gleich mit einer Obszönität von den Herrschenden zu distanzieren:

Go fuck yourself with your atom bombs.

Mit Whitman teilte Ginsberg die Klaustrophobie:

… I never escape
the feeling of beeing closed in

Wenn er von seinen Sehnsüchten nach dem Jenseits sprach, von den Erfahrungen der Unendlichkeit, konnte sein Stil leicht werden, fließend, romantisierend.

This is the one and only
firmament …
I am living in eternity
The ways of this world
are the ways of Heaven.

Das Paradies war identisch mit dem Raum, und mit dieser Notion stand Ginsberg dem Transzendentalismus Emersons recht nahe. Beatniks warfen gerne mit Begriffen wie *far-out* oder *spaced-out* um sich.[39]

Allen Ginsbergs Eltern hatten sich einander entfremdet, seine Mutter – die Naomi in »Kaddish« (1961) – litt an einer Nervenkrankheit. Die Mehrzahl der Beatniks hatte bedrückende Erfahrungen in Kindheit und Jugend hinter sich. Ein Schüler Ginsbergs, Gregory Corso, war nach der Geburt von seiner Mutter im Stich gelassen worden. Er wuchs in Waisenhäusern und bei Pflegeeltern auf, machte mit Asylen und Gefängnissen Bekanntschaft. Als 16jähriger lebte er in der New Yorker U-Bahn. Die Todeserotik in Corsos Gedichten hatte mit seinem Schicksal zu tun. Selbstauflösung oder Selbstvergötterung waren bei den Beatniks zwei Seiten derselben Münze. Michael McClure bekannte sich zu einem egozentrischen Standpunkt. Der Weg zu Glauben und Geist führe über die Selbstdramatisierung. Gleichzeitig wollte er die komplette körperliche Selbstaufgabe (*abandon*) erforschen. Robert Duncan ergänzte das Einerlei der Objektschwäche mit dem Bekenntnis, er wolle sich abwenden von Konvention, Konformismus und der Metrik in der Dichtung, um desto besser die »exuberance« seiner Seele ausleben zu können. Robert Creeley, ein lakonischer, minimalistischer Lyriker, glaubte, den Stein der Weisen gefunden zu haben, als er als Lebensrezept die Worte »only disconnect« ausgab.[40]

Jack Kerouac stammte aus der Fabrikstadt Lowell in Massachusetts. Seine Eltern waren gutkatholische Franko-Kanadier. Nach dem Tod seines älteren Bruders hörte er von der Mutter den katastrophalen Satz: »Du hättest sterben sollen, nicht Gerard.« In kindlichen Träumen fuhr Jack über Land, fällte mit einer Sense Bäume und Pfosten, schnitt sogar Hügel ab. 1939 bezog er als Vorbereitung auf die Columbia-University die Horace Mann School, schied jedoch kurz vor Pearl Harbor vorzeitig aus, verbrachte ein paar Monate auf einem Handelsschiff und schrieb einen Roman mit dem Titel »The Sea Is My Brother«. Im Februar 1943 wurde er zur Marine eingezogen, konnte sich dort nicht einfügen, legte eines Tages seine Waffe weg und verzog sich in die Bibliothek. Wegen »indifferenten Charakters« gab ihm der Staat eine ehrenhafte Entlassung. Er stand jetzt am Scheideweg, schrieb sein Biograph. Kerouac wählte den anarchischen Pfad, der ihn wegführte von bürgerlicher Wohlanständigkeit.[41]

Zu seinen literarischen Vorbildern zählte er William Saroyan und Ernest Hemingway. Mit Whitman war er der Meinung, daß die USA selbst das gewaltigste Gedicht waren. In Thomas Wolfes *Look Homeward Angel* entdeckte er biographische Bezüge: die ehrgeizige Mutter, den toten Bruder, die Konflikte mit dem Vater, eine banausenhafte Umgebung. Die Malweise Jackson Pollocks und die »elektrische« Spielweise des Saxophonisten Charlie Parker haben seinen spontanen Prosastil mitgeprägt. Die Sätze sollten wie im Jazz hinausgeblasen werden, bis einem die Luft wegblieb, *yearning* wurde zur Legitimation von *writing*.[42]

»Ich war ein junger Autor, und ich wollte mich davonmachen«, heißt es in *On the Road*, dem bekanntesten Roman aus dem Kreis der Beat Generation. Mit wechselnden Gefährten reiste Kerouac kreuz und quer über den Kontinent. New

York, Denver, San Francisco und Mexico City gaben nur Rastplätze ab, die man eilends wieder verließ. Unterwegs wurden ihm und einem Kumpel eine »verdammt gute Frage« gestellt: »Seid ihr Jungs unterwegs irgendwohin oder einfach unterwegs?« Die Metaphern der Bewegung nehmen überhand. Kerouac fühlte sich wie ein Pfeil, den man bis ans Ende der Welt schießen kann. Er identifizierte sich mit einem Landstreicher, der überall hingeht, weil er nirgendwo hingehen kann. Die Botschaft wird überdeutlich: Die einzig edle Funktion der Zeit besteht darin, sich zu bewegen. Die Straße ist Reinheit, die Straße ist heilig, die Straße verheißt Leben.[43]

Kerouac mußte sechs Jahre auf die Veröffentlichung von *On the Road* warten und glaubte, inzwischen bessere Bücher geschrieben zu haben. Der Schluß des Romans war manieriert, streckenweise meint man, einen schwachen Abklatsch von Henry Miller vor sich zu haben. Kerouac hatte nie schreiben gelernt und eine Naturbegabung war er nicht. Seine Anspielungen auf Emerson und den »transparenten Augapfel«, das Einswerden mit der Atmosphäre, wirkten lahm und gekünstelt. Der Grund für den übertriebenen, aufgesetzten Eindruck liegt darin, daß Kerouac nicht mehr den reinen Drang nach Westen vermitteln konnte, wie es Walt Whitman noch gegeben war. Schon zu Beginn seiner Reise erwischte er die falsche Ausfahrt, trampte nach Norden statt nach Westen, mußte zurück und neu einfädeln. Seine Route war nicht linear, er pendelte zwischen Ost und West, er kam und ging, einmal fuhr er brav nach Hause, um den Beginn des Frühjahrssemesters nicht zu verpassen. Großen optischen Erlebnissen stand er eher hilflos gegenüber. Selbstironisch und ernüchtert berichtete er aus den Rocky Mountains Colorados: »Wir standen auf dem Dach von Amerika, und alles was wir tun konnten, schätze ich, war schreien.«[44]

Beatniks hegten bei aller Rastlosigkeit eine Vorliebe für die Clique, fürs Zusammenglucken in kleinen Gemeinschaften. Gemeinsam wollte man *hip* und *cool* sein, gemeinsam pflegte man eine puerile Geheimsprache. Unter dem Einfluß Gary Snyders wandte sich Kerouac dem Buddhismus zu. Snyder, die Hauptfigur in Kerouacs Roman *The Dharma Bums* (1960), sah eine »Rucksackrevolution« heraufziehen, an deren Ende ein »dezentralisierter Anarchosyndikalismus« stand. Aber Kerouacs Interesse am politischen Radikalismus blieb gering. Als guter Katholik hatte er unterwegs ein St. Christophorus-Medaillon am Rucksack hängen. Seine persönlichen Probleme schlossen ein wirksames politisches Engagement aus. In den letzten zehn Jahren seines Lebens trank er fast täglich einen Liter Whiskey. Wieder und wieder wurde er vom Delirium tremens überwältigt. Auch die Mutter, mit der er in verschiedenen Ecken des Kontinents zusammenlebte, war eine schwere Alkoholikerin. Gegen Ende begab er sich auf eine tragikomische Suche nach seinen genealogischen Wurzeln im kanadischen Rivière du Loup und in der Bretagne. 1969 ereilte ihn der Tod im Fernsehsessel. Wenige Monate zuvor war der Film *Easy Rider* herausgekommen.[45]

Verwandt mit den Beatniks waren J. P. Donleavy, der in *Ginger Man* (1955) die sexuellen Abenteuer eines versoffenen Amerikaners in Irland ausbreitete, Kenneth Patchen mit seiner Sympathie für die desolaten »Schlafwandler in einem dunklen und schrecklichen Land«, vor allem aber der 1914 geborene William Burroughs als Mentor von Allen Ginsberg und Jack Kerouac. Burroughs, der jahrelang drogenabhängig war, hat seine Erfahrungen mit Rauschgiften in einer Rotz- und Kotzsprache mit kaum noch erträglicher Offenheit niedergelegt. Im Vorwort zu *The Naked Lunch* (1959) macht er klar, daß Süchtige alles tun, um zu ihrem Stoff zu kommen: lügen, stehlen, Verrat üben. Aus dieser und aus anderen Stellen hat man auf den allegorischen Charakter des Werkes geschlossen, eine Allegorie auf Amerika und die »basic American rottenness«, die grundsätzliche amerikanische Verderbtheit, wie Burroughs sich ausdrückte. Der Süchtige, der seiner Großmutter ein Opiumsuppositorium aus dem Hintern klaut, wird zum Symbol für eine unmoralische Gesellschaft. Diese Gesellschaft ist nur noch in Paradoxien zu erfassen, denn in ihr herrschen totale Planung und totales Chaos, ein engmaschiges Netzwerk grenzenloser Kontrolle. Kerouac soll dem Roman nach Lektüre des Manuskripts seinen Titel gegeben haben, weil man im Drogenrausch am Ende der Gabel die Wahrheit mit großer Klarheit sieht. *Naked Lunch* bezieht sich jedoch mehr auf die zahlreichen Assoziationen zwischen Essen und oralen Formen des Geschlechtsverkehrs. Eine Frau »frißt« den Penis ihres Buhlen und saugt ihm die Augen aus – »with a pop«. Ein Jüngling, ausgestattet mit zwanzig Dollar und dem Rat seines Vaters, sich ein »piece of ass« zu kaufen, geht hin, schneidet sich ein Stück Fleisch aus dem Arsch einer Hure, erschlägt sie und kopuliert mit dem Leichnam. *Naked Lunch* ist ein Buch, nach dessen Lektüre selbst abgebrühte Literaten einen Handwaschzwang empfinden. Burroughs schrieb auf, was er sah, wenn er im Drogenrausch acht Stunden hintereinander auf seine Schuhspitze starrte. Die Halluzinationen unter dem Einfluß von Narkotika begriff er als eine Verlängerung realer Greuel, und er wußte wovon er sprach. In jüngeren Jahren hatte er seine Ehefrau erschossen.[46]

Die Schriftsteller der Beat Generation fanden bei etablierten Kritikern wenig Gnade. Die liberale *Partisan Review* äußerte sich ebenso feindselig wie der vom CIA gesteuerte *Encounter,* der Kerouac als einen Mondsüchtigen abstempelte. Spießerhafte Publizisten wie Norman Podhoretz stießen sich schon an Haar- und Barttracht der Beatniks. Der sozialistisch orientierte Michael Harrington warf Kerouac und Gleichgesinnten vor, einen »Protest ohne Programm« zu inszenieren. John Updike lieferte eine Satire auf *On the Road* mit dem Titel »On the Sidewalk«, und Truman Capote sagte über Kerouacs Roman: »That's not writing, that's typewriting.« Und doch war die Beat Generation nicht so weit vom amerikanischen Mainstream entfernt wie die zeitgenössischen Kritiker meinten. Denn auch sie wartete, in den Worten Lawrence Ferlinghettis, »auf die Entdeckung einer neuen symbolischen Frontier«.[47]

Elvis Presley

XIX. Kapitel
ROCK- UND POPMUSIK

Aus älteren Bluesstilen entwickelte sich eine Musik, die mit ihrem kräftigen, linearen, tanzbaren Rhythmus an Boogie-Woogie und Shuffle erinnerte und die in der Instrumentierung von Schlagzeug, elektrisch verstärkter Gitarre und Saxophon beherrscht wurde. Die Musik der Schwarzen, die man in der Schallplattenindustrie als »race records« bezeichnet hatte, erhielt 1949 einen neuen Namen: *Rhythm & Blues* – laut LeRoi Jones »the urban contemporary expression of blues«. Man sprach auch von *Urban Blues* oder *City Blues*. Die Interpreten des Rhythm & Blues vermittelten die Emotionalität des Gospelgesangs. Aber die Texte ihrer Lieder waren säkularisiert und mit sexuellen Anspielungen durchsetzt. Mahalia Jackson, die Queen des Gospelsongs, hätte nie einen Blues gesungen.[1]

Die Schlagerindustrie offerierte eine süßliche Schlagermusik, etwa Judy Garlands »Somewhere Over the Rainbow« (1939) oder Bing Crosbys »White Christmas« (1942), die vielleicht meistverkaufte Schallplatte aller Zeiten. Der Schwarze Nat »King« Cole fand vor allem bei der weißen Mittelschicht Anklang. Sanfte Intonierung und mäßige Tempi charakterisierten die Schlager um 1950 wie etwa den »Blue Tango« (1952). Bei höherem Tempo – »Delicado« (1952) – blieb der Klang harmonisch, die rhythmische Gestaltung maßvoll, nicht hart und rauh wie bei Blues und Boogie. Stimmung und Darbietungsart wirkten ausgeglichen, der Hörer konnte dieser Musik gewissermaßen zurückgelehnt lauschen. Die Texte vermittelten das Bild einer glücklichen Jugendzeit, »den sehr realen Problemen des Jungseins«, erkannte der Soziologe David Riesman, »wird ausgewichen«. Eine eigenständige amerikanische Musik kam von der »Grand Ole Opry« in Nashville. Hank Williams, der »Shakespeare unter den Countrysängern«, pries in seinen Liedern die einfachen Werte des kulturellen Hinterlandes.[2]

Rhythm & Blues wurde von Konzertveranstaltern, Schallplattenkonzernen und den großen Sendeanstalten boykottiert. Das weiße Amerika hatte Angst vor anzüglichen Texten, Angst auch vor der Sexualität schwarzer Musiker. »Diese Typen waren schwarz«, schrieb Ray Charles, »und ›Middle America‹ hätte um keinen Preis zugelassen, daß ein schwarzer Kerl im Fernsehen seinen Hintern schwenkt, während Millionen weißer Mädels dazu kreischen und nach mehr verlangen.« Weiße Sänger nutzten die Situation und spielten sogenannte »cover records« ein, das heißt wohlanständige, pasteurisierte Versionen schwarzamerikanischer Songs, die dem allgemeinen Publikum zugemutet werden durften. Diese Umsetzung erhielt den Namen *Rock 'n' Roll.* Namensgeber war angeblich der Diskjockey Alan Freed, der als einer der ersten gemerkt hatte, wie stark die Musik der Schwarzen auf weiße Teenager wirkte. Rock 'n' Roll war somit, in den Worten von LeRoi Jones, eine »geklaute Musik«. Aber selbst Jones räumte ein, daß der Rock 'n' Roll bei aller Glättung und Kommerzialisierung noch selbständige, dem weißen Mainstream fremde Elemente in so ausreichender Zahl enthielt, daß er als Musikform interessant und attraktiv blieb. »Er ist immer noch ›raw‹ genug, um die Verwässerung zu überstehen.« Der Rock 'n' Roll erscheint somit als epochemachendes Phänomen, das über Jahrzehnte das Musikgeschehen bestimmen sollte und noch Ende der achtziger Jahre die Musik von Bühnenstars wie Madonna oder Michael Jackson prägte.[3]

Der Rock 'n' Roll lebte in seinen Anfängen von »cover songs«. Die *Crew Cuts* nahmen mit »Sh-boom« (1954) ein Stück der *Chords* auf. Bill Haleys »Shake, Rattle & Roll« war Joe Turner nachempfunden, »Rock Around the Clock« (1955) einem Song von Sonny Dae entlehnt. Von »Rock Around the Clock« ging eine elektrisierende Wirkung aus. Das Stück wurde zu einer Art »Marseillaise der Teenagerrevolution«, vor allem, nachdem es als Filmmusik bekanntgeworden war. Rock 'n' Roll entwickelte sich zum beherrschenden Musikstil der fünfziger Jahre, kaum daß Bill Haleys »Crazy Man Crazy« (1953) in die Hitparade gelangt war.[4]

Als Vater des Rock 'n' Roll gilt Arthur Crudup. »That's All Right, Mama« (1954), die erste Aufnahme des späteren Rockkönigs Elvis Presley, war das Remake eines Songs von »Big Boy« Crudup, der in Armut starb. Der 1935 geborene Presley war selbst in schwierigen Verhältnissen großgeworden. Seine Eltern wohnten in der Nähe des Schwarzenghettos von Tupelo im nordöstlichen Mississippi. Ein Zwillingsbruder war tot zur Welt gekommen. 1948 zog die Familie nach Memphis (Tennessee). Die Wohnung hatte keine Küche, die Toilette teilte man sich mit drei anderen Mietparteien. Elvis hatte sich nach dem Umzug schwergetan, neue Freunde zu finden; er wurde als scheu und kontaktarm beschrieben. Die Eltern gaben sich überfürsorglich, die Mutter begleitete ihn noch zur High School, als er schon 15 war. Nach Abschluß der Schule arbeitete er als Lieferwagenfahrer und Lagerist und hatte es bis dahin kaum weiter gebracht als sein Vater, der als Hilfsarbeiter Lackdosen in Kartons verpackte. Der junge Presley kam aus der Country- und Westerntradition. Mit Gospelsongs war er als Mitglied einer Pentekoste-Sekte bekannt geworden. Er schätzte neben Crudup den Rhythm & Blues-Mann Big Bill Broonzy und, wie er sagte, andere »real low-down Mississippi singers«. Vielen Radiohörern war Presley anfangs »too black«, und junge Burschen haben ihn, auch aus Eifersucht, richtiggehend gehaßt. Sein Aufstieg erfolgte allerdings unaufhaltsam. Auf dem Höhepunkt seiner Karriere trat er in den Worten eines Musikkritikers »als der transzendentale Sonnenkönig auf, von dem Ralph Waldo Emerson nicht einmal zu träumen wagte«.[5]

Populäre Musik wurde von der Musikkritik nicht nur am musikalischen Wert gemessen, sondern vor allem auch am kommerziellen Erfolg. Reine Rhythm & Blues-Sänger blieben deshalb relativ erfolglos, weil sie für den »cross-over« nicht in Frage kamen. Muddy Waters, einem der großen Shouters des Rhythm & Blues, gelang es nicht, über die R & B-Charts hinaus in anderen Hitparaden berücksichtigt zu werden. Dazu war sein Interpretationsstil zu rauh, seine Liedtexte – »I've Got My Mojo Working« – zu suggestiv. Dasselbe läßt sich von B. B. King sagen. Fats Domino dagegen kam mit seinem Erfolgsschlager »Blueberry Hill« sehr wohl für »cross-overs« in Betracht, und niemand hat diese Form der Grenzüberschreitung mit größerer Leichtigkeit geschafft als Presley, dessen »Heartbreak Hotel« in mehreren Charts auftauchte.[6]

Rock 'n' Roll war eindeutig schwarzer, nicht europäischer Abkunft. »Die Rockrevolution wurde von weißen, südstaatlichen Teenagern gemacht, die schwarz singen wollten«, schrieb etwas vereinfachend Arnold Shaw. Die Mehrzahl der Musiker und Sänger zählte beim ersten Durchbruch noch keine 21 Jahre. Rock 'n' Roll bediente sich eines einfachen 2/4- oder 4/4-Takts, bei dem jede zweite Zählzeit stark betont wurde. Der Rhythmus wirkte übergreifend und monoton, das Klangbild aber wurde als »Spaltklang« bewußt uneinheitlich und unrein gehalten.[7] Phrasierung und Intonierung erinnerten besonders bei schnelleren Stücken an Vorbilder aus dem Jazz. Im Vergleich zur zeitgenössischen Schlagermusik, die meist mit einem Schreitmaß unter 100 Metronomausschlägen auskam, beschleunigte sich das Tempo auf durchschnittlich 155 MM, konnte aber auch auf 224 MM hinaufschnellen.[8] Rock 'n' Roll war Bewegung. Bewegungsfreiheit wurde zum Programm erhoben und drückte sich schon in Songtiteln wie »Shake, Baby, Shake« (1957) von Jerry Lee Lewis aus. Carl Perkins gab sich in »Blue Suede Shoes« (1956) gleichgültig gegenüber den Ansprüchen seiner Umwelt, tabuisierte jedoch seine Tanzschuhe als unverzichtbare Symbole der Fortbewegung.

Rock 'n' Roll trug am Beginn einen »folk character«, was schon daraus hervorging, daß zahlreiche Eintagsfliegen auf den Markt kamen und das Publikumsecho beim zweiten oder dritten Versuch ausblieb, dann nämlich, wenn zu forciert Kunst produziert werden sollte. Einige der besten Interpreten haben sich ihre Stücke selbst geschrieben, auch dies deutete auf den »folk character« hin. Rockpoesie war gesungene Dichtung, die gesprochen weniger stark wirkte. Chuck Berry, eine der eindrucksvollsten Gestalten, erwarb sich den Titel »poeta laureatus des Teenage Rock«. Sein Lied »Roll Over Beethoven« (1956) lebte vom rasanten Vortragsstil und von einem respektlosen, witzigen Text.[9]

Die Textdichter des Rock 'n' Roll ließen die Beziehungen zwischen zwei Menschen nicht notwendig ewig währen, und die körperliche Seite der Liebe wurde freimütig angesprochen. »Lucille«, »Long Tall Sally«, »Good Golly, Miss Molly« und andere Stücke von Little Richard setzten unüberhörbare sexuelle Signale. In »Rip It Up« (1956) drückte er seine Sexualität in Verben heftiger Bewegung aus:

Gonna rock it up,
Gonna rip it up,
Gonna shake it up,
Gonna ball it up ...

Wo die Popmusik des älteren Mittelstands mit klischeehaften, verschleierten Gefühlen operierte, erlaubte sich Presley (»Elvis the Pelvis«) explizite Gesten und Bewegungen. In diesem Sinne war der Rock eine Kunst des Protestes, die in sozial konservativen oder religiösen Kreisen Angst und Abscheu hervorrief, ob in Boston, New York oder Alabama, ob bei den rassistischen White Citizens' Councils des Südens oder dem New Yorker Skandalblatt *Daily News.* Frank Sinatra erklärte nicht ohne Neid den Rock 'n' Roll zur Sache von Idioten und musikalischen Bastarden.[10] Der Musik- und Tanzstil des Rock 'n' Roll, die Tänze Twist, Stroll und Loco-Motion lösten bei durchaus verständigen Europäern die Befürchtung aus, ob nicht die mittelalterliche Tanzwut samt Tobsuchtsanfällen wieder auszubrechen drohte. Offenes Tanzen irritierte, weil keine körperliche Berührung stattfand, jeder mit jedem zu tanzen schien und das vertraute Beziehungsgefüge in Unordnung geraten war. Das hohe Vortragstempo und der suggestive Rhythmus weckten moralische Bedenken. Selbst als bewiesen war, daß sogar Oberammergau und Rock 'n' Roll sich mischen ließen, blieben kirchliche Vorbehalte bestehen. Ein aus Bayern gebürtiger Kardinal wollte auf Rockmusik im Gottesdienst verzichten, weil er »eine Aufhebung der Schranken des Alltags« befürchtete. Auch in den USA ist der Widerstand gegen Rock 'n' Roll von Zeit zu Zeit wiederbelebt worden. 1979 wurden in Minnesota Tausende von Rockplatten zerbrochen, die Hüllen verbrannt, darunter Platten der *Beatles.* Junge, »wiedergeborene« Christen und Bibelschüler wollten sich nach eigenem Bekunden durch diese Art von Musik nicht mehr von Gottes Wegen abbringen lassen.[11]

Die Musiker des Rock 'n' Roll protestierten mit ihren Liedern gegen das Süßliche, gegen die Verlogenheit, gegen den landläufigen Kitsch. Jugendliche setzten bei Livekonzerten aufgestaute Energien frei, die in Krawalle und Zerstörungsorgien mündeten, so an der Universität Princeton, aber auch in Europa. Dort wurden die sichtbaren Folgen der Konzerte flugs mit einem nahenden Kulturzerfall in Verbindung gebracht. Anhänger des Rock 'n' Roll verteidigten ihre Musik, weil sie anders als die moderne Literatur und im Unterschied zum Lebensstil der Beatniks nicht in defätistische Sackgassen führe.[12] Ein Musiker wie Bill Haley verströmte Kraft und Zuversicht.

So klar die Herkunft des Rock 'n' Roll bestimmbar schien – es entstand daraus eine »unwahrscheinliche kulturelle Mixtur«.[13] Johnny Cash mischte Folk, Country und Western mit Rock 'n' Roll-Klängen und trug das Endprodukt, das man *Rockabilly* nannte, mit sparsamsten stimmlichen Mitteln vor. Gene Vincent (»Ain't She Sweet«, 1956) und Bill Haley selbst wurden zur Sparte Rockabilly gerechnet, eine Fusion aus Rock- und Hillbilly-Musik. Haley war ursprünglich als Country & Western-Sänger mit der Band *The Saddlemen* unterwegs gewesen. Die *Everly Brothers* vertraten mit »Wake Up, Little Susie« (1957) den Country Rock. Countrysänger nahmen Anleihen bei Rockmusikern, doch blieben die schwarzen Elemente, zumindest in der Anfangszeit, bestimmend.[14] Ab 1956 kreierten Schallplattenproduzenten den Calypso, der sich an Rhythmen und Intonationen der Karibik orientierte, und verbanden damit die Hoffnung, den Rock 'n' Roll am Markt abzulösen. Harry Belafontes vielparodierter »Banana Boat Song« (1957) und andere Erfolge nährten diese Hoffnung, aber am Ende erwies sich die Rockmusik doch als langlebiger.

Ray Charles verwendete in »What I Say« (1959) und »Hit the Road, Jack« (1961) das Call-and-Response-Schema aus dem Gospelgesang. Das beinah per Zufall entstandene »What I Say« bediente sich lateinamerikanischer Rhythmen. Zur Verblüffung seiner Bewunderer interpretierte »Brother Ray« Lieder aus dem Country & Western-Genre wie zum Beispiel »I'm Moving On« von Hank Snow oder »I Can't Stop Loving You« (1962), das sich zu seinem größten Plattenerfolg auswuchs. Die Fachpresse gab mit seltener Einmütigkeit zu verstehen, daß mit Ray Charles ein außergewöhnlicher Künstler die Bühne betreten hatte. Fast gewohnheitsmäßig sprach man von ihm als einem Genie.[15]

Ray Charles wurde 1930 als uneheliches Kind in Albany (Georgia) geboren. Wenige Monate nach seiner Geburt brachte man ihn nach Greenville im nördlichen Florida, wo er die ersten Lebensjahre in extremer Armut verbrachte. Seine leibliche Mutter hat er geliebt und verehrt, mit der Ehefrau seines Vaters, den er nur aus Erzählungen kannte, ist er gut ausgekommen. Die Familie zog von einer »Shotgun«-Behausung in die andere, schlug sich durch so gut es ging. Innereien vom Schwein waren ein wichtiges Nahrungsmittel. »Wir aßen vom Schwein alles bis aufs Grunzen«, erinnerte er sich in seiner Autobiographie. Als Kind spielte er gern mit Feuer, zeigte fast pyromanische Neigungen, sah trotzig ins Sonnenlicht und liebte Gewitter. Ein traumatisches Geschehnis war der Tod seines Bruders, der in einer Badewanne ertrank; er konnte ihm nicht helfen. Wenige Monate später begannen seine Augen zu tränen und zu eitern, das Leiden verschlimmerte sich, ärztlicher Beistand wurde ihm kaum zuteil, im Alter von sieben Jahren war er vollständig erblindet. Die Mutter schickte ihn auf eine Blindenschule in St. Augustine, wo er sich nur langsam eingewöhnte. Er weinte viel, durfte aus

Geldmangel nicht einmal an Weihnachten nach Hause fahren. Ein Auge mußte ganz entfernt werden.

Noch vor seiner Erblindung hatte ihm ein Ladenbesitzer in Greenville die Grundbegriffe des Klavierspiels beigebracht. Im Blindenheim erhielt er Musikstunden. Mit elf oder zwölf Jahren wurde er in den Chor der Anstalt aufgenommen. Er hörte Radio und lernte den Jazzpianisten Art Tatum bewundern. 1945 starb die Mutter, die bei seiner Geburt nicht älter als 17 Jahre gewesen sein konnte. Ray zeigte eine fast pathologische Trauerreaktion, erkannte aber, daß er ab jetzt auf eigenen Füßen stehen mußte. Auf drei Dinge hat er bewußt verzichtet: auf einen Blindenhund, auf einen Stock und auf eine Gitarre. Er wollte nicht so enden wie viele andere blinde Musiker im Tiefen Süden.[16] Er jobbte als Pianist in Florida, unter anderem in der Stadt Tampa. Mit 18 faßte er den Entschluß, in den von Tampa am weitesten entfernten Ort zu ziehen. Das war laut Landkarte Seattle in Oregon. In Seattle fand er Arbeit in Nachtclubs, lernte den Musikerkollegen und späteren Bandleader Quincy Jones kennen und machte erste Schallplattenaufnahmen. Noch sang er im Stil von Charles Brown und Nat King Cole.

Ray Charles liebte die Bewegung. Als Kind, schon erblindet, fuhr er mit dem Fahrrad durch die Straßen von Greenville. Im Alter von 14 oder 15 Jahren brachte er es fertig, auf dem Motorrad hinter einem Freund herzufahren, nach dem Gehör, »dicht, aber nicht zu dicht«. In seiner Autobiographie hob er immer wieder hervor, wie sehr er es genoß, in Bewegung zu sein, bei Bahnfahrten, im Auto, im Flugzeug. »I've *always* been ready to move.«[17] Nach wenigen Jahren zog es ihn von Seattle nach Los Angeles. Der Gesang wurde ihm jetzt wichtiger als das Piano, er fand zu seiner eigenen Stimme. Sein erster großer Erfolg gelang ihm mit »I Got a Woman« (1954), ein Lied, das abging wie ein D-Zug und doch nichts anderes war als ein abgewandelter Gospelsong – »My Jesus is all the World to Me«.

Die Musik von Ray Charles hatte universellen Appeal. »Männer und Frauen sind in den Straßen von Ungarn, Bulgarien und Jugoslawien auf mich zugegangen, als wären sie seit langem vermißte Verwandte.« Er selbst hat sich für einen »loner« gehalten. Seine depressiven Phasen bekämpfte er jahrelang mit Heroin. Von Menschen, die ihn einmal enttäuscht hatten, trennte er sich leicht. Er haßte laute Parties, das Zusammensein mit vielen unbekannten Menschen war ihm ein Graus. Für Smalltalk besaß er keine Begabung, Komplimente nahm er ausgesprochen linkisch entgegen. Er würde sich schwer tun, hat er einmal gesagt, fünf enge Freunde zu benennen und bestritt nicht, daß sein Bedarf an Privatheit an die Grenze des Unsozialen reichte.[18]

Ray Charles hat sich als Rhythm & Blues-Musiker definiert, für Rock 'n' Roll sei seine Musik zu traurig, zu erwachsen, zu wenig für Teenager gedacht; was die Traurigkeit anging, fühlte er sich Billie Holiday nahe. Doch die beiden Musikströmungen flossen ohnehin bald in einem Bett. Die Rassentrennung in den Charts geriet ins Wanken. »Tutti Frutti« von Little Richard verkaufte sich besser als die

»weiße« Fassung von Pat Boone. Ab 1963 führte die Fachzeitschrift *Billboard* keine separate R & B-Chart mehr. Eine Variante von Rhythm & Blues war die Soulmusik. Die besten Soulsänger kamen aus dem Süden, James Brown – »Soul Brother No. 1« – stammte aus Georgia. Soul ließ sich auch als säkularisierte Gospelmusik bestimmen, wenn man an »Respect« und andere Songs von Aretha Franklin dachte, mit der Ray Charles einmal einen Werbejingle für Coca-Cola aufgenommen hat.[19]

Der Rock 'n' Roll hatte 1957 einen Höhepunkt erreicht und klang etwa ab dieser Zeit weniger wild, weniger ursprünglich und mehr nach Schlager. Presley verfiel, wie andere weiße Sänger vor ihm, in das einschmeichelnde, Gefühle bloß simulierende Melos der »Crooners«. Selbst Lieder von Ray Charles wirkten glatter und nicht mehr so »raw«, wie er es selbst gern hatte. Schließlich wurde fast jeder Popsänger, zum Beispiel der Kanadier Paul Anka, mit dem Etikett Rockmusik verkauft[20] – mit Ausnahme der Kategorie »easy listening«, unter die vor allem Frank Sinatra fiel. Sinatra war Anfang der sechziger Jahre mit gewaltigem Abstand vor anderen Crooners und weit vor Ray Charles der populärste Sänger der USA. Stellvertretend für Millionen betrieb Sinatra Selbstglorifizierung: »I did it my way – I faced it all – I stood it tall.« Den Konkurrenten Presley, den er haßte, brauchte er bis zu dessen Comeback im Jahre 1968 nicht mehr zu fürchten.

Vom Rock 'n' Roll leiteten sich schier beliebig viele Spielarten her. 1960 kam Chubby Checker mit »The Twist« heraus, Coversong eines Stücks von Hank Ballard. Musikalisch bestanden keine wesentlichen Unterschiede zwischen Twist und Rock. Die Gruppe *The Coasters* präsentierte mit »Charlie Brown« (1958), »Along Came Jones« (1959) und »Little Egypt« (1962) witzige Texte und zickige Arrangements als Poprock. *The Drifters, The Platters* und andere »Doo Wop-Gruppen« standen näher bei Rhythm & Blues und Gospel. Musiker des Acid Rock sangen von bewußtseinserweiternden Drogen oder spielten unter deren Einfluß wie *The Grateful Dead,* die bei LSD-Parties des Schriftstellers Ken Kesey auftraten. Als Vertreter des Folk Rock trug das Gesangsduo Simon & Garfunkel kunstvolle Lieder wie »Mrs. Robinson« (1968) oder »The Sound of Silence« (1966) vor – mit enormer Verstärkerleistung für Tausende von Zuhörern. Das berühmte Rock- und Popfestival von Woodstock wurde 1969 in White Lake bei Bethel abgehalten, gut fünfzig Meilen von der Ortschaft Woodstock entfernt, deren Bewohner sich wegen des zu erwartenden Trubels gesträubt hatten. Woodstock wurde zum Symbol für die Drogenkultur und für den Protest gegen den Vietnamkrieg. Das Festival brachte einen Querschnitt durch die Rock- und Popmusik der Zeit: die einfühlsamen Protestlieder der Joan Baez, den Latin Rock von Carlos Santana, den aggressiven Sound von Jimi Hendrix. Hendrix hatte die erklärte Absicht, das deprimierende, gewalttätige Weltgeschehen mit seiner Musik zu übertönen, auch wenn dabei Lautsprecher und Verstärker durchbrannten. Musiker des Destruction Rock zertrümmerten nach seinem Vorbild im Konzert

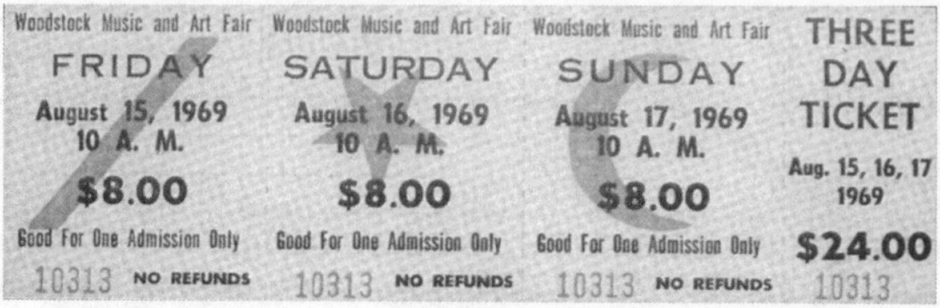

ihre Instrumente, setzten ihre Gitarren in Brand. Bob Dylan traf mit seinen Liedern »Blowing in the Wind« und »Like a Rolling Stone« einen Nerv der Gesellschaft, wie er denn auch später gesellschaftliche Stimmungsumschwünge früher erahnt hat als andere. Bei den *Beatles* und bei anderen Gruppen der Beatmusik spielte das Komponieren und Arrangieren im Team eine größere Rolle als in den Anfangsjahren des Rock 'n' Roll. Das Saxophon wurde verdrängt, der Gruppengesang, zum Teil mit Falsettstimmen, zu einem Ausdruck der Jugendkultur. Etwa ab 1968 bürgerte sich für Rock 'n' Roll und Beat der Begriff Rockmusik ein.[21]

Über die Popularität der Rockmusik vergaß man beinahe die starke Nachfrage nach klassischer Musik. Prokofiew, Beethoven, Cherubini und die Pastoralsymphonie des Amerikaners Vaughn Williams gehörten 1955 zu den meistverkauften Langspielplatten. E- und U-Musik beeinflußten sich gegenseitig. Philip Glass setzte in seinen Musikstücken elektrisch verstärkte Instrumente ein. Frank Zappa und andere Rockmusiker holten sich Anregungen bei John Cage. Die amerikanische Musik unterschied sich von der europäischen unter anderem durch die Bereitschaft, rhythmische Experimente zu wagen – «playing fast and loose with the rhythm«, wie Aaron Copland sich ausdrückte – und sich generell auf das Ausprobieren neuer Möglichkeiten einzulassen. Eine *Music of Changes* (1951) nannte John Cage eine zufallsorientierte Komposition. In seinem *Concert for Prepared Piano* (1952) legte er Metall- und Holzstücke zwischen die Klaviersaiten, um neue Klangeffekte zu erzielen. Ein Stück mit dem Titel *4' 33"* besteht über vier Minuten und 33 Sekunden (= 273 Sekunden) aus kompletter Stille, eine Anspielung auf den absoluten Gefrierpunkt bei minus 273° Celsius. »Nothing's fixed«, erklärte John Cage, und mit diesem Axiom stand er bei aller Neuartigkeit mitten in der amerikanischen Tradition. Sein Komponistenkollege Philip Glass wurde einmal nach den spirituellen Werten gefragt, die ihm wichtig seien. Statt einer Antwort bildete er kleine Ringe aus Zigarettenrauch und beobachtete mit einigem Vergnügen, wie sie sich langsam entfernten, auflösten und verschwanden. Auch die Rocksängerin Janis Joplin ist mit ihrer Musik immer bis an die Grenze gegangen: »Singing makes me want to come out«, sagte sie in einem Interview, »to go out more, come out, flow out.«[22]

XX. Kapitel
FERNSEHEN

Fünf Stunden pro Jahr bringt der Durchschnittsamerikaner mit dem Lesen von Büchern zu, über 1200 Stunden sitzt er vor dem Fernsehgerät. Fernsehen ist nur scheinbar eine bequeme, passive Beschäftigung. Im Unterschied zum Kinobesucher muß das Auge des Fernsehzuschauers Informationen sehr viel rascher verarbeiten: beim Film 24 inputs pro Sekunde, beim Fernsehen mehrere tausend. Hyperkinesis bei Kindern, das heißt überaktives, nervöses und unkonzentriertes Verhalten, wird unter anderem auf ausgedehnten Fernsehkonsum zurückgeführt. Neben der technisch bedingten Informationsabfolge sorgt der Darbietungsstil für ein hohes Sehtempo. Fernsehsendungen werden abrupt, sprunghaft, mit schnellen Schnitten präsentiert. Eine Kameraeinstellung soll möglichst nicht länger als wenige Sekunden dauern. Eine populäre Show mit dem Titel *Laugh-in* bestand aus 350 Videobandschnipseln, von denen manche nur 1/8 Sekunde lang waren. In Fernsehspielen wird der Dialog auf das Notwendigste reduziert, zur Äußerung eines komplizierten Gedankengangs bleibt keine Zeit. Eingestreute Werbespots unterstreichen den Charakter eines geschwind gespielten Potpourris, dem sich letztlich die heterogensten Elemente beiordnen lassen. »Schalten Sie nicht um«, flehte ein Fernsehmoderator die Zuschauer vor einem Werbespot an, »wir sind gleich wieder da, mit einer phantastischen neuen Diät, und danach ein kurzer Blick auf den Inzest.«[1]

Entwicklung, Nutzung, Verbreitung

Im Jahr 1907 benützte der *Scientific American* erstmals das Wort *television.* Nach vielversprechenden Experimenten von Philo Farnsworth führte AT & T 1927 in New York eine öffentliche Probevorführung durch. In einer Testsendung trat

Handelsminister Herbert Hoover auf, der spätere Präsident. 1928 wurde *The Queen's Messenger* produziert, das erste Fernsehmelodram. Im selben Jahr begann die Zeitschrift *Television* zu erscheinen. Der Börsenkrach behinderte zunächst die Entwicklung. 1932 richtete NBC im Empire State Building eine Fernsehstation ein. 1935 stellte RCA einen Millionenbetrag für die Programmentwicklung bereit. Patentstreitigkeiten verzögerten die praktische Umsetzung technischer Erfindungen. Farnsworth, aus einer mormonischen Farmersfamilie stammend, hatte als einer der technischen Väter in einer seiner ersten Testsendungen omenhaft ein Dollarzeichen übermittelt. Edwin Armstrong, der mit frequenzmodulierten Radiowellen arbeitete, beging nach zermürbenden Auseinandersetzungen mit RCA am Ende entnervt Selbstmord.[2]

Im April 1939 sprach Franklin Roosevelt als erster Präsident im Fernsehen. Um 1940 aber war das neue Medium so gut wie vergessen. Ursächlich dafür waren der Ausbruch des Zweiten Weltkriegs, die endlosen Auseinandersetzungen um Lizenzen und die beschränkte Freigabe für kommerzielle Nutzung durch die *Federal Communications Commission.* Die FCC als aufsichtsführende Behörde revidierte sich jedoch bald. Ab 1941 stand das amerikanische Fernsehen auf einer kommerziellen Basis.[3]

Die Meinung, wir lebten in einem »technetronischen Zeitalter« und deswegen seien die Kommunikationssysteme kulturell wichtiger als der Produktionsprozeß, ist in dieser Zuspitzung falsch. Denn die industrielle Produktion und die mediale Kommunikation gehen in ihren Zielen konform. In den Aufsichtsräten der drei großen Sendeanstalten oder »Networks« American Broadcasting Companies (ABC), Columbia Broadcasting System (CBS) und National Broadcasting Company (NBC) sitzen Vertreter des Rockefellerkonzerns und der Morganbanken. Geschäft *ist* Öffentlichkeit, und Medien stellen die Öffentlichkeit her. Die Grenzen zwischen kommerziellen und nichtkommerziellen Inhalten des US-Fernsehens sind fließend geworden. Bundesweit bekannte Fernsehpersönlichkeiten wie Joey Bishop oder Johnny Carson hielten in jeder ihrer Sendungen ein Dutzendmal elektrische Zahnbürsten oder ein Pfund Haferflocken in die Höhe und sagten ein paar Nettigkeiten darüber. Der Schauspieler Fred McMurray pries als Hauptfigur einer Fernsehkomödie einen Artikel an, und zwar noch im Kostüm der Sendung, so daß man meinen konnte, der Werbeteil gehöre noch zur Handlung. Carson warb in seiner Show für Textilien, deren Hersteller er seinen Namen verkauft hatte. Nach Erkenntnissen des Motivationsforschers Ernest Dichter schließen Konsumgüter die Lücke »zwischen menschlichen Bedürfnissen und der Unfähigkeit der Institution Familie, diese Bedürfnisse zu stillen«. Werbung für Konsumgüter wird so gesehen zum Ersatz für den amerikanischen Traum. Die Ersatzleistung präsentieren Werbefachleute unter zynischer Leugnung der wahren Aufstiegsmöglichkeiten. Eine offenbar wohlhabende Dame sagte beim Einkauf in einem Laden, der Rabatt gewährt: »So bleiben die Reichen reich.«[4]

Unternehmer beeinflussen als Sponsoren den Programminhalt direkt. Die Produzenten der von einer Zigarettenfirma finanzierten Serie *Men Against Crime* waren angewiesen, Bösewichte als Nichtraucher vorzustellen. Rauchende mußten den Rauch genußvoll einziehen, nicht nervös paffen und keinesfalls husten. In der NBC-Serie *Run for Your Life* hatte auf Verlangen des zahlenden Tabakkonzerns deutlich zu werden, daß die Krankheit einer Figur *nicht* Krebs ist. Der Kosmetikartikelhersteller Revlon ließ die Produzenten einer Quizsendung wissen, wann ein Kandidat abzuservieren war. Im Fernsehspiel *Judgment at Nuremberg* (1958) pochte die »American Gas Association« darauf, das Wort »gas oven« aus dem Script zu streichen.[5]

Die Werbeeinnahmen der Fernsehanstalten sind abhängig von den Einschaltquoten, den *ratings*. Sie werden regelmäßig ermittelt. Die besseren Fernsehmoderatoren wünschen sich inständig eine hohe Sehbeteiligung, weil sich mit dem Erfolg einer Sendung mehr Freiheit gegenüber den Sponsoren erkaufen läßt. Die Sponsoren sind in erster Linie an der Effektivität ihrer Werbung interessiert, und an der Effektivität der Fernsehwerbung läßt sich kaum zweifeln. Eine Lippenstiftfirma verdrängte den bisherigen Marktführer, sobald ihre Werbespots in einer zugkräftigen Sendung plaziert wurden. Junge Zuschauer unterhalten sich ebensooft über *commercials* wie übers Programm. Die USA sind eines der wenigen Länder mit Werbesendungen im Kinderfernsehen. Samstags zwischen 8 und 14 Uhr sehen 50 Prozent der zwei- bis elfjährigen Kinder fern. Innerhalb dieses sogenannten »Kinderghettos« wird nicht bloß für Spielzeug geworben, sondern auch für Produkte, die einer vernünftigen Gesundheitserziehung Hohn sprechen.[6]

Die politische Linke hat in den sechziger Jahren das Fernsehen als Beweismittel verwendet, um aufzuzeigen, daß »die nationale Kultur in den Händen der Kaufleute« liegt. Jetzt gelte es wieder, die Schacherer aus dem Tempel des Fernsehens zu vertreiben. Die Beschuldigten hatten bis dahin andersherum argumentiert: Die Medien befinden sich in der Hand der Linken. Kommunistenfurcht hatte drei ehemalige FBI-Männer dazu gebracht, ab 1947 unter dem Firmenzeichen »American Business Consultants« das Periodikum *Counterattack – The Newsletter of Facts on Communism* herauszubringen, worin die Namen kommunismusverdächtiger Personen in den Medien aufgeführt wurden. Kurz vor Ausbruch des Koreakrieges brachte das Trio zum Preis von einem Dollar die Schrift *Red Channels* auf den Markt, einen Bericht über kommunistische Einflüsse in Rundfunk und Fernsehen. In alphabetischer Reihenfolge wurden 151 Namen genannt, darunter so bekannte wie Leonard Bernstein, Aaron Copland, Lena Horne, Arthur Miller und Orson Welles, dazu der Komponist Marc Blitzstein, der Tänzer Paul Draper, die Autoren Dashiell Hammett, Langston Hughes, Irwin Shaw, William Shirer, der Regisseur Joseph Losey, der Schauspieler Zero Mostel, die Musiker Artie Shaw und Pete Seeger, der Journalist Howard K. Smith und viele andere. Den Medien wurde geraten, sich der Talente dieses Personenkreises nicht mehr zu bedienen. Füglich beriet sich Ed Sullivan mit den »American Business Consultants«, wen er in seiner Show auftreten lassen sollte. Auf Druck eines Lebensmittelkonzerns wurde die Schauspielerin Jean Muir, die ebenfalls auf der Liste stand, aus einer laufenden Serie entfernt. Das Auftrittsverbot erstreckte sich sogar auf Kinder inkriminierter Eltern.[7] Der Chef des FBI diffamierte CBS als »Communist Broadcasting System«.

Als Gegenstück zum kommerziellen Fernsehen wurde 1952 von der privaten Ford Foundation das *National Educational Television* (NET) entworfen und finanziert. Trotz hehrer Ziele – Wahrheit, Schönheit, Wesentlichkeit – beugten sich die Programmgestalter der NET-Stationen zu willfährig den Erwartungen des Establishments und wichen oft genug politischem Druck. In Alabama war es NET unter Androhung von Gefängnisstrafen verboten, sich mit regierungspolitischen Maßnahmen zu befassen. Das Programm wurde ausschließlich aus Auftragsarbeiten kommerzieller Produzenten bestritten. Somit konnte eine echte Alternative zu den rein kommerziellen Anstalten nicht entstehen. Herbert Hoover hatte in den zwanziger Jahren vor einer übermäßigen Kommerzialisierung der Medien gewarnt. Der Nachricht von seinem Tod im Jahr 1964 folgte eine Bierreklame.[8]

1951 ging der Kinobesuch in Städten mit Fernsehstationen bis zu 40 Prozent zurück. In den Buchhandlungen schwand der Umsatz, aus den Bibliotheken wurden weniger Bücher entliehen. 1946 waren um die 10000 Geräte verkauft, zwei Jahre später bereits 100000. 1953 stand in zwei Dritteln aller Haushalte ein Fernsehapparat. Fernsehantennen wurden zu einem Merkmal menschlicher Ansiedlungen. Der Maler Ben Shahn hat den Antennenwald in einem oft kopierten Bild künstlerisch festgehalten. Ab 1954 wurde das *TV dinner* zu einem Bestandteil der Eßkultur, vorgekochte Speisen auf abgeteilten Tellern, die sich rasch aufwärmen und notfalls blind verzehren ließen. 1957 waren 85 Prozent, 1965 sogar 94 Prozent aller Haushalte mit Fernsehgeräten ausgestattet. Neueste Zahlen sprechen von 95 oder 98 Prozent, jedenfalls ist der Sättigungsgrad erreicht. Fernsehapparate oder *sets* finden sich auch in solchen Wohnungen, die noch keine Wasserspülung besitzen.[9]

Die 1953 gegründete Programmzeitschrift *TV-Guide* hatte 1960 eine Auflage von 7 Millionen erreicht und ist heute mit 17 Millionen Exemplaren wahrscheinlich das auflagenstärkste Periodikum des Landes. Die durchschnittliche Sehdauer liegt in den USA und Kanada bei über sechs Stunden pro Tag. Japaner bringen es noch auf eine Stunde mehr. Die Amerikaner sind die führende Programmexportnation. Einstündige Programme sind von den drei großen Networks für tausend Dollar nach Australien und für wenig mehr nach Kanada verkauft worden. Mit Dumpingpreisen wurden überall auf der Welt einheimische Produzenten ausmanövriert. Der Streit um den Kulturimperialismus der Yankees dreht sich vor allem auch um das Medium Fernsehen. In den sechziger Jahren galten bei der Lizenzvergabe für verschiedene Länder unterschiedliche Tarife. Einstündige Serienteile gingen nach

Fernsehzimmer – eine Schaufensterdekoration im Kaufhaus Bloomingdale zu New York (1949)

Deutschland für 6000 Dollar, nach Brasilien für 4000, nach Hongkong für 150 und nach Nicaragua für ganze 60 Dollar. Amerikanische Serien haben trotz bissigster Kommentare der Kritiker einen festen Platz in den Programmen der europäischen Sendeanstalten. NBC baute Sender in Ländern der Dritten Welt, ABC ist an ein paar Dutzend ausländischen Fernsehanstalten finanziell beteiligt.[10]

Programmschemen

Die alte Garde der Radiokomiker rettete ihre Standardtechniken ins Fernsehen hinüber. Jack Benny spielte weiterhin den Geizkragen, der sich in einem Lügennetz verstrickt. Bob Hope wärmte die Scherze von Will Rogers auf und war besonders populär unter ehemaligen Militärangehörigen – 15 Millionen Menschen. Die Radioserie *Amos 'n' Andy* wurde 1951 über den Widerstand der NAACP hinweg fürs Fernsehen eingerichtet – ein Anachronismus. Die buntgemischte Musikshow von Lawrence Welk zog zweimal wöchentlich 50 Millionen Zuschauer an. In einer der populärsten und langlebigsten Sendungen stellte Ed Sullivan, der von der Zeitung kam, zwischen 1948 und 1971 junge Talente und große Stars vor. Die Komiker Dean Martin und Jerry Lewis traten in seiner von der Autofirma Ford finanzierten Show ebenso auf wie Elvis Presley und Maria Callas. Shows wurden mit Humor präsentiert und Gagwriters gehörten zu den bestbezahlten Fernsehschaffenden. Sie kamen meist aus anderen Berufen. Abe Burrows hatte fünf Jahre lang als Buchhalter an der Wallstreet gearbeitet. Jack Weinstock war Arzt. Goodmann Ace, der die Perry Como-Show mit Witzen belieferte und den man den Doyen der Gagwriters nannte, war Theaterkritiker in Kansas City gewesen. Die großen *Comedians* hingen vom Einfallsreichtum ihres Gagwriters ab, was wiederum Anlaß zu einem berühmten Gag gegeben hat. Jack Benny soll zu Fred Allen gesagt haben: »Du würdest nicht so mit mir reden, wenn ich meinen Gagwriter dabeihätte.«[11]

In der Anfangszeit wurden neben sentimentalen Tierfilmserien wie *Lassie* oder *Rin Tin Tin* auch ganz passable Theaterstücke gezeigt. Die Reifenfirma Goodyear ermöglichte die Aufführung von Paddy Chayefskys *Marty* (1953) und Gore Vidals *Visit to a Small Planet* (1955). Die Theaterabende brachten mit rund 30 Prozent recht hohe Einschaltquoten. Freilich waren diese Sendungen in der Werbebranche nicht sonderlich beliebt, da die Handlung zu wenig linear verlief und im Widerspruch stand zum industriellen Auftrag. Werbespots sollten den Käufer zum jeweils nächstteueren Produkt verleiten – »to upgrade the consumer« –, vom Chevrolet zum Chrysler etwa. Fernsehdramen widersetzten sich mit ihren komplizierten Strukturen diesem simplen Denken.[12]

1955 trat eine grundsätzliche Änderung der Programmgestaltung ein. Der Medienkonzern RKO und andere Firmen verkauften den Fernsehanstalten Hollywoodfilme, die vor 1948 entstanden waren. Das Fernsehspiel verlor danach an Bedeutung, das Programm büßte insgesamt an Niveau ein, wirkte weniger lebendig, weniger kreativ, weniger originell. Ohnehin mäßige Filme glaubte man fürs Fernsehpublikum noch einmal eigens verwässern zu müssen. Als *The Out-of-Towners* (1970) mit Jack Lemmon bei CBS gezeigt wurde, ein Film über zwei Provinzler, denen in New York jedes erdenkliche Mißgeschick zustößt, verzichtete man auf die Schlußszene, in der das Paar nach Kuba entführt wird. Die neue

Programmpolitik hatte regional aber auch eine Liberalisierung zur Folge. Kinofilme, die nach Einzelstaatsrecht vor eine Zensurbehörde mußten, wurden im Fernsehen bundesweit ausgestrahlt; Staaten mit Bedenken konnten sich allerdings ausblenden.

Die Popularität von Quizshows mit Titeln wie $ *64000 Question*, $ *64000 Challenge*, *What's My Line* oder *I've Got a Secret* erreichte 1957 ihren Höhepunkt. Der junge sympathische Charles Van Doren, Sohn eines angesehenen Literaturprofessors, erzielte in der Sendung *Twenty-One* bei NBC einen Gewinn von über hunderttausend Dollar. Er war von der Columbia-University als Professor für Englisch eingestellt worden und betrieb mittlerweile eine eigene Talkshow, als sich herausstellte, daß er den großen Sieg nicht seiner Klugheit, sondern einem ordinären Betrug verdankte: man hatte ihm die Antworten vorher mitgeteilt. Kandidaten waren reihenweise eingeweiht worden, manchen hatte man den Gewinn, abzüglich Steuern, schon vor der Sendung in die Hand gedrückt.[13]

Mysteries oder Kriminalserien sollten nach einem erprobten Schema gearbeitet sein, mit ausreichend Violenz, einer attraktiven Frau, einer Liebesbeziehung, die aber nicht so intensiv ausfallen durfte, daß sie den Gang der Handlung bremste – »don't let it stop the forward motion of the story«.[14] Die Detektivserie *Dragnet*, die seit 1951 ausgestrahlt wurde, arbeitete mit der Fiktion des Dokumentarischen – »Just the facts, ma'am« – nach angeblichen Fällen der Polizeibehörde zu Los Angeles. Mit den Kriminalfilmen verwandt waren die *courtroom dramas*. Perry Mason trat ab 1957 als unbesiegbarer Strafverteidiger in Erscheinung. Er wußte stets mehr als der Staat, setzte sich über Konventionen hinweg und führte deshalb ein erfolgreicheres und angenehmeres Leben als diejenigen, die sich in soziale Beschränkungen schickten.[15]

Seit Mitte der fünfziger Jahre arbeiteten sich die Westernserien *Cheyenne*, *Gunsmoke*, *Have Gun – Will Travel* und *Restless Gun* in der Publikumsgunst nach oben. *Cheyenne*, von der Hollywoodfirma Warner Brothers produziert, verwendete noch die Muster des traditionellen Filmwestern, in dem regelmäßig der Cowboy im weißen Hut Sieger blieb, weil er halt am schnellsten zu ziehen verstand. Bei *Gunsmoke*, dem erfolgreichsten Western, zeichnete sich eine Änderung gegenüber dem Hollywoodgenre ab. Der Held tötete nur ungern. Im Gegensatz zum reinen Western wurde in diesen *adult westerns* der Böse nicht erschossen, sondern zu Tode geredet, wie John Wayne einmal ironisch bemerkte. *Have Gun – Will Travel* wich ebenfalls von vertrauten Normen ab. Der Titel bezog sich auf eine Zeitungsanzeige, in der ein Mann seine Dienste anbot, aber nicht als cowboyhafter Rabauke, sondern als Dandy, der in seiner Freizeit die feine Lebensart wohl zu genießen weiß.[16]

Die beliebtesten Sendungen im Abendprogramm (*prime time*) waren zwischen 1953 und 1974 Abenteuerserien, *action movies* und Komödien. Das regierende Prinzip in den Abenteuerserien *Route 66*, *Run for Your Life* oder *The Fugitive* lautete: Bewegung. »Moving on« – dafür gab es Folge für Folge immer einen neuen Grund. Die Situationskomödie und die *domestic comedy* kann man als Dreh- und Angelpunkt des gesamten Programms sehen: *I Love Lucy*, seit 1951 gesendet, erreichte Einschaltquoten bis zu 68 Prozent. Die statistische Breite nahm erstaunliche Dimensionen an. Eine banale Serie wie *Father Knows Best* zählte noch in den sechziger Jahren bei den Oglala Sioux auf der entlegenen Pine Ridge Reservation zu den beliebtesten Freizeitvergnügungen. Zur Zeit werden etwa dreißig Situationskomödien pro Woche gesendet. Der schülerhafte Klamauk dominiert. Die Zuschauer werden durch eingespieltes Lachen konditioniert wie Pawlowsche Hunde. Gesellschaftliche Probleme tauchen, wenn überhaupt, mit Verspätung auf. Man hinkt hinter den Zeitläuften her. Arbeiter werden meist als Trottel dargestellt. Die Mittelklassencharaktere sind »up beat«, sie suchen nach privatem Glück und stellen kaum Forderungen an die Gesellschaft, solange ihr persönlicher Ehrgeiz und ihre Konsumwünsche befriedigt werden. Nonkonformistische Wünsche werden Standardfiguren wie dem »heiligen Narren« oder dem »ewig Gestrigen« in den Mund gelegt. Nachhaltige Störungen der Lebensharmonie gibt es nicht. Irrtümer und Verwicklungen fallen unweigerlich komisch aus. Auf jeden Konflikt wartet eine Lösung, sei sie noch so unwahrscheinlich.[17]

Das Fernsehen übernahm in sein Programmschema erprobte Muster aus Film und Radio. Es fanden jedoch auch Transformationen statt; sie weisen in eine bestimmte Richtung. In Detektivserien vom Schlage *Dragnet* gilt nicht ein privater Code wie etwa im *film noir*. Maßgeblich allein ist der Code des Los Angeles Police Department. In dem seit 1959 gezeigten Fernsehwestern *Bonanza* ist der Held nicht mehr der einsame Gunman, der soziale Probleme mit Colt und Strick löst, sondern ein Familienvater, der seine Söhne zu Sorgfalt, Nachdenklichkeit und Zurückhaltung erzieht und vor Gewaltanwendung zurückschreckt. In den Arzt- und Rechtsanwaltserien *Marcus Welby, M. D.* und *Owen Marshall* agieren nicht junge, wagemutige Aufsteiger, sondern besonnene Vaterfiguren, die persönlich betroffen wirken und extreme Lösungen verwerfen. Die Autoren von Abenteuerserien modifizierten das alte Verhaltensmuster der Unrast. In *Route 66* eilten paradoxerweise gleich zwei *loners* durch die Staaten, und ihr Auto rollte hauptsächlich deshalb über die Highways, um den Verkaufszahlen des Werbeträgers Chevrolet auf die Sprünge zu helfen. Dr. Richard Kimball als *The Fugitive* hastete nicht aus freien Stücken von Ort zu Ort, sondern weil er, unschuldig wie er war, polizeilich gesucht wurde. Seine Flucht drückte eher den Wunsch nach menschlicher Nähe aus, nicht deren Negierung. In den Komödien schließlich gab es kaum Hinweise auf Mobilität, auf den oftmaligen Ortswechsel, auf die Familienumzüge. Die Familie wurde als sicherer Zufluchtsort geschildert, als Hort der Zufriedenheit, in dem jedes Familienmitglied Verständnis, Schutz und Rat finden konnte. Die Fernsehzuschauer wurden Abend für Abend mit diskret beschützenden Eltern konfrontiert.[18] Gegen 22 Uhr regte sich manchmal das schlechte Gewissen der

Fernsehdirektoren. Da fragte dann ein Ansager zwischen zwei Programmteilen in die Living rooms hinein: »Do you know where your children are?«

Newton Minow, der von Präsident John F. Kennedy ernannte Vorsitzende der Medienaufsichtsbehörde FCC, glaubte eine riesige Wüste vor sich zu haben, als er bei Amtsantritt die Fernsehlandschaft näher inspizierte. Die eigentümliche Rechtskonstruktion – Staatsaufsicht bei freier Finanzierung – hatte in den Programmen der drei großen Sender Monotonie entstehen lassen, echte Konkurrenz und Kontraste unterbunden. Die Networks haben den Zuschauer konditioniert und in Umkehrung einer Redewendung dazu gebracht »to want what they get« – zu wollen, was sie kriegen. Angebliche Publikumsrücksichten bewogen die Verantwortlichen, jeweils dasjenige Programm auszustrahlen, das am wenigsten Anstoß erregte, das »Least Objectionable Program«, auch LOP genannt. Im Fernsehen gesprochene Kommentare bleiben unverbindlich. Eine Stichprobe bei allen drei Anstalten ergab, daß man in Altersheimen prononciertere Meinungen zu einem Thema hören kann als aus dem Munde eines Fernsehkommentators, dessen Auftritt nur zum Schein so wirkte, als fände eine öffentliche Debatte statt. Eric Sevareid, lange Jahre Kommentator bei CBS, wurde wegen seiner Unentschlossenheit auch Eric Severalsides genannt.[19]

Fernsehen muß aus moralischen und politischen Gründen Vorzensur üben, denn ein einmal gesendetes falsches oder verfängliches Wort kann nicht mehr zurückgeholt werden. *Damn, hell, pregnant, naked* wurden als vulgäre Vokabeln durch ein elektronisches Signal ersetzt; »bleeped out« lautet der Fachausdruck. »No more bullshit«, ein Slogan, den Norman Mailer 1969 als New Yorker Bürgermeisterkandidat von sich gegeben hatte, wurde im Fernsehen zu »No more blip-blip«. Als der Film *Who's Afraid of Virginia Woolf* bei CBS lief, sagte Elizabeth Taylor *dam* statt *goddam*. Der Zensor hatte den Wortteil *god* herausgeschnitten. LeRoi Jones mußte sich bei der Übertragung seines Stückes *The Toilet* Schnitte gefallen lassen. Um den Hauszensor auszuschalten und den prüderen Teil des Publikums ruhig zu halten, greifen erfahrene Fernsehmoderatoren zum Mittel des *double entendre*, spielen mit dem Zensor Versteck und machen sich gelegentlich über ihn lustig.[20]

Als Dick Cavett die Marxistin Angela Davis in seine Talkshow einladen wollte, stellte ihr die Sendeanstalt ABC mit Absicht inakzeptable Bedingungen. Ein Autor bot ein Feature über das Bombenattentat auf eine Kirche von Schwarzen in Birmingham an, bei dem vier kleine Mädchen ums Leben gekommen waren. ABC, FBI und die Autofirma Ford als Sponsor stellten Bedingungen, die ein integrer Mensch nicht annehmen konnte: die Kirche hatte im Norden des Landes zu liegen, Schwarze sollten nicht vorkommen und der Bombenwurf durfte nichts mit der Bürgerrechtsbewegung zu tun haben. Schwarze Charaktere sind immer wieder in Weiße verwandelt worden, Juden in Christen. Dem Verfasser eines Dramas über Polizeibrutalität wurde vorgeschlagen, den Polizisten als unschuldig hinzustellen und aus dem Opfer einen Lügner zu machen, der wegen falscher Anschuldigung zur Rechenschaft gezogen werden muß. Ein Beitrag über das Problem der Homosexualität in Regierungskreisen ist zurückgewiesen worden. Nicht genehmigt wurden verschiedene Sendungen über Apartheid, Vietnam, Alte, geistig Behinderte, Strafgefangene, Studenten und so fort. Eine während einer Talkshow gefallene Bemerkung über den Einfluß der Werbung auf die geistige Gesundheit wurde prompt herausgeschnitten.[21] Das amerikanische Fernsehen ist das feigste aller Medien und eines, das sich aufs willigste den Interessen von Business unterordnet. Daß Millionen von Amerikanern sich die soziale und politische Gängelung Tag für Tag bieten lassen, ist für Außenstehende schwer begreiflich.

Positiv schlägt zu Buche, daß sich das Fernsehen um den Abbau ethnischer Stereotypen verdient gemacht hat. Bei CBS wird sorgsam darauf geachtet, daß im Programm kein Schuhputzer schwarz, kein Hehler jüdisch und kein Obstverkäufer italienisch ist. Die Fernsehfassung der Radioserie *The Goldbergs* schilderte liebevoll die Probleme einer jüdischen Einwandererfamilie. Die aus Kiel gebürtige Judith Malina-Beck vom *Living Theater* trat in dieser Sendung gelegentlich auf. In der Serie *Bridget and Bernie* wurden auf nette Weise die Verwicklungen in einer jüdisch-christlichen Ehe behandelt. Die deutsche Minderheit blieb ungeschützt. In einer Persiflage auf deutsche Quizsendungen holte der Henker Kandidaten ab, die richtige Antworten schuldig blieben. In den fünfziger Jahren mußte die Show des schwarzen Sängers Nat King Cole abgesetzt werden, weil die Sponsoren nicht mitzogen. Aber die schwarze Minderheit konnte sich durchsetzen. Ethnische Witze gehen heute vielfach auf Kosten der weißen Mehrheit. Anfang der siebziger Jahre glaubte man Vorurteile auf indirektem Weg bloßstellen zu können. Die Figur des »Archie Bunker« aus der Serie *All in the Family* sollte den spießbürgerlichen Räsonierer entlarven, der sich von Schwarzen, Juden, Homosexuellen, Kommunisten und Liberalen eingekreist fühlt. Die meisten Fernsehzuschauer dürften die aufklärerische Absicht verstanden haben, aber gelegentlich hielten Passanten den Darsteller des Archie Bunker auf der Straße an, um ihm zu seinen Meinungen zu gratulieren. Die jüdische *Anti-Defamation League* meldete Bedenken dagegen an, Vorurteile zum Gegenstand vergnüglicher Unterhaltung zu erheben.[22]

Frauen stellen in den Vorstandsetagen, in den Studios und Redaktionen und im Programm selbst eine Minderheit dar. Nur ein Drittel aller Personen, die auf dem Bildschirm erscheinen, sind Frauen. Stereotype Vorstellungen vom weiblichen Geschlecht werden von den Kindersendungen an aufwärts am Leben erhalten. Selbst in der vergleichsweise fortschrittlichen Serie *Sesame Street* verrichtet der große Vogel, der »Boy Bird«, die schwere Arbeit und hält sich meist im Freien auf, wogegen das Girl bei den leichteren Arbeiten hilft, Blumen arrangiert und das Zimmer schmückt. Im Wald findet der Boy eine Spinne, das Girl zeigt Angst. Er fängt den Frosch, sie schaut dabei zu. Er geht voraus, sie hinterdrein. Feministisch orientierte Akademikerinnen haben kein Hehl daraus gemacht, daß ihnen diese herkömmlichen Anordnungen mißfallen.[23]

Im Fernsehen darf ein nackter Körper nur dann gezeigt werden, wenn er tot ist, bemerkte der Satiriker Lenny Bruce, der oftmals Anstände wegen obszöner Sprache bekam. Gewaltdarstellungen im Fernsehen wurden lange Zeit als etwas Selbstverständliches betrachtet. Anderslautende Richtlinien im *Television Code* von 1952 erwiesen sich vis-à-vis der Nachfrage bei Sponsoren und Publikum als wirkungslos. Noch Mitte der siebziger Jahre lag die Fast Food-Kette »McDonald's« weit an der Spitze, wenn es um die Finanzierung gewalttätiger Sendungen ging. Serienautoren wurden von den Redaktionen darauf eingestimmt, schon früh im Stück einen Mord zu bringen, da das Publikum das stärkste Interesse daran habe, und weitere Leichen in Aussicht zu stellen. Weil das Totmachen anscheinend die Hauptsache ist, kann auf eine Charakterisierung der Opfer fast verzichtet werden. Nach den tödlichen Attentaten auf Martin Luther King und Robert Kennedy wurden die Fernsehanstalten als Sündenböcke für das Ausmaß an Gewalt im Lande hingestellt. Die Networks haben keine überzeugende Linie, wenn es um Gewaltdarstellungen geht. Hitchcocks *Psycho* wurde von NBC abgesetzt, weil dieser Film ein »absichtlicher Schocker« sei, dann wieder zeigte man am laufenden Band brutale Polizeifilme. Die reale, tägliche Gewalt auf den Straßen wird in bewährter Manier ins Lächerliche gezogen, um Angst und Ratlosigkeit wenigstens für den Augenblick einzudämmen.[24]

Der Marsch der *Progressive Labor Party* gegen die Arbeitslosigkeit im Jahr 1971 ist vom Fernsehen nicht gezeigt worden. Dagegen wurden andere Nachrichten überbetont, zum Beispiel die Zusammenstöße zwischen Arbeitern und Studenten. Auslandsnachrichten, die ohnehin nur 0,7 Prozent der Berichterstattung ausmachen, zeigen die Vorgänge in anderen Ländern meist in einem Zerrspiegel. Einer der Chefs des Nachrichtendienstes bei NBC meinte, die vornehmste Aufgabe des Fernsehjournalisten bestehe nicht in der Übermittlung von Nachrichten, sondern in der Vermittlung von Freude, Trauer, Schock und Angst. Somit waren Nachrichtensendungen ebenfalls mit Showcharakter auszustatten. Die Krönung von Königin Elizabeth II. wurde mit einem Schimpansen im Studio übertragen. Der Sender ABC führte bei seinen Abendnachrichten den »Happy Talk« ein, das lockere Gespräch zwischen den Sprechern während der Präsentation. Selbst Tragisches wird im Comedy-Stil dargeboten. Während der Berichterstattung über einen verherrenden Hurrikan brachen die Moderatoren zwischen der Aufzählung der Todesopfer zwanglos in fröhliches Gelächter aus. John F. Kennedys Begräbnis wurde im Fernsehen mit Würde übertragen und kommentiert. Aber die Übertragung von der Beerdigung des ehemaligen Vizepräsidenten Hubert Humphrey wurde zugunsten eines Golfturniers abgebrochen.[25]

Die Sendeanstalten unterlagen vor kurzem der gesetzlich verankerten »Fairneßdoktrin«. Sie hatten die Pflicht, über öffentliche Angelegenheiten zu informieren.

Gegensätzliche Meinungen mußten zu Gehör gebracht werden. Deswegen war den Kandidaten politischer Parteien gleiche Sendezeit einzuräumen. Die FCC hat Sendungen über Hunger in den USA, über das Pentagon und über Altersversorgung beanstandet, weil das Positive fehlte. Somit war die Fairneßdoktrin dazu angetan, journalistischen Unternehmungsgeist zu lähmen, während das Erfordernis von »equal time« zum Stoppuhrjournalismus führen konnte. Für Zeitungen galt die Fairneßdoktrin nicht, obwohl nicht von der Hand zu weisen war, daß Zeitungen zumindest regional eine größere Monopolgewalt ausüben als Fernsehsender. Die Frequenzknappheit stellt heute kein technisches Problem mehr dar. Theoretisch könnten in jeder Großstadt hunderte von Rundfunkanstalten existieren. Deswegen war die gesetzlich vorgeschriebene Ausgewogenheit, von der politisch immer nur die großen Parteien profitieren, nicht mehr zeitgemäß.[26] Auf Druck von Rundfunkanstalten und Journalistenverbänden wurde die Doktrin 1987 abgeschafft.

Richard Nixon hatte 1952 mit dem »Checkers Speech« seine Vizepräsidentschaftskandidatur gerettet, indem er auf sentimentale Weise den Hund seiner Kinder ins Spiel brachte. Er hielt sich seitdem für einen Experten im Umgang mit dem Medium, mußte aber im Wahlkampf 1960 einen Rückschlag verkraften. Der Senat hatte die gesetzliche »equal time«-Vorschrift suspendiert, damit war der Weg frei für die Hauptbewerber John F. Kennedy und Richard Nixon. Nixon lag zu dem Zeitpunkt bei den Wählern in Führung. Offenbar stellte er sich der Debatte, weil er nicht kneifen wollte, vielleicht auch, weil er glaubte, Kennedy überlegen zu sein. Das war eine Täuschung. Bei einer hohen Einschaltquote erlebten die Amerikaner mit, wie Nixon sich versprach – »to get rid of the farmers« statt »to get rid of the surpluses« –, wie sein Bartschatten durch die Schminke drang, wie er sich den Schweiß von der Stirn wischte. Einer seiner Berater hat später einen Roman über die Debatte verfaßt, worin behauptet wird, CBS hätte gegen Nixon konspiriert und ihn absichtlich unvorteilhaft aussehen lassen. Ob die Fernsehdebatte die Wahlen unmittelbar beeinflußt hat, ist ungewiß. Doch kommt ein imagebewußter Politiker seitdem am Fernsehen nicht mehr vorbei.[27]

Trotz beeindruckender Nachrichtensprecher wie Walter Cronkite ist der direkte Einfluß der elektronischen Medien auf die politische Meinungsbildung gering. Eine Inhaltsanalyse der Abendnachrichten im Vorfeld der Wahlen von 1968 ergab, daß die drei Networks stark gegen Nixon eingestellt waren. Trotzdem hatte der demokratische Bewerber Hubert Humphrey gegen Nixon keine Chance. Nixon rächte sich für die unfreundlichen Kommentare und ließ in den ersten dreißig Monaten seiner Amtszeit den Sendern CBS und NBC nicht weniger als 121 »subpoenas« servieren, das sind gerichtliche Vorladungen oder die Forderung nach Materialherausgabe unter Strafandrohung. Nixons Medienpolitik zeigte Wirkung. Auf Druck des Weißen Hauses stellten die Sender gegen Ende des Vietnamkriegs das Thema des »going home« heraus. Unterdessen eskalierten Nixon und Kissinger den Bombenkrieg, um einen Friedensschluß zu erzwingen.[28]

Daß die Realität per Fernsehübertragung auf subtile Weise verändert wird, ist eine nicht mehr neue Erkenntnis. Wer das »homecoming« von General MacArthur nach seiner Absetzung im Jahre 1951 persönlich miterlebt hatte, fühlte sich eher gelangweilt. Dagegen gewannen Fernsehzuschauer durch Nahaufnahmen und andere Effekte den Eindruck einer triumphalen, emotionsgeladenen Heimkehr. Norman Mailer glaubte nach einer Fernsehdiskussion, den Kollegen Truman Capote bequem besiegt zu haben – bis er sich eine Aufzeichnung ansah. Capote schnitt nach Erscheinungsbild und Stimme im Medium wesentlich besser ab. Marshall McLuhan schien recht zu behalten: das Medium war wichtiger als die übermittelte Botschaft.[29]

Harvey Oswald wurde dem Fernsehen zuliebe bei Tag in ein anderes Gefängnis verlegt und nicht bei Nacht, was sicherer gewesen wäre. Ob er Kennedy allein, ob er ihn überhaupt ermordet hatte, konnte nach Oswalds Tod vor laufenden Kameras nicht mehr geklärt werden. Nixon wartete nach seiner Rückkehr aus Peking ein paar Stunden in Alaska ab, um mitten im Fernsehabend in Washington einzutreffen. Die USA sind eine mediengerechte Gesellschaft geworden, und die Medien unternehmen im Gegenzug alle Anstrengungen, den Wünschen der Mächtigen gerecht zu werden. Ein so konservativer Kommentator wie James Reston von der *New York Times* bemängelte, das Fernsehen begünstige die jeweiligen Amtsinhaber und besonders wohlhabende Kandidaten. Während Ronald Reagans erster Amtszeit zeigten sich Liberale und Demokraten wie gelähmt, als wollten sie die politische Opposition ganz dem golfstockschwingenden Talkmaster Johnny Carson überlassen.[30]

Trivialisierte Kultur

Zu Beginn des Fernsehzeitalters wurden große Erwartungen an das neue Medium gestellt. Ein Volk, das sich wieder im Wohnzimmer versammelt, schrieb 1942 ein Autor, wird getrost in die Zukunft blicken können. Marshall McLuhan sah in *Understanding Media* (1964) eine Epoche globaler Synästhesie, eines einheitlichen Weltgefühls und der Verwirklichung idealer Träume heraufziehen. Einer der jüngsten Interpreten des Mediums hatte gar nichts dagegen, daß Amerikaner sich mit Film- und Fernsehhelden identifizieren. Imaginäre soziale Welten haben auch ihr Gutes, weil Träume die Realität erträglicher machen. McLuhan hat sich später reservierter gegeben. Daß das Fernsehen die rechte Gehirnhemisphäre und damit das räumliche, emotionelle und intuitive Denken anspricht, hat er nicht mehr bloß positiv beurteilt. Nur wer durch Lesen das verbale und analytische Potential der linken Hemisphäre schule, könne längerdauernden Fernsehkonsum einigermaßen schadlos überdauern.[31]

Das amerikanische Fernsehen wird von Intellektuellen und Ästheten heute überwiegend negativ eingestuft. Sendungen wie *Laugh-in* erzeugen durch rapide

Bilderabfolge absichtlich eine sensorische Überfrachtung, die dem überrumpelten Zuschauer die Möglichkeit nimmt, gut und schlecht zu unterscheiden. Das Fernsehgerät figuriert umgangssprachlich als *idiot box* oder *boob tube*. Ein satirischer Geist charakterisierte das Programm als *air pollution,* als Luftverschmutzung. Die Networks haben nur minimale Anstrengungen gemacht, das umfassende kulturelle Erbe des Landes zu pflegen, geschweige fortzuführen. In New York fallen lediglich 2,1 Prozent des Programms in die »kulturelle« Kategorie, in Philadelphia 1,3 Prozent, im Landesdurchschnitt weniger als 1 Prozent. Fernsehen, schrieb Reinhold Niebuhr bereits 1952, habe die Kultur vulgarisiert und stelle eine größere Bedrohung für die Zivilisation dar als Atomwaffen. Edward Murrow erklärte durchaus selbstkritisch, das Fernsehprogramm befördere Woche für Woche Dekadenz und Eskapismus und sorge durch die endlose Verabreichung von Beruhigungsmitteln für eine Abkapselung von den Tatsachen. Die Mehrzahl der Kritiker hat die Realitätsferne des US-Fernsehens und die Vorliebe für unwahrscheinliche, magische Lösungen erkannt, die Fetischierung der Einschaltquoten entsprechend gerügt, die gesellschaftlichen Folgen aber nicht zu Ende gedacht. Arglos schrieb die Zeitschrift *Newsweek,* in Lateinamerika begebe sich das Fernsehen der Chance, zur Beseitigung der sozialen Probleme beizutragen – als ob dies für das eigene Land nicht gelte. Daß Fernsehen in den USA zur »äußersten Trivialisierung der Kultur« geriet, muß nicht unbedingt am Medium gelegen haben. Dies lehrt ein Blick auf die BBC, die es sehr wohl versteht, auch als Massenmedium kulturelle Standards beizubehalten.[32]

Studien über das Fernsehen nach ästhetischen und kulturellen Gesichtspunkten sind im Vergleich zu kommunikationswissenschaftlichen, soziologischen und politologischen Untersuchungen in der Minderzahl. So viel scheint jedenfalls festzustehen, daß das Medium noch keinen D. W. Griffith hervorgebracht hat und daß es nur wenig übertrieben ist, das Programm als eine Kette ästhetischer Mißverständnisse zu bezeichnen. Im Vergleich zu den Sendungen wirken die Werbespots oft wie kleine Kunstwerke. Nicht zufällig fand 1960 ein Filmfestival für Commercials statt.[33]

Ausgerechnet eines der verrufensten Genres, die *soap opera,* erlebte eine künstlerische Ehrenrettung. *Soap operas,* melodramatische Kitschgeschichten, die gerne im Ärztemilieu angesiedelt sind, werden fast nur im Studio ohne Außenaufnahmen gedreht. Die Kulissen sind windig, der Aufwand gering, dem Nachmittagspublikum wird hauptsächlich mit Dialogen suggeriert, am Schicksal anderer Menschen teilzuhaben. Humor findet nicht statt. Im Vergleich zum Abendprogramm gibt es sehr wenig *action,* die Geschehnisse hinterlassen einen statischen Eindruck, Bewegung liefert höchstens die unterlegte Musik. Der Amerikanist Horace Newcomb hob nun aber lobend hervor, daß die Handlung der *soap opera* nicht schematisch und formelhaft abgespult wird, sondern sich organisch und oft über Jahre hinweg entwickelt. Schauspieler altern über den Folgen hin, neue

Charaktere tauchen auf, Menschen büßen für Fehlentscheidungen, die sie in jungen Jahren getroffen haben. Komplikationen vervielfachen sich, Konflikte sind unlösbar, Menschen fehlbar – kurz, die oftgeschmähte *soap opera* ist nach Newcombs Dafürhalten realistischer als andere Fernsehspiele.[34]

Die wenigsten Kritiker würden für die Qualitäten der *soap opera* die Hand ins Feuer legen. Intellektuelle sind fast einhellig der Meinung, daß Fernsehen eine Phantomwelt erzeugt, und die Folgen des Fernsehkonsums negativ einzuschätzen sind: Aus sozialen Wesen werden Eremiten, klagte Günther Anders, die millionenfach, aber voneinander abgeschnitten eine Scheinwelt erleben. Damit stehen wir, schrieb Arthur Asa Berger, vor einer grausamen Perversion des Emersonschen transparenten Augapfels – »I am nothing. I see all«.[35] Ein ehemaliger Vorsitzender der FCC hat das Fernsehen einmal charakterisiert als »die Literatur der Analphabeten, die Kultur der Ungebildeten, den Wohlstand der Armen, das Privileg der Unprivilegierten und den Eliteclub der ausgeschlossenen Massen«.[36] Fernsehen ist aber auch der große Egalisator. Die Sehgewohnheiten unterschiedlicher soziologischer Gruppen sind sich sehr ähnlich. Ein Tagesprogramm bei ABC, eigentlich für Frauen gedacht, wird zu einem Drittel von Männern gesehen, eine Sportsendung zu einem Drittel von Frauen (während die Zeitschrift *Sports Illustrated* fast nur von Männern gelesen wird). Die *soap operas* und die Situationskomödien werden von der Geschirrspülerin ebenso angeschaut wie von der Millionärsgattin. Beide begeben sich in dieselbe Phantomwelt, die den Realitätssinn nach und nach beeinträchtigt. NBC zeigte in der Sendung *Real People* das »San Diego Chicken«, eine Figur im Walt-Disney-Stil. Der ansonsten sehr aufmerksame Medienwissenschaftler Robert Sklar bemerkte die unfreiwillige Komik nicht.[37]

In einer Studie mit dem Titel *No Sense of Place* wurde behauptet, daß der Mensch mit dem Fernsehkonsum seinen Ortssinn einbüßt. Wo er ist, wie seine Umgebung beschaffen ist, was die eigene Erfahrung lehrt, wird zunehmend unwichtig. Soziale Grenzen verschwimmen. Joshua Meyrowitz sieht einen neuen Nomaden heraufkommen, der keine Ortsgebundenheit kennt, den privaten nicht vom öffentlichen Bereich unterscheiden mag und keine strikte Funktionstrennung zwischen den Geschlechtern vornimmt.[38]

Eine korrigierend eingreifende Fernsehkritik existiert kaum. Zu einheitlich ist der Brei, zu gering die Zahl anspruchsvoller Sendungen, die man punktuell würdigen müßte. »Universal Television«, der größte Fernsehproduzent des Landes, beliefert alle drei Großsender und stellt bis zu einem Viertel des Abendprogramms. Fernsehen ist das fließende Medium, Fernsehmanager sprechen vom »flow«, dem nahtlosen Ineinanderlaufen der Programmteile, um nicht durch Pausen Zuschauer zu verlieren. Es sollen nämlich nicht nur Produkte an die Zuschauer verkauft werden. Die Zuschauer sind selbst Produkte, die immer wieder und in möglichst großer Zahl den Sponsoren angedient werden.[39]

John F. Kennedy (1917–1963)

XXI. Kapitel

DER KENNEDY-MYTHOS

Amerikaner sahen und sehen in John F. Kennedy eine Verkörperung des Fortschritts, des Liberalismus und des landestypischen Idealismus. Erfahrene Historiker gerieten ins Schwärmen, wenn sie von ihm sprachen. S. E. Morison beendete zu Ehren Kennedys, genannt Jack, seine anderweitige seriöse *Oxford History of the American People* mit einem dümmlichen Lied – samt Noten – aus dem Musical *Camelot.* Kennedys politisches und privates Leben wurde penibel erforscht. Zu welcher Minute genau er den Amtseid ablegte, das ist ebenso nachzulesen wie der Umstand, daß er im Vorwahlkampf ein mit Honoratioren durchsetztes Publikum binnen neun Minuten zehnmal zum Lachen brachte.[1] Sein Privatleben ist inzwischen ins Zwielicht geraten, und seine politischen Erfolge waren zweifelhafter Natur. Daß seine Aura trotzdem erhalten blieb, hat nicht nur mit seinem tragischen Tod zu tun. Kennedy hat tatsächlich die amerikanischen Vorstellungen von Glück, Erfolg und Leistungsfähigkeit verkörpert. Mit seinen machtpolitisch weitreichenden Phantasien erfüllte er tiefe kulturelle Bedürfnisse seiner Landsleute.

Der Vater Joseph Kennedy war ein absoluter Verfechter der Idee des *self-improvement.* Für ihn existiere nur die Alternative »shithouse« oder »castle«, hat er einmal gesagt, nichts dazwischen. Der Bankier und Immobilienhändler heiratete eine Frau aus einflußreicher Familie, investierte in den zwanziger Jahren ins Vaudevillegeschäft, profitierte vom offiziellen Alkoholverbot, etablierte sich als selbständige Größe innerhalb der Demokratischen Partei und brachte es bis zum US-Botschafter in London, einem besonders prestigeträchtigen diplomatischen Posten. Ein Historiker meinte rückblickend sogar, Vater Kennedy sei bedeutender gewesen als alle seine Söhne, weil er einen weiteren Weg zurückzulegen und größere Hindernisse zu überwinden hatte.[2]

Die Mutter Rose Kennedy, geborene Fitzgerald, überließ die Erziehung ihrer nicht unbeträchtlichen Kinderschar von Zeit zu Zeit dem Personal, reiste viel und versäumte es einmal, ihren Sohn Jack im Krankenhaus zu besuchen. Der Vermählung einer ihrer Töchter mit einem Nichtkatholiken blieb sie fern. Kennedy hat seiner Mutter später nicht den Respekt gezollt wie seinem Vater. Sie kam ihm nach eigenen Worten »ein wenig entfernt« vor, und bei einer Gelegenheit hat er gesagt, es sei im Grunde keine schlechte Idee, Kinder vom Staat und nicht von den Eltern erziehen zu lassen.[3]

Die Kinderzimmer im Hause Kennedy waren durch Stellwände abgeteilt. Individualismus und Wettbewerbsgeist wurden großgeschrieben. Verglichen mit dem ältesten Bruder Joe, einem robusten, hyperkinetischen Draufgänger, wirkte Jack schwächlich. Er kränkelte, zeigte als Schüler nicht sonderlich viel Lerninteresse, war nur ein mäßiger Sportler und eher ein Bücherwurm als ein geselliger Typ. Sein Lieblingsbuch ging über König Artus' Tafelrunde. Lehrer und Klassenkameraden bezeichneten ihn als »loner«. Er war sich offenbar selbst genug, wollte in einer wettbewerbsbewußten Familie lieber mit sich alleine sein und wies mit seinem Hang zum Introspektiven wenig charakterliche Ähnlichkeit mit dem Vater auf, der sich den erstgeborenen Joe als Lieblingssohn erkoren hatte. Zur Vorbereitung aufs College bezog Jack die exklusive Choate Prep School. Wegen einer längerdauernden Krankheit versäumte er das erste Studienjahr in Princeton, weshalb er sich mit einjähriger Verspätung in Harvard immatrikulierte.[4]

Während seiner ersten beiden Jahre in Harvard hinterließ er einen verträumten, idealistischen, insichgekehrten Eindruck. An Vorgängen der Außenwelt schien er nicht sonderlich interessiert zu sein. Sein Vater führte ihn in London in Kreise der höheren Gesellschaft ein und schickte ihn auf Reisen durch Europa. Im Sommer 1939 wurden Kennedy und ein Studienfreund in Deutschland wegen ihres englischen Autokennzeichens mit Steinen beworfen. Mit einem Prädikatsexamen erwarb er 1940 den B. S. im Fach Politikwissenschaft. Seine Diplomarbeit über die britische Politik in den Vorkriegsjahren entlastete Baldwin und Chamberlain wegen des Münchner Abkommens. Englands mangelnde Verteidigungsbereitschaft sei auf die Schwerfälligkeit von Demokratien zurückzuführen und auf die Schwierigkeit, im Frieden Steuern für Rüstungszwecke durchzusetzen. Dem prodeutschen und isolationistischen Vater Kennedy ging die Entlastung der britischen Elite fast zu weit. Trotzdem sorgte er dafür, daß die Examensarbeit, redigiert von einem befreundeten Journalisten, als Buch herauskam. Unter dem Titel *Why England Slept* erregte es einiges Aufsehen. Rezensenten wunderten sich über die emotionale Distanziertheit des Verfassers. Nach dem Examen am Harvard College besuchte Kennedy für drei Monate die Universität Stanford in Kalifornien, wurde dann zur Marine eingezogen, aus der er 1944 wegen Dienstunfähigkeit entlassen werden mußte. Sein Bruder Joe kam bei einem riskanten Fliegereinsatz über dem englischen Kanal ums Leben.[5]

Politischer Aufstieg

In den Augen des Vaters gab der zweitgeborene Sohn Jack ein Surrogat für den gefallenen Bruder ab. Er sollte nun die politische Laufbahn einschlagen, an deren Endpunkt wie selbstverständlich das Weiße Haus stand. John Kennedy mußte sicherlich seine natürliche Scheu und Zurückgezogenheit überwinden, wollte er dem väterlichen Anspruch Genüge tun. Er hatte aber inzwischen selbst politisches Interesse entwickelt, ein beachtetes Buch auf den Markt gebracht und sich als Kriegsheld hervorgetan. Was eine politische Karriere noch in Frage stellte, war seine körperliche Verfassung. Gegen Ende der vierziger Jahre wurde an Kennedy die Addisonsche Krankheit festgestellt, eine Unterfunktion der Nebennierendrüsen, die zu Immunschwäche führt. Mit Cortison konnte diese Krankheit leidlich unter Kontrolle gebracht werden. Das Medikament ließ sein Gesicht leicht aufgedunsen aussehen oder, ins Positive gewendet, weniger hager.[6]

Als Abgeordneter zog er 1947 für drei Legislaturperioden ins Repräsentantenhaus ein, stimmte gegen den gewerkschaftsfeindlichen *Taft-Hartley Act,* machte sich aber auch in Unternehmerkreisen einen guten Namen als strammer Antikommunist. Unter den Kollegen im Kongreß gewann er wenige Freunde, einen aber doch – Joseph McCarthy. Kennedy betätigte sich selbst als Kommunistenjäger und brachte den Gewerkschaftsführer Christoffel wegen Meineids ins Gefängnis, noch ehe Nixon sich aufmachte, Alger Hiss zu vernichten. Hinter dem Meineidsverfahren stand der Arbeitgeber des Beschuldigten, der einen zählebigen Streik beenden wollte. Christoffel war bereits 1941 als Streikführer aufgefallen. Nach langem juristischen Hin und Her – Kennedy bezweifelte zwischendurch das Rechtsempfinden des Obersten Bundesgerichts – wurde Christoffel zu maximal vier Jahren Gefängnis verurteilt. Reisen in Europa milderten Kennedys persönliche Angst vor einem unmittelbar bevorstehenden Übergriff der Sowjets. Innenpolitisch blieb er jedoch hart am Ball, stand voll hinter dem scharf antikommunistischen *McCarran Act* und rückte als Bewerber für den Senat seine Erfolge als Kommunistenjäger ins rechte Licht. Noch in einer Rede vom 26. Juni 1963, in der das berühmte Bekenntnis »Ich bin ein Berliner!« fiel, lud er jeden ein, nach Berlin zu kommen, wenn er die Natur des Kommunismus kennenlernen wollte. Kennedy unterschied sich in seinem Antikommunismus nicht von anderen Liberalen seiner Zeit.[7]

1952 schaffte Kennedy durch einen Sieg über Henry Cabot Lodge aus Bostons politischer Dynastie den Sprung in den Senat. Unter den übrigen Senatoren wirkte er etwas abseitsstehend, denn er war ernsthafter, nüchterner, jugendlicher und intellektueller als sie. Bei gesellschaftlichen Anlässen pflegte der frischgebackene Senator in einer Ecke zu stehen wie ein Mauerblümchen. Senator Ribicoff lernte Kennedy als introvertierten Kollegen kennen, der sich anderen selten offenbarte. Gleichzeitig arbeitete Kennedy beharrlich an der Entwicklung seiner Karriere. Er versuchte sich den Dachverband der Gewerkschaften zu verpflichten, vermochte sich freilich mit progewerkschaftlichen Maßnahmen legislativ nicht durchzusetzen. Eine Rückenoperation mit Komplikationen warf ihn ein Stück zurück. Die Komplikationen waren aufgetreten, weil er darauf bestanden hatte, den Eingriff auf einmal und nicht in zwei Schritten zu erleiden. Seine Lage war zeitweise so kritisch, daß man ihm die letzte Ölung erteilte.[8]

Seinen Heiratsantrag machte er telefonisch. In der Ehe mit Jackie Bouvier schützte er bald Rückenschmerzen vor, auch wenn sie ihn gerade nicht plagten. Kennedy war als Schürzenjäger bekannt, als Don Juan, der Frauen gleichsam auf eine Liste setzte und abhakte; damit hörten sie auf, für ihn zu existieren. Die Zahl seiner Liebschaften, das Tempo, mit denen er sie absolvierte, der serienmäßige Charakter seines Sexuallebens nötigte einschlägigen Kreisen respektvolles Murmeln ab. Von mehreren Eingeweihten war gleichlautend zu hören, daß Kennedy nicht nur im Liebesleben gefühlsmäßige Bindungen durchwegs vermissen ließ. Gore Vidal, Zeuge einer Begegnung zwischen Kennedy und Tennessee Williams, stellte fest, daß beide Männer im Grunde gefühlskalt und sexuell unreif waren. Nur als Vater vermochte Kennedy echte Gefühle aufzubringen, was von seiner Umwelt als höchst uncharakteristisch für seine Persönlichkeit notiert wurde.[9]

In der Familie Kennedy war es Tradition, die eigenen Verhältnisse nach außen in einem möglichst günstigen Licht erscheinen zu lassen, auch wenn dies auf Kosten der Wahrheit ging. Eine der Kennedy-Töchter war geistig behindert. Sie wurde in ein Heim in Wisconsin abgeschoben. Der Öffentlichkeit teilte man mit, sie sei mit der *Pflege* behinderter Menschen betraut. Im *Who's Who* stand zu lesen, Kennedy habe 1935–36 an der renommierten London School of Economics studiert. In Wirklichkeit ist er wegen Krankheit dort nie aufgetaucht. Im Kriege wurde er als Kommandant eines Schnellbootes nichtsahnend von einem feindlichen Schiff gerammt. Die unwahre Version, er habe während eines Angriffs Schiffbruch erlitten, ließ sich politisch besser verkaufen. Sein Buch *Profiles in Courage* (1956) über besonders mutige US-Senatoren der Geschichte sollte seinen eigenen Einzug in den Senat erleichtern. Daß er damit sein nicht sehr mutiges Verhalten in der McCarthy-Affäre bemänteln wollte, ist zu vermuten. Die Möglichkeit, sich gegen McCarthys Treiben auszusprechen, hat er ausgelassen. *Profiles in Courage* wurde von Theodore Sorensen und anderen Mitarbeitern Kennedys verfaßt. Daran wäre an sich nichts auszusetzen gewesen, denn Politiker müssen auf Ghostwriters zurückgreifen. Daß aber Kennedy stellvertretend für seine Ghostwriters den Pulitzer-Preis entgegennahm, gegen die Evidenz kaltblütig log und auf seiner Autorenschaft bestand, zeigt, wie sehr er sich daran gewöhnt hatte, seine Karriere zu frisieren.[10]

Daß er an der Addisonschen Krankheit litt, wurde vor der Öffentlichkeit verborgen. Beim Nominierungskongreß der Demokraten im Jahre 1960 führte der Texaner John Connally diese Erkrankung im Auftrag von Lyndon Johnson gegen Kennedy ins Feld. Trotzdem landete Johnson bei der Abstimmung abgeschlagen an zweiter Stelle. Obgleich telegener als sein republikanischer Gegenkandidat Nixon, führte Kennedy seine Wahlkampagne hauptsächlich mit dem geschriebenen und gedruckten Wort und nicht im Fernsehen. Als Senator war er eine Zeitlang wöchentlich einmal von Washington nach Baltimore gefahren, um dort an einem Schnellesekurs teilzunehmen. Intellektuellen kam er im Vergleich zum biederen Eisenhower attraktiv vor, sie glaubten, einen Artverwandten vor sich zu haben. Sein Kunstgeschmack war eher mäßig entwickelt. In der Musik liebte er Broadwaysongs, romantische Balladen und irische Volkslieder. Aber er hatte einen scharfen Witz, dem sein Gegenspieler sich nicht gewachsen zeigte. Den Widerstand gegen die geplante Ernennung seines Bruders Robert unterlief er mit der Frage: »Warum sollte er nicht ein paar juristische Erfahrungen sammeln, ehe er selbst ins Geschäft einsteigt?« Bob Hope, Hofnarr unter Eisenhower, erlebte dürre Jahre, weil Kennedy ihm an subtilem Humor überlegen war. Als Präsident sagte er zu Chruschtschow, der den Lenin-Friedenspreis erhalten hatte: »Ich hoffe, Sie behalten ihn.«[11]

Ein Handicap des Präsidentschaftskandidaten Kennedy war seine Konfession. Es gab immer noch amerikanische Bürger, die mit dem Gedanken an einen Katholiken im Weißen Haus eine Verschwörung des Vatikan verknüpften. Ein zweites Handicap war sein Ruf als Liberaler. Dem Erzbischof von New York, Francis Kardinal Spellman, war Kennedy nicht konservativ genug, weshalb er seine Wahlkampagne nicht unterstützte. Positiv zu Buche schlugen die finanziellen Reserven seines Vaters und dessen Beziehungen zu Schlüsselfiguren in der Medienindustrie. Ein Plus war ferner Kennedys Auftreten als Wahlkämpfer. Man sprach von den »jumpers«, Menschen, die begeistert auf- und niederhüpften, wenn Kennedy vorbeifuhr. Am Ende reichte es zu einem äußerst knappen Sieg. Kennedy erhielt von 68 329 540 Wählern eine Mehrheit von 113 238 Stimmen oder 0,16 Prozent. Das Gerücht, das Ergebnis im Cook County sei von Chicagos demokratischem Bürgermeister Daley manipuliert worden, wollte nicht verstummen.[12]

Kennedy war der erste Katholik im Weißen Haus und mit 43 Jahren Amerikas jüngster Präsident. In seiner Antrittsrede wies er mit Blick auf den 1890 geborenen Eisenhower pointiert darauf hin, daß jetzt die Generation des 20. Jahrhunderts das Ruder übernommen habe. Inaugurationsreden sind das Hochamt der amerikanischen Republik. Der junge Präsident zelebrierte es glänzend. Daß jeder Staatschef die Unterstützung der Wähler brauchte, hatten schon einige seiner Vorgänger an gleicher Stelle von sich gegeben. Aber er konnte es besonders einprägsam formulieren: »And so, my fellow Americans, ask not what your country can do for you – ask what you can do for your country.«* Das Schlagwort »New Frontier«,

* Darum, liebe Mitamerikaner, fragt nicht, was Euer Land für Euch tun könnte – fragt, was Ihr für Euer Land tun könnt.

das seine Politik kennzeichnen sollte, war einem Buchtitel aus dem Jahr 1934 entlehnt, aber Kennedy brachte es zum Klingen wie eine Eigenschöpfung. Norman Mailer hatte beobachtet, wie sich in den acht Eisenhowerjahren die Energien seiner Landsleute nach und nach abschwächten. Kennedy machte glaubhaft, dies ändern zu können: »We will get America moving again.« Krankheitshalber mußte er zeitweise auf Krücken gehen und zur Leistungssteigerung nahm er Amphetamine. Um so mehr betonte er »vigor« – »vigah« in seiner gerne bespöttelten Aussprache – und sah es gerne, wenn die engsten Mitarbeiter, darunter einige der besten Köpfe des Landes, zu langen Fußmärschen aufbrachen.[13]

Erfolge und Fehlschläge

Roger Hilsman, Staatssekretär im State Department, nannte sein Werk über die Außenpolitik unter Kennedy *To Move a Nation* (1967). Liberale Amerikaner knüpften große außenpolitische Erwartungen an die Amtszeit des neuen Präsidenten. Bundesrichter William Douglas hoffte, mit Kennedy sei die Tabuisierung des Revolutionsbegriffs zu überwinden, wie sie spätestens seit McCarthy bestand. Er wies darauf hin, daß sich die amerikanische Diplomatie bis dato gegen die Unabhängigkeit von Indonesiern, Marokkanern, Algeriern und Vietnamesen gewehrt und gegen Politiker wie Mossadegh angearbeitet hatte. Dies habe sich unter Kennedy geändert. Man sei jetzt für Angola und gegen Portugal. Aus Douglas' Worten sprach der leidenschaftliche Optimismus des ersten Kennedyjahres. Das liberale Lager nahm dem Präsidenten ab, daß er eine selbstlose Außenpolitik betrieb und eine internationale Öffnung anstrebte, um den amerikanischen Lebensstil diskret als humane Alternative zum Kommunismus anzubieten. Darin hatten sie sich getäuscht. Kennedy hegte eine agonistische Auffassung von Weltpolitik. Gerade auf der internationalen Bühne galt es, »vigor« zu zeigen. Der amerikanische Exzeptionalismus, die Gigantomanie und die Verpflichtung auf eine Politik der militärischen Stärke verlangten Amerikas Stellung als Weltmacht »second to none«. Die USA, so sagte Kennedy in einer für Dallas geplanten Rede, seien vom Schicksal dazu bestimmt, »Wächter auf den Wällen der Freiheit« zu sein. Um diese Aufgaben zu erfüllen, bedurfte es nicht großer Reden und historischer Proklamationen, sondern ausreichender Mittel zur Ausübung von Herrschaft: »Es war … nicht die Monroe-Doktrin, die ganz Europa dieser Hemisphäre fernhielt – es waren die Stärke der britischen Flotte und die Weite des Atlantischen Ozeans. Es war nicht die Rede General Marshalls vor der Harvard-University, die den Kommunismus aus Westeuropa fernhielt – es waren die Stärke und die Stabilität, die unsere Hilfe hervorgerufen hat.«[14]

Eine von Kennedys ersten Amtshandlungen war nicht gerade revolutionär. Er bestätigte Allen Dulles und J. Edgar Hoover als Chefs von CIA und FBI. An

Hoover hielt er nicht ganz freiwillig fest, denn der hielt Material aus Kennedys Privatleben in Händen. Die Wiedereinsetzung von Dulles sollte sich rächen, denn sein Rat führte den größten Fehlschlag in Kennedys Politik überhaupt herbei: die Invasion an der Playa Giron auf Kuba.

Durch eine drastische Reduzierung der Zuckerimporte unter der Regierung Eisenhower sollten die Kubaner veranlaßt werden, Fidel Castro durch einen gemäßigten Politiker zu ersetzen. Im März 1960 hatte Eisenhower die CIA angewiesen, eine Invasion der Insel vorzubereiten. Für diesen Zweck wurden Exilkubaner in Guatemala militärisch geschult. Guatemala spielte in den Köpfen der Planer eine zentrale Rolle, seit der dortige Machthaber in Panik zurückgetreten war, weil er von der CIA fabrizierten Rundfunkmeldungen geglaubt hatte, die von einem Volksaufstand sprachen. Der Fall Guatemala verstärkte die Allmachtsgefühle der CIA. Mit Kuba glaubte man analog verfahren zu können. Vierzig Kubaner wurden zu Rundfunktechnikern ausgebildet, damit man Castro einen Umsturzversuch vorspiegeln könne. Eine Firma an der Madison Avenue stellte gegen Castro gerichtetes Propagandamaterial her, das bewußt amateurhaft aussah, um die Herkunft aus dem einfachen Volk vorzutäuschen. Castro ließ sich nicht hereinlegen, die CIA mußte zu anderen Mitteln greifen.

Castro zu stürzen hatte zu Kennedys Wahlversprechen gehört. Seine engsten Mitarbeiter waren für eine Invasion, darunter Dean Rusk, Paul Nitze, William Bundy und Robert McNamara. Allen Dulles wollte schon deshalb losschlagen, weil die in Guatemala Ausgebildeten inzwischen ein »disposal problem« abgaben. Von den Eingeweihten war nur William Fulbright ein erklärter Gegner des abenteuerlichen Unterfangens. Der Historiker Arthur Schlesinger aus Harvard, zu dem Zeitpunkt »Sonderassistent« des Präsidenten, war erst dagegen, dann dafür. Von Nicaragua aus brach die Invasionstruppe auf, versehen mit den guten Wünschen von Somoza. Trotzdem wurde die versuchte Landung an der Bahía de Cochinas, die von den Kubanern meist Playa Giron genannt wird, zu einer militärischen Katastrophe. Der Versuch, an der Playa de Giron einen Brückenkopf zu schaffen und eine Provisorische Regierung einzurichten, die Washington um volle Unterstützung angehen könnte, schlug fehl. Der vermutete Zulauf unzufriedener Kubaner blieb aus. »Wir sind doch keine Selbstmörder«, sagte einer der festgenommenen Invasoren im Verhör zu Havanna. »Wir dachten, die ganze Insel stünde in Flammen und die Miliz würde zu uns überlaufen.«[15]

Kennedy kommentierte das Fiasko mit dem Satz: »Die Experten waren einer Meinung – einer falschen.« In akademischen Kreisen war zu vernehmen, daß Harvards liberale Tradition besser intakt war, als William James gegen den Spanisch-Amerikanischen Krieg opponiert hatte – ein Seitenhieb auf Arthur Schlesinger. Schlesinger führte zur Selbstrechtfertigung an, jedermann habe den unverbrauchten Kennedy im Besitz des »Midas touch« gesehen, dem nichts widerstehen könne. Der Verfasser einer gründlichen Analyse der Schweinebuchtaffäre empfahl, zur Erklärung des dilettantischen Komplotts nicht allzuviel von der Gruppendynamik herzumachen. Die zentralen Entscheidungen seien von einer Person getroffen worden, von Kennedy. Er war aktionistisch orientiert und er glaubte an sein eigenes Glück.[16]

Nach der Operation Schweinebucht fuhr die CIA fort in ihrem Bemühen, den kubanischen Staat auszuhöhlen. Das Ziel war, Castro binnen Jahresfrist zu beseitigen. Kennedy forderte die »captive people« Kubas auf, ihre Regierung zu stürzen. Von Miami aus operierten unter dem Codenamen »Mongoose« 300 Agenten. Der Guerillakrieg wurde jetzt mit Sabotageakten aus der Distanz geführt. Sabotageakte richteten sich gegen Kraftwerke, Zuckerfabriken und andere Einrichtungen. Die CIA stellte weiterhin Überlegungen an, wie man Castro ausschalten könne. Bereits unter Eisenhower war auf den kubanischen Staatschef ein hohes Kopfgeld ausgesetzt worden. Der CIA-Mann Richard Bissell, vormals Wirtschaftsprofessor in Yale, und andere Personen, die John Kennedy nahestanden, nahmen Kontakt mit potentiellen Attentätern auf. Die indirekten Beweise, daß John und Robert Kennedy die Ermordung Castros angeordnet haben, nannte ein Biograph der Familie Kennedy »überzeugend«. Castro war in den USA verhaßt wie kein anderer Staatsmann, weil er den Verlockungen des »American Way of Life« so souverän widerstand. Ein Senatsausschuß kam 1975 zu dem Ergebnis, es habe mindestens acht Versuche mit CIA-Beteiligung gegeben, den Kubaner zu ermorden.[17]

Auf das Fiasko in der Schweinebucht reagierten Kabinettsmitglieder mit Unmut. Unmut darüber, daß Castro »uns dies angetan hat«. Auch Kennedy legte dem ausersehenen Opfer die Tat vor die Füße und verkündete unter dem Applaus der Presse, man werde sich von Castro nicht alles gefallen lassen. Kennedy ging politisch unbeschädigt aus der Affäre hervor. Seine Popularität stieg laut Meinungsumfragen sogar noch um etliches an. Dies hatte mit der Nachrichtenpolitik des Präsidenten zu tun. Eine von Kennedy eingesetzte vierköpfige Untersuchungskommission kam zu dem Ergebnis, Munitionsknappheit sei die Ursache für das Scheitern der Invasion gewesen. Der Kommission gehörte neben Allen Dulles ein weiterer Chefplaner der Operation an.[18]

Kennedy hatte vor der *American Newspaper Publishers Association* von der Presse eine freiwillige Selbstzensur im Interesse der nationalen Sicherheit verlangt. Eine »klare und unmittelbare Gefahr« sei eingetreten, lautete das Argument, mit dem er die Berichterstattung über die Invasion unterdrücken wollte. Kennedy hatte als Präsident sehr früh eine Irritation entwickelt: die Überempfindlichkeit gegenüber Nachrichten. Im Mai 1962 bestellte er die *International Herald Tribune* ab – aus Verärgerung über ihren Inhalt. Im November 1962 warf ihm das Repräsentantenhaus sein merkwürdiges »news management« vor. Im Februar 1963 wurden Journalisten für einige Tage von Empfängen im Weißen Haus ausgeschlossen. Seine rhetorischen Einlassungen zur Pressefreiheit standen in krassem Gegensatz zu seinem tatsächlichen Verhalten. In den Anfängen des Vietnamkrieges versuchte er den Herausgeber der *New York Times* zu überreden, den kritischen Reporter David Halberstam vom Kriegsschauplatz abzuziehen.[19] Trotz seiner Übergriffe ist Kennedy von der Presse gnädiger behandelt worden als Johnson oder Nixon.

Die Kubakrise von 1962 entstand, weil sich Washington mit der Präsenz sowjetischer Raketen auf der Insel nicht länger abfinden wollte. Die militärische Führung schlug einen Luftangriff mit nachfolgender Invasion vor. Kennedy entschloß sich dagegen zu einer Blockade sowjetischer Schiffe. Des Risikos dieser Entscheidung war er sich bewußt. »Viele Monate der Aufopferung und der Selbstdisziplin liegen vor uns«, sagte er in einer Fernsehansprache, rechnete also, wenn er nicht bluffte, mit dem Äußersten. Der Krisenstab im Weißen Haus reagierte geschickt auf die mildere von zwei Antworten Chruschtschows auf ein Ultimatum der Amerikaner. Die Sowjetunion zog ihre Raketen ab. Die Gegenleistung der USA, von einer Invasion der Insel Abstand zu nehmen, blieb geheim. Selbst NATO-treue Geschichtsschreiber lasten Kennedy heute an, einen Atomkrieg riskiert statt über den Abbau veralteter Raketenstellungen auf Kuba und in der Türkei verhandelt zu haben. Der Historiker William A. Williams beschuldigte Kennedy, er habe die »New Frontier« an den radioaktiven Rand der Hölle verlegt. Die Frontier sei immer schon eine Flucht vor der Vergangenheit gewesen, und es sei abzusehen, daß der Fluchtweg buchstäblich in die Unendlichkeit verlängert werde.[20]

Im Hintergrund der Krise standen Kubas Vertragsabschlüsse mit Großbritannien und die Freigabe von Patenten, die Washington zu verhindern trachtete. Seit der Schweinebuchtaffäre hatten die USA ihre Anstrengungen verstärkt, durch eine Wirtschaftsblockade die kubanische Entwicklung zu bremsen, damit der Widersinn eines kommunistischen Systems offenbar werde. Kennedys außenpolitischer Aktivismus rief 1961 das »Friedenscorps« und die »Allianz für den Fortschritt« ins Leben. Beide Einrichtungen sollten die Universalität des Amerikanischen Traums bestätigen. Hilfsbedürftige Länder konnten nach den Bestimmungen des *Foreign Assistance Act* (1963) allerdings nur dann Zuwendungen erhalten, wenn sie eine radikale Land- oder Steuerreform sein ließen. Als Ceylon Ölfirmen verstaatlichte, wurden die Zuwendungen eingestellt. In Mittelamerika zog die CIA weiterhin die Fäden. Die Meldung, daß sich in Honduras ein neuer Mann an die Macht geputscht hatte, stand einen Tag vor dem Ereignis in den US-Zeitungen.[21]

Nach der Kubakrise verschärfte sich der Konflikt zwischen der UdSSR und der Volksrepublik China. Aus Angst vor China als fünfter Atommacht wollte Kennedy diesen Konflikt für die USA nutzen. Schon beim Wiener Gipfeltreffen im Mai 1961 hatte er versucht, Chruschtschow auf eine gemeinsame Linie gegen China zu bringen. Militärische Aktionen gegen China sind von amerikanischen Experten ernsthaft ins Kalkül gezogen worden. Machtpolitische Erwägungen spielten hierbei die Hauptrolle, daneben auch rassische Vorurteile, die Kennedy gegen Chinesen hegte. Seine »Strategie des Friedens« war im Rückblick nicht viel mehr als Rhetorik.[22]

Kennedy wurde von seinen Geheimdiensten selbst überspielt und mußte sich Informationen der CIA und des FBI gelegentlich unter Umgehung der Amtsspitze von bestimmten Agenten beschaffen. Was Vietnam anging, so konnte er weder dem Pentagon noch der Saigoner US-Botschaft trauen, weshalb er einen persönlichen Freund beauftragte, Diem zu warnen, als dessen Ermordung drohte. Zu spät, wie sich herausstellte. »Washington ist ein Steuerrad, das nicht mit dem Motor verbunden ist«, sagte im Rückblick Richard Goodwin, einer von Kennedys Beratern. Nach dem Tod Diems wurde klar, daß der »meteorhafte Aufstieg« der USA, den Kennedy bei Amtsantritt für die Zeit nach Eisenhower vorausgesagt hatte, nicht so leicht zu bewerkstelligen sein würde.[23]

Im Vergleich zu seiner Risikobereitschaft auf internationaler Ebene handelte Kennedy innenpolitisch vorsichtig und abwägend. Er ging kontroversen Angelegenheiten aus dem Weg und legte Wert darauf, es mit dem Kongreß nicht zu verderben. Möglich, daß er sich größere innere Reformen für eine zweite Amtsperiode aufsparen wollte, jedenfalls verfolgte er eine konservative, auf »free enterprise« abgestimmte Wirtschafts- und Sozialpolitik, die sich von der seines Vorgängers nicht wesentlich unterschied. Er hatte angekündigt, Amerika wieder in Bewegung zu setzen. Dieses Versprechen blieb uneingelöst. Fortschrittliche Gesetzeswerke hat er nicht initiiert. Seine Reden verströmten Gänsehautpatriotismus. Er erklärte seinen Landsleuten, sie lebten »in einer stolzen und denkwürdigen Zeit«, und verstand es prächtig, in ruhigeren Phasen Angstlust zu wecken: »Wir lassen uns durch die augenblickliche Windstille oder den etwas helleren Himmel über uns nicht einschläfern. Wir wissen um das, was darunter brodelt, um die Stürme, die in diesem Jahr hinter dem Horizont auf uns warten.« Die Kongreßmitglieder beglückwünschte er zu ihrer historischen Bedeutung: »Denn Sie und ich sind privilegiert, der großen Republik in einer Zeit dienen zu dürfen, die sich leicht als das entscheidendste Jahrzehnt ihres Bestehens erweisen kann.« Im politischen Alltag dagegen versuchte er, möglichst wenig mit dem Kongreß zu schaffen zu haben. Weil er nicht wirklich meinte, was er sagte, haben seine Reden den Test der Zeit nicht überstanden; sie klingen heute schal: »... es ist die geschichtliche Bestimmung unseres Landes, entweder Beobachter des Untergangs der Freiheit zu sein oder die Ursache ihres Erfolgs.« Kennedys innenpolitische Errungenschaften waren bescheidener Art. Der von seinem Postminister eingeführte »Zone Improvement Plan« verbesserte zwar die Postzustellung, nahm sich aber neben den rhetorischen Hochtonstellen ziemlich kümmerlich aus. In der Rassenpolitik verhielt sich Kennedy zunächst passiv. Erst unter dem Druck der Ereignisse ließ er sich zum Handeln zwingen. Die Zulassung des schwarzen Studenten James Meredith zu einer südstaatlichen Universität hatte Todesopfer gefordert. Um weiteres Blutvergießen zu vermeiden, mußte er legislative Maßnahmen in Richtung Desegregation einleiten. Damit trat ein, was er tunlichst vermeiden wollte: Er schuf sich Feinde unter den Volksvertretern. In der Bevölkerung war Kennedy nach wie vor beliebt. Die Amerikaner zeigten sich höchst interessiert am Privatleben der Familie im Weißen Haus. Spätestens unter Kennedy wurde aus dem amerikanischen Präsidenten eine Art gewählter Monarch. Eine gekonnte Parodie auf die »First Family« fand binnen vier Wochen zweieinhalb Millionen Abnehmer.[24]

Kennedy sei angetreten

As a demonstration
That the supreme merit
Lay in risking spirit*

meinte der alte Dichter Robert Frost. Kennedys Biographen haben denselben Sachverhalt weniger euphorisch ausgedrückt. Für Gary Wills war er »ein Gefangener seiner eigenen Vorliebe für Krisen«. Nancy Clinch zufolge wurde er ein Opfer der »Kennedy-Neurose«, einem über der ganzen Familie liegenden Zwang, sich durchzusetzen um jeden Preis. Die Brüder Kennedy sollten den Vater rechtfertigen, den irisch-katholischen Emporkömmling in einer von protestantischen Angelsachsen regierten Welt. Die Wettbewerbsbesessenheit im Hause Kennedy programmierte die Kinder auf Sieg – beim Spiel, in der Schule, beim Sport, später im Sexualleben. Ein zweiter Platz war gleichbedeutend mit einer Niederlage. Der konstante Druck, sich unter väterlichen Augen als Held zu bewähren, brachte Gewaltleistungen hervor. Der Wettbewerbsgeist hatte eine ausgeprägte Anfälligkeit für Verletzungen zur Folge. Kennedy erschien mit roten Gesichtskratzern vor dem Traualtar, weil er tags zuvor beim Football im Eifer in einen Dornenstrauch gefallen war. Bewegungsdrang, Siegesdurst und sexuelle Hyperaktivität erzeugten als Gegenstück die verborgene Ablehnung allzu fordernder Eltern, die Flucht in Krankheiten, die Kompensation innerer Hilflosigkeit und Verlorenheit mit suizidträchtigen Handlungen, politischem Vabanquespiel und schließlich sogar einen heimlichen Todeswunsch, um die permanent abverlangte »heroische Rechtfertigung« nicht mehr erbringen zu müssen. Der verborgene Selbstzerstörungstrieb, so befand Nancy Clinch, ginge auf körperliche und seelische Überforderung in Kindheit und Jugend zurück. In seiner latenten Todessehnsucht war Kennedy dem Schriftsteller Hemingway nicht unähnlich. Bei beiden fragte man sich, warum sie ihren Mut so ostentativ unter Beweis stellen mußten, wenn sie wirklich mutig waren.[25]

* als Demonstration / daß das höchste Verdienst / im Wagemut liegt

Das Attentat

Kennedys Lieblingsgedicht stammte von Alan Seeger, einem Amerikaner, der in der französischen Fremdenlegion zugrundegegangen war:

I have a Rendezvous with Death
At some disputed barricade ...*

Kennedy liebte makabren Humor, seine Lieblingswitze handelten vom Sterben, von Begräbnissen und von den Totenwachen betrunkener Iren. Dabei muß man wissen, daß die Familie Kennedy in dichter Folge von schweren Schicksalsschlägen heimgesucht wurde. Der älteste Bruder kehrte von einer selbstmörderischen Mission über dem Ärmelkanal nicht zurück. Kennedys Lieblingsschwester starb wenige Jahre später bei einem Flugzeugunglück. Bruder Edward zog sich bei einem Flugzeugabsturz eine Rückenverletzung zu; der Pilot kam ums Leben. Nach des Präsidenten Ermordung setzte sich die tragische Serie fort. Bruder Robert fand ebenfalls bei einem Attentat den Tod. Bruder Edward verschuldete durch einen Autounfall den Tod einer jungen Frau und kam selbst nur knapp mit dem Leben davon. David, der Sohn Roberts, starb an einer Überdosis Rauschgift. Bald nannten Reporter Aufträge, die mit der Familie Kennedy zu tun hatten, »die Totenwache«.[26]

Am 21. November 1963 sprach Kennedy in San Antonio (Texas) zur Einweihung eines Gesundheitszentrums für Astronauten. Die Rede war ganz im Stil der »New Frontier« gehalten: »Wir leben in einer Zeit für Pfadfinder und Pioniere ... Diese Nation hat ihre Kappe über die Mauer des Weltraums geworfen und wir haben keine andere Wahl, als ihr zu folgen ...« Das Bild vom Raum als Mauer war nicht das glücklichste, zeigte aber, daß Kennedy den Weltraum als physisches Hindernis begriff. Er fuhr fort: »Mit der Hilfe und der Unterstützung aller Amerikaner werden wir diese Mauer schnell und sicher erklimmen – und dann werden wir die Wunder auf der anderen Seite erforschen.« Einen Tag später wurde er unter heute noch nicht genau geklärten Umständen erschossen, als er im Auto durch Dallas fuhr. Eine Regierungskommission unter Vorsitz des ehemaligen Bundesrichters Earl Warren bezeichnete als alleinigen Täter den Hilfsarbeiter Harvey Oswald. Zweifel an der Grundthese und an Einzelheiten des Warren-Reports wurden sofort laut. Zwar versuchte die *New York Times* jahrelang und mit unfairen Mitteln, Kritik am Warren-Report zu unterdrücken, erreichte aber das Gegenteil. Drei Jahre nach der Tat gab es nicht weniger als dreißig andere Erklärungen, die von mehreren, zum Teil hochmögenden Hintermännern sprachen. Die Zeitschrift *Ramparts* und das satirische Theaterstück *MacBird* (1966) von Barbara Garson legten die Tat dem Nachfolger Lyndon Johnson vor die Füße. Das Buch *Winter Kills* (1974) von Richard Condon, der Film *The Parallax View*

* Ich habe ein Rendezvous mit dem Tod / an einer umkämpften Barrikade ...

(1974) von Alan Paluka und Hunderte von Amateurfilmen hielten die verwegensten Verschwörungstheorien am Leben.[27]

Oswalds Vater war zwei Monate vor der Geburt des Sohnes Harvey gestorben. Die Mutter ging zur Arbeit, um ihn und seine beiden älteren Stiefbrüder zu ernähren. Als Zweijähriger war er meist allein oder in fremder Obhut, mit drei Jahren kam er in ein Heim. Die Mutter heiratete ein drittesmal, man zog um, nach vier Jahren kam die Scheidung. Oswald konnte weder ein Heimatgefühl, noch eine persönliche Identität entwickeln. Ein Intermezzo in der Sowjetunion schlug fehl. Seine russische Frau Marina beklagte seine mangelnde Potenz. Schußwaffen wurden für Oswald zu Instrumenten, die Selbstvertrauen schenkten. Mit dem Gewehr wollte er seine oftmals frustrierten Träume endlich verwirklichen. Oswald war es nicht gegeben, sich mit einer bescheidenen Existenz abzufinden. Kränkungen und Niederlagen hatten eine hochgradig unrealistische Einschätzung seiner eigenen Kräfte bewirkt. Bei Marx und Engels glaubte er einen Denkfehler entdeckt zu haben. Die »aboliation« der Klassen würde keineswegs zur graduellen Abschaffung der »state apparons« führen, schrieb der halbe Analphabet. Deswegen schwebte ihm als »allturnative« zum Kommunismus und zu Kennedys »New Frontier« eine »New Order« vor. Unfähig, engere Beziehungen zu seinen Mitmenschen aufzunehmen, darin seinem Opfer verwandt, bildete er sich zuletzt ein, Führer einer großen Bewegung zu sein und in deren Auftrag moralisch zu handeln.[28]

Kennedys gewaltsamer Tod versetzte den Amerikanern einen Schock, der aber nicht lange genug anhielt, um ernsthafte Maßnahmen gegen den Schußwaffengebrauch zu ergreifen. Kennedy wurde bald zu einer Legende, die kommerziell gründlichst ausgeschlachtet wurde. Ein Kennedy im Schaukelstuhl kam als Salz- und Pfefferstreuer aus Keramik auf den Markt. Das Salz rieselte aus Löchern in Kennedys Kopf. Arthur Link, einer der bedächtigsten Historiker des Landes, rechnete Kennedy 1963 zusammen mit den beiden Roosevelts und Wilson zu den vier »großen Präsidenten« des Landes. Kennedys Nachfolger mußten sich an ihm messen lassen, bis 1981 ein Mann ins Weiße Haus einzog, der sich vom Kennedy-Glamour nicht beeindrucken ließ, weil er mit dem Hollywood-Glamour bestens vertraut war – der sechs Jahre ältere Ronald Reagan.[29]

Arthur Link revidierte sich später selbst. Zehn Jahre nach dem Attentat bekannte er, Kennedys Fähigkeiten und visionäre Kraft überschätzt zu haben. Doch der Kennedy-Mythos hat skandalträchtige Enthüllungen und revisionistische Urteile bisher einigermaßen unbeschädigt überstanden. Sentimental klammern sich bis heute Amerikaner an »die Legende von Kennedys unerfülltem Versprechen«. Seine Jagd nach imperialer Grandeur und sein elitärer Stil eigneten sich zu gut für die Mythenbildung, um einem realistischeren Bild eine Chance zu lassen. Die Mehrheit der amerikanischen Frauen sah noch 1985 in Kennedy den idealen Vater für ihre Kinder – noch vor einem Fernsehmoderator, einem Filmschauspieler, einem Automanager, einem Astronauten und Albert Einstein.[30]

1965: Bürgerrechtsdemonstranten auf dem Marsch von Selma nach Montgomery (Alabama)

XXII. Kapitel

DIE BÜRGERRECHTSBEWEGUNG

»Es ist keine Schande, ein Neger zu sein«, erläuterte der schwarze Humorist Burt Williams, »aber sehr unbequem.« Die weiße Gesellschaft hat alte diskriminierende Praktiken zäh beibehalten und neue hinzuerfunden. In manchen ländlichen Bezirken mußten schwarze Farmer bis zu 25 Prozent Zinsen zahlen, wobei der Zinsbetrag *vor* der Kreditvergabe abgezogen wurde. Aus einem Ghetto in Washington wurden jährlich 44 Millionen Dollar an Steuern geschöpft, aber nur 34 Millionen flossen als Dienstleistungen zurück. Ob die Ausbeutung von Schwarzen primär ein Rassen- oder ein Klassenproblem darstellt, ist unter Weißen umstritten. Michael Harrington zum Beispiel drehte den erwarteten Kausalzusammenhang um und meinte: »You're black, because you are poor.« In William Faulkners *Light in August* empfindet Joe Christmas tatsächlich mehr Scham, daß er nur zehn Cents als daß er Negerblut besitzt. Soziologen halten das ökonomische Klassenmodell wie auch das rassische Kolonialmodell für anwendbar. Die Betroffenen führen ihre Benachteiligung meist auf die Hautfarbe, nicht auf den sozialen Rang zurück, wenngleich schwarze Meinungsführer heute davor warnen, soziale Probleme mechanisch zu »kolorieren«.[1]

Wer von den fünfziger Jahren als einer Dekade der Beschaulichkeit und des sozialen Friedens spricht, sollte daran denken, daß eine zentrale Entscheidung des Obersten Gerichts zur Integration öffentlicher Schulen an der High-School von Little Rock 1957 nur mit Luftlandetruppen durchgesetzt werden konnte. Ein südstaatlicher Senator meinte, in Little Rock habe Washington die soziale Ordnung des Südens zerstören wollen, womit er nicht unrecht hatte. Wenn ein gesellschaftlicher Konsens je bestanden hatte, brach er über dem Rassenproblem zusammen. An einigen Schulen durften die relativ liberalen Zeitschriften *Time*, *Life* und *Look* nicht ausgelegt werden. Auf Betreiben des Traditionsvereins *Daughters of the American Revolution* wurde in Mississippi die Auswahl der

Schulbücher überprüft, da antisegregationistische Werke in Verkehr gekommen waren. In Kalifornien geriet das Lehrbuch *Land of the Free* wegen liberaler Thesen unter Beschuß. In Alabama hagelte es Proteste gegen ein Schulbuch mit einem Bild von Außenminister Christian Herter, auf dem er dem Präsidenten von Nigeria die Hand schüttelt.

Schwarze Studenten, Touristen, Diplomaten und Politiker aus anderen Ländern schufen eine neue Situation. Wollten die USA sich nicht international lächerlich machen und keine Komplikationen heraufbeschwören, mußte die Regierung dafür Sorge tragen, daß Ausländer schwarzer Hautfarbe nicht diskriminiert wurden. Schwarze Diplomaten, die zwischen New York und Washington pendelten, wurden in den Restaurants an der Autobahn nicht bedient, weil man sie für Schwarzamerikaner hielt. Die Behörden mußten den Restaurantbesitzern mit Konzessionsentzug drohen, um die »Maryland Highway Situation« unter Kontrolle zu bringen. Sobald ein Schwarzer als Afrikaner identifiziert war, wurde er nicht mehr mit dem Rassenproblem identifiziert, man nahm ihn von Vorurteilen aus, behandelte ihn nicht mehr als *invisible man*, sondern brachte ihm Interesse entgegen, stellte Fragen und berührte seine heimischen Gewänder. In der Abteilung »Jungles of the World« von Disneyland im kalifornischen Anaheim wurden Afrikaner freilich immer noch als primitive Dschungelaffen hingestellt, die ergeben den Worten des Bwana lauschten.[2]

Obwohl die weiße Hautfarbe wahrscheinlich von einem Pigmentverlust herrührt, geht die Mehrzahl der Weißen davon aus, daß ihre Farbe gewissermaßen die Grundfarbe des Menschengeschlechts darstellt. Amerikanische Gesetzgeber stufen in der Regel diejenigen als Schwarze ein, die ⅛ oder mehr »Negerblut« besitzen, doch hat es schon Auseinandersetzungen um die rassische Einstufung von Personen gegeben, die zu 1/250 von schwarzen Vorfahren abstammten. Sinnvoll ist die gesetzliche Fixierung nicht, denn nach neuesten Berechnungen besitzen weiße Amerikaner im Schnitt fünf Prozent schwarze Gene, schwarze Amerikaner 25 Prozent weiße Gene. Die Volkszählungen haben nur begrenzten Wert, wenn es um den Anteil der Schwarzen an der Gesamtbevölkerung geht. Die Volkszähler, die nach Harlem und in andere schwarze Elendsviertel geschickt wurden, mußten auf vollständige Angaben notgedrungen verzichten.[3]

Anfang der sechziger Jahre machten sich Idealisten weißer und schwarzer Hautfarbe daran, der Segregation in den ehemaligen Konföderationsstaaten ein Ende zu bereiten. Mitglieder des *Student Non-Violent Coordinating Committee* (SNCC) veranstalteten *sit-ins* in segregierten Lokalen, ignorierten als »Freedom Riders« die Rassentrennung in Greyhound-Bussen und anderen Verkehrsmitteln und provozierten dadurch ihre Verhaftung. Freedom Rides hatte es schon 1947 mit dem Pazifisten Bayard Rustin gegeben. Unter Stokeley Carmichael von der Howard University und dem Chicagoer Lehrer James Forman wurden die »Neuen Abolitionisten« des SNCC und des *Congress of Racial Equality* (CORE) zu

Pionieren der Desegregation, wobei sich nicht mehr als 100 oder 200 Personen an direkten Aktionen beteiligten, die sich gegen die Rassentrennung auf Flughäfen, Parkbänken, Minigolfplätzen, in Sportstadien und an Lunchcounters richteten. Der Präsident der Fisk University meinte, schließlich habe man die Studenten im freiheitlichen Sinne erzogen, also brauche sich niemand zu wundern, wenn sie die Lehren nun praktisch umsetzen. Aber viele humanistisch gesinnte Professoren, schwarz oder weiß, schwiegen zu den Vorgängen, und in Louisiana wurden an einer der größten Hochschulen für Schwarze Studenten relegiert, wenn sie sich an Sit-ins beteiligten.[4]

Spirituals, Begräbnishymnen und andere Lieder sind wie in der Zeit der Sklaverei aktualisiert und bei Demonstrationen und im Gefängnis gesungen worden. »We shall overcome«, das bekannteste Lied der Bürgerrechtsbewegung, geht auf einen Spiritualtext zurück. »Go Tell it to the Mountain« wurde umgedichtet, um George Wallace zu treffen, den verstockten Gouverneur von Alabama. »Let me ride«, eine zeitgemäße Version von »Swing Low, Sweet Chariot« nahm auf die Segregation in Verkehrsmitteln Bezug und endete zuversichtlich: »I got a ticket to ride, got a right to ride.« Die Brutalität, mit der sie im Süden empfangen wurden, war für die Freedom Riders kaum faßbar. Präsident Kennedy wurde aufgefordert, einen rassistischen Polizeichef zur Räson zu bringen – nach der Melodie von »Go down, Moses«:

Go down, Kennedy
Way down in Georgia Land
Tell old Pritchett
To let my people go.

Martin Luther King

Der Vater von Martin Luther King hatte seine Kinder im patriarchalischen Geist erzogen; die Prügelstrafe war ein selbstverständliches Erziehungsmittel. Er hat seine Kinder sogar dazu angehalten, sich gegenseitig körperlich zu züchtigen.[5] Der junge Martin wurde geschlagen, bis er 15 war. Er reagierte sensibel auf die Schläge. Mit Befremden stellte man fest, daß er niemals laut weinte, obwohl ihm die Tränen herunterrannen. Der Zwölfjährige hat zwei Selbstmordversuche unternommen, einmal, als er irrtümlich glaubte, seine Großmutter sei tot, dann wieder, als die Großmutter wirklich gestorben war.

Als Junge trug er Zeitungen aus, dies gehörte an seinem Heimatort Atlanta (Georgia) zum Erziehungsstil bessergestellter Familien, weiß oder schwarz. 1947, er war 17 Jahre alt, wurde er Hilfspfarrer an der Ebenezer-Kirche seines Vaters. Vom Vater her kam er aus der Schule des »hard-preaching«; er war es, der im Gottesdienst die »rousements« besorgte, das emotionelle Aufheizen einer

Gemeinde.[6] An einem Theologieseminar in Pennsylvania wurde er mit der Lehre des »Social Gospel« von Walter Rauschenbusch vertraut. Er las Werke von Marx, hörte Vorlesungen über den Pazifismus von A. J. Muste und befaßte sich mit den Anschauungen von Ghandi und Thoreau. Nach seinem Examen im Jahr 1951 bezog er die Boston University, wo er 1955 mit einer Arbeit über Paul Tillich und Henry Nelson Wieman promovierte. In seiner Doktorarbeit setzte er sich unter anderem mit dem Begriff der *agape* (Nächstenliebe) auseinander. Die mündlichen Prüfungen brachte er glatt hinter sich. Nur das Fach Deutsch mußte er wiederholen. Doch hat er in seiner späteren Karriere das Wort Zeitgeist recht gern benutzt.

Während seiner Seminarzeit hatte er sich mit einer weißen Frau angefreundet, mit der er sich aber auf Geheiß des Direktoriums nicht näher befassen durfte. In Boston lernte er Coretta Scott kennen, die gleich ihm aus den Südstaaten stammte. Die Heirat fand 1953 statt, sie gab ihm zuliebe ihre Musikausbildung auf; er erwies sich in seiner Haltung zur Ehe als Traditionalist: »... biologisch und ästhetisch sind Frauen für die Hausarbeit geeigneter als Männer.«[7]

Noch vor der Promotion im Mai 1954, hatte King eine Stellung als Pastor an der Dexter-Kirche in Montgomery (Alabama) angenommen – im Monat der historischen Gerichtsentscheidung *Brown v. Board of Education of Topeka,* ein Urteil, das dem Streben nach rassischer Gleichheit Rechnung trug, das aber auch einen »white backlash« herausforderte. Im Kongreß bekräftigten die Unterzeichner eines *Southern Manifesto* ihre integrationsfeindliche Haltung. *White Citizens' Councils* suchten die Integration öffentlicher Schulen mit gewaltsamen Mitteln zu verhindern. Der weiße Terror gegen schwarze Bürger nahm zu. Der Sänger Nat »King« Cole wurde auf der Bühne verprügelt, schwarze Bürger sind gequält und gelyncht, ihre Genitalien verstümmelt worden, ein deutliches Zeichen für die Angst vor der Sexualität des schwarzen Mannes. Martin Luther King wurde inmitten dieser explosiven Situation zu einer der Hauptfiguren eines Ereignisses von historischer Tragweite, dem Montgomery Bus Boycott.

In der Vorweihnachtszeit des Jahres 1955 weigerte sich die Näherin Rosa Parks, ihren Sitzplatz in einem städtischen Omnibus zugunsten eines weißen Fahrgasts aufzugeben, wie es die Statuten der Stadt Montgomery eigentlich verlangt hätten. Schwarze waren als Benutzer des städtischen Nahverkehrssystems seit langem gedemütigt und gepeinigt worden. Schwarze mußten vorne beim Fahrer zahlen, aber hinten einsteigen. Sie waren in die Türen eingeklemmt, beschimpft, geschlagen und schwer verletzt worden. Das Maß war voll, als Rosa Parks mit ruhiger Stimme erklärte, sie sei müde und wolle sitzenbleiben. Sie wurde abgeführt und beschuldigt, den Segregationscode der Stadt verletzt zu haben. Vom Standpunkt weißer Rassisten war dies ein Fehler. Vor Rosa Parks hatten sich andere schwarze Fahrgäste geweigert, ihren Sitzplatz zu räumen. Sie waren wegen ungebührlichen Betragens belangt worden. Jetzt ergriff die NAACP, bei der Rosa Parks einmal beschäftigt gewesen war, die Gelegenheit, den Vorfall im Kampf um gleiche Rechte zu nutzen. Zusammen mit dem »Politischen Frauenrat« der Stadt unter der rührigen Jo Ann Robinson organisierte die NAACP einen Boykott städtischer Busse durch schwarze Bürger. Zur Durchführung des Boykotts wurde die *Montgomery Improvement Association* gegründet. Zu deren Präsident wurde – wahrscheinlich als Kompromißkandidat – Pastor Martin Luther King berufen.

King erhielt bald Dutzende von Drohbriefen und Telefonanrufen mit dem Tenor »Nigger, if you aren't out of this town in three days ...«. Sein Haus und seine Kirche wurden das Ziel von Sprengstoffanschlägen. Gleichwohl: die Schwarzen der Stadt solidarisierten sich, bildeten Fahrgemeinschaften, ritten sogar auf Mauleseln zur Arbeit und hielten den Boykott 386 Tage lang durch, was sogar manchem Weißen Respekt abnötigte. Der Supreme Court schaltete sich ein, das städtische Verkehrssystem mußte desegregiert werden. Nach dem Boykott gründeten Martin Luther King, Bayard Rustin und einige andere Bürgerrechtler die *Southern Christian Leadership Conference* (SCLC), eine Organisation, die schon deshalb notwendig war, weil die NAACP in einigen Staaten nicht aktiv werden durfte. Bald traten Spannungen zwischen den beiden Organisationen auf: die NAACP war auf den normalen Rechtsweg fixiert, die SCLC setzte auf gewaltfreie Aktionen. King, die dominierende Kraft in der SCLC, hatte sich während des Busboykotts mehr und mehr an Ghandi orientiert. Dessen Prinzip der Gewaltlosigkeit und des exemplarischen persönlichen Leidens imponierten ihm sehr. 1959 unternahm er eine Indienreise, im selben Jahr gab er seine Pfarrstelle in Montgomery auf, um sich von Atlanta aus dem Bürgerrechtskampf zu widmen. Die Staatsgewalt tat sich schwer, ihm unrechtes Tun nachzuweisen und wollte ihm deshalb beikommen mit dem Vorwurf der Steuerhinterziehung, der Beamtenbeleidigung, der Geschwindigkeitsüberschreitung. Wegen eines abgelaufenen Autonummernschilds wurde er in Georgia zu vier Monaten Zwangsarbeit verurteilt, in Handschellen und Fußketten zur Strafverbüßung abtransportiert. King war über zwanzig Mal im Gefängnis und an Verhaftungen schließlich so gewöhnt, daß er in Jeans und Baumwollhemd demonstrierte.[8]

Die Taktik des passiven Widerstands sollte Verhandlungen über die Gleichstellung von Schwarzen erzwingen. »Gewaltlose direkte Aktion«, erläuterte King 1963 in seinem *Letter from Birmingham Jail*, »will in dem Maße eine Krise schaffen und Spannungen erzeugen, daß eine Gemeinde, die Verhandlungen fortgesetzt ausgeschlagen hat, gezwungen ist, sich mit der Sache auseinanderzusetzen.« Unmittelbare Adressaten des Briefes aus dem Gefängnis waren Pastoren und Rabbiner von Alabama, die ihm dazu geraten hatten, Gleichheit und Gerechtigkeit vor Gericht, nicht auf der Straße zu suchen; was er vorhabe, sei »unklug und unzeitig«. Kings Antwort auf diese Ratschläge, eben der historische *Letter from Birmingham Jail*, wurde auf Zeitungsränder und Toilettenpapier geschrieben, von einem Rechtsanwalt aus der Haftanstalt geschmuggelt und von Quäkern als Broschüre veröffentlicht.[9]

Martin Luther King (1963)

In Birmingham, auch Bombingham genannt, herrschte unter Polizeichef Eugene »Bull« Connor eine rauhe, punitive Atmosphäre – für Schwarze. Weiße schätzten Birmingham als eine »good city« ein, weil Schwarze ziemlich einmütig niedergehalten wurden. Rassentrennung gehörte zum Alltag. Über dem Portal des Gerichtsgebäudes standen Jeffersons Worte »Gleiche und präzise Gerechtigkeit für alle Menschen, gleich welchen Standes oder Glaubens«, im Innern des Gebäudes waren Toiletten und Trinkbrunnen nach WHITE und COLORED aufgeteilt. Die SCLC wollte den »archetypischen« Rassismus dieser Stadt mit friedlichen Mitteln aufbrechen. King ignorierte gerichtliche Verfügungen gegen die Abhaltung von Demonstrationen und pochte auf die im Ersten Amendment garantierten Freiheiten. Die Gefängnisse füllten sich, am Schluß waren 2000 Personen in Haft, darunter Hunderte von Kindern, die »freedom« noch nicht richtig aussprechen konnten. Der Konflikt spitzte sich zu, nordstaatliche Industrielle, Politiker und

Professoren verständigten sich darüber, Druck auf die Wirtschaftsführer Birminghams auszuüben und Verhandlungen einzuleiten. Binnen weniger Monate sollten öffentliche Einrichtungen desegregiert werden, Schwarze mehr Chancen auf dem Arbeitsmarkt erhalten. Daß die SCLC Kinder zum Demonstrieren auf die Straße geschickt hatte, gab Anlaß zu Kritik. Aber niemand konnte leugnen, daß in Birmingham der gewaltlose Widerstand über die Gewalt des Staates triumphiert hatte. Anders war eine Aktion in Albany (Georgia) zu Ende gegangen. Dort hatte der Polizeichef die Protestaktion mit fein dosierter Nachgiebigkeit unterlaufen und zugelassen, daß King gegen Kaution entlassen wurde, obschon er lieber in Haft geblieben wäre. Albany blieb segregiert, die Kampagne war für King zur persönlichen Niederlage geraten.[10]

King hatte sich unter Eisenhower keine durchgreifende gesellschaftliche Änderung vorstellen können, dessen Konservatismus sei »verfestigt und rigide«. Der demokratische Präsidentschaftsbewerber John F. Kennedy setzte einen anderen Akzent. Als King in Birmingham einsaß, rief Kennedy dessen Frau Coretta an und sprach ihr Mut zu. Damit punktete Kennedy gegen seinen republikanischen Gegner Richard Nixon. Nach Kennedys Wahl zum Präsidenten stellte sich heraus, daß viele seiner Wahlversprechen in Sachen Rassenintegration leer gewesen waren; King zeigte sich enttäuscht. Kennedys Engagement für die Schwarzen hat sich jedoch nach zwei Amtsjahren verstärkt, auch dies hat King anerkannt. Als Folge der Unruhen in Birmingham bequemte sich der Präsident zu einem Aufruf an die Nation. Und er warnte King vor dem FBI. Martin Luther King hatte sich Blößen gegeben und war in einem bestimmten Sinn erpreßbar geworden. In seiner berühmtgewordenen »I have a Dream«-Rede hatte er gesagt: »Ich habe den Traum, daß meine vier kleinen Kinder eines Tages in einem Staat leben, wo sie nicht nach der Farbe ihrer Haut, sondern nach der Beschaffenheit ihres Charakters beurteilt werden.« Nach der Großveranstaltung entspannte er sich im Washingtoner Willard Hotel in der Gesellschaft von Damen – ein Politikum insofern, als das FBI mithörte und nicht anstand, King eines der Tonbänder zu Gehör zu bringen. FBI-Chef Edgar Hoover hielt gemischtrassigen Geschlechtsverkehr für moralischen Verfall. Außerdem hielt er die SCLC für kommunistisch unterwandert. Das FBI erklärte King zum »most dangerous Negro« der Vereinigten Staaten, den man mit Abhörgeräten, lancierten Falschmeldungen und anonymen Aufforderungen zum Selbstmord auszuschalten trachtete.[11] Die FBI-Akten über ihn umfaßten am Ende 17000 Seiten, die teilweise noch unter Verschluß gehalten werden.

1964 erhielt King den Friedensnobelpreis. Zwei Monate nach der Verleihung saß er wieder im Gefängnis. In Selma (Alabama) kam es zu schweren Polizeiübergriffen auf Demonstranten. Die Fernsehanstalt ABC unterbrach ihr reguläres Programm, um aktuelle Berichte zu zeigen. Die Öffentlichkeit bekam grausamere Bilder zu sehen als während der Kampagne in Birmingham. »Eine Neunzehnjährige wurde in einem Geschäft vom Stuhl gestoßen und mit einem Elektrostab traktiert, während sie bewußtlos am Boden lag.«[12] Im selben Jahr wurde der Staat Florida von schweren Rassenunruhen erschüttert. Hunderte gewalttätiger Weißer machten Front gegen friedliche Demonstranten, Mitglieder des Ku-Klux-Klan traten im Kaftan in Erscheinung. Ein Motelbesitzer schüttete Säure in seinen Swimmingpool, um gemeinsames Baden zu verhindern. Der Rassenhaß erschien unüberwindbar. Martin Luther King verließ ein Gefängnis in Florida, um die Ehrendoktorwürde der Universität Yale entgegenzunehmen.

Mitte der sechziger Jahre dehnte er sein Aktionsfeld auf den Norden aus. 1966 »besetzten« er, seine Familie und einige Mitstreiter ein heruntergekommenes Haus in Chicagos schwarzem Ghetto. King hatte sich vorgenommen, selbst inmitten des Elends Quartier zu beziehen, um die Probleme der Ghettoschwarzen kennenzulernen. Bei Demonstrationen schlug ihm purer Haß entgegen. Schwarze Demonstranten wurden als Affen beschimpft, weiße Mitdemonstranten als »weißer Müll« diffamiert. Besonders haßerfüllt gebärdeten sich Frauen. King hatte im Tiefen Süden nicht so viel blanken Haß erlebt wie in der Metropole Chicago.[13]

1965 kam es in Watts zu einem der verheerendsten Volksaufstände in der amerikanischen Geschichte. Als sich King in diesem von Gewalt und Zerstörung heimgesuchten schwarzen Ghetto von Los Angeles zeigte, mußte er feststellen, daß die wenigsten der Bewohner mit seinem Namen etwas anzufangen wußten. Sein Charisma hatte bislang mangelhafte wirtschaftliche Kenntnisse und organisatorische Mißgriffe aufgewogen. Aber jetzt begann seine Autorität zu bröckeln. Die NAACP, seit je eifersüchtig, dichtete ihm einen Messiaskomplex an. Engagierte Studenten sprachen von ihm spöttisch als »de Lawd« (the Lord) und warfen ihm zu große Anpassungsbereitschaft vor. Adam Clayton Powell, Volksvertreter aus Harlem, verhöhnte ihn als Martin »Loser« King, den Verlierer. Zu seinen frühesten und schärfsten Kritikern zählten die *Black Muslims*, eine Sekte, die in christlicher Liebe eine Fortsetzung der Sklavenverhältnisse erblickte. Malcolm X hielt Sit-ins für eine verfehlte oder überholte Strategie (»Revolution basiert niemals darauf, daß man jemanden um eine integrierte Tasse Kaffee bittet«), sah in King einen neuen »Onkel Tom« und kritisierte die Taktik des passiven Widerstands. Das indische Modell der Gewaltlosigkeit, so meinte Malcolm X, sei wegen der verschiedenen Mehrheitsverhältnisse auf die USA nicht anwendbar. »Ghandi war ein großer dunkler Elefant, der auf einer kleinen weißen Maus saß. King ist eine kleine schwarze Maus, die auf einem großen weißen Elefanten sitzt.« Ob eine gewaltsame Strategie mehr Erfolg versprach, war aus dem Gleichnis nicht abzulesen, aber ohne Frage wurden unter Schwarzen nach dem niedergeschlagenen Aufstand von Watts die Stimmen lauter, die mehr Wehrhaftigkeit verlangten. Die Anhänger von Gewalt sangen »We Shall Overrun« statt »We Shall Overcome«. Stokely Carmichael und Floyd McKissick riefen nach Waffen und wollten sympathisierende Weiße von Demonstrationen ausschließen. SNCC strich das »Non-violent« aus seinem Namen.[14]

George Jackson nannte Martin Luther King naiv, er sei nicht auf der Höhe der Zeit. Vielleicht war das Problem aber weniger eine Frage der Zeit als des Raums. Den Anhängern passiven Widerstands blieben Erfolge im Norden versagt, weil dort – für Schwarz und Weiß – andere Gesetze galten als im Süden. Mehr Individualismus, mehr Wettbewerb, größere Ungeduld, ein stark handlungsorientiertes Streben nach unmittelbaren, sichtbaren Konsequenzen – diese gesellschaftlichen Merkmale vertrugen sich nicht mit dem Konzept vom gewaltlosen Widerstand. Im Süden hatte das Christentum gewissermaßen stoische Züge angenommen. King glaubte an die verändernde Kraft unverdienten Leidens, an das Märtyrertum. Einem urbanen Schwarzen wie Eldridge Cleaver fehlte das Verständnis für diese Haltung. Ihm kam Martin Luther King wie ein Mensch vor, der sich selbst geißelte und andere aufforderte, dasselbe zu tun.[15]

Als eine der ersten prominenten Gestalten bezog King eindeutig Stellung gegen den Vietnamkrieg. Er sah einen Zusammenhang zwischen dem Krieg und dem Kampf um Gleichberechtigung: die militärische Aufrüstung beeinträchtigte den sogenannten Krieg gegen die Armut. In der Riverside Church an der New Yorker Westside klagte er im April 1967, daß junge Schwarze in Südostasien eine Freiheit garantieren sollten, die ihnen in Südwest-Georgia oder East Harlem versagt blieb. Schwarze und Weiße starben zusammen, durften aber nicht gemeinsam die Schulbank drücken. Den Rückzug aus Vietnam forderte King zu einem Zeitpunkt, als die großen US-Medien noch für den Krieg eintraten. *Life*, *Newsweek*, *Washington Post* und *New York Times* überhäuften King mit Kritik.[16]

Sein früher Protest gegen den Vietnamkrieg kam nicht allzu überraschend, nachdem er sich seit Studententagen als Pazifist gefühlt hatte. King hat aber auch eine Radikalisierung in einem weiteren, ideologischen Sinn durchgemacht. Es ging ihm schließlich nicht mehr bloß um eine Gleichstellung von Schwarzen und Weißen, er wollte eine allgemeine Veränderung der gesamten Gesellschaft, eine »Revolution der Werte«. Nicht nur Arme schwarzer Hautfarbe sollten während einer »Poor People's Campaign« mobilisiert werden, sondern Arme überhaupt. King verstand sich somit als Anwalt aller Entrechteten und Unterdrückten. Bei einem Marsch auf Washington sollte der Betrieb in der Bundeshauptstadt gestört, notfalls zum Erliegen gebracht werden. Ehe es dazu kam, fiel King im April 1968 in Memphis einem Attentat zum Opfer.

Martin Luther King war kein einsamer Jäger, er brauchte Gesellschaft. Er war unzertrennlich mit Ralph Abernathy, seinem Nachfolger bei der SCLC. Er besaß Charme, konnte anderen das Gefühl geben, genau ihre Meinung zu teilen. Er war selbstlos, ließ einen Großteil seiner Tantiemen der Bewegung zukommen. Er aß gern, hatte darob Schuldgefühle. Mit Alkohol und bei außerehelichen Affären suchte er Entspannung nach anstrengenden und nervenaufreibenden Auseinandersetzungen. Schuldgefühle befielen ihn auch wegen seiner internationalen Prominenz, die er mitunter für unverdient hielt. Er war dünnhäutig und widerstandsfähig in einem, ein schlechter Verlierer, mit einer verborgenen Neigung, sich aus dem Lebenskampf zurückzuziehen. In depressiven Stimmungen wurde er oft von einem hartnäckigen Schluckauf gequält. Er glaubte nicht, das 40. Lebensjahr zu erreichen und meinte, ihn würde dasselbe Schicksal ereilen wie Kennedy. Seine Todessehnsucht konnte martialische Züge annehmen. In den Monaten vor seinem gewaltsamen Ende stellten seine engsten Vertrauten merkwürdige Verhaltensänderungen, einen »psychischen Verfall« an ihm fest. Immer öfter sprach er vom Tod, dem er mehr als einmal knapp entronnen war.[17]

James Earl Ray, sein Mörder, war ein entsprungener Häftling. Zusammen mit seinem Bruder hatte er sich in St. Louis für die rassistische *American Independent Party* eingesetzt. Nach dem tödlichen Anschlag brachen in mehr als hundert Städten Unruhen aus. Es gab 39 Tote, die meisten Opfer waren Schwarze. Später wurde Martin Luther Kings Geburtstag zum nationalen Feiertag erhoben. Bis zuletzt hatte er die Hoffnung auf eine »Symphonie der Verbrüderung« genährt, auch wenn in den letzten Monaten vor seiner Ermordung sein Glaube an die Effektivität gewaltloser Methoden ins Wanken geraten war.

Black Power

Unter Kennedys Nachfolger Lyndon B. Johnson wurde der *Civil Rights Act* (1964) verabschiedet, der den Zugang zu Arbeitsplätzen, Bildungseinrichtungen, öffentlichen Verkehrsmitteln sowie das Wahlrecht regelte. Hotels, Gaststätten und Geschäfte sollten ab jetzt jedermann offenstehen, eine eigene Behörde hatte die Chancengleichheit auf dem Arbeitsmarkt herzustellen. Der *Voting Rights Act* (1965) ermächtigte den Justizminister, gegen Wahlsteuern einzuschreiten. In Bezirken, in denen weniger als 50 Prozent der Wahlberechtigten registriert waren, mußten Bürger künftig keinen Eignungstest mehr ablegen, ehe sie wählen durften. Beamten, die Schwarze nicht in Wahllisten aufnahmen, drohten Freiheitsstrafen.

Wer sich von der Zementierung der Bürgerrechte einen plötzlichen Meinungsumschwung erhofft hatte, wurde enttäuscht. James Baldwin schrieb: »Zuweilen ähnelt Amerika für die Schwarzen einer eintönigen, endlosen Schau von Negersängern, immer dieselben Tänze, dieselbe Musik, dieselben Witze. Man macht dieses Spektakel so lange mit, daß man es auswendig kennt.« Da trat Carmichael 1966 mit dem Slogan »Black Power!« an die Öffentlichkeit, und Baldwin mußte umdenken: »Ich habe seine Botschaft gehört. Stokely Carmichael, ein Schwarzer von 26 Jahren, hat mir, einem Schwarzen in den Vierzigern, zu verstehen gegeben, daß er nicht das Leben leben will, das ich gelebt habe. Und er hat recht getan.« Carmichael verlangte nicht nur ein Mitspracherecht schwarzer Bürgen an Schulen und Colleges, die Bildung schwarzer Mieter- und Wählervereinigungen und Konsumboykotts gegen Geschäftsinhaber, die schwarze Kunden übervorteilten. Die Voraussetzung für ein wahre Befreiung sah er in einer Loslösung von den Weißen, und deshalb wollte er für seine Rasse eigene Institutionen haben, eigene Kreditanstalten, eigene Parteien, eigene Lehrbücher.[18]

Die Gründer der radikalen *Black Panthers* (1967) beriefen sich auf die Unabhängigkeitserklärung und auf das Gedankengut von Malcolm X. Der Ruf nach Selbstbestimmung schloß die Forderung nach einer Befreiung vom Wehrdienst ein; man vermöge sich sehr wohl aus eigener Kraft vor Angreifern zu schützen. Selbstbewußt erläuterte Eldridge Cleaver, der Schwarze in seiner Körperlichkeit sei in der Lage, dem Weißen zu zeigen, wo der Körper aufhört und die Maschine anfängt. Das neue Selbstbewußtsein speiste sich auch aus dem in den Ghettos vom Zuhälter bis zum Straßenprediger verbreiteten »expressiven Stil«, der sich in der Medienöffentlichkeit als politisches Kapital erwies. Die Weißen mußten erkennen, daß ihr Führungsanspruch an Selbstverständlichkeit eingebüßt hatte. Als Robert Kennedy erklärte, ein Schwarzer könne in einigen Jahrzehnten Präsident werden, fragten selbstbewußte Schwarze an, wie ein Enkel irischer Einwanderer dazu käme, ihnen ihre Möglichkeiten aufzuzeigen.[19]

Während des Busboykotts in der Stadt Montgomery hatte ein schwarzer Unternehmer zu Martin Luther King gesagt: »Was wir tun müssen, ist hingehen und das Busunternehmen kaufen.« Wirtschaftliche Gleichstellung wurde unter dem Schlagwort *Black Capitalism* angestrebt. Der schwarze Entrepreneur sollte Unabhängigkeit symbolisieren und der Ghettogemeinschaft ein Gefühl der Sicherheit verleihen. Profitorientiert sollte das System sein, alles andere würde sich mit der Sozialphilosophie des Landes stoßen, die von schwarzen wie von weißen Bürgern absorbiert worden war. Vor kooperativen Experimenten warnten die Anhänger eines schwarzen Kapitalismus. Im Sinne von Schumpeter sollte der schwarze Unternehmer die treibende Kraft in den schwarzen Gemeinden werden, deren Bewohner sich finanziell beteiligen konnten. In Philadelphia brachten es die *Zion Investment Associates,* die aus einer baptistischen Negerkirche hervorgegangen waren, auf eintausend Aktionäre. Das Mitspracherecht der Anteilseigner sollte aber möglichst gering gehalten werden, ein Zuviel an Demokratie wäre von übel. Kapital und technische Hilfe mußte von außen in die Ghettos fließen können, denn es sei eine Illusion zu glauben, die Bewohner von Elendsvierteln könnten sich am eigenen Schopf aus dem Sumpf ziehen.[20]

Seit *Walker's Appeal* (1930), dem haßerfüllten Aufruf eines Sklaven, war unter Schwarzen diskutiert worden, ob Freiheit und Gleichheit gewaltsam erkämpft werden dürften. Je weniger gesetzliche Maßnahmen die soziale Wirklichkeit veränderten, desto schwerer fiel es Schwarzen, ihren Zorn zu unterdrücken. Die Pulitzer-Preisträgerin Gwendolyn Brooks warb in einem ihrer Gedichte um Verständnis dafür, daß sich ihr junger schwarzer Held mit Promiskuität und Gewalt gegen einen vermeintlichen Genozid zur Wehr setze. LeRoi Jones, der sich inzwischen Amiri Baraka nannte, wollte die Dichtung in den Dienst der Selbstverteidigung stellen:

… we want »poems that kill«
Assassin poems, Poems that shoot guns.*

Malcolm X, dessen Bruder von der Polizei erschossen worden war, wurde zu einem überzeugten Verfechter von Gewaltanwendung gegen Weiße. Er war in einem gewalttätigen Haushalt aufgewachsen, der Vater hatte die Kinder oft und wahllos verprügelt, die Mutter sie gezwungen, die Rute auszusuchen, mit der sie bestraft werden sollten. Nach dem Tod ihres Mannes wurde die Mutter wieder schwanger. Aus Scham zog sie sich ins Haus zurück und endete schließlich in einer Nervenklinik. Malcolm und mehrere seiner Geschwister wurden kriminell. Während einer Haftstrafe politisierte er sich, nach der Entlassung trat er der Sekte *Black Muslims* des charismatischen Elijah Muhammad bei, demzufolge die Erde Allah und seinen asiatischen und afrikanischen Untertanen gehörte. Die christliche Gewaltlosigkeit habe ausgedient, das mosaische Gesetz »Auge um Auge« müsse wiederhergestellt werden. In einem Rassenkrieg wollte Elijah zehn Millionen tote Brüder und Schwestern in Kauf nehmen, dann blieben immer noch sieben Millionen, die im Süden der USA ein autonomes Territorium für Schwarze errichten könnten. Unter dem Einfluß von Elijah Muhammad stempelte Malcolm X den weißen Mann zum Teufel, den es zu vernichten galt. Die Black Panthers entwickelten sich unter Eldridge Cleaver und Huey Newton zu einer Art Freicorps, das sich Lenin und Mao verpflichtet fühlte und in einem bewaffneten Aufstand einen gangbaren Weg zur Freiheit sah.[21]

Die Bürgerrechtsbewegung hatte zahllose Rückschläge zu verkraften. Der von Harvard-Studenten gegründete *Southern Courier,* der über rassische Ungesetzlichkeiten in den Südstaaten berichtete, mußte wegen mangelndem Werbeaufkommen sein Erscheinen bald wieder einstellen. Die Philosophiedozentin Angela Davis durfte an der kalifornischen Staatsuniversität gerade ein Jahr lang unterrichten. Eine Vertragsverlängerung unterblieb nicht wegen ihrer schwarzen Hautfarbe, sondern weil sie der kommunistischen Partei angehörte. Der liberale Politiker Daniel Moynihan hielt es für das beste, das Rassenproblem eine Weile ruhen zu lassen und den Schwarzen »benign neglect« entgegenzubringen. In der *Saturday Evening Post* stand zu lesen, das Land verschwende zu viel Zeit und Geld auf Neger, und Norman Mailer gestand sich ein, daß sein Interesse an den Schwarzen zu erlahmen begann. Schwarze Entertainer, die im Showbusiness zu Erfolg gekommen waren, ließen Schuldgefühle erkennen, aber keinen übermäßigen Eifer, sie abzubauen. Eldridge Cleaver machte nach der Rückkehr aus dem Exil zuerst als

* … wir wollen »Gedichte, die töten« / Mördergedichte, Gedichte, die Waffen losgehen lassen.

Hosenfabrikant, dann als Reaktionär von sich reden. James Baldwin hatte in *The Fire Next Time* (1963) die Schwarzen dazu gedrängt, ihre Geschichte zu akzeptieren, »nicht in ihr zu ertrinken, sondern sie zu benutzen«. An den Universitäten wurden »Black Studies« zur Mode, aber nach einigen Jahren war der Glaube an die befreiende Kraft der Geschichte verlorengegangen und zu Beginn der achtziger Jahre befand sich der »black nationalism« an den Colleges, weil unakademisch, auf dem Rückzug.[22]

Edward Kennedy stellte es 1968 als Tatsache hin, daß der schwarze Bevölkerungsteil nicht nur keine sozialen Fortschritte erzielt hatte, sondern verglichen mit den Weißen sogar Terrain verloren hatte. Julian Bond verzweifelte an den Strategien von Booker T. Washington, W. E. B. DuBois, Marcus Garvey und Malcolm X – keine habe der Masse der schwarzen Bevölkerung materiell weitergeholfen. Der Schriftsteller V. S. Naipaul vermochte eine schwarze Mittelklasse nur in der Fernsehwerbung wahrzunehmen; er hielt die Integration hauptsächlich für ein Medienerzeugnis. Das wahre Bild sah etwas komplizierter aus. Die schwarze Mittelklasse verbreiterte sich während der sechziger Jahre beträchtlich, gleichzeitig blieb aber die Ghettopathologie bestehen, der Anteil der Schwarzen unter den Fürsorgeempfängern nahm sogar erheblich zu, so daß man von einer Besserung innerhalb der Gesamtminderheit nicht sprechen konnte.[23]

Statistisch gesehen war die Rassendiskriminierung nicht im Schwinden begriffen. In einer Umfrage von 1963 meinten 64 Prozent, die Schwarzen avancierten »zu schnell«, drei Jahre später glaubten dies sogar 70 Prozent. Die rechtliche, politische und wirtschaftliche Gleichstellung wurde 1973 von weißen wie von schwarzen Bürgern für erstrebenswerter erachtet als die Integration auf dem Wohnungssektor, im Bildungswesen und auf dem Heiratsmarkt. Weiße tendierten dazu, abstrakt für Gleichheit, konkret für Trennung einzutreten. Ab und an wurde der Integration ein symbolisches Opfer dargebracht. Ein Landwirtschaftsminister mußte zurücktreten, weil er in der Öffentlichkeit einen rassistischen Witz erzählt hatte. Der Protest gegen das *busing*, den gerichtlich angeordneten Transport von schwarzen Schülern in weiße Schulen und umgekehrt, dieser Protest wurde in Milwaukee unter dem Zeichen des Hakenkreuzes vorgetragen, in Boston führte er zu Lynchjustiz, im ganzen Land gab er der neokonservativen Bewegung Auftrieb. Wer es sich leisten konnte, schickte seine Kinder auf Privatschulen.[24]

Um 1970 war in den USA zu vernehmen, die Konflikte zwischen Schwarz und Weiß mündeten in einen neuen Bürgerkrieg. Protestmärsche, Bürgerrechte, Slumsanierung hätten sich überlebt, mutmaßte der katholische Priester Philip Berrigan und schlug stattdessen vor, jedes Gebiet mit mehr als 25000 Einwohnern und 75 Prozent Schwarzen zu »Kolonien« zu erheben, die sich ihre eigenen Gesetze geben und im Kabinett durch einen Minister vertreten sind. In South Carolina gründete ein ehemaliger Bewohner Harlems das Dorf Oyo-Tungi, rief sich zum König aus und verlangte von seinen 23 Untertanen, wie afrikanische

Yorubas zu leben und zu sprechen, die Polygamie zu pflegen, Tiere zu opfern und die Ahnen zu verehren.[25]

Zu Beginn der achtziger Jahre wollte es scheinen, als hätten sich schwarze und weiße Bürger miteinander arrangiert. Aber am Ende der Amtszeit Ronald Reagans war ein Wiederaufleben rassistischer Parolen und gewaltsamer Übergriffe zu verzeichnen.

Red Power

1960 lebten rund eine halbe Million Indianer auf dem Staatsgebiet der USA, davon rund 300000 auf Reservaten. Zehn Jahre später war die indianische Bevölkerung um über 50 Prozent auf 800000 Personen angewachsen, wogegen die Weißen nur um rund 12 Prozent, die Schwarzen um knapp 20 Prozent zugenommen hatten. 1970 existierten 244 Reservate, 189 davon befanden sich westlich des Mississippi. Die mittlere Lebenserwartung von Indianern lag in den sechziger Jahren bei 43 Jahren und damit mehr als zwanzig Jahre unter dem weißen Durchschnitt. Das Jahreseinkommen bewegte sich um die 1500 Dollar – ein Viertel des Bundesdurchschnitts. Der Schulbesuch beschränkte sich im Schnitt auf fünf Jahre, nur einer von 100 Indianern schaffte einen Collegeabschluß. Die Arbeitslosenrate übertraf mit 40 Prozent die bundesweite Quote um das Zehnfache. Die Kindersterblichkeit war doppelt so hoch wie in weißen Familien, die Tbc-Anfälligkeit achtmal so hoch, Hepatitiserkrankungen zehnmal, Suizide von Jugendlichen gar hundertmal häufiger als in der allgemeinen Bevölkerung.[26]

Quantitativ gesehen erreichten die Spokane-Indianer im Bundesstaat Washington zu 84 Prozent den formalen Ausbildungsgrad weißer Bürger, aber nur zu 56 Prozent deren Lebensstandard und zu 38 Prozent deren Einkommen. Auf der Pine Ridge-Reservation im Südwesten South Dakotas lebten 63 Prozent der Haushalte unter dem Existenzminimum, von den Vollblutindianern sogar 81 Prozent. Jede vierte Geburt war unehelich. Über die Hälfte der Erwerbstätigen arbeitete bei einer Regierungsbehörde, als einzig produktiver Betrieb mußte eine Mokassinfabrik herhalten. Auf zehntausend Bewohner kamen jährlich 6150 Festnahmen. Körperverletzung und Sachbeschädigung (*vandalism*) zählten zu den häufigsten Straftaten, die fast in jedem Fall unter Alkoholeinfluß begangen wurden. Der Alkoholismus trat auf dem Reservat als richtiggehendes »Kulturmuster« in Erscheinung. Wenn die Pacht für das Indianerland fällig wurde, gingen die weißen Händler mit den Preisen und die Richter mit den Geldstrafen hinauf.[27]

Ein Forschungsteam machte Verbesserungsvorschläge und empfahl an erster Stelle eine Militärkaserne, dazu die Ankurbelung des Tourismus, die Ausbildung zu Programmierern, Feuerwehrleuten und Forstgehilfen, die Finanzierung kleiner Läden und Betriebe sowie die Förderung der Landwirtschaft. Das von Amts wegen mit der Notlage auf den Reservaten befaßte *Bureau of Indian Affairs* (BIA) hat immer wieder Pläne vorgelegt, wie der indianischen Bevölkerung zu helfen sei und unter anderem angeregt, Industriebetriebe an die Ränder der Reservate zu locken und die Zusammenarbeit mit den angrenzenden Gemeinden zu vertiefen. Der Etat der Behörde lag 1964 bei etwas über 200 Millionen Dollar. Davon wurden fast ein Drittel für Bildungseinrichtungen ausgegeben, mehr als ein Viertel für Bauten und Bewässerungsanlagen, der Rest für Straßenbau, Gehälter und Fürsorgeleistungen. Auf 18 Indianer kam ein Regierungsangestellter. Besonders effektive Arbeit leistete die Behörde nicht, der man allgemein eine paternalistische Haltung gegenüber den *Native Americans* vorwarf. Eskimos in Alaska zum Beispiel beschwerten sich über kulturfremde Stundenpläne, die unter der Ägide des BIA auf die Bedürfnisse urbaner Weißer zugeschnitten waren. Eine Anordnung von Präsident Lyndon Johnson, zur Überwachung der Unterrichtsqualität lokale Schulaufsichtsbehörden einzurichten, wurde ignoriert. Im Volksmund galt das BIA als der sicherste Ort bei einem Erdbeben, ließ es sich doch durch nichts erschüttern.[28]

Auf Initiative von Sol Tax kam 1961 in Chicago eine Versammlung von 460 Indianern aus 90 Stämmen zustande. Sie wollten sich mit passiven, inkompetenten und paternalistischen Regierungsbeamten nicht mehr länger abfinden. Eine »Declaration of Indian Purpose« verlangte die Rückgabe von Indianerland, eine zügige Abwicklung der Entschädigungsforderungen durch die *Indian Claims Commission*, den Schutz indianischer Wasserrechte, Mitbestimmung bei einschlägigen Gesetzesvorlagen und die Beibehaltung von Steuervorteilen. Das Grundsätzliche der indianischen Lage, hieß es in der Schlußresolution, müsse endlich Anerkennung finden. 1968 kam es zur Gründung des *American Indian Movement* (AIM) durch Dennis Banks, der sich anhand der Werke einer Gefängnisbibliothek mit indianischer Kultur vertraut gemacht hatte. Analog zu *Black Power* erscholl nun der Ruf nach *Red Power*. Indianische Radikale, gaben sich einem »neuen Nationalismus« hin, belebten ihre Vergangenheit und griffen auf alte Mythen zurück, um das Heraufziehen eines besseren irdischen Daseins zu beschwören. Stammesübergreifende Kooperation sollte im Angesicht der weißen Übermacht Stärke verleihen. In New York wurde das Columbus-Denkmal verschandelt, denn nicht der Genuese sondern Indianer hätten Amerika entdeckt.[29]

Richard Nixon hatte die Statistik auf seiner Seite, als er 1970 die Indianer als die am stärksten benachteiligte Minderheit des Landes einstufte. Im Einklang mit einer Stimmung in der »Schweigenden Mehrheit«, die von den Forderungen radikaler Schwarzer genug hatte, nahm Nixon sich vor, zum Ausgleich dem indianischen Bevölkerungsteil Hilfe angedeihen zu lassen. Eine Gesetzesvorlage, der *Indian Financing Act* (1970), sah eine Art »Red Capitalism« durch Kreditvergabe an unternehmerisch gesinnte Indianer vor. Der Innenminister überschrieb einem Eskimodorf in Alaska eine Rentierherde. Das BIA wurde indianisiert, den Stämmen größere Autonomie zugesagt. Bei den Zuñi in Neumexiko entstanden

43 verschiedene Projekte zur Einkommens- und Strukturverbesserung mit einem Jahresbudget von elf Millionen Dollar.[30]

Die Stoßkraft von »Red Power« ließ sich mit Geldzahlungen allein nicht abwenden. 1970 besetzten radikale Indianer die Inselfestung Alcatraz vor San Francisco, zwei Jahre später das BIA in der Bundeshauptstadt. Die Oglala riefen 1973 eine unabhängige Nation aus, um gegen Praktiken des BIA zu protestieren. Der Staat griff mit FBI, Militär und Panzerfahrzeugen durch. 1975 kam es bei Wounded Knee erneut zu einem blutigen Aufstand gegen das Elend. Seitdem haben die Versuche zugenommen, angestammte Rechte auf dem Klagewege geltend zu machen.[31]

Das Dilemma der Indianer erscheint kaum überwindbar, ihre Existenz in der Moderne ist von zahlreichen Widersprüchen geprägt. Die Zeitschrift *War Cry* auf dem Pine Ridge-Reservat wird herausgegeben vom *Office of Economic Opportunity*, das seinen Sitz in Washington hat. Das indianische Durchschnittseinkommen liegt erheblich unter dem der Schwarzen und doch blicken die Navajoh in Neumexiko und Arizona mit Verachtung auf amerikanische Schwarze herab, machen sie zum Objekt ihrer Witze und betrachten schwarze Frauen als Huren. Die Frage, ob die Indianer mit *termination* besser bedient wären, also mit der Beendigung ihres Sonderstatus auf Reservaten, diese Frage wird in Abständen immer wieder diskutiert. Manche meinen, das Festhalten an der Vorstellung, Indianer bildeten eine eigene Nation, würde den desolaten Zustand erhalten und verlängern. Indianer hätten dieser Auffassung zufolge bessere Möglichkeiten, persönliche und kollektive Freiheit zu erreichen, wenn sie das Handicap staatlicher Bevorzugung ablegten und stattdessen voll am amerikanischen Leben partizipierten. Die Verherrlichung der eigenen Tradition und Vergangenheit müsse notgedrungen übertrieben ausfallen, die Postulierung einer eigenen Nation sei Fiktion und Traum und nicht verwirklichbar. Gegner dieser Position kontern mit dem Argument, eine Aufhebung der Reservate wäre gleichzusetzen mit dem Ende indianischer Kultur. Dem wird wiederum entgegengehalten, indianische Kultur als Geschichte wäre dem deprimierenden Bild vorzuziehen, das die indianische Kultur in der Gegenwart abgibt.[32]

Ethnisches Bewußtsein

Der amerikanischen Ideologie zufolge sollten ethnische Minderheiten nach und nach verschwinden und mit einigen exotischen Ausnahmen wie den Amish oder den Hutterern in einer großen amerikanischen Gesamtkultur aufgehen. Für die Komplettierung des Assimilationsprozesses sprachen die Amerikanisierung an den öffentlichen Schulen, der Massenkonsum, die Medienkultur, exogame Paarungen und der dreifache Schmelztiegel aus Katholizismus, Protestantismus und Judentum. Die theoretische Wahrscheinlichkeit einer vollständigen Assimilation gründete sich auf die Dominanz der westlich orientierten, liberalen, bürgerlichen Kernkultur, die auf eine protestantische Arbeitsethik eingeschworen war und die Lockesche Synthese aus Freiheit und Besitz als höchstes Gut ansah. Wie dominant die anglobourgeoisen Werte waren, konnte man schon aus einschlägigen Namensänderungen entnehmen. Aus Allen Konigsberg wurde Woody Allen, Tony Curtis hieß früher Bernard Schwartz, Doris Day trug einst den Namen Kappelhoff, Bob Dylan war Robert Zimmerman und John Denver hatte einmal auf den Familiennamen Deutschendorf gehört. Daß der Angloamerikanismus in der Onomastik seine Grenzen hatte, lehrte der tägliche Umgang mit Amerikanern, die Namen tragen wie Siriano, Guarenti, Dorfman, Muller, Hoffstein, Esposito, Demopoulos oder Coniglio. Um 1970 tauchte die Vermutung auf, der ethnozentrisch gesteuerte Amerikanismus habe einer facettenreichen ethnischen Vielfalt Platz gemacht, und in Wirklichkeit sei man ins Zeitalter der »Ethnizität« eingetreten, ein Begriff, der wahrscheinlich erstmals 1941 von dem Soziologen Lloyd Warner verwendet worden war, als er in seinen *Yankee City Series* zur Beschreibung der sozialen Wirklichkeit eine zusätzliche Kategorie zu Alter, Geschlecht, Religion und Klasse benötigt hatte.[33]

Als Reaktion auf die schwarze Bürgerrechtsbewegung kam es bei Polen, Deutschen, Slawen, Iren und anderen »white ethnics« zu einer Affirmation des Gruppenbewußtseins. Die Fernsehanstalten spürten nach der erfolgreichen Serie *Roots* den Trend und kündigten James Farrells *Studs Lonigan* als »Irish Roots« an. Finnen, Litauer und Ungarn legten eine neue oder wiedererstarkte Solidarität an den Tag. Die geographische Konzentration einzelner Minderheiten war eine Tatsache. Deutschstämmige lebten zu 60 Prozent im nördlichen Mittelwesten, Juden zu 85 Prozent im Nordosten, in Los Angeles und Miami, und Iren, Italiener, Polen und Slawen bildeten ebenfalls Bevölkerungsschwerpunkte. Die am ärgsten diskriminierten Gruppen machten nicht weniger als ein Viertel der Gesamtbevölkerung aus: 27 Millionen Schwarze, 15 Millionen Mexikaner, 2 Millionen Asiaten, 3 Millionen Puertorikaner, 1,2 Millionen Indianer, 1 Million Kubaner. Ethnische Feiertage wie Chanukka oder St. Patrick wurden wieder stärker beachtet und die Heimatsprachen erlebten eine Renaissance. Der Oberste Bundesgerichtshof bestätigte 1974 das im *Bilingual Education Act* (1968) niedergelegte Recht auf nichtenglische Muttersprachen. Der *Ethnic Heritage Studies Programs Act* (1972) sollte den Stundenplänen an öffentlichen Schulen einen pluralistischen Drall geben. Jüdische und katholische Kräfte stellten sich hinter den neuen Pluralismus. Ethnizität geriet zu einer akademischen Industrie, die unter anderem die *Harvard Encyclopedia of American Ethnic Groups* produzierte, ein Kompendium ethnischer Gruppen von Akadiern bis Zoroastriern. Wer Bilder liebte, sprach statt des Schmelztiegels von einem gemischten Salat. Als Vater des ethnischen Pluralismus gilt Horace Kallen, der sich mit der Schmelztiegelideologie nie hatte befreunden können: »Männer wechseln ihre Kleider, ihre politischen Ansichten, ihre Frauen, ihre Religion, ihre Philosophie mehr oder weniger umfassend: ihre Großväter können sie nicht wechseln.« Dieser um die Zeit des Ersten Weltkriegs entstandene Gedankengang wurde nun wieder aufgegriffen: Gedächtnis, Phantasie, Emotionen und Triebe werden vom Unterbewußtsein gesteuert und können nicht ohne weiteres beeinflußt werden. Der ethnische Pluralismus erwies sich als probates Mittel, die marxistische Lehre zu unterlaufen, denn äußere Merkmale und affektive Bindungen rangierten vor dem Klasseninteresse.

Eine Erhöhung der sozialen Mobilität ging mit der Ethnizität nicht einher. Über wirtschaftlichen Erfolg entschieden nach wie vor die Spielregeln der Anglobourgeoisie. Der Angehörige einer Minderheit mußte gewissermaßen auf zwei Etagen funktionieren, in der ethnischen Mikrokultur und in der nationalen Makrokultur. Der Typ des »Wochenendgriechen« gedieh prächtig, die sozioökonomischen Barrieren wurden jedoch nicht niedriger.[34]

Der Begriff Ethnizität unterliegt politischen und soziographischen Entwicklungen und kann deshalb ethnologisch nicht präzise bestimmt werden. Weiße Südstaatler sind gelegentlich als eine eigene ethnische Gruppe klassifiziert worden. Alëuten und Samoaner wurden zeitweise eher als ethnische Minderheiten betrachtet als Iren oder Italiener. Erhebliche Probleme mit einem lebendigen ethnischen Bewußtsein haben Deutschamerikaner. Ihre Traditionen sind erstarrt, ein übermächtiges Harmoniebedürfnis lähmte kreative Impulse, der historisch bedingte Wunsch nach Unauffälligkeit führte zu Duckmäusertum und Monotonie. Bier, Schunkellieder, Sauerkraut, Limburger Käse und Brezeln beherrschen ihre Vereine, egal ob es sich um friesische, bayerische, badische, hessische oder sächsische handelt. Die deutschamerikanische Presse berichtete bis zum Überdruß von Grünkohlessen oder der Schmackhaftigkeit einer bestimmten Pfälzer Wurst. »Kein Vorstandswechsel beim Lamstedter-Damenzirkel« war der New Yorker *Staatszeitung* eine Schlagzeile wert. Freiheits- und Tendenzlieder erschienen der *Sängerzeitung* verdächtig. Wer sie singt, meinte ein Leser, setze Idealismus über gesangliche Harmonie und hinke damit siebzig Jahre hinter der Zeit her: »Let us all be *constructive* Arbeiter Sänger and *not* RADICALS.« Über einen fröhlichen Manöverball des Deutschen Kriegerbunds, der unter »schmissigen Tönen« in Hoboken (New Jersey) abrollte, urteilte die *Staatszeitung:* »Mag es auch anderwärts Krach und Tumulte geben, in diesem Kreise gibt man sich unbekümmert der Lebensfreude hin; denn dazu ist doch der Mensch auch berechtigt.«[35]

Amerikaner irischer Abkunft fanden einen gemeinsamen Bezugspunkt in der Revolution von 1916. Die irisch-amerikanische Presse berichtete in den sechziger Jahren regelmäßig von Veranstaltungen des *Ancient Order of Hibernians,* des *Clan-na-Gael* Großnewyorks und der *Irish Republican Army* (IRA) und ihren Veteranen. Bei den alljährlichen St. Patricks-Tag-Paraden stellte man sich nach irischen Counties auf. Zur Musik von Trommlern und Pfeifern marschierten die

Emerald Societies, die *Knights of Huntington* und die *Pioneer Total Abstinence Association of the Sacred Heart*, während sich in den naheliegenden Bars Männer mit grünen Krawatten riskante Witze erzählten und die Parade fürs nächste Jahr vorbesprachen. Die *Gaelic League* veranstaltete Kurse für die irische Sprache, die *Gaelic Societies* riefen für ihren *Feis* zu einem Wettstreit auf der *tin whistle* auf, und ein Lebensmittelkonzern plazierte seine Inserate unter der Überschrift »Buy Irish«.[36]

Ein neues Einwanderungsgesetz revidierte die Quotengesetzgebung aus den zwanziger Jahren und benachteiligte vor allem Auswanderungswillige aus Irland, Deutschland, England und aus anderen nord- und westeuropäischen Ländern. Der *Immigration and Nationality Act* (1965) wies der östlichen Hemisphäre eine Jahresquote von 170000, der westlichen Hemisphäre von 120000 Personen zu. In Dublin wurden 1968 in einem Halbjahreszeitraum nicht viel mehr als 200 reguläre Auswanderervisa ausgestellt. Portugiesen, Griechen und andere Südeuropäer bekamen leichter eine Einreisegenehmigung als Skandinavier oder Niederländer. In Süditalien gehörte die Auswanderung nach Amerika gewissermaßen zum Alltag. Der Bürgermeister eines kleinen Ortes in Lukanien erklärte auf Befragen, man zähle 2400 Einwohner, von denen 600 in Amerika lebten. Der Anteil der Asiaten – Inder, Chinesen, Koreaner – stieg von drei Prozent auf fast ein Drittel aller Einwanderer. Aus dem karibischen Raum kamen Kubaner und Jamaikaner. Der illegale Zustrom aus Mexiko nahm so überhand, daß der *Immigration and Naturalization Service* erwog, in Kalifornien, Arizona und in Texas meilenlange Stahlzäune zu errichten. Filipinos strömten ins Land, auch wenn die Chancen äußerst gering waren, wirtschaftlich Fuß zu fassen. Wie bei früheren Einwanderungswellen wanderten vor allem solche Menschen in die Vereinigten Staaten aus, die bereits in ihren Heimatländern auf dem Weg nach oben gewesen waren, sich Grundkenntnisse über Amerika verschafft und genügend Geld für die Reise besaßen.[37]

Ab 1971 kamen pro Jahr etwa 400000 Einwanderer. Der Bevölkerungszuwachs ging zu 20 Prozent auf das Konto von Einwanderern, früher waren es nur etwa elf Prozent gewesen. Vierzig Prozent der Vietnamesen lebten in Südkalifornien, an die 90 Prozent der Kubaner in den »Little Havanas« um Miami, die in vielem den alten Einwandererquartieren aus dem 19. Jahrhundert gleichen. In Alabama siedelten Familien vom Stamm der Hmong. Ob aus Indochina, Haiti oder Osteuropa – Einwanderer erblicken in den USA immer noch ein Dorado der Freiheit und des Massenwohlstands. Die Ankunft neuer Gruppen veranlaßte ältere Minderheiten, stärker auf ihre Rechte zu pochen. Zwei Millionen Amerikaner arabischer Herkunft, die bis dahin eine eher unauffällige Existenz geführt hatten, legten sich jetzt eine hochmögende Lobby aus ehemaligen Senatoren und Ministern zu.[38]

Puertorikaner dürfen in unbegrenzter Zahl in die USA einreisen. Um sie zu beschäftigen, müßten jährlich vierzigtausend neue Arbeitsplätze geschaffen werden. Die Desintegration puertorikanischer Familien war kaum aufzuhalten. Im Elend blühte das Geschäft mit dem Aberglauben. Kunden aus dem karibischen Raum frequentierten die *Botanicas,* die Devotionalien- und Kräuterläden an der New Yorker Westside, um sich dort mit den »sieben afrikanischen Kräften« und anderen Allheilmitteln auszurüsten. Puertorikaner sind mehr als andere Minderheiten von Betrügern hereingelegt und von städtischen Behörden benachteiligt worden. Erst seit 1967 dürfen Antragsteller von einer anderen Person begleitet werden, wenn sie bei den Fürsorgeämtern vorsprechen. Unter 27000 New Yorker Polizisten gab es nur 350, die spanisch sprachen und unter mehr als 300 Richtern befanden sich nur drei puertorikanische. Die Bestimmungen der Arbeitslosenversicherung erwiesen sich für viele Zuwanderer als zu kompliziert, die staatlichen Dienste zum Schutz vor Diskriminierung am Arbeitsplatz wurden kaum in Anspruch genommen. Eine Ursache für Konflikte zwischen Minderheiten waren Verteilungskämpfe. Puertorikaner und Schwarze konkurrierten um Arbeitsplätze im Gesundheitswesen und schoben sich gegenseitig die Schuld an der hohen Kriminalitätsrate zu. Das Phänomen war aus der Einwanderungsgeschichte bekannt. Iren behandelten Schwarze mit Feindseligkeit, weil sie noch tiefer auf der sozialen Leiter standen. Eine antikatholische Einstellung kam zeitweise unter Akademikern in Mode, die gemerkt hatten, daß Antisemitismus vertuscht werden mußte. Präsident Carters Justizminister und sein Amtschef gehörten exklusiven Clubs an, die aus Tradition weder Schwarze noch Juden aufnahmen.[39]

Die gemeinsame Erfahrung der Diskriminierung kann »horizontale« Feindseligkeit nicht verhindern. In Brooklyn wurden die Wahlbezirke neu geordnet, um Schwarzen und Puertorikanern zu Lasten orthodoxer Juden mehr Macht zu geben. In Miami billigten Schwarze den Widerstand, den der Ku-Klux-Klan den Marielitos entgegensetzte, 120000 kubanische Flüchtlinge, benannt nach ihrem Abreiseort Mariel, die Castro ausreisen ließ. Deutschstämmige New Yorker Juden hatten aus Osteuropa ausgewanderte Juden mit äußerster Reserve behandelt. Jetzt legten länger ansässige kubanische Exilanten diese Haltung gegenüber ihren Landsleuten an den Tag: »Ich werde nie das Ekelgefühl vergessen, als ich die ersten Flüchtlinge begrüßte. Das lag daran, wie sie rochen, wie schmutzig sie waren, wie laut und grob sie sprachen und wie viele Schwarze darunter waren.«[40]

Nach Protesten wurden Italoamerikaner in Filmen und Fernsehsendungen nicht mehr automatisch der Mafia zugeordnet. Einige Geschäfte haben freiwillig darauf verzichtet, polnische Bowlingkugeln (viereckig) oder polnische Tassen (mit dem Henkel nach innen) zu verkaufen. In der Presse wurde moniert, daß im Weißen Haus und bei der Admiralität regelmäßig Filipinos als Stewards und Diener eingestellt werden. Dies sei, schrieb der vielgelesene Kolumnist Jack Anderson, ein Rückfall in den Kolonialismus. Die Öffentlichkeit wurde vorsichtiger oder empfindlicher, was offene Diskriminierung angeht. In dieser vielrassigen Nation entstanden Probleme, die man in homogeneren Gesellschaften kaum realisierte.

Schwarze spendeten weniger Blut, hatten aber einen höheren Bedarf an Blutkonserven als Weiße. In den USA herrschte ein Überfluß an Blut der Gruppe A, das für Schwarze jedoch meist nicht in Frage kam. Das überwiegend mit Schwarzen besetzte Staatsgefängnis von New York erhielt öffentlich subventionierte Milchlieferungen. Viele Schwarze bekamen Durchfall, wenn sie Milch tranken, weil sie ein bestimmtes Ferment nicht besitzen. Die Verfemung von Minderheiten nahm mitunter noch Formen an, die man schon überwunden glaubte. Eine redaktionelle Notiz in der rechtslastigen Zeitschrift *American Mercury* besagte, der Verfasser eines negrophoben Beitrags sei als Doktor der Zoologie für seine Aufgabe gut gerüstet gewesen. Richard Herrnstein, Arthur Jensen und andere Wissenschaftler spielten mit der Idee von der genetischen oder kulturellen Minderwertigkeit der Schwarzen. Um das Bildungsgefälle zwischen Mehrheitkultur und diskriminierten Minderheiten auszugleichen, wurde an der City University of New York seit 1964 mit offener Zulassung für benachteiligte Erstsemester experimentiert. Schwarze und Puertorikaner stellten bis dahin die Hälfte der Schulbevölkerung, aber nur zehn Prozent der Studenten. Mit dem Regierungsprogramm *Affirmative Action* sollten die Verhältnisse bundesweit zurechtgerückt werden. Der weiße Jurastudent Mario de Funis durfte 1971 die University of Washington nur provisorisch beziehen. 36 Kommilitonen mit schlechteren Noten, dafür aber mit Minderheitenstatus wurden ihm vorgezogen. Die Universitätsleitung sprach von »heilsamer Diskriminierung«. De Funis klagte, aber bis die letzte Instanz erreicht war, stand er im Examen und so wurde der Fall niedergeschlagen. Im Gefolge zeigten sich die ersten Sprünge im »liberalen« Bündnis zwischen Gewerkschaften, jüdischen Organisationen und Bürgerrechtsvereinigungen. *Affirmative Action* sollte nämlich nicht nur für Studenten, sondern überhaupt auf dem Arbeitsmarkt gelten. Weiße Arbeitnehmer wurden entlassen, weil ihre Firma einen Minderheitsangehörigen als Alibi brauchte.[41]

Im Fall *Bakke* (1978) äußerte sich der Supreme Court zur Rechtmäßigkeit der vorzugsweisen Behandlung von Minderheiten. Der weiße Medizinstudent Allan Bakke war von der kalifornischen Staatsuniversität abgewiesen worden, weil dort 16 Studienplätze für Minderheiten reserviert blieben. Hatte die Universität rechtens gehandelt, oder lag ein Fall von verfassungswidriger »umgekehrter« Diskriminierung vor? Auf die Seite der Universität schlugen sich der Gewerkschaftsdachverband, die NAACP, die *American Civil Liberties Union*, die *Americans for Democratic Action* und andere Verbände. Der Jurist Ronald Dworkin stellte sich auf den Standpunkt, Bakke könne sich nicht auf das Leistungsprinzip berufen, denn eine schwarze Hautfarbe könne innerhalb eines bestimmten Milieus ebenfalls eine Leistung darstellen. Für den Studenten Bakke ergriffen die amerikanische Handelskammer sowie führende jüdische, italienische und polnische Interessenverbände Partei. Sie machten den Gleichheitsgrundsatz im 14. Verfassungszusatz geltend und Artikel 26 der UNO-Charta, wo es heißt, daß jeder Mensch gleichen Zugang zu höheren Bildungseinrichtungen haben muß, und zwar auf Leistungsbasis. Die Bundesrichter zogen sich mit einem, wie sie meinten, salomonischen Urteil aus der Affäre. Bakke gewann seinen Prozeß, gleichzeitig sanktionierte das Gericht die universitäre Praxis, bestimmten Minderheiten Sonderrechte einzuräumen.[42]

Antisemitismus

Ein Großteil der amerikanischen Juden begnügt sich mit ausgewählten ethnischen Symbolen – man spricht von *bagel-and-lox Jewishness* –, weshalb der Assimilationsgrad traditionell recht hoch war. Die Einhaltung der Rangordnung von Gratulanten bei einer Bar Mitzwah, die Trennung von Fleisch- und Milchspeisen, die Ferienaufenthalte in den Catskills, die man auch die jüdischen Alpen genannt hat – das alles vertrug sich mit den Erwartungen der Mehrheitskultur. Daß ab der zweiten Generation im Subproletariat kaum Juden anzutreffen waren, hat die Integration erleichtert. Trotzdem gab und gibt es in den USA ausgeprägte judenfeindliche Einstellungen. Die neuere Forschung weiß, daß der Antisemitismus in Amerika stärker war, als ältere Historiker wie Oscar Handlin, Richard Hofstadter oder John Higham angenommen haben. An den medizinischen Fakultäten der Universitäten Yale, Johns Hopkins, Harvard, Cornell und Duke waren jüdische Studenten einem rigorosen Numerus Clausus unterworfen, dasselbe galt an vielen »Liberal Art Colleges« und an den sieben großen Frauencolleges des Landes: Barnard, Wellesley, Smith, Bryn Mawr, Vassar, Mount Holyoke und Radcliffe. Der Präsident des Dartmouth College hat Zulassungsbeschränkungen für Juden auch nach 1945 verteidigt. In den sechziger Jahren reichte die Skala von leichten Diskriminierungen – in Gerichtssälen durfte keine Yarmulka getragen werden – bis zu gewalttätigen Übergriffen. 1967 und 1968 terrorisierte der Ku-Klux-Klan von Mississippi reihenweise jüdische Bürger mit Bomben und Brandstiftungen. 1981 wurden knapp eintausend antisemitische Vorfälle gemeldet.[43]

Die offene, illegale Benachteiligung von Juden, zum Beispiel auf dem Wohnungsmarkt oder in der Gastronomie, ist zu einer Rarität geworden. Geblieben war ein Vorbehalt christlicher Eltern gegen Juden als Ehepartner für ihre Kinder. 74 Prozent der Christen glaubten, daß sie ein Anrecht auf ihre eigenen Clubs und Vereine haben und Juden ausschließen dürften. Der Ausschluß aus exklusiven Country Clubs hat den Aufstieg von Juden in die obersten Etagen der Wirtschaft behindert. In den Südstaaten müssen 39 Prozent der Bewohner als antisemitisch gelten, in Neuengland 31 Prozent, der Mittelwesten und der Nordwesten nehmen eine Mittelstellung ein. In den Städten pendelt sich der Anteil auf den Bundesdurchschnitt von einem Drittel der Bevölkerung ein. Im ländlichen Süden sind bis zu 60 Prozent der Befragten judenfeindlich eingestellt, wobei niedriger Bildungsstand und fundamentalistische Religiosität zusammenkommen. Am stärksten ist der Antisemitismus bei konservativen Protestanten, gefolgt von Katholiken, bei denen der niedrigere soziale Status eine Rolle spielen kann. Die wenigsten offenen Antisemiten finden sich unter liberalen Protestanten, aber insgesamt halten noch 69 Prozent aller Protestanten die Juden für Christusmörder.[44]

Die Ansicht, daß Juden den Kulturbetrieb dominieren, ist ziemlich verbreitet. Der Schriftsteller Truman Capote behauptete, das amerikanische Verlagswesen, die Kritiker, die Fernsehanstalten, das Theater und die Kulturzeitschriften seien zu 90 Prozent jüdisch orientiert, und die wichtigen Nichtjuden in den Medien könne er an den Fingern einer Hand abzählen. Von William Styron und ihm selbst abgesehen, würde das literarische Establishment nichtjüdischen Schriftstellern keine Anerkennung zuteil werden lassen.[45]

In der Arbeiterkultur ist der Antisemitismus stärker verwurzelt als bei Angestellten. Aber bei gleichem Ausbildungsstand nivellieren sich die Unterschiede. Je niedriger das Einkommen, desto größer der Antisemitismus. Eine Ausnahme bilden die Bezieher sehr hoher Einkommen im technisch-industriellen Sektor. Generell sind Aufsteiger stärker antisemitisch als andere, ältere Menschen mehr als jüngere, Männer mehr als Frauen, Einwanderer mehr als Alteingesessene. Gegen Theodor W. Adornos Antisemitismustheorie wurde ins Feld geführt, daß nicht alle Bürger gleichermaßen Zugang zur offiziellen, den Antisemitismus ablehnenden Kultur haben und deshalb in der traditionell antisemitischen Kultur gefangen bleiben. Antisemitismus trat auch bei Juden auf, so bei dem schachspielenden Sonderling Bobby Fischer oder in der rechtsradikalen jüdischen Presse, die Vietnamgegner als »jüdische Masochisten« diffamierte.[46]

Der Antisemitismus von Schwarzen verstärkte sich Mitte der sechziger Jahre, war aber als Phänomen schon älterer Herkunft. Marcus Garvey hatte Verständnis gezeigt für Hitlers Judenpolitik, da jüdische Bürger sich angeblich nirgendwo einfügen könnten und ihr einziges Interesse sich auf Geld richtete. Stokely Carmichael und Malcolm X prangerten die Ausbeutung durch jüdische Hausbesitzer in den Slums der Großstädte an, James Baldwin wollte es vorkommen, als verwendeten Juden den Holocaust schamlos zur Selbstrechtfertigung. LeRoi Jones bezeichnete den Juden als die Quintessenz der Weißen:

> ... the empty Jew
> betrays us, as he does
> hanging stupidly from a cross in an oven.

Julius Lester ließ zur Weihnachtszeit des Jahres 1968 über die Rundfunkstation WBAI das Gedicht einer fünfzehnjährigen Schwarzen verlesen:

> Hey, Jew boy, with that yarmulke on your head
> You pale-faced Jew boy – I wish you were dead*

* He, Judenbub, mit deiner Yarmulka auf dem Kopf,
du bleichgesichtiger Judenbub, ich wollt du wärst tot.

Der Direktor des Rundfunksenders weigerte sich einzugreifen. Durch antisemitische Äußerungen könne man »gefährliche gesellschaftliche Kräfte« erkennen und ihnen begegnen. Einige Wochen nach der Verlesung des antisemitischen Gedichts führte Lester eine Diskussion mit drei schwarzen Schülern, von denen einer die Ansicht vertrat, Hitler hätte nicht genügend Lampenschirme aus den Juden gemacht. Das antisemitische Gedicht war Albert Shanker gewidmet, dem jüdischen Vorsitzenden der New Yorker Lehrergewerkschaft. Der afroamerikanische Lehrerverband vertrat die Ansicht, Juden hielten das öffentliche Schulsystem der Stadt New York unter Kontrolle und übten sich in der geistigen Vergiftung schwarzer Kinder. Ein Schülerstreik gab den unmittelbaren Hintergrund für die antisemitischen Ausbrüche ab.[47]

Enttäuschte Liberale, die geglaubt hatten, ihr Leben lang auf Seiten diskriminierter Minderheiten gestanden zu haben, ließen sich zu dubiosen Erklärungen verleiten. Der Literaturwissenschaftler Leslie Fiedler führte den Konflikt zurück auf die Kluft zwischen den auf Logos, Ego und Buchkultur verpflichteten Juden und subliterarischen, impulsiven, dem Spiel der freien Phantasie ergebenen Schwarzen. Ökonomisch gesehen standen die Juden auf der sozialen Leiter tatsächlich weiter oben. Juden hatten einen höheren kulturellen Status inne. In den Ghettoschulen unterrichteten überwiegend jüdische Lehrer. Schwarze fanden sich regelmäßig am »empfangenden Ende« des sozialen Austauschs. Dazu gesellten sich christlicher Fundamentalismus und im Zusammenhang mit den Kriegen um Israel die Sympathie von Schwarzen für schwarze Araber. Am entscheidendsten waren aber wohl der soziale Sukzessionskonflikt und die Präsenz von Juden in den Ghettos. Nach den Rassenunruhen in Watts vom August 1965 stellte sich heraus, daß von 750 zerstörten Läden nicht weniger als 500 jüdischen Besitzern gehörten. »Mr. Goldberg« war in den Slums zum Symbol für den ausbeutenden Weißen geworden, in dessen Händen beim Einkauf von Lebensmitteln und Alkohol die Schecks von der Wohlfahrt landeten. James Baldwin war in Harlem aufgewachsen und damit in einer Umgebung, in der es hieß, man solle niemals einem Juden trauen, dem Kaufmann nicht, dem Mieteinnehmer nicht, dem Immobilienmakler nicht und nicht dem Pfandleiher. Weil der Jude mit dem weißen Mann identifiziert wurde, ist der Antisemitismus zu einem Teil des »kulturellen Erbes« des Schwarzen geworden, das ihm, wie Richard Wright berichtete, schon in der Kindheit mitgegeben wurde. Der aufflammende Antisemitismus bei Schwarzen weckte oder verstärkte die Negrophobie avancierter Juden oder jüdischer Ghettobewohner, die mal um mal zu Opfern der Straßenkriminalität wurden. Die Politik der »Affirmative Action«, die schwarze Studenten und Arbeitssuchende begünstigte, hat zu einer weiteren Entfremdung zwischen Juden und Schwarzen geführt.[48]

XXIII. Kapitel

DER VIETNAMKRIEG

Der Vietnamkrieg war der achte größere bewaffnete Konflikt, an dem die USA beteiligt waren, der Bürgerkrieg nicht mitgezählt. Seltsame Bezeichnungen sind erfunden worden, um diesen Krieg zu charakterisieren: Amerikas erster Hubschrauberkrieg, der erste Fernsehkrieg, der Wohnzimmerkrieg ... Der Supreme Court von Virginia erklärte, es liege rechtlich gesehen überhaupt kein Krieg vor, weil der Kongreß einen solchen nicht erklärt habe, weshalb die Versicherungsgesellschaften die Nutznießer versicherter Gefallener auszuzahlen hätten. Vietnam sei »ein Krieg der Reichen und ein Kampf der Armen«, sagten die Gegner des Krieges und erweckten damit ein Sentiment aus dem Bürgerkrieg zu neuem Leben. Norman Mailer lehnte Amerikas längsten Krieg ab, weil darin die »rich boys« aus Amerika gegen die »poor boys« aus Asien fochten. Amerikanische Fairneß verlangte, daß Kontrahenten ungefähr gleich stark sein sollten. Aber jetzt hatte sich der amerikanische Wolf anscheinend entschlossen, sich nicht vom vietnamesischen Schaf beißen zu lassen. Ho Chi Minh, der die Mentalität der Amerikaner zu kennen glaubte, nannte in der Anfangsphase des Krieges die Intervention der USA zugunsten Frankreichs »unamerikanisch«.[1]

So wie man oft vom Wahnsinn des Krieges spricht, haben Martin Luther King und viele andere von der »madness of Vietnam« gesprochen. Pete Seeger hat in einem seiner Protestlieder den Gedanken ausgedrückt, daß der Krieg in Südostasien die Tat Wahnsinniger sein müsse:

Waist deep in the Big Muddy
And the big fool says to push on.*

* etwa: Wir stehen bis zur Hüfte im Dreck / und der große Narr treibt uns weiter nach vorn.

Barbara Tuchman nannte ihre exemplarische Aufarbeitung historischer Kriege *The March of Folly*, widmete darin ein langes Kapitel dem Vietnamkrieg und war doch der Ansicht, daß die USA nicht aus Dummheit in diesen Krieg hineingestolpert seien. Michael Walzer glaubte einen amerikanischen Krieg identifizieren zu können, der für amerikanische Zwecke in einem anderen Land ausgetragen wurde.[2]

Neben den Franzosen hatten vor allem die Deutschen wichtige Gründe, den Konflikt aufmerksam zu verfolgen. Als die Eskalation beschlossene Sache war, teilte die Wochenzeitung *Die Zeit* ihren Lesern an prominenter Stelle mit: »Es ist ja nicht so, daß sich die Amerikaner aus purer Freude am Dschungelkrieg so stark engagiert hätten. Die Rolle, die sie dort spielen, ist nicht minder bedeutsam als jene, die sie nach dem Zweiten Weltkrieg in unserem Teil der Welt übernahmen. Damals ging es ihnen um die Eindämmung des Kommunismus in Europa; heute geht es ihnen um die Eindämmung des Kommunismus in Asien. Damals saß der Gegner in Moskau, heute sitzt er in Peking, doch ist er eher noch gefährlicher. Sollten die Europäer wirklich so kurzsichtig geworden sein, daß sie nun in Asien mißbilligen, was ihnen selbst vor zwanzig Jahren das Leben rettete – eine amerikanische Rettungsaktion?« Wiederum zehn Jahre später und nachdem die Amerikaner den Krieg verloren hatten, war dem Verfasser dieser Analyse sein Artikel peinlich. Ein Krieg, der mit einer Niederlage geendet hatte, konnte kein notwendiger Krieg mehr sein. Er sei, schrieb jetzt der Journalist, einem »täuschend einfachen Argument« aufgesessen. Mit anderen Worten: Berlin und Saigon ließen sich nicht miteinander vergleichen.[3]

Zwischen 1965 und 1972 wurden 3,4 Millionen amerikanische Soldaten und Militärbedienstete nach Vietnam geschickt, davon kam etwa eine Million zum Fronteinsatz. Über 47000 G.I.s sind gefallen, über 300000 wurden verwundet. Hunderttausende mußten nach ihrer Rückkehr ärztliche Hilfe in Anspruch nehmen, weil sie mit ihren Kriegserlebnissen nicht fertiggeworden sind. Im Vergleich zu den Amerikanern nimmt sich der Beitrag anderer Nationen bescheiden aus, etwa die 516 Neuseeländer oder die 200 Bundesbürger, die laut General William Westmoreland die »Free World Forces« verstärkten. Die Schweiz beteiligte sich mit einem Flugzeug vom Typ Pilatus-Porter, das sich für den Dschungelkrieg besonders zu eignen schien und US-Bombern den Weg zu versteckten Zielen wies. Die Südkoreaner entsandten ein Truppenkontingent, wenngleich die südkoreanische Armee ebenso wie die Streitkräfte Thailands und Taiwans zum größten Teil von den Amerikanern finanziert wurden.[4]

Die Rolle der Präsidenten

Nach dem Scheitern der amerikanischen Chinapolitik hatte der damalige Abgeordnete John F. Kennedy aus Massachusetts im Repräsentantenhaus gesagt: »Es liegt nun in der Verantwortung dieses Hauses, daß die anrollende Flutwelle des Kommunismus nicht ganz Asien überspült.« Zu diesem Zeitpunkt entsandte Präsident Truman 35 militärische Ausbilder und Berater nach Vietnam, eine Zahl, die von Eisenhower auf rund 600 erhöht wurde. Die Familie Kennedy hat dazu beigetragen, daß 1955 freie Wahlen, wie im Genfer Abkommen vorgesehen, nicht stattfanden, weil man den katholischen Südvietnamesen – zehn Prozent der Bevölkerung – zur Seite stehen wollte. Als Senator hob Kennedy die strategische Bedeutung Vietnams hervor. Wieder griff er zu dem Bild von der kommunistischen Flut. Vietnam sei der Finger im Deich, die Amerikaner dürften ihn, als »Taufpaten« der Vietnamesen, auf keinen Fall herausziehen.[5]

Als Präsident öffnete sich Kennedy zusammen mit seinem Verteidigungsminister Robert McNamara dem Rat der sogenannten »defense intellectuals«. Sein engster Militärberater war General Maxwell Taylor, dessen Buch *The Uncertain Trumpet* (1959) er gelesen hatte. Taylor machte sich darin für eine vermehrte konventionelle Rüstung stark. Man kehrte zur Doktrin der »flexible response« in einem *begrenzten Krieg* zurück, wollte elastisch reagieren können und ließ Eisenhowers »massive retaliation«, die Strategie der massiven Vergeltung, hinter sich. Die Ähnlichkeit mit der militärischen Planung vor dem Koreakrieg ist unübersehbar. Nur legte man anstelle der älteren Dichotomie Europa und Asien für den diplomatischen Sprachgebrauch zu Eurasien zusammen. Die Kennedy-Regierung war auf *nation building* und auf plötzlich ausbrechende *brushfire wars* eingestellt. Unter Kennedy gelangten die *Green Berets* zu militärischem Ansehen. Diese Elitetruppe war seit ihrer Gründung im Jahr 1952 finanziell und funktionell eng mit der CIA liiert gewesen. Wegen der Mißgunst anderer Truppenteile, speziell des Heeres, war ihr keine besondere Bedeutung zugefallen. Dies änderte sich unter Kennedy, dem die *counter-insurgency* gegen nationale Befreiungskriege am Herzen lag. Als Symbol des Mutes und ihrer Ausnahmestellung führte Kennedy über den Protest der Army hinweg das grüne Barett wieder ein. Die Green Berets umwarben ihren Gönner Kennedy und beeindruckten ihn mit einer Truppenschau.[6]

Kennedy, von Haus aus auf wettbewerbsmäßiges Denken eingestellt, war von der Überzeugung getragen, daß Amerikaner den Kommunisten in Vietnam den Rang ablaufen würden. Der einflußreiche Kommentator James Reston brachte vor, Kennedy habe den Krieg eskaliert, weil er sich von Chruschtschow beim Wiener Treffen im Frühjahr 1961 herausgefordert fühlte. Im Mai 1961 schickte er seinen Vizepräsidenten Lyndon B. Johnson nach Saigon. Johnson erklärte in einem Communiqué mit Diem, man müsse diesem »tapferen Lande« helfen, und legte Wert auf die Feststellung, daß die USA kein anderes Motiv hätten als die Verteidigung der Freiheit. Als Resultat wurde den Südvietnamesen mehr Hilfe gewährt. Kennedy zog öffentlich den Einsatz von regulären US-Truppen in Erwägung. Maxwell Taylor hielt sich ebenfalls im ersten Amtsjahr Kennedys in

Vietnam auf und berichtete, daß es an allem fehle, an Waffen, Ausrüstung und am Verständnis über das Wesen des Konflikts. Im Dezember 1961 teilte Diem Kennedy mit, die Republik Vietnam habe das Genfer Abkommen eingehalten. Kennedy antwortete postwendend, beschuldigte Hanoi des Terrors, der Verletzung der Genfer Übereinkunft, und sicherte Diem prompte Hilfe zu. Zur selben Zeit gab das Verteidigungsministerium ein Weißpapier heraus: Südvietnam drohe dem Kommunismus anheimzufallen. Kennedy vermochte der kommunistischen Infiltration eine gute Seite abzugewinnen: sie könne als Entschuldigung dienen, wenn amerikanische Maßnahmen versagen und als Rechtfertigung für eine Eskalation. Diese Eskalation wurde im Verborgenen betrieben, weil sie gegen das Genfer Abkommen verstieß und weil man das Licht der Öffentlichkeit scheute. Reston von der New York Times ließ sich nicht täuschen und schrieb im Februar 1962: »Die Vereinigten Staaten befinden sich jetzt in Südvietnam in einem unerklärten Krieg.«[7]

Justizminister und Präsidentenbruder Robert Kennedy legte in Saigon ein Versprechen ab: »Wir werden in Vietnam siegen. Wir bleiben so lange hier, bis wir gesiegt haben.« Zu der Zeit war man im Pentagon überzeugt davon, durch ein tüchtiges *war management* jedem militärischen Problem Herr werden zu können. Robert McNamara war früher Manager bei der Firma Ford gewesen. Es schien, als wolle er die Gesetze des Handelskrieges übertragen auf den militärischen Krieg. Das kommunistische Vietnam war dann wie eine Firma, die man in den Bankrott treibt. Im Juli 1962 versicherte McNamara: »Jeder uns zur Verfügung stehende Maßstab zeigt, daß wir diesen Krieg gewinnen«, womit er offenkundig auch meinte, daß auf drei gefallene Südvietnamesen fünf tote Vietcong kamen. Als sich der Sieg trotz der günstigen »kill ratio« nicht einstellen wollte, verfiel Washingtons militärisches und politisches Establishment in kognitive Dissonanz, mit anderen Worten, man bat darum, nicht mit Fakten verwirrt zu werden.[8]

Präsident Kennedy war unentschlossen, ob er bleiben oder abziehen sollte. Manchmal war er drauf und dran, es den Russen zu zeigen, dann wieder plazierte er eine Falschmeldung in der *New York Times*, um seine übereifrigen Militärs zu dämpfen. Im September 1963 tat er kund, der Vietnamkrieg sei »in the final analysis« ein Krieg, den die Vietnamesen zu gewinnen oder zu verlieren hätten. Trotzdem wäre ein Rückzug der USA ein großer Fehler, da bereits 47 Amerikaner getötet wurden. Er erinnerte an China, das wegen einer schwachen Regierung an die Kommunisten gefallen sei und legte ein Bekenntnis zur Dominotheorie ab. Am Sturz von Diem hatte Kennedy mitgewirkt; sein Leben versuchte er vergeblich zu schonen. Am 15. November 1963 sollten angeblich 1000 US-Soldaten aus Südvietnam abgezogen werden. Eine Woche später, am 22. November, wurde Kennedy ermordet. John K. Galbraith, einer seiner engsten Berater, glaubte, Kennedy wäre beim harten Kurs geblieben. Der ehemalige Pressesprecher Pierre Salinger machte Kennedy für die Eskalation verantwortlich, klagte seine Heimlichtuerei an und seine Versuche, die Presse vom Kriegsschauplatz fernzuhalten. Welche Strategie Kennedy wirklich verfolgen wollte, läßt sich nachträglich nicht ableiten; dazu war seine Haltung zu unbeständig. Eskalation oder Abzug? »Er dachte in beide Richtungen und vermochte den Dualismus nie aufzulösen.«[9]

Bei Kennedys Tod standen 15500 Soldaten in Vietnam. Diese Zahl wurde von seinem Nachfolger Lyndon B. Johnson schrittweise und mit einigem Geschick erhöht. Zum Beispiel sind G.I.s entsandt worden, um die Bewachung von Flughäfen zu übernehmen, damit südvietnamesische Truppen, sogenannte *Arvins*, für die Front freigesetzt werden konnten. Johnson hatte als Senator während des Koreakrieges, an Moskau gewendet, gesagt, die Stellvertreterkriege würden irgendwann ein Ende nehmen, und die USA würden mit aller Macht zurückschlagen. Als Präsident mußte er sich an strategische Vorgaben halten. Ein massives Eingreifen der Amerikaner kam erst nach einem Zwischenfall in der Tonkin-Bai vor den Küsten Nordvietnams zuwege. Am 4. August 1964 wurde die »Maddox« angeblich mit Torpedos beschossen. Drei Tage später verabschiedete der Kongreß die Tonkin-Resolution, die später Gesetzeskraft erlangte, bis sie 1970 reumütig widerrufen wurde. Der Präsident erhielt Vollmacht, alle notwendigen Maßnahmen zu ergreifen, um weitere aggressive Handlungen des Gegners zu unterbinden. Das Abstimmungsergebnis lautete 504:2. Die beiden Gegenstimmen kamen aus dem Senat und stammten von Wayne Morse (Oregon) und Ernest Gruening (Alaska). McNamara und Senator William Fulbright hatten die Aufgabe übernommen, die Resolution durch den Kongreß zu schleusen. George McGovern und Eugene McCarthy stimmten ebenfalls mit Ja. Senator Gaylord Nelson beabsichtigte, einen Zusatz anzubringen, um der Regierung militärisch die Hände zu binden. Ausgeredet wurde ihm dies von Fulbright, den Johnson auf seine Seite gezogen hatte. Senator Morse äußerte den Verdacht, der Vorfall in der Tonkin-Bai sei von den USA provoziert worden. Heute weiß man, daß das Gefecht, auf das sich die Resolution bezog, gar nicht stattgefunden hatte. Bei einem kleineren Zwischenfall, zwei Tage zuvor, hatte ein amerikanisches Schiff *einen* Einschuß erhalten, was als Anlaß diente, die Nordvietnamesen zu einem Angriff zu provozieren, die den Köder allerdings nicht annahmen. Daraufhin wurde ein Angriff inszeniert. Feindliche Boote waren daran nicht beteiligt. Dies ist die wahrscheinlichste Version. Möglich ist auch, daß man in Washington den 2. mit dem 4. August verwechselte. Wie auch immer, ein einziger Einschuß gab einen lahmen Grund für das Ingangsetzen einer gewaltigen Kriegsmaschinerie ab, wie Fulbright zwei Jahre später einsah.[10]

Johnson befand sich im Wahlkampf. Er fühlte sich aufgerufen gegenüber seinem republikanischen Gegner Barry Goldwater, der einen harten Kurs steuerte, ebenfalls Stärke zu demonstrieren. Die Tonkin-Resolution gab ihm den Spielraum für beinahe beliebige Maßnahmen, »ein Blankoscheck für einen Krieg der Exekutive«. Seine Wiederwahl betrieb er noch unter Friedensversprechungen: »Wir wollen nicht, daß unsere amerikanischen Boys anstelle der asiatischen Boys kämpfen.«[11] Kurz darauf entsandte er starke Truppenkontingente. Bereits 1964 ist den Südvietnamesen Luftunterstützung versprochen worden. Nach Johnsons geglückter Wahl kam es endgültig zur Amerikanisierung des Krieges. Die südvietnamesische Armee befand sich spätestens im Frühjahr 1965 am Rande einer Niederlage. Es drohte ein zweites Dien Bien Phu. Die Regierung in Saigon stand kurz vor dem politischen Zusammenbruch. Politische Beobachter schätzten die inneren Probleme Südvietnams für gravierender ein als die kommunistische Infiltration aus dem Norden. Unbeirrt verbreitete Johnson die Perspektive des Weißen Hauses: »Frauen und Kinder werden nachts erdrosselt, weil ihre Männer treu zur Regierung halten.« Ab Juni 1965 durften amerikanische Truppen offen in die Kämpfe eingreifen.

Eine Kriegserklärung wurde nicht abgegeben. Das Verteidigungsministerium erläuterte diesen Umstand mit gewundenen Erklärungen. Eine Kriegserklärung würde die flexible Haltung der USA beeinträchtigen, die inmitten sehr komplizierter Faktoren nach einer Lösung suchten. Der amerikanische Juristenverband sanktionierte den Krieg ohne Kriegserklärung und faßte den Beschluß, daß das Vorgehen der Vereinigten Staaten in Vietnam im Einklang stünde mit dem Völkerrecht, der UNO-Charta und anderen vertraglichen Verpflichtungen des Landes.[12]

Senator Fulbright, inzwischen ein Kriegsgegner, äußerte die Befürchtung, das militärische Engagement würde auf Dauer den demokratischen Prozeß unterminieren und zu einem autoritären Regime führen. Präsident Johnson büßte mehr und mehr an Glaubwürdigkeit ein. Seinen politischen Lügen, an die er sich während seiner Laufbahn gewöhnt hatte, fiel eine andere Bedeutung zu, seit sie aus dem Weißen Haus kamen. Wie später Nixon wollte Johnson gleichzeitig verhandeln und Krieg führen. Offenbar waren jedoch weder sein Regierungsapparat noch derjenige der Nordvietnamesen an erfolgreichen Verhandlungen interessiert. Als Saigon 1965 am Rande einer Niederlage stand, beeilte sich Dean Rusk zu erklären, er könne keine Verhandlungsbereitschaft Hanois erkennen.[13] Die TET-Offensive der Nordvietnamesen unter General Giap im Januar 1968 wurde zu einer Blamage für die USA. Johnson wurde von der Vorstellung heimgesucht, der Krieg vernichte die innenpolitischen Errungenschaften der »Great Society«. Er erinnerte sich an Erzählungen seines Großvaters, wie der Krieg von 1898 die Sozialreformen der populistischen Ära kaputtgemacht habe. Ähnliches war über die Progressivisten und den Ersten Weltkrieg, über den New Deal und den Zweiten Weltkrieg zu hören. Johnsons erklärte Absicht, aus dem Mekong ein Tennessee Valley zu machen, war ebenso illusorisch wie der alte amerikanische Traum, Schanghai auf das Niveau von Kansas City zu bringen. Johnson glaubte am Ende, von den Meinungsmachern Lippmann, Reston und Cronkite im Stich gelassen, von CBS, *New York Times*, *Washington Post*, *Newsweek*, *Life*, *Boston Globe* und *St. Louis*

Post Dispatch sabotiert zu werden und einer Verschwörung zum Opfer gefallen zu sein. Er verzichtete auf eine mögliche Wiederwahl. Niemand fühlte sich aufgerufen, ihn umzustimmen.

Im Juni und im August 1964, im März und im April 1965 und bei vielen anderen Gelegenheiten hatte Präsident Johnson gesagt, die USA wollten keine Ausweitung des Krieges, »no wider war«. Präsident Nixon erklärte ein gutes Jahr nach seinem Amtsantritt: »We shall avoid a wider war ...« Die Kontinuität zwischen beiden Präsidenten wurde auch noch auf andere Weise hergestellt. Henry Kissinger informierte insgeheim seinen zukünftigen Arbeitgeber Nixon zwei Monate lang über die Absichten Johnsons und Humphreys, während er noch im Dienst der Demokraten stand. »Ich kenne Amerikas Jugend«, behauptete Nixon bei seiner Antrittsrede am 20. Januar 1969. »Ich glaube an sie. Wir können stolz darauf sein, eine besser ausgebildete, engagiertere und leidenschaftliche, ihrem Gewissen folgende Jugend zu haben als jede Generation in unserer Geschichte.«[14] Wie zum Beweis bewarfen jugendliche Kriegsgegner die traditionelle Inaugurationsparade mit Steinen.

Während des Koreakriegs hatte Nixon einen ehrenvollen Frieden für erstrebenswert gehalten. »Peace with honor« – dieses Schlagwort holte er jetzt wieder hervor. Auf keinen Fall wollte er der erste amerikanische Präsident sein, der einen Krieg verliert. Nixon war 1954 dafür eingetreten, daß die Amerikaner einrücken, sollten die Franzosen aus Vietnam abziehen. Das vermehrte Engagement seines Gegenspielers Kennedy in Vietnam unterstützte er vorbehaltlos, denn wie Kennedy war er der Ansicht, das Schicksal Asiens hänge vom Ausgang des vietnamesischen Konflikts ab. Man brauche nur den Willen zum Sieg, schrieb er in *Readers' Digest,* und den Mut, »unsere Macht einzusetzen«. Wie viele andere Politiker, die sich vor Ort informiert hatten, hielt er sich für einen beschlagenen Vietnamexperten. Wie Truman und Eisenhower in Korea, wie sein Vorgänger Johnson verlegte er sich als Präsident darauf, gleichzeitig zu verhandeln und Krieg zu führen, um den Gegner am grünen Tisch weich zu machen. Wie Eisenhower ließ er durchblicken, daß seine Geduld nicht ewig währe und er notfalls auf den atomaren Knopf drücken würde.[15]

Das Neue an seiner Vietnampolitik war die Nixon-Doktrin (1969), mit der er sein Wahlkampfversprechen einzulösen gedachte, einen geheimen Friedensplan zu besitzen. Länder, die von den USA finanziell und militärisch unterstützt wurden, sollten fortan ihre eigenen Truppen stellen. Die Nixon-Doktrin rechtfertigte die Vietnamisierung des Krieges, eine Wortneuschöpfung von Verteidigungsminister Melvin Laird. Die Franzosen hatten 1952 etwas Ähnliches unter dem Namen *jaunissement* probiert. Ab Juni 1969 wurden US-Truppen aus Vietnam abgezogen. Als Folge stiegen die Verluste bei den südvietnamesischen Streitkräften stark an, und die Kampfmoral der verbleibenden Amerikaner nahm rapide ab. Berichte über Drogenmißbrauch und Meutereien häuften sich.[16]

Marine-Infanterist nach einem Einsatz in Hue (1968)

Henry Kissinger hatte bei Nixons Amtsantritt ebenfalls zu einem stufenweisen Abzug geraten, warnt aber als Sicherheitsberater vor einer zu hastigen Deeskalation und Vietnamisierung wie Laird oder Kissingers liberale Kollegen in der Ivy League sie betrieben. Stattdessen empfahl er die Bombardierung nordvietnamesischer Städte und die Verminung nordvietnamesischer Häfen: »Ich kann nicht glauben, daß eine viertrangige Macht wie Nordvietnam keine Belastungsgrenze hat.« Der Vietnamkrieg schien immer kurz vor seinem Ende zu stehen und schleppte sich dann jahrelang fort. Nixon hatte sich nach anderthalbjähriger Amtszeit trotz Vietnamisierung ebenso darin verstrickt wie seine Vorgänger, und manche sprachen schon von »Mr. Nixon's War«. Möglich, daß er Watergate überstanden hätte, wäre es ihm vorher gelungen, einen Waffenstillstand herbeizuführen. Stattdessen war die Situation verworrener und verzweifelter denn je. In der Operation Phoenix wurden Dorfälteste dazu verpflichtet, monatliche Tötungsquoten zu erfüllen, weswegen sie die Entscheidung, wer nun ein Vietcong war, wer nicht, ziemlich sorglos handhabten.[17]

Noch vor dem Sturz Sihanouks entschloß Nixon sich zur Unterstützung Lon Nols. Die Entscheidungsfindung vor der Invasion Kambodschas ist heute kaum noch rekonstruierbar. Jedenfalls handelte Nixon damit gegen seine eigene Doktrin, keine amerikanischen Truppen mehr auf fremdem Boden einzusetzen. Kissinger löste den Widerspruch auf seine Weise: »We wrote the goddam doctrine, we can change it!«[18] Während einer der Demonstrationen gegen die Kambodscha-Invasion wurden an der Kent State University (Ohio) vier Studenten erschossen. Über 400 Colleges und Universitäten schlossen aus Protest ihre Tore. Nixon versuchte trotz wachsender Kritik, den eingeschlagenen Kurs beizubehalten und erklärte, die Vietnamisierung sei ein Erfolg gewesen. Die Zeitschrift *Newsweek* fühlte sich darob an die bittere Empfehlung erinnert, die einer von Nixons Parteifreunden schon vor Jahren gegeben hatte: die USA sollten sich unilateral zum Sieger erklären und abziehen. Die öffentlichen Äußerungen des Präsidenten fielen zunehmend konfuser aus.[19] Den Kriegsfilm *Patton* hat er sich mehrfach angesehen und Trost dabei empfunden, daß Patton seine Kritiker ignorierte. Kissinger beobachtete, daß Nixon stark trank. Zu Weihnachten 1972 entschlossen sich Nixon und Kissinger zu den »Christmas Bombings«. Damit sollte Hanoi eine letzte Lektion erteilt, aber auch der verbündete Thieu dazu gebracht werden, Verhandlungsergebnisse zu akzeptieren. In zwölf Tagen wurde mehr Tonnage über Nordvietnam abgeworfen als in den drei Jahren zuvor.

Öffentlichkeitsarbeit, Literatur, Film

Die Regierung versuchte durch intensive Öffentlichkeitsarbeit, Verständnis für ihr Vorgehen zu finden. Nach der Invasion Kambodschas erhielt Nixon einen fünfstelligen Geheimfonds, damit er die Briefe beantworten lassen konnte, die erboste Bürger ihm geschrieben hatten. In vietnamesischen Dörfern sind mit Benzingeneratoren betriebene Fernsehgeräte aufgestellt worden, um auch auf diese Weise den kommunistischen Einfluß zu konterkarieren. Regierungsinstanzen haben fortgesetzt die Presse beeinflußt oder getäuscht. Wer sich nicht an die Spielregeln hielt, mußte mit Sanktionen rechnen. Ein Reporter der *Baltimore Sun* büßte seine Akkreditierung ein, weil er geschrieben hatte, das Pressecorps sei bei der Schlacht um Khe Sanh (1968) von den Militärs in die Irre geführt worden. Pressekonferenzen gerieten zur grausigen Farce. »Um den Ort zu retten«, sagte ein US-Offizier über das süd-vietnamesische Ben Tre, »mußten wir ihn zerstören«. Der kommandierende General Westmoreland geriet in den Verdacht, die eigene Erfolgsbilanz frisiert zu haben. So oft hat die Generalität erklären lassen, man sei jetzt über den Berg, daß kein Journalist diese Verlautbarungen noch ernst nahm. Die aufgeblähten Erfolgsziffern forderten den Satiriker heraus. Der Computer im Pentagon wurde mit allen verfügbaren Daten gefüttert, worauf man ihm die Frage stellte: »When will we win?« Antwort: »You won in 1964!« Eine neuenglische Zeitung errechnete, daß den statistischen Angaben der Militärs zufolge in der Demokratischen Republik Vietnam seit September 1972 überhaupt niemand mehr am Leben war.[20]

Die *Washington Post* hatte bereits während der ersten großen Eskalation im Sommer 1965 darauf hingewiesen, daß Amerikaner dazu neigen, Konflikte zu heiligen Kriegen zu erklären. Ein Umschwung in den Medien zeichnete sich ab, als das regierungsfromme Nachrichtenmagazin *U. S. News & World Report* im Mai 1966 den konservativen Senator Richard Russell aus Georgia zu Wort kommen ließ. Russell zog die Dominotheorie in Zweifel und meinte kühl, es sei für die Amerikaner kein großer Verlust, Südvietnam samt Laos und Kambodscha zu verlieren. Das gewiß nicht radikal gesinnte *Ladies' Home Journal* brachte Bilder mit Napalmopfern. Die Illustrierte *Life* veröffentlichte die Fotos der 242 gefallenen G.I.s einer Woche. Der Fernsehnachrichtensprecher Walter Cronkite kehrte im Februar 1968 von einer Vietnamtour zurück und berichtete von einem ausgebrannten, ausgebluteten, kriegsmüden Land, in dem man keine Siege würde feiern können. Präsident Johnson hatte damit einen wichtigen Zentristen unter den meinungsbildenden Journalisten verloren. Der Anspruch, die Fernsehberichterstattung habe das Kriegsende beschleunigt, erscheint schon wegen der langen Dauer des Konflikts überzogen. Das Pressefoto von der Studentin, die sich ungläubig über eines der Todesopfer auf dem Campus der Kent State University beugt, wurde zu einem der bekanntesten Fotos überhaupt und hat die öffentliche Meinung gegen den Krieg eingenommen.[21]

Die bürgerliche Presse einschließlich des Fernsehens hat den Krieg kritisch kommentiert, war jedoch nicht von Haus aus gegen die Vietnampolitik Washingtons eingestellt. Diese Rolle fiel der Untergrundpresse zu, die sich in den sechziger

Jahren breitmachte, einen eigenen Nachrichtendienst unterhielt, den Liberation News Service, und Zeitungen und Zeitschriften umfaßte wie *New York Rat, East Village Other, Berkeley Barb, Los Angeles Free Press, Chicago Seed* oder *Spokane's Natural.* In diesen Publikationen, die manchmal Anstände mit der Polizei bekamen, wurde dazu aufgerufen, inhaftierte Kriegsdienstverweigerer zu betreuen, eine Soldatengewerkschaft zu gründen, die Grußpflicht gegenüber Offizieren abzuschaffen, die Offiziere wählbar zu machen, die Armee rassisch zu integrieren und vor allem – aus Vietnam abzuziehen. G. I.s gaben ihre eigenen Untergrundzeitschriften heraus. Um 1970 existierten etwa ein Dutzend davon, mit Titeln wie *The Last Harass, Open Sights, The Short Times, The Ultimate Weapon* oder *FTA*, eine Abkürzung für *Fun, Travel, Adventure,* die sich freilich auch anders ausdeuten ließ: *Fuck The Army.* Soldatische Vietnamgegner fanden sich in Garnisonstädten gern in Coffeehouses zum Diskutieren zusammen, so daß die Befürchtung entstand, diese Lokale seien kommunistisch inspiriert und folgten einer Strategie des Kommunistenführers Earl Browder. Auf Einsatzhubschraubern erschien die verzweifelte Zeile MY GOD! HOW'D WE GET IN THIS MESS, ohne daß die Vorgesetzten viel dagegen unternahmen. Auf öffentlichen Plätzen lasen Pazifisten die Namen amerikanischer und vietnamesischer Gefallener vor. Der Truppenabzug im Rahmen der Vietnamisierung konnte die Kriegsgegner nicht besänftigen, da die Luftangriffe fortgeführt wurden. Wer gegen den Krieg protestieren wollte, konnte über den Telefondienst »Dial-A-Demonstration« die nächste Gelegenheit dazu in Erfahrung bringen. Autoaufkleber (*bumper stickers*) und Anstecknadeln (*buttons*) trugen Aufschriften wie »Make Love – Not War«, »Save Lives – Not Faces« oder »Draft Beer – Not Students«. Der Button »Dr. Spock Brought Me Up – I Won't Go« war in Blau und in Rosa zu haben.[22] Die »Königin der Folk Music«, die aus einer Quäkerfamilie stammende Joan Baez, gründete in Carmel (Kalifornien) ein Institut zur Erforschung der Gewaltlosigkeit.

Im März 1971 wurde wegen vorsätzlichen Mordes ein amerikanischer Offizier zu lebenslanger Zwangsarbeit verurteilt. Der knapp 1,60 Meter große Verurteilte reagierte mit militärischem Gruß und sprach zum Vorsitzenden der Militärgerichtskammer: »I'll do my best, Sir.« Oberleutnant William Calley war für schuldig befunden worden, das Massaker von My Lai befohlen zu haben, bei dem wehrlose Vietnamesen niedergemacht wurden, darunter Kinder. Das Massaker war nicht aus der Hitze eines Gefechts heraus entstanden und nicht alle G. I.s in Calleys Kompanie hatten sich daran beteiligt. Manche waren weggerannt, einer schoß sich selbst ins Bein, um nicht mitmorden zu müssen. In den ersten Tagen nach Calleys Verurteilung wurden über 200 000 Exemplare einer Schallplatte mit der »Battle Hymn of Lieutenant Calley« verkauft – ein sozialer Protest gegen die Verurteilung eines Vietnamkriegers.[23]

Der Dramatiker Arthur Miller wurde von Präsident Johnson ins Weiße Haus eingeladen, um dort der Unterzeichnung eines Gesetzes zur Förderung von Kunst und Kultur beizuwohnen. Er hege keine Zweifel an der Nützlichkeit des Gesetzes, schrieb Miller zurück, lehne aber die Einladung ab, weil sie »von der Vietnamtragödie so sehr umdüstert« sei, daß er guten Gewissens nicht kommen könne. Die besten und populärsten Schriftsteller der USA haben aktiv gegen den Krieg Stellung bezogen. Norman Mailer erhielt für seine Teilnahme an einer Großdemonstration in Washington im Jahr 1967 dreißig Tage Haft zudiktiert, von denen er fünf absitzen mußte. Mit *Armies of the Night* (1968) ist Mailer eine historisch wertvolle Reportage über den Ablauf einer Demonstration und die Stimmungslage der Demonstranten geglückt.

In einem satirischen Theaterstück mit dem Titel »Sheep on the Runway« (1970) versuchte Art Buchwald die Fehler in der Vietnampolitik zu decouvrieren. Barbara Garsons 1967 uraufgeführte Satire *MacBird* ging zum Totalangriff auf die Zustände in Washington über. Viele lasen den Vorwurf heraus, Johnson sei an der Ermordung Kennedys beteiligt gewesen. Andere satirische Darstellungen wurden von der Realität eingeholt. Der Franzose Robert Merle hatte sich ausgemalt, wie ein Delphin zum Sprechen gebracht, mit Minen bestückt und in den Hafen von Haiphong geschickt wird. Die US-Marine teilte kühl mit, sie habe dressierte Delphine in geheimer Mission gegen Nordvietnam eingesetzt.[24]

Der Vietnamkrieg brachte zunächst keine Kriegsromane hervor, die sich mit denen früherer Kriege messen konnten. Lange hielt man Ausschau nach einem Henri Barbusse, einem Robert Graves, James Jones oder Joseph Heller, obwohl es an Stoff wahrhaftig nicht mangelte. Erst Larry Heinemann hat mit der Authentizität von *Close Quarters* (1983) und *Paco's Story* (1986) die Kritiker überzeugen können. Paco, ein böse zusammengeschossener Soldat, arbeitet nach seiner Rückkehr als Spüler in einem Billigrestaurant und spürt, daß die Gesellschaft es vorziehen würde, wenn er tot wäre. Er trinkt, nimmt schwere Schmerzmittel. Mit dem Hosengürtel hängt er sich am Spülbecken ein, um den Arbeitstag durchzustehen. Frager fertigt er lakonisch ab: »Wounded in the war.« Einmal dringt er ins Zimmer seiner Nachbarin ein, einer Studentin, in die er sich verliebt hat. Er liest ihr Tagebuch. Sie hat einen Traum aufgeschrieben. Beim Verkehr mit ihr lösen sich seine Narben vom Körper wie Spaghetti vom Küchentisch; er legt sie ihr aufs Gesicht. Er weiß, daß sie sich vor ihm ekelt, verabschiedet sich von seinem Arbeitgeber und nimmt den nächsten Bus in Richtung Westen. Denn: »There's less bullshit the farther west you go.« In den Romanen der Weltkriegsgeneration gab es noch Spuren von Gemeinschaftsgeist. Der Trupp in Norman Mailers *The Naked and the Dead* stößt in den tropischen Dschungel vor wie weiland die Puritaner in Perry Millers *Errand into the Wilderness.* In den Vietnamkriegsromanen stehen Einzelkämpfer im Mittelpunkt, die zu ihren Kameraden kaum noch in Beziehung treten.[25]

Eine Ausnahmestellung nimmt der zu Beginn der Eskalation erschienene Roman *The Green Berets* (1965) von Robin Moore ein. Moore identifiziert sich mit dem

Korpsgeist dieser Elitetruppe, den »Special Forces«, die der Ansicht waren, sie könnten den Krieg leicht gewinnen, würden sie nicht von ängstlichen Politikern an der Leine gehalten. Moores These wurde über den Protest des Pentagon hinweg populär und ebnete einer Schallplatte mit »Ballads of the Green Berets« und einem Comicbook den Weg, das an Landserheftchen erinnert und auch von G.I.s an der Front gelesen wurde. Die Dienstzeit bei den Green Berets ist in einer Reihe von Romanen und Autobiographien glorifiziert worden.[26] Wissenschaftliche Analysen deuten darauf hin, daß Mitglieder der Green Berets dazu neigten, die im Elternhaus empfangenen Kränkungen im Krieg sadistisch auszuleben. Aber die Übergriffe der Green Berets in Vietnam konnten nur fortdauern, solange sie politisch gebilligt wurden.

Im April 1966 wandte sich der Filmschauspieler John Wayne an fünf Senatoren mit der Bitte, keine Entscheidungen zu treffen, »die uns tiefer in diesen guerillaartigen Krieg hineinziehen.« Zwei Jahre später stellte er seinen Film *The Green Berets* (1968) nach dem Roman von Robin Moore vor. Dort konzentriert er sich auf die destruktiven Aktionen der Spezialtruppe, der freilich keine andere Wahl bleibt, denn ihre Gegner sind fratzenhafte, unrasierte Ungeheuer. Der kommunistische General ist ein Lüstling und trinkt Champagner, die schöne Vietnamesin entpuppt sich als Mata Hari. John Wayne als Colonel Kirby macht kein Hehl aus seiner Taktik, wenn er sagt: »Hier draußen besteht ein ordentliches Gerichtsverfahren aus einer Kugel.« Die Allusion zu Wildwestfilmen ist nicht zufällig. Unter Johnson haben »Daniel Boone Squads« in Zivilkleidung die Grenze nach Kambodscha überquert, die Späher der Marineinfanteristen hießen »Kit Carson Scouts«. Die Lage in den vietnamesischen Dörfern ist oftmals mit der gesetzlosen Situation in einer der mythologischen Frontiersiedlungen verglichen worden. Der Vietcong – das war der Outlaw oder der *bad Indian,* den es zu neutralisieren galt. Nixon bewunderte John Wayne, wie er in *Chisum* (1970) das Gesetz in die eigenen Hände nahm. Die Green Berets im Vietnamfilm machen gute Fortschritte. Der skeptische Reporter Beckworth steht am Ende voll hinter dem amerikanischen Engagement und erhält zum Lohn für seinen Sinneswandel – wie Autor Robin Moore – ein grünes Barett. Moral: Die Soldaten draußen im Felde wissen besser, was gut ist für Amerika, als die Zivilisten zu Hause. John Wayne wollte mit seinem Film aller Welt zeigen, warum die Präsenz der USA in Vietnam wichtig und notwendig war, aber nicht alle Welt hat ihm die vorgebrachten Gründe abgenommen. In Kopenhagen mußte der Film abgesetzt werden, nachdem Tausende von Dänen dagegen protestiert und sich vier Nächte lang Straßenschlachten mit der Polizei geliefert hatten.[27]

Colonel Kurtz in *Apocalypse Now* (1979) ist dem Mythos der Green Berets erlegen, denen er beigetreten ist, obwohl er schon zu alt dafür war. Sein Ziel ist die Anarchie, die Überwindung der Zivilisation, Genozid und Selbstauflösung. Willard, der Kurtz bis »an die Grenze« gefolgt ist, hat Mühe, sich dem mythischen

Zauber zu entziehen. Kilgore, der Hubschrauberkommandant, der sich als »Kavallerieoffizier« begreift, den Gegner mit Wagnermusik erschreckt, den morgendlichen Duft von Napalm liebt und als Surfliebhaber den Einwand, der Vietcong (Victor Charlie) halte den Strand besetzt, mit den Worten kontert »Charlie don't surf« – Kilgore ist ein Anarchist, ein Freibeuter wie Colonel Kurtz, manche sagten sogar, er sei identisch mit ihm.[28]

Seit Anfang der siebziger Jahre entstanden Billigfilme, die sich auf ihre Weise an den Mythos der Green Berets anlehnten. Ehemalige Kriegsteilnehmer schließen sich zu Gangs zusammen, die sich einer Aufnahmeprüfung unterziehen müssen, der Geheimhaltung unterworfen sind und Probleme mit Gewalt lösen, so wie sie es beim Militär gelernt haben. Ihre im Krieg erworbenen Fähigkeiten setzen sie für verschiedene Rachezwecke ein, und sie entwickeln sich dabei, oft als Mitglied einer Motorradgang, zu Tötungsmaschinen. Als Motiv kommt die Bestrafung der amerikanischen Bevölkerung in Frage. Mitunter nimmt der Kriegsheimkehrer eine subversive Rolle ein und spielt den Guerilla, der in den amerikanischen Wäldern haust und auf seine politische Chance wartet.[29]

In anspruchsvolleren Vietnamfilmen gehen die Helden geläutert aus dem Krieg hervor. *The Deerhunter* (1978) zeigt am Beispiel einer Hirschjagd, wie ein Kriegsteilnehmer sich nicht weiter brutalisieren lassen will. *Coming Home* (1978) diskutiert die Wirkung des Krieges auf den menschlichen Körper, ein Thema, das Hemingway in *Fiesta* angeschnitten hatte. Robert Altmans *M.A.S.H.* (1970) spielt eigentlich im Koreakrieg, weist aber deutliche Bezüge zum Vietnamkrieg auf. *Platoon* (1986) zeigt die Brutalität des Krieges mit kaum mehr erträglicher Schonungslosigkeit.

Der Krieg einer Generation

Die zähen Waffenstillstandsverhandlungen veranlaßten den besonders unter jungen Amerikanern populären Comedian George Carlin zu dem Kommentar: »In Vietnam waren letzte Woche keine Opfer zu beklagen, aber bei den Pariser Friedensverhandlungen starben drei Männer an Altersschwäche.« Am 27. Januar 1973 kam es zum Abschluß eines Waffenstillstandsvertrags. Darin wurde die Einheit Vietnams implizit anerkannt. Völkerrechtlich gesehen war der Status der beiden Vietnams ebenso unsicher wie nach dem Genfer Abkommen neunzehn Jahre zuvor. Der amerikanische Unterhändler Henry Kissinger führte den Ursprung der Misere auf den Kalten Krieg zurück. Danach hätte man mit der Eindämmungsstrategie eine zu wenig aggressive Politik betrieben und Stalin Zeit gegeben, nach dem Zweiten Weltkrieg seine Kräfte zu sammeln.[30]

Es dauerte noch rund anderthalb Jahre, bis die Nordvietnamesen nach dem Abzug der US-Streitkräfte Saigon einnahmen. Gleichwohl blieb der Vietnamkrieg in aller Welt ein amerikanischer Krieg. Die Kanadier räumten im April 1975 ihre Botschaft in Saigon. Der kanadische Außenminister Allan MacEachen legte Wert auf die Feststellung, man wolle nicht in Sachen hineingezogen werden, die in der Verantwortung der Amerikaner lägen. In Washington führte Kissinger ein letztes Scheingefecht, das die Schuld für den Zusammenbruch der Südvietnamesen von der Exekutive auf den Kongreß verlagern sollte. Die Volksvertretung weigerte sich im Einklang mit der herrschenden Stimmung in der Bevölkerung, der Regierung in Saigon weitere Gelder zur Verfügung zu stellen. 6000 Amerikaner und Hunderttausende von Vietnamesen flohen vor den Kommunisten aus der südvietnamesischen Hauptstadt.[31]

Der Krieg hatte auf seinem Höhepunkt zur Amtszeit Lyndon B. Johnsons monatlich zwei Milliarden Dollar gekostet. Insgesamt belastete die Kriegführung den Steuerzahler mit 167000 Dollar – pro Minute, wie das *Family Weekly* seinen Lesern bei Kriegsschluß vorrechnete. Die Rüstungsausgaben machten zwischen drei und acht Prozent des Bruttosozialprodukts aus – die Experten sind sich nicht einig –, während des Koreakriegs waren es noch 15 Prozent gewesen. Die Handelsbilanz Südvietnams verschlechterte sich in den Kriegsjahren drastisch. Die Einfuhren überstiegen die Ausfuhren um das Vierzigfache. Der Staatshaushalt verzehnfachte sich währenddessen auf 130 Milliarden Piaster. Am wenigsten sahen die südvietnamesischen Soldaten davon. Sie waren gezwungen, ihr Leben für 3500 Piaster oder zehn Dollar im Monat zu riskieren.[32]

In den USA haben die Rüstungsausgaben die Beschäftigungszahlen in fast jeder Branche angehoben. Der Krieg ernährte direkt etwa 1,4 Millionen Erwerbstätige. Die Zinsen stiegen, in der Regel jedoch nur für Handelspapiere, und zwar auf über 9 Prozent, wogegen Kleinsparer sich mit 4 bis 5 Prozent zufriedengeben mußten.[33] Wer vom Vietnamkrieg wirtschaftlich gesehen wirklich profitiert hat, ist nicht so klar wie bei anderen Kriegen. Die Gewinne scheinen in den letzten Kriegsjahren deutlich gesunken zu sein. Nach der Eskalation von 1965 erzielten Rüstungsaktien Höchstpreise, die aber vier Jahre später um 40 bis 60 Prozent zurückgingen. Betroffen waren hiervon unter anderem die Firmen Boeing, General Dynamics, Lockheed und North American Rockwell.

Es ist möglich, daß die Wirtschaft durch den Krieg zu stark stimuliert wurde. Auf diese Gefahr hatte ein konservativer Politiker bereits im Dezember 1965 hingewiesen. Der Krieg war so teuer geworden, daß ganz verschiedene Sektoren sich von den Ausgaben aus eigenen Kräften nicht mehr erholen konnten. Mit dem Zweiten Weltkrieg haben die USA die Wirtschaftsdepression der dreißiger Jahre überwunden. Aber jetzt speiste sich die Kriegsproduktion nicht aus brachliegenden Kapazitäten, sondern ging auf Kosten der normalen Produktivität. Trotz verschiedener Kriegsgewinnler hat die amerikanische Wirtschaft rund 100 Milliarden Dollar verloren. Zwischen 1965 und 1970 gingen die Gewinne um 11 Prozent zurück. Weil Kriegskosten mit höheren Steuern gedeckt wurden, sanken die

Profite zu einer Zeit, in der man auch ohne Krieg mit großer Nachfrage hätte rechnen können. Experten addierten zu den direkten Kriegskosten nahezu 50000 Tote, sowie die langfristigen sozialen Kosten im Versorgungsbereich. 200000 Kriegsteilnehmer fanden keine Arbeit. Nach dieser Rechnung beliefen sich die Kriegskosten auf 212 Milliarden Dollar.[34] Daß sich der Krieg nicht einmal wirtschaftlich rentiert habe, diese Vorstellung setzte sich auch in der Bevölkerung fest. Eine patriotische Amerikanerin war davon überzeugt, Rotchina betreibe eine Verschwörung zur finanziellen Ausbeutung der USA, derweil die Russen sich ins Fäustchen lachten. General Dr. Westmoreland hatte als studierter Betriebswirt zwar den Kosten-Nutzen-Faktor berücksichtigen wollen, um Material und Personal zu sparen. Aber ein Unternehmen, das im Ruch übler Moral stand, konnte auf Dauer nicht florieren. Die Redakteure der Universitätszeitschrift *Antioch Review* trugen einer Stimmung Rechnung, als sie Aktien einer fiktiven Firma zur Zeichnung auslegten, zu deren Aufgaben es gehörte, Dörfer zu bombardieren, Ernten zu vernichten und Zivilpersonen zu erschießen. Westmoreland hieß bei den Gegnern »Waste more land«.

Der von einem Militärmagazin gestiftete Preis »Liberty Bell Patriot« wurde für die Entwicklung von thermoplastischen Bomben vergeben. Die Militärs waren unsicher geworden, verkrampften sich in ihrem Bemühen, den Vietnamkrieg als einen Krieg wie jeden anderen aussehen zu lassen. Um der Verwirrung über Recht und Unrecht Herr zu werden, ließ die Armee eine Studie zu dem Problem anfertigen, was einen Helden ausmacht. Im Vergleich zu früheren Kriegen zeigten sich zunächst weniger Kriegsteilnehmer stolz darauf, ihrem Land gedient zu haben. 82 Prozent hatten nach dem Zweiten Weltkrieg Befriedigung über den Kriegsdienst geäußert, 78 Prozent nach dem Koreakrieg, nur noch 64 Prozent nach dem Vietnamkrieg. Vietnam wurde zu einem Synonym für illegitime Gewaltanwendung. Der Stadtteil Sunset Park in Brooklyn hieß wegen seiner hohen Mordrate New Vietnam.[35]

Eine neue und traumatische Erfahrung für die Amerikaner war, daß sie als die *bad guys* dastanden und international als *suckers* galten, als Hereingelegte, die tollpatschig in eine Niederlage gestolpert waren. Nach dem Abzug der G.I.s aus Vietnam waren in der *Bangkok Post* und in anderen ostasiatischen Zeitungen amüsante Histörchen angesagt, in denen regelmäßig muskelbepackte Amerikaner vor pfiffigen Asiaten kapitulieren. Für einen Dichter wie Whitman waren die Vereinigten Staaten ihrer Natur nach »das größte Gedicht« gewesen. Jetzt fragte der Schriftsteller Norman Mailer, ob die USA vielleicht die erste Macht darstellten, die auf *bullshit* gebaut war. Der bedingungslose Abzug erschien Mailer die einzig vernünftige Lösung zu sein. »Asien den Asiaten«, formulierte er in Abwandlung der historischen Monroe-Doktrin. Je länger der Krieg dauerte, je erfolgloser er verlief, desto dichter wurden die Reihen der Kriegsgegner und desto atypischer waren die Neuzugänge. Verteidigungsminister McNamara kamen Zweifel am

Bombenkrieg; er wurde geräuschlos entlassen. David Shoup, ein ehemaliger Kommandeur der zackigen Marineinfanteristen, riet zum Rückzug, ebenso Matthew Ridgway, der Oberkommandierende im Koreakrieg. Der Sohn des Schriftstellers John Steinbeck hatte sich freiwillig nach Vietnam gemeldet, aus Verantwortungsgefühl und weil er sich selbst erforschen wollte: »Wenn das der Krieg meiner Generation war, wollte ich ihn auf mich nehmen als eine Art Schicksal und dabei gleichzeitig meine Neugier auf Vietnam und meine eigenen Reaktionen befriedigen.« Aber er fand dort nicht, was er gesucht hatte. Daß »sein« Krieg als heiliger Krieg noch kommen könnte, wollte er nicht ausschließen. Bis dahin waren in seiner Vorstellung die Vietnamkriegsgegner die wahren Erben der Patrioten aus dem Zweiten Weltkrieg.[36]

Wenige Jahre später zeichnete sich ein erneuter Stimmungsumschwung an. General Westmoreland war 1978 wieder ein gesuchter und willkommener Gastredner an amerikanischen Colleges. Präsident Ronald Reagan verabschiedete die Absolventen des Jahrgangs 1981 an der Offiziersschule West Point mit den Worten: »Die Ära des Selbstzweifels ist vorbei.« In der Geschichtswissenschaft regten sich die Revisionisten und legten dar, daß die USA erstens die Moral auf ihrer Seite hätten und wegen der fehlgeschlagenen TET-Offensive der Nordvietnamesen, wonach der Volkskrieg hinfällig wurde, die wahren Sieger des Krieges wären. Aus einem 1988 veröffentlichten Regierungsbericht ging hervor, daß die Wiedereingliederung der Kriegsteilnehmer in die Gesellschaft gute Fortschritte gemacht habe.[37] Am Ende der Amtszeit Reagans war es politisch wieder wichtig, in Vietnam gedient zu haben.[38]

Kent State University 1970: die Nationalgarde hat auf protestierende Studenten geschossen

XXIV. Kapitel

JUGENDPROTEST UND GEGENKULTUR

Edward Bok, einer der eifrigsten Protagonisten einer raschen Amerikanisierung, hatte 1917 im *Ladies' Home Journal* geschrieben, eine der größten Gefahren für die Söhne bestehe darin, zu lange »in weiblicher Leibeigenschaft« gehalten zu werden. Die Lösung von der Mutter war in der amerikanischen Kindererziehung ein beharrlich vorgetragenes Thema. Margaret Mahler empfahl allen Müttern, ihre Kleinkinder möglichst bald »freizugeben«, sie zur Unabhängigkeit zu ermutigen und sie, wie Mutter Vogel, notfalls sanft über den Nestrand zu stoßen. Der Nachdruck, mit dem diese Ratschläge immer wieder vorgebracht wurden, überrascht, denn ein Kind tut die ersten Schritte in der Regel ohnehin von der Mutter weg, nicht zu ihr hin. Zudem war der amerikanische Erziehungsstil noch nie von einer hohen Anklammerungsbereitschaft gekennzeichnet. Bei einem Vergleich zwischen amerikanischen, japanischen, philippinischen, mexikanischen und kenianischen Kindern erzielten die jungen Amerikaner den zweithöchsten Wert in der Kategorie »handelt sozial« und führten mit Abstand die Rubrik »heischt Aufmerksamkeit« an. Aber sie zeigten die geringste Neigung, andere Kinder zu berühren. Die berufliche und geographische Mobilität der Eltern erschwerte in den USA die Sozialisierung der Kinder. Bindungen rissen ab, kaum daß sie geformt wurden. In den sechziger Jahren ist die Hälfte der amerikanischen Familien alle fünf Jahre umgezogen.[1]

Das Fehlen von Übergangszeiten und die Diskrepanz zwischen gesellschaftlicher und biologischer Reife führten bei jungen Menschen zu einer Statusunsicherheit. Da es keine festen Zäsuren gab, ließ sich die Frage »Wann bin ich erwachsen?« nicht klar beantworten. Der Reifungsprozeß erzeugte ein Gefühl der Absurdität, das von den Eltern als den »letzten echten Amateuren« nicht abgebaut werden konnte. Im Gegenteil, die Eltern mußten glauben, selbst das Problem zu sein, nicht ihre Kinder. Das Dilemma drückte sich in herablassenden Buchtiteln à la *How to*

Deal with Parents and other Problems (1962) aus. Als Konterschlag kam eine Schrift mit dem Titel *Teen-Age Tyranny* (1963) auf den Markt.[2]

Der Ruf nach *kid power* wurde lauter. Einer höchstrichterlichen Entscheidung aus dem Jahr 1967 zufolge waren die Rechte von Kindern und Jugendlichen vor Gericht denen von Erwachsenen anzugleichen. Jugendliche verklagten Schulen, an denen sie sich schlecht ausgebildet fühlten, verlangten das Recht, ihren Vormund selbst zu wählen und klagten gegen die Einweisung in Sonderschulen. Präsident Kennedy wandte sich zweimal mit Sonderbotschaften an den Kongreß und bat um Milliardenbeträge zur Förderung öffentlicher Bildungseinrichtungen. Der *National Education Improvement Act* (1963) stellte über eine Milliarde Dollar zur Unterstützung von Colleges bereit, zwei Jahre später genehmigte der Kongreß eine weitere Milliarde, die Volks- und Oberschulen zugutekommen sollte. Im internationalen Vergleich und gemessen am Bruttosozialprodukt nahmen die USA freilich keine Spitzenstellung bei den Erziehungsausgaben ein. Unter 113 Ländern lagen sie an 22. Stelle. Vor ihnen rangierten Staaten wie Kuba, die UdSSR, Nordvietnam, Schweden oder die DDR. Die Einmischung des Bundes in Erziehungsfragen war historisch unerwünscht. In einschlägigen Gesetzeswerken wurde gewöhnlich betont, daß man nicht vorhabe, nachgeordneten Verwaltungsebenen Kompetenzen wegzunehmen – um dann genau dies zu tun. Bei der Ausbildung von Kindern aus unterprivilegierten Familien schien die Mithilfe des Bundes unumgänglich geworden zu sein. Im Rahmen eines »Feldzugs gegen die Armut« wurde das Projekt *Head Start* aufgenommen, das möglichst viele minderbemittelte Kinder im Vorschulalter erfassen, auf den Schuleintritt vorbereiten, die Eltern aufklären und die heimischen Arbeitsbedingungen verbessern sollte. Damit wollte man der wachsenden Zahl von *drop-outs* entgegenwirken, der vorzeitigen Schulabgänger aus den unteren sozialen Schichten. Problemkinder, zurückgebliebene oder leistungsschwache Kinder, Sonderschüler, unterprivilegierte Kinder wurden unter dem Namen »kulturell ausgeschlossene Kinder« zusammengefaßt. Dahinter stand die Erkenntnis, daß die kulturelle Entfernung zwischen Schule und Familie, zwischen Schule und Wohngegend größer geworden war. Je mehr sich der Abstand zwischen Schulkultur und Familienkultur vergrößerte, desto geringer wurden die Chancen einer erfolgreichen Sozialisierung.[3]

Widerwillig wurde notiert, daß die Kenntnisse amerikanischer Schulabgänger in Geschichte und Landeskunde wesentlich dürftiger ausfielen als etwa bei gleichaltrigen Chinesen. Der Anteil absoluter Analphabeten war mit einem Prozent zwar sehr gering, aber mehr als 18 Prozent mußten als funktionelle Analphabeten eingestuft werden; 34 Prozent versagten beim Ausfüllen eines Antrags auf Krankenbeihilfe. In den Großstädten konnte rund die Hälfte der Jugendlichen kaum richtig lesen und schreiben. Pädagogen entwickelten subtilste Formeln zur Bestimmung des Grades der Leseunfähigkeit, Hunderttausenden von virtuellen Analphabeten war damit aber nicht geholfen. Disziplinarische Probleme erschwerten einen systematischen Unterricht. Nach 1960 nahmen Gewalt, Angst und Chaos in Klassenzimmern und Schulhöfen zu. Manchenorts wurden hyperaktiven Schülern Beruhigungsmittel verabreicht. In Omaha (Nebraska) experimentierte man mit Raudixin, um aufsässige Kinder unter Kontrolle zu bringen. Die Pathologien der Ghettofamilie hatten das Bildungswesen erreicht und drohten die öffentliche Schule als das traditionell wichtigste Institut der Sozialisierung und Amerikanisierung auszuhöhlen.[4]

An den 2200 Colleges des Landes legten im akademischen Jahr 1965/66 über eine halbe Million Studenten ihr erstes Hochschulexamen ab, dazu kamen 140000 frischgebackene Magister und 18000 Doktoren. Ein B.A., so wurde vermutet, hatte nicht mehr viel mit einer höheren Erziehung zu tun. Statt ihn aber wieder mit Substanz zu füllen, marschierte man weiter zu M.A. und Ph.D. Keiner gesellschaftlichen Gruppe würden so viel Faulheit und Schlamperei zugestanden wie Studenten, urteilten David Riesman und Christopher Jencks in ihrer Analyse der *Academic Revolution* (1968). Die Studenten wiederum verwiesen auf den universitären Massenbetrieb, der individuelle Leistungen erschwere oder unmöglich machte. An einer großen Staatsuniversität wurde der obligatorische Grundkurs »Englische Komposition« in dreihundert Abteilungen gegeben, von denen jede immer noch so groß war, daß eine sinnvolle Betreuung durch Dozenten und Tutoren nicht zustandekam. Der fabrikmäßige Betrieb lud zum Unterschleif ein. Eine »Forschungsagentur« in Connecticut belieferte Studenten der umliegenden Hochschulen, darunter Yale, pro Jahr mit nicht weniger als 6000 schriftlichen Hausarbeiten und einer ungenannten Zahl von Magisterarbeiten.[5]

Der gute Ruf und die großzügig gestalteten Arbeitsbedingungen an den natur- und wirtschaftswissenschaftlichen Fakultäten lockten 1962 und 1963 in einem *brain drain* über 10000 europäische Wissenschaftler in die USA. Aber auch dort wurde oft mehr zerforscht als erforscht. Ein Gelehrter von der kalifornischen Staatsuniversität empfahl der NASA, den Astronauten Mäusefleisch mit in den Weltraum zu geben, dieses sei leichter und nahrhafter. Aus der Purdue-Universität in Indiana kam der wissenschaftlich begründete Vorschlag, den Kaffeelöffel nicht im Kreis, sondern seitwärts zu bewegen, denn »kreisförmiges Rühren führt nicht zu einer wirksamen Vermischung von Kaffee und Zucker«. Reformversuche erwiesen sich oft als untauglich. An einem College sollte ein »Entfremdungslehrplan« die Entfremdung durch Rollenspiel, die Entfremdung vom Überirdischen und dazu noch den Ödipuskomplex ausräumen. Ein ehemaliger Student der New York University, Woody Allen, verspottete akademische Prätention mit dem Seminarthema *Intermediate Truth.* Saul Bellow, selbst Hochschullehrer, leistete sich in seinem Roman *Herzog* (1964) einige Spitzen gegen hochtönende Akademiker und schwülstige Eggheads. Hochschullehrer, die sich mit tatsächlich relevanten Entwicklungen befaßten, mußten mit Repressalien seitens der Universitätsverwaltung rechnen. Den Wissenschaftlern Paul Baran und Paul Sweezy, die sich mit den Mechanismen der kapitalistischen Wirtschaft und mit den Folgen der kubanischen Revolution auseinandersetzten, legte die Universität Stanford Steine in den Weg.[6]

Die ersten, noch harmlosen Vorläufer einer Jugendrevolte ließen sich schon in den fünfziger Jahren erkennen. Auf dem Campus der Harvard-Universität versammelten sich 15000 Studenten und nominierten die Comicfigur Pogo zum Präsidentschaftskandidaten. 1960 formierten sich in New York die *Students for a Democratic Society* (SDS). Das *Port Huron Statement* (1962) des SDS-Führers Tom Hayden strebte eine Koalition aus liberalen Intellektuellen, Gewerkschaftlern und Bürgerrechtlern an, protestierte gegen die Beteiligung der Hochschulen an der Hochrüstung und gegen die Beschaulichkeit der Professoren, die sozialen Einsatz als unakademisch abqualifizierten. Stattdessen wollte man auf eine partizipatorische Demokratie hinarbeiten und um gesellschaftliche Relevanz bemüht sein. An der Universität Berkeley wehrte sich im Oktober 1964 die Studentenschaft gegen die Verhaftung einiger Kommilitonen, denen die Universitätsleitung das Recht auf freie Meinungsäußerung streitig gemacht hatte. Es kam zum Vorlesungsstreik. Eine Reihe von Professoren bekundete offene Sympathie für das *Free Speech Movement* (FSM). Die Universitätsspitze klagte, daß »normale Kanäle« nicht eingehalten würden und daß die Forderungen der Studenten irrational seien. Die Studenten gaben zurück, sie könnten nichts Rationales darin erkennen, daß sich die Universität als Zulieferfirma für Rüstungsbetriebe mißbrauchen ließ. Primär ging es dem *Free Speech Movement* nämlich nicht um die Gewährung von Redefreiheit, sondern um einen Aufstand gegen die Universitätsbürokratie, die kleinliche Verstöße ahndete, aber nichts dagegen hatte, daß Wissenschaftler ihre Hauptenergie Aufträgen aus Industriekonzernen, Agrobusiness und Pentagon widmeten, die Studenten vernachlässigten und die Lehre als Last empfanden. Aus der Universität als einem Hort der Gelehrsamkeit war in den Augen der Studenten eine »Multiversität« im Sinne eines gesellschaftlichen Service Centers für das Establishment geworden. Professoren stellten von Regierung und Wirtschaft benötigte Produkte her. Die Hochschule sei zur seelenlosen Maschinerie verkommen, argumentierte Mario Savio, einer der Wortführer des *Free Speech Movement*. Der Protest der Studenten, sagte SDS-Präsident Carl Oglesby, sei im Grunde ein Protest gegen den organisierten Liberalismus.[7]

Herbert Marcuse schrieb in *Repressive Tolerance* (1965), die Ausübung politischer Rechte einschließlich des Demonstrationsrechts und die Duldung aller möglichen kritischen Meinungen stabilisiere das Establishment und trage zur Perpetuierung der Unterdrückung bei. Wo manipulierte Personen nur papageienartig die Ansichten ihrer Herren nachplapperten, verliere die Heteronomie ihre Bedeutung und führe nicht zu echter Freiheit. Negative Kritik am FBI und anderen etablierten Institutionen bewirke gar nichts. Wo Toleranz pervertiert würde, nur das System stütze und den Bürger dehumanisiere, wäre zuerst das »falsche

Bewußtsein« zu ändern, ehe überhaupt noch politisch weitergedacht werden könne. Eine Korrektur des falschen Bewußtseins erwartete sich Marcuse vom »revolutionären Potential«, bestehend aus den nationalen Befreiungsbewegungen in der Dritten Welt, linken, auf Mitbestimmung abzielenden europäischen Gewerkschaftszirkeln, Unterprivilegierten aus den sogenannten Überflußgesellschaften sowie der oppositionellen Intelligenz.[8]

In mehreren Bundesstaaten des Mittleren Westens brachen scheinbar unpolitische Jugendkrawalle aus, die mit militärischem Einsatz niedergehalten werden mußten. Im März 1965 fand an der Universität von Michigan das erste *teach-in* gegen den Vietnamkrieg statt. Bei *paint-ins* wurden Musterungskarteien mit schwarzer Farbe übergossen und unbrauchbar gemacht. Viele Nachahmer fand David Miller, der seinen Einberufungsbefehl in Brand gesteckt und zwei Jahre Haft dafür erhalten hatte. Im November 1965 verbrannte sich nach dem Vorbild buddhistischer Mönche vor dem Pentagon ein Quäker. Zwei der prominentesten Schriftsteller des Landes, Robert Lowell und Norman Mailer, wurden im Zuge einer gigantischen Friedensdemonstration festgenommen und ins Gefängnis gesteckt. In Manhattan benannten rebellierende Studenten der Columbia-University aus Sympathie für die Bewohner angrenzender Ghettos die Fayerweather Hall auf ihrem Campus in Menschewiken-Zentrum um. Die Studentenbewegung speiste sich auch aus dem Protest gegen die soziale Kluft zwischen Arm und Reich. Im Vergleich zu den dreißiger Jahren, als man Marx und Keynes studierte und in politischer Theorie beschlagen war, machten die jungen Radikalen ihre Theoriearmut beinahe zur Tugend. Sie artikulierten bewußt stockend, verzichteten auf logische Abfolgen und orientierten sich eher am Sprachgebrauch der neuen Folksingers als am glatten Professorenenglisch. Ihr akademisches Desinteresse ging ziemlich weit, aber ihrer praktischen Erfahrung zollte der altgediente Linke Paul Goodman alle Anerkennung. Abstrakte Überlegungen hatten sich in *sit-ins*, Demonstrationen, Gefängnisstrafen und Kriegsdienstverweigerung konkretisiert.[9]

Etwa 150 »Untergrundzeitungen« gingen von der Maxime aus, daß die Regierung zu einer illegitimen Autorität geworden war und deshalb straflos bekämpft werden durfte. Die Redakteure der Zeitschriften *Rat* und *East Village Other* verteilten Tips, wie man die Subway gratis benützt, wie man Automaten mit Kaugummi ruiniert und wie man die Musterungsbehörden mit getürkten Zeitschriftenbestellungen und Bergen von Anfragen eindeckt. Ab März 1968 stand in der Untergrundpresse zu lesen, in Chicago bahne sich so etwas wie die »Boston Commons« der Amerikanischen Revolution an. Gleichzeitig mit dem Parteikonvent der Demokraten sollte dort ein Jugendfestival ablaufen. Zusammenstöße waren einkalkuliert. »Je mehr Truppen, desto besser das Theater«, versprach Jerry Rubin, einer der Organisatoren des Festivals. *Rat* empfahl jedem Leser, 200 Dollar Bargeld mit nach Chicago zu nehmen – als Kaution bei Verhaftungen. Nach

Chicago eskalierte die Gewalt. Autoren des *Rat* und des *Guardian* gerieten in den Verdacht, mit den violenten *Weathermen* gemeinsame Sache gemacht und Bomben in Behörden, Banken, Konzernen und militärischen Einrichtungen deponiert zu haben. 1970 wurde Nixon mit Eiern und Steinen beworfen, der erste Präsident in der Geschichte der USA, den ein Mob drangsalierte.[10]

Unter älteren französischen Politikern tauchte der Gedanke auf, die Amerikaner hätten den Studentenaufstand angezettelt, um DeGaulle zu stürzen. In den USA wurden die Rebellen, wie oft in der Geschichte, auf ihren Geisteszustand hin überprüft. Der Psychoanalytiker Bruno Bettelheim hielt die Aktivsten für sehr krank, erkannte auf Verfolgungswahn und Ödipuskomplex. Der Philosoph Lewis Feuer stufte protestierende Studenten als »intellektuelle Lumpenproletarier, Lumpenbeatniks und Lumpenagitatoren« ein. Vizepräsident Spiro Agnew diffamierte die Masse der Collegestudenten als einen »schwächlichen Trupp schamloser Snobs«. Die konservative *National Review* applaudierte, als sich Norman Podhoretz und die vormals liberale Zeitschrift *Commentary* von jüdischen Aktivisten distanzierte. Auf Druck von Rechts wurden Bücher und Schallplatten des Protestsängers Pete Seeger aus kalifornischen Bibliotheken entfernt. Der Hausmacherphilosoph Eric Hoffer wünschte Universitätskanzler mit Kämpferherzen herbei, die morgens aufstanden und fragten »Who shall I kill today?«. Falls Hoffer wirklich auf Blutvergießen aus gewesen war, mußte er nicht lange warten. An der Kent State University (Ohio) erschoß die Nationalgarde im Mai 1970 vier Studenten. Der Faschist Gerald L. K. Smith kam zu dem Denkergebnis, mindestens eine Million Unruhestifter seien in Konzentrationslager zu stecken. Universitätsprofessoren, die sich als zu weich erwiesen, sollten seiner Ansicht nach durch *he-men,* notfalls durch Militärs ersetzt werden.[11] Nach verbreiteter Meinung entstammten die rebellischen Studenten vorwiegend einer neuen Mittelklasse, die sich nach Wirtschaftskrise und Krieg hochgerappelt hatte. Soziologen und Psychologen glaubten, in diesem Milieu einen Erziehungsstil ausfindig gemacht zu haben, der sich aufs Kind konzentrierte, egalitäres Denken beförderte und zu seelischer Gesundheit führte. Fürsorgliche Mütter hatten Sympathien für Unterprivilegierte geweckt und den Weg zur Überwindung der Erwerbsgesellschaft freigemacht. Einer statistischen Überprüfung hielt diese Ableitung nicht stand. Radikale Studenten haben ihre Eltern als kalt, streng und strafend eingeschätzt, die Neue Linke konnte also kaum das Produkt einer verständnisvollen, permissiven Erziehung sein.[12]

Ältere Intellektuelle wie Dwight MacDonald und Richard Rovere konstatierten, daß sich Old Left und New Left durch den Grad der Entfremdung von der Gesellschaft unterschieden. Wo die Old Left nur einzelne Institutionen bekämpft hatte, herrschte bei der New Left totale Ablehnung. Tom Hayden wollte »Institutionen außerhalb der etablierten Ordnung«, die auf ein neues System abzielen. Staughton Lynd, zu der Zeit Geschichtsdozent in Yale, warb für eine gewaltlose Revolution und schlug die Einberufung eines neuen *Continental*

Congress vor, wie damals, als sich das Volk von der britischen Regierung nicht mehr repräsentiert fühlte. Aus dem *Free Speech Movement* erwuchs eine Gegenkultur. Die Studentenführer in Berkeley definierten sich als politische Revolutionäre, die mit ihrem Lebensstil einen »vollständigen Bruch mit der Vergangenheit« dokumentieren wollten. Das amerikanische System hätte man körperlich, geistig, seelisch und wirtschaftlich hinter sich gelassen, schrieb die radikale Studentenzeitschrift *Berkeley Barb*. Der von Paul Krassner gestaltete *Realist* plante »Free Cities«, in denen alle Dienstleistungen kostenlos sein sollten, sofern man nur die richtige Gesinnung mitbrachte. Im Umkreis der Universität Stanford konnte man Kurse für Straßensanitäter belegen, seine eigene Scheidung durchführen lernen und revolutionäre Gymnastik à la Mao betreiben. Robert Pirsig brachte die Wartung schwerer Motorräder mit dem Zen-Buddhismus zusammen. Eine Gegenuniversität an New Yorks 14. Straße offerierte Lehrveranstaltungen über das Bewußtsein der Männer, über Hatha Yoga unter besonderer Berücksichtigung der Atmung, über das revolutionäre Kuba, über radikale Wehrdienstberatung, über institutionalisierte Unterdrückung, über praktischen Untergrundjournalismus sowie über den Umsturz bürgerlicher Ordnung.[13]

Nixon mußte sich im Weißen Haus richtiggehend belagert vorkommen. Die politische Unruhe nahm zu. Im Jahr 1970 zählte man 3000 politisch motivierte Bombenanschläge. Die Presse kritisierte den Vietnamkrieg mit nie gekannter Schärfe und verfügte anscheinend über geheime Informationen, die aus dem Regierungslager stammen mußten. Ein »Komitee zur Wiederwahl des Präsidenten« setzte alles daran, einen zweiten Fall Ellsberg zu verhindern. Daniel Ellsberg hatte geheime Papiere aus dem Pentagon an die Presse gegeben. *Plumbers* oder Klempner hieß eine Einsatzgruppe, weil sie undichte Stellen im Regierungsapparat ausfindig machen sollte. Die Plumbers, darunter zwei ehemalige Mitarbeiter von FBI und CIA, brachen im Juni 1972 in das Hauptquartier der Demokratischen Partei im »Watergate« genannten Gebäudekomplex in Washington ein. Die Regierung versuchte zunächst, diese eindeutig politisch motivierte Tat als »drittklassigen Einbruch« herunterzuspielen.

Die Yippies – von Youth International Party – verstanden sich als psychologische Guerillakrieger gegen das Establishment. »Every man a revolution!«, lautete ein Aufruf dieser dadaistisch gefärbten »Nichtpartei« zum Wahltag 1968. Aktivismus war oberstes Gebot, der Sinn würde sich schon einstellen. Abbie Hoffman, der Ästhetiker unter den Yippies, verschrieb sich in *Revolution for the Hell of It* (1968) der mobilisierenden Kraft des Straßentheaters. Jerry Rubin vertraute in *Do It* (1970) auf die gemeinschaftsstiftende Kraft kollektiver Aktion, erwartete sich aber von einer zukünftigen Welt ein Maximum an Individualismus: »People will farm in the morning, make music in the afternoon and fuck whenever they want to.« Die Hippies – *hip* heißt eingeweiht oder unter dem Einfluß von Drogen stehend – verabscheuten die materiellen Standardbesitztümer ihrer Eltern. Den sozialen Mechanismus hatten sie durchschaut, der nacheinander Bedürfnisse weckte, manipulierte und befriedigte. Mit unkonventioneller Kleidung, *love-ins* und *be-ins* gaben sie einem neuen Lebensstil Ausdruck, der von Liebe und Spontaneität geprägt sein sollte, von organisch gewonnenen Lebensmitteln und psychedelischen Drogen, von kommunalen Lebensformen und von einem anarchisch begriffenen Pazifismus. Freiheit war das Schlüsselprinzip.[14]

Amerikas utopische Tradition erlebte eine Renaissance. Überall im Lande entstanden Hippiekommunen, Hindukommunen, Gegenkulturkommunen. In *Twin Oaks* bei Louisa (Virginia) versuchte man, nach den Regeln zu leben, die der Behaviorist B. F. Skinner in seinem utopischen Entwurf *Walden II* (1969) aufgestellt hatte. Die Mitglieder von *Messiah's World Commune* gaben sich überzeugt, als das im Buch Daniel genannte Volk eine Welt ohne Krankheit, Krieg, Verbrechen und Armut schaffen zu können. Die Bibel der Hippies war das chinesische *I ching*, das sich zur Vorhersage des Wetters ebenso gut eignete wie für weiter entfernt liegende Ereignisse. Der Buddhismus schien dem Amerikanismus und seinen trivialen Verheißungen von Glück überlegen zu sein. Der Guru kam zu neuen Ehren. Norman Mailer zeigte sich sehr angetan von den »revolutionären Alchemisten«, die ihm jetzt allerorten begegneten.[15]

Marihuana und andere halluzinogene Drogen suspendierten die Ordnungsvorstellungen des Systems. »Turn on – tune in – drop out« lautete die Liturgie von Timothy Leary, einem der Hohepriester des Drogenkults. Das Establishment erkannte, daß mit der Verbreitung von Drogen die stille Subversion bestehender Institutionen drohte. Leary, Sohn eines Offiziers, wurde wegen Besitz von ein paar Gramm Marihuana verhaftet und zu zehn Jahren Gefängnis verurteilt. Er floh über Algerien in die Schweiz, wurde dort erneut festgenommen und auf Druck von Ernst Bloch, Heinrich Böll und Friedrich Gulda wieder freigelassen, worauf er um politisches Asyl nachsuchte.[16]

Welche Rolle die Mitglieder von Motorradbanden in Lyndon B. Johnsons »Great Society« spielen sollten, war nicht leicht zu erkennen, spottete der Journalist Hunter Thompson, der die *Hell's Angels* ein Jahr lang studiert hatte. Mit preußischen Pickelhauben und Stahlhelmen der deutschen Wehrmacht, mit Stirnbändern nach Apachenart, mit Eisernen Kreuzen, Naziemblemen, abgeschnittenen Jeans, ärmellosen Westen und ausgiebigen Tätowierungen signalisierten sie ihre Außenseiterstellung in der Gesellschaft. Die meisten stammten aus der Unterschicht, hielten keinen Kontakt zu ihrer Familie, waren unter Bedingungen »totaler Mobilität« herangewachsen und besaßen keinen »Heimatort« im gewohnten Sinn. Sie tranken im Übermaß, nahmen LSD und andere Drogen, erlagen unkontrollierbaren Zornesausbrüchen und führten nach Möglichkeit ein ausschweifendes Geschlechtsleben. Eine Gonorrhoe, beobachtete Thompson, geniere sie so viel wie andere Leute Mundgeruch. Die schweren Motorräder pflegten sie mit Liebe und großem Zeitaufwand, dachten sich aber auch nichts dabei, ihre

Maschinen mit rasendem Tempo binnen Sekunden zu Schrott zu fahren. Sie definierten sich als »outlaws«. Wegen mangelnder Ausbildung blieben ihnen nur die schlechtesten Jobs. Einen Großteil des Jahres lebten sie von Arbeitslosengeld. Ihren Affekt gegen die Gesellschaft, die sie eigentlich nicht brauchte, setzten sie in unregelmäßigen Abständen in Gewalttaten um. Wie die radikalen Studenten im benachbarten Berkeley waren die *Hell's Angels* von Oakland antiautoritär eingestellt, dafür sorgte schon die Polizei auf den Highways. Bloß »rebellierten die Studenten gegen die Vergangenheit, während die Angels gegen die Zukunft kämpften«. Für Vietnamkriegsgegner vermochten sie kein Verständnis aufzubringen. Allen Ginsbergs Versuch, sie gegen den Krieg einzustimmen, war vergebene Liebesmüh. Als Ginsberg ein »Hare-Krishna« intonierte, fragte ein Angel leicht irritiert »Who the mollyfuck is hairy Krishna?«. Kriegsgegner waren in ihren Augen Vaterlandsverräter. Präsident Johnson boten sie ihre Dienste jenseits der Hauptkampflinie an – zur Demoralisierung der Vietcong.[17]

Der Gebrauch von LSD war kein Zufall in einer Pseudogemeinschaft, die keine Hemmungen hatte, zentrifugale Kräfte bis zum letzten auszureizen. Der Schriftsteller Ken Kesey hat die *Hell's Angels* mehrfach zu Rauschgiftparties eingeladen. Kesey war früh an Drogen gekommen: als studentischer Freiwilliger bei Experimenten der US-Regierung mit LSD. Er sah später etwas Amerikanisches in diesen Experimenten, hinter denen er denselben Geist vermutete wie hinter den Vorstößen der Lewis & Clark-Expedition in unbekannte Territorien. Die Wahl der Drogen könnte kulturspezifisch bestimmt sein. Chinesen igeln sich mit Opium innerhalb der Grenzen ihrer sozialen Situation ein. Amerikaner rissen mit Marihuana und LSD bestehende Barrieren ein, um ein Höchstmaß an individueller Freiheit zu gewinnen. Carlos Castañeda lehrte in seinen Schriften, wie man mit Halluzinogenen sein Leben verändern, Freunde verlassen, alles Bisherige vergessen und vollkommen werden kann. Im Erziehungssystem, in Wirtschaft und Politik und in den Medien war das Individuum entmachtet worden. Die übersteigerte Reaktion darauf erhob den Menschen zum Gott. »Du bist ein Gott«, predigte Timothy Leary, »handle auch so.« Drogen machten Menschen ihre kosmische Affinität bewußt. Drogen öffneten Türen – ein stereotyp gebrauchtes Bild – und versetzten in einen Hochzustand: *getting high*. Bei einem Hippietreffen in Stonehenge klemmte sich ein Berauschter einen Besenstiel zwischen die Beine und versuchte nach Hexenart abzuheben. Von Berkeley aus wurde die Reise, der *trip*, zu einem Schlüsselbegriff der gesamten Jugendbewegung, sei es als *drug trip, sexual trip, musical trip* oder *political trip.*[18]

Stillzustehen war wieder einmal die unläßliche Sünde. »Oh, he that gets hurt will be he who has stalled«, sang Bob Dylan, dem tut man weh, der stehen bleibt. Mario Savio vom *Free Speech Movement* zog eine Parallele zur Bürgerrechtsbewegung. Die Aktivisten beider Gruppen weigerten sich zu akzeptieren, daß die USA schon den Zustand der Perfektion erreicht hätten. Anders als die ahistorisch denkenden

Bürokraten wollten sie, daß die Geschichte weitergeht. Auch Herbert Marcuse hatte das Postulat aufgestellt, daß bestehende Freiheiten stets aufs Neue transzendiert werden müßten. So gesehen war die Protestbewegung der sechziger Jahre eine kulturkonforme Sache. Ein studentisches Flugblatt an der Universität Berkeley schloß mit einem literarischen Zitat. Henry Miller verlangte da, wie so viele Amerikaner seit George Washington, niemandem einen Treueid zu schwören.[19]

»Der einzige Weg, eine Revolution zu unterstützen, besteht darin, seine eigene zu machen«, hatte Abbie Hoffman gesagt. Vereinzelung und persönlicher Adventurismus unterminierten die gesellschaftliche Durchschlagskraft des Aufstands. Die Rebellion wurde als »radical chic« absorbierbar, verlor über Entfremdungsdiskussionen bei Cocktails an Bedeutung und ließ sich beinahe mühelos kommerziell ausschlachten. Im Mittelwesten drängte ein Geschäftsmann mit einem »Che Guevara«-Gewehr auf den Markt. Die Untergrundzeitschriften waren nur ein kurzer Spasmus in der Geschichte des amerikanischen Journalismus; sie gingen nach und nach ein. Jerry Rubin verdingte sich an der Wallstreet, Timothy Leary sah die Bewußtseinserweiterung neuer Art in der Computerindustrie. Bob Dylan, der ein Lied gegen die Unmenschlichkeit der Wolkenkratzer gesungen hatte, kaufte sich selbst einen. Rennie Davis von den »Chicago Sieben« reihte sich ins Gefolge eines fünfzehnjährigen Gurus mit Rolls Royce und Flugzeug ein. Bobby Seale, Mitautor des Manifests der Black Panthers, veröffentlichte *Barbecuing with Bobby*, ein Kochbuch.[20]

Was haben die Hippies, was hat die Gegenkultur bewirkt? Die Einführung alternativer Lebensformen wurde erleichtert. Tendenziell stieg die Bereitschaft, auf Wettbewerb zielendes Denken und Handeln abzubauen, zum Beispiel auf dem Spielzeugmarkt, einem traditionell auf Horror, Sadismus und Gewalt eingeschworenen Sektor der Gesellschaft. Stanford und das Massachusetts Institute of Technology reduzierten kurzfristig ihre rüstungsorientierte Forschung. Auf lange Sicht jedoch wirkten die Prinzipien der *flower power* inmitten der gesellschaftlichen Realität absurd. 1972 wurde Nixon mit Rekordmehrheit wiedergewählt.[21] Wenige Monate vor der Wahl waren die Watergate-Einbrecher aufgeflogen. Auf das Wahlergebnis hatte der Skandal keinen Einfluß. Für die meisten war der Einbruch anscheinend »just politics«.

XXV. Kapitel

WOMEN'S LIBERATION

Die geschlechtsspezifische Konditionierung beginnt im Säuglingsalter mit blauer und rosa Kleidung. Mädchen werden etwas später entwöhnt, öfter berührt, intensiver umsorgt und eher seelisch als körperlich bestraft. In Bilderbüchern wirken Jungen aktiv und abenteuerlustig, Mädchen passiv und puppenhaft. Bis zu 70 Prozent der Figuren in Schulbüchern sind männlichen Geschlechts. Jungen sind Informationsträger, Mädchen Informationsempfänger. Sie werden doppelt so häufig als »faul« charakterisiert wie Jungen. Im Schulsport erhalten Jungenmannschaften mehr finanzielle Unterstützung als Mädchenteams. Je niedriger die Schicht, desto stärker die geschlechtliche Fixierung. Die Titelmusik der erfolgreichen Fernsehserie *All in the Family* besang wehmütig die Zeit »when the girls were girls and men were men«. Die frühe geschlechtsspezifische Konditionierung ließ zwei Arten von Sozialisation entstehen. Diese Zweiteilung wurde von führenden Psychologen und Medizinern im wesentlichen gestützt. Erikson glaubte beobachten zu können, daß spielende Jungen sich mit äußeren, spielende Mädchen mit inneren Räumen abgeben. Der Kinderarzt Benjamin Spock mußte sich von feministischer Seite vorhalten lassen, mit seinem weitverbreiteten Ratgeber *Baby and Child Care* (1946) männliches Suprematsdenken befördert zu haben.[1]

Frauen seien kontaktfreudiger, kommunikativer und zeigten mehr Interesse an lebenden Wesen. Deshalb, schrieb der Harvard-Psychologe David McClelland, seien sie prädestiniert als Krankenschwestern, Lehrerinnen oder Büroangestellte. Die berufliche Rollenzuteilung führte in Nordamerika zu bestimmten Monopolbildungen. Unter 2760 Telefonangestellten in der kanadischen Provinz British-Columbia war nur ein Mann. Sämtliche 1700 Angestellte, die hinter den Schaltern der sechs größten Banken von Vancouver Dienst taten, und weniger als ein Prozent der Schulräte in den über 14 000 Schuldistrikten der USA waren Frauen. Weibliche Regierungsangestellte und Beamtinnen drangen selten in Chefpositionen vor. Bei der Bundesdruckanstalt zum Beispiel endeten ihre Laufbahnen gewöhnlich in einer Sackgasse. An den Colleges galt: je höher die Tarifgruppe, desto geringer der Anteil weiblicher Hochschullehrer. Die Sekretärinnen an der Universität Berkeley beklagten sich über das Herr–Diener–Verhältnis, das die Herren Professoren aufgebaut hatten. In den großen Versicherungsgesellschaften saßen die Männer in Einzelbüros, Frauen im Schreibsaal. Insgesamt erinnerte die Diskriminierung auf dem Arbeitsmarkt an die Primitivreaktion von John Wayne, der in einer öffentlichen Rede gesagt hatte, er habe nichts gegen arbeitende Frauen, solange sie das Abendessen für den Mann rechtzeitig fertig haben.[2]

An 200 zwischen 1968 und 1974 produzierten Filmen waren drei Drehbuchautorinnen, eine Regisseurin und keine Produzentin beteiligt. Aus der Gesamtheit der Filme mußte man den Eindruck gewinnen, so spottete die Zeitschrift *Ms.*, daß die Weltbevölkerung zu nicht mehr als 20 Prozent aus Frauen besteht, daß diese nicht älter als 25 oder 30 Jahre werden und daß sie nur dann ins Geschehen eingreifen, wenn kein Mann da ist. Die Redakteure von Lokalzeitungen verfestigten das Rollenstereotyp, indem sie neuzugezogene Bürgerinnen regelmäßig zu ihren speziellen Kochrezepten und Handarbeitsfertigkeiten interviewten. Im Humor wird die Frau als sentimentales, irrationales Wesen vorgestellt, das nicht mit dem Kopf denkt. »Darling! Our first flat!«,* sagt die Jungverheiratete bei einer Autopanne. Einem geflügelten Wort zufolge liegen die zehn besten Jahre im Leben einer Frau zwischen 35 und 36. Aus Schlagern und Folksongs spricht oft pure Frauenverachtung.

I'm gonna be here for the rest of my life
And all I did was shoot my wife.**

In Nachtlokalen wurden Frauen als »bunny girls« zu Schauobjekten degradiert. Die für den amerikanischen Kulturkreis typische Kanonisierung der weiblichen Brust führte zu lächerlichen Gegenreaktionen. In Fernsehtrickfilmen mußten noch in den sechziger Jahren Kühe ohne Euter gezeichnet werden. Die Amerikanerin war von einem Doppelmythos umgeben: mächtig und ohnmächtig in einem, jedenfalls im dumpfen Empfinden der Männer. Eine Détente im Kalten Krieg zwischen Männern und Frauen zeichne sich ab, prophezeite *Time* im Jahr 1964, weil die Männer allmählich einsehen, daß sie keine anderen Frauen verdienen.[3]

Engagierte Feministinnen nahmen den Kampf auf gegen eine männlich bestimmte Sprache. Das Fürwort *herm* anstelle von *her* und *him* sollte zum Abbau des »pronoun envy« beitragen, der *chairman* von einer *chairwoman*, einem *woman chairman* oder gar einem neutralen *chair-one* abgelöst werden. Der Großverlag McGraw-Hill wies seine Lektoren an, *mankind* durch *humanity*, *housewife* durch

* *flat* heißt Plattfuß und Apartment
** Ich habe »lebenslänglich« bekommen und doch nur meine Frau erschossen.

homemaker und *fireman* durch *fire fighter* zu ersetzen. Die sprachlich konservative *New York Times* gestattete ihren Redakteuren wenigstens in der Sonntagsausgabe die summarische Abkürzung *Ms.* statt *Mrs.* und *Miss* zu gebrauchen. Nicht durchgesetzt hat sich *Mx.* anstelle von *Mr.* und *Ms.* An Schulen und Universitäten tauchte auf den Stundenplänen *herstory* statt *history* auf. Eine anthropozentrische Sprache wurde von Feministinnen als Symptom des Sexismus begriffen. Im kirchlichen Bereich gab es Bestrebungen, den Gottvater und andere männliche Termini aus Liedern und Gebeten zu vertreiben. In einer »emanzipierten Bibel« kam Jesus nur noch als »Kind« Gottes, Gott nur noch als »Vater und Mutter« vor.[4]

Die *National Organization for Women* (NOW) forderte als Lobby für Frauen gleiche Berufs- und Bildungschancen, bezahlten Mutterschaftsurlaub, eine neutrale Definition von »Haushaltsvorstand« im Steuer- und Rentenwesen, das Recht auf Abtreibung, eine Neuordnung des Ehe- und Scheidungsrechts, größeren Einfluß auf Politik, Kirche und Wirtschaft, mehr Kindergärten und ein Medienimage, das Frauen nicht mehr als »hohlköpfige Dekorationsstücke« darbot. Nicht nur konkrete legislative Maßnahmen, sondern eine Änderung des ökonomischen Systems, ein Ende der Militärausgaben und andere grundsätzliche Forderungen stellten die unter dem Begriff *Women's Liberation* zusammengefaßten Personen und Gruppen auf. Adrienne Rich verweigerte sich »patriarchalischem Wettbewerbsdenken« und nahm eine hohe literarische Auszeichnung nur gemeinsam mit zwei Dichterkolleginnen an. Betty Friedan und Gloria Steinem wurde bewußt, daß englische Mitstreiterinnen – zum Beispiel Germaine Greer in *The Female Ennuch* (1971) – Fragen der weiblichen Sexualität wesentlich radikaler angingen als amerikanische Frauen. Das von Valerie Solanas 1971 in London herausgegebene Manifest der »Society for Cutting Up Men« (SCUM) klassifizierte den Mann als »wandelnde Abtreibung«, weil das männliche y-Gen ein unvollständiges x sei. Die *National Organization for Non-Parents* (NON) warnte ihre Mitglieder vor der »Babyfalle« und wehrte sich gegen den »sozialen Gebärzwang«. Unter Frauen machte sich eine »neue sexuelle Offenheit« bemerkbar. Erica Jong breitete in *Fear of Flying* (1979) ihre Intimerlebnisse aus, Carolee Schneemann legte in *Parts of a Body Housebook* (1972) Aufzeichnungen über die Leistungsfähigkeit diverser Männer vor und Dory Previn verglich in einem Song ungeniert die Vorzüge zweier Liebhaber. Frauen waren ihrer Rolle als Tugendwächter überdrüssig geworden. Sie hatten es satt, als »nice« gelten zu müssen, während Männer sich ihrer sexuellen Heldentaten brüsten durften.[5]

Bei einer Tagung der *American Psychiatric Association* veranstalteten lesbische Frauen ein *go-in* und hielten den versammelten Psychiatern vor, einen Berufsstand zu repräsentieren, der von allen Akademikern am zweithäufigsten Vergewaltigungen begeht. Frauenzeitschriften stellten das entwürdigende Verhalten von Staatsanwälten bei Vergewaltigungsprozessen bloß. Vergewaltigungsparagraphen existierten offenbar nicht zum Schutz der Frau, sondern um Männern Gelegenheit zu geben, den Mißbrauch ihres Besitzes zu rächen. Mehr und mehr wurde dazu aufgefordert, Vergewaltigungsversuchen mit Gewalt zu begegnen, sich Tränengas zu beschaffen, Judo zu lernen und die psychologische Barriere vor dem Schußwaffengebrauch abzubauen. Die in Spokane (Washington) erscheinende Frauenzeitschrift *Pandora* ließ eine Quäkerin zu Wort kommen, die eine feministische Kultur mit einer gewaltlosen Kultur gleichsetzte, empfahl aber in der gleichen Nummer gewaltsame Methoden gegen männliche Angreifer. *Liberia*, eine feministische Zeitschrift aus Berkeley (Kalifornien), empfahl ihren Leserinnen einen japanischen Film, in dem eine blinde Schwertkämpferin für ein Kopfgeld reihenweise Männer umbringt. Sehr empfohlen wurde auch ein chinesischer Film mit dem Titel *Das Schwert schont keinen.*[6]

Die Forderung nach »pussy power« rief verschiedenartige Gegenreaktionen hervor. Die Verfasser von Texten für juristische Staatsprüfungen machten sich in konstruierten Fällen über emanzipierte Frauen lustig. Der Faschist Gerald L. K. Smith wähnte, bei »Women's Liberation« seien zu viele Lesbierinnen und Jüdinnen beteiligt. Einer Ursulinerin, die in Boston, der Stadt Anne Hutchinsons, vor zehn Frauen einen Gottesdienst feierte, wurde der Kirchenaustritt nahegelegt. Der Bischof einer katholischen Diözese in Kalifornien ordnete an, Mitglieder der *National Organization for Women* und andere Befürworterinnen der Abtreibung vom Empfang der Sakramente auszuschließen. Bei einer Anhörung des Senats zum Recht auf Abtreibung traten vier Kardinäle als »Experten« in Erscheinung. Krankenhausärzte, die Abtreibungen vorgenommen hatten, wurden wegen Totschlags belangt, in einigen Fällen auch wegen Grabschändung. Während sich Sozialwissenschaftler Gedanken darüber machten, wie die moderne Ehe aussehen sollte und dabei »open marriage«, Gruppenehe und polygame Verbindungen, nicht ausschlossen, bekräftigten konservative Autoren die herkömmliche Form des Zusammenlebens und verteufelten besonders den ledigen Mann. Als die einzig wahren »Sexualrechte« benannte George Gilder »das Recht auf eine Ehefrau und auf einen Ehemann und das Recht, an der Zukunft des Menschengeschlechts durch Kinder beteiligt zu sein«. Die Frauenbefreiungsbewegung wurde als Bedrohung der Familie im allgemeinen angesehen und des Mannes im besonderen, weil dessen physischer Kraft nun einmal Grenzen gesetzt seien.[7]

Norman Mailer warf der emanzipierten Erfolgsautorin Kate Millett die Verwendung verstümmelter Zitate und eine totalitäre Gesinnung vor. Anti-liberationistische Frauen schlossen sich zu Organisationen wie »Men our Masters« oder »Pussycat League« zusammen. Bei einem Debütantinnenball führten junge Frauen vor, wie sie sich wahre Unterwürfigkeit vorstellten: bei einem speziellen »Texas-Knicks« berührte die Stirn das Parkett. Männer empfanden emanzipierte Frauen als doppelte Bedrohung, einmal weil sie die Entmachtung fürchteten, zum anderen, weil sie sich Frauen seit je unterlegen gefühlt hatten. Aus dieser Angst heraus erklärte sich der Widerstand gegen einen Verfassungszusatz, der die beiden Geschlechter unmißverständlich gleichgestellt hätte. Das »Equal Rights Amendment« (ERA) war bereits 1923 von der *National Women's Party* vorgeschlagen worden. Die Notwendigkeit für eine formalisierte Gleichberechtigung schien gegeben, denn das Erbe des *common law* bewirkte, daß in einer ganzen Reihe von Staaten die Frau ihren Eigenverdienst nicht ohne Zustimmung des Mannes behalten durfte, vom Abschluß von Verträgen ausgeschlossen blieb, als Geschworene nicht in Frage kam, dem Mann die Wahl des Wohnorts überlassen mußte und so fort. 1946 kam der Verfassungszusatz erneut zur Abstimmung vor den Senat und fiel prompt durch. Die *New York Times* applaudierte die Ablehnung mit der

Bemerkung, die Mutterschaft bedürfe keiner Zusätze. Seither wurde ERA noch mehrfach niedergestimmt. Anfang der siebziger Jahre ergaben sich scheinbar günstigere Auspizien. Der Kongreß sowie 35 der 38 erforderlichen Bundesstaaten hatten der Vorlage zugestimmt, als eine starke Lobby aus Südstaatlern, Katholiken, fundamentalistischen Protestanten und Mormonen eine Wende zustandebrachte. Einige Parlamente revidierten ihr Votum. Demagogen wie Phyllis Schlafly warnten vor geschlechtlich integrierten Toiletten, Schlafsälen und Gefängniszellen. In Florida malte sich ein Volksvertreter ein achtzehnjähriges, christlich erzogenes Mädchen aus, das mit wüsten Soldaten in Militärbaracken untergebracht wird. Besondere Gesetze zum Schutz der Frau wurden von Feministinnen mit gemischten Gefühlen betrachtet. 1974 erklärte der Oberste Bundesgerichtshof ein Statut für verfassungsmäßig, das Witwen anders als Witwern einen steuerlichen Freibetrag einräumt; die wirtschaftliche Lage alleinstehender Frauen sei schwieriger als die alleinstehender Männer. NOW und andere Frauenverbände sprachen sich gegen eine gesetzliche Sonderbehandlung der Frau aus, weil ihr dadurch paradoxerweise gleiche Chancen, zum Beispiel auf dem Arbeitsmarkt, verlorengingen.[8]

Vom Mann war die Frau gezwungen worden, im Haus zu bleiben, während er sich identifizierte mit »der großen zentrifugalen Kraft, die das Universum in Bewegung hält«. Charlotte Perkins Gilman hatte in ihrer Schrift *The Home* (1903) die Frauen aufgefordert, ihre »archaische Verehrung des häuslichen Herds« sein zu lassen. Nach Gilmans Überzeugung stellte sich das Heim hemmend jeder Entwicklung entgegen, erzeugte Trägheit, machte blind, wirkte »wie eine Muschel in einem Pferderennen« und stempelte die Frau zum »sozialen Idioten«. Der Lebensradius der Frau war schon einmal größer gewesen, erst mit Beginn des bürgerlichen Zeitalters sind ihr angeblich typisch weibliche »Kontrasttugenden« zugewiesen worden, schrieb Jürgen Habermas. In Sinclair Lewis' *Main Street* (1920) war es ganz selbstverständlich, daß die Frau am abendlichen Kamin Gedichte vorlas, während der Mann die Beine von sich streckte und gähnte. Zugeschriebene Rollen unterlagen einem kaum mehr zu durchbrechenden Automatismus, und sei es nur aus Gedankenlosigkeit. Bei Amtseinführungen neugewählter Präsidenten erhielten auch die weiblichen Abgeordneten Einladungen mit der Empfehlung, sich im grauen Geschäftsanzug einzufinden. In der Schlagermusik war es das Mädchen, von dem die ewig gleichen Qualitäten erwartet wurden: »I want a Girl just like the Girl that married dear old Dad.« Unter diesen Umständen war es nicht weiter verwunderlich, daß Frauen sich gefangen fühlten und – wie in Edward Albees Stück *The American Dream* – die Ehe als legalisierte Prostitution empfanden.[9]

Die Amerikanerin des Pionierzeitalters hatte eine Doppelfunktion zu erfüllen gehabt. Mit ihrer Familie war sie »on the move«, gleichzeitig sollte sie aber so stationär wirken wie die Landschaft, die an den Reisenden vorüberzog. Die Spannung zwischen entgegengesetzten Kräften fand sich später in vielen Gefühlsäußerungen amerikanischer Frauen wieder; ihre offene oder versteckte Unzufriedenheit könnte davon herrühren. Spätestens seit der Jacksonzeit hat man der Amerikanerin eine getrennte Lebenssphäre zugewiesen. Jetzt konnte man auf ein Buch mit dem Titel *Beyond Separate Spheres* gleichsam warten. Das Verlangen nach Befreiung brach sich in den Flug- und Fluchtphantasien der neueren Frauenliteratur Bahn.[10]

> ... look into the bright white glare
> where boundaries die
> and outward through the vastness
> of earth and time and sky*

Die Heiratsfreudigkeit amerikanischer Frauen hat abgenommen. Mütter nehmen Kindertagesstätten mehr in Anspruch. Das Dasein als Ehefrau und Mutter gab nicht mehr den alleinigen Lebenssinn ab. Die Soziologin Jessie Bernard schlug in *The Future of Motherhood* (1974) vor, die Erziehung der Kinder nicht mehr bloß den Müttern zu überlassen und die Doppelrolle – Haushalt und Beruf – nicht immer gleich mit Frauen zu assoziieren. In den sexuellen Beziehungen näherte sich das Ende der Bescheidenheit. Mehr und mehr Frauen äußerten sich kritisch zum Leistungsvermögen ihrer Männer und suchten nach freieren Formen sexueller Erfüllung. Weniger denn je waren sie bereit, sich die Frauenverachtung alten Stils gefallen zu lassen. Die Präsidentschaftsaspiranten Edward Kennedy und Gary Hart mußten ihre »Wegwerfaffären« mit politischer Erfolglosigkeit büßen.[11]

Sogar die Tischsitten begannen sich zu ändern. In einigen Restaurants wurde es üblich, daß Kellner den Probierschluck in die Gläser von Mann *und* Frau gossen. Münztoiletten wurden ausgemustert, weil Benutzerinnen wegen Diskriminierung dagegen geklagt hatten. Eine Fußnote zur New Yorker Stadtgeschichte: erst 1978 waltete die erste Klofrau in einer Männertoilette ihres Amtes. Die Frauenbefreiungsbewegung hat aber auch einige wichtigere Ziele erreicht. Der Oberste Bundesgerichtshof annullierte im Fall *Reed v. Reed* (1971) die rechtliche Stellung der Ehefrau als Unperson. Im Fall Roe v. Wade (1973) wurde die Abtreibung erleichtert. Lehrerinnen und Bankangestellte gewannen Musterprozesse gegen ihre Arbeitgeber wegen Diskriminierung am Arbeitsplatz. In Cincinnati wurde 1972 erstmals eine Frau als Rabbi zugelassen.[12]

Tiefsitzende kulturelle Ängste des Mannes haben eine Gleichstellung der Amerikanerin im Arbeitsleben bisher verhindert. Trotz verbesserten Ausbildungsstandes sind ihre Berufschancen kaum gewachsen. Frauen stellen nur sieben Prozent der Ärzte, drei Prozent der Rechtsanwälte und ein Prozent der Ingenieure. Unter den Amerikanern in der obersten Gehaltsgruppe waren nur zwei Prozent weiblichen Geschlechts. Mit Ausnahme der Ingenieurinnen, die etwas besser

* ... blick in den hellen weißen Glanz / wo Grenzen sterben / und hinaus durch die Weite von Erde, Zeit und Himmel

verdienten als ihre männlichen Kollegen, war der relative Verdienst der Frauen während der sechziger Jahre sogar zurückgegangen. 1955 hatte das Durchschnittseinkommen von Frauen rund 64 Prozent von dem der Männer betragen, 1970 betrug es gar nur noch 59 Prozent. Wohl spielten Frauen eine etwas bedeutendere Rolle im Management großer Firmen als zuvor und die Zahl der Jurastudentinnen stieg zwischen 1959 und 1972 um das Vierzehnfache, die der männlichen Studenten nur um das Dreifache.[13] Doch im internationalen Vergleich liegen die prozentualen Anteile der Frauen in den USA weiter hinter der allgemeinen Entwicklung.

Betty Ford, die Frau des Präsidenten Gerald Ford, meinte bei ihrer ersten Pressekonferenz, die amerikanischen Frauen sollten sich stärker als bisher für Politik und Militär interessieren und für wichtige, sie betreffende Fragen wie die Abtreibungsgesetze. Am Ende gelobte sie aber doch wieder, sich als Präsidentengattin denjenigen Themen zu widmen, mit denen sich Präsidentengattinnen aus Tradition befassen: mit Armut, behinderten Kindern und einem verbesserten Kunstunterricht an den Schulen.[14]

XXVI. Kapitel

ARM UND REICH

Allgemein war das Vertrauen geschwunden, der sozialen Probleme Herr zu werden. Panik oder Entmutigung machten sich breit, das Gefühl, daß die ganze Nation »on the skids« ist, im Abrutschen begriffen, mit der Assoziation zu »skid row«, der Straße der Verwahrlosten in den Großstädten. Amerikanische Soziologen räumten ein, daß ihr Land sozial rückständig ist. Nathan Glazer meinte resignierend: »Wir schoben und drückten und kämpften, um zu erreichen, was jeder moderne Wohlfahrtsstaat für eine Selbstverständlichkeit hält.« Amerikaner fragten sich entsetzt, wo der gesellschaftliche Fortschritt blieb. Edward Kennedy fiel 1968 auf, daß in New York 800000 Menschen in Gebäuden leben, die das New Yorker Parlament im Jahre 1900 für unbewohnbar erklärt hatte.[1]

Einige der Gründe für die soziale Rückständigkeit der USA glaubt man zu kennen. Einmal galt alles, was nach Sozialismus schmeckte, als unamerikanisch, so die Einführung einer Pflichtversicherung. Zweitens verfielen fortschrittliche Kräfte gleich in Euphorie, sobald sich irgendwo ein sozialer Wandel zum Positiven abzeichnete. Als der Kongreß sich 1970 daranmachte, eine untere Einkommensgrenze zu garantieren, bejubelte die *New York Times* die eher bescheidene Initiative – die später prompt durchfiel –, als eine »Neugestaltung der amerikanischen Zukunft«. Das *Council of Economic Advisors* sagte 1969 voraus, wenn die Entwicklung so bliebe, würde Armut in Amerika in zehn Jahren vollständig eliminiert sein. Drittens fehlte die Kontinuität bei der Durchsetzung von Verbesserungen. Sobald sich das Bild etwas aufhellte, wurden bestehende Programme nur noch nachlässig betrieben. Und schließlich war der Mythos vom jederzeit möglichen Aufstieg immer noch lebendig, zumindest in einer zynischen Form. Der Bestsellerautor Irving Wallace pflegte zu sagen: »Ich war reich, und ich war arm, und glauben Sie mir, reich ist besser.«[2]

Soziale Reformgesetze wurden hauptsächlich von der Demokratischen Partei eingebracht, und zwar von Abgeordneten, deren Wähler aus Kreisen der Gewerkschaft, der ethnischen Minderheiten oder intellektueller Liberaler kamen, der »grand coalition«, wie man sie nannte. Von Zeit zu Zeit schien der Kongreß ernstlich gewillt, sozial durchzugreifen: Unterprivilegierte in den Arbeitsmarkt einzuschleusen, das Einkommen gerechter zu verteilen oder die Rechte unbemittelter Angeklagter zu stärken. Ein Teil der reformerischen Energie ist in den Gängen des Kapitals verpufft, einen anderen Teil machte der Supreme Court zunichte, und wieder ein Teil kam durch eine schwache oder desinteressierte Exekutive nicht zum Tragen.

Steuern und Sozialabgaben machten 1973/74 rund 27 Prozent des amerikanischen Bruttosozialprodukts aus – weniger als in Zaire (29 Prozent) oder in Sambia (31 Prozent). In der Bundesrepublik Deutschland waren es im selben Zeitraum 35 Prozent, in Schweden gar 43 Prozent. Die Vereinigten Staaten reduzierten in den Jahren 1964, 1970 und 1971 die Einkommensteuer und standen 1973 vor gewaltigen Defiziten, als es um die Abdeckung sozialer Lasten ging. 1969 zahlten 51 Millionäre keinen Cent Einkommensteuer. Nach einer Abschreibungsreform gab es im nächsten Jahr immer noch Amerikaner mit hohen Jahreseinkommen, die keine Einkommensteuer entrichteten. Sogar Bestechungsgelder konnten abgesetzt werden. Auf Seite 146 eines Steuerleitfadens der amerikanischen Regierung hieß es: »Bestechungsgelder und *kickbacks* an Nichtbeamte sind absetzbar, sofern die Person nicht wegen dieses Bestechungsvorgangs verurteilt wurde oder sich dessen schuldig bekannt hat.« 50 Prozent der Haushalte bezogen 23 Prozent, die andere Hälfte 77 Prozent aller Einkommen. Dem Einkommen nach waren die USA nach wie vor eine gespaltene Gesellschaft, wobei die Trennlinie zwischen den Klassen ungewohnte Formen annahm. Ein städtischer Müllfahrer konnte so viel verdienen wie ein Collegeprofessor. Schwarze Bürger waren 1960 schon einmal besser dagestanden als Mitte der siebziger Jahre. Gerade bei Rezessionen wurden gelernte Arbeiter bevorzugt, und das waren meist Weiße. Schwarze erzielten im Schnitt nur 60 Prozent des Einkommens der Weißen. 98 Prozent der Einkünfte aus Zinsen, Dividenden, Mieten und anderen Kapitalerträgen gingen an Weiße. Auf dem »primären« Sektor eines gespaltenen Arbeitsmarktes konnten Akademiker und gewerkschaftlich Organisierte mit einer günstigen Lohnentwicklung, mit Aufstiegschancen und mit einer zufriedenstellenden Arbeitsplatzsicherheit rechnen. Anders im »sekundären« Bereich mit niedrigen Löhnen, großer Fluktuation, Teilzeitarbeit und vielen Entlassungen.[3]

Der versicherte Arbeitnehmer erhielt bei Entlassung die Hälfte bis zwei Drittel seines vormaligen Verdienstes, je nach Bundesstaat. Nur ein geringer Teil derer, die ihre Arbeitslosenversicherung ausgeschöpft hatten und immer noch arbeitslos waren, kamen gleich für Sozialhilfe in Frage. Die Mehrzahl mußte erst noch stärker verarmen, ehe sie fürsorgeberechtigt wurde. 1976 lag die Arbeitslosigkeit bei 6,7 Prozent. In diesem Jahr brachten ein Abgeordneter und ein Senator einen Gesetzentwurf ein, der es der Regierung zur Auflage machte, die Arbeitslosigkeit binnen vier Jahren auf drei Prozent der Erwerbsfähigen zu drücken. Angaben über Lohn-Preis-Kontrollen sollten das gesteckte Ziel erreichen helfen. Man ließ diese Passagen aber schließlich weg, um die Unterstützung des gewerkschaftlichen Dachverbandes AFL–CIO zu erhalten. Wie das Ziel erreicht werden sollte, blieb damit offen.

In der Amtszeit Lyndon B. Johnsons war ein großangelegter Versuch unternommen worden, die sozialen Probleme zu lösen, Arbeitslosigkeit abzubauen und die damit verbundenen Anomien wie Drogensucht und Kinderverwahrlosung zu bekämpfen. Mit dem *Economic Opportunity Act* (1964) wurde der Armut der Krieg erklärt. Ein *Office of Economic Opportunity,* das dem Weißen Haus unterstellt war, sollte etwas gegen die Jugendarbeitslosigkeit unternehmen, Berufsbildungszentren finanzieren, ein »Job Corps« für 16- bis 21jährige aufstellen, kleinen Geschäftsleuten unter die Arme greifen und die ärgste Not in den Ghettos lindern. Das *Community Action Program* wollte das untere Fünftel der Gesellschaft durch »maximum feasible participation«, durch größtmögliche Mitwirkung, an der Beseitigung von sozialen Problemen beteiligen. Idealismus, Individualismus und Populismus standen hier Pate und auch der Versuch, planmäßig vorzugehen. Aber gerade die längerfristige Planung wurde der Regierung Johnson suspekt. Johnson wollte für seine »Great Society« politisch Verkäufliches, Spektakuläres, vorweisbare Erfolge. So entstand wieder soziales Flickwerk. Die Planung wurde mit dem *Green Amendment* (1967) den Stadtteilbewohnern wieder aus der Hand genommen und in die Behörden zurückverlegt. Die Angst vor Marxisten spielte hierbei eine Rolle, auch die Angst, daß sich in den Ghettos eine Gegenverwaltung zur zentralen Stadtverwaltung bildet. Der *Community Self-Determination Act* (1969) brachte eine bedingte Rückkehr zum Prinzip der Dezentralisierung, nur wollte man jetzt die »verantwortlichen« Kräfte der Bürgerschaft herausziehen. Gefördert wurde vor allem *Business.* Geschäftsinhaber in verarmten Stadtvierteln erhielten Investitions- und Abschreibungsvorteile.

Daniel P. Moynihan, einer der Initiatoren der *Community Action,* hielt das Programm für gescheitert: »Es kann sein, daß die Armen nie ›bereit‹ sind, in einer fortgeschrittenen Gesellschaft Macht zu übernehmen: die Handhabung von Macht ... ist eine Fähigkeit, die man durch Lehrjahre und Erfahrung erwirbt.« Sollten Ghettobewohner Verwaltungschefs aus den eigenen Reihen wählen, lag die Wahlbeteiligung extrem niedrig: in Philadelphia und Boston unter drei, in Los Angeles unter einem Prozent. Oft war nicht die Bekämpfung der Armut, sondern das Stellenangebot innerhalb einer »poverty agency« das wichtigste am Programm gewesen.[4]

Unter dem Begriff *Affirmative Action* wurde eine Quotengesetzgebung für Arbeitsmarkt und Hochschulzugang verabschiedet. Von Firmen, die öffentliche Aufträge wollten, verlangte die Regierung eine ethnisch ausgewogene Belegschaft. Quoten, die früher dazu gedient hatten, Juden auszuschließen, sollten Schwarze und andere benachteiligte Minderheiten in begehrte Erwerbszweige und Studiengänge bringen. Auch Minderheiten und Frauen waren bevorzugt zu berücksichtigen. Bald merkte ein Soziologe, daß das Programm nur der schwarzen Mittelklasse half, nicht dem schwarzen Proletariat. Arbeit bekamen solche, die sowieso weitergekommen wären, nicht aber unausgebildete Ghettobewohner. Erfolgreicher als auf dem allgemeinen Arbeitsmarkt war *Affirmative Action* im Erziehungswesen. Viele Frauen und *Ethnics* haben Studienplätze oder eine Anstellung an den Colleges gefunden. Die höchstrichterliche Entscheidung im Fall *Bakke* (1978) konnte in ihrer Ambivalenz dem Programm nichts anhaben. An den öffentlichen Schulen gibt es keine Segregation mehr, das Urteil im Fall *Brown* (1954) hat sich durchgesetzt. Es war allerdings in Wohngegenden bedeutungslos, wo nur noch Familien schwarzer Hautfarbe lebten. Chancengleichheit sollte daraufhin durch »Busing« hergestellt werden. Weiße und schwarze Kinder wurden in Schulen des jeweils »anderen« Viertels transportiert, eine recht unpopuläre Maßnahme.

Um mit der Integration nicht erst im Schulalter anzufangen, wurde angeregt, in den Vorstädten nicht bloß Einfamilienhäuser zu bauen, sondern *low-income housing*, öffentlich geförderte Mietkomplexe, zu errichten. Die juristischen und

Los Angeles: Spendenaufruf für ein Obdachlosenasyl (1987)

gesellschaftlichen Widerstände dagegen waren enorm. Weiße hatten sich fast damit abgefunden, daß arrivierte Schwarze zu ihnen in die besseren Wohngegenden zogen, von Ghettobewohnern wollte man nichts wissen. Zur Suburbanisierung der Armen erging 1973 ein Urteil des Supreme Court. Er barg fast ebenso viel

Zündstoff wie die Schulentscheidung von 1954. Dem Wohnungsbauministerium in Washington wurde untersagt, Wohnungsbauförderungsmittel einseitig in »schlechte« Viertel zu vergeben und so den Teufelskreis der Armut zu perpetuieren.[5] Den Banken war vom Bund her aufgetragen, in die Slumsanierung zu investieren. Die Chase Manhattan Bank gelobte öffentlich und in Werbefilmen,

Anzeige für Luxushäuser in einer umfriedeten und bewachten Wohnanlage (1987)

100 Millionen Dollar in den New Yorker Stadtteil Brooklyn zu investieren. Tatsächlich wurde nicht einmal ein Prozent des angekündigten Betrags investiert. Großbanken gewährten einzelnen Minderbemittelten keine Darlehen. Das besorgten kleine Kreditinstitute mit Wucher und Betrug. Die kleinen Kreditinstitute

wurden finanziert von den Großbanken. Nicht nur Einwanderer fielen »loan sharks«, Kredithaien, zum Opfer.

Das Fehlen eines gut durchorganisierten Fürsorgesystems ist auch aus der Einwanderertradition zu erklären. Durch Welfare, also Wohlfahrt, so hieß es, ginge der Arbeitsanreiz verloren. Das könne sich ein Land mit Arbeitskräftemangel nicht leisten. Es gab den Unterschied zwischen *indoor relief* und *outdoor relief*. *Indoor relief* war amerikanisch. Die Bürger, die Kirchen, die Frauen besonders kümmerten sich in Armenhäusern oder, wie man lieber sagte, »social settlements« um verarmte Mitbürger. Das *Settlement House Movement* diente ursprünglich – etwa ab 1860 – Einwanderern, später Schwarzen, Puertorikanern, Alkoholikern und Drogensüchtigen. Der historische Widerstand ging gegen *outdoor relief*, das heißt gegen Sach- und Geldzuwendungen an die Armen außer Hauses. Dies, meinte man, würde die Armut nur vererben. Aber mit *indoor relief* konnte man Massenarmut nicht beikommen. Auf Druck der Gewerkschaften kam es zur »workmen's compensation«, einer Entschädigung bei Arbeitsunfällen und Berufskrankheiten. Daraus entwickelte sich Arbeitslosen- und Krankenversicherung. Ab 1935 regelte der *Social Security Act* die Arbeitslosen-, Alters- und Unfallversicherung sowie Fürsorgezahlungen an Bedürftige und Kinder. Die Kompetenzen, die sich Washington hier holte, mußten erst vom Supreme Court abgedeckt werden. 1956, 1965 und 1967 ist der *Social Security Act* novelliert worden, die Kriterien wurden liberalisiert, der Betrag, den Berechtigte hinzuverdienen durften, hinaufgesetzt. 1966 wurde nach zwanzigjähriger Debatte *Medicare* verabschiedet, eine Krankenfürsorge für alte Menschen. Der *Fair Housing Act* (1968) drohte für Diskriminierung auf dem Wohnungsmarkt Freiheitsstrafen an. Unter Nixon wurde 1970 der »Family Assistance Plan« eingebracht, eine Art negativer Einkommensteuer, die jedoch im Kongreß scheiterte.

Die Amerikaner gaben 1973 gut 17 Prozent ihres Bruttosozialprodukts für Welfare aus, 1965 waren es nicht einmal 12 Prozent gewesen. Das System der sozialen Sicherheit ist umstritten wie je und wird keineswegs allgemein akzeptiert. Amerikaner verstehen ihre Sozialversicherungsbeiträge, die bei etwa sechs Prozent des Einkommens liegen, nach wie vor als Steuern. Noch 1964 regte ein Präsidentschaftskandidat an, Sozialversicherungsbeiträge wieder auf freiwilliger Basis zu erheben. Die Effektivität des Systems wurde weithin angezweifelt. Die Ausführungsbestimmungen wirkten arbiträr und diskriminierend. Eine Reihe von Abgeordneten hat versucht, dem System eine neue Grundlage zu geben und es durchsichtiger zu machen. In der Bundeshauptstadt wurden Mitte der siebziger Jahre Gesetzentwürfe zur Kinder- und Gesundheitsfürsorge, zu Mindestlöhnen, zur Sozialbeihilfe und zur Rentenreform, zum sozialen Wohnungsbau und zur Arbeitsplatzbeschaffung beraten. Auf Einzelstaatsebene zirkulierten Tausende von Vorlagen über soziale Wohlfahrt. »Die Analyse des amerikanischen Fürsorgesystems«, schrieb ein Regierungsberater, »erfordert die Fähigkeit eines Archäologen.«[6] Sozialarbeiter stellen sich für »legislative advocacy« zur Verfügung, sie führen den Abgeordneten, der die Materie nicht mehr durchschaut, durchs Dickicht der Bestimmungen, bereiten Hearings vor und fertigen Dossiers an.

Einige Distrikte und Kommunen faßten den Beschluß, samt ihren Angestellten aus der Rentenversicherung auszutreten. Öffentliche Arbeitgeber dürfen das nach zweijähriger Kündigungsfrist tun, private nicht. Der Grund für die Austritte lag in den hohen Kosten, mit privaten »Pensionsplänen« glaubte man besser zu fahren. Käme es zu einer Privatisierung der Sozialversicherung, würde die Belastung der öffentlichen Hand beim Bestreiten der nichtversicherten Sozialfürsorge weiter zunehmen.

Das *Food Stamp Program*, die Ausgabe von Lebensmittelmarken an Bedürftige, kostete den Staat jährlich Milliarden. Berechtigte erhielten Marken zum verbilligten Einkauf von Lebensmitteln, die Differenz zum Ladenpreis wurde von der öffentlichen Hand beglichen. Food Stamps wurden auf Antrag ausgegeben. Per Fragebogen wurde der Nachweis verlangt, unterhalb der Armutsgrenze zu liegen. Mißbrauch war nicht ausgeschlossen und wurde vor allem von konservativer Seite moniert. Norman Mailer allerdings meinte, die Betrüger wollten nichts weiter, als an der allgemeinen Verschwendung teilzuhaben. In Kalifornien lebende Rom erhalten wegen Fettleibigkeit *Aid for the Totally Disabled.* Die Rom lachen sich dabei ins Fäustchen, denn in ihrer Kultur ist Übergewicht ein Zeichen von Gesundheit und Wohlstand.[7]

Im Gesundheitswesen kam es nicht zu der von Kennedy gewünschten Bundeskrankenversicherung. *Medicaid* bot stattdessen eine Mischung aus Versicherung und Fürsorge, zwei Elemente, die sich in den USA schwer miteinander vereinbaren lassen, ebensowenig wie die unterschiedlichen Bestimmungen auf nationaler und lokaler Ebene. 1972 wurden per Gesetz 20 Millionen Bürger der unteren Einkommensschichten plötzlich ausgeschlossen. Es gab ungezählte Hearings, Dossiers und Newsletters, um Ordnung in das Antrags- und Auszahlungsverfahren zu bringen. Im Staat Mississippi zahlte der Versicherte 168 Dollar Beitrag, in New York aber 1403 Dollar (1975). Impfungen gegen Masern und Keuchhusten sind gesetzlich vorgeschrieben, doch weniger als die Hälfte der zweijährigen Kinder war ausreichend geimpft. Auch hier existierten brauchbare Gesetze, mit deren Vollzug es haperte.[8]

In Altenpflegeheimen verschlechterten sich die Bedingungen. Manche Heime wurden zur Einnahmequelle und hörten auf, eine soziale Einrichtung zu sein. Seitdem Mittel aus *Medicare* für über 65jährige zur Verfügung standen, wurde mit alten Menschen regelrecht gehandelt, um in den Genuß ihrer Unterstützungsbeträge zu kommen. In speziellen Slumhotels lebten alte Amerikaner als Dauergäste ausschließlich in Einzelzimmern isoliert von der Gesellschaft und voneinander. Bekanntschaften blieben oberflächlich und lösten sich auch bei Mietern rasch wieder auf, die schon seit Jahren auf demselben Stockwerk wohnten. Alte Frauen waren noch vereinsamter als alte Männer. Sie hatten weniger Möglichkeiten der Einkommensergänzung und nahmen kaum noch Anteil am Zeitgeschehen. Angehörige existierten oft nur noch in der Phantasie. Streit, Obszönität und Entgleisungen unter Alkoholeinfluß gehörten zum Alltag. Sterno, nach der Gewinnungsmethode auch »squeeze« genannt, wurde durch einen Strumpf oder durch einen Kissenbezug gedrückt, der herausgepreßte Alkohol mit Wasser verdünnt. »Diese alten Leute«, meinte der Geschäftsführer eines Slumhotels, »sie waren seit jeher arm, sie haben es so gewollt ... Sie sind nie irgendwo gewesen, haben nie irgendwas gemacht. Platz wegnehmen ist alles, was sie je gemacht haben.«[9]

Eine Deinstitutionalisierung von Nervenheilanstalten hatte zur Folge, daß 400 000 Personen mit psychischen Problemen nach Hause oder auf die Straße geschickt wurden. Viele der ehemaligen Patienten sind von ihrer Familie nicht mehr aufgenommen worden, so sie vorher eine hatten. Mindestens ein Viertel der Entlassenen wäre auf »half-way houses« mit Verpflegung und medizinischer Versorgung angewiesen. Fehlen diese, landen die Entlassenen im Elend. Ein allgemeines Manko besteht darin, daß die soziale Vorsorge unterentwickelt ist. Nachsorge paßt besser zum Prinzip der Nachbarschaftlichkeit, Vorsorge wirkt unamerikanisch, zunächst soll jeder seine Chance erhalten, auch die Chance zu scheitern.

Die Gewerkschaften forderten Lohnerhöhungen, Ergänzungen zur Arbeitslosenunterstützung, kürzere Arbeitszeit, mehr Urlaub und ein herabgesetztes Rentenalter. Im Grunde waren dies Forderungen, die die Arbeitgeber ohne größere Einbußen an Arbeitsproduktivität und mit einer erträglichen Steigerung der Produktionskosten erfüllen konnten. Die Gewerkschaften haben Macht verloren. Die Zahl gewerkschaftlich organisierter Erwerbstätiger ging von 42 Prozent in den fünfziger Jahren auf 21 Prozent (1980) zurück. Unter Präsident Ronald Reagan wurde eine antigewerkschaftliche Haltung wieder salonfähig, man erkannte Bestrebungen, Gewerkschaften »unnötig« zu machen, und es zeigte sich, daß das Gewerkschaftswesen in den Vereinigten Staaten weniger solide verankert war, als man zuletzt geglaubt hatte.[10]

Die amerikanische Ideologie besagt, jeder könne sich mit seiner Freiheitsgarantie die Gleichheit selbst erwerben. Für das untere Drittel der Gesellschaft traf dies weniger zu denn je. Die Überbetonung individueller Rechte und Chancen gefährdete die soziale Sicherheit insgesamt. Der Jurist Ronald Dworkin überraschte die Öffentlichkeit mit der Behauptung »There is no such thing as a general right to liberty« – es gibt kein allgemeines Recht auf persönliche Freiheit. Für die USA wäre es etwas revolutionäres Neues, nicht die Freiheit zur Grundlage des Staates zu machen, sondern das *suum cuique*, die distributive Gerechtigkeit. Diese Art von Lastenausgleichsphilosophie wirkt auf Amerikaner ungewohnt. Erobert sie staatliches Denken, würde sie zu einer Staatsfeindlichkeit der Wohlhabenden führen, vermutete der Politikwissenschaftler Karl Deutsch. Gerechtigkeit ist nach einer Definition »reasonable conduct« – vernünftiges Agieren beim Ausgleich gegensätzlicher Interessen. Hier liegt der Kern des Problems. Nach einer gewaltigen Kampagne votierten Kaliforniens Bürger 1978 für »Proposition 13« und eine drastische Senkung der Grundsteuer zu Lasten der öffentlichen Wohlfahrt. Sie nahmen damit ihr Recht auf »pursuit of happiness« wahr, ohne Rücksicht auf Folgen für andere – oder für sich selbst. Nach fünf Jahren nämlich stand der Staat Kalifornien vor dem finanziellen Zusammenbruch.[11] Die Privatinitiative war durch die Reduzierung der Fürsorgeleistungen anscheinend nicht angestachelt worden. In San Francisco erhielten 1976 rund ein Viertel der Bewohner Fürsorgeunterstützung. Dazu kamen zehn Prozent Arbeitslose sowie Personen, die mit einer schmalen Rente am Rande des Existenzminimums lebten. Das Bürgermeisteramt rechnete damit, daß ein Drittel der Bevölkerung auf dem Weg in die permanente Armut war. Die Kriminalität hatte zugenommen, die Lebensqualität sich allgemein verschlechtert.

Ein New Deal für die Armen war schon um 1880 von Mark Twain gefordert worden, dann wieder von Roosevelt, und heute ist immer noch jeder dritte Amerikaner im sozialen Sinn nicht gleichberechtigt. Die Zahl der Amerikaner, die Hunger litten, ging unter Reagan wahrscheinlich in die Millionen. John Kenneth Galbraith hatte in *The Affluent Society* (1958) behauptet, die Armut wäre am Aussterben. Aber in *Economics and the Public Purpose* (1973) meinte er, die soziale Ungleichheit werde unter dem herrschenden Wirtschaftssystem laufend vergrößert.[12] Nach den sozialen Unruhen in den Großstädten hatten sich 1967 ein paar Hundert prominente, engagierte und einflußreiche Persönlichkeiten des öffentlichen Lebens zur *National Urban Coalition* zusammengefunden, um gemeinsam nach Wegen zur Linderung der Not zu suchen. Zwanzig Jahre später mußte der Vorsitzende des Verbandes erschüttert feststellen, daß die Lage schlimmer war als zuvor: mehr Obdachlose, mehr Analphabeten, eine Krise im Gesundheitswesen, ein Minus an preiswerten Wohnungen. »Hätten diese 800 Notabeln, die sich 1967 versammelt hatten, sich vorstellen können, daß wir heute im Ernst von einer permanenten Unterklasse sprechen würden?«[13]

1984 ging die Armutsrate leicht zurück, hatte damit aber den Stand von vor zwanzig Jahren erreicht. In der Ortschaft Tunica (Mississippi) lebten Mitte der achtziger Jahre mehr als 50 Prozent der Bevölkerung unter der Armutsgrenze. Landesweit hat sich, in Zahlen ausgedrückt, die Ungleichheit nicht unbedingt vergrößert. Das ärmste Fünftel der Gesellschaft erhält seit dem Zweiten Weltkrieg nahezu unverändert um die 5 Prozent des Nationaleinkommens. Doch sind Prozentsätze nicht die einzigen Indikatoren. Zieht man Faktoren wie die Kaufkraft und die demographischen Charakteristika in den Familien heran, so hat sich die soziale Mobilität verlangsamt und die Ungleichheit wahrscheinlich vergrößert.[14]

Der Kulturanthropologe Oscar Lewis hat bezüglich mittelamerikanischer und puertorikanischer Familien von einer »Kultur der Armut« gesprochen. Sie ist in seinen Augen »auch etwas Positives und verschafft einige Entschädigungen, ohne die die Armen kaum weiterexistieren könnten«. Lewis räumte ein, daß ein wichtiges Kennzeichen der Kultur der Armut eine Armut an Kultur ist. Seine Kritiker haben zu bedenken gegeben, daß den Armen der zentrale Bezugspunkt fehle, der ihrer »Kultur« erst Zusammenhalt geben könnte: sie entbehren gemeinsame Institutionen, gemeinsame Überzeugungen, gemeinsame Verpflichtungen. Stattdessen sehen sie sich – auch in den USA – einem doppelten System ausgesetzt: zum einen den herrschenden Standards, wie sie etwa im Fernsehen vermittelt werden, zum anderen ihrer Alltagsanarchie.[15]

Lobbies und Lobbyisten müssen sich in der Bundeshauptstadt Washington amtlich anmelden. Im Zeitraum zwischen Oktober 1968 und Dezember 1969 ließen sich 19 Farmlobbyisten, 41 Sprecher für Gewerkschaften und Arbeitnehmer, aber 369 Vertreter der Businesswelt registrieren. Zu den einflußreichsten Lobbies gehörten die Tabak-, die Zucker-, die Automobil- und die Ölindustrie. Die Öllobby verfügte über einen außergewöhnlich hohen Etat und beschäftigte in den sechziger Jahren am »American Petroleum Institute« in Washington an die 200 Personen. Die Rüstungslobby griff auf pensionierte Offiziere mit guten Kontakten zum Pentagon zurück. Die *National Rifle Association* wehrte sich gegen schärfere Waffengesetze, meist mit Erfolg. Die Labor Lobby setzte sich für das Programm *Medicare* ein und obsiegte in diesem Punkt gegen die Ärztelobby, die *American Medical Association.* Die *National League of Cities* bemühte sich um einen höheren Steueranteil für die Städte, die Lobby der Umweltschützer hat mit den Jahren mehr Einfluß gewonnen. *National Association of Manufacturers, Chamber of Commerce* und *American Farm Bureau Federation* suchten als Interessenvertreter von Industrie, Handel und Landwirtschaft konsumenten-, arbeitnehmer- und umweltfreundliche Gesetzesinitiativen unter Kontrolle zu halten. »Profite sind Amerikas goldenes Kalb«, schrieb Philip Berrigan, »und nichts Geringeres als ein Erdbeben oder Gottes Ratschluß darf damit interferieren.«[16]

Thorstein Veblen hatte um 1900 von der »conspicuous consumption«, dem auffälligen Konsumverhalten, dem aufwendigen Lebensstil, der Verschwendungssucht der Reichen gesprochen. Ob diese Merkmalsbeschreibung für die Generationen nach den Astors und den Vanderbilts noch zutraf, ist bestritten worden. W. H. Whyte zum Beispiel behauptete in *The Organization Man* (1956), die Verhältnisse hätten sich umgekehrt, die Durchschnittsverdiener seien es vielmehr, die sich durch Konsum bestätigen müssen und mit dem materiellen Aufwand ihrer Nachbarn mithalten wollen: »Keeping up with the Joneses.«[17] Ob diese Inversion tatsächlich stattgefunden hat, ist unwahrscheinlich. Die Anzeichen für eine Refeudalisierung der Republik haben sich gemehrt. Luxuswohnungen in sogenannten »good buildings« an New Yorks East Side kosteten Mitte der achtziger Jahre zwischen zwei und sechs Millionen Dollar mit monatlichen Kosten zwischen 1750 und 10000 Dollar. Geld allein öffnete den Zugang zu diesen Wohnungen nicht, Käufer durften nicht von allzuviel Glamour umgeben sein. Hier zeigte sich die im Umkreis »alten Geldes« waltende Statusinkonsistenz, während bei »neuem Geld« Reichtum *per se* qualifizierte und Geschmacklosigkeit nicht disqualifizierte. Im Milieu texanischer Ölmillionäre nahm eine Frau einmal pro Woche ein Hotelfrühstück zum Preis von 650 Dollar zu sich, eine andere Lady zog in eine Hotelsuite à 1500 Dollar pro Tag als ihr Haus renoviert wurde. Ein reicher Kunsthändler ließ sich eine Geburtstagsfeier eine viertel Million Dollar kosten. Wo große Vermögen und wohlklingende Namen zusammenkamen, pflanzte sich die Geldaristokratie dynastisch fort. Die Rockefellers sind einmal als »die kaiserliche Familie der Vereinigten Staaten« bezeichnet worden. Das Familienmitglied Winthrop Rockefeller, der zunächst durch abweichendes Verhalten und geschäftliche Mißerfolge aufgefallen war, erhielt Arkansas als »etwas abgelegenes Lehensgut«; man machte ihn zum Gouverneur dieses Staates.[18]

V.S. Naipaul hat die Sehnsucht nach feudalen Zuständen bei einer Dinnereinladung des texanischen Millionärs Bunker Hunt beobachtet. Die Gäste kamen in den Genuß des »valet parking«. Valet heißt Bedienter. Junge Männer übernahmen das Einparken der schweren Limousinen, und sie kamen rennend vom Parkplatz zurück, »als sei dies Teil der Höflichkeitsbezeugung (courtesy)«. Ein Fernsehteam filmte den Gastgeber und seine Frau rückwärtsschreitend. Die Gäste atmeten beim Auftritt des Gastgeberpaares hörbar ein (gasp) »wie beim Erscheinen eines Heiligen oder einer Königlichen Hoheit«.[19] Debora Silverman behandelte in ihrem Essay *Amerika hält hof* (1987) die »aristokratische Selbstdarstellung« im öffentlichen Leben der USA, den neuen Luxus, den demonstrativen Konsum. Die wirtschaftliche und die politische Elite, einschließlich der Präsidentengattin Nancy Reagan, begann, sich an fürstlichen Vorbildern zu orientieren. Das Kaufhaus Bloomingdale, das Metropolitan Museum of Art in New York oder die National Gallery of Art in der Bundeshauptstadt propagierten gleichläufig mit Reagans protzig begangener Amtseinführung einen feudalen Stil, der freilich ohne historische Fundierung war: als hätte sich die Aristokratie immer nur human und kultiviert gebärdet. Das »good life« der Superreichen – ein Ballkleid von Nancy Reagan kostete 25 000 Dollar – sollte den Armen zeigen, daß sie arm waren, »weil sie es nicht anders verdienten«.[20] Feudal wurde chic. Modeschöpfer, Innenarchitekten und Werbefachleute nahmen sich das chinesische Kaiserreich, das Ancien Régime oder das britische Königshaus zum Vorbild.

Daß es in den USA keinen Sozialismus gibt, ist eine historiographische Klamotte. Als Hauptgründe haben vor allem Europäer – von Werner Sombart bis Jean Baudrillard – materielle Verlockungen und die Ideologie der Chancengleichheit in einer hochgradig individualistisch angelegten Kultur ins Feld geführt. Durch die jüngste Entwicklung ist der allgemeine Konsens in dieser Frage ein wenig ins Wanken geraten. In den stahlproduzierenden Gebieten Pennsylvanias tritt eine Koalition aus Gewerkschaftern, katholischen Arbeiterpriestern und Mitgliedern ethnischer Verbände gegen die Unternehmenspolitik der Stahlkonzerne an. Sie will nicht mehr länger hinnehmen, daß große Firmen eine Region industrialisieren, ausbeuten und hernach umstandslos aufgeben, sobald die Gewinne zurückgehen. Arbeitsplätze sind auf diese Weise zu hunderttausenden abgebaut, Rentenzahlungen abrupt eingestellt worden. Selbst gemäßigte Politiker sprachen von »industriellem Terrorismus«. Unter dem Eindruck, bei Betriebsstillegungen behandelt zu werden wie ausgequetschte Zitronen, ist unter Arbeitern, Rentnern und ihren Familien eine neue Solidarität entstanden. Kluge Berater dieser »Zitronensozialisten« haben ein neues Instrument für den Arbeitskampf entdeckt: das im Fünften Verfassungszusatz niedergelegte Prinzip der *eminent domain* – das Recht auf Enteignung. Die Kommune, so lautet das Argument, habe durch die langjährige Beziehung zwischen Firma und Gemeinde und durch die Schaffung einer Infrastruktur zum Nutzen der Firma ein Eigentumsrecht auf Industriebesitz erworben. Konzernherren sahen sich mit der Drohung konfrontiert, zu bleiben und den Betrieb zu modernisieren oder enteignet zu werden. Das alte Rezept, Kapital einfach abzuziehen und anderswo neu zu investieren, konnte nicht mehr mit gewohnter Selbstverständlichkeit angewendet werden.[21]

XXVII. Kapitel

KRIMINALITÄT UND JUSTIZ

Die kulturelle Norm untersagt längeren Augenkontakt mit fremden Personen; trotzdem fühlt sich der amerikanische Städter genötigt, seine Umgebung wachsam, wenngleich unauffällig im Auge zu behalten: er hat schlicht Angst vor Überfällen. Die Zahl und die Brutalität schwerer Verbrechen hat in den letzten drei Jahrzehnten drastisch zugenommen. In Atlanta führen die meisten Filmkritiker zur eigenen Sicherheit eine Schußwaffe mit sich, wenn sie ihrer Arbeit nachgehen. In Washington, einer Stadt so groß wie Köln, passierte um 1970 alle dreißig Stunden ein Mord. Direkt vor dem Weißen Haus verlor ein Obdachloser durch Schüsse sein Augenlicht, als er Räubern mitteilte, er habe kein Geld bei sich. Pro Jahr wird mindestens jeder vierte amerikanische Haushalt direkt von einer Straftat betroffen. Eigentumsdelikte haben dermaßen überhandgenommen, daß Großstadtbewohner sarkastisch von »mein Einbrecher« sprechen, so wie man »mein Hausarzt« oder »mein Friseur« sagt. Der sechsundsechzigjährige S. J. Perelman, der einst Drehbücher für die Marx Brothers schrieb, kehrte 1971 seiner Heimat den Rücken, weil er den »Irrsinn der Gewalt« nicht länger ertrug, und ließ sich für zwei Jahre im vermeintlich »rationaleren« England nieder. Hilfsbereitschaft, eine alte amerikanische Tugend, verkommt zu Feigheit und Lethargie. Auf einem Gehsteig im New Yorker Stadtteil Queens wurde eine Frau niedergestochen. Mindestens 38 Mitbürger sahen sich durch ihre Todesschreie nicht veranlaßt, ihr zu Hilfe zu kommen oder wenigstens die Polizei zu rufen. Aus Angst und Frustration kommt es zu überzogenen Formen der Notwehr. Der deutschstämmige Bernhard Goetz schoß in der New Yorker Subway vier junge Schwarze nieder, die ihn angebettelt, belästigt und bedroht hatten. Eine von Kriminalität heimgesuchte Gesellschaft zollte der Tat Beifall. Aus dem Showbusiness kamen Glückwünsche, die *New York Post* pries Goetz als Helden, ein konservativer Publizist gratulierte ihm zu seinem »gesunden Zorn«.[1]

»Eine Verbrechenswelle epischen Ausmaßes« gehe seit Anfang der sechziger Jahre über die Vereinigten Staaten hinweg, schrieb Charles Silberman in *Criminal Violence, Criminal Justice* (1978). Im Vergleich dazu seien die Kriminalitätsraten zwischen 1930 und 1960 niedrig gewesen. Ein kaum zu überschätzende Rolle spielt hierbei die Beschaffungskriminalität Drogensüchtiger. Die Verbrechensquote von Frauen ist zwischen 1965 und 1974 sprunghaft gestiegen. Die Bevölkerung hat sich verjüngt, junge Menschen begehen mehr Verbrechen als ältere, besonders wenn sich ein Bewußtsein sozialer Aussichtslosigkeit festgesetzt hat. Zwischen Januar 1969 und April 1970 sind in den USA 41000 Bombenattentate verübt oder Bombendrohungen ausgesprochen worden, davon waren etwa ein Fünftel mit der Studentenrebellion verknüpft. 35 Prozent aller amerikanischen Jugendlichen kommen vor dem 18. Lebensjahr mit dem Gesetz in Konflikt, der Anteil kann auf über 40 Prozent steigen, ehe das 24. Lebensjahr erreicht ist, und zwar in ländlichen Gebieten wie in Großstädten. Verkehrsdelikte sind dabei nicht einmal mitgerechnet. Damit unterscheidet sich die amerikanische Kriminalstatistik nicht wesentlich von der westdeutschen. Allerdings nehmen die USA eine führende Stelle ein, was die Schwere der Verbrechen und die Taten mit tödlichem Ausgang angeht. In den USA gibt es, proportional zur Bevölkerung, viermal mehr Mörder als in der Bundesrepublik. Der amerikanische Staat hat noch kein wirksames Waffenkontrollgesetz zuwegegebracht. Entsprechende Vorlagen sind im Kongreß durch den Einfluß der National Rifle Association und südstaatlicher Abgeordneter immer wieder zu Fall gebracht oder verwässert worden. Ironischerweise hatten die USA als Besatzungsmacht in Japan eine strenge Kontrolle von Handfeuerwaffen durchgesetzt. Im eigenen Lande ist dies nicht gelungen. Jährlich werden 25000 Amerikaner erschossen. 43 Prozent aller Morde werden mit Handfeuerwaffen verübt. Der Besitz von Schußwaffen scheint durch den zweiten Zusatz zur Verfassung gedeckt zu sein. Zudem hat die steigende Kriminalität die Bereitschaft der Bürger verringert, auf privaten Waffenbesitz zu verzichten. Selbstverteidigung wird geltend gemacht, der Begriff Notwehr großzügig ausgelegt. Galt früher die Regel »Wenn du jemanden anschießt, zerr ihn ins Haus«, so toleriert zum Beispiel die neuere Rechtsprechung in Florida die Praxis, einem Einbrecher nachzusetzen und ihn auf der Flucht zur Strecke zu bringen.[2]

Wo Schußwaffen im Spiel sind, nehmen vergleichsweise harmlose Konfrontationen ein katastrophales Ende. Bagatellen im Familienkreis werden zu blutigen Dramen. In Detroit, einer Stadt mit rund 1,5 Millionen Einwohnern, geschahen im Jahr 1970 nicht weniger als 550 Morde. Das benachbarte Toronto in Kanada hat eine halbe Million Einwohner mehr, aber ein strikteres Schußwaffengesetz. Im selben Zeitraum gab es dort nur 14 Mordfälle, während in Detroit die Mordrate weiter stieg und 1974 bei 801 Morden angelangt war. Als man im folgenden Jahr nur 684 Morde zählte, wurde dies bereits als Erfolg gewertet. In der Neujahrsnacht gilt für Detroiter Polizeihubschrauber Startverbot, weil feiernde Bürger mit scharfer Munition in die Luft schießen. Mitte der achtziger Jahre nahm die schwere Kriminalität in den meisten Großstädten immer noch zu. Die USA sind heute das Land mit den meisten Gewaltverbrechen pro Einwohner.[3]

Nach einer verbreiteten These des Soziologen Robert K. Merton resultiert das Verbrechen aus der Diskrepanz zwischen großartigen gesellschaftlichen Zielvorgaben und der Unmöglichkeit, diese Ziele zu erreichen. Als Kompensation für Erfolglosigkeit legen sich junge Slumbewohner ein »bad guy image« zu, das sie auch ausleben. Je größer die Einkommensunterschiede in einer Stadt, desto höher die Verbrechensrate. Nach dem soziologischen Muster des »Erfüllungsaufschubs« sind Arme deshalb arm, weil sie nicht willens sind, eine Durststrecke durchzustehen, sondern unmittelbar verbrauchen, was sie erwerben. Dagegen schloß Charles Silberman: »Die Wahl besteht nicht zwischen unmittelbarer und aufgeschobener Erfüllung; sie besteht zwischen unmittelbarer Erfüllung und gar keiner Erfüllung.« Die Elendsviertel der Großstädte sind so von Kriminalität durchdrungen, daß der gesetzestreue Einwohner der eigentliche Normabweichler ist. In den sechziger Jahren belief sich das Risiko, Opfer eines gewalttätigen Überfalls zu werden, an Chicagos verwahrloster South Side auf 1:77, in den Wohnvierteln der weißen Mittelklasse auf 1:2000 und draußen in Suburbia auf 1:10000. Schwarze haben, gemessen am Bevölkerungsanteil, das achtfache Risiko, ermordet zu werden.[4]

Je höher der Prozentsatz von Schwarzen in einer Gemeinde, desto höher die Zahl der Gewaltverbrechen. Mehr als 60 Prozent aller Gewalttaten werden von Schwarzen begangen (1970–72). Armut reicht zur Erklärung dieses Phänomens nicht aus. Puertorikaner und Mexikaner sind ärmer, begehen aber wesentlich weniger violente Verbrechen als Schwarze, die vier- bis achtmal so oft als Straßenräuber in Erscheinung treten wie Mitglieder der spanischsprechenden Minderheiten. Der Grund wird darin gesehen, daß Schwarzen anders als freiwilligen Einwanderern über Generationen hinweg der soziale Aufstieg versagt blieb. Der Zorn der Schwarzen – *black rage* – über ihre permanente Zurücksetzung sucht sich ein Ventil in gewalttätigen Handlungen: »Schwarze Jugendliche und junge Männer leben jetzt die Gewalt und Aggression aus, die in der Vergangenheit in Phantasie und Mythen eingeschlossen und dadurch sublimiert war.«[5]

Verbrechersyndikate gehören in den Ghettos zu den größten Arbeitgebern. Das sogenannte »organisierte Verbrechen« ist nacheinander eine Domäne von Iren, Juden, Italienern, Schwarzen und Asiaten geworden. Charles Evers, ein schwarzer Politiker und Bürgermeister einer Stadt in Mississippi, bekannte freimütig, sich in jungen Jahren als Zuhälter, Alkoholschmuggler und Glücksspieler durchgeschlagen zu haben: »Der Rassismus hat mich dazu getrieben. Es gab weder Jobs noch sonstwas.« Die Behörden ziehen mitunter *organized crime* der kriminellen Anarchie vor. In Chicago bleibt die Polizei gelassen, wenn Mafia-Mitglieder untereinander blutig aufräumen. Den *racketeers* selbst fehlt das Unrechtsbewußtsein.

Oberflächlich betrachtet haben Verbrechersyndikate keine Opfer, sondern Kunden, die mit Sex, Drogen und der Gelegenheit zum Glücksspiel, dem »numbers game«, versorgt werden.[6]

Kinder und Jugendliche können wegen Ungehorsams, Schulschwänzens, unsittlichen Verhaltens oder als Ausreißer in Erziehungsanstalten und Gefängnisse eingewiesen werden. Man nennt sie »status offenders«, weil sie mit ihrem Verhalten gegen ihren Status als Minderjährige verstoßen. Mitte der siebziger Jahre saßen über eine halbe Million Kinder in Erziehungsanstalten. Die Zahl der 5- bis 17jährigen, die illegalerweise in Gefängnissen für Erwachsene untergebracht waren, ist nicht genau bekannt, liegt jedoch sicherlich über 200000. Die Erziehungsanstalten sind oft nicht viel mehr als Kinderarbeitslager. Eine wirksame richterliche Kontrolle ist nicht gegeben. In Minneapolis hatte ein Jugendrichter zwischen 1960 und 1978 jährlich rund 5000 Fälle zu bearbeiten. Ein pädagogischer Effekt ist nicht zu erkennen, den fast rechtlosen Kindern bringt der Aufenthalt mehr Schaden als Nutzen. Der Boxer Rubin »Hurricane« Carter erinnerte sich in seiner Lebensgeschichte, wie er als Kind in ein Camp in New Jersey gesteckt wurde. Dort herrschte nach außen hin stramme Disziplin, einschließlich Marschieren, hinter der Fassade jedoch Chaos, Gewalt, das Recht des Stärkeren, homosexuelle Ausbeutung und tiefe Verzweiflung. Viele der Ausreißer kommen aus »broken homes«. Die Eltern sind nicht sehr erpicht darauf, sie freizubekommen.[7]

Das Elend der amerikanischen Kinder kommt im europäischen Amerika-Bild so gut wie gar nicht vor. In den USA lebten 1987 ein Viertel aller Kinder unter der Armutsgrenze. Amerikanische Teenager werden doppelt so häufig schwanger wie Teenager in vergleichbaren Ländern. Von allen Industrieländern haben die USA den höchsten Prozentsatz bei Drogenabhängigen im Kindes- und Jugendalter. Gangster setzen als Straßenräuber gerne Jugendliche unter 16 Jahren ein, weil diese mit einem geringeren Strafmaß davonkommen, wenn sie gefaßt werden. In einem kaum für möglich gehaltenen Ausmaß werden Kinder von ihren Vätern sexuell mißbraucht. Kinderprostitution wurde in New York über veröffentlichte Telefonnummern vermittelt und konnte teilweise per Kreditkarte bezahlt werden. Während in New Jersey ein Mann zu Freiheitsentzug und Geldstrafe verurteilt wurde, weil er einer Sechzehnjährigen Bier gegeben hatte, beförderte die Post ein »Handbuch« mit praktischen Hinweisen, wie man als Kindsverderber nicht entdeckt wird.[8]

Zwischen 2000 und 4000 Amerikanerinnen werden jährlich von ihren Ehemännern umgebracht. Harte Pornographie verstärkt nach Erkenntnissen einer regierungsamtlichen *Commission on Obscenity and Pornography* (1970) aggressive Gelüste. Das Risiko für Frauen vergewaltigt zu werden, ist in den USA zehnmal so hoch wie in England und dreißigmal so hoch wie in Norwegen (1968). Bizarre Massenmorde ohne erkennbares Motiv häufen sich. In Los Angeles sind in kurzer Zeit zehn Stadtstreicher ermordet worden, an die zwanzig Autofahrer wurden auf den Highways von anderen Autofahrern erschossen. Massenmörder beherrschen einige Zeit die Schlagzeilen – Freeway Troller, Son of Sam, Rattlesnake Brothers, Mad Riveter, Dockside Zappers, Turnpike Scytheman –, hernach geht man zur Tagesordnung über. In San Francisco, Chicago und in anderen Städten mischten Unbekannte tödliche Gifte unter Süßwaren und Arzneimittel.[9]

»Es ist ein anomaler Zustand«, klagte Senator Edward Kennedy 1968, «daß sich die Vereinigten Staaten als das technisch am meisten fortgeschrittene Land der Geschichte weiterhin auf veraltete und schwerfällige Methoden der Verbrechensbekämpfung verläßt.« Die Polizei ringt jedoch weniger mit technischen als mit juristischen und moralischen Problemen. Bei Kindesentführungen muß das FBI vor dem Einschreiten 24 Stunden verstreichen lassen, so lange nämlich, bis man annehmen kann, daß die Kidnapper Staatsgrenzen überschritten und damit Bundesgesetze übertreten haben. Gesetzesverletzungen werden von den Polizeien mit unterschiedlicher Intensität verfolgt. Bankraub wurde generell zum *Federal crime* erklärt, die Aufklärungsquote ist hoch, Berufsverbrecher haben sich aus dieser Sparte des Risikos wegen zurückgezogen.[10]

Seit die *Wickersham Commission* (1931) ihre Ergebnisse zur Verbrechensbekämpfung vorlegte, hat sich der Glaube an die Effizienz des *radio car* oder Funkstreifenwagens durchgesetzt. Je schneller die Polizei am Tatort eintrifft, so lauteten die Argumente, desto größer die Chance einer Verhaftung, desto stärker die Abschreckung, desto günstiger die Aussicht auf einen Rückgang der Kriminalität. Solche Erwartungen haben sich schon deshalb nicht erfüllt, weil Verbrechen von den Opfern oder Angehörigen in der Regel nicht unmittelbar nach der Tat gemeldet werden. Außerdem hat sich die Polizei in ihren Funkwagen eingesponnen, hat den Kontakt mit den Bürgern als möglichen Informaten eingebüßt und wirkt um so verletzbarer, sobald sie die stählernen Gehäuse verläßt.[11]

Der große Journalist Lincoln Steffens hat einmal gesagt, es sei ein Jammer, daß sich Kriminalisten anscheinend von Kriminalromanautoren inspirieren lassen und nicht umgekehrt. Unter Polizisten ist heute die Überzeugung verbreitet, die Gerichte würden durch milde Urteile mühsame Ermittlungsarbeit entwerten. Besonderer Zorn richtet sich gegen das inzwischen mehrfach entschärfte Miranda-Urteil (1966) des Obersten Bundesgerichtshofs. In diesem Verfahren mußte die Revision zugelassen werden, weil der Angeklagte – der in letzter Instanz übrigens verurteilt wurde – nicht voll über seine Rechte aufgeklärt worden war. Einen beträchtlichen Teil ihrer Dienstzeit verbringen Polizisten mit »bullshitting«, so heißt umgangssprachlich das beruhigende Einreden auf erregte oder verzweifelte Bürger. Ein hoher Prozentsatz von Polizisten kapituliert vor den Anforderungen des Berufes, sie unterliegen im täglichen Nervenkrieg mit Kriminellen, Rauschgiftsüchtigen und verwirrten Personen im Revier. Polizisten liegen in der Statistik des Alkoholismus und des Herzinfarkts weit vorne. Sie haben eine überdurchschnittlich hohe Scheidungs- und Selbstmordrate.[12]

Die hohe Zahl von Straftaten hat zu einer Art Fließbandjustiz geführt. An einem überlasteten Gericht erscheint der Richter beim Haftprüfungstermin auf dem Bildschirm; er begibt sich gar nicht mehr erst in den Sitzungssaal. Das Tempo vor den großen Geschworenengerichten ist atemberaubend. Die Entscheidung über die Eröffnung eines Verfahrens kann in zwanzig Sekunden fallen. Die Grand Juries erfüllen den Zweck des Bürgerschutzes vor der Staatsgewalt nicht mehr. Meist folgen die Geschworenen dem Antrag des Staatsanwalts. Zur Zeit des Vietnamkriegs ließen sich Grand Juries dazu mißbrauchen, Kriegsgegnern das Leben schwer zu machen.[13]

Die Staatsanwaltschaften sind politisiert worden. Staatsanwälte betrachten ihr Amt zu oft als Sprungbrett in eine andere private oder politische Karriere. »Der Aufstieg des amerikanischen Anklägers«, schrieb Otto Kirchheimer, »hängt weniger von unanfechtbarer Verläßlichkeit, Gründlichkeit und Exaktheit im Werktag ab als von besonders bemerkenswerten, nach Möglichkeit mit der Werbetrommel untermalten Einzelleistungen.« Vom Gericht bestellte Verteidiger sind häufig unerfahrene, mit der Sachlage kaum vertraute Anwälte, die ein Interesse daran haben, daß sich ihr Mandant schuldig bekennt, weil dies eine Abkürzung des Verfahrens bedeutet.[14]

Sowohl bei der Strafzumessung wie bei der Entlassung auf Bewährung spielen sachfremde Faktoren hinein. In rund einem Sechstel der Verfahren fällt der Urteilsspruch so irrational aus, daß das Strafmaß nicht entfernt vorhersagbar ist. Die Praxis des »plea bargaining« ist dafür mitverantwortlich: Angeklagte werden dazu überredet, sich schuldig zu bekennen, im Gegenzug wird auf ein minder schweres Delikt erkannt. Diese Praxis wird einmal wegen der überwältigenden Zahl der Fälle geübt, zum anderen weil die Geschworenen zögern, auf glatten Mord zu erkennen und sich bei einer Verurteilung wegen Totschlags oder fahrlässiger Tötung wohler fühlen. In einer typischen Konstellation aus dem Distrikt Manhattan kam es bei 600 Mordsachen zu 300 Anklagen und 40 Verurteilungen wegen dieses Delikts.

Erhebliche Unterschiede machen die einzelnen Bundesstaaten bei der Strafandrohung, etwa bei Sexualvergehen. Noch in den sechziger Jahren reichte das Strafmaß für Homosexualität von einem Tag Haft (New York) bis zu »lebenslänglich« (Nevada). Viele dieser Gesetze sind »dead letter«, das heißt, sie kommen nicht mehr zur Anwendung. Gelegentlich werden Strafgesetzbücher entrümpelt. In Kalifornien ist es seit 1973 nicht mehr verboten, weibliche Dampfschiffpassagiere zu verführen; es gibt keine Dampfschiffe mehr. In Arizona müssen Straftäter, die sich an Kindern vergangen haben, ihre Haftstrafen nacheinander verbüßen, was in einem Fall zu einer Gesamtstrafe von 2975 Jahren führte.[15]

Etwa seit der Jahrhundertwende haben die Gerichte Haftstrafen auf unbestimmte Dauer ausgesprochen, etwa zwischen zwei und fünf oder zwischen zehn und zwanzig Jahren. Der Häftling konnte durch sein Verhalten den Zeitpunkt seiner Entlassung mitbeeinflussen. In jüngster Zeit geht der Trend wieder zu einem festen Strafmaß. Die Überlastung der Gerichte hat zu einem Vollzugsdefizit geführt, das sich mitunter als Segen erweist, zum Beispiel auf einigen Gebieten der Sexualmoral. Die Tendenz, Sträflinge auf Bewährung zu entlassen, ist steigend. 1980 kamen 1,2 Millionen Personen in den Genuß einer Bewährungsfrist, 1987 waren es bereits 1,9 Millionen. Trotzdem sind die Strafanstalten so überfüllt wie nie zuvor.[16] Die Zahl der Inhaftierten ist in den letzten Jahren von 188000 (1968) und 267000 (1976) auf über 400000 (1982) gestiegen, Untersuchungsgefangene und die Insassen von Erziehungsanstalten nicht mitgerechnet. Die Gefängnisbevölkerung hat sich somit innerhalb von nur zwei Jahrzehnten verdoppelt. Nur vier Prozent der Insassen von Strafvollzugsanstalten sind Frauen. Das Risiko, in einem der Südstaaten eingesperrt zu werden, war seit jeher höher als im Norden. Insgesamt haben nur die UdSSR und Südafrika einen höheren Prozentsatz ihrer Bevölkerung eingesperrt. Auch wegen der Überfüllung von Haftanstalten sind in Florida und Kalifornien Wiederholungstätern »elektronische Handschellen« angelegt worden: sie sitzen ihre Strafe unter elektronischer Überwachung zu Hause ab.[17]

In vielen Haftanstalten herrschen barbarische Zustände. Als besonders bizarr gelten die Strafvollzugsmethoden in North Carolina. Der Supreme Court zeigte sich entsetzt, als die Behandlung von Häftlingen in Florida ruchbar wurde. In Arkansas sind Insassen mit Elektroschocks gefoltert worden. Der langjährige Gefängnisinsasse Jack Abbott hat auf naturalistische Weise geschildert, wie Häftlinge über Monate hinweg in Einzelhaft gehalten, mit Thorazin ruhiggestellt, gedemütigt und zum Haß erzogen werden. »Das einzige Mal, wo sie menschlich erscheinen«, schrieb Abbott über die Vollzugsbeamten, »ist, wenn man ihnen ein Messer an die Kehle hält. Sobald man es wegnimmt, fallen sie in ihren tierischen Zustand zurück.«[18]

In Attica (New York) kam es 1971 zu einer Gefangenenrevolte, die 43 Menschenleben forderte. Die Gewalttätigkeit in den Strafanstalten hat allgemein zugenommen, ohne daß wirksame Gegenmittel zur Verfügung stünden. Ein verzweifelter Versuch, der Gewalt Herr zu werden, ist die »Bustherapie«. Schwierige Insassen werden häufiger in andere Anstalten verlegt, um sie stets neu zu isolieren. Das gewalttätige Klima hat in erster Linie damit zu tun, daß die Häftlinge immer weniger an den Sinn ihrer Strafe glauben, sich für Opfer der Gesellschaft oder eines bösen Zufalls halten und die Autorität der Gefängnisverwaltung nicht mehr anerkennen. Dies gilt vor allem für Häftlinge schwarzer Hautfarbe, die bundesweit fast die Hälfte der Gefängnisbevölkerung ausmachen. Schwarze geben in den Strafanstalten den Ton an, sie dominieren und terrorisieren weiße Mithäftlinge.[19] Die Zustände in den Gefängnissen des Landes sind so unhaltbar, daß kaum ein Monat ohne Gefangenenaufstand oder Geiselnahme vergeht.

Gefängnisse sind in der Terminologie von Erving Goffman »totale Institutionen«, Stätten der Entmündigung und der Hoffnungslosigkeit. Die steigende Zahl von Häftlingen hat paradoxerweise den Glauben an die Wirksamkeit des Freiheitsentzugs gemindert. Unabhängig von der Art des Strafvollzugs scheint die Rückfallquote immer gleich hoch zu sein. »Es gibt nicht den Schimmer eines Beweises«, schrieb Frank Tannenbaum bereits 1938, »daß Bestrafung – schwer oder leicht, mit guten Absichten oder mit üblen – eine heilsame Wirkung auf das zukünftige Leben der Bestraften zeitigt.« Sämtliche Formen der Rehabilitation, einschließlich psychotherapeutischer Behandlung, scheinen künftiges strafbares Verhalten nicht nennenswert zu beeinflussen. Die mehr als zweihundert Jahre alte Idee der Quäker aus Pennsylvania, daß Reform in Gefängnissen möglich sei, muß als überholt gelten. Vorausschauende Strafvollzugsexperten raten heute dazu, die Justiz möge ihren Absolutheitsanspruch aufgeben, *justice* durch *equity* ersetzen, das soziale Umfeld stärker berücksichtigen, bei der Strafzumessung vergleichbare Fälle heranziehen, dazu auf Datenbänke zurückgreifen, und damit eine größere Verhältnismäßigkeit erzielen. Einzelne Gerichte sind dazu übergegangen, »alternative« Strafen auszusprechen. Statt isoliert hinter Gittern zu sitzen, machen sich Verurteilte in Krankenhäusern, Erholungszentren und Wohlfahrtseinrichtungen nützlich. Den Übergang vom Strafrecht zum Maßnahmerecht, von der Sühne zur Wiedergutmachung, wie Arno Plack sie gefordert hat, strebt eine Haftanstalt in Vienna im südlichen Illinois an. Man spricht dort nicht mehr von *inmates* (Insassen), sondern von *residents* (Bewohnern). Sie besitzen einen eigenen Schlüssel zu ihrer Zelle. Kontakte zwischen der Stadtgemeinde und der Haftanstalt werden gefördert, Bürger können Dienste der Häftlinge abrufen, freie und unfreie Bürger besuchen gemeinsam Fortbildungskurse.[20]

Der Umfang der *white collar crimes* wird meistens unterschätzt. Durch Diebstähle in Kaufhäusern, Betrieben und Hotels entsteht höherer Schaden als durch Straßenkriminalität. Die gemeine Straßenkriminalität ist nicht unabhängig von den »Verbrechen mit weißem Kragen«. Slums sind »an sich« illegal, weil fortgesetzt Bauvorschriften verletzt werden. Ehrsame Bürger der kleinen Gemeinde Steinhatchee in Florida beteiligten sich ohne moralische Skrupel am Schmuggel von Marihuana, das aus Lateinamerika herbeigeschafft wurde. Gemeindebeamte, Hilfssheriffs und Lastwagenfahrer nahmen pro Nacht fünfstellige Beträge in Empfang. Als der Handel aufflog, erhielt ein kleiner Endverkäufer fünf Jahre Gefängnis, die Drahtzieher kamen in einem typischen Fall von »plea bargaining« mit einer Geldstrafe davon.[21]

Bei einem gigantischen Börsenschwindel des Jahres 1973 machte der Schaden 70 Prozent der Schadenssumme aller Raubüberfälle und Einbrüche eines Jahres aus. Mit Grund sprach man neben »crime in the streets« auch von »crime in the suites«, gemeint waren die Verbrechen der Manager in den Vorstandsetagen, der Gewerkschaftsbosse, der Börsenmakler, der Politiker. Ivan Boesky, ein angesehenes Mitglied der Gesellschaft, der sich sogar in den exklusiven Harvard-Club einkaufen konnte, entpuppte sich als skrupelloser Schwindler. Durch seine

Aktienmanipulationen wurden Menschen erwerbslos, ganze *company towns* sind durch seine betrügerischen Machenschaften dezimiert worden. Raffgier, hatte Boesky auf dem Höhepunkt seiner Karriere unter dem Applaus studentischer Zuhörer gesagt, Raffgier sei für ihn nichts Negatives.[22]

Präsident Richard Nixon hatte bei Amtsantritt versprochen, die Straßenkriminalität drastisch zu reduzieren. Spötter meinten, er habe das Verbrechen von der Straße weg ins Weiße Haus geholt. Sein habituell bestechlicher Vizepräsident Spiro Agnew kam durch die Kunst seiner Anwälte, die auf *nolo contendere* plädierten, an einer Gefängnisstrafe vorbei. Nixon wurde im Zuge des Watergateskandals begnadigt, noch ehe er angeklagt oder verurteilt worden wäre – ein juristisches Kuriosum. Ein parlamentarischer Untersuchungsausschuß, der sich mit Politik und Ethik befaßte, hatte schon 1951 einen englischen Vierzeiler bemüht:

> The law locks up both man and woman
> Who steals the goose from off the common.
> But let the greater felon loose
> Who steals the common from the goose.*

Watergate mußte bei der Bevölkerung den Eindruck verstärken, als sei Geld doch die Muttermilch der Politik und als würde sich Verbrechen doch bezahlt machen. Der tief in die Affäre verstrickte Präsidentenberater John Dean heimste nach seiner Haftentlassung Honorare von 2500 Dollar pro Vortrag ein. H. R. Haldeman, eine andere zentrale Figur des Skandals, veröffentlichte im Buchverlag der *New York Times* sein Werk *The Ends of Power* (1978), das alsbald in den Bestsellerlisten erschien. Das Verbrechen ist nicht mit Nixon aus dem Weißen Haus ausgezogen. Während des »Irangate«-Skandals im Jahr 1986 erlaubte Justizminister Edwin Meese einem Offizier des Nationalen Sicherheitsrats, eine ganze Nacht lang Unterlagen zu vernichten, aus denen die illegale Weiterleitung von Geldern hervorging, deren Herkunft wiederum höchst fragwürdig war.[23]

Zu den *white collar crimes* muß die Verbreitung unzüchtiger Schriften gerechnet werden. Der Verleger Ralph Ginzburg erhielt 1972 wegen dieses Delikts eine Geldstrafe von 42 000 Dollar und eine Haftstrafe von drei Jahren. Acht Monate davon saß er in der Vollzugsanstalt Allenwood (Pennsylvania) ab. Zu seinen Mithäftlingen gehörten: ein wegen Betrugs verurteilter früherer Assistent des Sprechers des Repräsentantenhauses, ein wegen Bestechung verurteilter ehemaliger Präsidentenberater, ein Mafioso, ein General, ein Kriegsdienstverweigerer und der wegen Fälschung verurteilte Schriftsteller Clifford Irving – ein trister, aber nicht untypischer Querschnitt durch die Welt des gehobenen Verbrechens. Ginzburg erkannte die Ironie, daß er wegen des Drucks erotischer Schriften ein-

* Das Gesetz bringt Mann und Frau hinter Schloß und Riegel, die die Gans von der Gemeindewiese stehlen. Es läßt aber den größeren Schurken unbehelligt, der die Gemeindewiese von der Gans stiehlt.

saß, im Gefängnis aber Pornographie härtester Sorte zirkulierte. Sein Strafverfahren hatte sich zehn Jahre hingezogen und eine viertel Million Dollar verschlungen.[24]

Fünf Wochen dauerte das Verfahren, in dem ein Geschworenengericht 1972 der Schauspielerin Loretta Young eine Schadenersatzsumme von mehr als einer halben Million Dollar zubilligte. Beklagt war die Fernsehgesellschaft NBC. Sie hatte alte Filme aus den fünfziger Jahren gezeigt, worin die Schauspielerin altmodisch gewordene Kleider trägt. Die Zahl der Privatklagen hat ständig zugenommen, manche sprechen von einer Epidemie. Die amerikanische Ärzteschaft ist mittlerweile mit einer Milliarde Dollar gegen Prozesse versichert, in denen es um Kunstfehler geht. Inzwischen gibt es auch Kunstfehlerklagen gegen Psychotherapeuten, ja sogar gegen Geistliche wegen mangelhafter seelischer Betreuung. Rechtsanwälte werben öffentlich um Klienten und fordern sie auf – zum Beispiel auf Plakaten in städtischen Omnibussen – darüber nachzudenken, ob sie nicht Grund zu einer Schadenersatzklage haben. Der Markt ist enger geworden. 1958 kam ein Rechtsanwalt auf 1878 Einwohner, zwanzig Jahre später waren es nur noch 468 Einwohner. Sogenannte »ambulance chasers« überreden Unfallopfer, auf Schadenersatz und Schmerzensgeld zu klagen. Eine Frau erhielt 50000 Dollar zugesprochen, weil sie nach einem Verkehrsunfall zur Nymphomanin geworden sein soll. Die Ford-Werke wurden wegen eines angenommenen Konstruktionsfehlers von der Familie eines Verkehrsopfers auf über 120 Millionen Dollar Entschädigung verklagt. In den Schadenersatzsummen sind sogenannte »punitive damages« enthalten, das heißt, der Schuldiggesprochene soll bestraft, andere sollen abgeschreckt werden.

Die Zahl der eingereichten Klagen belief sich 1977 auf über sieben Millionen. Das konservative Nachrichtenmagazin *US News & World Report* befürchtete schon, die Vereinigten Staaten würden sich zu »einer Gesellschaft von Klägern« entwickeln. Von der University of Michigan verlangte ein Student Schmerzensgeld, weil er in »Deutsch für Fortgeschrittene« eine schlechte Note erhalten hatte. In Colorado verklagte ein junger Mann seine Eltern, weil sie ihn seiner Ansicht nach nicht richtig erzogen hatten. In Kalifornien wollte ein versetzter Liebhaber das Benzingeld wiederhaben, weil er umsonst zum Rendezvous gefahren war. In Philadelphia verlangten enttäuschte Zuschauer von einem Sportverein gerichtlich das Eintrittsgeld zurück – manchmal scheint es, als wäre ein Wettbewerb um die irrwitzigste Privatklage im Gang. In Texas erhielt der Besitzer eines an Schädlingsbekämpfungsmitteln eingegangenen Zuchtbullen über drei Millionen Mark Schadenersatz zugesprochen; der Prozeß hatte sechs Jahre gedauert. Zehn Millionen Dollar wollte eine Frau von einer Weinfirma in Illinois haben; der Klageschrift nach hatte ihr zu zehn Jahren Gefängnis verurteilter Mann nur deshalb eine Nachbarin vergewaltigt, weil er sich vom Flaschenetikett und dem süßlichen Geschmack des Weines über dessen Gefährlichkeit habe täuschen lassen.[25]

Bedenkt man, daß die Verbrechensrate innerhalb von Strafanstalten mindestens so hoch ist wie außerhalb, kommt einem das Einsperren von Häftlingen weniger sinnvoll vor. Durch die Inhaftierung überführter Täter wird die Kriminalitätsquote keineswegs gesenkt, weil analog den Gesetzen der freien Marktwirtschaft neue Täter nachrücken. Aus Sicherheitsgründen hat die 3000 Einwohner zählende Gemeinde Emporium (Pennsylvania) für Jugendliche ein nächtliches Ausgangsverbot erlassen, das nach Angaben des Polizeichefs auch streng überwacht wird. Zur Bekämpfung von Sexualverbrechen tauchte der Vorschlag auf, daß Frauen auf Briefkästen und in Telefonbüchern nur mit der Initiale ihres Vornamens erscheinen; Männer müßten hierbei aber mitziehen. Das FBI plant, den genetischen Code von Tatverdächtigen zu speichern, um sie bei späteren Gelegenheiten leichter identifizieren zu können. Insgesamt bleiben die Verbesserungs- und Lösungsvorschläge von Kriminologen hinter den gewaltigen Dimensionen des Verbrechens zurück. Charles Silberman hat im Schlußkapitel seiner bis dahin eindrucksvollen Analyse nur peinliche Ratschläge anzubieten: er empfiehlt, sich die Stadtteilarbeit einiger Nonnen auf Puerto Rico oder der »Schwestern vom Guten Hirten« in Brooklyn zum Vorbild zu nehmen. Der Präsident der Eisenhower-Stiftung kam auf den Gedanken, die Bekämpfung des Verbrechens habe im eigenen Wohnviertel zu beginnen und machte sich alsbald auf eine Reise quer durch die Vereinigten Staaten, diese Einsicht zu verkünden.[26]

Wer von der Merton-These beeinflußt ist, glaubt die Kriminalitätsraten senken zu können, indem er Slums saniert, Armut beseitigt, der nachrückenden Generation mehr Chancen eröffnet, für größeres und schnelleres Wirtschaftswachstum sorgt. Am Segen forcierter Zuwachsraten in der Wirtschaft und am Fortschritt alten Stils haben sich freilich Zweifel geregt, und Konservative haben schon seit längerem argumentiert, daß es ein Irrtum sei zu glauben, mit der Armut würde das Verbrechen verschwinden: »Ratten vertilgt man nicht, indem man sie füttert.« Auf dem Sektor *white collar crime* wäre das eine oder andere Delikt ohne große Mühe unter Kontrolle zu bringen, zum Beispiel die steuerliche Absetzbarkeit von Bestechungsgeldern. Was einer wirksamen Verbrechensbekämpfung schier unüberwindlich entgegensteht, ist die Verankerung des Verbrechens in der Kultur. Im Volksmund ist der Erfolg nicht bloß das wichtigste, er ist das einzige, was zählt. Und weil das so ist, werden illegale Mittel auf dem Weg zum Erfolg kulturell gleichsam gebilligt. Soviel Bewunderung wie der Sheriff genießt der Outlaw allemal, und zwar nicht nur dann, wenn er in die Geschichte eingegangen ist wie Jesse James oder John Dillinger. In jüngster Zeit wurden die Unterschriften des Serienmörders »Son of Sam« in einer New Yorker Galerie für dreistellige Dollarbeträge angeboten und gekauft. Es gibt Bürger, die sich gegen diese Perversionen wehren, und seit 1977 existiert auch ein Gesetz des Inhalts, daß niemand Profit aus seinen Verbrechen schlagen darf. Die Faszination, die von Verbrechen ausgeht, kann freilich gesetzlich kaum gesteuert werden. In den großen amerikanischen

Metropolen hat die Verrohung von Bürgern fast nicht mehr erträgliche Ausmaße angenommen. Mitten in Manhattan applaudierten Passanten einem Messermörder und machten Front gegen Polizisten, die sich mit gezogener Waffe Zugang zum Tatort verschaffen mußten: »Die Leute waren wie Zuschauer in einer römischen Arena bei Gladiatorenkämpfen. Es war, als verfolgten sie ein Stück im Fernsehen.«[27]

Die ultima ratio der Verbrechensbekämpfung ist die Todesstrafe. Fromme Mitläufer interpretierten sie im Dritten Reich als »Ausdruck des göttlich heiligen Zornes über die verletzte Gottesordnung«. Eine abschreckende Wirkung der Todesstrafe konnte bislang nicht schlüssig nachgewiesen werden. Trotzdem: Die steigende Zahl von Schwerstverbrechen hat den Ruf nach dem Henker wieder lauter werden lassen. Einer Gallup-Umfrage aus dem Jahr 1985 zufolge sind drei von vier Amerikaner für die Todesstrafe. Der Supreme Court hatte 1972 gegen die Todesstrafe entschieden, vier Jahre später jedoch sich selbst revidiert und die Entscheidung den Bundesstaaten überlassen. Einige Südstaaten hatten sich ohnedies nicht an das Verbot gehalten. In Florida können vom Gesetz her auch Kinder auf den elektrischen Stuhl gebracht werden. In Texas wurde ein Mörder hingerichtet, der zur Tatzeit 17 Jahre alt war. In Virginia ist ein geistig behinderter Mann exekutiert worden.[28]

Zwischen Urteil und Hinrichtung vergehen oft Jahre. 1987 wurden 25 Amerikaner hingerichtet, beinahe 2000 Insassen von Todeszellen warteten auf Begnadigung, Aufschub oder Vollstreckung. Hinrichtungen finden meist zwischen Mitternacht und Morgendämmerung statt. Eine Exekution ist kein öffentliches Spektakel mehr. Der nächtliche Zeitpunkt wird angeblich deshalb gewählt, weil da die größte Ruhe in den Haftanstalten herrscht und weil nachts die Stromstärke höher liegt. Die Hinrichtungskammer wird künstlich beleuchtet, die Zahl der Zeugen klein gehalten. Der Staat läßt sich nicht mehr gerne dabei zusehen, wenn er per Stromstoß oder Injektionsnadel Rache nimmt. Andererseits meldeten sich mehr Freiwillige als benötigt, als die Behörden in Utah im Fall Gilmore unbescholtene Bürger für ein fünfköpfiges Erschießungspeleton suchten.[29]

XXVIII. Kapitel

AM ENDE DES KALTEN KRIEGES

Die Rekonstruktion amerikanischer Stärke

Nach der Niederlage im Vietnamkrieg haben die USA zwei Jahrzehnte lang ein Embargo gegen die vietnamesische Wirtschaft aufrechterhalten und dafür gesorgt, daß die kommunistische Regierung des Landes keine Mittel aus internationalen Fonds erhielt. Als Vorwand diente das Argument, erst müßten alle Kriegstoten aufgefunden und registriert sein, hernach könne man über Handelsbeziehungen reden. Die militärisch gedemütigte Supermacht USA wollte das kleine Vietnam wenigstens wirtschaftlich in die Knie zwingen.

Die USA hatten durch die Niederlage und aufgrund der Art und Weise, wie die Südvietnamesen im Stich gelassen worden waren, international an Ansehen verloren. Das Muster war bekannt. Die Regierung in Washington und die amerikanischen Geheimdienste haben wiederholt vormals von ihnen unterstützte Gruppen am Ende weggeworfen wie kaputtes Spielzeug.[1] Das betraf die Meo in Laos, die Nationalchinesen in Burma, die Exilkubaner in der Schweinebucht oder die Kurden zwischen der Türkei und dem Irak. 1979 wurde durch die Geiselnahme in der US-Botschaft in Teheran für alle Welt augenfällig, wie tief das Ansehen Amerikas gesunken war. Damit nicht genug: Präsident Carter ließ sich auch noch zu einer Befreiungsaktion überreden, die dann kläglich scheiterte und weiteres Prestige kostete.

Im Dezember 1979 fielen die Sowjets in Afghanistan ein. Die Détente war am Ende. Carter bekannte sich nun zu einer Politik der Stärke. In seiner Rede zur Lage der Nation griff er Anfang 1980 auf einen Topos aus dem Arsenal John F. Kennedys zurück: *national sacrifice*. Die Amerikaner müßten jetzt jedes Opfer zum Wohle des Landes erbringen. Stärke, vor allem militärische Stärke, wurde zum Hauptthema unter Carters republikanischen Nachfolgern Ronald Reagan und George Bush, obwohl an dieser Politik nichts Neuartiges war; sie läßt sich bis zur Truman-Doktrin zurückverfolgen.[2]

Die Invasion auf Grenada im Oktober 1983 erfolgte unter dem Vorwand, amerikanische Medizinstudenten in Sicherheit bringen zu wollen. In Wahrheit brauchten die Vereinigten Staaten nach dem Desaster in Vietnam und den Demütigungen in Teheran einen Triumph. Im April 1986 wurde Libyen bombardiert. Ghadafi mußte für den Terror gegen US-Bürger im Libanon, in Syrien und im Iran büßen. Es verstärkte sich der Eindruck, als solle das Gewaltniveau systematisch angehoben werden.[3] Die Reagan-Doktrin besagte, daß Washington antikommunistische und konterrevolutionäre Kräfte fortan wieder aktiv unterstützen werde. Jeane Kirkpatrick, die US-Botschafterin bei der UNO, traf eine Unterscheidung zwischen totalitären und autoritären Regimen. Mit autoritären Regierungen wolle man künftig zusammenarbeiten, ohne auf die Einhaltung der Menschenrechte zu dringen. Totalitäre Herrscher mußten weiterhin von einem Junktim zwischen Auslandshilfe und Menschenrechtsfrage ausgehen.

Die *School of Decline*, eine akademische Richtung mit dem Engländer Paul Kennedy an der Spitze, behauptete, die USA hätten sich wie einst Großbritannien geo- und machtpolitisch übernommen und seien im Niedergang begriffen. Dieser These vom *imperial overstretch* wurde von amerikanischen Wissenschaftlern heftig widersprochen. Die *Anti-Declinists* sahen die USA weiterhin in der Führungsrolle: Europa sei zu sklerotisch, Japan zu wenig flexibel, um den Amerikanern ihren Führungsanspruch ernsthaft streitig machen zu können.[4] Der damalige Vizepräsident George Bush bekannte sich zum amerikanischen Unilateralismus und sagte an die Adresse der Europäer: »Es tut mir leid. Die Vereinigten Staaten sind die Führer der freien Welt, und in dieser Administration beginnen wir, auch wieder entsprechend zu handeln.«[5] Die Reagan-Administration verfolgte eine Reaffirmation und Rekonstruktion amerikanischer Stärke. Voraussetzung hierfür war der genannte Unilateralismus. Verbündete wurden nur noch verständigt, nicht mehr konsultiert. Protektionistische Maßnahmen sollten die Konjunktur beleben. Der Amerikanismus wurde gegenüber dem Kommunismus als überlegen hingestellt. Die Reagan-Doktrin zielte auf globale Machtentfaltung und war gegen das »Reich des Bösen« gerichtet, wie Reagan die Sowjetunion im März 1983 nannte.

Die unter Carter begonnene Aufrüstung wurde fortgesetzt. Zwischen 1978 und 1984 verdoppelte sich der Verteidigungshaushalt. In den Zeiten forcierten Wettrüstens gab das Pentagon 28 Millionen Dollar pro Stunde aus.[6] Wie andere Industrienationen wollten die USA auf das Geschäft mit der Rüstung nicht verzichten. Zusammen mit den Mitgliedsstaaten des UNO-Sicherheitsrates gehörten sie zu den wichtigsten Waffenlieferanten für Schwellenländer. Abrüstungsverträge wie SALT I und II haben die Rüstungsanstrengungen der beiden Supermächte nie ernsthaft beschränken können. Der US-Senat weigerte sich, über SALT II überhaupt abzustimmen. Ein üblicher diplomatischer Schachzug bei Abrüstungsverhandlungen bestand darin, gleich zu Beginn eine unerfüllbare Forderung zu stellen, einen *non-starter*. Dadurch sollte Zeit zur Aufrüstung gewonnen werden. Die amerikanischen Unterhändler staunten nicht schlecht, als Gorbatschow 1987 unerwartet einem solchen *non-starter* zustimmte, der sogenannten ›doppelten Nullösung‹: der Verzicht auf amerikanische Pershing-II-Raketen und Cruise-Missiles gegen sowjetische SS-20-Raketen.[7]

Die USA waren nie eine Weltmacht wider Willen gewesen, sondern ein Staat, der seine Interessen zielstrebig, finessenreich und notfalls mit Gewalt durchsetzte. Bei den Seerechtskonferenzen der letzten Jahre beispielsweise sicherten sich die Amerikaner den Löwenanteil der Weltfischbestände – eine von der Öffentlichkeit kaum bemerkte maritime Kolonialisierung. Der amerikanische Kongreß hat fünfmal den Krieg erklärt, aber insgesamt 130mal setzten die jeweiligen Präsidenten Kampftruppen ohne Kriegserklärung ein, um das *»informelle Imperium«* zu verteidigen, das sich die USA weltumspannend geschaffen hatten. In der Regel intervenierten die USA zugunsten von Regierungen, die nicht repräsentativ waren für ihr Volk. Die bis zum Golfkrieg bevorzugte Form der militärischen Intervention wurde mit dem Begriff *»schwach-intensive Kriegsführung«* schöngeredet. Eigentlich handelte es sich um staatlich geförderten Terrorismus. Die Exekutive hat in Mittelamerika jahrelang paramilitärische Kräfte gegen die Sandinisten unterstützt. Da der Kongreß nur knapp bemessene Mittel für solche Zwecke bereitstellte, zogen das Pentagon und die Geheimdienste einen illegalen Waffenhandel mit dem Iran auf. Der Erlös kam den »Contras« zugute, die es auf den Sturz der Regierung Nicaraguas abgesehen hatten. Illegal war auch die Invasion Panamas im Dezember 1989, da sie ohne die Zustimmung der Organisation amerikanischer Staaten (OAS) und der UNO erfolgte. Der vordergründige Zweck des Einsatzes von 26 000 Soldaten diente der Ergreifung von Staatschef Noriega und der Bekämpfung des Drogenhandels. Noriega war in Ungnade gefallen, weil er sich geweigert hatte, Contra-Rebellen auszubilden, und weil er die Zusammenarbeit mit den Sowjets suchte. Die Invasion war zudem eine Demonstration der Stärke angesichts des bevorstehenden Rückzugs aus der Panamakanalzone.[8] Im Zuge der Militäraktion wurde El Chorillo, ein Armenviertel in Panama City, dem Erdboden gleichgemacht.

Um die Zustimmung der amerikanischen Bevölkerung zu einer härteren Gangart amerikanischer Außenpolitik zu gewinnen, mußte diese mit Mythen und rhetorischen Standardthemen wie Freiheitsmission, Kreuzzug oder Verhinderung der Apokalypse verbrämt werden.[9] Wählerinnen waren etwas stärker gegen militärische Lösungen eingestellt als Wähler, Liberale friedfertiger als Konservative. Die innenpolitische Fraktionierung war vielgestaltig und manchmal verwirrend. So sprach sich die *U.S. Catholic Conference* gegen die Unterstützung der Contras aus, während sich die *American Catholic Conference* in dieser Sache hinter Reagan

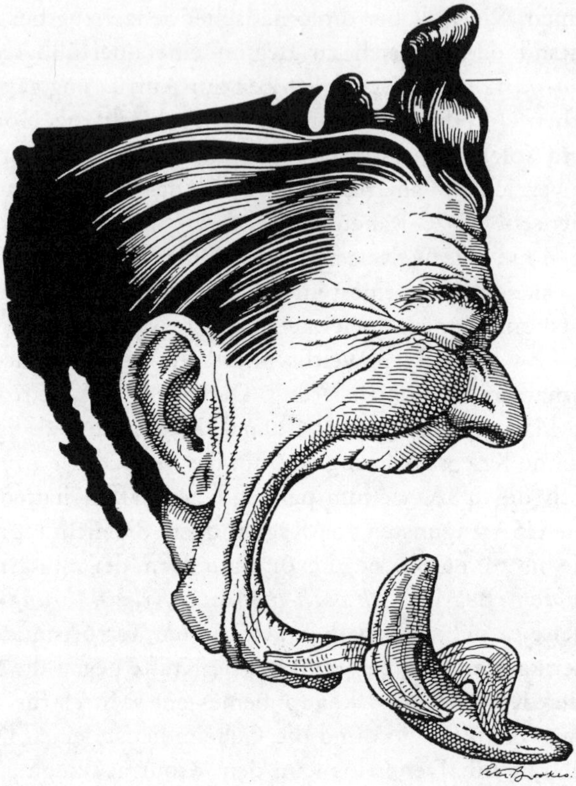

Präsident Reagan schluckt Mittelamerika

stellte. Insgesamt hat sich das amerikanische Volk mit der Außenpolitik seiner Regierungen einverstanden erklärt. Robert Rauschenberg, den viele für den repräsentativsten amerikanischen Künstler halten, diente sich in seinen späten Werken den Mächtigen an und ging mit deren Vorgaben konform. Rauschenbergs Helikopter untermalen die militärische Stärke, seine Cola-Flaschen zelebrieren die globale Expansion amerikanischer Wirtschaft. Seine Arbeiten für ein Kunstprogramm der NASA stellen Vertrauen zu den Weltraumflügen her. Sein Entwurf zum Thema Mann des Jahres 1986 auf dem Titelblatt von *Time Magazine* stellt Deng Xiaoping als kühnen Reformer dar. Das Porträt will sagen: China wird wie Amerika und Amerika ist gut. Daß Rauschenberg in seinem eigenen Land den Maßstab für alle Welt erblickte, zeigte das von ihm kreierte Programm für lateinamerikanische Künstler, denen er damit helfen wollte, ihre eigene Kunst zu verstehen.[10]

»Die einzige Kraft, die den Kommunismus je besiegen kann, ist der Kommunismus selbst.« Die typisch liberale, hier von Norman Mailer formulierte Position stimmte nur halb. Eine konservative Publikation wie die *National Review* kam nicht ohne Stolz zu dem Schluß, daß die USA den Zerfall der Sowjetunion wenn nicht herbeigeführt, so doch beschleunigt haben.[11] Nicht an seinen inneren Widersprüchen sei der Kommunismus gescheitert, sondern weil Ronald Reagans kalte Krieger den Marxismus-Leninismus konsequent bekämpften. Während der liberale und unter Kennedy politisch einflußreiche Historiker Arthur Schlesinger Anfang der 1980er Jahre noch kundtat, man solle sich nicht einbilden, die Sowjetunion stünde kurz vor ihrem Zusammenbruch, erließ Reagan schriftliche Direktiven zur nationalen Sicherheit, in denen die künftige Politik gegenüber Moskau festgelegt war: *Rollback* statt *Containment*, Änderung des Sowjetsystems statt Koexistenz, verdeckte Operationen, Unterstützung von Untergrundbewegungen und Anheizen ethnischer Spannungen im sowjetischen Zentralasien zur Destabilisierung der UdSSR.

Mochten die Herzen der Amerikaner dem sympathischen Michail Gorbatschow zufliegen, Reagans Leute sorgten dafür, daß die Perestroika scheiterte. Eines ihrer Ziele bestand darin, die Sowjetunion wirtschaftlich zu isolieren. Unter dem Vorwand, Polen zur Freiheit zu verhelfen, verhängte Washington Handelsbeschränkungen und Sanktionen, um den Bau einer sibirischen Pipeline und den Erfolg eines sowjetisch-japanischen Energiegroßprojekts zu torpedieren. Im Rahmen eines solchen stillen Wirtschaftskriegs ließ sich Saudi-Arabien überreden, sein Öl billiger anzubieten. Diese Preissenkung im Jahre 1985 kostete den Ölexporteur Sowjetunion Milliardenbeträge.

In einer Art zweitem kalten Krieg verschärfte Reagan die Attacken auf Moskau und suchte den wirtschaftlich angeschlagenen Gegner durch eine weitere Runde des Wettrüstens in Bedrängnis zu bringen. SDI war Teil dieser Politik. Noch nannte Gorbatschow das Bestreben illusorisch, »den Sozialismus mit Hilfe des Wettrüstens zu schwächen, um ihn später beherrschen zu können«. Doch inzwischen sind sich Politologen in Ost und West darüber einig, daß der Rüstungswettlauf zwischen den NATO- und den Warschauer-Pakt-Staaten der Sowjetunion ökonomisch das Rückgrat gebrochen hat.[12]

Anfang 1991 versuchte der Kreml vergeblich, die baltischen Staaten mit militärischer Gewalt an sich zu binden. Am 31. März 1991 wurde der Warschauer Pakt aufgelöst. Noch ehe das Jahr um war, hatte die UdSSR aufgehört zu bestehen.

Die DDR war für die meisten Amerikaner unbekanntes Terrain; Politiker aus Washington durften sich ihr nur vorsichtig nähern, um Bonn nicht zu düpieren. Lediglich Außenseiter wie der kommunistische Historiker Herbert Aptheker priesen die DDR als wahren Arbeiterstaat. Das Verhältnis von Pankow zu Washington war zwiespältig. Die USA mußten als verabscheuungswürdiges Sinnbild eines Kapitalismus herhalten, mit dem es möglichst rasch Handelsbeziehungen herzustellen galt. Etwa ab 1980 ließen sich auf kulturellem Sektor Liberalisierungstendenzen erkennen. Bis dahin »zurückgestellte« bürgerliche US-Autoren wie Philip Roth, Kurt Vonnegut oder Tennessee Williams durften nun gelesen und gespielt werden; die bislang verpönte Rockmusik wurde nicht mehr als eine gefährliche »Diversion« angesehen, welche die Arbeiter vom Klassenkampf ablenkte.[13]

Die Annäherung zwischen Bonn und Pankow in den Jahren 1983 und 1984 wurde in der amerikanischen Publizistik mit Argwohn verfolgt, vom Außenministerium in Washington jedoch wohlwollend zur Kenntnis genommen. Als die Berliner Mauer fiel, geschah dies mit demselben stillschweigenden Einverständnis zwischen Sowjets und Amerikanern, mit dem sie gebaut worden war. Als die Wiedervereinigung zur Debatte stand, riet Präsident Bush anfangs zu einem schrittweisen Vorgehen, stellte sich dann aber vorbehaltlos hinter die rasche Verwirklichung des Unwahrscheinlichen, um das alte Bekenntnis zur Freiheit nicht zu diskreditieren und um die ohnehin nicht mehr harmonischen Beziehungen zwischen Bonn und Washington nicht noch weiter zu belasten. Bush gab deshalb grünes Licht für die Wiedervereinigung und setzte sich damit über den politischen Widerstand von Margaret Thatcher und die persönlichen Ratschläge eines Henry Kissinger oder Robert Maxwell hinweg.[14]

Jeder dritte Amerikaner sah in der Wiedervereinigung eine Gefahr für den Weltfrieden. Die Furcht vor einem zu starken Deutschland hatte mit der Furcht vor einem Wiedererstarken des Faschismus zu tun. Der Dramatiker Arthur Miller vermißte in Deutschland nach wie vor eine stabile demokratische Grundlage und monierte, daß Deutsche für die Demokratie nie einen Tropfen Soldatenblut vergossen hätten. In einem Geheimpapier des Pentagon wurde vor Deutschland als einer Atommacht und einem Rivalen gewarnt. Als sich die Probleme im Zuge der Wiedervereinigung häuften, hatte man dann paradoxerweise Angst vor einem zu schwachen Deutschland.

Das Ende des Kalten Krieges wirkte sich ernüchternd auf die deutsch-amerikanischen Beziehungen aus. Das Arsenal gemeinsamer Interessen war kleiner geworden, die Bedrohung durch Moskau als solidarisierender Faktor war weggefallen. Der Staatsbesuch des Bundespräsidenten Richard von Weizsäcker im April 1992 wurde von der amerikanischen Öffentlichkeit kaum wahrgenommen. Allerdings hatte sich schon vor dem Ende der DDR und dem Zerfall der Sowjetunion eine gewisse Bündnismüdigkeit zwischen Bonn und Washington eingestellt. Die wirtschafts- und militärpolitischen Ziele und Interessen der Bundesrepublik und der USA waren über die Jahre hinweg auseinandergelaufen. Selbst die konservative Frankfurter Allgemeine Zeitung empfahl, die betonte Westorientierung aufzugeben. So versuchte der demokratische Präsident Bill Clinton im Juli 1994 mit einer Art *Reprise* der Berliner Rede Kennedys die alte Harmonie zu beschwören. Aber dann war es gerade wieder Clinton, der Unsicherheit bezüglich der politischen Prioritäten zeigte und je nach Gelegenheit mal die Bundesrepublik, mal Japan zum wichtigsten Partner der USA erhob.[16]

Die USA hätten keinen Feind mehr, der diesen Namen verdiene, schrieb ein amerikanischer Journalist nach dem Sieg im Kalten Krieg. Aber zu Triumphgefühlen gab es wenig Anlaß. Der jahrzehntelange Konflikt zwischen Ost und West hatte wertvolle globale Ressourcen aufgezehrt. Die USA selbst hatten Schaden genommen und drängende soziale und ökologische Probleme zugunsten der Finanzierung unnützer und exotischer Waffensysteme hintangestellt. In den *think tanks*, den Denkfabriken des Landes, wurde über Modelle einer künftigen Politik nachgedacht, sei es am neokonservativen *American Enterprise Institute*, bei der gemäßigten *RAND Corporation* oder beim linksorientierten *Institute for Policy Studies*. Das Ende des Kalten Krieges allein brachte freilich nicht die ersehnte neue Weltordnung. Es wurde klar, daß die USA weiterhin mit militärischen Mitteln in Konflikte eingreifen würden, und zwar selektiv, nicht nach allgemeinen Prinzipien, sondern je nach Interessenlage. Die amerikanischen Regierungen folgten damit einem Ratschlag, den der mit Schimpf und Schande zurückgetretene Richard Nixon seinen Nachfolgern an die Hand gegeben hatte. Die Vereinigten Staaten, hieß es in seinem zehnten und letzten Buch, könne man nicht anrufen wie eine polizeiliche Notrufnummer. Aber wenn es um die »vitalen Interessen« der USA irgendwo auf der Welt ginge, müsse man eingreifen.[17]

Das Peace Corps durfte seit 1990 auch in osteuropäischen Ländern tätig werden. Die Schwerpunkte bei der finanziellen Auslandshilfe blieben unverändert. Über die Hälfte dieser Mittel wurde als Militärhilfe gegeben; Israel und Ägypten strichen den Hauptanteil ein. Die USA lagen bei der Auslandshilfe nach absoluten Zahlen an der Spitze, gemessen am Bruttosozialprodukt aber mit 0,2 Prozent noch hinter Spanien. Die Finanzhilfe für die GUS blieb vergleichsweise gering. Die USA brachten 6,5 Prozent davon auf, die BRD 57 Prozent (1992).[18]

Der Nachrichtendienst CIA war 1947 erklärtermaßen als Instrument des Kalten Krieges gegründet worden. Die Hauptaufgabe der CIA bestand in der Nachrichtenbeschaffung aus dem Ausland, doch wurde ihr Aufgabengebiet bald erweitert: verdeckte Operationen, technische und militärische Unterstützung, Finanzierung pro-amerikanischer Buch- und Zeitschriftenmärkte, Desinformation des Gegners, Schmutzkampagnen und Beihilfe zur Beseitigung mißliebiger Staatsoberhäupter.[19] Auch die CIA zeigte wie andere Nachrichtendienste die Tendenz, sich zu verselbständigen, sich mit einer Mystik überflüssiger Geheimhaltung zu umgeben und nicht nur den Gegner, sondern auch die eigene Regierung mit Falschmeldungen zu beliefern, um die Détente zu stören oder um die eigene Existenzberechtigung zu legitimieren. Zu diesem Zweck ist das sowjetische Militärbudget oftmals überhöht dargestellt worden. Norman Mailer hat in dem Roman *Harlot's Ghost* (1991) die zwielichtigen Machenschaften des Geheimdienstes samt seiner pompösen Sprachgewohnheiten ziemlich wirklichkeitsgetreu geschildert. Vom demokratischen Standpunkt zumindest ebenso problematisch wie die CIA präsentierte sich die National Security Agency (NSA). Dieser 1952 gegründete Dienst hat seinen Sitz in Fort Meade bei Washington und ist für Kommunikationsspionage zuständig. Weltweit aktiv, mit einem hohen Jahresetat ausgestattet und in enger Zusammenarbeit mit Computerexperten der Universität Princeton, hat die NSA der CIA an politischer Bedeutung zeitweise den Rang abgelaufen.

Nach dem Kalten Krieg wurden Überlegungen angestellt, was mit den Geheimdiensten zu geschehen habe. Der Vorschlag, die CIA ganz abzuschaffen, erwies sich als am wenigsten realistisch. Zum Teil schon verwirklicht ist die Verwendung der Mittel auf dem Gebiet der Wirtschaftsspionage und für die Abwehr ausländischer Industriespione und Atomschmuggler. Der Jahresetat der CIA blieb mit 50 Milliarden Dollar auf dem Niveau des Kalten Krieges, dazu kamen weitere im Haushalt versteckte Gelder (1992). Unter den neuen weltpolitischen Bedingungen hätte man der alten Forderung nach mehr Transparenz der Geheimdienste in irgendeiner Weise entsprechen können. Diese Hoffnung erfüllte sich nicht. Washington richtete bei der CIA zwar eine *Openness Task Force* ein. Als aber ein Bürger unter Hinweis auf den *Freedom of Information Act* Auskunft über diese Einrichtung verlangte, wurde ihm bedeutet, daß er nichts darüber erfahren könne.[20]

Als Folge der Beendigung des Kalten Krieges seien Atomwaffen entbehrlich geworden, behauptete 1993 das *Center for Defense Information.* Aufgrund des Zusammenbruchs der Sowjetunion könnten die USA jeden Gegner auch mit konventionellen Waffen besiegen, das atomare Gleichgewicht des Schreckens brauche man nicht mehr. Das Abschreckungspotential von Nuklearwaffen war geringer geworden. Die Angst vor Tschernobyl, vor dem Treibhauseffekt, dem Ozonloch oder auch vor Aids verdrängte bisweilen die Angst vor einem Atomkrieg. Zeitweise schien das Hauptproblem in der Entsorgung von Millionen Gallonen radioaktiven Mülls zu bestehen, die in vier Jahrzehnten bei der militärischen Produktion von Plutonium angefallen waren.

Auch nach dem Kalten Krieg war die Gefahr eines Nuklearkrieges nicht gebannt. Der Vertrag über die Nichtverbreitung von Nuklearwaffen war schon während seiner Geltungsdauer löcherig geworden; De-facto-Atommächte wie Pakistan, Indien, Israel und Nordkorea vermehrten die Ungewißheit.[21] In den 1980er Jahren war das militärische und politische Establishment der Vorstellung angehangen, ein Atomkrieg müsse für die USA gewinnbar sein. Reagan hatte einmal seiner Phantasie freien Lauf gelassen und in einem unbewachten Augenblick spielerisch die atomare Vernichtung der Sowjetunion angeordnet. Realpolitisch sollte die von Reagan in Gang gesetzte *Strategic Defense Initiative* (SDI) sowjetische Atomwaffen unschädlich machen und der amerikanischen Gesellschaft die Flucht aus dem Atomzeitalter ermöglichen, ohne die technischen Voraussetzungen für das System SDI schon zu kennen.

Der *Missile Defense Act* (1991) sah eine SDI in verkleinerter Form mit sogenannten »brillanten Kieseln« vor. Nach dem Zerfall der UdSSR glaubte man, mit weniger Aufwand auszukommen. USA und GUS arbeiteten phasenweise in der militärischen Nuklearforschung zusammen, um mögliche Angriffe aus anderen Ländern abzuwehren. Man erwartete Angriffe aus technisch unterlegenen Ländern mit größerer Gelassenheit.[22]

In der amerikanischen Literatur ist die Angst vor einem Atomkrieg mehrfach thematisiert worden. In Russell Hobans Roman *Riddley Walker* (1980) findet sich die Hauptfigur nach einem Atomschlag in einer verstrahlen Welt von verwilderten Hunden und Kannibalen wieder. Die Menschheit steht am Punkt Null. Die Rechtschreibung muß erlernt, das Schießpulver neu erfunden werden. Schon regt sich wieder die Lust am Töten. In Bernard Malamuds Groteske *God's Grace* (1983) bleibt dem einzigen Überlebenden eines Atomschlags, dem Wissenschaftler Calvin Cohn, nichts anderes übrig, als ein Kind mit einer Äffin zu zeugen.

In der bildenden Kunst dokumentieren Werke wie *Meltdown Morning* (1975) von Neil Jenny oder *Peace* (1983) von Robert Arneson das atomare Grauen. Keith Harings Strichmännchen scheinen einen Tanz auf dem Atomvulkan zu vollführen. Aufsehen erregte zwischen 1984 und 1986 eine gewerkschaftlich geförderte Anti-Atom-Wanderausstellung mit dem Titel *Disarming Images*.

Der Golfkrieg

Während des Krieges zwischen dem Irak und dem Iran, dem ersten Krieg am Persischen Golf (1980–1988), hatten die Iraker sowjetische Flugzeuge und Hubschrauber gegen amerikanische Artilleriegeschütze eingetauscht. Der Handel war vom Pentagon abgesegnet worden. Die CIA beeinflußte den Kriegsverlauf, indem sie dem Irak Satellitenanalysen über die Frontbewegungen der Iraner zuspielte. Nach dem Krieg erhielt das kriegsgeschwächte Land amerikanische Milliardenkredite, die teilweise wieder in die Rüstung gingen. Unter George Bush wurden die Restriktionen beim Verkauf von Waffen an Dritte-Welt-Länder gelockert, wovon auch der Irak profitierte. Saddam Hussein mochte ein Hundesohn sein, hieß es in Washingtoner Kreisen, »aber er ist unser Hundesohn«.[23]

Im August 1990 wurde Kuwait vom Irak überfallen und besetzt. Im arabischen Lager hatte es Streit über die Ölförderquellen gegeben. Saddam Hussein hielt seinen Nachbarstaat für einen Parasiten. Er ging davon aus, die USA würden sich im Konfliktfall neutral verhalten, einen Boykott androhen oder höchstens eine Strafaktion mit der Luftwaffe fliegen. Die US-Botschafterin in Bagdad bestärkte ihn in diesem Glauben. Saddam Hussein hatte sich verschätzt und die veränderte Weltlage nicht einkalkuliert. Der UdSSR fehlte die Kraft, die USA von einem massiven Eingreifen abzuhalten. Die neue *balance of power* erlaubte es Washington, die Carter-Doktrin kompromißlos anzuwenden: Sobald eine ausländische Macht, in diesem Falle der Irak, die Kontrolle über die Golfregion anstrebte, verletzte sie vitale Interessen der USA und mußte mit Gewalt rechnen. Ihre vitalen Interessen schienen insofern tangiert, als ein hoher Prozentsatz der globalen Ölreserven in der Golfregion lagert. Saddam Hussein löste gewissermaßen Ghadafi und Noriega in der Rolle des Staatsfeindes ab und lieferte am Ende des Ost-West-Konflikts den USA einen Kriegsgrund, auf den die vor Kraft strotzende amerikanische Kriegsmaschinerie anscheinend bloß gewartet hatte.[24]

Die USA hatten nach dem Kalten Krieg keinen Anlaß gesehen, ihre Rüstungsanstrengungen zu verringern. Die Waffenschmiede war erneut erfolgreich darin, Bedarf zu wecken und diesen dann selbst zu decken. Der altgediente Diplomat John Sisco riet zur Gewalt, denn ein Diktator sei unbelehrbar. Sisco war Vorstandsmitglied eines Konzerns, der Raketen vom Typ Patriot, Hawk, Maverick, Sparrow und Sidewinder herstellte.

Bush entsandte noch im August 1990 amerikanische Truppen nach Saudi-Arabien. Die Saudis hatte man in den Konflikt mit hineingezogen, um dadurch einem innerarabischen Vermittlungsprozeß zuvorzukommen. Im Oktober ließ Bush die Truppenstärke verdoppeln. Damit war klar, daß er eine Offensive plante. Eine Friedensinitiative von Gorbatschow weckte in Bush die Befürchtung, die Kontrolle über den Gang der Dinge könne ihm entgleiten. Er und sein Verteidigungsminister Dick Cheney hatten sich schon bald auf einen Konfrontationskurs festgelegt und zeigten keine Bereitschaft, die Kriegsmaschine anzuhalten.[25]

George Bush, seine Regierung und die Mehrheit im Kongreß wollten mit einem Sieg die Ölressourcen in der Golfregion sichern, den Vereinigten Staaten wieder Respekt verschaffen und die Demokratie in Kuwait wiederherstellen. Das letztgenannte Argument ist unglaubwürdig, weil der politische Alltag in Kuwait bestimmt war von Korruption, Vetternwirtschaft und der Willkür des Emirs. Bush wollte ferner als Kriegsherr eigene Stärke beweisen und seine Wiederwahl sicherstellen. Dieses persönliche Ziel wurde mit der Sorge um das Allgemeinwohl verbrämt. In Kuwait gehe es um »unsere Jobs, unseren Way of Life, unsere Freiheit«, sagte Bush seinen Landsleuten.[26]

In Bagdad nennt man den zweiten Krieg am Golf mit einer gewissen Berechtigung den Irakisch-Amerikanischen Krieg. Der Generalsekretär der Vereinten Nationen bestätigte, es handle sich um einen Krieg der USA, nicht der UNO. Die Briten waren den Amerikanern als Verbündete willkommen; die Franzosen wurden von US-Militärs nicht ganz ernstgenommen. Ägypten konnte wegen seiner hohen Schulden leicht zu einem Engagement überredet werden. Israel wurde nur mit Mühe davon abgehalten, sich militärisch einzumischen; man wollte die Kriegskoalition mit den Arabern nicht gefährden.[27]

Einer der führenden deutschen Intellektuellen setzte Saddam Hussein mit Hitler gleich. Aber eine Stimmung für den Krieg ließ sich in der Bundesrepublik trotz des publizistischen Wirkens sogenannter Bellizisten nicht erzeugen. Bonn engagierte sich lediglich finanziell mit Milliardenbeträgen und stellte Panzer und Kriegsgerät aus Beständen der Nationalen Volksarmee zur Verfügung. Bonns Abstinenz von Kriegshandlungen wurde in den USA als Beleidigung des Präsidenten angesehen. Bundeskanzler Kohl mußte sich den Vorwurf gefallen lassen, als politischer und moralischer Führer versagt zu haben. Die *New York Times* stufte die deutsche Friedensliebe – vormals Ziel der *Re-education* – als neurotisch ein.[28] Pazifisten beschimpfte man im In- und Ausland als Weichlinge und Drückeberger. Andererseits erregte die Tatsache, daß bundesrepublikanische Firmen den Irak mit hochgerüstet hatten, internationales Mißfallen.

Washington zeigte den festen Willen, Fehler aus dem Vietnamkrieg nicht zu wiederholen. Lyndon B. Johnson hatte sich im Kreise seiner Militärberater manchmal fühlen können wie ein Verkäufer in einer Eisdiele: Der eine wollte eine Truppenverstärkung ohne, der andere mit Bombenstopp, ein dritter verlangte einen Bombenstopp ohne Truppenverstärkung und ein vierter wünschte weder das eine noch das andere.[29] Im Golfkrieg wollten Generalstabschef Colin Powell und General Norman Schwarzkopf, der kommandierende General mit Hauptquartier in Saudi-Arabien, für eine straffe Führung sorgen.

Schwarzkopf war demoralisiert aus dem Vietnamkrieg heimgekehrt. Während der Invasion Grenadas hatte er miterlebt, wie die Air Force aus Versehen eine Nervenheilanstalt bombardierte. Am Golf hatte die Air Force urprünglich nur strategische Ziele bombardieren wollen. Doch General Schwarzkopf war sich mit dem Kommandeur des Heeres und der Marineinfanterie darin einig, feindliche Truppen aus der Luft zu schwächen, ehe man sie am Boden angriff. Das feindliche Gebiet war zu diesem Zweck in *kill boxes* genannte Planquadrate aufgeteilt worden. Das Bombardement aus der Luft währte fünf Wochen. Täglich wurden mehrere hundert Einsätze geflogen. Schwere Bomber vom Typ B-52 dezimierten die Republikanischen Garden, eine Elitetruppe des Irak. Schwarzkopf plante die Reduzierung des Gegners um die Hälfte, bevor das Kommando zur Bodenoffensive erteilt werden sollte. Einer seiner Unterführer meinte: »Wir bereiten das Schlachtfeld nicht vor, wir zerstören es.«[30]

Eine Kesselschlacht sollte das Schicksal des irakischen Heeres besiegeln. »Unsere Strategie ist sehr einfach«, erläuterte Generalstabschef Powell, »zuerst schneiden wir ihnen den Weg ab, dann töten wir sie.« Schwarzkopf verfolgte mit seinen 500 000 amerikanischen und 200 000 verbündeten Soldaten andere Pläne. In einem mobilen Überraschungsfeldzug griff er statt von Süden von Westen her an und fügte den Truppen Husseins eine vernichtende Niederlage zu. Auf amerikanischer Seite gab es bei diesem Großangriff nur einen Gefallenen. Die amerikanischen Panzer erwiesen sich als weit überlegen. Die irakische Infanterie wurde in ihren Schützengräben einfach zugeschüttet und lebendig begraben.[31]

Brennende Ölquellen in Kuwait ließen zehn Prozent der Welttagesproduktion in Rauch aufgehen. Das in den Golf strömende Öl hinterließ die bislang größte Ölpest. Die Amerikaner wollten hinterher die Iraker als alleinige Ökoterroristen hinstellen, doch haben beide Seiten die Natur als Waffe eingesetzt. Insofern war der Golfkrieg auch ein Umweltkrieg.[32]

Die USA setzten modernste Mittel ein. So wurde beispielsweise ein Computervirus ins irakische Hauptquartier eingeschleust. Andere Kriegstechniken taten ihre Wirkung auf primitiverem Niveau. Propagandaeinheiten beschallten den Gegner mit überlauter Rap-Musik. Eine Einheit der psychologischen Kriegsführung spielte den »Ritt der Walküren«, so wie Francis Ford Coppola es in seinem Vietnamkriegsfilm *Apocalypse Now* gezeigt hatte. GI's hantierten mit ihren Gewehren wie Rambo, als müßte die Realität den Film einholen. In Larry Beinharts Roman *American Hero* (1993) läßt Präsident Bush den Krieg von einem Hollywoodregisseur inszenieren. Vor Millionen Statisten verwandelt ein Feuerwerk Bagdad in ein Disneyland.[33]

Anders als in Vietnam wollten sich die Militärs nicht wieder von den Journalisten ins Handwerk pfuschen lassen. Dem Sieg auf dem Schlachtfeld mußte ein Sieg an der Informationsfront vorausgehen. Die militärische Führung war nicht darauf erpicht, daß die Weltöffentlichkeit erfuhr, in welchem Ausmaß die irakischen Truppen aus der Luft dezimiert worden waren. Ausgewählte Reporter wurden in einem eigenen *Pool* zusammengefaßt, der ausländischen Kollegen verschlossen blieb. Wer »anti-militärische« Fragen stellte, wurde verwarnt, wer sich widersetzte, festgenommen. Erfahrene Kriegsberichterstatter haben sich mit Erläuterungen zur Waffentechnik abspeisen, mit nichtssagenden Informationen übertölpeln und zu einem geschönten Bild vom Krieg verleiten lassen. Das Grauen wurde zum ästhetischen TV-Ereignis; die Einschaltquoten des Nachrichtensenders CNN schnellten in die Höhe. Dan Rather vom Sender CBS, einer der bekanntesten Nachrichtensprecher des Landes, wurde zum Sinnbild einer willfährigen Presse, als er die GI's vom Bildschirm herunter militärisch grüßte. Über 80 Prozent der Amerikaner waren mit der Kriegsberichterstattung zufrieden und mit der Zensur einverstanden. Proteste der Interamerikanischen Pressevereinigung und gerichtliche Klagen der meinungsbildenden Zeitschriften *Harper's, The Nation* und *Village Voice* kamen zu spät. Der Regisseur Peter Sellars sagte: »Es gab noch nie einen Krieg, von dem die Menschheit so wenig erfahren hat. Es gab noch nie so viele Informationen und gleichzeitig so wenig Wahrheit. Und das in einem Zeitalter der allgegenwärtigen Medien.« Rudolf Augstein kam nachträglich zu der Überzeugung, die Amerikaner seien in diesen Krieg regelrecht hineingelogen worden.[34]

Die amerikanische Militärführung hielt sich an die Maxime von General George Patton, daß es im Krieg nicht darauf ankomme, für sein Vaterland zu sterben, sondern den Gegner für dessen Vaterland sterben zu lassen. Eine genaue Zahl der getöteten irakischen Soldaten wurde nicht bekannt, sie war aber sicher sechsstellig. Von den 541 000 eingesetzten GI's starben 390 oder 0,07 Prozent. 149 davon fielen an der Front, und von diesen kam ein Viertel durch »friendly fire«, also durch Versehen der eigenen Kameraden ums Leben. Von 35 000 Soldatinnen kamen 13 um. Das Mißverhältnis zwischen amerikanischen und irakischen Opfern hat ausländische Kritiker von exzessiver Gewaltanwendung seitens der USA sprechen lassen.[35]

Vier von fünf Amerikanern waren für den Krieg. Die Bevölkerung stellte sich patriotisch hinter ihren Präsidenten. Als George Bush eine Raketenfabrik in Massachusetts besuchte, skandierte die ergriffene Belegschaft »U – S – A, U – S – A«. Ein Händler in Arkansas bot irakische Flaggen zum Verbrennen an. Millionenfach wurden *yellow ribbons* verkauft, gelbe Schleifen aus Stoff oder Plastik, die als patriotische Symbole dienten und auch am Arbeitsplatz getragen wurden. Mochte ein Populist wie Ross Perot seine Opposition zum Krieg artikulieren und den Emir von Kuwait herabwürdigen (»der Geck da drüben mit seinen siebzig Frauen«) – die Mehrheit demonstrierte eine seltsam antiquierte Kriegsbegeisterung. Bei der Siegesparade marschierte General Schwarzkopf in Tropenuniform samt Feldflasche durch die Hauptstadt. Den Triumph feierte man mit einem Feuerwerk, mit Clowns und viel Eiskrem. Ausländer, selbst solche, die den Krieg für gerechtfertigt gehalten hatten, taten sich schwer, Verständnis für die Glorifizierung des Blutvergießens aufzubringen. Das *Journal of American Culture* druckte noch Jahre nach Kriegsende den Beitrag eines siegestrunkenen alten Obersten ab.[36]

Der Sieg am Golf brachte den USA zunächst einen Prestigegewinn. Washington hatte einem Land der Dritten Welt eine Lektion erteilt und der Welt den Unterschied zwischen einer militärischen Supermacht und bloßen Wirtschaftsgiganten wie Japan oder Deutschland gezeigt. Das Vietnam-Trauma durfte als überwunden gelten. Die *School of Decline*, die den Niedergang der USA diagnostiziert hatte, schien sich blamiert zu haben. Die USA konnten sich berufen fühlen, bei der Errichtung einer neuen Weltordnung den Ton anzugeben. Ein Politologe an der Universität Harvard sagte in der Euphorie des Sieges: »Wenn die bestehenden internationalen Regeln sich mit grundlegenden amerikanischen Werten nicht vertragen, dann zum Teufel mit diesen Regeln.«[37]

Andere fragten, ob es wirklich nötig gewesen war, statt des Tyrannen Hussein Tausende und Abertausende von Irakern zu massakrieren. War am Golf nicht ein Verbrechen mit einem noch größeren Verbrechen beantwortet worden, nämlich die Besetzung Kuwaits mit einem allgemeinen Krieg? Hatten die USA vielleicht nur einen Pyrrhussieg errungen, weil das Land wegen seiner inneren Probleme nach wie vor von einem Niedergang bedroht war? Washington hatte beweisen wollen, schrieb Edward Said in *Culture and Imperialism* (1993), daß es seine Vorstellungen von Recht und Unrecht weltweit durchzusetzen gedenke, aber es gebe schon zu viele Menschen, die den historischen Führungsanspruch der Amerikaner nicht für endgültig ansehen.[38]

Präsident Clinton ließ nachträglich, im Juni 1993, auf den bloßen Verdacht hin, daß die Iraker ein Attentat auf seinen Vorgänger Bush geplant hatten, Bagdad bombardieren. Der Golfkrieg hatte die Gewaltbereitschaft weiter gesteigert. Militärische Siege schienen wieder politikfähig geworden zu sein. Aber dann meldeten sich kritische Stimmen. Der Golfkrieg hatte nicht die beabsichtigte Wende zu neuer amerikanischer Größe gebracht. Warum hatte man Saddam Hussein an der Macht gelassen, zumal man ihn doch mit Hitler gleichzusetzen pflegte? Wäre es nicht besser gewesen, zunächst die Wirkungen eines Wirtschaftsembargos zu testen, bevor man Gewalt einsetzte? Vor dem Krieg waren von der CIA die Voraussetzungen für ein erfolgreiches Wirtschaftsembargo als günstig eingeschätzt worden; dann erhielt der Geheimdienst den Auftrag, Hussein mit verdeckten Operationen zu stürzen. Ernüchterung machte sich breit. Ein Jahr nach dem großen Sieg schrieb eine protestierende Kriegsteilnehmerin auf ein Pappschild: »Wer ist unser nächster Feind? Rüsten wir ihn gerade auf? Wo ist die Friedensdividende?«[39]

Wirtschaft und Gesellschaft

Bereits in den 1970er Jahren sollten Japan und die BRD als die wirtschaftlichen Hauptkonkurrenten der USA durch höhere Energiekosten geschwächt werden. Zu diesem Zweck hatten amerikanische Ölfirmen mit stillschweigender Billigung der Exekutive ein illegales Kartell gebildet. In den 1980er Jahren trachteten Reagan und seine Berater danach, die gefährdete amerikanische Spitzenposition zu behaupten und auszubauen. Steigende Produktivität sollte fortan nicht mehr mit einer größeren Steuerabschöpfung bestraft werden. Man sprach von *supply-side economics*, also einer kapitalfreundlichen Wirtschaftspolitik.

Reagans Politik bewirkte aber das Gegenteil des beabsichtigten Zieles: einen wirtschaftlichen Positionsabfall der USA. Der Erhalt des informellen Empires war zu kostspielig. Der Rüstungsetat lag nach dem Vietnamkrieg um ein Fünftel höher als während des Vietnamkriegs. Von der Hochrüstung profitierten ein paar Dutzend Firmen wie Lockheed, Boeing, Rockwell oder General Motors. Jeder sechzehnte Arbeitsplatz hing an der Rüstung. Regierung, Privatindustrie und Forschungsinstitute arbeiteten eng zusammen. Marktwirtschaftliche Prinzipien galten bei der Herstellung von Waffen nicht. Staatliche Zuschüsse, Steuerrückstellungen und Plankostenüberschreitungen waren die Regel. Auf dem zivilen Sektor, zum Beispiel bei Autos und Computern, sank der amerikanische Anteil am Weltexport. Der Handel mit China wollte trotz der Verträge von 1972 und 1979 nicht recht in Schwung kommen. Das Zahlungsbilanzdefizit vergrößerte sich durch Direktinvestitionen im Ausland. Die Auslandsschulden stiegen bis zum Ende der 1980er Jahre auf die Summe von 600 Milliarden Dollar. Große Unternehmen verlegten wichtige Firmenteile ins Ausland. Die Lohnkosten für die in Indonesien hergestellten Sportschuhe der Marke NIKE lagen bei 12 Cents, der Verkaufspreis in den USA bei 80 Dollar (1992). Den multinationalen Firmen gelang es immer wieder, die jeweilige Steuerfälligkeit weit hinauszuschieben. Das Gemeinwesen nahm Schaden auch dadurch, daß die Multis das Interesse an einer funktionierenden Infrastruktur im Stammland verloren.[40] Die Regierung versuchte Kapital anzulocken, indem sie Investoren mit einer Anlage über einer Million Dollar ein Visum in Aussicht stellte. Aber statt der erwarteten zehntausend Bewerber meldeten sich keine hundert.

Das Haushaltsdefizit war binnen vier Jahren zwischen 1982 und 1986 von 8,6 Milliarden auf 141,3 Milliarden Dollar gestiegen. Die USA standen als das am stärksten verschuldete Land der Welt da. Im internationalen Vergleich besagte dies nicht viel. Denn die USA verfügten über mehr Wirtschaftskraft und ein höheres Exportvolumen als andere hochverschuldete Länder. Außerdem waren die Amerikaner in ihrer eigenen Währung verschuldet, »die sie notfalls selbst reproduzieren können«.[41] Was die Bürger mehr irritierte und den Nationalstolz stärker verletzte, war die Zuwachsrate des Bruttosozialprodukts verglichen mit anderen internationalen Industriestaaten. Die Amerikaner lagen nur noch an fünfter Stelle hinter der Schweiz, Japan, Island und Norwegen (1988).

Wie war der wirtschaftliche Positionsabfall gegenüber Japan und einigen europäischen Ländern zu erklären? In Japan und in der Bundesrepublik nahm die Waffenproduktion nicht die zentrale Stellung ein wie in den USA. Die amerikanische Wirtschaft war innovativ bei der Herstellung militärischer Hardware, bei zivilen Gütern hinkte sie oft hinter internationalen Entwicklungen her. Banken und Industrie arbeiteten in Japan und Europa enger zusammen und bekämpften sich nicht gegenseitig durch unproduktive *Take-overs.* Die deutsche und die japanische Sparquote waren höher. Somit standen auf dem Kapitalmarkt größere Summen der »dummen Sparer« zu günstigeren Bedingungen für produktive Unternehmungen zur Verfügung. Zum Nachteil der USA schlug aus, daß dort ein höherer Prozentsatz von Menschen in Armut lebte als in Mittel- und Nordeuropa, daß viele Jugendliche den Schulbesuch vorzeitig abbrachen und daß es generell zu viele schlecht ausgebildete Schulabgänger gab. Der Bildungsstand an Amerikas öffentlichen Schulen war Testergebnissen zufolge zwischen 1969 und 1991 um 60 Prozent gefallen.[42]

Ungünstig wirkte sich das mangelnde Vertrauen zwischen Tarifpartnern aus. Das *collective bargaining*, die Tarifautonomie, eine Errungenschaft des Wagner Act (1935) aus dem New Deal, hatte gewalttätige und unproduktive Arbeitskämpfe verhindert, war aber kein Instrument der sozialen Gerechtigkeit mehr. Nur jeder fünfte Erwerbstätige gehörte einer Gewerkschaft an, ihre Mitglieder fanden sich am häufigsten in der Automobil- und Stahlindustrie. Die Gewerkschaften neigten dazu, ihre Macht zu mißbrauchen und *featherbedding* zu betreiben, also ihren Mitgliedern Vorteile um jeden Preis zu verschaffen. Ganz und gar überzogene Forderungen erhob zum Beispiel die Musikergewerkschaft. Sie verlangte für ein Broadwaystück die Beschäftigung von 25 Musikern, obwohl von der Partitur her bloß neun Musiker gebraucht wurden. Das Ergebnis der Verhandlungen war: 16 Musiker erschienen Abend für Abend als sogenannte *walkers*, kassierten also ihre Gage und zogen anschließend wieder ab. Das Stück lief vier Jahre, die Kosten für die untätigen Musiker betrugen am Ende rund anderthalb Millionen Dollar.[43]

In den USA gibt es etwa 80 000 verschiedene Berufe. Der Sektor Dienstleistungsberufe nahm zu, der Produktionssektor wurde kleiner. Berufliches Prestige brachte das Verteilen von Informationen (»symbolic analysts«), nicht die Herstellung von Gütern. Der Dokumentarfilm *Roger & Me* (1989) von Michael Moore zeigt den sozialen Abstand zwischen gutverdienenden Yuppies und auf die Straße gesetzten Automobilarbeitern in Flint (Michigan). Amerikaner sind ihrer Firma weniger eng verbunden als etwa Japaner. Das Interesse an der Qualität der erbrachten Dienstleistungen oder der produzierten Güter ist weniger stark entwikkelt oder weniger echt als in anderen Kulturen. Arbeitnehmer müssen am Arbeitsplatz beträchtliche Einschränkungen ihrer persönlichen Freiheit hinnehmen. In Großfirmen herrscht tendenziell ein Klima der Unfreiheit. Bei einem Mischkonzern wie Procter & Gamble in Cincinnati erstreckte sich die Überwachung der Mitarbeiter auf deren Privatleben. Die amerikanischen Vorgesetzten im französischen Euro-Disneyland mußten dazu angehalten werden, ihren paramilitärischen Führungsstil abzulegen.[44]

Am 19. Oktober 1987, dem *Black Monday*, stand die Wirtschaft der USA kurz vor einer Katastrophe. Nach diesem schweren Börsenkrach war das Klima zwischen den westlichen Industrienationen gereizter denn je. Der Vorstandsvorsitzende der Deutschen Bank kritisierte an den Amerikanern, daß sie sich stets als letzte Instanz fühlten und »nachrangige Mächte« wie die Bundesrepublik zu gängeln versuchten. Seit Helmut Schmidt hatte es zwischen Bonn und Washington wiederholt Zwist über die rechte Wirtschaftspolitik gegeben. Die Deutschen wollten an der Geldwertstabilität festhalten, die Amerikaner nannten deutsche Wirtschaftsexperten störrisch und unterstellten der Bundesbank fixe Ideen.

Die Schwäche der amerikanischen Wirtschaft hatte auch mit einem technologischen Positionsabfall zu tun. So war es Anfang der 1980er Jahre nicht gelungen, eine neue Generation von *memory chips* herzustellen. In Wirtschaftskreisen wurde dem Zurückbleiben auf den Hardware-Sektor oft keine allzugroße Bedeutung beigemessen. Laßt die Japaner Hardware produzieren, hieß es da, wir liefern die Software. Die Amerikaner dominieren zum Beispiel weltweit die Filmwirtschaft. Amerikanische Filme stehen in fast jedem europäischen Land an der Spitze; in Deutschland beherrschen sie über 80 Prozent, in Italien 90 Prozent des Marktes. Gleichwohl und trotz des Vorrückens bestimmter Branchen, wie zum Beispiel der

Pornoindustrie, zeigte die US-Wirtschaft Wachstumsschwierigkeiten und Produktivitätsprobleme.

Das *Office of Technology Assessment* in Washington und die Firmen DuPont, General Electric, Exxon, Kodak und Dow Chemical erwarteten sich von der Biotechnik einen günstigen Einfluß auf die Wachstumskurve und neuen Überfluß, weil sich lebende Materie unter künstlichen Bedingungen rascher produzieren läßt als in der Natur. Ein Zigarettenfabrikant baute genmanipulierte Tabakpflanzen an, deren verdoppelter Nikotingehalt die Abhängigkeit von Rauchern verstärkte. Eine genetische Überprüfung in der chemischen Industrie sollte die Anfälligkeit von Arbeitern für bestimmte Chemikalien erkennen mit dem Ziel, Schadenersatzforderungen abzuwenden oder riskante Produktionsabläufe bei bestimmten Volksgruppen anzusiedeln. Das großangelegte »Human Genome Diversity Project« der Universität Stanford will einen Zusammenhang zwischen genetischen Großgruppen und Sprachfamilien nachweisen.[45]

Mit der North American Free Trade Association (NAFTA) zwischen Kanada, den USA und Mexiko entstand der Welt größte Freihandelszone. Die NAFTA könnte einen Binnenmarkt mit 363 Millionen Konsumenten schaffen. Er richtet sich der Grundintention nach gegen europäische und japanische Konkurrenz. Die Befürworter der NAFTA sehen trotz einiger ungelöster ökologischer und arbeitsrechtlicher Fragen nur Vorteile für die beteiligten Volkswirtschaften. Die Gegner wenden ein, daß die geplante Wirtschaftsunion die innenpolitischen Probleme der Mitgliedstaaten noch verschärfe.

Die USA haben sich ausländischem Druck, Zölle und nichttarifäre Einfuhrschranken abzubauen, meist erfolgreich widersetzt. Zum Beispiel gestatten sie pro Kopf ihrer Einwohner den Import von gerade einmal zwei Erdnüssen. Insofern wäre die NAFTA ein Beitrag zum Abbau von Handelshemmnissen. Allerdings spielt sich der internationale Kommerz mehr und mehr jenseits von Freihandel und Protektionismus ab. Typisch sind branchenspezifische Absprachen über Exportquoten und internationale Marktanteile, etwa in der Automobilindustrie oder bei der Telekommunikation. Auf dem Halbleitersektor teilen sich Siemens, IBM und Toshiba die Märkte. Die Gesetze der Marktwirtschaft sind noch in einem anderen Sinn aufgehoben worden. 80 Millionen Amerikaner bestreiten ihren Lebensunterhalt nicht aus den Gewinnen eines freien Unternehmertums, sondern aus der Umverteilung von Steuergeldern.[46]

Nach dem Kalten Krieg war eine Konversion der Rüstungsindustrie angezeigt. Man sprach von einer Friedensdividende, die für die Verschrottung von Waffen, die Entgiftung verseuchter Militärgelände oder aber für neue Kriege außerhalb der alten Bipolarität ausgegeben werden konnte. Nachdem es keine klare Trennung mehr gab zwischen Krieg und Frieden, erübrigte sich eine Unterscheidung zwischen Kriegs- und Friedenswirtschaft. Von der Friedensdividende verspürten die armen Länder am wenigsten. Im Gegenteil: »Der Sieg der Marktwirtschaft scheint identisch zu werden mit einer Verslumung der Welt.«[47] Die großen Rivalen hatten es nicht mehr nötig, die Dritte Welt künstlich zu beatmen. Nur der Waffennachschub erfuhr keine Unterbrechung. Die Mitglieder des Sicherheitsrates der UNO waren gleichzeitig die größten Rüstungsexporteure. In den USA selbst klaffte die Schere zwischen Arm und Reich weiter auseinander denn je. Die Gehälter von Direktoren und Arbeitern verhielten sich wie 91 : 1. 1980 hatte dieses Verhältnis noch bei 25 : 1 gelegen. Hochverschuldete Landwirte sahen keine andere Möglichkeit, als abzutauchen und ihre Farmen den Banken zu überlassen. Unter Reagan trieb die »Deregulierung« des Wirtschaftslebens und die Stärkung des freien Unternehmertums seltsame Blüten. Im Savings & Loan-Skandal plünderten ehrenwerte Männer, gedeckt von Wirtschaftsprüfern und Rechtsanwälten, die bis dahin solide Branche der Spar- und Darlehenskassen aus. Der Steuerzahler muß für den Schaden aufkommen. Die Schadenssumme überstieg den Wert der Beute normaler Bankräuber um ein Vielfaches. Die Spitzenvertreter beider Parteien zogen es vor, zu diesem Skandal zu schweigen und stattdessen die Vorteile der Marktwirtschaft zu preisen. Aus Verzweiflung über die um sich greifende Geldgier klangen bürgerliche Presseorgane allmählich wie Untergrundzeitschriften aus der Zeit der Studentenrebellion. Nach dem Massaker auf dem Tiananmen-Platz in Peking riet der ehemalige Außenminister Kissinger von Sanktionen ab; er unterhielt enge Geschäftsbeziehungen zu China. Der demokratische Präsident Clinton und sein Wirtschaftsberater Robert Reich hatten sich vorgenommen, mehr Ehrlichkeit in die Politik zu bringen und die soziale Komponente stärker zu betonen. Doch nach dem Fall der Berliner Mauer wagte sich das liberale Establishment nicht mehr an Maßnahmen, die nach Sozialismus rochen. Clinton selbst hatte sich früh im kapitalistischen System verstrickt. Hätte er als Gouverneur von Arkansas gegen die Umweltsünden eines großen Hähnchenfabrikanten vorgehen wollen, wäre er seinem eigenen Sponsor in den Rücken gefallen.[48]

Richard Nixon hatte 1959 in Moskau gesagt, die Vereinigten Staaten als das größte kapitalistische Land seien dem Ideal des Wohlstands für alle und der klassenlosen Gesellschaft am nächsten gekommen. Diese Einschätzung hat sich als irrig erwiesen. Was in den 1970er Jahren noch mühsam abgewendet werden konnte, trat unter Reagan ein: Die soziale Ungleichheit wurde größer. Mit dem gesetzlichen Mindestlohn verdiente ein Arbeiter in einem Jahr, was ein Topmanager wie Lee Iacocca pro Stunde verdiente. Die Vermögenskonzentration machte weitere Fortschritte. Mitte der 1980er Jahre überstiegen die Einkünfte aus Kapitalvermögen erstmals die Einkünfte aus Löhnen und Gehältern. Es entstand so etwas wie eine amerikanische Pensionärsklasse, die den Armen vorsagte, sie müßten härter arbeiten und sparsamer leben, um ebenfalls den Aufstieg zu schaffen. Jedoch hat die Armut volkswirtschaftliche Ursachen, die von den Bedürftigen nicht kontrolliert werden können.[49] Während der Philosoph Michael Walzer in *Spheres of Justice* (1983) behauptete, es sei ganz in Ordnung, das Schaffen von

Wohlstand mit Wohlstand zu belohnen, klagte der Volkswirt John Kenneth Galbraith in *The Culture of Contentment* (1992), die Wohlhabenden hätten nur noch ihre Bequemlichkeit im Sinn und würden sich keinen Deut um das Schicksal der weniger glücklichen Menschen scheren.

George Bush, der sich bei seinem Amtsantritt ein freundlicheres, sanfteres Amerika gewünscht hatte, ließ jedes Mitgefühl für sozial Benachteiligte vermissen. Der wirtschaftliche Wettbewerb mit Japan und Europa ging zu Lasten der amerikanischen Mittelschicht, die sich immer schwerer tat, ihr Einkommensniveau zu halten, und befürchten mußte, zu einer *lumpenmiddleclass* herabzusinken. Erwerbstätige wurden auch nach langer Betriebszugehörigkeit entlassen oder halb freiwillig ins Frührentnerdasein geschickt. Sie konnten den Eindruck gewinnen, daß Menschen disponibel waren wie Kleenex. Nur jeder dritte oder vierte Arbeitslose erhielt Arbeitslosenunterstützung, im Gegensatz etwa zu Kanada, wo 80 Prozent anspruchsberechtigt sind. 37 Millionen US-Bürger waren ohne Krankenversicherung, mindestens ebensoviele unterversichert. Ein umfangreiches Gesetzeswerk zur Einführung der Versicherungspflicht kam nur als verwässerte Kompromißlösung zur Abstimmung. Die Abgeordneten konnten dem Ergebnis gelassen entgegensehen. Die meisten Wähler waren versichert, die Nichtversicherten brachten keine Stimmen.[50]

Kinder hatten unter der Armut besonders zu leiden. Ein Drittel der Obdachlosen bestand aus Familien mit Kindern. In den USA lebte knapp ein Viertel der Kinder unter der Armutsgrenze, in Japan waren es acht Prozent, in Westdeutschland knapp fünf Prozent. Die USA hatten unter vergleichbaren Ländern die höchste Schwangerschaftsrate bei Minderjährigen. Bei schwarzen Müttern lag die Rate der unehelichen Geburten besonders hoch, doch waren auch bei weißen Frauen, die unterhalb der Armutsgrenze lebten, 44 Prozent aller Geburten unehelich. In jeder vierten amerikanischen Familie wuchsen die Kinder mit nur einem erziehenden Elternteil auf, das ist ein wesentlich höherer Anteil als in europäischen Ländern.[51]

Die Volkszählungsbehörde in Washington brachte eine computerisierte Landkarte heraus, die es ermöglichen sollte, das demographische Profil der Gesellschaft praktisch bis in den einzelnen Wohnblock hinein nachzuzeichnen. Trotzdem sind bei der letzten Volkszählung vermutlich an die zehn Millionen Menschen nicht erfaßt worden. Dies lag zum einen an der illegalen Einwanderung, zum anderen aber auch an dem feindseligen Klima in den Indianerreservaten und an den miserablen Zuständen in den Slums, die ein genaues Zählen nicht zuließen. In den Städten vor allem hatte sich ein Subproletariat gebildet, dessen Größe nicht zu ermitteln war und das weder zum Arbeitsmarkt noch zur sozialen Gemeinschaft im herkömmlichen Sinne gehörte. New York erschien in manchen Vierteln wie ein Kalkutta ohne Kühe. Das Konzept des Multikulturalismus, kaum von Kanada übernommen, war schon zu einem Instrument politischer Manipulation verkommen. Schier unüberbrückbare Unterschiede hatten sich manifestiert bei einem Volk, dem seit Tocqueville eingeredet worden war, daß es die Gleichheit mehr liebe als die Freiheit. In einigen Slums trat die Tuberkulose wieder auf. An der South Side in Chicago wurden ganze Wohnblocks geräumt und sozusagen eingemottet, weil sie durch Gewalt und Vandalismus unbewohnbar geworden waren. In Detroit zündeten Slumbewohner reihenweise ihre Behausungen an – eine Form von sozialem Kannibalismus, wie ihn die Geschichte bisher nicht gekannt hat. Detroits Einwohnerschaft war binnen einer Generation um die Hälfte geschrumpft. Die Stadtverwaltung hatte es schließlich aufgegeben, die leerstehenden Grundstücke abzumähen, und ließ buchstäblich Gras über die Geschichte wachsen.[52]

In Los Angeles brach 1992 der schlimmste Volksaufstand seit Jahrzehnten aus. Der Auslöser war ein Freispruch für Polizisten, die einen schwarzen Autofahrer mißhandelt hatten. Auf T-Shirts war das Motiv der Aufständischen zu lesen: »No Justice, No Peace.« Anders als etwa nach den Rassenunruhen von 1964, den Harlem Riots, lösten die sozialen Unruhen von Los Angeles keine Reformen aus. Weder Liberale noch Konservative hatten konstruktive Antworten anzubieten. Im großen und ganzen bestand Einigkeit darüber, daß Gewalt und Lynchmorde nicht den Anlaß dafür liefern dürften, den Steuerzahler noch mehr zur Ader zu lassen. Die Los Angeles Riots hatten einen rassischen Hintergrund, zu den Ursachen zählte aber auch der wirtschaftliche Umbruch in Südkalifornien. Durch die Schrumpfung der Rüstungsindustrie nach dem Kalten Krieg gingen dort 600 000 Arbeitsplätze verloren. Das Arbeitslosenversicherungssystem in dieser Region war korrupt. 40 Prozent der Schüler im Raum Los Angeles schafften keinen Abschluß.[53]

Das Vertrauen in die politischen Institutionen, sie könnten mit den sozialen Problemen fertigwerden, war geschwunden. Hillary Clinton machte den Vorschlag einer »Politics of Meaning«, wußte freilich nicht näher anzugeben, was deren Inhalt sei. Mehr Kommunalität schwebte der Präsidentengattin vor, doch durch ihre Beteiligung an der Kaufhauskette Wal-Mart hatte sie dazu beigetragen, daß vormals attraktive Mittelstädte wie Elmira (New York) weiter verödeten und daß Pseudostädte entstanden, die sich um *shopping malls* herum ansiedelten. Allseits wurde mehr Familiensinn eingeklagt. Filme wie Robert Altmans *Short Cuts* (1993) zeigten aber, wie es um die Familie wirklich bestellt war. Das Vokabular des Amerikanismus wurde aus Gewohnheit wiederholt, aber nicht mehr beherzigt. Die Elite wirkte ideel ausgelaugt oder konfus. Der Soziologe Daniel Bell erläuterte einer nicht mehr sonderlich interessierten Öffentlichkeit, er sei politisch liberal, wirtschaftlich sozialistisch und kulturell konservativ. Der Philosoph Richard Rorty bezog einen Standpunkt sozialer Gleichgültigkeit. Der modische Poststrukturalismus schwindelte sich an der Realität vorbei und zeigte, wie kraftlos der Liberalismus geworden ist. Für viele war ein Liberaler nur noch jemand,

Bettler in Manhattan

der der Unterschicht helfen wollte, – und Unterschicht war nur ein Deckwort für den schwarzen Bevölkerungsteil.[54]

Um von dem Makel loszukommen, das Armenhaus der Nation zu sein, lud der Stadtrat von Detroit zu einem »International Freedom Festival« samt Brillantfeuerwerk ein. Auch anderswo verleiteten die sozialen Mißstände zu leeren Gesten oder sogar zu einer unfreiwilligen Parodie nationaler Symbole. *City Harvest*, eine Organisation, die Essensreste der Reichen an die Armen verteilt, erhielt von einem Luxushotel als Zeichen der Anerkennung eine meterhohe Freiheitsstatue aus Schokolade geschenkt.

Das allgegenwärtige Drogenproblem machte den Kampf gegen die Armut schwieriger denn je. Im nördlichen Teil von Philadelphia spielten Kinder mit Drogenampullen, ganze Straßenzüge lebten vom Handel mit Rauschgiften, ihre Bewohner konnten von sozial engagierten Mitbürgern nicht mehr erreicht werden. Die relativ leichte Zugänglichkeit von kristallisierten Methamphetaminen in Form von *Crack* oder *Ice* ließ eine »biologische Unterschicht« entstehen, die auf herkömmliche Sozialprogramme nicht mehr reagierte. Der Nachwuchs drogensüchtiger Mütter war hirngeschädigt, zeigte verkümmerte soziale Instinkte und vermochte Gut und Böse nicht mehr zu unterscheiden. Die Drogenhändler hielten ihre Imperien brutal zusammen: »In der amerikanischen Drogenmetropole ... quälen Dealer ihre Kunden, die nicht bezahlen können, auf besonders perverse Weise. Sie schlitzen ihren Opfern mit dem Messer das Gesicht vom Ohr bis zum Mundwinkel auf und auf der anderen Seite wieder bis zum Ohr.« Das sogenannte Crack-Grinsen bleibt als lebenslange Verstümmelung. Solange der Drogenkonsum im Inland nicht zurückging, war der Kampf gegen den Drogenschmuggel aus dem Ausland vergeblich. Die Antidrogenpolitik blieb auch wegen ihrer inneren Widersprüchlichkeit unglaubwürdig. Nach einer für gelungen gehaltenen Rede von Präsiden Bush gegen den Drogenmißbrauch prosteten sich seine engsten Mitarbeiter mit Champagner zu.[55]

Von den 19 000 Häftlingen im Gefängnis auf Riker's Island saßen über 11 000 wegen Rauschgiftdelikten ein. Die Zahl der Gefangenen in den Haftanstalten des Bundes und der Einzelstaaten überschritt 1994 die Millionengrenze und hatte sich damit seit 1980 mehr als verdoppelt. In Los Angeles brüstete sich die Verwaltung, das größte Zuchthaus »in der freien Welt« zu haben. Baufirmen konnten ein Gefängnis binnen sechs Monaten errichten, aber die Kapazität reichte nicht mehr aus. Die elektronischen Geräte am Körper eines unter Hausarrest stehenden Straftäters sind so verfeinert worden, daß auch sein Blutalkoholspiegel damit gemessen werden kann. In Phoenix (Arizona) wurde eine Zeltstadt aufgebaut, in der eintausend Häftlinge untergebracht werden konnten.[56]

Die USA verzeichneten bei Kapitalverbrechen – Mord, Vergewaltigung, Raub – weltweit die höchsten Raten. Das Morden erreichte zu Beginn der 1990er Jahre mit 24 000 Opfern eine neue Höchstmarke. Die Hauptstadt Washington hatte pro Kopf der Bevölkerung die meisten Ermordeten zu beklagen. In New York kam jedes vierte Organtransplantat von einem Mordopfer. Die amerikanische Mordquote war achtmal so hoch wie die deutsche. Mord und Totschlag waren die häufigste Todesursache in den Ghettos. 40 Prozent der männlichen Slumbewohner starben vor ihrem 25. Lebensjahr. Die ethnische Komponente bei Gewaltverbrechen verlagerte sich und nahm bei Konflikten zwischen Koreanern und Schwarzamerikanern erschreckende Ausmaße an, zum Beispiel in Flatbush (New York City) oder South Central Los Angeles. Auch im Fall des früheren Footballstars O. J. Simpson wurde sofort der rassische Aspekt herausgehoben. Ehemals sichere Gebiete wurden kurzfristig kriminalisiert. Jugendbanden aus Los Angeles erweiterten ihr Terrain auf Spielkasinos in Las Vegas. Daß das Sicherheitsbedürfnis der Allgemeinheit größer geworden war, zeigte die steigende Nachfrage nach automatischen Handfeuerwaffen seitens gesetzestreuer Bürger. Etwa sechs Prozent aller Arbeitnehmer waren bei Sicherheitsdiensten beschäftigt. Ab 1991 überstieg die Zahl der Privatpolizisten die der kommunalen Polizeibeamten. Auch im Strafvollzug ließ sich eine Tendenz zur Privatisierung erkennen. Privatfirmen boten zunehmend Sicherheitstechniker statt der gewohnten Vollzugsbeamten an. Die Todesstrafe wurde bereits von privaten Exekutionskommandos vollstreckt.[57]

Zur Bekämpfung der Kriminalität wurde das Prinzip »three strikes, you're out« diskutiert. Es besagt, daß ein Krimineller nach der dritten schweren Straftat für immer seine Freiheit verliert. In Kalifornien droht einem Verbrecher nach der dritten Tat eine Haftstrafe von mindestens 25 Jahren. *Plea bargaining*, das Eintauschen eines geringeren Strafmaßes gegen ein Schuldbekenntnis, wird unter diesen Voraussetzungen schwieriger. Setzt sich das neue Prinzip durch, müßte der Staat noch mehr Gefängnisse bauen. Bei der Zumessung der Strafe zeichnete sich ein Ende der soziologischen Jurisprudenz ab. Geht ein Richter nach seiner Strafmaßtabelle vor, braucht er auf persönliche Umstände, Familienbindungen oder Arbeitswilligkeit eines Täters keine Rücksicht mehr zu nehmen. Die sozialen Bedingungen und Motive der Angeklagten fallen einer Objektivierung zum Opfer, die es dem Urteilenden ermöglicht, zu dem Verurteilten auf Distanz zu gehen.[58]

Die Ratlosigkeit angesichts der hohen Kriminalität führte dazu, daß die Todesstrafe wieder häufiger vollstreckt wurde. Vernon Walters, amerikanischer Botschafter in Bonn, erläuterte, daß das Gebot »Du sollst nicht töten« nicht wörtlich zu nehmen sei. Wie andere Befürworter der Todesstrafe war Walters ein Gegner der Abtreibung. Die Diskussion um die Abtreibung hatte sich seit dem liberalen Urteil in dem Rechtsfall *Roe vs. Wade* (1973) verschärft und zum Teil gewaltsame Formen angenommen. Militante Christen blockierten den Zugang zu Abtreibungskliniken und scheuten selbst vor dem Mord an Ärzten nicht zurück. Rechtsstaatliche Prinzipien gerieten immer dann in Gefahr, wenn die Justiz aus politischem Kalkül handelte oder sich dem Druck der Straße beugte. Während der sozialen Unruhen in Los Angeles hatten schwarze Ghettobewohner einen weißen Lkw-Fahrer aus seinem Fahrzeug gezerrt und mit Ziegelsteinen auf ihn eingeschlagen. Die Täter kamen mit einem milden Urteil davon, denn die Geschworenen verneinten eine Tötungsabsicht. Hinter dem Urteilsspruch steckte offensichtlich die Angst vor neuen Unruhen und eine deplazierte rassische Solidarität. Die Bürgerrechte waren keineswegs so gefestigt, wie es nach der Gesetzgebung von 1964 zu erwarten gewesen wäre. Als die Chicagoer Polizei die Wohnungen eines heruntergekommenen Neubauviertels nach Waffen durchsuchen wollte, weil dort täglich an die hundertmal geschossen wurde und Mütter ihre Kleinkinder in Badewannen vor verirrten Kugeln schützen mußten, verklagte die *American Civil Liberties Union* die Stadtverwaltung wegen Verletzung eines Verfassungszusatzes, der unangemessene Hausdurchsuchungen untersagt.[59]

Die amerikanische Gesellschaft hat eine Balance zwischen der Freiheit und ihren Beschränkungen noch nicht gefunden. Die aus europäischer Perspektive deutlichste Manifestation eines deformierten Freiheitsbegriffs ist das Beharren auf persönlichem Waffenbesitz. An dieser Haltung konnte auch das Blutvergießen durch Serienkiller, Amokläufer und Massenmörder nicht viel ändern. In Texas drang 1991 ein Mann in einen Coffeeshop ein und erschoß 24 Gäste. Ein Motiv für seine Tat war nicht erkennbar, außer daß er sich den Weg freischießen wollte zu seiner ganz individuellen pervertierten Freiheit.

Die Hindernisse für eine wirksame Verbrechensbekämpfung sind die verbreitete Armut, die in manchen Bevölkerungsgruppen endemische Rauschgiftsucht und die kulturell verwurzelte Sympathie mit Gesetzesbrechern, sei es ein Sozialbandit wie Jesse James, ein perverser Killer wie Charles Manson oder ein Lynchjustiz übender Durchschnittsmensch wie Bernhard Goetz. Einer der gründlichsten Kriminalitätsforscher kam zu dem Ergebnis, das Verbrechen sei so fest in der amerikanischen Kultur verwurzelt, daß mit bloßen Gesetzes- und Strafvollzugsreformen nichts mehr auszurichten sei. Publizistik, Folklore und Film haben ihren Teil zur Gewaltverherrlichung beigetragen. Ein Filmkritiker der *Los Angeles Times* meinte, früher sei der amerikanische Film auf ein Happyend hinausgelaufen, heute müßten die Figuren froh sein, wenn sie das nächste Weekend überstehen. Das Nachrichtenmagazin *Time* beauftragte den Künstler Andy Warhol, ein Bild von Mafiaboß John Gotti zu entwerfen. Der mehrfache Mörder nahm sich auf dem Titelblatt so bedeutend wie der Mann des Jahres aus.[60]

Politische Korrektheit

Den Ursprung des Begriffs *politically correct* kennt man nicht genau. Manche sagen, er komme aus dem marxistisch-leninistischen Lager und bedeute dort so viel wie linientreu. Andere führen ihn auf Maos Rotes Buch zurück. Eine dritte Gruppe vermutet, der Begriff sei erstmals von der amerikanischen New Left gebraucht worden und da im ironischen Sinn.

Als politisch korrekt wurden seit Ende der 1980er Jahre Vorstellungen und Maßnahmen bezeichnet, »die dazu geeignet sind, Ungerechtigkeiten aufgrund des Geschlechts, der Rasse, der Klasse oder anderer gesellschaftlicher Variablen ein Ende zu setzen«.[61] Zu diesen Variablen zählen auch die Konfession, die nationale Herkunft, Alter, Aussehen und körperliche Eigenschaften. Politisch korrekt handelt, wer diese Faktoren nicht zum Anlaß nimmt, Mitmenschen zu diskriminieren oder zu verunglimpfen.

Das Bemühen ums politisch Korrekte hat zu skurrilen sprachlichen Prägungen geführt. Ein kleinwüchsiger Mensch ist nicht mehr »kleinwüchsig«, sondern »vertikal herausgefordert«. Ein Blinder ist nicht mehr »blind«, sondern »anderssichtig«, der Behinderte nicht »behindert«, sondern »andersbefähigt«. Gegner solcher Sprachregelungen sehen darin ein linguistisches Lourdes: Man tauche die Gebrechen der Menschen und die Übel der Zeit in die Wässer der Euphemismen, ohne wirklich etwas zu ändern. Die Befürworter neuer Begriffe machen geltend, eine Sprachkorrektur sei nötig, weil Bezeichnungen für ethnische Minderheiten, Frauen oder Behinderte zu oft die Peinlichkeitsschwelle überschritten haben und weil die Sprachgewohnheiten das Handeln nicht unbeeinflußt lassen. Politisch korrektes Denken hat Hollywood erreicht, die Comics, die Fernsehkomödien, die Talk-Shows und sogar die Taubstummensprache.[62]

Einen besonderen Schub haben korrekte Sprachformen im Kampf um die Gleichberechtigung der Frauen erhalten. Das war auch ein Kampf um weibliche Endungen und weibliche Personalpronomen. In den redaktionsinternen Richtlinien der *Los Angeles Times* wurde ausdrücklich darauf hingewiesen, daß es neben dem spanischsprechenden Latino auch die Latina gibt. Während des Golfkrieges war die Presse besorgt, von »our boys and girls in the war« zu reden.

Ein zweiter wichtiger Impuls ging von den Schwarzen aus – oder den *African-Americans*, wie sie lieber genannt werden wollten. Wie prekär die Beziehungen zwischen den Rassen geworden waren, zeigten die sprachlichen Nuancen. *Colored person* galt als Fauxpas, *person of color* war politisch korrekt. Die Afro-Amerikaner hatten wie die Feministinnen allen Grund, auf politische Korrektheit zu drängen: Die Diskriminierung bestand fort, der Gleichheitsgrundsatz wurde nur im Prinzip akzeptiert. Auf dem Immobilienmarkt beispielsweise gab es eine magische Grenze: Sobald der Anteil der Schwarzen in einer Wohngegend acht Prozent überstieg, wanderten weiße Hauseigentümer ab. 1954 war mit der Gerichtsentscheidung *Brown vs. Board of Education of Topeka* die Doktrin des *separate-but-equal* gefallen. Die öffentlichen Schulen Amerikas sollten ab diesem Zeitpunkt schnellstmöglich integriert werden. Doch vierzig Jahre nach diesem Urteil waren die Schulen von Topeka und vielen anderen Städten nur theoretisch für alle zugänglich. Gelegentlich kam es sogar zu einer Neuformulierung rassischer Ideologie: Schwarze seien an segregierten Schulen und Colleges besser aufgehoben. In Kalifornien entstanden Initiativen, das Prinzip der *Affirmative Action* zu kippen und benachteiligten Minderheiten bei der Studienplatzvergabe keinen Bonus mehr einzuräumen. An einer der angesehensten Hochschulen formierten sich die »Yale Students for Racism«. Sie verschickten Haßbriefe an afro-amerikanische Jura-Studenten und taten so, als wäre der Rassismus schon wieder gesellschaftsfähig. Im Süden zündete der Ku-Klux-Klan wieder Kreuze an. Der Sheriff eines kleinen Ortes in Alabama meinte, der Klan habe ein Recht dazu – »it's a free country«.[63]

Im Staat New York gab es zu Beginn der 1990er Jahre mehr schwarze Gefängnisinsassen als schwarze Studenten. Manchen Sozialpsychologen wollte es vorkommen, als ließe sich die Diskriminierung von Schwarzen letztlich nicht auf soziale und politische Faktoren zurückführen. Vielmehr lebten Schwarze und Weiße in getrennten psychischen Sphären, die nicht integrierbar waren und vielleicht nicht einmal integriert werden sollten.[64]

Die Auseinandersetzung um politische Korrektheit nahm von den Hochschulen ihren Ausgang und entwickelte sich zu einer sozialen Bewegung. Diese Bewegung richtete sich gegen den vermuteten Eurozentrismus, Logozentrismus und Phallozentrismus der Hochschullehrerschaft, des Lehrplans und des gesamten Bildungsbetriebs. Anhänger des politisch Korrekten opponierten gegen die Hegemonie der euro-amerikanischen Kultur, gegen das intellektuelle Monopol der *Dead White European Males* (DWEMS) und der *Dead White American Males* (DWAMS). Gegen Plato und Shakespeare; gegen Jefferson und Emerson. Sie verlangten kulturelle Vielfalt und propagierten eine nicht-dualistische Konstruktion der Wirklichkeit. Sie gaben sich nicht mehr mit einem Segment oder einem Modul für eine spezifische Minderheitskultur zufrieden. Sie wollten die Infusion der Minderheitenkultur in die Mehrheitskultur. Jenseits von Sprachretuschen und bloßer Vorurteilsbekämpfung war an den amerikanischen Colleges ein Kulturkampf entbrannt, ein Machtkampf um Lehrinhalte, Forschungsgelder und lukrative Berufe.[65]

Political correctness, sagten Mortimer Adler, Irving Howe und andere Gegner der Bewegung, führe zu einem Kulturrelativismus, der den Universalitätsanspruch aller Bildung negiere, die Wertehierarchie zertrümmere, Gut und Böse aufhebe und in Prinzipienlosigkeit ende. Politische Korrektheit versperre den Weg zu intellektueller Offenheit, weil sie der Jugend den humanistischen Kanon von Homer bis Heidegger vorenthalte, geistige Unterdrückung befördere, vielleicht sogar einen neuen McCarthyismus heraufbeschwöre und auf alle Fälle die separatistischen Tendenzen in der Gesellschaft verstärke.[66]

Anhänger der Bewegung wie die Wissenschaftler Molefi Kete Asante, Stanley Fish oder Henry Louis Gates führten den »demographischen Imperativ« ins Feld: Der Charakter der amerikanischen Bevölkerung habe sich geändert, der Anteil der europäischen Einwanderer sei zurückgegangen. In der Studentenschaft sei der Anteil der Frauen gestiegen, der Anteil der Weißen binnen eines Jahrzehnts um ein Drittel gefallen. Politische Korrektheit sei die gebotene Anpassung an eine veränderte, multikulturelle Gesellschaft. Eine Reform des Lehrplans sei zweitens auch deshalb angezeigt, weil die Bekanntschaft mit afrikanischen, asiatischen und arabischen Kulturen die Studierenden auf ihre Rolle als Weltbürger vorbereite. Dies sei der wahre Sinn der *humanities*, der Geisteswissenschaften, die eben nicht identisch seien mit abendländischer Kultur. Drittens könne man den Anhängern politischer Korrektheit schwerlich Prinzipienlosigkeit vorwerfen, solange sie gegen Rassismus, Faschismus, Gewalt und Unterdrückung kämpften.[67]

Der Schriftsteller Saul Bellow zeigte sich von solchen Argumenten unbeeindruckt. »Sobald die Zulus einen Tolstoi haben«, sagte er politisch sehr unkorrekt, »werden wir ihn lesen.« Die emotionalisierte Debatte führte manchen Disputanten in eine logische Sackgasse. Das Abendland sei deshalb überlegen, erklärte ein Traditionalist, weil es seine eigene Überlegenheit in Frage stellen könne. Professor Allan Bloom, einer der meistgehörten Feinde des Multikulturalismus, verglich in seinem Buch *The Closing of the American Mind* (1987) das Rockfestival in Woodstock mit dem Nürnberger Parteitag. Der Kulturrelativismus, klagte Bloom, zermalme die Lesekultur. Das einzig echte Kulturinteresse der Studenten gelte der Musik und da wiederum der Rockmusik wegen ihrer sexuellen Untertöne.

Der Intellekt nahm dort Schaden, wo der Multikulturalismus zum Gruppennarzißmus führte, zum *ethnic cheerleading* und zur Selbstsegregation, wie man sie unter schwarzen Studenten einiger Universitäten beobachten konnte. Am City College in New York machte ein Professor von sich reden, dessen Lehre im wesentlichen darauf gründete, daß Weiße den Schwarzen unterlegen seien, weil sie zu wenig Melanin besitzen; deshalb seien sie kalt, materialistisch und aggressiv.

Indianer – politisch korrekt: *Native Americans* – erwarben mehr Selbstbewußtsein und brachten im Zuge der ökologisch orientierten Zeit sogar eine Inversion in ihrem Verhältnis zu den Weißen zuwege. Eine Volksweisheit aus dem 19. Jahrhundert, das damals abwertend gemeinte »you can't change an Indian«, bekam ein neues Gewicht. Indianer riefen ihren alten Unterdrückern zu: »Nicht wir müssen uns ändern, ihr müßt euch ändern«, will sagen: Weiße sollen von Indianern den schonenden Umgang mit der Natur und eine vernünftigere Einstellung zum Leben lernen. Der ichsüchtige, permanente *pursuit of happiness* der weißen Mehrheitsgesellschaft hatte nie Anklang gefunden bei der indianischen Seele. Native Americans glaubten aus Tradition, »daß Weisheit erst dann kommt, wenn man nicht mehr nach ihr sucht«.[68] Der weiße Mainstream-Amerikaner betrachtete selbstbewußte Minderheiten mit einem gewissen Neid. Wer den Kollaps des urbanen Amerika miterlebte, warf einen wehmütigen Blick auf entlegene Sekten wie die Amish, eine Gesellschaft, in der alte ländliche Tugenden fortbestanden, eine Gemeinschaft ohne Steuern, Abtreibung und Aids.

Reagan, der sein Land ums Haar in den finanziellen Bankrott geführt hatte, reiste als Expräsident nach Berlin, um den Ostdeutschen eine Lektion in Demokratie zu erteilen. Seine Legitimation war zweifelhaft. Politisch interessierten Bürgern war bekannt, daß in den USA nur noch etwa die Hälfte und in manchen Großstadtslums nur noch ein Viertel der Bewohner von ihrem Wahlrecht Gebrauch machten.[69] Demokratische Tugenden waren verkümmert. Die Mittelklasse glaubte, daß sie nicht mehr auf ihre Kosten kam. Nicht einmal mehr das alte Mittel, die Flucht aus dem Alltag, schien noch zu funktionieren. Das Leben war scheinbar zu eng geworden. Durch den Yellowstone Park quälten sich die Autos Stoßstange an Stoßstange, im Yosemite Park mußte man sich zwei Monate vorher anmelden, wenn man einen Zeltplatz wollte. Auf der Suche nach mehr Freiraum wanderten zahlreiche Kalifornier nach Montana ab. Aber die geographische Mobilität, obwohl immer noch höher als in Europa, nahm insgesamt ab, weil Ortsveränderung allein keine Lösung mehr versprach.[70]

Wo die geographischen Möglichkeiten erschöpft waren, wurden vertikale Fluchten angeboten. Metaphysiker, Neotranszendentalisten und reine Scharlatane versprachen immer wildere Formen der persönlichen Entfaltung. »Du kannst fliegen«, hieß es in einem der pseudopsychologischen Trainingsseminare, »wenn du nur bereit bist, dich darauf einzustellen.« Aus den Pacific Palisades, wo sich einst Thomas Mann, Theodor Adorno und andere Rationalisten niedergelassen hatten, wurde ein Hort diverser Satanskulte. Exaltierte Prediger wie Jim Bakker, Jerry Falwell oder Oral Roberts verkauften das Paradies übers Fernsehen als Trostpreis für die Zukurzgekommenen.[71]

Der amerikanische Begriff von Freiheit hat es schon immer schwer gemacht, mit sozialer Energie ökonomisch umzugehen. Über den Mord an Kennedy sind mehr als 2000 Bücher erschienen, ohne daß diese Publikationswut der Bekämpfung von Gewalt in erkennbarer Weise dienlich gewesen wäre. Einer der Privatforscher kam zu dem Schluß, ein Leibwächter habe Kennedy aus Versehen erschossen. Es wäre unamerikanisch, diese Interpretation nicht zu tolerieren. Sobald jedoch radikale Denker wie Noam Chomsky systemkritische Meinungen publizieren, werden diese als einzelgängerisch und bizarr abgetan. Trotz der Unzufriedenheit, ja, der Verzweiflung über die sozialen und politischen Zustände im Land griffen Amerikaner auf Rezepte zurück, die sich bereits als untauglich erwiesen haben, und bedienen sich bei ihren Reformvorschlägen des alten philobatischen Bildes. In den Amerikanern, schrieb ein konservatives Wirtschaftsmagazin, lebe noch der Geist der »get-up-and-go«. Solange sie mobiler und flexibler blieben als Europäer und Japaner, solange sie siebenmal im Leben den Arbeitsplatz wechselten, sei die Konkurrenz nicht zu fürchten. Der populistische Unternehmer Ross Perot meinte während seiner Präsidentschaftskampagne, Amerika müsse sich wieder in Bewegung setzen, das Ziel sagte er nicht. Präsident Bill Clintons Programm klang nicht viel konkreter: »Wir müssen die Leute dazu inspirieren, über ihre unmittelbaren Ängste hinweg einen weiteren Horizont anzuvisieren.«[72] Sobald er aber konkrete Maßnahmen vorschlug, verweigerte ihm die Volksvertretung die Gefolgschaft.

XXIX. Kapitel

ZU NEUEN UFERN

Auf die Suche nach einer anderen Welt hatten sich um 1500 eine ganze Reihe von Entdeckern begeben. Juan Ponce de León wollte das sagenhafte Goldland Bimini finden. Pánfilo de Narváez suchte in Florida nach den Schätzen der Indianerstadt Apalache. Antonio de Mendoza träumte von dem Land Cibola, das nördlich von Mexiko liegen sollte. Der Lieblingsprophet des Columbus war Jesaja: »Denn siehe, ich will einen neuen Himmel und eine neue Erde schaffen.« Man hat die spirituellen und apokalyptischen Elemente im Entdeckungstrieb des Columbus bisher zu wenig beachtet. Der Seeweg nach Indien war keineswegs seine letzte Vision. Nachdem er Christus in die Neue Welt getragen hatte, wollte er das Heilige Land befreien. Jerusalem und ein neues Zion wiedererrichten. Sein mystisch-millenialistischer Glaube gab der Menschheit noch 150 Jahre Zeit bis zum Weltuntergang. Bis dahin mußte das Evangelium verwirklicht sein. Die neuenglischen Puritaner, ebenfalls Millenialisten und von apokalyptischen Ängsten befallen, stellten mit Columbus ein Wortspiel an: Columbus, columbina – das ist die Taube auf der Reise zur Erlösung.[1]

In Herman Melvilles *Moby Dick* ist das Leben an Land ein trügerisches Unterfangen. Sichere Häfen gibt es nicht, man muß in Bewegung bleiben, nur die See ist heilig, denn sie ist in ihrer Uferlosigkeit unendlich wie Gott. Von den Mannen der »Pequod« steht jeder für sich. Melville, der »Dichter der Bewegung«, nannte sie »Isolatoes«, weil jeder auf seinem eigenen Kontinent zu leben scheint. Verwandt ist diese Vorstellung mit dem »transzendentalen Anarchismus« von Ralph Waldo Emerson. Auch er mißtraute der konkreten Wirklichkeit – »Reality has a sliding floor« – und fühlte sich wohler im unbegrenzten Raum des Potentiellen. Nach seiner Auffassung befand sich alles Leben im Stadium des Übergangs, der »exalting transition«. Stabile Beziehungen konnte es unter dieser Voraussetzung nicht geben. Der Stabilität fehlt das Element des Risikos, also vermag sie den Menschen nicht in einen »erhöhten« Zustand zu versetzen. Die zentrale Erfahrung Emersons war optisch. Als »transparenter Augapfel« wurde er eins mit der Natur. Vor dem Erblinden hatte er mehr Angst als vor dem Tod.[2]

Seit Emerson ist persönliches Selbstvertrauen zu einer amerikanischen Religion geworden. Dies hatte weitreichende soziale Konsequenzen. Im Zweifelsfall genoß immer die Person den Vorrang vor der kollektiven Aktion. Zwischen den sozialen Reformbewegungen in der amerikanischen Geschichte gibt es wenig Zusammenhang, weil es kaum gelang, einen Reformimpuls und seine institutionelle Umsetzung über Generationen hinweg am Leben zu halten. Tocqueville hat die Neigung zur Vereinzelung mit der Staatsform in Verbindung bringen wollen: die Demokratie zerbreche die Ketten und setze jedes der Glieder frei. Was Tocqueville dabei übersehen hat, war die spirituelle Komponente. Seit dem 19. Jahrhundert hat man nicht aufgehört, die fortschreitende Mechanisierung zu spiritualisieren. Der spirituelle Telegraph – es gab eine eigene Zeitschrift dieses Namens – sollte analog der Erfindung von Samuel Morse mit Klopfsignalen funktionieren und die Kommunikation mit dem Jenseits herstellen. Die Technik wurde sanktifiziert, und die Suche nach der »transzendentalen Bedeutung« einer Erfindung – vom Gaslicht bis zum Bleistift – hörte nimmer auf. Wie zuvor blieben die angestrebten Ziele individueller Art. In Buckminster Fullers superrevolutionärer Utopie herrscht auf dem »Raumschiff Erde« völlige Bewegungsfreiheit für den einzelnen, der auf mysteriöse Weise die Interessen seiner Mitmenschen niemals tangiert.[3]

Die Rakete als beherrschende Metapher in Thomas Pynchons *Gravity's Rainbow* (1974) zerschellt unter dem Einfluß der Schwerkraft. Das Kausalitätsprinzip und das Pawlowsche Konditionierungssystem werden hinfällig, Existenz ist nur noch im Anorganischen möglich, in der Zeitlosigkeit ohne Leben und Tod. Slothrop, die Hauptfigur, läßt das System hinter sich, entfernt sich damit auch von sich selbst und verliert seine Vergangenheit. Alle erreichbaren Ziele sind schal. Deshalb gilt es, einen transhistorischen Zustand herbeizuführen, keinem System mehr anzugehören, »out of touch« mit der Wirklichkeit zu sein. »Move beyond life« heißt die Parole der Spiritualisten aller Varietäten, und im nordamerikanischen Kulturkreis hat das Wörtchen »beyond« eine magische Faszination ausgeübt.[4]

Die soziale Zentrifuge

Die Motive der Auswanderer waren vielfältig und doch gab es einen gemeinsamen Nenner. Egal ob jemand auswanderte weil er keine Heiratserlaubnis bekam, ob er dem Kriegsdienst entgehen wollte, ob er aus politischen, religiösen oder wirtschaftlichen Gründen seine Heimat verließ: gemeinsam war allen die Suche nach einem besseren, freieren, sinnvolleren Leben. Amerika stand seit jeher unter dem

Diktat des Komparativs. Der Siebungseffekt von Wanderungsbewegungen ist nachgewiesen und läßt sich sogar bei der Binnenwanderung feststellen. Die empirische Sozialforschung hat bestätigt, daß diejenigen abwandern, »die am meisten ›anders‹ sind und in ihre Umgebung nicht recht hineinpassen«. Durch den Siebungseffekt werden »Eigenschaften und Umwelt besser aufeinander abgestimmt«.[5] Europa wirkte wie eine große Zentrifuge. Der Akt der Auswanderung setzte einen Neubeginn. Ein Alltagsspruch hat die Gefühlshaltung der Auswanderer bis heute konserviert: »Today is the first day of the rest of your life.«

Ob die Auswanderung in Europa Revolutionen verhindert hat, ist umstritten. Daß aber in Amerika revolutionäre Energie in physische Bewegung umgesetzt wurde, scheint klar. »In den Vereinigten Staaten ist eine Meile etwas, was man hinter sich bringt«, befand ein Wissenschaftler. Die Mehrzahl der Einwanderer begab sich nach ihrer Ankunft in den Häfen auf eine *second migration.* Seither ist der Amerikaner so mobil geblieben, daß der Historiker Arthur Schlesinger meinte, »im Sitzen bewegt er sich wenigstens in einem Schaukelstuhl«. Der Alltag wird möglichst temporeich bewältigt. Der Amerikaner arbeitet, ißt und lacht im leichten Galopp, spottete der Humorist Josh Billings. Die Bewegung in Richtung Horizont, im wörtlichen und im übertragenen Sinne, ist Teil des Amerikanischen Traums.[6]

Tendenziell identifizierte der Nordamerikaner Fortbewegung mit Fortschritt und Fortschritt mit seinem persönlichen Vorwärtskommen. Das Symbol der amerikanischen Gesellschaft, sagte der Schriftsteller Louis Kronenberger, ist der Möbelwagen. Besserverdienende Erwerbstätige mittleren Alters wechseln alle zweieinhalb Jahre die Firma, und oft ist damit ein Ortswechsel verbunden. Enge Bindungen einzugehen rentiert sich unter diesen Umständen kaum, und Menschen, die mit ihren Familien häufig umziehen, lernen gewissermaßen, ihre Kontakte lose zu gestalten. Die Mehrzahl der Amerikaner lebt in Vorstädten, also weder in der Stadt noch auf dem Land. Ein Stadtbürgertum hat sich in den USA rasch gebildet und rasch wieder aufgelöst. Boston verlor Einwohner schon ab 1930, New York ab 1950, Philadelphia stagnierte. Die Metropolen des Südens und Südwestens verzeichnen Zuwachsraten, aber Los Angeles, Phoenix oder Houston sind keine Städte mehr im vergleichbaren Sinn. Eine nicht bekannte Anzahl vor allem auch älterer Amerikaner lebt in Wohnwagen. Sie ziehen weiter in den nächsten Staat, »when the spirit moves them«.[7]

Der Journalist Studs Terkel interviewte für sein Buch *American Dreams* eine Reihe erfolgreicher Geschäftsleute und stellte ihre Träume unter die Überschrift »Onward and Upward«. Die Traumberufe eines Großunternehmers, der bereits Besitzer mehrerer Sportvereine, Hochseesegler und Gewinner des America's Cup ist, sind infantil und haben mit der Lust an der Bewegung und am Abenteuer zu tun: Bomberpilot, Bergsteiger, Marathonläufer, Kapitän, Seeräuber, Entdecker, Kreuzzügler, Kavalleriegeneral. Ein Sohn aus reichem Hause, der als Kind zur

Schule chauffiert wurde, bekannte, daß der Amerikanische Traum an Kraft verliert, wenn er bereits in Erfüllung gegangen ist. Ein Unternehmer aus Vermont handelte nach der Devise »if you don't go up, you go down«. Der Erfolg muß wie eine Fata Morgana ständig vor einem bleiben. Die letzte Befriedigung des amerikanischen Geschäftsmanns liegt nicht in der Gewinnmaximierung oder im materiellen Komfort, sondern jenseits davon. Nicht ganz zufällig haben sich die zu ihrer Zeit reichsten Männer der USA, Howard Hughes und J. Paul Getty, zu Ex-Zentrikern entwickelt. Amerikaner schätzen Geld nicht um seiner selbst willen oder weil man sich Macht damit kaufen kann, sondern weil Geld als beste Garantie für »absolute Freiheit, Mobilität, Privatheit« eingeschätzt wird. Howard Hughes war dermaßen reich, daß er es sich leisten konnte, auf eine »großartige, brillante und unerreichbare Weise unsozial« zu sein.[8]

Ein Brettspiel mit dem Namen »Squander« (to squander heißt verschwenden oder verschleudern) kehrt das Prinzip von »Monopoly« um. Es geht nicht darum, möglichst viele Güter anzuhäufen, sondern eine Million Dollar möglichst rasch auszugeben. Sich von materiellen Werten und vertrauten Dingen lösen zu können, gehört zu den Grunderfordernissen des amerikanischen Lebensstils. In Kalifornien wird im Schnitt jedes Haus alle sieben Jahre verkauft. Buchhandlungen wechseln das Sortiment rascher als in Europa. Was nicht binnen weniger Monate an den Kunden zu bringen ist, wird verramscht, um Platz für neue Bücher, mögliche Bestseller zu schaffen. Der Großkonzern AT & T forderte zur Stimulierung des Wirtschaftswachstums das Wegwerftelefon. Die Vernichtung von Objekten und die Verschwendung von Ressourcen hat in den USA Tradition. Das Kapitel Umweltzerstörung ist dort »eines der fürchterlichsten und destruktivsten, das in der langen Geschichte der Kultur jemals geschrieben wurde«. Die Rodung großer Waldgebiete mit Axt und Feuer erfolgte ohne einen Gedanken an den Wasserhaushalt. Allein zwischen 1909 und 1944 haben sich die Nutzholzbestände der USA um mindestens 44 Prozent verringert. Aufsichtsbehörden arbeiteten mit den Instanzen zusammen, die sie gerade kontrollieren sollten. Nur ein Prozent des Bundesetats wurde in der Nachkriegszeit für Umweltschutzmaßnahmen ausgegeben.[9]

Personen, die materiellen Dingen keine große Bedeutung beimessen, wollen auch keine engen oder dauerhaften menschlichen Beziehungen eingehen. Diese Haltung wird in den USA als Voraussetzung zum sozialen Aufstieg kulturell toleriert. Als ein europäischer Diplomat den damaligen Außenminister Kissinger fragte, »Henry, don't you remember your old friends?«, erhielt er die ungenierte Antwort: »The secret of my success is to forget my old friends.« Die Folksängerin Joan Baez gestand, am leichtesten könne sie mit 10000 Menschen in Beziehung treten, am schwersten mit einem. McMurphy, die Hauptfigur in Ken Keseys Roman *One Flew Over the Cuckoo's Nest* (1962) verfügt über einen ganz charakteristischen Charme und ist weithin beliebt, weil er sich den verschiedensten Personen rasch zuwenden kann, sich allerdings auch relativ indifferent wieder von ihnen abwendet. Der Roman erlebte 63 Auflagen und verkaufte sich in sieben Millionen Exemplaren (1983). Kesey, der verschiedentlich mit neuen Lebens- und Bewußtseinsformen experimentiert hatte, gab sich in Bezug auf Amerika ganz als Traditionalist: »Unsere Bestimmung liegt nicht auf diesem Planeten. Wir kennen die Bedeutung von Raum, jeder Amerikaner weiß, was er tun muß, wenn er mal vor allem die Flucht ergreifen will: er braucht sich nur anderthalb Stunden ins Auto zu setzen und schon ist er in einer leeren Gegend, wo niemand sonst ist. Das ist das Frontierbewußtsein, das Teil unserer Kultur ist.«[10]

Die Unverbindlichkeit in den sozialen Beziehungen verschärfte die Armutsproblematik. Die Mißachtung, die der älteren Generation traditionell entgegengebracht wurde, hat eine nur sehr lückenhafte Altersversorgung entstehen lassen. Der Bürgermeister einer Stadt in New Jersey vertrat die Ansicht, eine Rentenversicherung würde dem letzten Lebensabschnitt die Romantik rauben. Der Begriff Arbeitslosigkeit sei im Grunde Schönfärberei, urteilte der Schriftsteller V. S. Naipaul, denn man brauche diese Leute nicht, sondern sei im Stillen davon überzeugt, daß sie menschlicher Abfall sind, den die Geschichte zurückgelassen hat. In Tom Wolfes Roman *The Bonfire of the Vanities* (1988) heißt es über einen jungen Ghettobewohner eher beiläufig »he's third generation welfare«. Überfüllte Strafanstalten zeugen von Menschenverachtung, bemerkte der Oberste Bundesrichter Warren Burger, weil dort die Häftlinge gestapelt und verwahrt werden wie in Lagerhäusern. In den heruntergekommenen Zentren großer Städte wie Milwaukee werden alltäglich die leeren Flaschen eingesammelt, die Betrunkenen läßt man liegen.[11]

Die Bewältigung des Todes

Zu Beginn des Verfahrens gegen einen mutmaßlichen Massenmörder in Atlanta (Georgia) sagte der Staatsanwalt den Geschworenen einen langwierigen Prozeß voraus, am Ende werde sich aber doch die Wahrheit weisen. Unterdessen laute sein Rat: »Lehnen Sie sich zurück und amüsieren Sie sich so gut wie möglich.« Tragisches zu verdrängen oder mit Optimismus zu bekämpfen ist eine herausragende Eigenheit der amerikanischen Kultur. Der französische Schriftsteller Henri Troyat hat den gewaltsamen Optimismus von Amerikanern beschrieben, die Trauerfälle, Unfälle oder seelisches Leid ganz automatisch bagatellisieren.[12] Dem Tod muß getrotzt werden um jeden seelischen Preis. Diese Haltung ist oftmals mit der Härte des Pionierdaseins erklärt worden, das für Trauer keine Zeit ließ. Von der militärischen Frontier wurde berichtet, daß nach der Beerdigung eines Offiziers die Soldaten vom Grab weg in Marsch gesetzt wurden – zu den Klängen eines Quickstep aus »La Fille de Madame Argot«. Die Frontierinterpretation, so beliebt sie ist, reicht aber kaum aus, die Brutalität zu erklären, mit der Emerson auf den Tod seines fünfjährigen Sohns Waldo reagierte: »Ich scheine einen schönen Besitz verloren zu haben, nicht mehr ... so ist es mit dem Elend: es berührt mich nicht: etwas, von dem ich glaubte, es sei Teil von mir ..., fällt von mir ab und hinterläßt keine Narbe.«[13]

Die amerikanische Sprache hüllte den Tod in Euphemismen. Der Leichnam wurde zum Körper oder gar zum Patienten, der Leichenwagen zur Ambulanz, das Totenkleid zum Schlummerhemd. Friedhöfe tragen blumige, schönfärberische Namen wie »Mount Comfort«, »Pleasant Dreams« oder »Traveler's Rest«. Konsequent war die kulturelle Entwicklung auch darin, die Aussegnungshalle als *drive-in* zu gestalten: von Verstorbenen kann durchs Autofenster Abschied genommen werden. Selbst tiefstem Elend ist positiv und heiter zu begegnen. Ein Historiker an einer Universität in Illinois, dessen Seminar über die »Geschichte der USA seit 1933« wenig Zulauf fand, dachte sich ein anderes Thema aus: die Geschichte amerikanischer Präsidentenmorde. Seinen Berufskollegen teilte er per Fachbrief mit, Nebenfachstudenten vermittle dieser Kurs eine »vergnügliche Lernerfahrung«. Ein Stadionsprecher wünschte den Besuchern einer Sportveranstaltung einen »happy Memorial Day«, also einen fröhlichen Heldengedenktag.[14]

Der Übergang vom Leben zum Tod ist professionalisiert worden. Ärzte, Rechtsanwälte, Geistliche und Bestattungsunternehmer treten als »transition technicians« in Aktion. Der Tod wird geschönt oder geleugnet. »He looks very well«, sagt der Trauergast an der Bahre. Ein *Journal of Creative Ideas for Cemeteries* macht Bestattungen zu ästhetischen Ereignissen. Ein Handelsartikel sorgt für eine Restaurierung der weiblichen Brust *post mortem.* Bestattungsunternehmer oder *undertakers* haben aus Beerdigungen ein lukratives Geschäft gemacht. Eine ihrer informellen Funktionen besteht darin, als Zielscheibe für unterdrückte Aggressionen gegen den Tod herzuhalten. Während der großen Zeit des Radios gab es Tausende von *undertaker jokes.* Vor allem aber sollen Bestattungsunternehmer und andere »Überleitungstechniker« den Hinterbliebenen die Trauerarbeit abnehmen. Baptisten und andere Sekten haben sich am jüdischen Trauerritual orientiert, das phasenweise bestimmte Handlungen vorschreibt oder verbietet. Im allgemeinen jedoch entspricht die Trauerarbeit dem protestantischen Ethos. In der Ratgeberliteratur wird recht deutlich von »grief management« gesprochen. Die Bewältigung der Trauer ist eine spezielle Form des »tie break«. Der Psychiater soll sich vornehmen, die Bande des Hinterbliebenen an den Verstorbenen zu lösen (*»to extricate himself«*) und ihn neuen, lohnenden Interaktionsmöglichkeiten zuzuführen. Eine Gruppe christlicher Ärzte erblickte den Sinn der Trauerarbeit darin, die Gefühlsbindungen an Vergangenes zu schwächen und zu brechen und jede mit dem Toten verknüpfte Zukunftsvorstellung auszulöschen, dies im Gegensatz zu katholischen Kulturen, in denen das Andenken an den Verstorbenen möglichst lange wachzuhalten ist. Im Protestantismus stellte man sich den Trauernden eher wie den von Liliputanern gefesselten Gulliver vor. Die Fesseln galt es zu durchschneiden.[15]

Wenn sich ein natürlicher Tod schon nicht mit dem Amerikanischen Traum vertrug, so gilt dies noch mehr für den Selbstmord. Daß die Einwanderer die Bevölkerungsgruppe mit dem höchsten Suizidrisiko stellten, davon hat man bis vor kurzem nicht gesprochen. Um 1900 war die Selbstmordrate bei Einwanderern dreimal so hoch wie bei seßhaften Europäern. Als besonders anfällig erwiesen sich Personen, die einen Objektverlust erfahren hatten, vor allem in der Kindheit, und diesen Verlust nicht betrauern oder ritualisieren konnten oder wollten (»incomplete mourning«). Einwanderergruppen mit niedrigen Selbstmordraten hatten es verstanden, ihre gewohnte Welt bis zu einem gewissen Umfang in Amerika zu reproduzieren. Iren und Italiener wußten anders als Dänen oder protestantische Deutsche mit dem Tod rituell umzugehen und Trauer für therapeutische Zwecke einzusetzen. Auch unter Mormonen ist – trotz hoher Zuwanderung – der Selbstmord selten, weil die Kirche starke Rituale und ein durchstrukturiertes Gemeindeleben hat. Die Mehrzahl der Emigranten kannte die Erfahrung des Aufgefangenwerdens jedoch nicht.[16]

Seit der Puritaner zum Yankee wurde, stößt man auf die Unfähigkeit zu trauern eher in den USA als in Deutschland. Ein guter Amerika-Kenner, der Brite Henry Fairlie, hatte das Gefühl, als müsse man den Amerikanern den Sinn fürs Tragische erst aufzwingen. Die aus der Schweiz stammende Elisabeth Kübler-Ross versuchte zwar intensiv, das Ereignis Tod zu bewältigen, hat dabei aber eine ganz charakteristische Amerikanisierung durchgemacht. Kübler-Ross, bei Zürich geboren, ein Mädchen aus einer Drillingsgeburt, das ganze zwei Pfund wog, wollte zunächst Afrikaforscherin werden, zog dann aber nach New York und gelangte über verschiedene Stationen nach Kalifornien. Ihr Buch *On Death and Dying* (1974) will Menschen beim Übergang vom Diesseits zum Jenseits helfen, den Glauben an die Medien, an das Übersinnliche und an das Leben nach dem Tode verbreiten. Der Tod ist für Kübler-Ross das letzte Stadium des Wachstums. Ihre engsten Anhänger bilden sektenartige Gemeinschaften, bei öffentlichen Auftritten findet sie großen Zulauf. Seit den siebziger Jahren gibt es eine Bewegung, die für »bewußtes Sterben« eintritt und den Schmerz mit »metaphysischem Heroin« zu bekämpfen trachtet.[17]

Nähe und Distanz

Sprachliche Sonderformen bekunden das uramerikanische Bedürfnis, Distanz zu gewinnen, so die Substantivierung des Verbums *to go* in »the Go of America« oder dessen Verwendung als Adjektiv. »Cape is go and I am go«, verkündete der Astronaut John Glenn. In den Wochen vor seiner Erdumkreisung hörte sich Glenn immer wieder eines seiner Lieblingslieder an – »Beyond the Reef«. Michael

Harrington, Verfasser eines engagierten Werkes über Armut in den USA, bezeichnete Raketen- und Satellitenfeindlichkeit als unangebrachten Puritanismus. Denn das Weltraumprogramm schaffe Arbeitsplätze, bringe wissenschaftlichen wie ästhetischen Gewinn und erfülle den »moralischen Imperativ« des Menschen, nämlich das zu tun, was in seinen Kräften steht.

Die Vorliebe für große Entfernungen gehört zur Selbstdefinition des amerikanischen Menschen, Angstlust zu genießen, ist Teil des Lebensstils. Umzukehren widerspreche seit je dem amerikanischen Ethos, erkannte der Politologe Hans Morgenthau, es könne immer nur eine Frage der Zeit sein, wann einem Schritt der nächste folge. Im Juli 1969 deponierten amerikanische Astronauten auf dem Mond eine Plakette mit der Aufschrift: »We Came in Peace for All Mankind.« Das Raumschiff »Pioneer 10« ist seit 1972 unterwegs, es passierte den Jupiter und fliegt seit Jahren durch Regionen jenseits des bekannten Sonnensystems auf dem Weg zur »letzten Frontier«, wie eine Tageszeitung schrieb. 1977 entstand an Princetons *Institute for Advanced Study* eine Analyse, in der die Kolonisation des Weltraums mit William Bradfords Pilgervätern und Brigham Youngs Mormonen verglichen wurde. Folge man dem Stil der »Mayflower« und der mormonischen Handkarren, so meinte der Gelehrte, ließen sich die Kosten der Eroberung des Weltraums auf ein vernünftiges Maß drücken. Die Errichtung von »Island One« komme zwar teuer und sei nur mit Hilfe der Regierung zu schaffen. Aber das »Homesteading«, das junge Pioniere von Island One aus in den Sternengürtel führt, gestalte sich mit 40000 Dollar pro Person relativ billig, auf Arbeitsjahre umgerechnet sogar billiger als die Gründung von Plymouth oder der Exodus nach Utah. Außerdem würde die Reise zur planetarischen »offenen Frontier« bald direkt ab Erde möglich sein: »Ich habe den Traum, daß sich eines Tages kleine Gruppen und Privatmenschen über das gesamte Sonnensystem ausbreiten dürfen und darüber hinaus.«[18]

Manch einem ist es zu eng geworden auf dem Kontinent. In John Herseys *My Petition for More Space* (1975) steht der Erzähler in einer Warteschlange von Leuten, die bei einer anonymen Behörde mehr Lebensraum beantragen wollen. Die *American Public Health Association* steht auf dem Standpunkt, der Mensch brauche 350 Quadratfuß oder 32 und einen halben Quadratmeter zum Leben. Es gibt Amerikaner, die sich über zu wenig Platz beschweren, selbst wenn sie in Häusern wohnen, in denen auf jeden Bewohner mehr als zwei Räume entfallen. Die Romanfiguren von Henry James machen in Europa die Erfahrung, daß man zu geselligen Zwecken das Haus verläßt, während man im eigenen Heim Privatheit pflegt. In Nordamerika ist es nämlich traditionell umgekehrt gewesen, beobachtete Marshall MacLuhan. Man geht hinaus, um allein zu sein, und hinein, um sich mit anderen abzugeben. Die Idee eines Straßencafés ist Amerikanern bis vor kurzem ganz fremd gewesen.[19]

Aus der Weite ihres Landes haben Amerikaner immer wieder Hoffnung geschöpft als würde der grenzenlose Raum mit unbegrenzter Zeit in Verbindung gebracht. Seelischen Frieden erwartete man sich von den großen Horizontalen des Westens, in denen Telegrafenmasten und Getreidesilos wie Ausrufezeichen wirken. Sich zu bewegen und Raum zu gewinnen und eins zu werden mit dem Universum, ist seit Emerson ein amerikanisches Verlangen geblieben. Die Sehnsucht nach dem Transzendenten führt zu der Sehnsucht, sich vom Erdboden zu lösen. Die Dichtung, von Carl Sandburg bis Carlos Castañeda, hat sich der Metaphorik des Fliegens bedient. Castañeda wählte als Motto für eines seiner Bücher ein Gedicht, in dem die Eigenschaften eines Vogels aufgezählt werden:

> Erstens, fliegt er so hoch wie er kann;
> zweitens, kann er keine Gesellschaft ertragen,
> nicht einmal seiner eigenen Art;
> drittens, stellt er seinen Schnabel in die Luft ...

Fliegen gibt Selbstbestätigung und vermittelt das Gefühl der Angstlust. Flugphantasien lassen sich leicht mit dem Amerikanischen Traum assoziieren. Sie spielen nach wie vor eine Rolle in den Wunschvorstellungen der jüngsten Einwanderergeneration.[20]

Auch in Amerika hat es stets Menschen gegeben, die sich in der Seßhaftigkeit wohler fühlten. Bei den alten Puritanern beklagte ein Prediger vor dem Magistrat von Massachusetts die Sündhaftigkeit von Menschen, die jenseits der Grenzen einer »orderly society« draußen an der Frontier lebten. Eingefleischte Vermonter Yankees blieben, wo sie waren, und dachten nicht daran, den Zug nach Westen mitzumachen. Einwanderer aus dem Mezzogiorno hatten keine lineare Auffassung von Geschichte, sie waren gefangen in den Mythen einer archaischen Kultur, siedelten in ziemlich abgeschlossenen Ghettos der Innenstädte und hatten alles andere vor, als nach dem goldenen Vlies zu suchen. Aber: Je weiter man nach Westen kam, desto mehr häuften sich die Anzeichen für schwache Objektbeziehungen. In Pennsylvania sind 81 Prozent der Bewohner in diesem Staat geboren, in Nevada nur 21 Prozent. Der Bundesdurchschnitt lag bei rund 64 Prozent (1982). Besonders hohe Scheidungsraten wiesen die Staaten des republikanischen Sunbelt im Südwesten auf. Die angeblich konservativen Bürger von Houston (Texas) ließen sich doppelt so oft scheiden wie die liberalen New Yorker. Fast Food-Restaurants waren in Kalifornien, Oklahoma, Wyoming und Kansas beliebter als in den Neuenglandstaaten.[21] Seltsame Rekorde gehören zum Lebensstil der Amerikaner, die Mehrzahl der Begriffsbestimmungen von Amerikanismus führt Übertreibungen als wichtigen Bestandteil an. Während der 200-Jahr-Feier der USA stellte eine kalifornische Stadt den Rekord auf, die meisten Flaggen wehen zu lassen, nämlich einhundert pro Einwohner. Auch zwischenmenschliche Beziehungen unterliegen der Rekordsucht, so daß manchmal der irrige Eindruck sozialer Nähe entsteht. Ein Präsident entwickelte den Ehrgeiz, sich die Vornamen aller seiner Leibwächter einzuprägen, und das waren ein paar Dutzend. Der Großbankier David Rockefeller führte eine Kartei mit den Namen und persönlichen Besonderheiten von 35000

Politikern und Geschäftsleuten, die er international kennengelernt hatte. Das rege gesellschaftliche Leben der Amerikaner ist nicht notwendig ein Ausdruck des Bedürfnisses nach sozialer Nähe und konkreten Begegnungen. »Amerikaner sind abstrakt«, schrieb der Schriftsteller Thornton Wilder. »Sie haben eine Beziehung, aber diese ist zu überall, zu jedem und zu immer.« Aktive soziale Kontakte können eine Form der Überkompensation sein und müssen dann gegen den Strich interpretiert werden.[22]

Sozialkritiker wie Christopher Lasch sahen die gesamten USA in einer schweren narzißtischen Krise stecken. Vorsichtigere Kritiker haben darauf aufmerksam gemacht, daß es geistige Krisen im Verein mit narzißtischen Phänomenen immer gegeben hat, etwa bei den Gnostikern, in den beinahe objektfreien Liebesgedichten aus der Provence des 12. Jahrhunderts, in Adam Smith's Theorie des Selbstinteresses, bei Rousseaus *Narcisse ou l'Amant de Lui-même*, bei Kierkegaard, der sich zu den Nabelbeschauern gesellte, für die Gottesfurcht und Selbstliebe notwendig in eins fallen. Der Narzißmus ist eine zeitlose, universelle Erscheinung und als Metapher zu attraktiv, um an bestimmte Kulturen gebunden zu sein. Tut man aber den Schritt von der Metapher zur Empirie, vom Narzißmus zu wissenschaftlich erforschbaren Objektbeziehungen, so lassen sich sehr wohl kultur- und länderspezifische Unterschiede feststellen. Das Gespräch zwischen einem Mexikaner und einem Engländer, um ein Beispiel zu geben, kann zu einem Tanz werden, weil beide sich nur schwer auf eine mittlere Distanz einigen können: der Engländer weicht zurück, der Mexikaner rückt nach. Frankreich, das traditionell wenig Auswanderer stellte, gilt heute noch als »das in seinen Strukturen wohl konservativste Land Europas«. Maxim Gorki hat eindrucksvoll geschildert, wie verloren sich der russische Kleinbauer in der Weite fühlt, wie entmutigt und von aller Inspiration verlassen. In Italien, einem der klassischen Auswanderungsländer, erhoben die Seßhaften Vorwürfe gegen die Mobilen. Der Schriftsteller Eugenio Montale hat ein sinnfälliges Beispiel für die Liebe zum Vertrauten gegeben. Jahrelang führte er einen Schuhlöffel aus Metall mit sich, bis ihm das verrostete Ding in Venedig abhanden kam. Seine Wiederauffindung würde ihn tiefer beeindrucken als die Mondfahrten der Astronauten gestand Montale.[23] Lateinamerikaner haben im Vergleich zu Nordamerikanern die stärkeren Objektbeziehungen. Das Supremat des Katholizismus, die zentralen Machtbefugnisse des spanischen Königs sowie einwanderungspolitische Maßnahmen waren mitursächlich dafür. Nach 1555 wurden in die spanischen Kolonien nur noch spanische, katholische Siedler hineingelassen, die sich durch ihre Religion an den König gebunden fühlten. Nichtkatholiken zog es eher in die englischen Überseebesitzungen. Lateinamerikaner sind heute überzeugt davon, daß sich ihre kollektive Mentalität vorteilhaft von der des Yankees abhebt, sehen aber auch ein, daß das größere kulturelle Beharrungsvermögen zur »fatalistischen Hinnahme der bestehenden Ordnung der Dinge« und feudaler Strukturen geführt hat.[24]

John Berger unterschied zwischen Überlebenskulturen und Fortschrittskulturen. In einer Überlebenskultur hat sich jede Handlung der Enge der Tradition anzupassen, während Fortschrittskulturen auf Expansion, Zukunftsperspektiven und die Leugnung des Todes abzielen.[25] Asiatische, afrikanische, lateinamerikanische und europäische Kulturen außerhalb der großen Städte wären eher den Überlebenskulturen mit starken Objektbeziehungen zuzurechnen, nordamerikanische den Fortschrittskulturen mit schwachen Objektbeziehungen, wobei Kanada sicher stärker objektverhaftet ist als die USA.

Transpersonalismus

Rund zweieinhalbtausend Religionen oder Kulte existierten um das Jahr 1980 in den USA; neben den großen protestantischen Denominationen etwa 50 Millionen Katholiken, eine Vielzahl von kleinen und kleinsten Sekten, Theosophen, Swedenborgianer, Anhänger des Baha'i-Kultes, Christian Scientists und Jewish Scientists, Spiritualisten, Kabbalisten, Gläubige der Church of the Truth oder von Ethical Culture, Mitglieder der Assemblies of God oder die Szientologen des ehemaligen Science Fiction-Autors Ron Hubbard. Eine kaum mehr überschaubare Zahl von therapeutischen Schulen waren oft nichts anderes als verkappte Religionen.

In Kalifornien hatten sich mindestens ein halbes Dutzend Studios der Dickdarmspülung verschrieben. Durch Ausschwemmung der Ballaststoffe mit chlorfreiem Wasser oder Weizengrassaft sollte das rechte Dickdarmbewußtsein (*colon consciousness*) erzeugt werden. *Colonic irrigation* war eine von Hunderten von Möglichkeiten, die man ergreifen konnte, um sein seelisches Wohlbefinden zu heben oder überhaupt ein neuer Mensch zu werden. In der Kunst und im Geschäftsleben, in der Werbung und beim Marketing, an Schulen und Hochschulen, auf Tagungen und Festivals, im Ernährungswesen und in den Heilberufen, im Sport und in der Freizeit kursierte das Schlagwort von der »personalen Transformation«. Wo früher Yogakommunen eine Art Monopol besaßen, konkurrierten bald eine Vielzahl von Quacksalbern und seriösen Anbietern auf dem Pfad zur Erleuchtung, darunter Fachleute für chinesische Kräuterkunde, Anhänger der Akupunktur und der Akupressur, Orthobionomen und Metaphysiologen, Experten für Shiatsu und Jin Shin, Massagetechniker, Farbenberater und Diplomhypnotiseure. Ein Studio in Oakland erhob die Hypnose zum natürlichen Geburtsrecht.[26] An der Platonischen Akademie für Kräuterrenaissance in Santa Cruz konnte man sich zum Herbalisten ausbilden lassen, in Philadelphia zum »Spinologen«, der eine harmonische Welt über eine Bearbeitung des Rückgrats anstrebte. Es ging bei diesen Experimenten fast immer darum, in die tiefsten personalen oder »transpersonalen« Dimensionen einzudringen. Mal- und Singstudios beschäftigten sich nicht bloß mit Malen und Singen, sondern mit »transformativen« Visionen, mit dem Weg zu den Regionen der Seele, mit Metaphysik. Huna, die uralte Lehre der hawaiianischen Urbevölkerung, sollte geheime Energien mobilisieren, das »Hohe Selbst« freilegen, die Bindung zu negativen Personen und unglücklichen Umständen lösen und Wunschziele erreichbar machen. Handlesekünstler rieten dazu, das Schicksal gewissermaßen auf den eigenen Handteller zu nehmen. Astrokartographen verrieten, wo Liebe, Glück und Wohlstand wohnen, Tarotkartenleger, feministisch orientierte Schamanen, Hellseher, Alchemisten, Videosynkretisten oder ganz normale Metaphysiker hielten Rezepte für psychospirituelles Wachstum parat. Die verschiedenen Lehren und Glaubenshaltungen waren nach guter amerikanischer Tradition fusionierbar. Ein Heilkundiger namens Satoshi Suzuki kombinierte tibetanischen Buddhismus mit Zen Buddhismus, nahm die Systeme von Pythagoras und Gurdjieff mit herein und ergänzte sein Angebot mit Atlantisheilung, Gestaltspsychologie, Wiedergeburtslehre und Encountertherapie. Der Amerikaner Samuel Lewis war ein Sufi, ein Zenmeister, ein chassidischer Rabbi, ein Lehrer der Vedanta und des esoterischen Christentums in einem. Die Leiter eines Zentrums für Kreatives Wachstum beschrieben ihr Programm als »schlicht und einfach«, nämlich als Kombination aus »humanistischer, transpersonaler, existenzieller Betonung der Selbstverantwortung, der Selbsterfahrung und Selbsterforschung mit profunden und holistischen Ansätzen aus der Kommunikationstheorie und der Familientheorie«. Nicht untypisch war die Fusion schamanischer Techniken mit der Computeranalyse und nahezu obligatorisch die Integration östlichen und westlichen Wissens, die Zusammenlegung der Fähigkeiten von rechter und linker Gehirnhälfte. In derlei Lehrprogrammen hatte die Theologie des Meisters Eckhart und der Hildegard von Bingen ebenso Platz wie die schwedische Ölmassage, Zen, Shiatsu barfuß, Gestalt, Esalen, Feldenkrais, Poona und Rolfing von Dr. Ida Rolf.

Die Angebote multiplizierten sich. »Who needs one more hassle?«,* fragte ein Unzufriedener und gründete prompt die »Church of the Light«. Ein transpersonales Beratungszentrum in Menlo Park bei Stanford bot unter zwei promovierten Direktorinnen ein »Mini-Multi-Modal-Program« an, das dem Kunden erlaubte, fünf verschiedene Therapien auszuprobieren. Pilgerfahrten führten zu den heiligen Pilzen der Huichol in Mexiko oder zum heiligen Berg Shasta. Aufklärungsreisen, Abenteuerfahrten in der Wildnis, Odysseen in den Sierras mit tragbaren Biofeedbackinstrumenten standen unter dem Motto »Get far away from everything«. Gesucht wurde nach den ewigen Gesetzen, die das Unbewegte zu bewegen vermögen. Angewandte Kinesiologie verschaffte Bewußtsein durch Bewegung, Orthobionomie vermittelte Licht und Leichtigkeit, und Rolfing für Fortgeschrittene minderte die Schwerkraft, ein Effekt, den auch Dr. Milton Tragers Methode

* hassle = Belästigung, Ärger

für sich reklamierte. JUAD, ein Akronym für »Jumping Up and Down« löste Spannungen und verhalf zum Einswerden mit der Welt. Astralreisen trennten den Astralleib vom Körper, gaben die Seele frei für Dimensionen nicht nur jenseits von Raum und Zeit, sondern auch jenseits der Psychologie, sobald einer nur die eigene Perfektion entdeckt oder wiederentdeckt hatte.

Fast bis zum Äußersten war ein Weiser namens Advahut gegangen. Er trat nackt auf und leugnete alles. In seinem Kreis existierten weder Regeln noch Rituale noch Seminare noch Honorare, weder Begriffe noch Wunder. Advahuts Schweigen spottete jeder Beschreibung, und doch hatte es ihm an Kühnheit ein anderer zuvorgetan: der Entdecker der Gamma-Konstante aus San Francisco. Mit Hilfe dieser Konstante würde es möglich sein, Utopia auf Erden zu schaffen, und zwar in nicht allzu ferner Zukunft. Was der Menschheit bisher nämlich fehlte, war das Nirwana. Doch ließ sich dieser Mangel mit einer relativ einfachen Formel beheben.

Sekten und Schulen standen für die »Demokratisierung des Anspruchs auf Größenwahn«. Marylin Ferguson ahnte in ihrem Werk *The Aquarian Society* (1981), daß Transpersonalismus und andere Transformationsbestrebungen das Wesen der amerikanischen Kultur ausmachen, wußte aber keinen Grund dafür anzugeben. Die Ursprünge transpersonaler Bedürfnisse, soviel läßt sich sagen, reichen zurück bis zur Geschichte der Besiedlung des Kontinents, zu den Auswanderern und Pionieren, die ihre alte Umgebung im wörtlichen und im übertragenen Sinne verließen und beschlossen, ein neues Dasein zu beginnen. Der Transpersonalismus war die Fortsetzung dieser Wanderungsbewegung: konsequent verfolgt, mußte sie in einer immateriellen Sphäre enden.[27]

Das Ende von Jonestown

James Warren Jones stammte aus dem Örtchen Lynn in Indiana, einer Gegend, in der die Mais- und Weizenfelder bis zum Horizont reichen. Zu seinen frühesten Erinnerungen zählte, wie er einen Tramp mit nach Hause brachte; die Mutter verschaffte ihm Arbeit. Sein Vater, ein verbittertes Opfer des Gaskriegs in Frankreich, verdingte sich als Eisenbahnarbeiter und war Mitglied des rassistischen Geheimbunds Ku-Klux-Klan, der darauf drang, daß Schwarze sich nach Sonnenuntergang nicht mehr öffentlich blicken ließen. Die Nachbarn rechneten die Familie Jones zum *white trash.* Der junge Jones fühlte sich als entfremdetes Kind, er entwickelte früh ein starkes religiöses Bewußtsein, schloß sich verschiedenen Kirchen an, wechselte die Sekten rasch, bereiste das Land als evangelikalischer Missionar und galt gemeinhin als Einzelgänger. Er studierte Erziehungswissenschaften, heiratete jung, wurde mit 22 Jahren Priesterkandidat bei den Methodisten in Indianapolis. Er errichtete ein Freizeitzentrum für die Kinder an der verarmten South Side der Stadt und setzte sich für die Integration der Rassen ein. Damit weckte er den Widerstand negerfeindlicher Bürger, die ihm tote Katzen durchs Kirchenfenster warfen und andere Drohgesten à la Ku-Klux-Klan ausbrachten.[28]

Jones spaltete sich von den Methodisten ab, mietete eine eigene Kirche und gründete den »People's Temple« samt Suppenküche, Altenpflege, Werkstatt, Tierheim und Stipendien für unterprivilegierte Studenten. Eines seiner Vorbilder war der charismatische Prediger Father Divine; er kopierte dessen Gesundbetermethoden, versprach Wunderheilungen, hielt Katharsissitzungen ab mit Selbstanklagen und Schlägen. Er verschaffte sich einen Ruf als wilder Mann, der die Bibel bespuckte und von sich warf, wußte sich aber mit dem liberalen Establishment zu arrangieren und trat 1961 das Amt des Direktors der Menschenrechtskommission von Indianapolis an. Ob seines Engagements für die Bürgerrechte der Schwarzen und seiner schwarzen Adoptivkinder mußte er mehrere, auch körperliche Angriffe über sich ergehen lassen. Als seine Position in Indianapolis wegen finanziellen Drucks unhaltbar wurde, zog er mit seiner »rainbow family« ins brasilianische Belo Horizonte, dann nach Rio, wo er an der amerikanischen Schule unterrichtete. Nach einem neuen Intermezzo in Indiana begab er sich 1965 mit 150 Anhängern nach Kalifornien, lebte zunächst in einem kleinen Ort im Norden, dann in San Francisco. Jones perfektionierte seine Technik als Wunderheiler, zog Hühnerinnereien als Krebsgeschwüre aus menschlichen Leibern, leistete jedoch auch nützliche Arbeit, verschaffte Slumbewohnern Rechtshilfe und ärztliche Versorgung, führte Drogenberatungen durch, betrieb eine Volksküche und fungierte als Vormann von Geschworenen. Er schaltete sich in die Politik ein, übernahm eine Position in der Stadtverwaltung, sammelte neue Anhänger und gewann prominente Persönlichkeiten für seine soziale Sache, wie etwa die Politiker Walter Mondale und Tom Hayden, San Franciscos Bürgermeister George Moscone, Dennis Banks vom *American Indian Movement* und die Schauspielerin Jane Fonda. Im Wahlkampf unterstützte er den späteren Präsidenten Carter, dessen Frau Rosalynn versicherte ihn ihrer Sympathie. Ab 1977 verstärkten sich die Proteste gegen seinen persönlichen Stil, sein Sexualleben, seine Neigung zum Luxus und zu apodiktischen Urteilen. Er hatte der US-Flagge mit der Faust gedroht, die Bibel beleidigt und seine Hand sogar gegen Gott erhoben: »Nichts kann uns aufhalten, hier auf Erden eine gerechte und lebendige Gesellschaft zu errichten ... Wir müssen den Himmelvater und das ganze süßliche Getue zunichtemachen. So es einen Gott da oben gibt ...* you, God!«[29]

Jones pachtete von der Regierung von Guyana Land, um dort Jonestown zu errichten, ein neues Paradies, ein quasi-sozialistisches Gemeinwesen, das die Elenden aus den Ghettos von San Francisco aufnehmen sollte. »Ich wollte die Utopie arg dringend«, erinnerte sich eines der Sektenmitglieder. Unweit Jonestown hatte

* Die Auslassungszeichen signalisieren im amerikanischen Verlagswesen das Allerweltswort »fuck«.

wenige Jahre zuvor eine Agrarkommune ehemaliger Hippies mit Namen Shalom existiert. In Jonestown galten die Prinzipien Selbstversorgung, Arbeitsdisziplin und Führergehorsam, aber die landwirtschaftlichen Anbauexperimente wollten nicht recht gelingen, die Nahrung reichte kaum hin, Spannungen traten auf. Jones verlangte absolute Loyalität und erzwang Unterwerfung notfalls mit Gewalt. Von außen herangetragene Probleme wurden wegen der gespannten inneren Lage als unerträglich empfunden.[30]

Der katastrophale, in seinen Dimensionen historisch einmalige Zusammenbruch der Kommune begann mit der Klage einer ehemaligen Sektenangehörigen auf Herausgabe ihres Kindes. Sie mobilisierte einen Kongreßabgeordneten für ihre Sache, der vor Ort nach dem Rechten sehen wollte und dabei erschossen wurde. Jones sah allem Anschein nach den kollektiven Selbstmord als einzigen Ausweg aus der Krise. »Für uns ist es Zeit geworden, uns an einer anderen Stätte zu begegnen«, soll er in einer letzten Predigt gesagt haben. Im November 1978 gelang es ihm offenbar, seine Gemeinde von der Würde des Todes und der Schönheit des Sterbens zu überzeugen; über neunhundert Menschen nahmen Gift. Das Paradies war zu Nichts zerronnen.

V. S. Naipaul entdeckte in Jonestown nach dem Massenselbstmord marxistisch-leninistische Literatur. Father Divine hatte als Vorbild nicht mehr ausgereicht, Bishop Jones hielt sich am Ende für eine Mischung aus Marx und Jesus. Auf einer letzten Tonbandnachricht nannte er als Motiv für seinen Entschluß den Protest gegen die Bedingungen auf einer unmenschlichen Welt und sprach vom »revolutionären Selbstmord«. 1976 war er auf Kuba mit dem Schöpfer dieses Ausdrucks, dem schwarzen Radikalen Huey Newton zusammengetroffen, hat ihn aber offenbar mißverstanden: Newton hatte spektakuläre Einzelaktionen gemeint.[31] Bewährte Kommentatoren des Zeitgeschehens zeigten sich nach dem Massenselbstmord sprachlos oder hilflos. Der Historiker Oscar Handlin mutmaßte, die Mitglieder der Kommune hätten zu eng aufeinandergelebt, deshalb wäre Liebe in Haß und Defätismus umgeschlagen. Kommentare aus dem Ausland riefen empfindliche Reaktionen hervor. Als ein Autor, den die *Washington Post* für einen Inder hielt, die Hintergründe des Geschehens analysierte, hielt ihm die Zeitung vor, er solle sich doch lieber einmal des mörderischen Kastensystems in Indien annehmen; die USA seien keineswegs der schlechteste Platz der Welt.[32]

V. S. Naipaul brachte die Katastrophe von Jonestown mit der kalifornischen Mentalität in Verbindung und zitierte einen Gesprächspartner mit dem Satz: »Hier greift man entweder nach den Sternen oder man dreht durch und läuft mit einer Kettensäge Amok.« Der Schriftsteller John Gregory Dunne vertraute Naipaul an, die wichtigste Idee im kalifornischen Westen sei der Raum, die Vorstellung, ein unbewohntes Königreich für sich allein beanspruchen und anderen notfalls das Motto »Fuck off« entgegenschleudern zu können. Kaliforniens Embleme haben mobilen Charakter: die kreuzungsfreien Freeways oder die Trips unter Drogeneinfluß. Eine von Naipaul befragte Frau räumte ohne Zögern ein, daß die labileren Mitglieder ihrer Familie nach Kalifornien gegangen waren. Kalifornien, schloß Naipaul, ziehe Amerikas lose Enden an, verzwirne sie auf hundertfältige Weise und doch liefe alles auf denselben Begriff hinaus: *space*. Jones hatte einmal geplant, in die UdSSR abzuwandern. Damit hätte er nicht nur die alte Richtung gewechselt – seit dem 19. Jahrhundert gingen Freiheitsdurstige von Rußland in die USA –, es wäre auch ironisch gewesen, hätten Amerikaner während Präsident Carters Menschenrechtskampagne im Ostblock Zuflucht gesucht.[33] Nach Kalifornien war Guyana die letzte irdische Station von Bischof Jones und seiner Volkskirche. Aus der Parole der Pioniere »California or bust« war eine schreckliche Parodie geworden – »Guyana or bust«.

Going Home

Die horizontalen Möglichkeiten des Landes sind anscheinend erschöpft. Ursula LeGuin sprach in ihrem utopischen Entwurf für Kalifornien davon, daß man jetzt nicht mehr vorwärts gehen könne, sondern im Kreise, seitlich oder rückwärts, wie das Stachelschwein im indianischen Sprichwort: *Usà puyew usu wapiw* – es geht rückwärts, schaut vorwärts. Die neue Utopie ist nicht mehr aktiv, linear, progressiv und expansiv, sondern passiv, zirkulär, defensiv und kontrahierend.[34]

Die Frage »Motion toward what?« ist seit dem Zweiten Weltkrieg öfter gestellt worden als je zuvor in der amerikanischen Geschichte, und die Anzeichen für eine Hinwendung zu statischen Prinzipien haben sich vermehrt. Was in Sloan Wilsons *The Man in the Gray Flannel Suit* (1944) noch Literatur war – ein Mann verzichtet auf Beförderung, weil er mehr bei seiner Familie sein will –, zeichnete sich bald als Tendenz im realen Arbeitsleben ab. Die Firma IBM – ironisch »I've Been Moved« genannt – verringerte ihre jährliche Versetzungsrate von fünf auf drei Prozent. Vier von fünf Angestellten waren von der Aussicht, versetzt zu werden, nicht begeistert, weil sie ihr Haus nicht verkaufen, ihren Kindern einen Schulwechsel ersparen oder die Karriere des Ehepartners nicht aufs Spiel setzen wollten. Die Schrift *Grow Your Roots Anytime, Anywhere* und eine eigene Zeitschrift mit dem Titel *Mobility* sollen die Verpflanzung, früher eine Selbstverständlichkeit, erleichtern. Daß Manager in ihren Gemeinden tiefere Wurzeln schlagen und sich längerfristig um die Angelegenheiten ihres Wohnorts kümmern, wird mehr und mehr als wünschenswert betrachtet.[35]

Wissenschaftler von der angesehenen Harvard Business Administration School treten dafür ein, den Produktionsprozeß zu reformieren, und zwar in Angleichung an europäische und japanische Vorbilder. Die Bindungen der Belegschaft an den Betrieb sollen gestärkt, die Sorgfalt im Umgang mit Maschinen erhöht, der Arbeitsplatz soll sauberer gehalten, auf bessere Qualität geachtet werden. Die alte

»Kleenex-Mentalität«, erkannte John Updike, stirbt ab. Nicht mehr alle zwei Jahre bestellt sich der amerikanische Autofahrer ein neues Modell. Das Auto hat seine quasi-religiöse Aura verloren, die Werte der Automobilkultur sind unter Beschuß geraten, nämlich Privatismus, Materialismus, Eskapismus und Rohstoffausbeutung. Das Personenauto fährt in eine Sackgasse, schrieb ein Kritiker, andere empfanden die Superhighways als ausgemachten Betrug, weil die dort möglichen Geschwindigkeiten nicht gefahren werden dürfen und man in der nächsten Stadt doch wieder nur Kriechtempo erreicht.[36] E. F. Schumachers programmatische Studie *Small is Beautiful* (1973) stieß in Nordamerika auf nachdrückliches Interesse. Die aus Kanada inspirierte und auf Nullwachstum angelegte *Conserver Society* nahm sich schottische, buddhistische, cree-indianische und hutterische Vorbilder und legte es darauf an, die Idee des »throughput« durch die Idee des »recycling« zu ersetzen. Eine Bestätigung für ein verändertes Bewußtsein ist die Entwicklung der Sparquote. Sie stieg zwischen 1950 und 1973 von 5,3 auf fast 8 Prozent des persönlich verfügbaren Einkommens.[37]

Amerikanische Historiker fühlten sich vis-à-vis ihrer materiellen Kultur immer etwas unbehaglich und hatten dieses Feld bis vor kurzem den rein antiquarisch orientierten Kollegen überlassen, die man fast ein wenig bemitleidete, weil sie sich nicht mit der Welt der Ideen befassen durften. Diese Einstellung hat sich gewandelt. Seit einigen Jahren gibt es zum Beispiel eine Gesellschaft für Industriearchäologie. Die Deltiologie, das Postkartensammeln, ist als akademische Subdisziplin entstanden. Briefmarkensammeln und Münzensammeln sind heute die am meisten verbreiteten Hobbies in der amerikanischen Gesellschaft. Den dritten Platz behaupten die Amateurgenealogen.[38]

Einige Entwicklungen der Sprache deuten auf die Herausformung stärkerer Objektbeziehungen hin. So häufen sich die Adjektivendungen auf *-ive,* die gleichbedeutenden Endungen auf *-ing* nehmen ab, also *supportive* statt *supporting, coercive* statt *coercing, suppressive* statt *suppressing.* Die Endung *-ive* signalisiert etwas Permanentes, Endgültiges, Gewohnheitsmäßiges, Abgeschlossenes, während *-ing* einen eher offenen Zustand ausdrückt. 1954 benützte die Illustrierte *McCall's* erstmals *togetherness,* ein Begriff, der in den sechziger Jahren als Lebensprinzip propagiert wurde. Etwa um dieselbe Zeit war erstmals das Wort *belongingness* zu hören.

Wo Christopher Lasch den einsamen, hoffärtigen Narziß als repräsentativen Kulturtypus ausmachte, sahen andere gerade in den allseits geschmähten siebziger Jahren eine Zeit, in der das Gruppenleben erstarkte. Ob rassisch diskriminierte Bürger, ob Behinderte, ob Homosexuelle, sie versuchten ihre Ziele als Gruppe zu erreichen und nicht im Alleingang. Der Psychiater Rollo May riet zu einer Transzendenz nach innen. Nicht ins gute alte »beyond« solle der Mensch seine Wünsche projektieren, sondern »within the self«. Dem Politiker George McGovern wäre es ebenfalls lieber gewesen, hätten die USA eine Reise nach innen angetreten, statt sich mit Kennedy, Johnson und Nixon auf die kostspieligen Weltraumfahrten des Apolloprogramms einzulassen.[39]

Der Held in Saul Bellows Roman *Dangling Man* (1944) weiß mit seiner Freiheit nichts anzufangen und freut sich deshalb auf das reglementierte Leben beim Militär. Dem jungen Holden Caulfield in Salingers *The Catcher in the Rye* (1951) steht nicht mehr wie weiland Huckleberry Finn ein weites Territorium offen. Aus Ratlosigkeit über endlose Wahlmöglichkeiten hat sich die Hauptfigur in John Barths *End of the Road* (1958) zur Unbeweglichkeit entschlossen. Der Dichter Louis Simpson glaubte ebenfalls, *At the End of the Open Road* (1963) angekommen zu sein. In *Gravity's Rainbow* (1974) ist wohl noch das alte Jenseitsverlangen zu spüren, aber Thomas Pynchon rückt die Suche nach Ellenbogenfreiheit in die Nähe der Parodie: Der argentinische Anarchist Squalidozzi glaubt, ausgerechnet in der deutschen Zone die »anarchische Einheit von Pampas und Himmel« herstellen zu können.

Was Fortschritt war, wurde zunehmend unklar. Der Historiker David Brion Davis erklärte sich zum Agnostiker, wenn es um die Bedeutung des Begriffs Fortschritt geht. Die Suche nach dem Abenteuerlichen, immer ein Bestandteil des Amerikanischen Traums, nahm groteske Züge an und ließ die Helden beschädigt zurück. Die reisende Countrysängerin Rosalie Sorells erinnerte sich an ihre Großväter. Der eine war als Missionar zu den Indianern nach Montana, der andere im Goldrausch nach Alaska gezogen. Sie selbst meinte nach dem Selbstmord ihres ältesten Sohnes: »Diese Gesellschaft ist schrecklich mobil. Es ist zu leicht, von den Dingen davonzulaufen.«[40]

Europäer haben die Anerkennung territorialer Rechte als die Grundlage der Zivilisation bezeichnet. In Amerika ist diese Vorstellung aufgegriffen worden von Robert Ardrey, eine der Leitfiguren für die »New Age«-Kommunen. Ardrey hält den Menschen, im Anschluß an die Ergebnisse vorwiegend europäischer Wissenschaftler, für ein territoriales Wesen, dessen angeborene territoriale Natur man bisher ignoriert habe. Die Stadt-Land-Bewegung, Wohnungsprobleme, zerrüttete Familien, Jugendkriminalität, Massenerziehung und verlängerte Kindheit seien Folgen einer Entterritorialisierung des Menschen, die es schleunigst zu reparieren gelte.

Soziale Pathologien, deren Opfer Kinder sind – zum Beispiel Kinderprostitution oder Unzucht mit Kindern – haben Gegner des vorherrschenden amerikanischen Erziehungsstils auf den Plan gerufen. Sie geben Reformpädagogen à la John Dewey und G. Stanley Hall und mißgeleiteten Eltern die Schuld am Elend der Kinder, die zu leiden haben unter der Rastlosigkeit der Erwachsenen, deren Wunsch nach maximaler Freiheit und unaufhörlicher Veränderung. »Der eine amerikanische Wert, der einer gesunden und vernünftigen Kindererziehung am abträglichsten ist, ist die Mobilität, sowohl die geographische wie die spirituelle.«[41]

Fünfzig Jahre nach Robert und Helen Lynd ermittelte ein Forschungsteam in »Middletown« eine geschrumpfte Generationslücke, engere Beziehungen in der

Ehe, eine stärkere Religiosität und eine geringere Mobilität. Die Familie hatte zwar einige weitere Funktionen abgegeben, und besonders die Töchter waren öfter aushäusig als früher. Aber gleichzeitig wurde mehr Wert auf Zusammensein gelegt, auf gegenseitigen Respekt, auf Kontakte zu Verwandten, auf Familiensolidarität. Der Erwartungshorizont war kleiner geworden, die Intensität der Beziehungen rangierte vor ungehinderter Expansion. John Stuart Mill wurde hervorgeholt, um darzutun, daß eine stagnierende Kapital- und Bevölkerungsentwicklung keineswegs fortschrittshemmend wirken muß, sondern Raum gibt für geistige Kultur, moralischen und sozialen Fortschritt und die Verfeinerung der Lebensart.[42]

Konstant zur Schau getragener Optimismus, ewiger Vorwärtsdrang, forcierte Fröhlichkeit und Jugendlichkeit, eingebildete Alterslosigkeit und eine zum Schein aufrechterhaltene Informalität belasten die Psyche mit einer Hypothek, die mit Neurosen, Depressionen oder violenten Ausbrüchen abgetragen werden muß. Das Leben verläuft rhythmisch, euphorische Zustände lassen sich nicht beliebig verlängern. »What goes up, must come down«, sang die Gruppe *Blood, Sweat & Tears*, eine einsilbige Version des uralten, von Sebastian Brant aufgezeichneten Sprichworts:

Ein jedes Ding, wan es ufkunt
Zům höchsten, fellt es selbst zů grunt.

Das Verhalten des Helden im »Zeitalter des Containment« behandelte R. W. B. Lewis im letzten Kapitel seines Buches über den »amerikanischen Adam«. Typisch war nicht mehr das ungestüme Vorwärtsdrängen im Alleingang, sondern das Zusammenrücken, das gemeinsame Aufwerfen von Verteidigungswällen. Die Vorstellung heimzukehren wurde seit den siebziger Jahren zu einer der beherrschenden Ideen. Autofahrer statteten ihre Fahrzeuge mit heimatlichen Nummernschildern aus, wenn es sie in eine andere Region verschlagen hatte. Architekten legten plötzlich Wert auf die Gestaltung des umbauten Raumes und gaben »place« den Vorrang vor »space«. Filmemacher wandten sich ab vom Prinzip der Bewegung um jeden Preis. Die Zeitschrift *Esquire* kam 1985 mit einem Sonderheft zum Thema »überwältigende Bedeutung und Wesen von *place*« heraus. Der *Yuppie* (von Young Urban Professional), der junge, erfolgreiche Hochschulabsolvent, zeigte nicht mehr den ungestümen Vorwärtsdrang des Selfmademan alter Schule, sondern endete mit den Jahren als »couch potato« in bequemer Haltung vor dem Fernsehgerät. Eine wuchernde Bürokratie war einer der Gründe, warum der klassische Unternehmungsgeist das hinfällige Leiden bekam. Es bedurfte 71 verschiedener Verwaltungsvorgänge, ehe die Stadt New York einen Lastwagen oder ein Büromöbel anschaffen konnte.[43]

Kanadier, die seit Jahrzehnten den Touristenstrom von US-Amerikanern zu den Niagarafällen beobachtet hatten, glaubten, einen neuen Typ ausmachen zu können, den *Quiet American*. Er gab sich sanfter, reifer, leiser als früher, wußte mehr über die kanadischen Nachbarn und trat mit größerer Zurückhaltung auf, was seine eigenen Errungenschaften anlangte. Daß die Amerikaner stärker ortsgebunden werden mögen, weniger betriebsam, laut und prahlerisch, war ein alter Wunsch von Nichtamerikanern. Der aus China stammende Francis Hsu hatte Amerika die Aufgabe gestellt, weniger *self-reliance* zu demonstrieren und sich mehr auf Gegenseitigkeit zu berufen. Mit Recht hat man gegen solche Postulate den Einwand erhoben, daß kulturelle Eigenheiten tief verwurzelt und nicht binnen weniger Jahre auszuwechseln seien, selbst wenn die Bereitschaft dazu bestünde.[44]

Moving On

Ein Marathonläufer, der langsamer laufen wollte, befestigte an seinen Beinen einen speziellen Gürtel, damit er die Schrittlänge um ein Drittel verkürze. Eine Tempoverringerung wirkte in Amerika noch wie etwas Gewaltsames, und die Pflege engerer Objektbeziehungen umgab etwas Gequältes. Kaum war ein konservativer Präsident ins Amt gekommen, schon wurden die Gefahren der hohen Mobilität für die Managerklasse wieder heruntergespielt und die alten Ideale beschworen. Bei seiner zweiten Amtseinführung im Jahre 1985 sagte Ronald Reagan: »Dem menschlichen Denken sind keine Grenzen, dem Geist der uns beflügelt, keine Schranken, unserem Fortschritt nur solche Barrieren gesetzt, die wir uns selbst errichten.«

Die Mehrzahl der Amerikaner hegt nach wie vor den Wunsch, woanders zu leben als am gegenwärtigen Wohnort, und nach wie vor wird der Wunsch in die Tat umgesetzt. Knapp ein Fünftel der Bevölkerung zieht jährlich um (1986). Der amerikanische Exzeptionalismus, von Daniel Bell für tot erklärt, ist sehr lebendig, und die von den Kanadiern eben noch gelobten Yankees halten sich im Grunde doch für das beste Volk auf Erden. Ein Senator meinte: »So diese Nation in der Dekade der achtziger Jahre Erfolg haben will, muß sie den Geist von Patriotismus und Einigkeit wieder entfachen, der uns vom Rest der Welt absetzt.« Nervös diskutierte man in der Öffentlichkeit am Ende der Amtszeit Reagans die These von Historikern und Politologen, daß die USA wie weiland das Britische Reich im Niedergang begriffen seien und eine Schrumpfung ihrer globalen Präsenz in Kauf nehmen müßten. *Self-reliance* blieb eine überzeugt vorgebrachte Parole. Der vormals radikale Eldridge Cleaver teilte mit Altkonservativen die Meinung, soziale Wohlfahrt mache Menschen zu Parasiten. Was wäre Amerika, fragte ein Gesellschaftsmagazin in aller Offenheit, ohne die Manipulation von Chancen, ohne die Bewegung von Armut zu Reichtum, von Kaste zu Kaste, von Klasse zu Klasse.[45]

Amerikanische Intellektuelle, die eigentlich eine gesellschaftsphilosophische Umkehr im Sinn hatten, fielen unversehens in alte Denkmuster zurück. Richard Sennett fand in seinen Schriften Gefallen am Ideal des autonomen, freischwebenden Selbst. Aus seinem Werk *The Fall of Public Man* (1976) sprach die Sehnsucht nach einer urbanen, aus Fremdlingen bestehenden Welt. Der Soziologe Lewis Coser vertrat in seiner *Theorie sozialer Konflikte* (1965) kurzgefaßt die Maxime: Je enger die Beziehung, desto größer der Konflikt. In keinem anderen Land verbringen Kinder so viel Zeit in vollständiger Isolation wie in Amerika. Der Psychoanalytiker Philip Rieff dokumentierte in *The Triumph of the Therapeutic* (1966) sein Unbehagen an sozialer Nähe mit dem Satz: »Ich fürchte, wir lernen einander kennen.« Die *Yale Review* meinte Mitte der siebziger Jahre, das Ideal der »community« führe notgedrungen zu ernsten und unauflöslichen Spannungen. Sogar aus den alternativen Kommunen der Hippies kam bald die Klage: »Wir sind zu viele!« Manche setzten sich nach dem Motto »Wird das Leben langweilig, riskiere es« freiwillig Gefahren aus. Das »fixed-object jumping« wurde zu einer der neuen Methoden zur Erregung von Angstlust. Im kalifornischen Naturschutzpark Yosemite sprangen reihenweise junge Menschen mit Fallschirmen von steilen Kliffs und ließen sich auch nicht von den Leichen der Vorgänger abschrecken, die noch im Fels hingen.[46]

US-Soziologen gehen heute davon aus, daß sich mit zunehmendem Alter die Lust am Risiko legt und das Mobilitätsverlangen sich abschwächt. Aber gerade in einer vielverkauften Neuerscheinung über die »midlife crisis« wird auf betont dynamische Gegenrezepte zurückgegriffen, auf das »letting go« und das »moving away«. Dem Menschen mittleren Alters wird empfohlen, sich »tragbare Wurzeln« zuzulegen, dann wird er bald die »jenseitige Lichtung« erblicken auf seiner »schwerelosen Reise«. Unklar bleibt dabei, warum es überhaupt einer Ratgeberliteratur bedarf, wenn die Entscheidung über die eigene Lebensgestaltung doch wieder atomistisch bei jedem einzelnen liegt. Die Bereitschaft, existenzielle Experimente zu wagen, hat Meinungsumfragen zufolge eher zu- als abgenommen. Die erklärte Absicht, engere Beziehungen mit anderen einzugehen, führt gewollt oder ungewollt zur Beschäftigung mit persönlichen Problemen. Am Ende der Reise nach innen steht dann doch wieder die Vereinsamung, und der rasche Wechsel von einer Encountergruppe zur nächsten auf der Suche nach euphorischen Momenten verstärkt letztlich die Isolation. Die technische Apparatur zur Erzeugung von Hochgefühlen entwickelt sich fort, nimmt aber groteske Formen an. Dem alten Wunsch, sich vom Erdboden zu lösen, kann man seit neuestem nachkommen, indem man sich Sprungfederschuhe unter die Sohlen schnallt oder sich mit speziellen Halterungen für die Fußgelenke kopfüber an eine Reckstange hängt.[47]

Kulturelle Verhaltensmuster sind beständig, man sollte nicht erwarten, daß die Amerikaner ihren Umgang mit Objekten kurzfristig radikal zu ändern vermögen. Ein Beispiel hierfür sind ökologische Verhaltensweisen. In Japan wird der ganze Wal verwertet, in den USA nur bestimmte Teile. Nordamerikaner verbrauchen etwa fünfzig Barrel Erdöl pro Kopf und Jahr, Europäer die Hälfte. Deutsche Autofahrer reduzierten nach der Ölkrise ihre jährliche Fahrstrecke, bei Amerikanern nahm sie deutlich zu. Eine kalifornische Stadt brüstete sich damit, der Welt größte Konferenz über alternative Lebensstile zu beherbergen. Als hätte es die Parole »small is beautiful« nie gegeben, warb ein Bioladen mit der Attraktion, die Verkaufsfläche verdreifacht zu haben.[48]

Der Amerikanismus war immer auch ein Eskapismus, schrieb Harold Laski, irgendjemand ist immer auf der Flucht gewesen, um er selbst zu sein. Die USA sind nach wie vor ein Einwandererland. Die meisten Auswanderer kommen aus Mexiko, den Philippinen und Korea, gefolgt von Taiwan, Vietnam und Staaten in der Karibik. Jährlich wandern zwischen 400000 und 800000 Personen legal in die Vereinigten Staaten ein, in den siebziger Jahren insgesamt 4,4 Millionen Menschen – mehr als in jeder anderen Dekade der amerikanischen Geschichte.[49] Mit älteren Einwanderungswellen ist dieser neueste Zustrom nicht in allen Punkten vergleichbar, aber eines gilt auch hier: Gewöhnlich sind es nicht die Ärmsten, die ihre Heimat verlassen, nicht die Verzagten, sondern solche, die den Mut haben, ihr Leben selbst zu gestalten, die den Ballast der Vergangenheit von sich werfen und wie die ersten Amerikafahrer einer ununterdrückbaren Sehnsucht nach dem großen *Beyond* nachgeben.

QUELLEN UND ANMERKUNGEN

Vorwort

Sacvan Bercovitch: The Puritan Origins of the American Self. New Haven 1975

James Bryce: The American Commonwealth. London 1889

Paul Diesing: Patterns of Discovery in the Social Sciences. Atherton 1971

Clifford Geertz: The Interpretation of Cultures. New York 1973

Edward T. Hall: The Hidden Dimension. Garden City 1969

Harold Jantz: »The Myths about America«. In: Jahrbuch für Amerikastudien, 1962

Julius Lips: Einleitung in die vergleichende Völkerkunde. Leipzig o.J.

P. Morrison/J. Wheeler: »The Image of ›Elsewhere‹ in the American Tradition«. Aus: W. McNeill/R. Adams (Hrsg.): Human Migration. Bloomington 1978

Constance Rourke: American Humor. New York 1931

Sigmund Skard: American Studies in Europe. Philadelphia 1958

Alexis de Tocqueville: Über die Demokratie in Amerika (1835/1840). Stuttgart 1959

E. B. Tylor: Primitive Culture. Boston 1871

Laurence Veysey: »A Postmortem on Daniel Bell's Postindustrialism«. In: American Quarterly, 1982

D. W. Winnicott: Collected Papers. London 1958

I. Die Zeit des New Deal

1. Robert A. Gordon: »Exhaustion of Investment Opportunities«. Aus: R. Himmelberg (Hrsg): The Great Depression and American Capitalism«. Boston 1968, S. 104ff.; Henry Ford: My Life and Work (1922). London 1928, S. 9

2. Harry Carman/H. Syrett: A History of the American People. New York 1957–1959; Ferdinand Pecora: Wall Street Under Oath (1939); William Leuchtenburg: Franklin D. Roosevelt and the New Deal 1932–1940. New York 1963, S. 18, 20; Erich Angermann: Die Vereinigten Staaten von Amerika. München 1978, S. 125
3. Robert A. Gordon; Malcolm Cowley: The Dream of the Golden Mountains. Remembering the 1930s. New York 1981, S. 26; John K. Galbraith: The Great Crash. Boston 1961, S. 185ff.
4. Max Silberschmidt: Amerikas industrielle Entwicklung. Bern 1958, S. 213
5. Galbraith, 1961, S. 175 u. passim
6. John J. Morgan aus: Himmelberg, 1968, S. 13
7. Leuchtenburg, 1963, S. 3, 19, 23
8. Cowley, 1981, S. 30
9. John Hicks: Republican Ascendancy 1921–1933. New York 1963, S. 270; Leuchtenburg, 1963, S. 2; E. Wilson: The American Jitters (1932), zit. n. Cowley, 1981, S. 17; Studs Terkel: Hard Times. New York 1970, S. 222f.
10. New York Times, 11.3.1969; Robert u. Helen Lynd: Middletown in Transition. New York 1937, S. 55ff., 150; Hicks, 1963, S. 270; Cowley, 1981, S. 23; Harper's, Jan. 1985
11. The Education of Henry Adams. New York 1931, Kap. 35, Schlußworte; Sinclair Lewis: It Can't Happen Here. New York 1935, S. 127; Roger Babson: Cheer Up ... (1932); Frank Harvey: Nightmare County. New York 1964, S. 132; Saul Alinsky bei Terkel, 1970, S. 313
12. Sinclair Lewis, 1935, S. 140; Cowley, 1981, S. 41, 107; Robert Griffith: Men Wanted for the US Army. Westport 1982, S. 125; The Realist, Feb. 1961, S. 16
13. Leuchtenburg, 1963, S. 169; Hugh Gallagher: FDR's Splendid Deception. New York 1985
14. Zit. n. Leuchtenburg, S. 47
15. Richard Hofstadter: The American Political Tradition and the Men Who Made It. New York 1948, S. 316; Kenneth Davis: »FDR as a Biographer's Problem«. In: American Scholar, Wi. 1983/84, S. 102. – Der poet-politician entpuppte sich in diesem Fall als calligrapher-politician
16. New York Herald Tribune, 28.4.1932, zit. n. Leuchtenburg, 1963, S. 10; Leuchtenburg, S. 33; K. Davis, 1983/84, S. 104ff.; John Lukacs: Outgrowing Democracy. Garden City 1984, S. 41; James Barber: The Presidential Character. Englewood Cliffs 1972
17. Leuchtenburg, 1963, S. 8; Hicks, 1963, S. 105
18. Rede vor dem Common Wealth Club in San Francisco und Rede in Detroit am 2.10.1932
19. Carman/Syrett; Leuchtenburg, S. 39, 43
20. Carman/Syrett, Bd. II, S. 532
21. Carman/Syrett; Silberschmidt, S. 214
22. Leuchtenburg, S. 65; D. W. Brogan: The American Character. New York 1944; Carman/Syrett; Robert Bremner (Hrsg.): Children and Youth in America. Bd. III. Cambridge 1974, S. 330–332
23. S. E. Morison: The Oxford History of the American People. New York 1965, S. 969
24. Edwin Seligman: Encyclopedia of the Social Sciences. New York 1953, Bd. VI, S. 33

25. Morison, 1965, S. 952; George McGovern (Hrsg.): Agricultural Thought in the Twentieth Century. Indianapolis 1967, S. 256
26. Garner war im übrigen der Ansicht, die Vizepräsidentschaft sei keinen »pitcher of spit« wert
27. Carman: Syrett; Allison Davis et al.: Deep South. Chicago 1941
28. C.·S. Johnson et al.: The Collapse of Cotton Tenancy (1935); McGovern, 1967, S. 196f.; A. Davis, S. 382f.; Erskine Caldwell: Some American People (1935); Theodore Rosengarten: All God's Dangers – the Life of Nate Shaw. New York 1974
29. Rosengarten, 1974; Leuchtenburg, 1963, S. 193; Rexford Tugwell: »The Reason for Resettlement«. Radioansprache, 1935
30. Roderick Nash (Hrsg.): The American Environment. Reading 1976, S. 8, 14, 17
31. Nash, S. 85ff.
32. Nash, S. 59, 101, 104, 124
33. Nash, S. 105ff.; H. H. Bennett: Soil Conservation (1939); Nash, S. 98
34. Leuchtenburg, S. 329, 353; Clayton James: The Years of MacArthur. Boston 1970. Bd. I, S. 418ff.; Cowley, 1981, S. 180; Edgar Nixon (Hrsg.): Franklin Roosevelt and Conservation, 2 Bde. (1957); Richard Lowitt: The New Deal and the West. Bloomington 1984
35. Carman/Syrett; Barton Bernstein: »The New Deal: The Conservative Achievements of Liberal Reform«. In: Bernstein (Hrsg.): Towards a New Past. New York 1968; McGovern, S. 275, 281; Bernard Sternsher: Consensus, Conflict, and American Historians. Bloomington 1975, S. 82; Leuchtenburg, S. 165
36. Herbert Hoover: The Challenge to Liberty (1934)
37. Tugwell bei Morton Keller (Hrsg.): The New Deal. New York 1963, S. 79; Leuchtenburg, S. 164, 343; Claude Barfield: Rethinking Federalism. Washington 1981; H. H. Lunau: Revolte in USA. Esslingen 1954, S. 14, 18; Commentary, Juli 1948, S. 93
38. Solomon Bloom: »The Liberalism of Louis D. Brandeis. The Father of the New Deal«. In: Commentary, Okt. 1948, S. 313ff.; Lewis Paper: Brandeis. Englewood Cliffs 1983
39. Leuchtenburg, S. 145, 149
40. Marriner Eccles bei Edwin Rozwenc (Hrsg.): The Meaning of Jacksonian Democracy. Boston 1965, S. 76; Arthur Schlesinger, ebda., S. 30; Carman/Syrett; Leuchtenburg, S. 163; FDR am 29.9.1936: Der Vorwurf des Kommunismus sei nur ein »red herring« seiner Feinde
41. Leuchtenburg, S. 151; Carman/Syrett
42. Philip Foner/R. Schultz: Das andere Amerika. Berlin 1983, S. 268; B. A. Botkin (Hrsg.): A Treasury of American Folklore. New York 1944, S. 623
43. US v. Darby (1941). – Geklagt hatte die National Assoc. of Manufacturers
44. Leuchtenburg, S. 131; Carman/Syrett; Helvering v. Davis (1937)
45. Carman/Syrett, Bd. II, S. 571; Leuchtenburg, S. 84
46. US v. Butler (1936); Brogan, 1944; Carl Swisher: American Constitutional Development. Boston 1954; Leuchtenburg, S. 238
47. Bernstein, 1968; Harry Kopkins, zit. n. Leuchtenburg, S. 263
48. Carman/Syrett; C. S. Johnson bei McGovern, S. 203; Caldwell: Some American Families (1935); James Agee: Let Us Now Praise Famous Men (1940); Jack Temple Kirby: Rural Worlds Lost. Baton Rouge 1987

49. Leuchtenburg, S. 272, 343ff.; Hofstadter, 1948, S. 340; Rexford Tugwell: The Stricken Land (1946)
50. Arthur Schlesinger: The Crisis of the Old Order (1937); Leuchtenburg, S. 328; James Burnham: The Managerial Revolution (1940); Silberschmidt, 1958
51. Keller, 1963, S. 84, 103; G. Smith: The Old Deal and the New (1941); Deutsche Allgemeine Zeitung, 13.8.1944; Werner Lohe: Roosevelt – Amerika. München 1943 (1939), S. 161f.; Amaury de Riencourt: The Coming Caesars (1957), zit. n. Keller, S. 110
52. Carman/Syrett, Bd. II, S. 514; John Sproat: Vortrag in München, 13.6.1983; Bernstein, 1968
53. Hofstadter, 1948, S. 333; Leuchtenburg, 1963, S. 339
54. Robert McElvaine: The Great Depression (1984); David Kennedy, in: Harper's, Jan. 1985; Bernstein, 1968, S. 264, 281; Lowitt, 1984
55. Hofstadter, 1948, S. 332; Leuchtenburg, 1963, S. 34f.; William Simon, University of Houston, zit. n. Südd. Zeitung, 9.7.1979; Daniel Levine, Bowdoin College, persönl. Mitteilung; Dissent, Wi. 1983, S. 39f.
56. Dirk Bavendamm: Roosevelts Weg zum Krieg. München 1983; Carman/Syrett, Bd. II, S. 532; Silberschmidt; Leuchtenburg, 1963, S. 256

II. Minderheiten in der »Roten Dekade«

1. G. P. Rawick: The American Slave. Westport 1972, 19 Bde.; William Leuchtenburg: Franklin D. Roosevelt and the New Deal 1932–1940. New York 1963, S. 163; John Dollard: Caste and Class in a Southern Town (1937). New York 1949, Kap. 14; Frank Bowering/John Gerassi: The American Way of Crime. New York 1980; Gunnar Myrdal: An American Dilemma. New York 1944, S. 402; St. Clair Drake/H. Cayton: Black Metropolis (1945). New York 1962; Rayford Logan: The Negro in the US. Princeton 1957; Hubert Zimmermann: »Schwarze Arbeiter in Detroits Automobilindustrie«. Magisterarbeit. München 1982, S. 50
2. Drake/Cayton, 1962, S. 206, 413, 609f.; Myrdal, 1944, S. 908
3. Zit. n. Harvey Swados (Hrsg.): The American Writer and the Great Depression. Indianapolis 1966, S. 374, 378; Hugh Gloster: Negro Voices in American Fiction. New York 1965, S. 199
4. William F. Whyte: Streetcorner Society (1943). Chicago 1949, S. 273; Margaret Mead: And Keep Your Powder Dry (1942): New York 1968, S. 29ff., 37ff., 53, 68; John Lukacs: Outgrowing Democracy. Garden City 1984, S. 143; Pearl S. Buck: To My Daughter With Love (1967); Joy Davidson: Anya (1938); Lyle Dorsett: And God Came In. New York 1983
5. John Baxevanis: Economy and Population Movements in the Peloponnesos of Greece. Athen 1972, S. 71; Lukacs, 1984, S. 43; Carl Zuckmayer: Als wär's ein Stück von mir. Frankfurt 1977, S. 399; Theodore Saloutos: »Exodus USA«. Aus: O. Fritjof Ander (Hrsg.): In the Trek of the Immigrants. Rock Island 1964, S. 201
6. Modern Greek Studies Assoc., Oak Park (Ill.), zit. n. Bicentennial Times, Dez. 1976, S. 13; Tamara Hareven. Amoskeag. New York 1978, S. 270; Lowry Nelson: »Intermar-

riage Among Nationality Groups in a Rural Area of Minnesota«. In: American Journal of Sociology, 1942/43, S. 585ff.; Ruby J. R. Kennedy: »Premarital Residential Propinquity and Ethnic Endogamy«. In: American J. of Sociology, 1942/43, S. 580ff.

7. Melville Herskovits: The Anthropology of the American Negro. New York 1930; Myrdal, 1944; Dollard, 1937; Kingsley Davis: »Intermarriage in Caste Societies«. In: American Anthropologist, 1941, S. 376ff.
8. Recent Social Trends. New York 1933, Bd. I, S. 414f.; C. G. Vernier: American Family Laws. Stanford 1931–1938; Page Smith: Daughters of the Promised Land. Boston 1970, S. 231
9. Nelson Blake: The Road to Reno. A History of Divorce in the US. New York 1962, S. 221f.
10. P. Smith, 1970, S. 92; Dollard, 1937; Sinclair Lewis: It Can't Happen Here. New York 1935; Frank Harvey: Nightmare County. New York 1964, S. 107
11. Robert u. Helen Lynd: Middletown in Transition. New York 1937, S. 282, 423; Hugh Morris: Modern Love Letters (1935): New York 1967; Constance Rourke: American Humor. New York 1931, S. 281
12. Leuchtenburg, 1963, S. 343; Shelley Armitage: »Rawhide Heroines ...«. Aus: Sam Girgus (Hrsg.): The American Self. Albuquerque 1981, S. 169; Mary Beard: On Understanding Women (1931), America Through Women's Eyes (1933), Woman: Co-Maker of History (1940); Eleanor Roosevelt: It's Up to Women (1933); Eileen Boris: »Regulating Industrial Homework ...«. In: Journal of American History, 1985, S. 745ff.; The New Masses, Jan. 1932, zit. n. Swados, 1966, S. 187f.
13. T. Harry Williams: Huey Long. New York 1970
14. Ralph Borsodi: Flight from the City (1933). Suffern 1947; Malcolm Cowley: The Dream of the Golden Mountains. Remembering the 1930s. New York 1981; Laurence Veysey: The Communal Experience. New York 1973
15. Herbert Stroup: The Jehova's Witnesses. New York 1945; Lovell v. Griffin (1938)
16. Studs Terkel: Hard Times. New York 1970, S. 284; Federal Writers' Project bei B. A. Botkin: A Treasury of American Folklore. New York 1944, S. 525; Herbert Agar/Allen Tate: Who Owns America (1936); Lewis Corey: The Decline of American Capitalism (1934); Leuchtenburg, 1963, S. 24
17. Cowley, 1981, S. 34, 172f.; Louis Hacker: »The First American Revolution«. In: Columbia University Quarterly, Sept. 1935; Ethel Mannin: Women and the Revolution (1939); Samuel Schmalhausen/V. F. Calverton: Woman's Coming of Age (1931); Bertram Wolfe: Marx and America (1934); Robert Weiner: Das Amerikabild von Karl Marx. Bonn 1982, S. 201; John Chamberlain: Farewell to Reform (1932); Vincent Sheean: Personal History (1935)
18. Edward Palmer: The Communist Problem in America. New York 1951; Allen Guttmann/B. M. Ziegler (Hrsg.): Communism, the Courts, and the Constitution. Boston 1964
19. Lukacs, 1984, S. 308; Zechariah Chafee: Free Speech in the US. Cambridge 1948, S. 389ff.
20. Roy Rosenzweig: »United Action Means Victory' – Militant Americanism on Film«. In: Labor History, 1983, S. 274ff.; Theodore Draper: »American Communism Revisited«. In: New York Review of Books, 9.5.1985

21. Anthony Heilbut: Exiled in Paradise. New York 1983, S. 39; Celler, zit. n. Eike Midell et al.: Exil in den USA. Frankfurt 1980, S. 42; Midell, S. 41; William Leuchtenburg: Franklin D. Roosevelt and the New Deal. New York 1963; Alan Kraut et al.: »The State Department, the Labor Department and German Jewish Immigration 1930–1940«. In: Journal of American Ethnic History, 1984, S. 5ff.; Nathan Reingold: »Refugee Mathematicians in the U.S. 1933–1941«. Aus: Jarrell Jackman/C. Borden (Hrsg.): The Muses Flee Hitler. Washington 1983, S. 207, 225
22. Cynthia J. McCabe: »›Wanted by the Gestapo: Saved by America‹ – Varian Fry and the Emergency Rescue Committee«. Aus: Jackman/Borden, S. 79ff.
23. Heilbut, 1983, S. 194
24. Martin Duberman: Black Mountain. New York 1972; Robert Asahina: »Who Was That Mass Man Anyway? What Émigré Intellectuals like Hannah Arendt don't understand about America«. In: Harper's, Sept. 1982, S. 70ff.
25. »Der Sabbath«, Imago, 1927; Fear and Freedom, ed. London 1950, S. 221; Hermann Broch: Der Tod des Vergil. Zürich o.J., S. 16
26. Eberhard Lämmert in Exilforschung, Bd. II. München 1984, S. 154; Alfred Kazin: »The European Writer in Exile«. Aus: Jackman/Borden, S. 130; Jackman/Borden, S. 19; Midell, S. 205; Jackman: »German Émigrés in Southern California«. Aus: Jackman/Borden, S. 98
27. Brecht, zit. n. Midell, S. 11; vgl. Bert Brecht/Kurt Weill: Der Ozeanflug (Lindbergh) von 1929
28. Heilbut, S. 36, 156; Midell, S. 167f.
29. Midell, S. 246; Golo Mann, zit. n. Heilbut, S. 271; J. Radkau, Exilforschung, II, S. 95

III. Die Literatur der dreißiger Jahre

1. Daniel Aaron: Writers on the Left. New York 1969; Harvey Swados (Hrsg.): The American Writer and the Great Depression. Indianapolis 1966
2. New Masses, Sept. 1932; L. Steffens: Autobiography (1931); Aaron, 1969, S. 195, 206
3. Aaron, 1969, S. 254ff.
4. Zit. n. Aaron, 1969, S. 191, 225
5. Sherwood Anderson: Beyond Desire (1932); John Steinbeck: In Dubious Battle (1936); Clara Weatherwax: Marching! Marching! (1935); Grace Lumpkin: To Make My Bread (1932)
6. Malcolm Cowley: The Dream of the Golden Mountains. New York 1981, S. 258
7. Swados, 1966
8. Albert Maltz: The Way Things Are and Other Stories. New York 1938, S. 217
9. Aaron, 1969, S. 319f.; Dixon Wecter: The Age of the Great Depression. New York 1948, S. 253; Clifford Odets: Golden Boy. Awake and Sing. The Big Knife, Harmondsworth 1963, S. 121
10. Cedric Belfrage: The American Inquisition 1945–1960. Indianapolis 1973, S. 17; Carlos Baker: Ernest Hemingway. New York 1971
11. Sinclair Lewis: It Can't Happen Here. New York 1935, S. 130; John Dos Passos: The Ground We Stand On (1941); Aaron, 1969, S. 360

12. David Minter: William Faulkner. Baltimore 1982, S. 3; John Faulkner: My Brother Bill. New York 1963, S. 8
13. J. Faulkner, 1963, S. 10, 58, 81; Murry Falkner: The Falkners of Mississippi. Baton Rouge 1967, S. 9; Minter, 1982, S. 12, 14, 17
14. Minter, 1982, S. 5ff., 15; M. Falkner, S. 12, 45; J. Faulkner, S. 171
15. M. Falkner, S. 89; Minter, S. XI, 7, 17, 246
16. J. Faulkner, S. 135; Minter, S. 38
17. Zit. n. William O'Connor: The Tangled Fire of William Faulkner. Minneapolis 1954, S. 6; Minter, S. 95, 98
18. O'Connor, S. 15, 22; Minter, S. 131
19. J. Faulkne r, S. 226, 163; Minter, S. 194
20. Minter, S. 142, 148
21. J. Faulkner, S. 259; Minter, S. 245; Edwin Mims: Sidney Lanier. Boston 1905, S. 118
22. M. Falkner, S. 191; zit. n. Minter, S. 237
23. »My own little postage stamp of native soil«, zit. n. Arnold Goldman: Twentieth Century Interpretations of Absalom, Absalom. Englewood Cliffs 1971, S. 1; J. Faulkner, S. 76, 252
24. Minter, S. 56, 195, 224; M. Falkner, S. 194
25. Minter, S. 152, 143, 13, 156. Faulkner hat das Thema des verlassenen Kindes nie aus den Augen verloren. Ike McCaslin aus Go Down, Moses (1942) ist eine Art Waisenknabe, der seiner Familientradition abschwört und sich auf die Suche nach einem »Sponsor« macht, einem Ersatzvater. – Minter, S. 90
26. William Faulkner: Absalom, Absalom! New York 1972, S. 282; Melvin Backman: »Absalom, Absalom!«. Aus: Goldman, 1971, S. 59
27. O'Connor, S. 25; Faulkner, 1972, S. 334, 79
28. C. Van Woodward, zit. n. Backman, S. 68; Faulkner, 1972, S. 118, 132, 349
29. Minter, S. 38, 69, 74, 76f.; J. Faulkner, S. 233
30. Minter, S. 73, 49; Marcus Cunliffe: The Literature of the US. Harmondsworth 1964, S. 284f.
31. Minter, S. 227
32. Zit. n. Minter, S. 245
33. Anne Edwards: Road to Tara. The Life of Margaret Mitchell. New Haven 1983, S. 33
34. Finis Farr: Margaret Mitchell of Atlanta. New York 1965, S. 19, 46; Edwards, 1983, S. 52
35. Zit. n. Farr, S. 80
36. Edwards, S. 156; Farr, S. 115
37. Farr, S. 105; Edwards, S. 224; Mitchell, zit. n. Farr, S. 165
38. Helen Irvin aus: Darden Pyron (Hrsg.): Recasting – Gone With the Wind. Miami 1983, S. 60; James Michener aus: ebda., S. 72, 77; Elizabeth Fox-Genovese: »Scarlett O'Hara: The Southern Lady as a New Woman«. In: American Quarterly, 1981, S. 391f., 400; Richard King aus: Pyron, S. 167ff., 177, 173, 181; Mitchell, zit. n. Farr, S. 163; Fox-Genovese, S. 400, 393; Richard Harwell (Hrsg.): Gone With the Wind As Book and Film. Columbia 1983
39. The New Republic, 16.9.1936
40. Edwards, S. 298, 315

41. Alec Craig: Suppressed Books. Cleveland 1963; Robert Haney: Comstockery in America. Boston 1960, S. 27
42. James Paul/M. Schwartz: Federal Censorship. New York 1961, S. 58; E. R. Hutchinson: Tropic of Cancer on Trial. New York 1973
43. Henry Miller: Obscenity and the Law of Reflection. Yonkers 1945; Miller, Tropic of Capricorn, S. 149; The Guardian Weekly, 15.6.1980
44. Nathan Asch: The Road – In Search of America (1935); Nelson Algren: Somebody in Boots (1935); Bert Brecht (1942), zit. n. Helfried Seliger: Das Amerikabild Bertold Brechts. Bonn 1974, S. 223
45. John Dos Passos: The Grand Design (1949); James Rorty, zit. n. David Peeler: »Unlonesome Highways: The Quest for Fact and Fellowship in Depression America«. In: Journal of American Studies, 1984, S. 185ff.
46. James T. Farrell: Young Lonigan (1932), Manhood of Studs Lonigan (1934), Judgment Day (1935); Swados, S. 505f.
47. Th. Bell: All Brides Are Beautiful (1936), Out of this Furnace (1941); Gudrun Birnbaum: »Eine Stimme aus dem slowakischen Stahlarbeiter-Getto in Pennsylvanien«. Aus: B. Ostendorf (Hrsg.): Amerikanische Gettoliteratur. Darmstadt 1983, S. 143
48. R. Chandler: The Big Sleep (1939); James M. Cain: The Postman Always Rings Twice (1934), Double Indemnity (1936); Mildred Pierce (1941); New York Review of Books, 2.3.1969; E. S. Gardner: The Case of the Velvet Claws (1933); Max Herzberg (Hrsg.): The Reader's Encyclopedia of American Literature. New York 1962
49. Maxwell Anderson: Mary of Scotland (1933/34); T. S. Eliot: Murder in the Cathedral (1935); Willa Cather: Sapphira and the Slave Girl (1940); Margaret Banning: This Marrying (1920), Mixed Marriage (1930), Too Young to Marry (1938); Samuel Behrman: Brief Moment (1931), End of Summer (1936); Myron Brinig: Out of Life (1935); Conrad Aiken: Great Circle (1933), Conversation (1940); Kay Boyle: Wedding Day (1930), First Lover (1933), Plagued by the Nightingale (1931), Year Before Last (1932), Gentlemen, I address you privately (1933), Death of a Man (1936)
50. Erskine Caldwell: »My 25 Years of Censorship«. In: Esquire, Okt. 1958, S. 34ff.; Carl Sandburg: The People, Yes (1936); Sherwood Anderson: Puzzled America (1935)

IV. Malerei: Formen des Realismus

1. Stanley Weintraub: London Yankees. New York 1939, S. 274; John Sloan: The Gist of Art (1939); Milton Brown et al.: American Art. Englewood Cliffs 1979, S. 442
2. Joshua Taylor: America as Art. Washington 1976, S. 196ff., 214; Louis Lozowick: »The Americanization of Art« (1927); Kunsthalle Düsseldorf: Zwei Jahrzehnte amerikanische Malerei 1920–1940 (Ausstellungskatalog): Düsseldorf 1979, S. 41; M. Brown, 1979, S. 443
3. Henry Geldzahler: American Painting in the 20th Century. Greenwich 1965, S. 92; M. Brown, S. 444f.; Kunsthalle Düsseldorf, S. 20; J. Taylor, S. 238. – American Gothic: Laien glaubten bei den beiden Figuren vor einem Farmhaus in Iowa deutsche Gesichter zu erkennen; es handelte sich aber um Woods Schwester und um seinen Zahnarzt

4. Recent Social Trends in the US (1933). New York 1934; Selden Rodman: Conversations with Artists. New York 1957, S. 224; Foner/Schultz: Das andere Amerika. Berlin 1983, S. 358; Richard McKinzie: The New Deal for Artists. Princeton 1975, S. 31, 96, 124
5. Foner/Schultz, 1983, S. 420
6. M. Brown, S. 453; New York Times, 15.3.1969
7. J. Taylor, S. 217ff.; M. Brown, S. 444f.
8. Christine Wolfrum: Edward Hopper. Magisterarbeit. München 1986
9. Lloyd Goodrich: Edward Hopper. New York 1976, S. 11ff.; Gail Levin: Edward Hopper. New York 1980, S. 13
10. Goodrich, 1976, S. 54ff., 134; Levin, 1980, S. 11f.
11. Levin, S. 50, 147; Goodrich, S. 70, 89, 134
12. Goodrich, S. 62f., 133; Levin, S. 6ff.; Rodman, S. 201f.; Geldzahler, S. 77
13. Goodrich, S. 35, 62ff., 70; Levin, S. 40
14. Goodrich, S. 64, 69
15. Goodrich, S. 152, 122ff.
16. Levin (S. 16) gibt weitere Beispiele für Hopper und Kino; Goodrich, S. 19, 39, 57, 122; Levin, S. 9

V. Fotografie

1. Susan Sontag im Interview mit der Zeitschrift Untitled, 1978, S. 32; D. Arbus, zit. n. Susan Sontag: On Photography. New York 1977, S. 111; A. Kertèsz in: Time, 30.12.1985; Roland Barthes: Camera Lucida. New York 1981 (üb. La Chambre Claire), S. 4
2. Mick Gidley: American Photography. s.l. 1983, S. 7; Waldo Frank et al. (Hrsg.): America and Alfred Stieglitz (1934). Millerton 1979, S. 31, 39, 60; Beaumont Newhall (Hrsg.): Photography. New York 1980, S. 165, 167
3. Frank, 1979, S. 63, 115; Saturday Review, Nov. 1981, S. 39; S. A. Heiß: Photographie und moderne Kunst in den Vereinigten Staaten der Jahrhundertwende. Magisterarbeit. München 1987, S. 93f.
4. Hilton Kramer: »Man Ray Rediscovered«. Aus: Time-Life Book Editors: Photography Year 1974. New York 1974, S. 72, 74; Man Ray: Self Portrait. Boston 1963
5. Kestner-Gesellschaft Hannover: Amerika Fotografie 1920–1940. Bern 1980, S. 10; Gidley, S. 7, 34; P. Strand, zit. n. Newhall, S. 219
6. Newhall, S. 251; E. Weston (1922), zit. n. Newhall, S. 225
7. Gidley, S. 36
8. Lewis Hine: America and Lewis Hine. Millerton 1977, S. 17; Hine, zit. n. Alan Trachtenberg (Hrsg.): Classic Essays on Photography. New Haven 1980, S. 112; L. Hine: Men At Work (1932); Dirk Hoerder: »Lewis Hine«. In: Englisch-Amerikanische Studien, 3/4, 1987
9. Time Life Book Editors: Photography Year 1973. New York 1973, S. 14f.; Margaret Bourke-White: Licht und Schatten. München 1963, S. 79ff.; Robert Snyder: »Margaret Bourke-White and the Communist Witch-Hunt«. In: Journal of American Studies, 1985, S. 6; Gidley, S. 21

10. Peter Beicken: »Fotografie mit sozialem Gewissen«. In: Frankfurter Hefte, 1984, S. 64; Sontag, S. 68; Vorwort zu Berenice Abbott: Photography. New York 1970, S. 14
11. Farm Security Administration (FSA): The Years of Bitterness and Pride. New York 1975. L. Hine hatte jahrelang versucht, bei der FSA unterzukommen, wurde jedoch hartnäckig abgelehnt und mußte schließlich Sozialfürsorge beantragen.
12. Trachtenberg, S. 186; Beicken, S. 61ff.; Hilton Kramer: The Age of the Avantgarde. New York 1973, S. 488ff.; Newhall, 1980, S. 318; Evans, zit. n. Newhall, S. 318f.
13. Evans, zit. n. Newhall, S. 317; FSA, 1975, Vorwort
14. Karin B. Ohrn: Dorothea Lange and the Documentary Tradition. Baton Rouge 1980; Beicken, 1984
15. Lange in: Popular Photography, Feb. 1960
16. Ohrn, S. 56, 88, 112
17. Ohrn, S. 124, 127, 133; Untitled, 1978, S. 54; Kestner-Gesellschaft, S. 133; Newhall, S. 259; Roy Stryker (1942), zit. n. Ohrn, S. 119 und n. Sontag, S. 62
18. Edward Steichen/Jerry Mason: The Family of Man. New York 1955; Edward Steichen: A Life in Photography. Garden City 1963
19. Barthes, 1981, S. 4ff.
20. Sontag, S. 10, 15, 17, 67, 78, 111
21. Sontag, S. 174; Evans (1971) bei Newhall, S. 312f.; Sontag, S. 166, 69
22. Frank, 1979, S. 43; Coburn (1918), zit. n. Sontag, S. 123; Crane, zit. n. Sontag, S. 65; Sontag, S. 12ff.; Kestner-Gesellschaft, S. 15, 20, 93; Sontag, S. 30, 6
23. Poe, zit. n. Trachtenberg, 1980, S. 37; Mike Weaver, Vortrag an der Universität München, 12.12.1985
24. Rosenfeld (1924), zit. n. Newhall, S. 210; Kester-Gesellschaft, S. 79
25. Sontag, S. 78, 87 u. passim; Sontag, Interview in Untitled, 1978, S. 35f.
26. Interview in Untitled, S. 31; Sontag, 1977, S. 21, 29, 64, 110f.; Evans (1971), zit. n. Newhall, S. 317
27. Sontag, 1977, S. 16, 167, 80, 99

VI. Film

1. Mortimer Adler (1937) bei Gerald Mast (Hrsg.): The Movies in Our Midst. Chicago 1982, S. 379; Robert Sklar: Movie – Made in America. New York 1975; Michael Wood: America in the Movies (1975); Molly Haskell: From Reverence to Rape (1974); Charles Higham: The Art of the American Film. Garden City 1973, S. 34
2. William Keighly, zit. n. Süddeutsche Zeitung, 17.11.1979; Independent, zit. n. Mast, 1982, S. 57; Louis Gianetti: Understanding Movies. Englewood Cliffs 1982, S. 102
3. Mast, 1982, S. 8, 11f., 21, 27, 31ff.; Richard Schickel: Movies. New York 1964, S. 19
4. Harper's Weekly, 1907, zit. n. Mast, 48f.; Higham, 1973, S. 4
5. Julian Smith: »A Runaway Match: The Automobile in the American Film, 1900–1920«. In: Michigan Quarterly Review, 1980/81, S. 574; Mast, S. 62; Th. Kupfermann/Ph. O'Brien: »Motion Picture Censorship – the Memphis Blues«. In: Cornell Law Review, 1951, S. 299

6. Schickel, S. 34; Mast, S. 78; Philip Foner/R. Schultz: Das andere Amerika. Berlin 1983, S. 186
7. Stephen Kern: The Culture of Time and Space. Cambridge 1983, S. 71; Sklar, S. 24, 27
8. Schickel, S. 54; Sklar, S. 51; Kern, S. 218
9. Fawn Brodie: Thaddeus Stevens. New York 1959; Albert Wilkening et al. (Hrsg.): Kleine Enzyklopädie Film. Leipzig 1966; Ira Carmen: Movies, Censorship, and the Law. Ann Arbor 1966, S. 316
10. Higham, S. 11; Schickel; New York Review of Books, 6.12.1984
11. Zit. n. Mast, S. 24; Schickel, S. 56, 59; Sklar, S. 109; New York Review of Books, 1.3.1984
12. Brecht, zit. n. Joe Hembus: Charlie Chaplin und seine Filme. München 1973, S. 68; J. C. Furnas: Great Times. New York 1974, S. 432
13. Hembus, S. 81
14. Schickel, S. 67; Arthur Knight: The Liveliest Art. New York 1957, S. 50; Robert Payne: The Great God Pan. New York 1952, S. 13; Sklar, S. 113
15. Knight, S. 47f.; Higham, S. 52; Sklar, S. 110; Payne, S. 175
16. Wilkening, 1966, S. 623; Higham
17. Knight, S. 118; Kern, S. 208f.; Randall Miller: »American History Through Film – the Immigrant Experience«. In: OAH Newsletter, Mai 1984, S. 24f.
18. Studs Terkel: American Dreams – Lost and Found. New York 1981, S. 58
19. Cecil B. De Mille, Joan the Woman (1916), Why Change Your Wife (1919/20); Wayne Law Rev., zit. n. Harold Hart: Censorship. New York 1971, S. 118; Higham, S. 51f.; Joel Finler: Stroheim. Berkeley 1968; Schickel, S. 108
20. Higham, S. 26
21. Coulton Waugh: The Comics (1947). New York 1974, S. 160; Newsweek, 22.10.1973; W. Fuchs/R. Reitberger: Comics. München 1971, S. 45
22. Curtis Brown: Star-Spangled Kitsch. New York 1975, S. 128; Mihaly Csikszentmihaly/ E. Rockberg-Halton: The Meaning of Things. Cambridge 1981, S. 149; Richard Frankaviglia in American Quarterly, 1983, S. 253
23. Schickel, S. 128; Erich Fromm: The Fear of Freedom. London 1950, S. 114
24. Matthew Josephson: Edison. New York o.J., S. 338
25. Knight, S. 148, 174; Robert Lynd/Helen Lynd: Middletown. New York 1929; Robert Lynd/Helen Lynd: Middletown in Transition. New York 1937, S. 170ff.; Herbert Blumer: Movies and Conduct (1933), zit. n. Sklar, S. 139
26. Kern, 1983, S. 76; Ring Lardner: The Love Nest (1926); Jim Tully: A Hollywood Decameron (1937); F. Scott Fitzgerald: The Last Tycoon (1941); Budd Schulberg: What Makes Sammy Run (1941), The Disenchanted (1950); Harold Robbins: The Dream Merchants (1949); Ulrich Gregor (Hrsg.): Der amerikanische Film 1930–1939. Bad Ems 1968, S. 73; Leo Rosten: Hollywood (1941), zit. n. Gregor, S. 81. – Daniel Boorstin: »The celebrity is a person who is known for his well-knownness.«
27. Higham, S. 92; Sklar, S. 161; Noel Burch, Interview in Women and Film, 1974, Nr. 5/6, S. 21; Peter Bächlin: Film als Ware (1945); Dieter Prokop: Soziologie des Films (1970); Gilbert Seldes: The Movies Come From America (1937); Sklar, S. 91; Higham, S. 85; Jeffery Paine: The Simplification of American Life – Hollywood Films of the 1930s. New York 1977, S. 245

28. J. Paine, 1977; Giannetti, S. 92
29. Higham, S. 63, 207; Warren Susman: Culture as History. New York 1985, S. 266; Stanley Cavell: »The Thought of Movies«. In: Yale Review, Winter 1983, S. 181ff.
30. Arthur Schlesinger, zit. n. Sklar, 421f.; Schickel, S. 127; Sklar, 181f., 184; Raymond Durgnat: The Crazy Mirror (1970); Morton Gurewitch: Comedy (1975); Lahne Kalton: Kops and Custard (1968, 1972)
31. Knight, S. 161; Higham, S. 269; Lewis Jacobs: The Rise of American Film (1939), zit. n. Gregor, S. 140; Schickel, S. 123; Sklar, S. 179, 181
32. Knight, S. 119f.; Wilfried Berghahn: Movies – a Psychological Study (1950), zit. n. Gregor, S. 184; Robert Warshow: The Immediate Experience (1954, 1962)
33. Negt/Kluge: Geschichte und Eigensinn. Frankfurt 1981, S. 1081; Higham, S. 96, 103, 107, 134
34. J. Paine, S. 22; Higham, S. 120ff.; Leo Rosten, zit. n. Gregor, S. 39; Vivian Sobchak: »Beyond Visual Aids: American Film as American Culture«. In: American Quarterly, 1980, S. 280ff.
35. Higham, S. 209f.
36. Z. Chafee: Free Speech in the US. Cambridge 1948, S. 487; Wilkening, S. 631
37. Government Information Manual for the Motion Picture Industry. Washington 1942; James Agee (1943) bei Mast, S. 467ff.; Murray Schumach: The Face on the Cutting Room Floor. New York 1975, S. 38
38. Eric Rhode: A History of the Cinema. New York 1976, S. 411, 399; Thomas Brandlmeier: Genre des Alptraums – die amerikanischen Filme der »Schwarzen Serie« 1941–1953. Magisterarbeit. München 1985; Sklar, S. 253; Richard Maltby: »Film Noir …«. In: Journal of American Studies, April 1984, S. 67
39. Mast, S. 420; Higham, S. 176; Süddeutsche Zeitung, 1.6.1968; Film Quarterly, 1968/69; Süddeutsche Zeitung, 24.3.1968
40. Executive Intelligence Review, 2.12.1980, S. 38
41. Pauline Kael (1974) bei Mast, S. 737; »Proteus«: »The Gospels as Counter Culture«. In: Midstream, Nov. 1973, S. 65f.; Robert von Berg in der Süddeutschen Zeitung, 30.6.1965; Newsweek, 22.4.1974
42. Carmen, 1966, S. 207ff.
43. Chafee, 1948; Carmen; Schumach, S. 83; Kupferman, 1951, S. 274; Kingsley Pictures v. Regents (1959); Carmen, S. 97
44. Thomas Emerson: »The Doctrine of Prior Restraint«. In: Law and Contemporary Problems, 1955, S. 667; Kovacs v. Cooper (1949); Burstyn v. Wilson (1952); Carmen, S. 207
45. Washington Post, 1.2.1969; Süddeutsche Zeitung, 24.1.1976; Censorship, 1965, 1966
46. Paul/Schwartz, 1961, S. 124; Schumach, S. 210
47. Arthur McClure (Hrsg.): The Movies – an American Idiom. Rutherford 1971, S. 295; Schickel, S. 92f.; Sklar; Giannetti, S. 114
48. Martha Wolfenstein/N. Leites: Movies. Glencoe 1950; Giannetti, S. 73
49. Higham, S. 8, 133; Sobchak; James Monaco: How to Read a Film. New York 1977
50. Higham, S. 41f., 150, 176, 187f., 147; Knight, S. 162, 164f., 170
51. Hortense Powdermaker: Hollywood – the Dream Factory (1950)
52. Charles Eidsvieck, Vortrag an der Universität München, 30.1.1984

VII. Architektur

1. Lewis Mumford (Hrsg.): Roots of Contemporary American Architecture. New York 1959, S. 13, 22f., 198; Alan Gowans: Images of American Living. New York 1976, S. 424
2. Gowans, 1976, S. 435, 447, 460f.; H. R. Hitchcock/Philip Johnson: »The International Style« (1932). Aus: Mumford, 1959, S. 383f.; James Hart: The Oxford Companion to American Literature. London 1946, S. 620
3. Mumford, 1959, S. 13; Gwendolyn Wright: Building the Dream. New York 1981, S. 257; Jan Cohn: The Palace or the Poorhouse. East Lansing 1979, S. 233f.; F. L. Ackerman: »Craftsmen: Machines Speed« (1922/23). Aus: Mumford, 1959, S. 189
4. Edith Wood: Recent Trends in American Housing (1931); James Ford: Slums and Housing (1936); J. Cohn, S. 167; G. Wright, S. 234, 237, 251ff.; Gowans, S. 447; Mumford, 1959, S. 306
5. Robert Twombly: Frank Lloyd Wright. New York 1979, S. 1; Frank Lloyd Wright: An Autobiography (1932). New York 1977, S. 31, 69
6. Vincent Scully: Frank Lloyd Wright. New York 1960, S. 18; Ulrike Heindl: Louis Sullivan, F. L. Wright, Richard Neutra. Magisterarbeit. München 1985
7. Twombly, S. 34, 38, 67; Frank Lloyd Wright: »A House in a Prairie Town«. In: Ladies' Home Journal, Feb. 1901
8. Gowans, S. 417; Twombly, S. 39, 386; Finis Farr: Frank Lloyd Wright. New York 1960, S. 132
9. Twombly, S. 409; J. Cohn, S. 104; Mumford, 1959, S. 173ff.
10. Twombly, S. 388; Mumford, S. 178; Farr, S. 263; Selden Rodman: Conversations With Artists. New York 1957, S. 47
11. Taliesin ist walisisch für »shining brow«, weil das Haus auf der »Braue« des Hügels saß und nicht obenauf. – Twombly, S. 134
12. Gowans, S. 392, 429; Twombly, S. 205, 220f., 246, 265; Farr, S. 221; J. Cohn, S. 108f.
13. Farr, S. 265; Twombly, S. 292, 295, 370f.; J. Cohn, S. 111
14. Twombly, S. 235, 336, 386, 416; Scully, S. 28; Farr, S. 266, 271. – Zwei Drittel der rund 300 Gebäude, die noch stehen, befinden sich im Mittelwesten, davon 88 in Illinois.
15. Gowans, S. 406, 437; Rodman, 1957, S. 58; Farr, S. 123; Twombly, S. 71, 86, 136; Frank Lloyd Wright, 1977, S. 192
16. Scully, S. 26; Mumford, 1959, S. 133f.; Frank Lloyd Wright, zit. n. Heindl, 1985; J. Cohn, S. 107
17. Scully, S. 30f.; Twombly, S. 70, 73, 75, 259, 278; F. L. Wright, 1977
18. Twombly, S. 412, 214; Farr, S. 265; Scully, S. 12

VIII. Zweiter Weltkrieg

1. John Lukacs: Outgrowing Democracy. Garden City 1984, S. 219; Thomas Bailey: A Diplomatic History of the American People. New York 1945, S. 610, 671; Stresemann am 28.7.1920 und 22.11.1923 im Reichstag
2. Charles MacDonald: The Mighty Endeavor. American Armed Forces in the European Theater of World War II. New York 1969, S. 4

3. Warren Cohen: The American Revisionists. Chicago 1967, S. 57; Charles Tansill: America Goes to War. New York 1938; Yale Review, Sommer 1938
4. Charles Beard: Giddy Minds and Foreign Quarrels. New York 1939
5. Robert Leckie: The Wars of America. New York 1968, S. 708ff.; Lindbergh, zit. n. Wayne S. Cole: America First. Madison 1953, S. 55
6. Cole, S. 72, 117; Lukacs, S. 334
7. Zit. n. Robert Griffith: Men Wanted for the US Army. Westport 1982, S. 188
8. Behavior Today, 10.3.1980
9. Edgar Lee Masters: Vachel Lindsay. New York 1935, S. 368; Near v. Minnesota (1931); Christian Century, 9.6.1937, zit. n. Carey McWilliams: A Mask for Privilege. Boston 1948
10. Robert Harney: »The Italian Experience in America«. Aus: A. Mollica (Hrsg.): A Handbook for Teachers of Italian. 1976, S. 273
11. Th. von Bippen. Aus: Kultur in USA. Hrsg. von F. Schönemann et al. Berlin 1943, S. 353f.; Annette Kolb: Glückliche Reise. Stockholm 1940, S. 99
12. Michael Selzer: Kike! A Documentary History of Antisemitism in America. New York 1972, S. 191
13. Sander Diamond: The Nazi Movement in the US. Ithaca 1974, S. 287; Süddeutsche Zeitung, 27.9.1982
14. Lothrop Stoddard: Into the Darkness. London 1941, S. 41, 54, 161, 166, 171ff.
15. Mark Schorer: Sinclair Lewis. München 1964, S. 627ff.; Sinclair Lewis: It Can't Happen Here. New York 1935, S. 290, 171 u. passim
16. Const. III, 3; 18 U.S. 2383, 4; Smith Act 18 U.S. 2885, I, 2a, 2
17. Im House of Commons, 1937, zit. n. C. H. Hamlin: The War Myth in US History. New York 1948, S. 60
18. Sidney Lens: The Futile Crusade. Chicago 1964, S. 149
19. Ausgaben vom 1. u. 2.9.1939 von New York Times, Daily Worker, Gaelic American, New Yorker Staats-Zeitung und Herold, Brooklyn Citizen, Journal of Commerce, Wall Street Journal
20. Zit. n. Cohen, 1966, S. 87, 220
21. Zit. n. L. Natarajan: Von Hiroshima bis Bandung. Berlin 1956, S. 11
22. Griffith, 1982; Bailey, ed. 1964, S. 642; Fountain Inn Tribune, zit. n. Literary Digest, 2.3.1929, S. 15
23. Zit. n. Cole, S. 46; zit. n. Bailey, ed. 1964, S. 722
24. Bailey, 1964, S. 719, 725
25. Richard Hofstadter: The American Political Tradition and the Men Who Made It. New York 1948, S. 342
26. S. Rogerson: Propaganda and the Next War. Aus: Lidell Hart: The Next War Series, 1938, 8 Bde. – Das britische Kriegsministerium untersagte nach Kriegsausbruch den Verkauf dieses Werks. Die Library of Congress hob ein Exemplar bei den removierten Büchern auf. – Hamlin, 1948, S. 59
27. Arthur Miller: »The Year It Came Apart«. In: New York, 6.1.1975, S. 31
28. A. T. Steele: The American People and China. New York 1966; Leckie, S. 726f.; New York Times, 2.12.1941, zit. n. Hamlin, S. 63, 64f.; S. E. Morison: The Oxford History of the American People. New York 1965, S. 1003; Hans Trefousse: What Happened at

Pearl Harbor. New Haven 1960; Hans Trefousse: Pearl Harbor. Malabar 1982; John Toland: Infamy. New York 1982

29. Arthur Koestler: »The Intelligentsia«. In: Partisan Review, 1944, S. 276; Kenneth Rexroth: American Poetry in the 20th Century. New York 1971, S. 125; Maureen Honey: »The Working Class Woman and Recruitment Propaganda during World War II ...«. In: Signs, 1983, S. 672ff.
30. Studs Terkel: »The Good War«. In: Atlantic Monthly, Juli 1984, S. 55f.
31. Harold Nelson: Freedom of the Press. Indianapolis 1976; Edmund Wilson: Apologies to the Iroquois. New York 1960; Rexroth, 1971, S. 138; Ian Hamilton: Robert Lowell. New York 1982
32. Randolph am 26.9.1942, zit. n. Joanne Grant (Hrsg.): Black Protest. New York 1968, S. 244
33. McGeorge Bundy: On Active Servie in Peace and War. New York 1948, S. 406
34. Werner Raith: Die ehrenwerte Firma. Berlin 1983, S. 60, 87; Morison, 1965, S. 1021f.
35. Lukacs, 1984, S. 51; Bill Adler: The Presidential Wit. New York 1966, S. 190; MacDonald, S. 366f.
36. MacDonald, S. 329, 404f., 434ff., 451
37. MacDonald, S. 302, 388, 403, 409f., 488
38. Leckie, S. 740f.
39. Terkel, 1984, S. 47f. – Hemingway hat sich die Serie »Victory at Sea« vorführen lassen. – Norberto Fuentes: Hemingway in Cuba. Secaucus 1984, S. 61
40. MacDonald, S. 205, 240; James Jones: World War II. New York 1975, S. 183, 186
41. Jones, 1975, S. 188; Newsweek, 28.12.1942, bei Foner/Schultz: Das andere Amerika. Berlin 1983, S. 288
42. Barton Bernstein: The Atomic Bomb. Boston 1976, S. 24
43. Herbert Feis: The Atomic Bomb and the End of World War II. Princeton 1966; Gar Alperowitz: Atomic Diplomacy. New York 1965; Morison, 1965, S. 1044; William Appleman Williams: The Tragedy of American Diplomacy. Cleveland 1959, S. 169; Gabriel Kolko bei Bernstein, 1976, S. 81; Bernstein, 1976, S. 114; Henry Smyth: Atomic Energy for Military Purposes (1945); Bernard Brodie: War and Politics. New York 1973
44. Süddeutsche Zeitung, 11.7.1987; Spiegel, 28/1979; Brief des ORF an den Verfasser vom 22.4.1982; Dwight McDonald, zit. n. Bernstein, 1976, S. 144; Ivan Illich: Selbstbegrenzung. Reinbek 1975, S. 156f.; Stern, 31.7.1975; Süddeutsche Zeitung, 6.8.1985; Lexikon »Griff« 1946
45. Terkel, 1984, S. 72ff.
46. Jones, S. 91; Terkel, 1984, S. 69f.; Karl Riha: »Lend me a Nickel«. In: Diskus, 7, 1964, S. 8
47. MacDonald, S. 513; S. Stouffer et al.: Studies in Social Psychology in World War II. Princeton 1949/50; S. L. A. Marshall: Men Against Fire. New York 1947; Peter Karsten: Soldiers and Society. Westport 1978
48. Karsten, 1978, S. 159, 167, 305
49. John Muste: »Singing Back the Silence: Gravity's Rainbow and the War Novel«. In: Modern Fiction Studies, 30, 1984, S. 5ff.

IX. Nachkriegszeit

1. Edward Murrow: In Search of Light. New York 1967, S. 91, 210; Konkret, 10.8.1972
2. Anne Armstrong: Unconditional Surrender. New Brunswick 1961, S. 76; A. Russell Buchanan: The US and World War II. New York 1964,S. 491; Carl J. Friedrich (Hrsg.): American Experiences in Military Government in World War II. New York 1948, S. 224ff.; JCS 1067; Michael Hogan: »American Marshall Planners and the Search for a European Neocapitalism«. In: American Historical Review, Feb. 1985, S. 44ff.; American Historical Review, Dez. 1984: Rezension von I. Wechsler: The Marshall Plan Revisited. Westport 1983
3. Denise Ferchow: American Forces Network. Magisterarbeit. München 1984, S. 68; The New Yorker, 3.5.1947; Hans Gatzke: Germany and the US. Cambridge 1980, S. 163; James Tent: Mission on the Rhine. Chicago 1982; Harald Scheidt: Amerikanische Pressepolitik 1945–1949. Magisterarbeit. München 1987
4. Klaus-Jörg Ruhl: Die Besatzer und die Deutschen. Düsseldorf 1980, S. 32, 95; Andrew Delbanco: »The Puritan Errand Reviewed«. In: Journal of American Studies, Dez. 1984, S. 346; Eric Goldman: Rendezvous with Destiny. New York 1953; San Francisco Examiner & Chronicle, 29.4.1973
5. Murrow, 1967, S. 142; Michael Walzer: Just and Unjust Wars. New York 1977, S. 320; S. E. Morison: The Oxford History of the American People. New York 1965
6. Wolfram Selig: Chronik der Stadt München 1945–1948. München 1980, S. 158; Der Stern, 12.2.1981; Raoul Schmiedeck: »Österreichische Wissenschaftler in den Vereinigten Staaten«. In: Social Psychiatry, 1975, S. 15ff.; Joel Paris: »The Symbolic Return ...«. In: Journal of the American Academy of Psycho-Analysis, 1978, S. 51ff.; Interview mit Detlev K. am 10.7.1979
7. G. Beijer et al.: Characteristics of Overseas Migrants. Den Haag 1961
8. F. G. Friedmann: The Hoe and the Book. Ithaca 1960, S. XIII; Lewis Galantière: Amerika und der europäische Geist. Wien 1952, S. 14; Yalta Papers, 11.2.1945, 983, zit. n. Buchanan, S. 497
9. A. T. Stelle: The American People and China. New York 1966
10. Reinhold Niebuhr: The Irony of American History. New York 1952, S. 7, 58, 74
11. John Lukacs: Outgrowing Democracy. Garden City 1984, S. 241f.; Murrow, S. 311; Strauss-Hupé in Orbis (1957), zit. n. Lukacs, S. 252
12. Dexter Perkins: The Diplomacy of a New Age. Bloomington 1967, S. 24, 28, 46, 60; Merle Miller: Plain Speaking – an Oral Biography of Harry S. Truman. New York 1974, S. 246
13. Douglas Miller/M. Nowak: The Fifties. New York 1977, S. 10; Perkins, S. 35; Fawn Brodie: Richard Nixon. Cambridge 1983, S. 191, 458; Waldemar Besson: Von Roosevelt bis Kennedy. Frankfurt 1964; M. Miller, S. 273, 276; Stephen Ambrose: Eisenhower. The President. New York 1984, S. 21, 93, 98f., 103; Besson, 1964, S. 182, 218
14. Ambrose, 1984, S. 111, 193f., 214; M. Miller, S. 391f.; Perkins, S. 129ff.; Dissent, Wi. 1986, S. 122
15. Barbara Tuchman: The March of Folly. New York 1984, S. 238ff.; Ambrose, S. 71; Brodie, 1983, S. 324ff.; Walter Lippmann: Cold War (1947); David Horowitz: Kalter

Krieg. Berlin 1969; Ambrose, S. 180; George Herring/R. Immermann: »Eisenhower, Dulles, and Dienbienphu«. In: Journal of American History, Sept. 1984, S. 346; Stanley Karnow: Vietnam. New York 1983

16. Besson, 1964, S. 215; Ambrose, S. 355
17. James MacGregor Burns: Congress on Trial. New York 1949; George Shankle: American Nicknames. New York 1955; Thomas Bailey: A Diplomatic History of the American People. New York 1964
18. Truman am Tag der Inauguration (20.1.1949) vor dem Democratic Finance Committee; Oscar Barck: A History of the US since 1945. New York 1965, S. 32; Eric Goldman: The Crucial Decade. New York 1960
19. John Bibby/R. Davidson: On Capitol Hill. New York 1967
20. Burns, 1949
21. Mark Green et al.: Who Runs Congress? New York 1972; Robert Peabody et al.: To Enact a Law. New York 1973, S. 53, 57; John Gunther: Inside USA (1947); William Leuchtenburg: A Troubled Feast. Boston 1973, S. 19; Drew Pearson/Jack Anderson: The Case Against Congress. New York 1968
22. Gerald Pomper: Nominating the President – the Politics of Convention Choice. Evanston 1963, S. 41 u. passim; Theodore H. White: The Making of the President. New York 1973
23. Pomper, 1963, S. 54
24. Goldman, 1960, S. 222; Alfred Purdy (Hrsg.): The New Romans. New York 1968, S. 31
25. Kenneth Davis: Soldier of Democracy – a Biography of Dwight Eisenhower. Garden City 1945, S. 11ff., 19, 44; F. T. Miller: Eisenhower. Philadelphia 1944
26. Andrew Dunar: The Truman Scandals and the Politics of Morality. Columbia 1984; Kenneth Davis: »Ike and I...«. In: American Scholar, Wi. 1985/86, S. 55ff.; Ambrose, S. 48, 457; Robert Donovan: Eisenhower. New York 1956, S. 152, 223
27. Ambrose, S. 132, 166 und passim; Donovan, S. 8; Besson, S. 227
28. Eisenhower hat persönlich das Urteil in Brown v. Board of Education (1954) mißbilligt. – Ambrose, S. 27, 335, 306, 387; Donovan, 204, 207; Congressional Record, 1956, 4515/16
29. K. Davis, 1945; K. Davis, 1985, S. 66f.; Besson, S. 211, 219; M. Miller, S. 310, 343; Brodie, 1983, S. 360
30. Jeffrey Hart: When the Going Was Good. New York 1982, S. 4; Donovan, S. 229; Tagebuch, 2.7.1953, zit. n. Ambrose, S. 114; Ambrose, S. 82, 57; Donovan, S. 258
31. Ambrose, S. 458, 480, 500, 547
32. Ambrose; Hart, 1982, S. 16; Madelaine Kalb: The Congo Cables (1981); Blanche Cook: The Declassified Eisenhower (1981); Herring/Immermann, 1984, S. 346
33. David Riesman bei De George Huszar (Hrsg.): Intellectuals. Glencoe 1960, S. 508; Allan Nevins in der Saturday Review, 6.2.1954, zit. n. Jesse Lemisch: On Active Service in War and Peace. Toronto 1975, S. 67ff.
34. Willie Morris: The Last of the Southern Girls. New York 1974, S. 37; Miller/Nowak: The Fifties. New York 1977, S. 107, 113, 118
35. Max Lerner: America as a Civilization. New York 1957, Bd. I, S. 278, 294; C. Wright Mills: The Power Elite (1956); Richard Gillam: »C. Wright Mills and the Politics of

Truth: The Power Elite Revisited«. In: American Quarterly, 1975, S. 478; Rainer Hellmann: Amerika auf dem Euromarkt. Baden-Baden 1966, S. 214; Saturday Evening Post, 16.10.1948; The New Yorker, 30.8.1982

36. Leuchtenburg, 1973, S. 4, 6, 52; David Potter: People of Plenty (1954). Chicago 1968; Reinhold Niebuhr: »Liberals and the Marxist Heresy« (1953). Aus: Huszar, 1960, S. 307
37. William Z. Foster: History of the Communist Party of the United States (1952). New York 1968, S. 535; Donald Meyer: The Positive Thinkers. New York 1980
38. Leuchtenburg, 1973, S. 89, 47; Lukacs, 1984, S. 65
39. Potter, 1968, S. 182; Curtis Brown: Star-Spangled Kitsch. New York 1975, S. 75, 136; Foner/Schultz, 1983, S. 294; C. Wright Mills: White Collar (1951); Lerner, Bd. I, S. 148; W. Lloyd Warner et al.: The Social Life of a Modern Community. Bd. I der Yankee City Series. New Haven 1941
40. Miller/Nowak, S. 118; Stephen Fox: The Mirror Makers. New York 1984, S. 209, 178
41. Fox, 1984, S. 178ff.
42. Frank L. Mott: American Journalism. New York 1962; Edwin Emery: The Press and America. Englewood Cliffs 1962, S. 745
43. Leuchtenburg, 1973, S. 42; Howard Sherman: Radical Political Economy. New York 1972; Jane Celia Bush: The Throwaway Ethic in America. Phil. Diss. University of Pennsylvania, 1983, S. 337
44. Jane Celia Bush, 1983, passim
45. In der Urfassung des Full Employment Act war der Satz gestanden: »It is the responsibility of the Government to guarantee the right to work by assuring continuing full employment.« Die neue Version lautete: »It is the policy of the United States to assure the existence at all times of sufficient employment opportunities.«
46. Statt »full employment« hieß es »conditions under which there will be afforded useful and remunerative employment opportunities, for all Americans who are willing to work and are seeking work.« – Stephen Bailey: Congress Makes a Law – t he Story behind the Employment Act of 1946. New York 1968
47. Lerner, Bd. I, S. 242; Bd. II, S. 669
48. Stephen Gorin: Labor-Management Relations and Democracy: The Wagner and Taft-Hartley Acts. Phil. Diss., Brandeis University, 1983; Lee u. Anne Edwards: You Can Make the Difference. New Rochelle 1968
49. Reinhold Niebuhr: The Irony of American History. New York 1952, S. 101; Stanley Aronowitz auf der ZENAF-Tagung 1980 in Frankfurt; William H. Whyte: The Organization Man. Garden City 1956, S. 350 u. passim; John Cheever: The Stories. New York 1980, S. 285; Lukacs, 1984
50. Walter Lippmann: The Public Philosophy. London 1955, S. 120; Bibby/Davidson, 1967; New York, 14.6.1982, S. 46
51. J. Barzun: God's Country and Mine (1954), zit. n. Jeffrey Hart: When the Going Was Good. New York 1982, S. 23f.
52. Miller/Nowak, S. 221ff.; Hart, S. 37; Mary McCarthy: »America the Beautiful«. In: Commentary, 1947
53. E. Teller: »Why Nuclear Bomb Tests Must Go On«. In: Life, 1958; Miller/Nowak, S. 47, 53, 58

54. Merle Miller: Plain Speaking. New York 1974, S. 355ff.; Miller/Nowak, S. 89
55. Stephen Ambrose: Eisenhower. New York 1984, S. 424; Eric Goldman: The Crucial Decade. New York 1960; Miller/Nowak, S. 6
56. Miller/Nowak, S. 135f.; Cheever: Stories, S. 346; Ambrose, S. 543
57. Ambrose, S. 420, 425; Miller/Nowak, S. 159. – Mit folgenden vier Schritten kommt ein künstliches Lächeln zustande:
    1. Stretch the upper lips down over the teeth. Say »Moo-o-o-o«
    2. Hold the lips between the teeth and smile
    3. Purse the lips, pull them downward and grin
    4. Let your lower jaw fall and try to touch your nose with your upper lip.

X. Kalter Krieg und Koreakrieg

1. Government Information Manual for the Motion Picture Industry (1942); Ilja Ehrenburg: In Amerika. Berlin 1947, S. 61
2. William Appleman Williams: The Tragedy of American Diplomacy. Cleveland 1959; David Horowitz: The Free World Colossus. New York 1965, S. 31, 51, 61, beruft sich auf die New York Times vom 24.7.1941
3. Joseph Kennedy, zit. n. John Wiltz: »The Korean War and American Society«. Aus: F. Heller (Hrsg.): The Korean War. Lawrence 1977, S. 131; Eric Goldman: The Crucial Decade. New York 1960; Charles Sanford: The Quest for Paradise. Urbana 1961, S. 254; Edward Murrow am 5.8.1945 – In Search of Light: The Broadcasts of Edward R. Murrow. New York 1967, S. 48, 102; Vandenberg, zit. n. Murrow, S. 125
4. Thomas A. Bailey: A Diplomatic History of the American People. New York 1964, S. 19
5. Horowitz, 1965, S. 73, 77, 89, 247; Walter Lippmann: The Cold War (1947)
6. Horowitz, 1965, S. 14, 62, 88, 102f.; Erich Angermann: Die Vereinigten Staaten von Amerika. München 1978, S. 300; W. A. Williams, 1959; The Realist, Sept. 1961; Mary Beth Norton et al.: A People and a Nation. Boston 1982, Bd. II
7. Carl Crow (1937), zit. n. A. T. Steele: The Amercian People and China. New York 1966; Wedemeyer, zit. n. S. E. Morison: The Oxford History of the American People. New York 1965, S. 1061; Rusk am 18.5.1951, zit. n. Horowitz, 1965, S. 112; The Technique of Film and Televison Make-Up (1957), zit. n. Women and Film, 1974, S. 98
8. Robert Maddox: The New Left and the Origins of the Gold War. Princeton 1973; Jesse Lemisch: On Active Service in War and Peace. Toronto 1975, S. 45
9. Lynn Davis bei Richard Melanson: Writing History and Making Policy ... Lanham 1983, S. 105; Daniel Yergin: Shattered Peace (1977)
10. Zit. n. Melanson, 1983, S. 24f.
11. Walter LaFeber, zit. n. Melanson, S. 82
12. J. P. Marquandt: Melville Goodwin USA. Boston 1951, S. 444; Samuel Huntington: The Soldier and the State. New York 1964, S. 357
13. Morris Janowitz: The Professional Soldier. Glencoe 1960; Wayne Miller: An Armed America – its Face in Fiction. New York 1970, S. 180ff.; John Swomley: The Military Establishment. Boston 1964; Huntington, S. 362

14. Melanson, 1983, S. 20
15. Robert Leckie: The Wars of America. New York 1968, S. 835; Horowitz, 1965; G. Gleissberg: »Die Lüge, die dem Krieg diente – späte Enthüllungen der Wahrheit über den Korea-Krieg«. In: Deutsche Volkszeitung, 22.6.1972, S. 8; Joyce u. Gabriel Kolko. The Limits of Power. New York 1972, S. 568f.
16. Russell Weigley: The American Way of War. Bloomington 1977, S. 382; Horowitz, 1965, S. 122; Murrow, 1967, S. 161
17. Goldman, S. 158; Murrow, S. 162; Wiltz, 1977, S. 115
18. Weigley, S. 382
19. Leckie, S. 886; Michael Walzer: Just and Unjust Wars. New York 1977, S. 118
20. Dulles: »A Policy of Boldness«, Life Mag., 1952; vgl. Horowitz, Kap. 8; Walter LaFeber: »Crossing the 38th…«. Aus: Lynn Miller/R. Pruessen (Hrsg.): Reflections on the Cold War. Philadelphia 1974,S. 74f.
21. Leckie, S. 875; Douglas McArthur: Reminiscences. New York 1964; Clayton James: The Years of MacArthur. Boston 1970, Bd. I, S. 458
22. James, Bd. I, S. 401ff.; MacArthur, 1964, S. 90, 318
23. MacArthur, S. 330, 350; Bernard Brodie: War and Politics. New York 1973, S. 75
24. I. F. Stone: The Hidden History of the Korean War. New York 1952, S. 152; MacArthur, S. 377; Kolko, S. 571; Horowitz, S. 106; Stone, 90f.; Merle Miller: Plain Speaking. New York 1974, S. 291
25. Kolko, S. 607, 609
26. Brodie, 1973, S. 74; MacArthur, S. 369
27. Leckie, 1968, S. 912; Kolko, S. 612
28. James Michener: The Bridges at Toko-Ri (1953). New York 1957, S. 346; Wiltz, S. 147, 117, 125, 127, 129
29. Brodie, 1973, S. 95; Leckie, 1968, S. 915, 873; MacArthur, S. 337; Horowitz, S. 135
30. Morton Halperin: Limited War in the Nuclear Age. New York 1965, S. 53; Walzer, 1977, S. 154f.; Leckie, S. 871; Stone, S. 259, 164f.; Horowitz, S. 136; Philip Deane: I Was a Captive in Korea. New York 1953, S. 25; Kolko, S. 615f.; Jürgen Bruhn: Schlachtfeld Europa … Berlin 1983, S. 74f.; Brodie, S. 105; Leckie, S. 925
31. Bruhn, 1983, S. 70; R. Simmons bei F. Heller, 1977, S. 197ff.
32. Stone, 1952, S. 177, 202, 216
33. Kolko, 1972, Buch III
34. General Van Fleet im Januar 1952, zit. n. Stone, S. 348
35. Leckie, S. 858; Brodie, S. 58, 64
36. Horowitz, S. 127; Brodie, S. 93, 106; Kolko, S. 615; Wiltz, S. 156; LaFeber, 1974, S. 85
37. Peter Karsten: Soldiers and Society. Westport 1980, S. 17
38. Wiltz, S. 123; The Nation, 16.2.1957, S. 136
39. H. Brand (pseud.): »Vietnam and the US Economy«. In: Dissent, 1968, S. 171; Department of State, Doc. 8337, S. 3–4
40. David Horowitz: Kalter Krieg. Berlin 1969; Harry Magdoff: Das Zeitalter des Imperialismus. Frankfurt 1970, S. 107
41. Omar Bradley bei den »MacArthur Hearings« – US Senate: The Military Situation in the Far East, Mai/Juni 1951; Truman, Memoirs (1956) Bd. II; Kolko, 1972, S. 566

XI. Antikommunismus

1. Zechariah Chafee: Free Speech in the US. Cambridge 1948, S. 157, 192
2. Frances Fitzgerald: America Revised. Boston 1979, S. 100f.
3. New York Review of Books, 21.7.1983
4. Doris Kearns: Lyndon Johnson and the American Dream. New York 1973, S. 95; Arthur Miller: »The Year It Came Apart«. In: New York, 6.1.1975, S. 36
5. Eric Larrabee: »The Cultural Context of Sex Censorship«. In: Law and Contemporary Problems, 1955, S. 681; Ralph Ginzburg: An Unhurried View of Erotica. New York 1958, S. 113; James Paul/M. Schwartz: Federal Censorship. New York 1961, S. 71; Reinhold Niebuhr: The Irony of American History. New York 1952, S. 54; Eric Goldman: The Crucial Decade – and after. New York 1960, S. 131
6. Alistair Cooke: A Generation on Trial (1950); Fred J. Cook: The Unfinished Story of Alger Hiss (1958); Ralph de Toledano: Seeds of Treason (1962)
7. Otto Kirchheimer: Politische Justiz. Neuwied 1965, S. 213
8. Sidney Lens: The Futile Crusade. Chicago 1964, S. 149
9. Albert Maltz bei Gerald Mast (Hrsg.): The Movies in Our Midst. Chicago 1982, S. 532
10. Murray Schumach: The Face on the Cutting Room Floor. New York 1975, S. 234
11. Der Spiegel 25/1953; Goldman, 1960, S. 142; M. P. Rogin: The Intellectuals and MacCarthy. Cambridge 1967; Jesse Lemisch: On Active Service in War and Peace. Toronto 1975, S. 60; S. E. Morison: The Oxford History of the American People. New York 1965, S. 1076; Progressive Labor, Jan. 1973, S. 19
12. Douglas Miller/M. Nowak: The Fifties. New York 1977, S. 38; Cedric Belfrage: The American Inquisition. Indianapolis 1973, S. 100, 188, 230; Harold Nelson: Freedom of the Press. Indianapolis 1967, S. XLV
13. Henry Heinz Lunau: Revolte in USA. Esslingen 1954, S. 171; Belfrage, S. 189; Lemisch, 1975, S. 49, 67; Kirchheimer, S. 352; The Realist, Nov. 1964
14. Belfrage, S. 184; William F. Buckley/L. B. Bozell: McCarthy and his Enemies (1954). – Aus der Perspektive von Opfern geschrieben: Owen Lattimore: Ordeal by Slander (1950); Bishop Bromley Oxnam: I Protest (1954); Frank Rowe: The Enemy Among US (1980)
15. Memphis Commercial Appeal, zit. n. Belfrage, S. 172
16. Edward Murrow: In Search of Light. New York 1967, S. 244ff.; Brief Eisenhowers vom 17.5.1954
17. USC 841-4
18. The Soviet Note on Berlin, Department of State, Nr. 6757, Jan. 1959, S. 5; The Communist Economic Threat, Department of State, Nr. 6777
19. New York Times, 15.3.1969; Belfrage, S. 281
20. W. F. Buckley: »The Breakdown of the Intellectuals in Public Affairs« (1959). Aus: De George Huszar (Hrsg.): Intellectuals. Glencoe 1960, S. 491; Truman Capote: The Muses Are Heard (1956). New York o.J., S. 166; Belfrage, S. 262; M. J. Heale: »Red Scare Politics: California's Campaign Against Un-American Activities, 1940–1970«. In: Journal of American Studies, April 1986, S. 1ff.
21. Alexander Holmes: The Equivocal Men. Belmont 1964, S. 17f., 25, 37

22. Allen Guttmann/B. M. Ziegler: Communism and the Courts. Boston 1964; Howard Fast: The Naked God. New York 1957, S. 197; Richard Crossman (Hrsg.): Der Gott, der keiner war. Köln 1952
23. Max Herzberg: The Reader's Encyclopedia of American Literature. New York 1962, S. 668; Richard Rovere: Senator Joe McCarthy. New York 1959; Peter Viereck: »The Revolt Against the Elite«. Aus: D. Bell (Hrsg.): The Radical Right. Garden City 1964, S. 161ff.; Geoffrey Gorer: The American People. New York 1948; Max Lerner: America as a Civilization. Bd. I, S. 457f.; Lens, 1964, S. 151f.
24. John Dos Passos: Most Likely to Succeed. New York 1954, S. 13, 83, 211, 304
25. Donald Robinson (Hrsg.): As Others See Us. New York 1969; Eric Moon (Hrsg.): Book Selection and Censorship in the Sixties. New York 1969, S. 341

XII. Ethnische Hierarchien

1. W. Lloyd Warner et al.: Yankee City Series. New Haven 1941ff.
2. Gertrude Selznick/S. Steinberg: The Tenacity of Prejudice. New York 1969; Toronto Star, 1.6.1976; Commentary, Feb. 1959, S. 167
3. B. Novit-Evans/A. W. Welch: »Racial and Ethnic Definition as Reflections of Public Policy«. In: Journal of American Studies, 1983, S. 417ff.; Robert K. Merton: »Intermarriage and Social Structure: Fact and Theory«. In: Psychiatry, 1941, S. 367
4. Daniel Leab: From »Sambo« to »Superspade«. Boston 1975; Eric Moon (Hrsg.): Book Selection and Censorship in the Sixties. New York 1969, S. 272; New York Times, 13.9.1957; New York Times, 5.3.1964
5. Witter Bynner: »Defeat« (1947); David Lundberg: »The American Literature of War ...«. In: American Quarterly, 1984, S. 386; Studs Terkel: American Dreams. New York 1981, S. 90; Thomas Emerson: System of Freedom of Expression. New York 1970
6. Robert Cushman: Leading Constitutional Decisions. New York 1955, S. 434ff.
7. Maurice Davie: Negros in American Society. New York 1949; Balch Institute: Ethnic Images in Advertising. Philadelphia 1984, Abb. 13, 18, 19, 20; Jessie Bernard: Marriage and Family Among Negroes. Englewood Cliffs 1966
8. John Burma: »Interethnic Marriages in Los Angeles 1948–1959«. In: Social Forces, Dez. 1963, S. 156ff.; Davie, 1949, S. 410; Redbook Magazine, Okt. 1969
9. Gesellschaftlich war das Problem damit noch nicht erledigt. Als die Tochter von Außenminister Dean Rusk 1967 einen Schwarzen heiratete, waren nicht nur im Süden Stimmen zu hören, die Mischehen als etwas Exzentrisches bezeichneten. Man sprach davon, daß Rusk seinen Rücktritt angeboten habe. Einige Jahre nach dem Loving-Urteil drehten selbstbewußte schwarze Frauen den Spieß um und behaupteten, weiße Nymphomaninnen würden ihnen die schwarzen Männer abspenstig machen. – Davie, S. 408; America, 8.4.1967; Time, 6.4.1970
10. John H. Griffin: Black Like Me. New York 1960; Warren Report, S. 359; Harry Golden: Only in America (1958)
11. Robert Shaplen: »Islands of Disenchantment«. In: New Yorker, 30.8.1981, S. 68
12. B. A. Botkin: A Treasury of American Folklore. New York 1944, S. 288; Curtis Brown: Star-Spangled Kitsch. New York 1975, S. 182; John Hicks: Republican

Ascendancy. New York 1963, S. 3; William F. & Vera Hagan. American Indians. Chicago 1961, S. 158

13. Hagan, S. 159; Walter Daniels: American Indians. New York 1957
14. W. Washburn: The Indian and the White Man. New York 1964; Vine Deloria: Custer Died for Your Sins. London 1969, S. 173; Robert Manners: »Pluralism and the American Indian«. In: Roger Owen et al. (Hrsg.): The North American Indians. New York 1967; Burkhard Hofmeister: »Indianerreservationen in den USA«. In: Geographische Rundschau, 1976, S. 507ff.; D'Arcy McNickle: They Came Here First. Philadelphia 1949
15. Ruth Underhill: Red Man's Religion. Chicago 1965; Hagan, S. 169
16. Joseph Mitchell: »The Mohawks in High Steel«. Aus: Edmund Wilson: Apologies to the Iroquois. New York 1960; Morris Freilich: »Cultural Persistence Among the Modern Iroquois«. In: Anthropos, 1958, S. 474ff.
17. E. Wilson, 1960; Public Law 90–284, 11.4.1968, H.R. 2516; Deloria, S. 174
18. Deloria, S. 178; Commentary, August 1948, S. 136; E. Wilson, S. 158, 196
19. Warren Hassler: With Sword and Shield. Ames 1982, S. 109 u. passim; Alvin Josephy: »Indians in History«. In: Atlantic Monthly, Juni 1970, S. 67ff.; Ernst Fraenkel: USA – Weltmacht wider Willen. Berlin 1957, S. 7
20. Wilfred Pelletier bei James Frideres: Canada's Indians. Scarborough 1974, S. 104

XIII. Väter, Mütter, Erzieher

1. Arnold Gesell/F. Ilg: Infant and Child in the Culture of Today. New York 1943, S. 53
2. Journal of American History, Dez. 1980, S. 624, 629
3. Oscar u. Mary Handlin: Facing Life. Boston 1971, S. 220f.; Edward Devereux et al.: »Patterns of Parent Behavior in the USA and the FRG«. In: International Social Sciences Journal, 1962, S. 488ff.; Philip Roth: When She Was Good. New York 1968, S. 50; Erik Erikson: Kindheit und Gesellschaft. Zürich 1957, S. 237
4. Psychology today, Juni 1983; Saturday Review, Sept. 1980, S. 13; Geoffrey Gorer: The American People. New York 1948; D. W. Brogan: The American Character. New York 1944; W. H. Whyte: The Organization Man. Garden City 1956; Richard Rapson (Hrsg.): The Cult of Youth in Middleclass America. Lexington 1971, S. 24f.
5. Marian Schlesinger: Auszug aus »Snatched from Oblivion«. In: American Scholar, Sommer 1980, S. 358; Psychiatry, 1969, S. 12ff.; Spock, 1946; Handlin, S. 231; Arnold Rogow: James Forrestal. New York 1963, S. 261
6. Sylvia Hewlett: »Child Carelessness«. In: Harper's, Nov. 1983, S. 20ff.; New York World Telegram (1947), zit. n. William Chafe: The American Woman. New York 1972
7. Studs Terkel: American Dreams. New York 1981, S. 261; August Hollingshead: Elmtown's Youth. New York 1949
8. Roger Barker/H. Wright: Midwest and its Children (1955). Hamden 1971; S. Frederick Starr: »English Dethroned«. In: Change, Mai 1978, S. 31; Gorer, 1948
9. D. Miller/M. Nowak: The Fifties. New York 1977, S. 258ff.; Eisenhower am 8. 11. 1957, bei Edward Murrow: In Search of Light. New York 1967; Charles Silberman: Crisis in the Classroom. New York 1970; Margaret Mead: »Thinking Ahead ...«. In:

Harvard Business Review, Nov./Dez. 1958; Ivan Illich, Vortrag an der Universität München, 7.5.1979

10. Florence Bingham: Community Life in a Democracy (1942)
11. Journal of American History, 1980, S. 613, 629
12. Handlin, 1971, S. 231
13. Joan Beck: How to Rise a Brighter Child. New York 1975; Behavior today, 13.3.1980; Dale Farran/R. Haskins: »Reciprocal Influences ...«. In: Child Development, 1980, S. 790; Behavior today, 19.1.1981
14. Behavior today, 22.12.1980; Sally Helgesen: »Theoretical Families«. In: Harper's, Jan. 1982, S. 21; Hans Sebald: Adolescence. New York 1968, S. 31; Frances Kobrin: »The Fall in Household Size ...«. Aus: M. Gordon (Hrsg.): The American Family. New York 1978, S. 69, 72; Irwin Garfinkel/S. McLanahan: Single Mothers and their Children (1987); The New Republic, 13. 6. 1988; Süddeutsche Zeitung, 13. 11. 1976; Nathan Talbot: Raising Children in Modern America. Boston 1976; Ken Keniston: All Our Children. New York 1977; Herbert Hendin: »Growing Up Dead ...«. Aus E. Shneidman: Suicidology. New York 1976, S. 332; John Updike: Rabbit is Rich. New York 1981, S. 158; Philip Roth: Letting Go. New York 1962, S. 486; Peter Biskind: Seeing Is Believing. New York 1983, S. 311

XIV. Die Sexualität des Mannes und der Frau

1. Karen Horney: The Neurotic Personality of Our Time. New York 1937, S. 285
2. Don Hausdorff: Erich Fromm. New York 1972, S. 17
3. H. S. Sullivan: Conceptions of Modern Psychiatry (1947)
4. Herbert Marcuse: Eros and Civilization. New York 1955, S. 250f.; Stanley Hyman: »Freud and the Climate of Tragedy«. In: Partisan Review, 1956, S. 209f.; Norman O. Brown: Life Against Death. Middletown 1963, S. 204
5. Fredrick Redlich: Die soziale Aufgabe der Psychiatrie in den Vereinigten Staaten. München 1962
6. Howard Feinstein: »The Prepared Heart: a Comparative Study of Puritan Theology and Psychoanalysis«. In: American Quarterly, 1970, S. 166ff.; Erik Erikson (1956), zit. n. Lucian Pye: »Personal Identity ...«. Aus: B. Mazlish: Psychoanalysis and History. New York 1974, S. 165; F. H. Matthews: »The Americanization of Sigmund Freud ...«. In: Journal of American Studies, 1967, S. 49; Alfred Kazin: »Portrait of a Hero«. In: Partisan Review, 1956, S. 195; Redlich, 1962
7. Bruno Bettelheim: Freud and Man's Soul. New York 1983; Nathan Hale: Freud and the Americans. New York 1971, S. 23
8. Amram Scheinfeld: Women and Men. New York 1943; Helene Deutsch: The Psychology of Woman (1944), zit. n. Page Smith: Daughters of the Promised Land. Boston 1970, S. 243; Ferdinand Lundberg/Marynia Farnham: Modern Woman – the Lost Sex. New York 1947
9. Alfred Kinsey et al.: Sexual Behavior in the Human Male. Philadelphia 1948; Sexual Behavior in the Human Female. Philadelphia 1953; Wardell Pomeroy: Dr. Kinsey and the Institute for Sex Research. New York 1973

10. Max Lerner: America as a Civilization. New York 1957; Pomeroy, 1973; New York Times Magazine, 20.4.1969
11. Jerome Himmelhoch/S. Fleis Fava: Sexual Behavior in American Society – an Appraisal of the first two Kinsey Reports. New York 1955
12. Pomeroy, 1973, S. 23; Albert Deutsch: »The Kinsey Report and Popular Culture«. Aus: Himmelhoch, 1955, S. 383 ff.
13. Himmelhoch, 1955; Lerner, 1957
14. International Herald Tribune, 7.3.1975; Warren Breed: »Sex, Class and Socialization in Dating«. In: Journal of Marriage and Family Living, Mai 1956, S. 141
15. »Date« als Substantiv im Sinne von »appointment« ist seit 1865 nachweisbar, als Verbum »to date« taucht es seit Willard Wallers Studie »The Rating and Dating Complex« (1937) auf, als Bezeichnung für den Partner seit 1944
16. Ruth Cavan: American Marriage. New York 1959; E. E. LeMasters: Modern Courtship and Marriage. New York 1958
17. Breed, 1956, S. 141; Cavan, S. 191; Journal of Marriage and Family Living, Feb. 1965; Berkeley Barb, 18.5.1973, S. 4
18. Cavan, S. 5, 81, 99; W. Cameron/W. Kenkel: »High School Dating ...«. In: Journal of Marriage and Family Living, Feb. 1960, S. 75
19. Amerikaner tragen den Ehering an der linken Hand
20. John Lukacs: Outgrowing Democracy. Garden City 1984, S. 344; Marjorie Binford Woods: Your Wedding (1942). New York 1968; Cavan, S. 270, 145, 150, 156; Milton Barron: »The Incidence of Jewish Intermarriage in Europe and America«. In: American Sociological Review, 1946, S. 8
21. William Chafe: The American Woman. New York 1972; Page Smith, 1970, S. 295; Richard Chase: Emily Dickinson (1951); Eleanor Flexner: Century of Struggle (1959); Mabel Newcomer: A Century of Higher Education for Women (1959); Robert Smuts: Women and Work in America (1961); Betty Friedan: The Feminine Mystique. London 1963; Lerner, Bd. II, S. 608 f.
22. Cavan, S. 6 ff.; The Realist, Feb. 1962, S. 32
23. Nelson Blake: The Road to Reno. New York 1962; Cavan, 1959; William H. Whyte: The Organization Man. Garden City 1956; Lerner, 1957
24. Francis Hsu: Americans and Chinese. New York 1970, S. 25; Lerner, 1957, S. 584, 678
25. Pearl S. Buck: Of Men and Women (1941). New York 1971, S. 55 ff.; Friedan, 1963
26. Peter Biskind: Seeing is Believing. New York 1983, S. 264, 312
27. William Masters/Virginia Johnson: Human Sexual Response. Boston 1966; Martin Duberman, The New Republic, 8.3.1975; G. D. Bartell: Group Sex (1971); W. J. Breedlove: Swap Clubs (1964); Neba u. George O'Neill: Open Marriage. New York 1972
28. Daniel Yankelovich: »New Rules in American Life ...«. In: Psychology today, April 1981, S. 60

XV. Intellektuelle und ihre Gegner

1. Arthur Koestler: »The Intelligentsia«. In: Partisan Review, Sommer 1944, S. 265 ff.; Reinhold Niebuhr: »Liberals and the Marxist Heresy« (1953). Aus: De George Huszar:

Intellectuals. Glencoe 1960; Merle Curti: American Paradox (1956); Everett Knight: Objective Society (1959); »Religion and the Intellectuals«, Symposium der Partisan Review, 1950

2. Huszar, S. 309, 514f.; William Leuchtenburg: A Troubled Feast. Boston 1973, S. 64; Henri Peyre: Observations on the Life, Literature, and Learning in America. Carbondale 1961
3. Ruth Benedict: Patterns of Culture. New York 1949, S. 250; Irving Howe: »The Lost Young Intellectual«. In: Commentary, 1946, S. 361ff.; Paul Tillich: Existence and Christ. Chicago 1957; American Scholar, Wi. 1956/57; vgl. Colin Wilson: The Outsider. Boston 1956
4. Geoffrey Gorer: The American People. New York 1948; Max Lerner: America as a Civilization. New York 1957, Bd. II, S. 526; Walter Lippmann: The Public Philosophy. London 1955, S. 32, 58, 61
5. Rüdiger Wersich, unveröff. Manuskript; Eric Goldman: The Crucial Decade. New York 1960
6. Edmund Wilson: Europe Without Baedeker (1947); Granville Hicks: »Liberalism in the Fifties«. In: American Scholar, So. 1956, S. 284, 286; Russell Kirk: The Conservative Mind. Chicago 1953, S. 7; John Aldridge: In Search of Heresy. New York 1956, S. 5; Huszar, S. 487, 499, 386; C. Vann Woodward: »The Populist Heritage and the Intellectual«. In: American Scholar, Wi. 1959/60, S. 70
7. William Z. Foster: History of the Communist Party of the United States (1952). New York 1968, S. 533f.; Dissent, Frühj. 1983, S. 235; Carillon, 5.4.1974, S. 4
8. Gordon Allport: Becoming. New Haven 1955, S. 4, 55; Stow Persons (Hrsg.): Evolutionary Thought in America. New York 1956, S. 292ff.
9. Fredrick Redlich: Die soziale Aufgabe der Psychiatrie in den Vereinigten Staaten. München 1962, S. 78; American Journal of Psychotherapy, April 1949, S. 213ff.; Milton Rose: »Psychiatry and the Intellectual's Pursuit of Happiness«. In: Pacific Spectator, 1956, S. 344, 353; Kenneth Keniston: »Remembering Erik Erikson at Harvard«. In: Psychology today, Juni 1983, S. 29; Robert J. Brugger (Hrsg.): Our Selves/Our Past. Baltimore 1981, S. 13
10. David Riesman: The Lonely Crowd (1950). New York 1956; John u. Beatrice Whiting: Children in Six Cultures. Cambridge 1975; Francis Hsu: Americans and Chinese. New York 1970, S. 126, 129; S. M. Lipset: »A Changing American Character?« (1961). Aus: M. McGiffert (Hrsg.): The Character of Americans. Homewood 1964, S. 302ff.; Norman Mailer, zit. n. Hicks, 1956, S. 289
11. William Frankena: Ethics. Englewood Cliffs 1965, S. 349ff., 353, 373, 443; Paul Weiss: »The Nature and Locus of Natural Law«. In: Journal of Philosophy, 1956, S. 713ff.; Arthur Kaufmann: Naturrecht und Geschichtlichkeit. Tübingen 1957; Morris Cohen: Reason and Nature, 1931, S. 402; Abraham Edel (Hrsg.): Contemporary Philosophical Problems. New York 1959, S. 117
12. R. W. Sellars et al.: The Quest of Modern Materialism (1949); Paul Kurtz: American Philosophy in the 20th Century. New York 1966, S. 501ff.; Elijah Jordan: Business Be Damned. New York 1952; Harry Wells: Pragmatism – Philosophy of Imperialism. New York 1954

13. Edel, 1959, S. 130; Frankena, 1965, S. 386; Joseph Fletcher: »The New Look in Christian Ethics« (1959); Harvey Cox: The Secular City (1965). New York 1968, S. 56; Franklin Donnell (Hrsg.): Aspects of Contemporary American Philosophy. Würzburg 1965, S. 94; Lewis Feuer: Psychoanalysis and Ethics. Springfield 1955, S. 32
14. John Wild: The Challenge of Existentialism. Bloomington 1955, S. 180ff.; Allport, 1955, S. 80; Crane Brinton: Ideas and Men. New York 1951, S. 499; George A. Schrader: »The Influence of Continental Philosophy on the Contemporary American Scene«. Aus: Aspects of Contemporary American Philosophy. Würzburg 1965
15. H. Richard Niebuhr: The Kingdom of God in America (1937). New York 1959, S. 197; Paul Tillich: Systematic Theology (1951). P. Tillich: Wesen und Wandel des Glaubens. Frankfurt 1961
16. Reinhold Niebuhr: »Christianity as a Basis for Democracy«. In: University Observer, 1947, S. 90ff., Christian Realism and Political Problems (1953), Essays in Applied Christianity (1959); Nelson Burr: A Critical Bibliography of Religion in America. Princeton 1961; H. N. Wiemann et al.: Religious Liberals Reply. Boston 1947; Frankena, 1965, S. 421
17. I. Howe, Commentary, 1946, S. 367; Perry Miller (Hrsg.): American Thought. New York 1959, 4. Aufl., S. 123; Lewis Galantière: Amerika und der europäische Geist. Wien 1952, S. 12; R. P. Blackmur: »The Logos in the Catacomb ...«. In: Kenyon Review, Wi. 1959
18. H. H. Lunau: Revolte in USA. Esslingen 1954, S. 170; Leslie Fiedler: »Intellectual Roots of Anti-Intellectualism«. In: Pacific Spectator, 1956; Süddeutsche Zeitung, 16.7.1965; William Phillips: »The American Establishment«. In: Partisan Review, Wi. 1959
19. H. L. Mencken: The American Language, Supplement I. New York 1945, S. 414
20. A. Woodson, Vortrag an der Universität München, 16.1.1978

XVI. Abstrakter Expressionismus und Pop Art

1. The Nation, 8.3.1947; Serge Guilbaut: »The New Adventures of the Avant-Garde in America ...«. In: Zs. October, W. 1980, S. 61ff.
2. Lloyd Goodrich/J. Baur: American Art of Our Century. New York 1961; Hilton Kramer: The Age of the Avant-Garde. New York 1973, S. 313; Ruth Gurin: American Abstract Artists. New York 1966
3. Goodrich/Baur, S. 208; Sheldon Cheney: The Story of Modern Art. New York 1958, S. 631; Selden Rodman: Conversations With Artists. New York 1957, S. 101; Steinberg, zit. n. Rodman, S. 184; Will Grohmann (Hrsg.): Neue Kunst nach 1945. Köln 1958, S. 324; Abraham Davidson: The Story of American Painting. New York 1975, S. 140ff.
4. H. Kramer, S. 351f.; Cheney, S. 636; Joshua Taylor: America as Art. Washington 1976, S. 271; Davidson, S. 144; Grohmann, S. 300
5. B. H. Friedman: Jackson Pollock – Energy Made Visible. New York 1972, S. 23, 28, 47, 56
6. B. H. Friedman, S. 8, 26f.; Elizabeth Frank: Jackson Pollock. München 1984, S. 37

7. Frank, 1984, S. 63, 111; Grohmann, S. 295; Bruno Alfieri, zit. n. B. H. Friedman, S. 158; Pollock, zit. n. Frank, S. 109
8. Frank, S. 51f., 97; B. H. Friedmann, S. 21, 91
9. Friedman, S. 80, 122, 189, 250; Frank, S. 87ff., 97; Cheney, S. 639; Ruth Kligman: Love Affair – a Memoir of Jackson Pollock. New York 1974, S. 195; Rodman, S. 87
10. Time, 20.11.1950, 19.12.1955, 20.2.1956; Friedman, S. 125, 196; Rodman, S. 86; Frank, S. 7; H. Kramer, S. 336ff.
11. Friedman, S. 261; Rothko, zit. n. Grohmann, S. 309; Johnson, zit. n. Rodman, S. 55
12. Rodman, S. 19; Davidson, S. 153
13. Rodman, S. 213; Cheney, S. 700
14. Cheney, S. 696f.; H. Kramer, S. 379; »Government Bureau«, Abb. bei Henry Geldzahler: American Painting in the 20th Century. Greenwich 1965, S. 161; George Tooker (1951), zit. n. Claudia Bohn: »McCarthyismus und die amerikanische Malerei in den frühen 50er Jahren«, Seminararbeit, Universität München (1983), S. 28
15. Grohmann, S. 327; Douglas Miller/M. Nowak: The Fifties. New York 1977, S. 230; H. Rosenberg: »The American Action Painters« (1952), zit. n. B. H. Friedman, S. 197f.
16. H. Geldzahler, zit. n. Sidra Stich: Made in USA. Berkeley 1987, S. 3; A. Warhol, zit. n. Patrick Smith: Andy Warhol's Art and Films. Ann Arbor 1987, S. 107, 108
17. Stich, S. 10, 163; John Coplans: Andy Warhol. New York 1970, S. 49; Stich, S. 19; Warhol, zit. n. P. Smith, S. 105f.
18. P. Smith, S. 87; Stich, S. 147, 118, 157, 73
19. C. Oldenburg, zit. n. Stich, S. 209; Stich, S. 187f.
20. Süddeutsche Zeitung, 29.4.1965; Village Voice, 1.5.1969
21. Harvey Cox: »Kinesthetic Happening: Art or Atrocity«. In: Commonweal, 13. 10. 1967, S. 45
22. P. Smith, 1981; Coplans, 1970
23. Warhol, zit. n. P. Smith, 1981, S. 132; Coplans, 1970, S. 47, 49; P. Smith, S. 43, 169; Stich, S. 116
24. Stich, S. 137
25. Parker Tyler bei Enno Patalas (Hrsg.): Andy Warhol und seine Filme. München 1971, S. 69, 71, 73; Stephen Koch: Stargazer – Andy Warhol's World and his Films. New York 1986, S. 48, 60, 69f., 73, 93, 104f., 107, 141
26. Warhol, zit. n. Patalas, S. 17, 20; Warhol, zit. n. Koch, S. 8; Warhol, zit. n. P. Smith, S. 11; Koch, S. 25ff.; Coplans, S. 14; Koch, S. 41f.; Abraham Davidson: The Story of American Painting. New York 1975, S. 158
27. Calvin Tomkins bei Coplans, S. 14; Coplans, S. 48; Koch, S. 28f.; Davidson, S. 153; P. Smith, S. 149ff.; Stich, S. 27
28. Koch, S. 21; Mekas bei Patalas, S. 58f.; Warhol, zit. n. Patalas, S. 20; Koch, S. 12, 14
29. Stich, S. 208f.

XVII. Neoklassisches Ballett

1. Agnes de Mille: Dance to the Piper (1951); Balanchine's Complete Stories of the Great Ballets. New York 1954, S. 137, 360f., 434

2. Horst Koegler: Balanchine und das moderne Ballett. Velber 1964, S. 7; Balanchine, 1954, S. 488, 494
3. Bernard Taper: Balanchine. New York 1984; Balanchine, 1954, S. 334; Koegler, S. 47; Lincoln Kirstein: »Maker and Teacher«. In: New York Review of Books, 17.3.1983, S. 7
4. Balanchine, 1954, S. 160f.
5. Koegler, S. 42; Don McDonagh: George Balanchine. Boston 1983, S. 59f., 167ff.
6. Balanchine (1972), zit. n. Lincoln Kirstein: »Beliefs of a Master«. In: New York Review of Books, 15.8.1984, S. 22; Balanchine, 1954, S. 430; Robbins, zit. n. Taper, 1984, S. 209
7. Koegler, S. 73; Balanchine, 1954, S. 442, 496; George Balanchine: »Marginal Notes on the Dance«. Aus: Walter Sorell: Dance Has Many Faces. New York 1966, S. 97, 101
8. Koegler, S. 5f., 48; McDonagh, S. 16
9. Koegler, S. 42f.
10. Taper, 1984

XVIII. Literatur

1. Charles Sanford: The Quest for Paradise. Urbana 1961, S. 225; Henry Miller: The Air-Conditioned Nightmare. New York 1945; Saul Bellow: Dangling Man. New York 1944, S. 67
2. Zweiter Weltkrieg – Warren Eyster: Far from the Customary Skies (1953); John Hersey: The War Lover (1959); Glenn Sire: The Deathmakers (1960); Joseph Heller: Catch 22 (1961); John Ashmead: The Mountain and the Feather (1961). – Vgl. Frederick J. Hoffman: The Mortal No. Princeton 1964; Koreakrieg – Duane Thorin: Ride to Panmunion (1956); A. M. Harris: Tall Man (1958); Ernest Frankel: Band of Brothers (1959); Quentin Reynolds: Known But to God (1960)
3. Ihab Hassan: Contemporary American Literature. New York 1973, S. 31; International Herald Tribune, 11.5.1970; Helmut Heißenbüttel in der Süddeutschen Zeitung, 31.7.1965
4. Klaus Ensslen: Einführung in die schwarzamerikanische Literatur. Stuttgart 1982, S. 141; K. Ensslen: »Das Getto in der afroamerikanischen Literatur nach 1945«. Aus: Berndt Ostendorf (Hrsg.): Amerikanische Gettoliteratur. Darmstadt 1983, S. 245; Kenneth Rexroth: American Poetry in the 20th Century. New York 1971, S. 158; Günter Blöcker in der Süddeutschen Zeitung, 24.9.1957; Hanns Braun in der Süddeutschen Zeitung, 21.5.1960
5. Life Magazine, 12.9.1955, zit. n. Dennis McNally: Desolate Angel – Jack Kerouac, the Beat Generation and America. New York 1979, S. 200, übersetzt in der Süddeutschen Zeitung Nr. 172, S. 7; H. L. Mencken: Conversing with Donald H. Kirkley, Caedmon TC 1082 (1948); Joel Agee: »Down With Ideas – Nabokov's Strange View of Literature«. In: Harper's, Jan. 1982, S. 71
6. Censorship, 3, 1965, S. 8; Hassan, 1973, S. 23
7. Robert von Berg, Süddeutsche Zeitung, 10.12.1964; Diana Trilling (Hrsg.): The Portable D. H. Lawrence, 1947, 1962, Vorwort; Warren Berthoff: A Literature

Without Qualities. Berkeley 1979, S. 44; Francis Hsu: Americans and Chinese. New York 1970, S. 24

8. Berthoff, S. 108, 112, 168ff.; Henry Miller: Tropic of Cancer. New York 1961, S. 225; Kenneth Patchen: The Memoirs of a Shy Pornographer. New York 1945; H. Heißenbüttel in der Süddeutschen Zeitung, 4.4.1964
9. Jesse Bier: The Rise and Fall of American Humor. New York 1968, S. 340; Max Herzberg (Hrsg.): The Reader's Encyclopedia of American Literature. New York 1962; J. L. Blotner: The Fiction of J. D. Salinger (1958); Terry Teachout: »Salinger Then and Now«. In: Commentary, Sept. 1987, S. 61ff.
10. Nathaniel u. Barbara Branden: Who is Ayn Rand. New York 1962
11. William O'Neill: With Charity Toward None – an Analysis of Ayn Rand's Philosophy. New York 1971, S. 18, 27
12. O'Neill, S. 46; Branden, S. 81, 203; Philip Gordon: »The Extroreflective Hero: a Look at Ayn Rand«. In: Journal of Popular Culture, 1970, S. 705; Finis Farr: Frank Lloyd Wright. New York 1960, S. 256
13. Ayn Rand: Atlas Shrugged. New York 1957, S. 355, 414, 455, 579
14. Rand, 1957, 747f., 757, 1159, 1168
15. Sid Greenberg: Ayn Rand and Alienation. San Francisco 1977 (Eigenverlag), S. 13; O'Neill, S. 3, 6; Ph. Gordon, S. 710
16. O'Neill, S. 4; New Republic, 14.5.1982; Toronto Star, 29.11.1981; New York Times, 7.3.1982
17. Frankfurter Rundschau, 14.11.1987
18. Paul Bowles: Without Stopping. New York 1972
19. Paul Bowles: Up Above the World. New York 1968, S. 151f.; Paul Bowles: Collected Stories. Santa Barbara 1980, S. 65, 85, 73 und das Vorwort von Gore Vidal
20. Stories, S. 266, 276
21. Gore Vidal: »Immortal Bird«. In: New York Review of Books, 13.7.1985, S. 5; Tennessee Williams: Sweet Bird of Youth. A Streetcar Named Desire. The Glass Menagerie. Harmondsworth 1959
22. Hassan, 1973, S. 142; Vidal, S. 8
23. Arthur Miller: »The Year It Came Apart« (1949). In: New York, 6.1.1975
24. Hassan, 1973, S. 140; Richard B. Morris (Hrsg.): Encyclopedia of American History. New York 1961, S. 628; Hy Gardner: Offbeat Guide to New York. New York 1964, S. 13
25. Edward Albee: The American Dream. Harmondsworth o.J., S. 21, 27; Süddeutsche Zeitung, 20.5.1965
26. Zit. n. Welt am Sonntag, 3.5.1987
27. Elenore Lester: »The Living Theater Presents ...«. In: New York Times Magazine, 13.10.1968; Süddeutsche Zeitung, 18.9.1985
28. Hassan, 1973, S. 123; Berthoff, S. 83; Rexroth, 1971, S. 139
29. Theodore Roethke: The Far Field (1964); Allen Seager: The Glass House. The Life of Th. Roethke. New York 1968
30. J. C. Ransom: New Criticism (1941); Edgar Lohner: Die Theorien des New Criticism (1958); Cleanth Brooks: »In Search of the New Criticism«. In: American Scholar, Wi. 1983/84, S. 41ff.

31. Ian Hamilton: Robert Lowell. New York 1982, S. 8, 13, 173
32. Hamilton, S. 13, 16, 222; Jay Martin: Robert Lowell. Minneapolis 1970, S. 8
33. Hamilton, S. 130
34. Hassan, S. 95; Derek Walcott: »On Robert Lowell«. In: New York Review of Books, 1.3.1984, S. 31; Hamilton, S. 123
35. Hamilton, S. 252
36. J. Martin, 1970, S. 23, 28, 31
37. Hamilton, S. 145; Vereen Bell: Robert Lowell – Nihilist as Hero. Cambridge 1983, S. 1, 107
38. McNally, S. 109f., 125; William Leuchtenburg: A Troubled Feast. Boston 1973, S. 107; Max Herzberg (Hrsg.): The Reader's Encyclopedia of American Literature. New York 1962
39. McNally, S. 197; L. Géfin: »This Invisible Humor: The Black Comedy of Ginsberg's ›Howl‹«. Aus: Don Nilsen (Hrsg.): The Language of Humor. Tempe 1983, S. 96ff.; Rexroth, 1971, S. 170; William McLoughlin: Revivals, Awakening, and Reform. Chicago 1978, S. 197
40. Gregory Corso: The Happy Birthday of Death (1960); Michael McClure: Dark Brown (1961); Robert Duncan: Caesar's Gate (1955); Robert Creeley: The Island (1963). – McNally, S. 174; Hassan, 1973, S. 113, 122; Berthoff, S. 83
41. McNally, S. 15, 55f. u. passim; Jack Kerouac: On the Road (1957). New York 1958, S. 207
42. McNally, S. 41, 44; Jack Kerouac: »Essentials of Spontaneous Prose«. In: Evergreen Review, So. 1958, zit. n. Berthoff, S. 39f.
43. Kerouac, 1958, S. 11 u. passim
44. McNally, S. 243; Kerouac, 1958, S. 294, 55, 129
45. McNally, S. 281
46. Hassan, 1973, S. 119; Berthoff, S. 60; William Burroughs: The Naked Lunch. London 1969, S. 9, 11, 60, 118, 140f.; McNally, S. 157
47. McNally, S. 185; L. Ferlinghetti: A Lonely Island of the Mind. New York 1955, zit. n. Sanford, 1961, S. 261

XIX. Rock- und Popmusik

1. Arnold Shaw: Dictionary of American Pop/Rock. New York 1982, S. 310, 144; Ansgar Jerrentrup: Entwicklung der Rockmusik von den Anfängen bis zum Beat. Regensburg 1981, S. 29; LeRoi Jones: Blues People. New York 1963, S. 222
2. David Riesman: »Listening to Popular Music«. In: American Quarterly, 1950, S. 362; Howard Husock: »Popular Song«. In: Wilson Quarterly, Sommer 1988, S. 62f.
3. Jerrentrup, S. 26; Ray Charles/D. Ritz: Brother Ray. New York 1978, S. 289; Jones, S. 223
4. Shaw, S. 328; Charlie Gillett: The Sound of the City. London 1977, S. 1
5. Jerry Hopkins: Elvis. New York 1972; Presley, zit. n. Gillett, S. 36; Greil Marcus: Mystery Train. Reinbek 1981, S. 143
6. Gillett, S. 170; Shaw, S. 246; Carl Belz: The Story of Rock. New York 1971, S. 26

7. Shaw, S. 328, 286; Jerrentrup, S. 63
8. Jerrentrup, S. 61, 21, 59
9. Gillett, S. 39; Shaw, S. 35
10. Gillett, S. VIII; Sinatra, zit. n. Jerrentrup, S. 48
11. Reinhold Wagnleiter: »Die Kinder von Schmaltz und Cocacola«. Aus: Gerhard Jagschütz/K. D. Mulley (Hrsg.): Die »wilden« fünfziger Jahre. St. Pölten 1985, S. 160; Belz, S. 91; Titanic, 1/1986, S. 10; Süddeutsche Zeitung, 6.11.1979
12. Village Voice, 6.7.1982
13. Gillett, S. VII
14. Jerrentrup, S. 61
15. Gillett, S. 232; Charles Keil: Urban Blues. Chicago 1968, S. 97
16. Charles/Ritz, S. 67
17. Charles/Ritz, S. 113
18. Charles/Ritz, S. 132, 138, 227
19. Charles/Ritz, S. 269
20. Gillett, S. 75
21. Gillett, S. 240; Shaw, S. 169, 115; Jerrentrup, S. 125
22. Jeffrey Hart: When the Going Was Good. New York 1982, S. 131f.; Aaron Copland: Music and Imagination. Cambridge 1953, S. 87; Martin Gardner: Mathematische Hexereien. Berlin 1979, S. 20; Saturday Review, Mai/Juni 1983, S. 11; »Janis«, CBS 88115

XX. Fernsehen

1. Arthur Asa Berger: Television as an Instrument of Terror. New Brunswick 1980, S. 83, 85, 87; Robert Bellah et al.: Habits of the Heart. Berkeley 1985, S. 280; Neil Postman: Das Verschwinden der Kindheit. Frankfurt 1983, S. 97
2. Erik Barnouw: Tube of Plenty – the Evolution of American Television. London 1977, S. 61, 145; E. Barnouw: A History of Broadcasting in the US, 1966–1970, Bd. I, S. 210f.; David Marc: »Understanding Television«. In: Atlantic Monthly, Aug. 1984, S. 35
3. Barnouw, 1977, S. 92
4. Zbigniew Brzezinski: Between Two Ages – America's Role in the Technetronic Era. New York 1970; Progressive Labor, Jan. 1973; E. Dichter in seiner Zeitschrift Motivations, zit. n. Barnouw, 1977, S. 199; NBC, 16.9.1971
5. Barnouw, 1977, S. 132, 246; Robert Haney: Comstockery in America. Boston 1960, S. 155
6. The Quill, Feb. 1977, S. 23; Look, Mai 1968, S. 58; Barnouw, 1977, S. 186, 280f.; Ken Keniston: All Our Children. New York 1977
7. Win, 15.10.1968, S. 11; Barnouw, 1977, S. 130
8. Robert von Berg in der Süddeutschen Zeitung, 1. u. 17.9.1965; Barnouw, 1977, S. 357
9. Barnouw, 1977, S. 114; New York Times, 15.3.1969
10. Der Spiegel, 14.7.1975; Barnouw, 1977, S. 224, 407; London Times, 14.8.1981
11. Holiday, Mai 1960, S. 127; John E. O'Connor (Hrsg.): American History – American Television. New York 1983, Kap. 2

12. Barnouw, 1977, S. 163
13. Kent Anderson: Television Fraud. Westport 1978; Newsweek, 22.4.1974
14. Zit. n. Barnouw, 1977, S. 132
15. Horace Newcomb: TV – the Most Popular Art. Garden City 1974, S. 100
16. Newcomb, 1974, Kap. 3
17. Journal of Communication, Winter 1976; Newcomb, 1974, S. 136; E. Maynard/G. Twiss: That These People May Live. Pine Ridge 1969; Saturday Review, 19.3.1977, S. 49; Marc, 1984; Progressive Labor, Jan. 1973, S. 5; Todd Gitlin: Inside Prime Time. New York 1983, zit. n. Bellah, 1985, S. 279; Robert Sklar: Prime-Time America. New York 1980, S. 6; Newcomb, 1974, S. 35, 40f.
18. Newcomb, 1974, S. 93 u. passim
19. Barnouw, 1977, S. 300; Ithiel de Sola Pool: Technologies of Freedom. Cambridge 1983, S. 149; Berger, 1980, S. 88; Nicholas von Hoffman: »TV Commentators ...«. In: Columbia Journalism Review, Jan./Feb. 1976, S. 9, 13
20. Haney, S. 145; TV Guide, 5.5.1973; New York Times, 2.5.1969; David Frost: The Americans. New York 1972, S. 71
21. »Freedom of the Press«, Senate Hearings 1971/72. Washington 1972, S. 402
22. TV Guide, 5.5.1973, S. 10; Sklar, 1980, S. 100; Barnouw, 1977, S. 432
23. Women in History, Frühj. 1970.
24. Journal of Communication, Wi. 1976, S. 92; Saturday Review, 16.9.1978; Sklar, 1980, S. 27
25. Progressive Labor, Jan. 1973; Süddeutsche Zeitung, 16.2.1982; New York, 26.3.1973; Barnouw, 1977, S. 171. – Zwei Moderatoren tauschten sich während des Vietnamkriegs so aus: »Well John, 150 women and children were found dead at Ban Dan Hee today.« – »Was that Bin Din Haa, Barry?« – »Come on, John, give me a break.« – »Ha, Ha.« Christine Bernhardt: Nachrichten im amerikanischen Fernsehen, Magisterarbeit, München 1982, S. 32, beruft sich auf die Columbia Journalism Review, Sept./Okt. 1972; Newsweek, 22.4.1974; Barnouw, 1977, S. 336; Joshua Meyrowitz: No Sense of Place. New York 1985, S. 125
26. 47 USC 315; einschlägige Fälle sind Red Lion und Tornillo; Pool, 1983, S. 151ff.
27. David Culbert: »Television's Nixon ...«. Aus: O'Connor, 1983, S. 184ff.; Ted Rogers: Face to Face (1962)
28. CBS war 16:1 gegen Nixon, NBC 10:1 und ABC 8,5:1. – Barnouw, 1977, S. 442
29. Berger, 1968, S. 90, beruft sich auf Kurt u. G. Lang: Politics and Television (1968); Norman Mailer in Rolling Stone, 19.7.1973, S. 6
30. Barnouw, 1977, S. 334, 450; James Reston in der International Herald Tribune, 29.6.1970; v. Hoffman, 1982, S. 33
31. Lee DeForest: Television: Today and Tomorrow (1932), zit. n. Newcomb, S. 5; Marshall McLuhan: Understanding Media. New York 1964; John Caughy: Imaginary Social Worlds (1985) rezensiert im American Quarterly, 1985, S. 313; M. McLuhan: The City as Classroom (1977), zit. n. McLean's, 7.3.1977
32. Time, 11.10.1968; Tony Schwartz: The Responsive Chord. Garden City 1973, S. 58f.; Reinhold Niebuhr: The Irony of American History. New York 1952, S. 59; Edward Murrow: In Search of Light. New York 1967, S. 355, 360; Newsweek, 22.4.1974; Neil Postman: »The Day Our Children Disappear ...«. In: Phi Delta Kappa, Jan. 1981, S. 384

33. Newcomb, 1974; Arthur Knight: The Liveliest Art. New York 1957, S. 275
34. Curtis Brown: Star-Spangled Kitsch. New York 1975, S. 137; Newcomb, Kap. 7
35. Berger, S. 89f.
36. Zit. n. O'Connor, 1983, S. XIV
37. Meyrowitz, 1985; Sklar, 1980
38. Meyrowitz, S. 315
39. Meyrowitz, S. 73

XXI. Der Kennedy-Mythos

1. S. E. Morison: The Oxford History of the American People. New York 1965, S. 1122; Herbert Parmet: Jack – the Struggles of John F. Kennedy. New York 1980, S. 512
2. Garry Wills: The Kennedy Imprisonment. New York 1983, S. 66; International Herald Tribune, 23.5.1980
3. Herbert Parmet: JFK – the Presidency of John F. Kennedy. New York 1983, S. 107f.; James D. Barber: The Presidential Character. Englewood Cliffs 1977
4. Parmet, 1980, S. XV, 17, 19; Barber, S. 300
5. Parmet, 1980, S. 44, 65; John u. Clay Blair: The Search for John F. Kennedy. New York 1976, S. 75, 80, 82, 360; Barber, 1977
6. Parmet, 1980, S. 125; 1983, S. 126; 1980, S. 414
7. Parmet, 1980, S. 186; Blair, 1976, S. 528ff.; Parmet, 1980, S. 172, 212, 219, 250; David Horowitz: The Free World Colossus. New York 1965, S. 417
8. Parmet, 1980, S. 258, 300, 377, 310
9. Parmet, 1980, S. 260, 299; Wills, 1983, S. 28, 30; Gore Vidal: »Immortal Bird«. In: New York Review of Books, 13.7.1985, S. 8; Parmet, 1980, S. 416
10. Wills, 1983, S. 183, 132f., 142; Parmet, 1980, S. 323, 331
11. Parmet, 1980, S. 191, 480f., 296; Th. Sorensen: Kennedy. New York 1965, S. 387; Bill Adler: Presidential Wit. New York 1966, S. 209
12. Saturday Review, Feb. 1985, beruft sich auf die Spellman-Biographie von John Cooney; Barber, S. 314
13. Wills, 1983, S. 148ff.; Parmet, 1983, S. 121, 306
14. Roger Hilsman: To Move a Nation (1967); Nancy Clinch: The Kennedy Neurosis. New York 1975, S. 159
15. Wills, 1983, S. 229ff.; Parmet, 1983, S. 45; Peter Wyden: Bay of Pigs. New York 1979, S. 151; Eric Barnouw: Tube of Plenty. London 1977, S. 292; Horowitz, 1965, S. 209; H. M. Enzensberger: Das Verhör von Habana. Frankfurt 1970, S. 183
16. Wyden, 1979, S. 316
17. Wills, 1983, S. 233, 260f.; Parmet, 1983, S. 127, 221, 297ff.
18. Parmet, 1983, S. 174; Wills, 1983, S. 154, 239. – Kennedy hatte sich bereits vor der Invasion Gedanken über das Echo in der Presse gemacht und auf einen Notizzettel die Frage hingeworfen: »Is there a plan to brief and brainwash key press within 12 hours or so?«
19. Freedom of Information, Nr. 120, April 1964
20. Terence Cannon: Revolutionary Cuba. New York 1981; Barnouw, 1977, S. 318; John Lukacs: Outgrowing Democracy. Garden City 1984, S. 72; Wills, 1983, S. 279

21. Cannon, S. 162; Parmet, 1983, S. 98; Horowitz, 1965, S. 226
22. Gordon H. Chang: »JFK, China, and the Bomb«. In: Journal of American History, März 1988, S. 1287ff.
23. Parmet, 1983, S. 335; Richard Goodwin: The American Condition. Garden City 1974
24. Reden zur Lage der Nation am 14.1.1963 u. 11.1.1962; Parmet, 1983, S. 353; Wills, 1983, S. 152; Vaughn Meader: The First Family (1962). Cadence CLP 25060
25. Wills, 1983, S. 245; Parmet, 1980, S. 261; The New Republic, 7.7.1979; Clinch, S. 161, 219 u. passim
26. Parmet, 1983, S. 302; Süddeutsche Zeitung, 26.10.1984
27. Leland Griffin: »When Dreams Collide: Rhetorical Trajectories in the Assassination of President Kennedy«. In: Quarterly Journal of Speech, Mai 1984, S. 116; The Realist, Okt. 1972, S. 27ff.; Esquire, Dez. 1966; Christopher Lasch: »The Life of Kennedy's Death«. In: Harper's, Okt. 1983, S. 32ff.
28. Heinz Anspacher et al.: »Lee Harvey Oswald: An Adlerian Interpretation«. In: Psychoanalytic Review, 1966, S. 380ff.; J. P. Chaplin: »Commentary on three Oswald Interpretations«. In: Journal of Individual Psychology, 1966, S. 48ff.; Griffin, 1984
29. Aaron Latham in der Zeitschrift New York, 4.10.1976; Curtis Brown: Star-Spangled Kitsch. New York 1975, S. 199, mit Abb.; Ina Schabert: »Das utopische Mittelalter der historischen Erzählliteratur«. Aus: M. Pfister (Hrsg.): Alternative Welten. München 1982, S. 193; Wills, 1983
30. Süddeutsche Zeitung, 19. 11. 1983; Lasch, 1983, S. 40; Abendzeitung (München), 5. 10. 1985

XXII. Die Bürgerrechtsbewegung

1. Joanne Grant (Hrsg.): Black Protest. New York 1968, S. 292; Milton Kotler: »The Politics of Community Economic Development«. In: Law and Contemporary Problems, Winter 1971; Michael Harrington: The Other America. Baltimore 1964; Charles Hurst: »Race, Class, and Consciousness«. In: American Sociological Review, Dez. 1972, S. 658
2. Stephen Ambrose: Eisenhower. New York 1984, S. 420, 425; New York Times, 20.4.1960; Censorship, 7, 1966, S. 12f.; Thomas Emerson: Toward a General Theory of the First Amendment. New York 1966; Fred Kwesi Hayford: Inside America. Washington 1972
3. New York Post, 9.9.1971
4. Howard Zinn: SNCC – the New Abolitionists. Boston 1969
5. Stephen Oates: Let the Trumpet Sound – the Life of Martin Luther King Jr. New York 1982, S. 8
6. David Lewis: King. New York 1970, S. 4
7. Zit. n. Oates, 1982, S. 45
8. Oates, S. 82, 111, 135; Lewis, S. 49f., 116; John A. Williams: The King God Didn't Save. New York 1971, S. 35
9. Martin Luther King: Why We Can't Wait. New York 1964; Oates, S. 230
10. Lewis, S. 173, 198; Oates, S. 231f.

11. Oates, S. 261, 265; Arnulf Zitelman: Keiner dreht mich um – die Lebensgeschichte des Martin Luther King. Weinheim 1986, S. 116
12. Oates, S. 349; Zinn, 1969, S. 149
13. Lewis, S. 317f.; Oates, S. 413
14. Oates, S. 379, 251; Lewis, S. 253; Zitelman, S. 130; Eric Lincoln: The Black Muslims in America. Boston 1969, S. 152
15. Nathan I. Huggins: »Martin Luther King Jr.: Charisma and Leadership«. In: Journal of American History, 1987, S. 480f.; Lewis, S. 262; Eldridge Cleaver: Soul on Ice. New York 1968
16. J. Grant, 1968, S. 418f.; Oates, S. 437
17. Oates, S. 149, 183, 270, 281, 473; Lewis, S. 137; David Garrow: Bearing the Cross. New York 1986
18. Die Zeit, 19.4.1968; Massimo Teodori: The New Left. Indianapolis 1969, S. 273
19. Teodori, S. 383f.
20. Studs Terkel: American Dreams. New York 1981, S. 29; J. A. C. Hetherington: »Community Participation ...«. In: Law and Contemporary Problems, Wi. 1971; F. Sturdivant: »Community Development Corporations ...«. In: Law and Contemporary Problems, Wi. 1971
21. David Walker: Walker's Appeal (1830). Boston 1972, S. 39ff. William Grier/P. Cobbs: Black Rage. New York 1968; Bruce Perry: »Malcolm X in Brief ...«. In: IPA, 1983, unpag.; Konkret 5/1964; E. Lincoln, S. 205; Huey Newton: Revolutionary Suicide (1973)
22. Village Voice, 19.12.1968; American Association of University Professors: »The UCLA«. In: AAUP Bulletin, Sept. 1971, S. 385; Mailer, zit. n. Village Voice, 19. 12. 1968; Journal of American History, Juni 1983
23. Edard Kennedy: Decisions for a Decade. Garden City 1968, S. 107; Julian Bond, zit. n. Commentary, April 1973
24. Time, 4. 1. 1971; Milwaukee Journal, 11.2.1977; Newsweek, 21. 10. 1974; V.S. Naipaul: »Among the Republicans«. In: New York Review of Books, 25.10.1984
25. Ph. Berrigan: A Punishment for Peace. London 1969, S. 76; Newsweek, 24.12.1973
26. Burkhard Hofmeister: »Indianerreservationen in den USA«. In: Geographische Rundschau, 1976, S. 507ff.; Commonweal, 4.9.1970
27. Prodipto Roy: »The Measurement of Assimilation«. Aus: Howard Bahr et al. (Hrsg.): Native Americans Today. New York 1972, S. 225ff.; E. Maynard/G. Twiss: That These People May Live. Pine Ridge 1969
28. Maynard/Twiss; Roger Owen: The North American Indian. London 1967, S. 619; New York Times, 20.4.1969
29. W. Washburn (Hrsg.): The Indian and the White Man. New York 1964; Edmund Wilson: Apologies to the Iroquois. New York 1960; Süddeutsche Zeitung, 13.10.1970
30. Commonweal, 4.9.1970; Congressional Record, 9.7.1970 S 109894; US News & World Report, 14.9.1970
31. Hofmeister, 1976; Peter Schwarzbauer: Der Lakota Report. Wyk 1986
32. Maynard/Twiss; Victor Uchendu: »A Navajo Community«. Aus: Naroll/Cohen: Handbook of Method in Cultural Anthropology. Garden City 1970, S. 230ff.; Robert Manners: »Pluralism and the American Indian«. Aus: Owen, 1967; Mildred Dickeman:

»The Integrity of the Cherokee Student«. Aus: Eleanor Leacock: The Culture of Poverty. New York 1971, S. 140ff.

33. James Dormon: »Ethnicity in Contemporary America«. In: Journal of American Studies, Dez. 1981, S. 325ff.; Werner Sollors: »Theory of American Ethnicity ...«. In: American Quarterly, 1981, S. 260
34. Nathan Glazer: »Why Ethnicity?«. In: Commentary, Okt. 1974, S. 33ff.; Dormon, 1981; Horace Kallen: Culture and Democracy (1924), zit. n. Sollors, 1981, S. 271; M. Nowak: The Rise of the Unmeltable Ethnics (1972), zit. n. Sollors, 1981, S. 268; Amitai Etzioni: The Actice Society. London 1968, S. 31
35. Staatszeitung & Herold, 8.2.1969, 18./19.9.1971; Sängerzeitung (Maplewood, N.J.), Mai/Juni 1972
36. Irish Advocate, 15.4.1969; Irish Echo, 15.3.1969; Village Voice, 20.3.1969
37. Irish Echo, 15.3.1969; Newsweek, 15.7.1974; Robert Harney: »The Italian Experience in America«. Aus: A. Mollica (Hrsg.): A Handbook for Teachers of Italian, 1976, S. 228; James Fallows: »Immigration«. In: Atlantic Monthly, Nov. 1983, S. 33; US News & World Report, 4.12.1978
38. International Herald Tribune, 17.2.1974; Dormon, 1981; US News & World Report, 27.3.1978
39. New York Post, 10.3.1969; Oscar Lewis: La Vida. Düsseldorf 1971, S. 273
40. B. Novit-Evans/A. W. Welch: »Racial and Ethnic Definitions as Reflections of Public Policy«. In: Journal of American Studies, 1983; Dormon, S. 336
41. American Mercury, Herbst 1977, S. 22; Commentary, Feb. 1973
42. R. Dworkin: »Why Bakke Has No Case«. In: New York Rev. of Books, 10.11.1977, S. 14; National Journal, 17.9.1977 u. 5.8.1978
43. Kurt Dittman: »Jüdische Ghettoliteratur – die Lower East Side 1890–1924«. Aus: B. Ostendorf (Hrsg.): Amerikanische Gettoliteratur. Darmstadt 1983; New York Post, 13.2.1969; Harrington, 1964, S. 91; Jewish Press, 16.5.1969; Michael Dobkowski: »American Antisemitism«. In: American Quarterly, 1977, S. 166ff.; International Herald Tribune, 14.2.1970; Carey McWilliams: A Mask for Privilege. Boston 1948; Süddeutsche Zeitung, 9.1.1982
44. G. Selznick/S. Steinberg: The Tenacity of Prejudice. New York 1969; New York Times, 16.5.1969
45. Playboy, Mai 1968; Rolling Stone, 12. 4. 1973; A. Forster/B. Epstein: The New Antisemitism. New York 1974, s. 109
46. Selznick/Steinberg, S. 158; Jewish Press, 16.5.1969
47. Nat Hentoff: Black Antisemitism and Jewish Racism. New York 1970; Forster/Epstein, S. 176, 200
48. Shlomo Katz (Hrsg.): Negro and Jew. Toronto 1969, S. 31, 76f.; Forster/Epstein, S. 61; Stanley Elkin: »The Condominium«. Aus: Searches and Seizures. Boston 1973, S. 272f.

XXIII. Vietnamkrieg

1. New York Times, 5. 9. 1971; Norman Mailer: Armies of the Night. New York 1968, S. 197; Ho Chi Minh am 4. 8. 1950 im Radio der Vietminh, zit. n. William Effros: Quotations Vietnam 1945–1970. New York 1970, S. 63
2. Barbara Tuchman: The March of Folly. New York 1984, S. 234; Michael Walzer: Just and Unjust Wars. New York 1977, S. 101
3. Theo Sommer, Die Zeit, 18.6.1965, Newsweek, 21.4.1975
4. Peter Rollins: »The Vietnam War – Perceptions through Literature, Film and Television«. In: American Quarterly, 1984, S. 419; Behavior today, 12.1.1981, S. 8; W. C. Westmoreland: Report on Operations in South Vietnam. Washington 1969, S. 226
5. Kennedy, zit. n. John Galloway: The Kennedys and Vietnam. New York 1971, S. 5; Süddeutsche Zeitung, 6.7.1965; Tuchman, 1984, S. 283. Den Vietnamese Studies (1966, S. 85) zufolge hat Kennedy 1954 vor einem Engagement gewarnt.
6. Richard Melanson: Writing History and Making Policy: The Cold War, Vietnam, and Revisionism. Lanham 1983, S. 39; A. Spark: »The Soldier at the Heart of the War …«. In: Journal of American Studies, April 1984, S. 33
7. New York Times, 18. 1. 1966, zit. n. Congressional Record, 112, 1–8, A 245. – Kennedy soll zu Reston gesagt haben: »Now we have the problem of making our power credible, and Vietnam is the place.« Zit. n. Stanley Karnow: Vietnam. New York 1983, S. 200; L. B. Johnson am 13.5.1961, zit. n. Marvin Gettleman (Hrsg.): Vietnam. Harmondsworth 1965, S. 215; Senate Foreign Relations Committee: Background Information Relating to Southeast Asia and Vietnam. Washington 1970, S. 189f.; G. Lewy: America in Vietnam. New York 1978, S. 416; Karnow, 1983, S. 253; Reston, zit. n. Tuchman, 1984, S. 299
8. Tuchman, 1984, S. 303
9. Walzer, 1977, S. 100; CBS, 2. 9. 1963; NBC, 9. 9. 1963; Herbert Parmet: John F. Kennedy. New York 1983; P. Salinger: With Kennedy (1966), zit. n. Congressional Record, 112, 1966, 148–157, A 4749; Tuchman, 1984, S. 304; Parmet, 1983, S. 336
10. Johnson, 1951, zit. n. E. Murrow: In Search of Light. New York 1967, S. 199; Public Law 86–408; Karnow, 1983, S. 376; Doris Kearns: Lyndon Johnson and the American Dream. New York 1973, S. 198; Süddeutsche Zeitung, 2.7.1965; Morse am 6.1.1965, Congressional Record 11, 1–10, 244; Karnow, S. 370f.; Admiral James Stockdale: In Love and War (1984); Jürgen Bruhn: Schlachtfeld Europa. Berlin 1983, S. 111
11. Tuchman, S. 316, 314
12. Congressional Record 112, 80–88, 17.5.1966, 10240
13. Tuchman, S. 314
14. New York Times, 21.1.1969, S. 21
15. Galloway, 1971, S. 27; Readers' Digest, zit. n. Karnow, S. 579; Karnow, S. 582
16. Karnow, S. 187; Tuchman, S. 361
17. H. Kissinger: »The Viet Nam Negotiations«. In: Foreign Affairs, Jan. 1969; Karnow, S. 602
18. Kissinger, zit. n. Karnow, S. 609
19. Newsweek, 19.4.1971

20. Süddeutsche Zeitung, 12. 6. 1975; Newsweek, 22. 4. 1974; Newsweek, 6. 9. 1982; Süddeutsche Zeitung, 29. 12. 1984; New York Times, 6. 4. 1969; The Carillon (Regina, Sask.), 27.10.1972
21. Robert Sklar: Prime-Time America. New York 1980, S. 82; Tuchman, S. 351f., 365
22. Daniel Hallin: »The Media, the War in Vietnam, and Political Support ...«. In: Journal of Politics, Feb. 1984, S. 19; Deutsche Volkszeitung, 25.2.1971; Win, 15.10.1968, S. 23
23. International Herald Tribune, 1.4.1971; Walzer, 1977, S. 309; Curtis Brown: Star-Spangled Kitsch. New York 1975, S. 36
24. Robert Merle: The Day of the Dolphin (1969); Time, 4.1.1971
25. Newsweek, 6.10.1975; Ward Just: Stringer (1974); John Sack: M (1967); William Wilson: LBJ Brigade (1966); Daniel Ford: Incident at Muc Va (1967); David Halberstam: One Very Hot Day (1967); Victor Kolpacoff: Prisoners of Quai Dong (1967); L. Heinemann: Paco's Story. New York 1987, S. 210
26. Spark, 1984; Tony Zidek: Choi Oi – the Lighter Side of Vietnam (1965); Irwin Blacker: Search and Destroy (1966); Gene Moore: The Killing at Ngo Tho (1967); Scott Stone: The Coasts of War (1966); Peter Derrig: The Pride of the Green Berets (1966); Barry Sadler: I'm a Lucky One (1967)
27. Congressional Record, 112, 64–71, 8625; Karnow, S. 590; Westmoreland, 1969; Spark, 1984; The Guardian, 24.5.1969
28. Spark, 1984, S. 47; Michael Walzer, New York Rev. of Books, 11.10.1979
29. The Angry Breed (1968), The Losers (1970), The Hard Ride (1971), Slaughter (1972); vgl. aber The Visitors (1972) von Elia Kazan. – Spark, 1984
30. San Francisco Chronicle and Examiner, 11.3.1973; Tuchman, S. 373; H. Kissinger: White House Years (1979)
31. MacEachen, 24.5.1975, Dept. of External Affairs, Statements and Speeches, No. 75/16; Karnow, S. 666f.
32. Tuchman, S. 331; Family Weekly, 21.1.1973; Hyman Lumer: »Vietnam and the US Economy«. In: Political Affairs, Nov. 1966, nachgedruckt in Probleme des Friedens und des Sozialismus, 1967, S. 181ff.; Horst Regling: »Economic Effects of the Vietnam De-escalation«. In: Intereconomics, 1980, S. 377ff.; Vu-Quoc-Thuc: »Post-War Economic Reconstruction in Viet Nam«. In: Pacific Community, 1970, S. 192; Tran Van Tuyen: »Vietnamization, War Strategy, and Peace Incentive«. In: Pacific Community, 1970, S. 167ff.
33. Richard Oliver: »Increase in Defense-Related Employment during Vietnam Buildup«. In: Monthly Labor Rev., Feb. 1970, S. 3ff.; Edward Kane: »Short-Changing the Small Saver«. In: Money, Credit and Banking, 1970, S. 513
34. D. Bell/I. Kristol (Hrsg.): Capitalism Today. New York 1971, S. 98; Th. Dewey, 11.12.1965, Congressional Record, 113, 1–8
35. Peter Karsten: Soldiers and Society. Westport 1978, S. 156; Süddeutsche Zeitung, 27.12.1982
36. Tuchman, S. 340; Süddeutsche Zeitung, 31.3.1973; Mailer, 1968, S. 214; M. Ridgway: »Indochina: Disengaging«. In: Foreign Affairs, Juli 1971; John Steinbeck IV: Jung sein heißt Erfahrungen sammeln. Konstanz 1969, S. 17f., 70, 73
37. Reagan, zit. n. Spark, 1984, S. 47; Lewy, 1978; Timothy Lomperis: The War Everyone Lost – and Won. Baton Rouge 1984; Los Angeles Times, 12.5.1988

38. USA today, 25. 8. 1988

XXIV. Jugendprotest und Gegenkultur

1. Ladies' Home Journal, Oktober 1917; Margaret Mahler et al. (Hrsg.): The Psychological Birth of the Human Infant. London 1975, S. 79; John u. Beatrice Whiting: Children of Six Cultures. Cambridge 1975, S. 64; Hans Sebald: Adolescence. New York 1968, S. 44
2. Sebald, 1968, S. 141; Paul Goodman: Growing Up Absurd (1959)
3. US News & World Report, 5.8.1974; Charles Taylor/M. Hudson: World Handbook of Political and Social Indicators. New Haven 1972; Ronald Parker (Hrsg.): Readings in Educational Psychology. Boston 1968, S. 391
4. Francis Hsu: Americans and Chinese. New York 1970, S. 92; US News & World Report, 19.8.1974; Charles Silberman: Crisis in the Classroom. New York 1970; Dwight Ladd: Change in Educational Policy. New York 1970, S. 66f.; Nathan Glazer in Commentary, Mai 1974, S. 35. – Eine Schätzung spricht von einer Million hyperaktiven, u.a. mit Ritalin ruhiggestellten Jugendlichen. – USA today, 4. 8. 1988
5. Ronald Segal: The Americans. New York 1970, S. 271; D. Riesman/Ch. Jencks: Academic Revolution. Garden City 1968; Silberman, S. 392; International Herald Tribune, 13.1.1970
6. Süddeutsche Zeitung, 13.10.1965; Spiegel 15/1965, 18/1965; Saul Bellow: Herzog. New York 1964, S. 81; Carillon, 5.4.1974, S. 4
7. Paul Jacobs u. S. Landau (Hrsg.): The New Radicals. New York 1966, S. 61
8. Marcuse wurde neben C. Wright Mills zu einer Art Hausphilosoph der Protestbewegung
9. Hunter Thompson: Hell's Angels (1967). New York 1981; Barbara Tuchman: The March of Folly. New York 1984; Norman Mailer: The Armies of the Night. New York 1968, S. 109; Philip Berrigan: A Punishment for Peace. London 1969, S. 162; Paul Goodman in Liberation, Juli/Aug. 1968, S. 11; Jacobs/Landau, 1966, S. 14; Rat, Ausgaben vom 22. 3. bis 4. 9. 1968; International Herald Tribune, 14. 11. 1969; Tuchman, S. 366
10. Bettelheim, zit. n. J. Lemisch: On Active Service. Toronto 1975, S. 96; National Review, 9.3.1971; Hoffer, zit. n. New York Times, 10.5.1969; The Cross and the Flag, Okt. 1970, Dez. 1970, zit. n. A. Forster/B. Epstein: The New Antisemitism. New York 1974, S. 42
12. Jacobs/Landau, S. 4; Stanley Rothman: »From Liberation to Narcissism ...«. Aus: ZENAF: Political Culture in the US in the 70's. Frankfurt 1981
13. American Scholar, Herbst 1967; Massimo Teodori: The New Left. Indianapolis 1969, S. 208, 363f., 376ff.; Robert Pirsig: Zen and the Art of Motorcycle Maintenance. New York 1974
14. Teodori, S. 364f.; David DeLeon: The American as Anarchist. Baltimore 1978; Lewis Yablonski: The Hippie Trip (1968). Baltimore 1973; New York Post, 3.1.1969; Abbie Hoffman: Soon to Be a Major Motion Picture. New York 1980, S. 137: Yippie sei ursprünglich ein unter Drogeneinfluß entstandener Juxname gewesen.

15. Rosabeth Kanter: Commitment and Community. Cambridge 1973; W. Hedgepeth/D. Stock: The Alternative – Communal Life in New America. New York 1970; Mailer, 1978, S. 136
16. Hans Peter Duerr: Traumzeit. Frankfurt 1980; D. Salomon: LSD. New York 1966; Abendzeitung, 28.8.1971; Timothy Leary: Flashbacks. Los Angeles 1983
17. Hunter Thompson, 1981, passim
18. Hunter Thompson, S. 345; Peter Whitmer: »Ken Kesey's Search for the American Frontier«. In: Saturday Review, Mai/Juni 1983, S. 23ff.; Hsu, S. 64ff.; C. Castañeda: The Teachings of Don Juan (1968); Mary Douglas: Implicit Meanings. London 1979, S. 196; Theodore Roszak: The Making of a Counter Culture. New York 1969, S. 16f.; Yablonski, S. 21ff.; International Herald Tribune, 23.6.1969; V. S. Naipaul: Journey to Nowhere. New York 1981, S. 267
19. Teodori, S. 159f.; Jacobs/Landau, S. 231; Widmer, S. 28; zit. n. Widmer, S. 151
20. Fran Taylor: »Oldies but Baddies«. In: Second Wave. Frühj. 1974, S. 8; Saul Bellow: »Aufrührer am sicheren Herd«. In: Die Zeit, 5.5.1967; Win, 15.10.1968; San Francisco Examiner & Chronicle, 22.4.1973; Naipaul, 1981, S. 290; Naipaul: »Among the Republicans«. In: New York Review of Books, 25.10.1984
21. Behavior today, 9.6.1980; Otto Gmelin: Böses kommt aus Kinderbüchern. München 1972, S. 20; International Herald Tribune, 24.6.1969

XXV. Women's Liberation

1. Robert Sears et al.: Patterns of Child Rearing (1957). Stanford 1976; Lenore Weitzman: »Sex-Role Socialization«. Aus: Jo Freeman (Hrsg.): Women. Palo Alto 1979, S. 163, 170; A. R. Hochschild: »A Review of Sex Role Research«. Aus: Joan Huber (Hrsg.): Changing Women in a Changing Society. Chicago 1973, S. 253; Women (Baltimore), Frühj. 1970, S. 56; Naomi Weisstein: »Kinder, Küche, Kirche as Scientific Law ...«. In: Motive, März/April 1969
2. D. McClelland bei R. J. Lifton (Hrsg.): The Woman in America. Boston 1965, S. 178; Toronto Star, 31.7.1974; Research Action Notes, Dept. of Health, Education, and Welfare, 26.7.1974; Federally Employed Women's News and Views, Juni 1974; Know News (Pittsburgh), Mai 1974; Women (Baltimore), 1971, S. 33; Karen Gottlieb: »Drowning in the Typing Pool«. In: Black Maria (Chicago), 1974, S. 18; John Wayne, Rede im Harvard Square Theater, 1974, zit. n. Aphra, 1974, 3, S. 35
3. Time, 11.10.1968; Elizabeth Janeway: Man's World, Woman's Place. London 1972, S. 57; Time, 24.1.1964
4. Dana Densmore: »Speech is the Form of Thought«. In: The Female State, April 1970, S. 15; Women (Baltimore), 1971, 3, S. 57; New York, 7.10.1974; off our backs, Juni 1974, S. 16; Newsweek, 6.12.1971; S. u. T. Emswiler: A Guide to Non-Sexist Hymns, Prayers and Liturgies. New York 1974; Genesis III, Mai 1974, S. 9; Abendzeitung, 17.10.1983
5. Valerie Solanas: SCUM Manifesto. London 1971; Frankfurter Allgemeine Zeitung, 29. 3. 1975; Doroth Seiberling: »The New Sexual Frankness ...«. In: New York, 17. 5. 1975, S. 37ff.

6. off our backs, Juni 1974, S. 8; Women, 1972, 3, 19; The Second Wave, Frühj. 1974, S. 10; Pandora, August 1974; Liberia, 1973, 4, 16
7. The Spokeswoman, 15.6.1974; A. Forster/B. Epstein: The New Antisemitism. New York 1974; Süddeutsche Zeitung, 9.4.1975; Leo Davids: »Tomorrow's Marriage Styles«. In: Current, 1972, S. 33ff.; George Gilder: »In Defense of Monogamy«. In: Commentary, Nov. 1974, S. 34; Viva, Okt. 1983
8. Kate Millett: Sexual Politics. Garden City 1971; Norman Mailer: The Prisoner of Sex. Boston 1971; International Herald Tribune, 29.12.1984; Robert J. Lifton: »Woman as Knower«. Aus: Lifton, 1965, S. 47; William Chafe: The American Woman. New York 1972; Newsweek, 17.3.1975; Women in Struggle, März/April 1974; Spokeswoman, 15.6.1975, S. 5; Jane Mansbridge: Why We Lost the ERA. Chicago 1986
9. Ch. P. Gilman: The Home (1903), zit. n. Donald Scott/B. Wishy: America's Families. Cambridge 1982, S. 459ff.; Elisabeth Beck-Gernsheim: Geburtenrückgang und Kinderwunsch. Habilitationsschrift. München 1987, S. 28; Edward Albee: The American Dream. Harmondsworth o.J., S. 31: »I have a right to live off you because I married you, and because I used to let you get on top of me and bump your uglies ...«
10. Ann Douglas: The Feminization of American Culture. New York 1977, S. 165; Genesis III, Mai 1974, S. 4; Linda Kerber: »Separate Spheres ...«. In: Journal of American History, 1988, S. 9ff.; Rosalind Rosenberg: Beyond Separate Spheres (1982); Mary Daly: Beyond God the Father (1974); Black Maria, 1974; Matrix, 1973
11. Chafe, S. 243; William O'Neill: Everyone Was Brave. Chicago 1969, S. 301; Der Spiegel, 43/1982
12. New York, 6.11.1978; Research Action News/HEW, 26.7.1974; The Spokeswoman, 15.6.1974. – Die erste deutsche Rabbinerin war in den 1930er Jahren Regina Jonas in Offenbach
13. Albert Niemi: »Differences in Return to Educational Investment«. Aus: Nona Glazer (Hrsg.): Woman in a Man-Made World. Chicago 1977, S. 319; Mailer, 1971, S. 51; Spokeswoman, 15.6.1974; Know News, Mai 1974; US News & World Report, 30.9.1974; Saturday Review, 21.9.1974
14. Süddeutsche Zeitung, 6.9.1974

XXVI. Arm und Reich

1. Edward Kennedy: Decisions for a Decade. Garden City 1968
2. International Herald Tribune, 13.2.1975
3. Zit. n. International Herald Tribune, 8.3.1971; Bob Kuttner: »The Declining Middle«. In: Atlantic Monthly, Juli 1983, S. 69
4. Daniel P. Moynihan: Maximum Feasible Misunderstanding. New York 1969; Kuttner, 1983, verweist auf Tom Wolfe: Radical Chic & Mau Mauing the Flak Catchers (1970)
5. Anthony Downs: Opening Up the Suburbs (1973)
6. Claude Barfield: Rethinking Federalism. Washington 1981, S. 72
7. National Observer, 12.7.1985; Norman Mailer, unveröff. Interview, München, Frühj. 1981; Anne Sutherland: Gypsies. New York 1975
8. Public Law 92–203; Washington Post, 27.4.1975

9. National Enquirer, 28.9.1976; Joyce Stephens: Loners, Losers, and Lovers: Elderly Tenants in a Slum Hotel. Seattle 1976, S. 11
10. Jack Barbash: »Trade Unionism from Roosevelt to Reagan«. In: The Annals, 1984, S. 18; Everett Kassalow: »The Future of American Unionism«. In: The Annals, 1984, S. 53; M. Goldfield: The Decline of Organized Labor in the US. Chicago 1987
11. Arthur Blaustein: »Proposition 13 = Catch 22«. In: Harper's, Nov. 1978, S. 21; Süddeutsche Zeitung, 10.2.1983
12. The Carillon, 5.4.1974, S. 5
13. Zit. n. International Herald Tribune, 3.6.1987
14. Frank Levy in Science, Mai 1987, S. 924; Tom Farer: »The Making of Reaganism«. In: New York Review of Books, 21.1.1982
15. Oscar Lewis: La Vida. Düsseldorf 1971; Elizabeth Herzog: Is There a Culture of Poverty?« Aus: H. Meissner (Hrsg.): Poverty in the Affluent Society. New York 1966, S. 92ff.
16. Robert Peabody et al.: To Enact a Law. New York 1973, S. 54; Philip Berrigan: A Punishment for Peace. London u. Toronto 1969, S. 10;
17. Thorstein Veblen: The Theory of the Leisure Class (1899); W. H. Whyte: The Organization Man (1956); Cleveland Amory: The Proper Bostonians (1959); E. Digby Baltzell: Philadelphia Gentlemen (1966)
18. Adam Smith: »Rockefeller Center, Room 5600«. In: Transatlantik, Dez. 1984, S. 32
19. V.S. Naipaul: »Among the Republicans«. In: New York Review of Books, 25. 10. 1984, S. 14
20. Debora Silverman: Amerika hält hof. Reinbek 1987, S. 51 u. passim
21. Staughton Lynd: »The Genesis of the Idea of a Community Right to Industrial Property in Youngstown and Pittsburgh 1977–1987«. In: Journal of American History, Dez. 1987

XXVII. Kriminalität und Justiz

1. John Darley/Bibb Latané: Psychology today, Dez. 1968, S. 56; M. Hausknecht: »Crime and the Culture of Incivility«. In: Dissent, Winter 1983, S. 75ff.; International Herald Tribune, 30.9.1980; Charles Eidsvieck, Vortrag an der Universität München, 30.1.1984; Der Spiegel 22/1970; Bureau of Justice Statistics (1984), zit. n. New York Times, 10.6.1985; Toronto Star, 13.2.1974; Newsweek, 17.3.1969; Harper's, März 1985
2. Charles Silberman: Criminal Violence, Criminal Justice. New York 1978, S. 3, 41; New York Times, 11.5.1985; US News & World Report, 13.9.1974; Günther Kaiser: Jugendkriminalität. Weinheim 1977, S. 80; NBC, Nov. 1987
3. Toronto Star, 7.7.1971, 29.9.1972, 2.1.1976; US News & World Report, 27.10.1986
4. Silberman, 1978, S. 56, 108f., 113. – Nur in Washington, D.C., sind die Verhältnisse umgekehrt. Dort sind Weiße doppelt so gefährdet, Opfer einer Gewalttat zu werden. – New York Times, 30.9.1985
5. San Francisco Examiner, 15.5.1973; Silberman, S. 152
6. Silberman, S. 96, 98; Toronto Star, 14.4.1971; Zbigniew Brzezinski: Between Two Ages. New York 1970, S. 6; Newsweek, 15.8.1977

7. Silberman, S. 320f., 345f.; Behavior today, 2.2.1981; Ken Keniston: All Our Children. New York 1977
8. International Herald Tribune, 3.6.1987; Mother Jones, Dez. 1984; Sally Helgesen: »Theoretical Families«. In: Harper's, Jan. 1982, S. 16ff.; Courier News, 2. 11. 1968, S. 15
9. Süddeutsche Zeitung, 30.8.1983; Behavior today, 1.12.1980; US News & World Report, 11.12.1978; John Lukacs: Outgrowing Democracy. Garden City 1984, S. 82; Harper's, Okt. 1983; Der Spiegel, 41/1982
10. Edward Kennedy: Decisions for a Decade. New York 1968, S. 87; H. D. Graham/T. Gurr: Violence in America. New York 1969; Newsweek, 25.10.1975
11. Silberman, 1978
12. Silberman, 1978, S. 202; Behavior today, 29.10.1979
13. Stanford Daily, 6.4.1973; Michael Malloy: »The Role of Grand Juries«. In: Current, Jan. 1972, S. 7ff.
14. Otto Kirchheimer: Politische Justiz. Neuwied 1965, S. 287; Silberman, S. 277, 303
15. Abendzeitung (München), 19.11.1987
16. Time, 13.9.1982; USA today, 14.11.1987
17. Silberman, S. 374f.; Behavior today, 9.6.1980; Time, 13.9.1982; Konkret, 4/1987; New York Times, 15.2.1985
18. Silberman, S. 377; Jack Henry Abbott: In the Belly of the Beast. New York 1981, S. 62
19. Silberman, S. 397; Time, 13.9.1982
20. Silberman, S. 373, 417ff.; F. Tannenbaum: Crime and the Community, zit. n. Silberman, S. 183f.; Annals of the Academy of Political and Social Science: Crime and Justice in America 1776–1976, Jan. 1976, S. 158f. u. passim; US News & World Report, 11. 12. 1978
21. Silberman, S. 45; F. Browning/John Gerassi: The American Way of Crime. New York 1981; Harper's, Jan. 1983
22. Silberman, S. 45f.; Newsweek, 1.12.1986
23. Francis Hsu: Americans and Chinese. New York 1970, S. 213; Süddeutsche Zeitung, 10.2.1975, 31.7.1987
24. Ralph Ginzburg: Castrated. My Eight Months in Prison. New York 1973
25. Newsweek, 31.1.1972; Der Spiegel, 7/1982, S. 184; New York, 4.11.1974; Saturday Review, 16.9.1978; US News & World Report, 4.12.1978; Abendzeitung (München), 2.12.1987; Süddeutsche Zeitung, 28.8.1982
26. International Herald Tribune, 12.6.1987; Silberman, S. 195f., 424ff.; Angela Wilson: »Emporium, Pa. Pop. 3074«. In: Ms., April 1975, S. 70ff.; New York Times Index, 1985, S. 322
27. Daniel P. Moynihan: Maximum Feasible Misunderstanding. New York 1969, S. 50; Silberman, S. 170; Der Spiegel, 22/1970; International Herald Tribune, 8.3.1974; New York, 2.4.1979; Münchner Merkur, 5.11.1977
28. Emil Brunner: Gerechtigkeit. Zürich 1943; Silberman, S. 193; New York Times, 28.11.1985, 12.9.1985, 26.6.1985
29. USA today, 2.8.1988; David Feldman: Why Do Clocks Run Clockwise. New York 1987, S. 36; Süddeutsche Zeitung, 13.11.1976; Clinton Duffy/Al Hirschberg: 88 Men and 2 Women. New York 1963; Norman Mailer: The Executioner's Song. Boston 1979

XXVIII. Am Ende des Kalten Krieges

1. Loch K. Johnson: America's Secret Power. The CIA in a Democratic Society. New York 1989, S. 71
2. J. Nathan u. J. Oliver: U. S. Foreign Policy and World Order. Glenview 1989, S. 403; Helga Haftendorn u. J. Schissler, Hrsg.: Rekonstruktion amerikanischer Stärke. New York 1988
3. Simon Serfaty, Hrsg.: The Media and Foreign Policy. Basingstoke 1990, S. 36; Noam Chomsky in der taz vom 28. 4. 1986
4. Paul Kennedy: The Rise and Fall of the Great Empires. New York 1987; Joseph Nye: Bound to Lead. New York 1990
5. Zitiert nach Haftendorn/Schissler, S. 23
6. Ch. Kegley u. E. Wittkopf: American Foreign Policy. New York 1991, S. 264
7. Nathan u. Oliver, 1989, S. 411
8. Wayne Smith: »The U. S. and South America: Beyond the Monroe Doctrine«. In: Current History, Februar 1991, S. 49 ff.; Charles Maechling: »Washington's Illegal Invasion«. In: Foreign Policy, Sommer 1990
9. Eqbal Ahmad: »Political Culture and Foreign Policy«. Aus: Allen Davis, Hrsg.: For Better or Worse. Westport 1981, S. 119 ff.
10. Christin Mamiya: »We the People. The Art of Robert Rauschenberg and the Construction of American National Identity«. In American Art, Sommer 1993, S. 41ff.
11. Peter Schweizer: »Who Broke the Evil Empire«. In: National Review, 30. Mai 1994, S. 46 ff.
12. Wolfram Hanrieder: Deutschland, Europa, Amerika. Paderborn 1991; Schweizer, 1994; Gorbatschow zitiert nach Der Spiegel 47/1987
13. Eberhard Brüning: »US-amerikanische Literatur in der DDR seit 1965«. In: Zeitschrift für Anglistik und Amerikanistik, 1980, S. 293 ff.; Peter Wicke: »Rock Music and Everyday Culture in the GDR«. Aus: Margy Gerber, Hrsg.: Studies in GDR Culture and Society. Lanham 1988, S. 171 ff.
14. Ronald Asmus: »Bonn und Ost-Berlin aus Washingtoner Sicht«. In: Deutschland-Archiv, März 1985, S. 256 ff.; Gerald Kleinfeld: »Die Verwirklichung des Unwahrscheinlichen: Amerikanische Außenpolitik und deutsche Wiedervereinigung«. Aus: Uwe Friedrich, Hrsg.: Die USA und die deutsche Frage, Frankfurt a. M. 1991
15. Michael Minkenberg: »Das neue Deutschland – amerikanische Reaktionen auf die deutsche Vereinigung 1989/90«. In: Amerikastudien, 1993, S. 273 ff.; Arthur Miller: »Uneasy About the Germans«. In: New York Times Magazine, 6. Mai 1990; Süddeutsche Zeitung, 31. Dezember 1992; The Economist, 3. Juli 1993
16. Süddeutsche Zeitung, 10. Juli 1993, 15. Juli 1993, 2. Februar 1994; Hanrieder, 1991, S. 387
17. Zitiert nach Insight, 23. Mai 1994
18. Irving Kristol in National Interest, Herbst 1990; Gerald Epstein: »Mortgaging America«. In: World Policy Journal, 1991, S. 45 f.; Defense Planning Guidance laut Harper's, 5/1992; Ernest Graves: »The Future of U. S. Security Assistance and Arms Sales«. In: Washington Quarterly, Sommer 1991, S. 54; Süddeutsche Zeitung, 31. Dezember 1992; The Economist, 10. Juli 1993

19. Thomas Powers: The Man Who Kept the Secrets: Richard Helms and the CIA. New York 1979; Thomas Brewer: American Foreign Policy. Englewood Cliffs 1986; Loch Johnson, 1989; Howard Hunt: Undercover. New York 1974
20. Timothy Foley: »The Role of the CIA in Economic and Technological Intelligence«. In: The Fletcher Forum, 1994, S. 135 ff.; Süddeutsche Zeitung, 31. Dezember 1992; Deutschlandfunk, 23. März 1993
21. G. Rathjens u. M. Miller: »Nuclear Proliferation after the Cold War«. In: Technology Review, Sept. 1991, S. 25 ff.
22. Süddeutsche Zeitung, 30./31. Mai 1992
23. Steven Emerson: Secret Warriors. New York 1988, S. 185; The New Yorker, 25. Mai 1992; Der Spiegel, 48/1991
24. Efraim Karsh u. I. Rautsi: »Warum Saddam Hussein in Kuwait einmarschierte«. Aus: Gert Krell u. B. Kubbig, Hrsg.: Krieg und Frieden am Golf, Frankfurt a. M. 1991, S. 59; Ghazi Algosaibi: The Gulf Crisis. London 1993, S. 12, 15; Radical America, Januar 1992, S. 49
25. Rick Atkinson: Crusade – the Untold Story of the Persian Gulf War. Boston 1993, S. 302; H. Norman Schwarzkopf: Man muß kein Held sein. München 1992, S. 573, 575
26. Zitiert nach The New Yorker, 25. Mai 1992
27. Sami Yousif: »The Iraqi-US War: a Conspiracy Theory«. Aus: H. Bresheet u. N. Yuval-Davis, Hrsg.: The Gulf War and the New World Order. London 1991, S. 51 ff.; Der Spiegel, 27/1991; Atkinson 1992, S. 300
28. New York Times, 28. März 1991
29. The New Yorker, 6. Mai 1991
30. Schwarzkopf, 1992, S. 169; Atkinson, 1993, S. 216, 218, 221, 342
31. Newsweek, 11. September 1993; Roger Cohen u. C. Giatti: In the Eye of the Storm – the Life of General H. Norman Schwarzkopf. New York 1991, S. 290; Atkinson, 1993, S. 397
32. Publizistik und Kunst, 12/1992
33. Deutsch-Amerikanischer Almanach, 2/1994, S. 59 ff.
34. Atkinson, 1993, S. 361; Publizistik und Kunst, 10/1992, S. 36; Fred Barnes: »Winners and Losers«. In: The National Interest, Sommer 1991, S. 48; Malte Olschewski: Krieg als Show. Wien 1992; Abendzeitung (München), 19. Juli 1993; Der Spiegel, 16/1993
35. Cohen u. Giatti, 1991, S. 11, 316; Atkinson, 1993, S. 491, 315
36. Atkinson, 1993, S. 303, 159; Journal of American Culture, Frühjahr 1994
37. Alan Freeman: »The Economic Background and Consequences of the Gulf War«. Aus: Bresheet u. Yuval-Davis, 1991, S. 158; Charles Krauthammer: »The Lonely Superpower – How to Bear America's New World Burden«. In: The New Republic, 29. Juli 1991, S. 27
38. Klaus Bednarz in Publizistik & Kunst, 2/1991; Edward Said: Culture and Imperialism. New York 1993, S. 286, 288
39. Atkinson, 1993, S. 300; M. Dembinski u. B. Kubbig: »Embargo kontra Waffengewalt – eine Abwägung«. Aus: Krell u. Kubbig, 1991, S. 140, 144; Süddeutsche Zeitung, 17. Januar 1992; Frankfurter Rundschau, 9. März 1992
40. Gerald Epstein: »Mortgaging America«. In: World Policy Journal, 1991, S. 27 ff.

41. Claudia Wörmann bei Haftendorn, 1988, S. 67
42. Lester Thurow: »America Among Equals«. Aus: S. Ungar, Hrsg.: Estrangement. America and the World. New York 1985; Fred Block: »Mirrors and Metaphors. The U. S. and its Trade Rivals«. Aus: Alan Wolfe, Hrsg.: America at Century's End. Berkeley 1991; Süddeutsche Zeitung, 10. September 1991
43. Robert Kaus: »The Trouble With Unions«. In: Harpers's, Juni 1983
44. Harper's, Februar 1991; Alecia Swasy: Soap Opera – the Inside Story of Procter & Gamble. New York 1993; Birgit Markhof: Eurodisneyland. Magisterarbeit, München 1994
45. The Economist, 5. Februar 1994; Süddeutsche Zeitung, 17. Januar 1992; Jeremy Rifkin: Algeny. New York 1983; Süddeutsche Zeitung, 25./26. Juni 1994; Infomagazin 1/1994
46. P. Cowley u. J. Aronson: »A New Trade Order«. In: Foreign Affairs, 1992/93, S. 183 ff.; Marvin Harris: Kulturanthropologie. Frankfurt a. M. 1989, S. 399
47. Robert Kurz in der Frankfurter Rundschau, 7. September 1991
48. Der Spiegel, 3/1991; Washington Post, 26. November 1986; Harper's, März 1992; Robert Reich: The Next American Frontier. New York 1984; Micky Kaus: The End of Equality. New York 1992, S. 11; Gore Vidal in Die Welt, 21. September 1992
49. Harper's, April 1991; Harris, 1989, S. 407
50. Thurow, 1985; Time, 18. September 1989; Harper's, Juni 1991; Canadian Dimension, März 1990, S. 8; The Economist, 16. Oktober 1993; Barbara Ehrenreich: Fear of Falling. New York 1989; Congressional Quarterly, 9. Mai 1992; Süddeutsche Zeitung, 6./7. August 1994
51. Life, Dezember 1987; Block, 1991; The Economist, 16. Oktober 1993, 11. Dezember 1993
52. William Pfaff: Die Gefühle der Barbaren – über das Ende des amerikanischen Jahrhunderts. Frankfurt a. M. 1989, S. 46 f.; Süddeutsche Zeitung Magazin, 7. September 1990; The Economist, 10. Juli 1993; ARD Weltspiegel, 3. Mai 1992; M. Kaus, 1992, S. 107 f.
53. Congressional Quarterly, 2. Mai 1992, S. 1247 f.
54. Hillary Clinton im New York Times Magazine, 23. Mai 1993; Pfaff, 1989; Harper's, Mai 1992; Der Spiegel, 29/1993; American Quarterly, 1991, S. 653 ff.
55. Life, Sommer 1990; Süddeutsche Zeitung Magazin, 7. September 1990; Abendzeitung (München), 30. Mai 1991; Time, 18. September 1989
56. Nils Christie, Crime Control as Industry. London 1993; The Economist, 28. 8. 93
57. Harper's, Januar 1992; Rich, 1991; Christie, 1993, S. 99 ff.
58. Christie, 1993, S. 133, 139
59. Insight, 23. Mai 1994
60. Paul Kooistra: Criminals as Heroes. Bowling Green 1989; Lawrence Friedman: Crime and Punishment in American History. New York 1993; Time, 29. September 1986
61. Barbara Dority: »The PC Speech Police«. In: The Humanist, März/April 1992, S. 31 ff.
62. Patricia Aufderheide, Hrsg.: Beyond PC. St. Paul 1992; Paul Berman, Hrsg.: Debating P. C. – the Controversy over Political Correctness on College Campuses. New York 1992

63. Lewis Killian: »Race Relations and the Nineties: Where are the Dreams of the Sixties?«. In: Social Forces, September 1990; The Economist, 10. Juli 1993, 28. Mai 1994; National Review, 1. November 1993
64. Harper's, Februar 1991; The Washingtonian, November 1989, S. 153 ff.
65. Molefi Kete Asante: »Multiculturalism. . .«. In: American Scholar, Frühjahr 1991; Michael Bernal: The Fabrication of Ancient Greece. New Brunswick 1987
66. Dinesh D'Souza: Illiberal Education. New York 1991; Arthur Schlesinger: The Disuniting of America. New York 1991; Stephan Thernstrom: »McCarthyism Then and Now«. In: Academic Questions, Winter 1990/91, S. 14-16
67. Stanley Fish: »There's No Such Thing as Free Speech and It's a Good Thing Too«. Aus: Berman, 1992, S. 231 ff.; Henry Louis Gates: »Whose Canon is it Anyway?«. Aus: Berman, 1992, S. 190 ff.
68. Harvey Arden u. Steve Wall: Hüter der Erde. München 1992, S. 34, 75
69. Harper's, Februar 1991; The Economist, 12. Juni 1993
70. The Economist, 4. Juni 1994, 16. Oktober 1993; The Globe & Mail, 6. November 1993
71. Harris, 1989, S. 429; The Globe & Mail, 6. November 1993
72. M. Haley u. R. Lunsford: Noam Chomsky. New York 1994; The Economist, 2. Oktober 1993, 16. Oktober 1993

XXIX. Zu neuen Ufern

1. Pauline Watts: »Prophecy and Discovery: On the Spiritual Origins of Christopher Columbus's ›Enterprise of the Indies‹«. In: American Historical Review, Feb. 1985, S. 73 ff.; Alain Milhou: Colón y su mentalidad mesiánica (1983); Sacvan Bercovitch: The Puritan Origins of the American Self. New Haven 1975, S. 98
2. Paul Zweig: The Heresy of Self-Love (1968). Princeton 1980, S. 205 ff.; Harold Bloom: »Mr. America«. In: New York Review of Books, 22. 11. 1984, S. 19 f.; Ralph Waldo Emerson: Nature (1836)
3. Emerson: »Self-Reliance« (1841); Bloom, S. 23; Ronald Walters: American Reformers. New York 1978, S. 10; Zweig, S. 249; Werner Sollors: »Dr. Benjamin Franklin's Celestial Telegraph«. In: American Quarterly, Wi. 1983, S. 459 ff.
4. Zum Beispiel in »Beyond the Projective Model of Pictures« oder sogar in »Beyond Ecstasy«. – Zu Pynchon vgl. Dieter Neuhaus: »Thomas Pynchon und die Unordnung der Dinge«. Magisterarbeit. München 1984, S. 114
5. Handbuch der Empirischen Sozialforschung, 1959, Bd. II, S. 52 ff.
6. George Pierson: »The M-Factor in American History«. Aus: M. McGiffert (Hrsg.): The Character of Americans. Homewood 1964, S. 118–130; G. Pierson: The Moving Americans. New York 1973; Studs Terkel: American Dreams. New York 1981, S. 52
7. Michael Katz: The People of Canada West. Cambridge 1975; International Herald Tribune, 7. 4. 1984; Louis Kronenberger: Company Manners (1954); Angela Wilson: »Emporium, Pa., Pop. 3074«. In: Ms., April 1975, S. 76; John Lukacs: Outgrowing Democracy. Garden City 1984, S. 170; Christian Science Monitor, 4. 12. 1980

8. Terkel, 1981, S. 16ff., 74ff., 137, 41f.; Francis Hsu: Americans and Chinese. New York 1970, S. 293; Time, 21.12.1970; Joan Didion: Slouching Towards Bethlehem. New York 1981, S. 81f.
9. S. Valaskakis: The Conserver Society. New York 1979, S. 241; Arthur Blaustein: »Proposition 13 = Catch 22«. In: Harper's, Nov. 1978, S. 18; F. C. Delius in Die Feder, 11, 1984, S. 33; Fairfield Osborn: Unsere ausgeplünderte Erde (Our Plundered Planet). Zürich 1950, S. 137ff.
10. Mihaly Csikszentmihalyi/E. Rochberg-Halton: The Meaning of Things. Cambridge 1981, S. 164; Stanley Karnow: Vietnam. New York 1983, S. 584; David Lykken: »Fearlessness«. In: Psychology today, Sept. 1982, S. 27; Didion, 1981, 59; Kesey, zit. n. Peter Whitmer: »Ken Kesey's Search for the American Frontier«. In: Saturday Review, Mai/Juni 1983, S. 26
11. Mayor Frank Hague, Jersey City (N.Y.), zit. n. Robert Singer: The Bad Guy's Quote Book. New York 1984, S. 82; V. S. Naipaul: Journey to Nowhere. New York 1981, S. 291; Der Spiegel, 22/1983, S. 191
12. Henri Troyat: Onkel Sams Hütte. Düsseldorf 1956, S. 188f.
13. Zit. n. Bloom, 1984, S. 22
14. H. L. Mencken: The American Language – Supplement I. New York 1945, S. 570; Supplement II. New York 1948, S. 592; Newsletter der American Historical Assoc., Nov. 1976, S. 5
15. Jessica Mitford: The American Way of Death. New York 1963, S. 56; Stanley Cornils: Managing Grief Wisely. Grand Rapids 1974; Erich Lindemann: »Management of Acute Grief« (1944). Aus: R. Fulton (Hrsg.): Death and Identity. Bowie 1976, S. 219; Colena Anderson: Joy Beyond Grief. Grand Rapids 1974
16. Howard Kushner: »Immigrant Suicide in the U.S.«. In: Journal of Social History, Herbst 1984, S. 3ff.
17. Henry Fairlie: »The Hope and Fear of America«. In: Washington Post, 14. 12. 1975; E. Kübler-Ross: Death – the Final Stage of Growth. Englewood Cliffs 1975; zit. n. Ron Rosenbaum: »Turn on, Tune in, Drop Dead«. In: Harper's, Juli 1982, S. 36
18. Tom Wolfe: The Right Stuff. New York 1980; Günther Anders: Der Blick vom Mond. München 1970; Hans Morgenthau: »The Aborted Nixon Revolution«. In: The New Republic, 11.8.1973, S. 19; USA today, 14.6.1988; Freeman Dyson: »Pilgrim Fathers, Mormon Pioneers and Space Colonists ...«. In: Proceedings of the American Philosophical Society, April 1978, S. 63ff.
19. John Hersey: My Petition for More Space. London 1975; Yi-Fu Tuan: Space and Place. Minneapolis 1977, S. 62; Csikszentmihalyi, 1982, S. 123; Marshall McLuhan: »Inside on the Outside, or the Spaced-Out American«. In: Journal of Communication, Herbst 1976, S. 46
20. Studs Terkel: American Dreams. New York 1981, S. 139
21. Tuan, 1977, S. 123, 109f.; Lykken, 1982; Terkel, 1981, S. 139; Hal Barron: Those Who Stayed Behind (1984); A. Iannucci: »The Italian Immigrant«. In: Canadian Forum, März 1977, S. 12ff.; New York Times, 10.6.1982; Lukacs, 1984
22. Bicentennial Times, Dez. 1976; Time, 21.12.1970; Adam Smith: »Rockefeller Center, Room 5600«. In: Transatlantik, Dez. 1984; Süddeutsche Zeitung, 11.1.1977
23. Zweig, 1980, S. VIIf. u. passim; Franz Stimmer: Das Selbstwerterleben und seine

Störungen. Habilschrift. Universität München 1984; Christopher Lasch: The Culture of Narcissism. New York 1979; Jonathan Freedman: Crowding and Behavior. New York 1975, S. 72; Tuan, 1977, S. 56; Kristin Ruggiero, unveröff. Manuskript (1984)

24. Curtis B. Nettels: The Roots of American Civilization. New York 1947, S. 47; New York Times, 8.6.1969; Robert Shuter: »Proxemics and Tactility in Latin America«. In: Journal of Communication, So. 1976, S. 46ff.
25. John Berger. Pig Earth. New York 1979, S. 204f.
26. Common Ground – Resources for Personal Transformation, Nr. 36, Sommer 1983, Fairfax (Kalif.)
27. Atlantic Monthly, Nov. 1979, S. 60; K. Rutschky in Merkur 5/1986; Kushner, 1984, S. 18
28. US News & World Report, 4.12.1978; Spiegel, 32/1978, 33/1979; Merkur, 1979, S. 254ff.
29. US News & World Report, 4.12.1978; Naipaul, S. 242, 250
30. US News & World Report, 4.12.1978; Naipaul, S. 146
31. Naipaul, S. 288; Huey Newton: Revolutionary Suicide (1973)
32. US News & World Report, 4. u. 18.12.1978; American Scholar, Herbst 1980, S. 550; New York Review of Books, 8.10.1981
33. Naipaul, S. 200ff., 137, 159
34. Ursula Le Guin: »A Non-Euclidian View of California as a Cold Place to Be«. In: Yale Review, Winter 1983, S. 161ff.
35. Stephen Singular: »Moving On«. In: Psychology today, Juni 1983, S. 47; Edelgard Simon: »Karriere ist nicht alles – Amerikaner werden seßhaft ...«. In: Nürnberger Nachrichten, 26.9.1981; New York Times, 17.5.1980
36. New York Times, 30.5.1982; John Updike: Rabbit Is Rich. New York 1981, S. 16; John Barby: The Great American Motion Sickness (1971); Tabor Stone: Beyond the Automobile (1971); Ronald Bull: Dead End (1972); Helen Leavitt: Superhighway – Superhoax (1970); Emma Rothschild: Paradise Lost (1973); Lester Brown: Running on Empty (1979)
37. E. F. Schumacher: Small is Beautiful. New York 1975; Valaskakis, 1979; Daniel Yankelovich: New Rules. New York 1982, S. 166
38. John Demos: »Words and Things ...«. In: William & Mary Quarterly, 1983, S. 584ff.; Carl Ryant, Journal of Psychohistory, Wi. 1981, S. 309
39. W. Safire im New York Times Magazine, 15.6.1980, S. 9; W. Leuchtenburg: A Troubled Feast. Boston 1973, S. 73; W. H. Whyte: The Organization Man (1956); Peter Clecak: America's Quest for the Ideal Self (1983); Rollo May, zit. n. Yankelovich, 1982, S. 233
40. David B. Davis: Slavery and Human Progress. New York 1984; Terkel, 1981, S. 42ff.
41. Walter Heape: Emigration, Migration, and Nomadism. Cambridge 1931, S. 335; Robert Ardrey: The Territorial Imperative. New York 1966, S. 101f. und passim; Sally Helgesen: »Theoretical Families«. In: Harper's, Jan. 1982, S. 20f.
42. Howard Bahr: »Changes in Familiy Life in Middletown, 1924–1977«. In: Public Opinion Quarterly, 1980, S. 52; Psychology today, Mai 1981, S. 10; John Stuart Mill (1857), zit. n. Valaskakis, 1979, S. XIII
43. USA today, 14.11.1987; New York Times, 11.1.1971

44. Toronto Star, Beilage The Canadian, 19.6.1976, S. 8; Hsu, 1970
45. Singular, 1983, S. 42; Atlantic Monthly, Sept. 1983, S. 120; Newsweek, 10. 11. 1975; Toronto Star, 19. 6. 1976, 30. 11. 1981; Everett Ladd: »The American ›Sense of a Nation‹«. Aus: Political Culture in the US in the 70's. ZENAF, Frankfurt 1981; P. Schmeisser: »Is America in Decline«. In: New York Times Mag., 17.4.1988; Manfred Henningsen: »Die Republik ohne König«. Aus: H. Wasser (Hrsg.): Die Ära Reagan. Stuttgart 1988, S. 242f.; V. S. Naipaul: »Among the Republicans«. In: New York Review of Books, 25. 10. 1984; Washington Dossier, Okt. 1979, zit. n. The New Republic, 27.10.1979, S. 8
46. Philip Slater: The Pursuit of Loneliness. Boston 1970, S. 12; Yale Review, 1975/76, S. 550; Der Spiegel, 10/1971; David Schonauer: »Fixed-Object Jumping«. In: Atlantic Monthly, Mai 1983, S. 20ff.
47. Robert Bellah et al.: Habits of the Heart. Berkeley 1985, S. 71; Gail Sheehy: Passages (1977), zit. n. Bellah, S. 79; Yankelovich, 1982; Atlantic Monthly, Nov. 1979, S. 61
48. Valaskakis, 1979, S. 53; Süddeutsche Zeitung, 20.1.1982. Norman Mailer hat die Tenazität von Kulturmustern so ausgedrückt: »I think America could go through fifty-eight changes and yet at the end of it you would still have a powerful trenchant minority who held to the bible and held to the gun.« – Unveröff. Interview, München, Frühjahr 1981
49. Laski, zit. n. D. Fehrenbacher: The Era of Expansion. New York 1969, S. 98; Lukacs, 1984, S. 155; Terkel, 1981, S. 7; Arthur Cropley in Der Spiegel, 39/1982 sowie Endbericht seines Auswandererprojekts vom 15.1.1988

AUSGEWÄHLTE LITERATUR

Daniel Aaron: Writers on the Left. New York 1969
Rick Atkinson: Crusade – the Untold Story of the Persian Gulf War. Boston 1993

Erik Barnouw: Tube of Plenty – the Evolution of American Television. London 1977
Cedric Belfrage: The American Inquisition. Indianapolis 1979
Paul Boyer: By the Bomb's Early Light. New York 1985

Nancy Clinch: The Kennedy Neurosis. New York 1973
Warren Cohen: The American Revisionists. Chicago 1967
Malcolm Cowley: The Dream of the Golden Mountains. New York 1981

Carl Degler: Place Over Time – the Continuity of Southern Distinctiveness. Baton Rouge 1977
Vine Deloria: Custer Died for Your Sins. London 1969
John Dollard: Caste and Class in a Southern Town. New York 1937
Ellen Carol DuBois und Vicki Ruiz, Hrsg.: Unequal Sisters. New York 1990

Max Eastman: The Enjoyment of Laughter. New York 1936

Frances Fitzgerald: America Revised. Boston 1979
James Flink: The Car Culture. Cambridge (Mass.) 1978
Lawrence Friedman: Crime and Punishment in American History. New York 1993
Stephen Fox: The Mirror Makers – a History of American Advertising and its Creators. New York 1984

Charlie Gillett: The Sound of the City. London 1971

Wolfram Hanrieder: Deutschland, Europa, Amerika. Paderborn 1991
Michael Harrington: The Other America – Poverty in the United States. Baltimore 1964
Heath Anthology of American Literature. Lexington 1990
Anthony Heilbut: Exiled in Paradise. New York 1983
Francis Heller (Hrsg.): The Korean War. Lawrence 1977

Elizabeth Janeway: Man's World, Woman's Place. London 1972
Paul Jacob/S. Landau (Hrsg.): The New Radicals. New York 1966

Stanley Karnow: Vietnam. New York 1983
Doris Kearns: Lyndon Johnson and the American Dream. New York 1973
Charles Kegley und E. Wittkopf: American Foreign Policy. New York 1991
Ken Keniston: All Our Children. New York 1977
Stephen Koch: Stargazer – Andy Warhol's World and his Films. New York 1986
Gabriel Kolko/Joyce Kolko: The Limits of Power. New York 1972

William Leuchtenburg: Franklin Roosevelt and the New Deal. New York 1963
Edward Linenthal: Symbolic Defense. Urbana 1989
S. M. Lipset (Hrsg.): American Pluralism and the Jewish Community. New Brunswick 1990

Charles MacDonald: The Mighty Endeavor – American Armed Forces in the European Theater of World War II. New York 1969
Marshall McLuhan: Understanding Media. New York 1964

Roderick Nash (Hrsg.): The American Environment. Reading (Mass.) 1976
The Norton Anthology of American Literature, Bd. II. New York 1979

John E. O'Connor (Hrsg.): American History – American Television. New York 1983

Herbert Parmet: JFK – the Presidency of John F. Kennedy. New York 1983
Wardell Pomeroy: Dr. Kinsey and the Institute for Sex Research. New York 1973

Kenneth Rexroth: American Poetry in the 20th Century. New York 1971

Tibor Scitowsky: The Joyless Economy. New York 1976
Charles Silberman: Criminal Violence, Criminal Justice. New York 1978
Robert Sklar: Movie-Made America. New York 1975
Philip Slater: The Pursuit of Loneliness. Boston 1970
Susan Sontag: On Photography. New York 1977
David Stannard (Hrsg.): Death in America. Philadelphia 1975

Robert Twombly: Frank Lloyd Wright. New York 1979

Laurence Veysey: The Communal Experience. New York 1973

William Appleman Williams: The Tragedy of American Diplomacy. Cleveland 1959

Lewis Yablonski: The Hippie Trip. Baltimore 1973
Howard Zinn: SNCC – the New Abolitionists. Boston 1969

PERSONENREGISTER

SACHREGISTER

Bildnachweise

Autor und Verlag möchten folgenden Personen und Institutionen dafür danken, daß sie uns die Nachdruckerlaubnis erteilt, Druckvorlagen zur Verfügung gestellt oder Bildmaterial zugänglich gemacht haben: Berenice Abbott © (III, 82); Diane Airbus © (III, 95); Th. H. Benton © (III, 74); Beverly Hills Courier; Bildarchiv Preußischer Kulturbesitz, Berlin; Jock Carroll; Al Chang © (III, 208); Alfred Eisenstaedt © (III, 260); Walker Evans © (III, 89, 90); Family of Man; Fotofolio, New York; Robert Frank © (III, 96); Lewis Hine © (II, 286; III, 93); Edward Hopper © (III, 79); Instructional Resources Corp. (American History Slide Collection), Lanham; Dorothea Lange © (III, 92, 94); Roy Lichtenstein © (III, 276); Reginald Marsh © (III, 72, 76); Don McCullin; Metropolitan Museum; Robert Minor © (II, 294); Museum of Broadcasting, New York; NASA; Poly Press; Privatarchiv des Autors; Jackson Pollock © (III, 272); Norman Rockwell © (III, 160); Standard Oil; Edward Steichen © (III, 85); Joseph Stella © (II, 386); Alfred Stieglitz © (II, 287); Alfred Stieglitz © (III, 84); Süddeutscher Verlag, München; Martha Swope © (III, 282); George Tooker © (III, 192); Verwertungsgesellschaft Bild und Kunst, Bonn; Andy Warhol © (III, 281); Washburn Gallery, New York; Wegee © (III, 95); Whitney Museum, New York.

Obwohl sich Autor und Verlag bemüht haben, die Nachdruckerlaubnis zu allen unter das Urheberrecht fallenden Abbildungen einzuholen, ist es uns nicht in allen Fällen gelungen, die Rechteinhaber ausfindig zu machen. Sofern uns aber diese in Kenntnis setzen, werden wir sie selbstverständlich in künftigen Auflagen gerne als Rechteinhaber ausweisen.

Über den Autor

GERT RAEITHEL ist Professor für Amerikanistik an der Universität München. Nach dem Studium der Nordamerikanischen Kulturgeschichte, der Philosophie und Pädagogik promovierte er 1966 über „Selbstmorde amerikanischer Schriftsteller und Schriftstellerinnen". Anschließend verbrachte Raeithel ein Jahr als Dozent an der New York University. Seine Habilitationsschrift von 1972 widmete sich den Sozialfürsorgesystemen amerikanischer Großstädte. Lehraufträge und Forschungsprojekte führten ihn an die Universitäten von Denver, Stanford, Venedig und Saigon. Zu seinen Buchveröffentlichungen zählen *Armut in den USA* (1971); *Vietnamkrieg und Literatur* (als Mitverfasser, 1972); *Amerikanische Provinzzeitungen* (1978); *George Washington* (1987). Sein wichtigstes amerikanistisches Werk neben der dreibändigen Kulturgeschichte ist die psychohistorische Studie *Go West* (1981; 1993). Seit 1994 gibt Gert Raeithel den *Deutsch-Amerikanischen Almanach* heraus.

Dieses Buch, einschließlich Vorsatzpapier und Einband,
wurde auf Recyclingpapier gedruckt, das zu 100% aus Altpapier besteht.
Das Kapitalband und das Leseband wurden aus ungefärbter
und ungebleichter Baumwolle gefertigt.